COLLECTION LA PHILOSOPHIE EN EFFET

Psyché

DU MÊME AUTEUR

CHEZ LE MÊME ÉDITEUR

L'archéologie du frivole (Introduction à l'*Essai sur l'origine des connaissances humaines* de Condillac, 1973). Repris à part chez Gonthier-Denoël, 1976.

Glas, 1974 (Gonthier-Denoël, 1981).

Ocelle comme pas un, préface à *L'enfant au chien assis*, de Jos Joliet, 1980.

D'un ton apocalyptique adopté naguère en philosophie, 1983.

Otobiographies, L'enseignement de Nietzsche et la politique du nom propre, Galilée, 1984.

Schibboleth, Pour Paul Celan, 1986.

Parages, 1986.

Ulysse grammophone. Deux mots pour Joyce, 1987.

De l'esprit. Heidegger et la question, 1987.

CHEZ D'AUTRES ÉDITEURS

L'origine de la géométrie, de Husserl.
  Introduction et traduction, PUF, 1962.

L'écriture et la différence, Le Seuil, 1967.

La voix et le phénomène, PUF, 1967.

De la grammatologie, Minuit, 1967.

La dissémination, Le Seuil, 1972.

Marges – de la philosophie, Minuit, 1972.

Positions, Minuit, 1972.

Economimesis, in *Mimesis*, Aubier-Flammarion, 1975.

Où commence et comment finit un corps enseignant, in *Politiques de la Philosophie*, Grasset, 1976.

Fors, préface à *Le verbier de l'Homme aux loups*, de N. Abraham et M. Torok, Aubier-Flammarion, 1976.

L'âge de Hegel; La philosophie et ses classes; Réponses à La Nouvelle Critique, in *Qui a peur de la philosophie?* du GREPH, Flammarion, 1977.

Limited Inc., a, b, c. The Johns Hopkins University Press. Baltimore, 1977.

Scribble, préface à l'*Essai sur les hiéroglyphes* de Warburton, Aubier-Flammarion, 1978.

Éperons, Les styles de Nietzsche, Flammarion, 1978.

La vérité en peinture, Flammarion, 1978.

La philosophie des États généraux, in *Les États généraux de la Philosophie*, Flammarion, 1979.

Living on (Survivre), in *Deconstruction and Criticism*, Seabury Press, 1979.

La carte postale, de Socrate à Freud et au-delà, Aubier-Flammarion, 1980.

Sopra-vivere, Feltrinelli, Milan, 1982.

Signéponge, Columbia University Press, 1983.

La Filosofía como institución, Juan Granica ed., Barcelone, 1984.

Feu la cendre/Cio'che resta del fuoco, Sansoni, Florence, 1984.

Popularités. Du droit à la philosophie du droit, avant-propos à *Les sauvages dans la cité*, Champ Vallon, 1985.

Lecture de *Droit de regards*, de M. F. Plissart, Minuit, 1985.

Préjugés – devant la loi, in *La Faculté de juger*, Minuit, 1985.

Des tours de Babel (sur Walter Benjamin) in *L'art des confins*, PUF, 1985.

Forcener le subjectile, préface aux *Dessins et portraits d'Antonin Artaud*, Gallimard, 1986.

Mémoires. Trois lectures pour Paul de Man, Columbia University Press, 1986.

Point de folie – maintenant l'architecture in B. Tschumi, *La case vide*, Architectural Association, Londres, 1986.

JACQUES DERRIDA

Psyché

Inventions de l'autre

GALILÉE

Avant-propos

Ces écrits ont accompagné, en quelque sorte, les ouvrages que j'ai publiés au cours des dix dernières années [1]. *Mais ils en ont été aussi bien dissociés, séparés,* distraits. *Cela se marque dans leur* formation, *qu'on entende sous ce mot le mouvement qui engendre en donnant forme ou la figure qui rassemble une multiplicité mobile : la configuration dans le déplacement. Une formation doit avancer mais aussi s'avancer groupée. Par quelque loi, dite ou non dite, elle est tenue à s'espacer sans trop se disperser. Si l'on faisait de cette loi une théorie, la formation de ces écrits procéderait comme une* théorie distraite.

Loi d'une théorie discontinue ou allure discrète de la série, des textes se suivent donc, s'enchaînent ou correspondent entre eux, malgré la différence visible des motifs et des thèmes, la distance qui sépare les lieux, les moments, les circonstances.

Et les noms, les noms surtout, des noms propres. Chacun des essais paraît en effet consacré, destiné, voire singulièrement dédié à quelqu'un, très souvent à l'ami, homme ou femme, lointain ou proche, vivant ou non, connu ou inconnu. C'est parfois, mais ce n'est pas toujours un poète ou un penseur, le philosophe ou l'écrivain. C'est parfois, mais ce n'est pas toujours celui ou celle qui met en scène *dans ces mondes qu'on appelle la politique, le théâtre, la psychanalyse, l'architecture. De cette situation quasiment épistolaire, certains textes semblent témoigner mieux que d'autres. La* Lettre à un ami japonais, *par exemple,* Envoi, Télépathie,... *La lettre de Platon ou ... sept missives auraient pu, par le jeu de quelque métonymie, tenir lieu de titre ou de préface. Mon choix*

---

1. Je n'en ai exclu qu'un ensemble d'essais consacrés à l'institution universitaire et à l'enseignement de la philosophie. Ils paraîtront dans un volume séparé, *Du droit à la philosophie.*

fut autre. En n'interrompant qu'une seule fois l'ordre chronologique, j'ai pensé que Psyché, Invention de l'autre, *jouerait mieux ce rôle. A mi-parcours (1983), telle psyché semble pivoter autour de son axe pour réfléchir à sa manière les textes qui l'ont précédée comme ceux qui l'ont suivie. Du même coup, un miroir mobile feint de rassembler le livre : dans ce qui lui ressemble en tout cas, son image ou son phantasme. Cela reste après tout, technique du simulacre, le propre toujours d'une préface.*

Simulacre et spécularité. Il s'agit ici de spéculer sur un miroir et sur la logique déroutante de ce qu'on appelle tranquillement le narcissisme. Il y a de la complaisance, déjà, dans le geste qui consiste à publier. *Tout simplement à* publier. *Cette première complaisance est élémentaire, aucune dénégation ne saurait l'effacer. Que dire alors du geste qui rassemble des écrits antérieurs, qu'ils soient ou non inédits* [1] *? Sans dénier ce surcroît d'exposition, disons qu'il fait aussi l'objet de ce livre. Mais le miroir nommé* psyché *ne figure pas un objet comme un autre. Ni un geste parmi d'autres celui qui* se *prend* à *vouloir montrer le miroir. Qu'on lui reconnaisse ou non ce droit, qu'il en fasse ou non un devoir, il faut bien qu'il se regarde montrer en s'écoutant parler. Est-ce possible ?*

*Et pourquoi s'*exposer *à ce risque ? A l'autre chaque fois adressée, la question devient aussi demande. Sous sa forme la plus générale et la plus implicite, on la traduirait ainsi en quelques mots : qu'est-ce qu'une invention ? et que signifie l'invention quand elle doit être de l'autre ? L'invention de l'autre, cela implique-t-il que l'autre reste encore* moi, *en moi, de moi, au mieux pour moi (projection, assimilation, intériorisation, introjection, apprésentation analogique, au mieux phénoménalité) ? Ou bien que mon invention de l'autre reste l'invention de moi par l'autre qui me trouve, me découvre, m'institue ou me constitue ? A me venir de lui, l'invention de l'autre alors lui reviendrait.*

Y a-t-il à choisir entre ces modalités ? L'autre sans moi, au-delà de moi en moi, dans l'expérience impossible du don et du deuil, dans l'impossible condition de l'expérience, n'est-ce pas encore autre chose ? Le don, le deuil, la psyché, *est-ce pensable au-delà de tout psychologisme ? Et que veut dire alors penser ?*

Si la question correspond, *si elle correspond toujours à quelque demande venue de l'autre, alors elle se laisse déjà précéder par une étrange affirmation. Pour veiller sur elle, peut-être faut-il d'abord* se rendre *à la veille de la question.*

---

1. Quand ils ne sont pas simplement inédits, comme les plus longs et les plus récents d'entre eux, voire inédits en français, comme bon nombre d'entre eux, ces textes ne sont jamais en tous points conformes à la première version dont le lieu de publication est chaque fois mentionné.

Psyché
Invention de l'autre

Que vais-je pouvoir inventer encore?

Voilà peut-être un *incipit* inventif pour une conférence.

Imaginez : un orateur ose se présenter ainsi devant ses hôtes. Il semble alors ne pas savoir ce qu'il va dire. Il déclare avec insolence qu'il se prépare à improviser. Il va devoir inventer sur place, et il se demande encore : que vais-je bien devoir inventer? Mais simultanément il semble sous-entendre, non sans outrecuidance, que le discours d'improvisation restera imprévisible, c'est-à-dire comme d'habitude, « encore » nouveau, original, singulier, en un mot inventif. Et de fait un tel orateur romprait assez avec les règles, le consensus, la politesse, la rhétorique de la modestie, bref avec toutes les conventions de la socialité, pour avoir au moins inventé quelque chose dès la première phrase de son introduction. Une invention suppose toujours quelque illégalité, la rupture d'un contrat implicite, elle introduit un désordre dans la paisible ordonnance des choses, elle perturbe les bienséances. Apparemment sans la patience d'une préface – elle est elle-même une nouvelle préface –, voici qu'elle déjoue les attendus.

---

* Texte de deux conférences prononcées à l'université de Cornell en avril 1984 et à l'université de Harvard *(Renato Poggioli Lectures)* en avril 1986.

La question du fils　　Cicéron n'eût certainement pas conseillé à son
　　　　　　　　　　　　fils de commencer ainsi. Car vous le savez, c'est
pour répondre à la demande et au désir de son fils que Cicéron
définit un jour, une fois parmi d'autres, la rhétorique de l'invention
oratoire [1].

Une référence à Cicéron s'impose ici. Pour parler de l'invention,
il nous faut toujours rappeler une latinité du mot. Elle marque la
construction du concept et l'histoire de la problématique. La première
demande du fils de Cicéron porte d'ailleurs sur la langue – et sur
la traduction du grec en latin : « *Studeo, mi pater, Latine ex te audire
ea quae mihi tu de ratione dicendi Graece tradisti, si modo tibi est
otium et si vis* » (« Je brûle du désir, père, de t'entendre me dire en
latin ces choses sur l'éloquence que tu m'as données [dispensées,
rapportées, livrées ou traduites, léguées] en grec, si du moins tu en
as le loisir et le souhait. »)

Cicéron le père répond à son fils. Il lui dit d'abord, comme en
écho ou comme en réplique narcissique, que son premier désir de
père, c'est que son fils soit le plus savant possible *(doctissimum)*. Par
sa demande brûlante, le fils est donc allé au-devant de la demande
paternelle. Son désir brûle du désir de son père qui n'a donc pas de
mal à s'en satisfaire et à se le réapproprier en le satisfaisant. Puis le
père enseigne à son fils que la force propre, la *vis* de l'orateur,
consiste dans les choses dont il traite (les idées, les objets, les thèmes)
aussi bien que dans les mots; il faut donc distinguer l'*invention* et
la *disposition,* l'invention qui trouve ou découvre les choses, la
disposition qui les situe, les localise, les pose en les disposant : « *et
res, et verba invenienda sunt, et collocanda* ». Néanmoins l'invention
s'applique « proprement » aux idées, aux choses dont on parle, et
non à l'élocution ou aux formes verbales. Quant à la disposition,
qui situe aussi bien les mots que les choses, la forme que le fond,
on la joint souvent à l'invention, précise alors Cicéron le père. La
disposition, l'aménagement des lieux concerne donc aussi bien les
mots que les choses. Nous aurions donc, d'une part, le couple
« invention-disposition » pour les idées ou les choses, et, d'autre part,
le couple « élocution-disposition » pour les mots ou pour la forme.

Voilà mis en place un des *topoi* philosophiques les plus tradi-

---

1. Cf. *Partitiones oratoriae,* 1-3, et *De inventione,* Livre 1, VII.

tionnels. C'est ce que rappelle Paul de Man dans ce très beau texte intitulé *Pascal's Allegory of Persuasion* [1]. Je voudrais dédier cette conférence à la mémoire de Paul de Man. Permettez-moi de le faire très simplement, en essayant de lui emprunter encore, parmi toutes les choses que nous avons reçues de lui, quelque trait de cette sereine discrétion qui marquait la force et le rayonnement de sa pensée. Je tenais à le faire aussi à Cornell parce qu'il y enseigna et y compte beaucoup d'amis, parmi ses anciens collègues ou étudiants. L'an dernier, lors d'une conférence analogue [2], et peu de temps après son dernier passage parmi vous, je rappelais aussi qu'il dirigeait en 1967 le premier programme de votre université à Paris. C'est alors que j'appris à le connaître, à le lire, à l'écouter, et que commença entre nous, je lui dois tant, une amitié dont la fidélité fut sans ombre et restera, dans ma vie, en moi, un des plus rares traits de lumière.

Dans *Pascal's Allegory of Persuasion,* Paul de Man poursuit donc son incessante méditation sur le thème de l'allégorie. Et c'est aussi, plus ou moins directement, de l'invention comme allégorie, autre nom pour l'invention de l'autre, que je voudrais parler aujourd'hui. Est-ce, l'invention de l'autre, une allégorie, un mythe, une fable? Après avoir souligné que l'allégorie est « séquentielle et narrative », bien que le « topic » de sa narration ne soit pas nécessairement « temporel », Paul de Man insiste sur les paradoxes de ce qu'on pourrait appeler la tâche ou l'exigence de l'allégorie. Celle-ci porte en elle des « vérités exigeantes ». Elle a pour charge d'« articuler un ordre épistémologique de la vérité et de la tromperie avec un ordre narratif et compositionnel de la persuasion ». Dans le même développement, il croise la distinction classique de la rhétorique comme *invention* et de la rhétorique comme *disposition :* « Un grand nombre de ces textes sur le rapport entre vérité et persuasion appartiennent au corpus canonique de la philosophie et de la rhétorique, souvent cristallisés autour de *topoi* philosophiques aussi traditionnels que la relation entre jugements analytiques et jugements synthétiques, logique propositionnelle et logique modale, logique et mathématique, logique

---

1. In *Allegory and Representation,* ed. S. Greenblatt, Johns Hopkins University Press, 1981, p. 1-25.
2. « Les pupilles de l'université. Le principe de raison et l'idée de l'université », depuis publiée dans *Diacritics* (automne 1983, « The principe of reason, The university in the eyes of its pupils ») puis dans *Le Cahier du Collège International de philosophie,* 2, 1986.

et rhétorique, rhétorique comme *inventio* et rhétorique comme *dispositio,* etc. » (p.2).

Si nous en avions ici le temps, nous nous serions demandé pourquoi et comment, dans le droit positif qui s'institue entre le XVIIᵉ et le XIXᵉ siècle, le droit d'auteur ou celui d'un inventeur dans le domaine des arts et des lettres ne tient compte que de la forme et de la composition. Ce droit exclut toute considération des « choses », du contenu, des thèmes ou du sens. Tous les textes de droit le soulignent, souvent au prix de difficultés et de confusions : l'invention ne peut marquer son originalité que dans les valeurs de forme et de composition. Les « idées », elles, appartiennent à tout le monde. Universelles par essence, elles ne sauraient donner lieu à un droit de propriété. Est-ce là une trahison, une mauvaise traduction ou un déplacement de l'héritage cicéronien? Laissons cette question suspendue. Je voulais seulement commencer par un éloge du père Cicéron. Même s'il n'avait jamais inventé autre chose, je trouve beaucoup de *vis,* de force inventive à quelqu'un qui ouvre un discours sur le discours, un traité de l'art oratoire et un écrit sur l'invention par ce que j'appellerai la *question du fils* comme question *de ratione dicendi* qui se trouve être aussi une scène de *traditio* en tant que tradition, transfert et traduction, on pourrait dire aussi une allégorie de la métaphore. L'enfant qui parle, interroge, demande avec zèle *(studium),* est-ce le fruit d'une invention? Invente-t-on un enfant? Si l'enfant *s'invente,* est-ce comme la projection spéculaire du narcissisme parental ou comme l'autre qui, à parler, à répondre, devient l'invention absolue, la transcendance irréductible du plus proche, d'autant plus hétérogène et inventive qu'elle paraît répondre au désir parental? La vérité de l'enfant, dès lors, s'inventerait en un sens qui ne serait pas plus celui du dévoilement que celui de la découverte, pas plus celui de la création que celui de la production. Elle se trouverait là où la vérité se pense au-delà de tout héritage. Le concept de cette vérité elle-même resterait sans héritage possible. Est-ce possible? Cette question retentira plus loin. Concerne-t-elle d'abord le *fils,* enfant légitime et porteur du nom?

Que vais-je pouvoir inventer encore?

D'un discours sur l'invention, on attend certes qu'il réponde à sa promesse ou qu'il honore un contrat : il devra traiter de l'invention. Mais on espère aussi, la lettre du contrat l'implique, qu'il avancera quelque chose d'inédit, dans les mots ou dans les choses, dans l'énoncé ou dans l'énonciation au sujet de l'invention. Si peu que ce soit, pour ne pas décevoir, il devrait inventer. On attend de lui qu'il dise l'inattendu. Aucune préface ne l'annonce, aucun horizon d'attente ne préface sa réception.

Malgré toute l'équivoque de ce mot ou de ce concept, l'invention, vous comprenez déjà quelque chose de ce que je voudrais dire.

Ce discours doit donc se présenter comme une invention. Sans se prétendre inventif de part en part et continûment, il doit exploiter un fonds largement commun de ressources et de possibilités réglées pour signer, en quelque sorte, une proposition inventive, au moins une, et il ne pourra intéresser le désir de l'auditeur que dans la mesure de cette innovation signée. Mais, voilà où la dramatisation et l'allégorie commencent, il aura aussi besoin de la signature de l'autre, de sa contresignature, disons ici celle d'un fils qui ne serait plus l'invention du père. Un fils devra reconnaître l'invention comme telle, comme si l'héritier restait seul juge (retenez ce mot de jugement), comme si la contresignature du fils détenait l'autorité légitimante.

Mais présentant une invention et se présentant comme une invention, le discours dont je parle devra faire évaluer, reconnaître et légitimer son invention par un autre qui ne soit pas de la famille : par l'autre comme membre d'une communauté sociale et d'une institution. Car une invention ne peut jamais être *privée* dès lors que son statut d'invention, disons son brevet, sa patente – son identification manifeste, ouverte, publique, doit lui être signifiée et conférée. Traduisons : parlant de l'invention, ce vieux sujet grand-paternel qu'il s'agirait aujourd'hui de réinventer, ce discours-ci devrait se voir accorder un brevet d'invention. Cela suppose contrat, promesse, engagement, institution, droit, légalité, légitimation. Il n'y a pas d'invention naturelle, et pourtant l'invention suppose aussi originalité, originarité, génération, engendrement, généalogie, valeurs qu'on associe souvent à la génialité, donc à la naturalité. D'où la question du fils, de la signature et du nom.

On voit déjà s'annoncer la structure singulière d'un tel événement. Qui la voit s'annoncer? Le père, le fils? Qui se trouve exclu de cette scène de l'invention? Quel autre de l'invention? Le père, le fils, la fille, la femme, le frère ou la sœur? Si l'invention n'est jamais privée, quel est encore son rapport avec toutes les scènes de famille?

Structure singulière, donc, d'un événement, car l'acte de parole dont je parle doit être un événement : dans la mesure de sa singularité d'une part, et pour autant que, d'autre part, cette unicité fera venir ou advenir quelque chose de nouveau. Il devrait faire ou laisser venir le nouveau d'une première fois. Autant de mots, le « nouveau », l'« événement », le « venir », la « singularité », la « première fois »

(« first time » où le temps se marque dans une langue sans le faire dans une autre) qui portent tout le poids de l'énigme. Jamais une invention n'a lieu, jamais elle ne se dispose sans quelque événement inaugural. Ni sans quelque avènement, si l'on entend par ce dernier mot l'instauration pour l'*avenir* d'une *possibilité* ou d'un *pouvoir* qui restera à la disposition de tous. Avènement, car l'événement d'une invention, son acte de production inaugurale doit, une fois reconnu, une fois légitimé, contresigné par un consensus social, selon un système de conventions, valoir *pour l'avenir*. Il ne recevra son statut d'invention, d'ailleurs, que dans la mesure où cette socialisation de la chose inventée sera garantie par un système de *conventions* qui lui assurera du même coup l'inscription dans une histoire commune, l'appartenance à une culture : héritage, patrimoine, tradition péda-gogique, discipline et chaîne des générations. L'invention *commence* à pouvoir être répétée, exploitée, réinscrite.

Pour nous en tenir à ce réseau qui n'est pas seulement lexical et qui ne se réduit pas aux jeux d'une simple invention verbale, nous venons de voir concourir plusieurs modes du *venir* ou de la *venue,* dans l'énigmatique collusion de l'*invenire* ou de l'*inventio,* de l'*événement* et de l'*avènement,* de l'*avenir,* de l'*aventure* et de la *convention.* Cet essaim lexical, comment le traduire hors des langues latines en lui gardant son unité, celle qui lie la *première fois* de l'invention au *venir,* à la venue de l'avenir, de l'événement, de l'avènement, de la convention ou de l'aventure? Tous ces mots d'origine latine sont certes accueillis par exemple en anglais (et même dans son usage judiciaire très codé, très étroit, celui de « venue », et même celui de « advent » réservé à la venue du Christ), sauf, au centre du foyer, le *venir* même. Sans doute une invention revient-elle, dit l'*Oxford English Dictionary,* à « the action of coming upon or finding ». Même si cette collusion verbale paraît aventureuse et conventionnelle, elle donne à penser. Que donne-t-elle à penser? Quoi d'autre? Qui d'autre? Que faut-il encore inventer quant au venir? Qu'est-ce que cela veut dire, *venir?* Venir une première fois? Toute invention suppose que quelque chose ou quelqu'un vienne une *première fois,* quelque chose à quelqu'un ou quelqu'un à quel-qu'un, et qui soit autre. Mais pour que l'invention soit une invention, c'est-à-dire *unique,* même si cette unicité doit donner lieu à répétition, il faut que cette première fois soit aussi une dernière fois, l'archéologie et l'eschatologie se faisant signe dans l'ironie du *seul* instant.

Structure singulière, donc, d'un événement qui semble se pro-duire en parlant de lui-même, *par le fait d'en parler,* dès lors qu'il invente au sujet de l'invention, frayant sa voie, inaugurant ou signant sa singularité, l'effectuant en quelque sorte au moment même où il nomme et décrit la généralité de son genre et la généalogie de son *topos : de inventione,* gardant en mémoire la tradition d'un genre et de ceux qui l'ont illustré. Dans sa prétention à inventer encore, tel discours dirait le commencement inventif en parlant de lui-même, dans une structure réflexive qui non seulement ne produit pas de coïncidence et de présence à soi mais projette plutôt l'avènement du soi, du « parler » ou « écrire » de soi-même comme autre, c'est-à-dire *à la trace.* Je me contente ici de nommer cette valeur de « self-reflexivity » qui fut souvent au centre des analyses de Paul de Man. Elle est sans doute plus retorse qu'il n'y paraît. Elle a donné lieu aux débats les plus intéressants, notamment dans les études de Rodolphe Gasché et de Suzanne Gearhart [1]. J'essaierai d'y revenir moi-même une autre fois.

En parlant de lui-même, un tel discours tenterait donc de faire admettre par une communauté publique non seulement la valeur de vérité générale de ce qu'il avance au sujet de l'invention (vérité de l'invention et invention de la vérité) mais du même coup la valeur opératoire d'un dispositif technique désormais à la disposition de tous.

Fables : au-delà du Speech Act Sans l'avoir encore cité, je décris depuis tout à l'heure, d'un doigt pointé vers la marge de mon discours, un texte de Francis Ponge. Il est bref : six lignes en *italiques,* sept si l'on y inclut le titre (je reviens dans un instant sur ce chiffre 7), plus une parenthèse de deux lignes en caractères *romains.* Bien qu'ils s'inversent d'une édition à l'autre, italiques et romains donnent peut-être à remarquer cette descendance latine dont j'ai parlé. Ponge n'a jamais cessé de la revendiquer pour lui-même et pour sa poétique.

De quel genre ce texte relève-t-il? Il s'agit peut-être de l'une de ces pièces que Bach appelait ses *Inventions* [2], pièces contrapuntiques

---

1. Rodolphe Gasché, « Deconstruction as Criticism », in *Glyph,* 6, 1979 (Johns Hopkins University Press) et « Setzung und Übersetzung : Notes on Paul de Man », in *Diacritics,* hiver 1981.

Suzanne Gearhart, « Philosophy *before* Literature : Deconstruction, Historocity, and the Work of Paul de Man », in *Diacritics,* hiver 1983.

2. On pense aussi aux *Inventions musicales* de Clément Jannequin (1545 environ). Celles de Bach ne furent pas seulement didactiques, même si elles étaient

à deux ou trois voix. Se développant à partir d'une courte cellule initiale dont le rythme et le contour mélodique sont très nets, ces « inventions » se prêtent parfois à une écriture essentiellement didactique [1]. Le texte de Ponge *dispose* une telle cellule initiale, c'est le syntagme « Par le mot *par*... ». Cette « invention », je ne la désignerai pas par son genre mais par son titre, à savoir par son nom propre : *Fable.*

Ce texte s'appelle *Fable.* Ce titre est son nom propre, il porte, si l'on peut dire, un nom de genre. Un titre, toujours singulier comme une signature, se confond ici avec un nom de genre, comme un roman qui s'intitulerait *roman,* ou des inventions *inventions.* On peut le parier, cette fable intitulée *Fable,* construite comme une fable jusque dans la « moralité » finale, traitera de la fable. La fable, l'essence du fabuleux dont elle prétendra dire la vérité, ce sera aussi son sujet général. *Topos :* fable.

Je lis donc *Fable,* la fable *Fable.*

---

aussi destinées à enseigner la technique du contrepoint. On peut, et on le fait souvent, les traiter comme des exercices de composition (exposition du thème dans sa tonalité principale, réexposition à la dominante, nouveaux développements, exposition supplémentaire ou finale dans le ton indiqué à la clé). Il y a les inventions en *la majeur,* en *fa mineur* et en *sol mineur,* etc. Et dès qu'on met le titre *Inventions* au pluriel, comme je le fais ici, on laisse penser à la virtuosité technique, à l'exercice didactique, aux variations instrumentales. Mais faut-il se laisser aller à penser ce qu'on laisse ainsi penser?

1. in *Proêmes,* 1. *Natare piscem doces,* Gallimard, 1948. Le terme *proême,* en sa valeur didactique remarquée par le docte *doces,* dit quelque chose de l'invention, du moment inventif d'un discours : commencement, inauguration, *incipit,* introduction. Deuxième édition de *Fable* (avec inversion des italiques et du romain) : *Tome premier,* Gallimard, 1965, p. 114.

Fable trouve et dit la vérité qu'elle trouve en la trouvant, c'est-à-dire : en la disant. Philosophème, théorème, poème. Un *Eureka* très sobre, réduit à la plus grande économie de son opération. Préface fictive à *Eureka* de Poe : « ... j'offre ce livre de Vérités, non pas seulement pour son caractère Véridique, mais à cause de la beauté qui abonde dans sa Vérité, et qui confirme son caractère véridique. A ceux-là je présente cette composition simplement comme un objet d'art; disons comme un Roman; ou si ma prétention n'est pas jugée trop haute, comme un Poëme. Ce que j'avance ici est vrai; donc cela ne peut pas mourir... » (trad. Baudelaire, *Œuvres en prose,* Pléiade, p. 697). On peut dire que *Fable* est un spongisme, car ici la vérité se signe (signé : Ponge) si *Eureka* est un poème.

C'est peut-être ici le lieu de se demander, s'agissant d'*Eureka,* ce qui se passe quand on traduit *eurema* par *inventio, euretes* par *inventeur, euriskô* par « je rencontre, je trouve en cherchant ou par hasard, après réflexion ou par chance, je découvre ou j'obtiens »...

FABLE

Par le mot par *commence donc ce texte*
Dont la première ligne dit la vérité,
Mais ce tain sous l'une et l'autre
Peut-il être toléré?
Cher lecteur déjà tu juges
Là de nos difficultés...

(APRÈS sept ans de malheurs
Elle brisa son miroir).

Pourquoi ai-je souhaité dédier la lecture de cette fable à la mémoire de Paul de Man?

Tout d'abord parce qu'il s'agit d'un écrit de Francis Ponge. Je me rappelle ainsi un commencement. Le premier séminaire que j'ai donné à Yale, à l'invitation et après l'introduction de Paul de Man, ce fut un séminaire sur Francis Ponge. Il s'intitulait *La chose,* il dura trois ans, et traita aussi de la dette, de la signature, de la contresignature, du nom propre et de la mort. En me rappelant ce commencement, je mime un recommencement, je me console en le rappelant à la vie par la grâce d'une fable qui est aussi un mythe d'origine impossible.

Ensuite parce que cette fable ressemble aussi, en ce croisement singulier de l'ironie et de l'allégorie, à un poème de la vérité. Il se présente ironiquement comme une allégorie, « Dont la première ligne dit la vérité » : vérité de l'allégorie et allégorie de la vérité, vérité comme allégorie. Toutes deux sont des inventions fabuleuses, entendez par là inventions de langage (*fari* ou *phanai,* c'est parler, affirmer) comme inventions du même et de l'autre, de soi-même comme de l'autre. C'est ce que nous allons essayer de démontrer [1].

---

1. Au moment d'entreprendre cette lecture de *Fable,* je dois rappeler une coïncidence, à la fois étrange et inquiétante *(unheimlich, uncanny),* trop urgente à la mémoire d'une amitié pour que je puisse ici la taire. A la même date, une certaine « Remarque à suivre » scelle à la fois la promesse et l'interruption. De 1975 à 1978, à l'invitation de Paul de Man, je donnai à l'université de Yale un séminaire sur *La chose.* Chaque année, j'y présentai deux cours parallèles, l'un consacré à *la*

L'allégorique se marque ici dans le thème et dans la structure. *Fable* dit l'allégorie, le mouvement d'une parole pour passer à l'autre, de l'autre côté du miroir. Effort désespéré d'une parole malheureuse pour franchir le spéculaire qu'elle constitue elle-même. On dirait dans un autre code que *Fable* pose *en acte* la question de la référence, de la spécularité du langage *ou* de la littérature, et de la possibilité de dire l'autre ou de parler *à* l'autre. Nous verrons comment elle le fait mais dès maintenant nous savons qu'il y va justement de la mort, de ce moment du deuil où le bris du miroir est à la fois le plus nécessaire et le plus difficile. Le plus difficile parce que tout ce que nous disons, faisons, pleurons, si tendus que nous soyons vers l'autre, reste *en nous*. Une partie de nous est blessée et c'est de nous que nous nous entretenons encore dans le travail du deuil et de l'*Erinnerung*. Même si cette métonymie de l'autre en nous constituait déjà la vérité et la possibilité de notre rapport à l'autre vivant, la

chose selon Heidegger, l'autre à *la chose* selon Ponge (1975), Blanchot (1976), Freud (1977). La lecture de Ponge suivait de près une conférence prononcée à Cerisy-la-Salle au cours de l'été précédent. Or elle marquait, précisément au sujet de *Fable,* une sorte de suspension, en signe d'attente, dont je ne pouvais savoir alors ce qu'elle tenait ainsi en réserve. Une ligne de points de suspension, chose fort inhabituelle, en aura consigné à la fois la mémoire et le programme. D'abord dans la première publication partielle de ce texte (« Signéponge », *Digraphe,* 8, 1976, p. 26), puis, sous le même titre, dans le volume bilingue paru en 1984 aux États-Unis (Columbia University Press). Celui-ci fut dédié à Paul de Man mais ne parut que quelques jours après sa mort. Le premier exemplaire me fut apporté à Yale, autre coïncidence, à la fin d'une cérémonie en mémoire de Paul de Man. Je redécouvrais bouche bée, le jour même, cette page écrite près de dix ans auparavant : « ... cette histoire reste une histoire sans événement au sens traditionnel du mot, histoire de la langue et de l'écriture dans leur inscription de la chose même en tant qu'autre, de la serviette-éponge, paradigme de la chose même comme autre chose, chose autre inaccessible, sujet impossible. L'histoire de la serviette-éponge, telle du moins que je la raconte de mon côté, voilà une fable, histoire au titre de fiction, simulacre et effet de langue (*fabula*) mais telle que par elle seule la chose en tant qu'autre et en tant qu'autre chose peut advenir dans l'allure d'un événement inappropriable (*Ereignis* en abîme). Fable d'une allure (j'appelle allure la démarche de ce qui vient sans venir, ce dont il y va dans cet étrange événement) où rien ne va autrement que dans ce petit texte (vous voyez que je ne commente en ce moment qu'un petit poème très singulier, très court, mais propre à tout faire sauter discrètement, irremplaçablement) intitulé *Fable* et qui commence par " Par le mot *par* commence donc ce texte./ Dont la première ligne dit la vérité. " (Remarque à suivre).

La serviette-éponge, histoire emblématique de mon nom comme histoire de l'autre, blason adoré du " sujet impossible " (vous savez que l'expression de *mise en abyme* appartient originellement au code des blasons), fable et autre manière de faire l'histoire... » (P. 103 de l'édition bilingue.)

mort la manifeste dans un plus de lumière. C'est pourquoi le bris
du miroir y est encore plus nécessaire. A l'instant de la mort, la
limite de la réappropriation narcissique devient terriblement coupante, elle accroît et neutralise la souffrance : ne pleurons plus sur
nous, hélas il ne *peut* plus s'agir que de l'autre *en nous* alors qu'il
ne *doit* plus s'agir de l'autre *en nous.* La blessure narcissique s'accroît
à l'infini de ne plus pouvoir être narcissique et de ne même plus
s'apaiser dans cette *Erinnerung* qu'on appelle travail du deuil. Au-
delà de la mémoire intériorisante, il faut alors *penser,* autre manière
de se rappeler. Au-delà de l'*Erinnerung,* il s'agirait alors de *Gedächt-
nis,* pour reprendre cette distinction hegelienne sur laquelle Paul de
Man ne cessait de revenir ces derniers temps pour introduire à la
philosophie hegelienne comme allégorie d'un certain nombre de
dissociations, par exemple entre philosophie et histoire, expérience
littéraire et théorie littéraire [1].

Avant d'être un thème, avant de nous dire l'autre, le discours
de l'autre ou vers l'autre, l'allégorie a ici la structure d'un événement.
Et cela d'abord par sa forme narrative [2]. La « moralité » de la fable,
si l'on peut dire, ressemble au dénouement d'une histoire en cours.
Le mot « Après » (APRÈS sept ans de malheurs Elle brisa son miroir)
vient en capitales séquentialiser la singulière conséquence du « donc »
initial (Par le mot *par* commence donc ce texte) — scansion logique
et temporelle qui paraît en première ligne pour ne conclure qu'à un
commencement. La parenthèse qui vient *après* marque la fin de
l'histoire, mais nous verrons les temps s'inverser tout à l'heure.

Fable, cette allégorie de l'allégorie, se présente donc comme
une invention. D'abord parce que cette fable s'appelle *Fable.* Avant
toute autre analyse sémantique, et quitte à le justifier plus tard,
j'avance ici une hypothèse : à l'intérieur d'une aire de discours qui
s'est à peu près stabilisée depuis la fin du XVIIᵉ siècle européen
environ, il n'y a que deux grands types d'exemple *autorisés* pour
l'invention. On invente, d'une part, des *histoires* (récits fictifs ou
fabuleux) et, d'autre part, des *machines,* des dispositifs techniques,
au sens le plus large de ce mot. On invente en fabulant, par la

---

1. Paul de Man, « Sign and symbol in Hegel's Aesthetics », in *Critical Inquiry,*
été 1982, vol. 8, 4, p. 1982.
2. « Allegory is sequential and narrative... », Paul de Man, *Pascal's Allegory
of persuasion, O.C.,* p. 1 et suiv. Ou encore : « ... allegory appears as a successive
mode... », « The rhetoric of temporality », in *Blindness and Insight,* Minnesota
University Press, 2ᵉ éd., p. 226.

production de récits auxquels une « réalité » ne correspond pas hors du récit (un *alibi* par exemple) ou bien on invente en produisant une nouvelle possibilité opératoire (l'imprimerie ou une arme nucléaire, et j'associe à dessein ces deux exemples, la politique de l'invention – qui sera mon thème – étant toujours *à la fois* politique de la culture et politique de la guerre). Invention comme *production* dans les deux cas – et je laisse à ce dernier mot une certaine indétermination pour l'instant. *Fabula* et *fictio,* d'une part, *tekhnè, epistemè, istoria, methodos* d'autre part, c'est-à-dire art ou savoir-faire, savoir et recherche, information, procédure, etc. Voilà, dirais-je pour l'instant sur un mode un peu dogmatique ou elliptique, les deux seuls registres possibles et rigoureusement spécifiques pour toute invention aujourd'hui. Je dis bien « aujourd'hui » car cette détermination sémantique paraît relativement moderne. Le reste peut ressembler à de l'invention mais n'est pas reconnu comme tel. Et nous essaierons de comprendre quelle peut être l'unité ou l'accord invisible de ces deux registres.

Fable, la fable de Francis Ponge s'invente en tant que fable. Elle raconte une histoire apparemment fictive – qui semble durer sept ans. Et la huitième ligne le rappelle. Mais d'abord *Fable* raconte une invention, elle se récite et se décrit elle-même. Dès le commencement, elle se présente comme un commencement, l'inauguration d'un discours et d'un dispositif textuel. Elle fait ce qu'elle dit, ne se contentant pas d'énoncer, comme Valéry, justement *Au sujet d'Eurêka :* « Au commencement, était la Fable. » Cette dernière phrase, en mimant mais aussi en traduisant les premiers mots de l'Évangile de Jean (« Au commencement fut le *logos* ») est sans doute aussi une démonstration performative de cela même qu'elle dit. Et *fable,* comme *logos,* dit bien le dire, parle de la parole. Mais tout en s'inscrivant ironiquement dans cette tradition évangélique, la *Fable* de Ponge révèle et pervertit, ou plutôt met à jour, par une légère perturbation, l'étrange structure de l'envoi ou du message évangélique, en tout cas de son *incipit* qui dit qu'à l'*incipit* il y a le *logos. Fable,* c'est simultanément, grâce à un tour de syntaxe, une sorte de performatif poétique qui *décrit* et *effectue,* sur la même ligne, son propre engendrement.

Tous les performatifs ne sont certes pas réfléchis, en quelque sorte, ils ne se décrivent pas en miroir, ils ne *se* constatent pas comme des performatifs au moment où ils ont lieu. Celui-ci le fait, mais sa description constative n'est autre que le performatif même. *« Par le mot* par *commence donc ce texte. »* Son commencement, son invention ou sa première venue n'advient pas avant la phrase qui raconte et réfléchit justement cet événement. Le récit n'est autre que la venue de ce qu'il cite, récite, constate ou décrit. On a du mal à discerner − c'est en vérité indécidable − la face récitée et la face récitante de cette phrase qui s'invente en inventant le récit de son invention. Le récit se donne à lire, il est lui-même une légende, puisque ce qu'il raconte n'a pas lieu avant lui et hors de lui qui produit l'événement qu'il raconte. Mais c'est une fable légendaire ou une fiction en un seul vers et deux versions ou deux versants du même. *Invention de l'autre dans le même* − en vers le même de tous les côtés d'un miroir dont le tain ne saurait être toléré. La deuxième occurrence du mot « par » dont la typographie même rappelle qu'il cite la première occurrence, l'*incipit* absolu de la fable, institue une répétition ou une réflexivité originaire qui, tout en divisant l'acte inaugural, à la fois événement inventif et relation ou archive d'invention, lui permet aussi de se déployer pour ne rien dire que le même, lui-même, invention déhiscente et reployée du même, à l'instant où il a lieu. Et déjà s'annonce, en souffrance, le *désir de l'autre* − et de briser un miroir. Mais le premier « par », cité par le second, appartient en vérité à la *même* phrase que lui, c'est-à-dire à celle qui constate l'opération ou l'événement − qui pourtant n'ont lieu que par la citation descriptive et nulle part ailleurs, ni avant elle. Dans telle terminologie de la *speech act theory,* on dirait que le premier « par » est utilisé *(used),* le second cité ou mentionné *(mentioned).* Cette distinction paraît pertinente quand on l'applique au mot « par ». L'est-elle encore à l'échelle de la phrase entière? Le « par » *utilisé* fait partie de la phrase mentionnante mais aussi mentionnée. Il est un moment de la citation, et c'est en tant que tel qu'il est utilisé. Ce que cite la phrase, ce n'est rien d'autre, de « par » en « *par* », qu'elle-même en train de se citer, et les valeurs d'usage ne sont en elle que des sous-ensembles de la valeur de mention. L'événement inventif, c'est la citation *et* le récit. Dans le corps d'un seul vers, sur la même ligne divisée, l'événement d'un énoncé confond deux fonctions absolument hétérogènes, « usage » et « mention », mais aussi hétéro-référence et auto-référence, allégorie et tautégorie. N'est-ce pas là toute la force inventive, le coup de cette fable? Mais cette *vis inventiva* ne se distingue pas d'un certain jeu syntaxique avec les lieux, c'est aussi un art de la *disposition.*

Si *Fable* est à la fois *performative* et *constative* dès sa première ligne, cet effet se propage dans la totalité du poème ainsi engendré. Nous aurons à le vérifier, le concept d'invention distribue ses deux valeurs essentielles entre les deux pôles du constatif (découvrir ou dévoiler, manifester ou dire ce qui est) et du performatif (produire, instituer, transformer). Mais toute la difficulté tient à la figure de la co-implication, à la configuration de ces deux valeurs. *Fable* est à cet égard exemplaire dès sa première ligne. Elle invente par le seul acte d'énonciation qui à la fois fait *et* décrit, opère *et* constate. Le « et » n'associe pas deux gestes différents. Le constat est le performatif même puisqu'il ne constate rien qui lui soit antérieur ou étranger. Il performe en constatant, en effectuant le constat – et rien d'autre. Rapport à soi très singulier, réflexion qui produit le soi de l'auto-réflexion en produisant l'événement par le geste même qui le raconte. Une circulation infiniment rapide, telle est *l'ironie,* tel le temps de ce texte. Celui-ci est ce qu'il est, un texte, ce texte-ci, en tant qu'il fait passer *dans l'instant* la valeur performative du côté de la valeur constative et inversement. Paul de Man nous parle ici ou là de l'indécidabilité comme accélération infinie et donc intenable. Qu'il le dise à propos de la distinction impossible entre fiction et auto-biographie [1], cela n'est pas sans rapport avec notre texte. Celui-ci joue aussi entre la fiction et l'intervention implicite d'un certain *Je* dont je parlerai tout à l'heure. Quant à l'ironie, Paul de Man en décrit toujours la temporalité propre comme structure de l'instant, de ce qui devient « de plus en plus bref et toujours culmine dans le bref et unique moment d'une *pointe* finale [2] ». « L'ironie est une structure synchronique » mais nous verrons tout à l'heure comment elle peut n'être que l'autre face [3] d'une allégorie qui paraît toujours déployée dans la diachronie du récit. Et là encore *Fable* serait exemplaire. Sa première ligne ne parle que d'elle-même, elle est immédiatement métalinguistique mais c'est un métalangage sans surplomb, un métalangage inévitable et impossible puisqu'il *n'y a pas de langage avant lui;* il n'y a pas d'objet antérieur, extérieur ou inférieur pour ce métalangage. Si bien que tout dans cette première ligne – qui dit la vérité de (la) *Fable* – est à la fois langage premier et métalangage second – et rien ne l'est. Il n'y a pas de métalangage, répète la première ligne. Il n'y a que cela dit l'écho – ou Narcisse. La propriété du langage, de toujours pouvoir sans pouvoir parler de lui-même, est ainsi démontrée en acte et selon un paradigme. Je renvoie encore à ce passage de *Allegories of Reading* où Paul de Man reprend la question de la métaphore et du Narcisse chez Rousseau. J'en extrais quelques propositions en vous laissant reconstituer la

---

1. *Autobiography as De-facement,* Modern Languages Notes, 1979, p. 921, repris in *The Rhetoric of Romanticism,* Columbia University Press, 1984.
2. « The Rhetoric of Temporality », in *Blindness and Insight,* p. 226.
3. *Ibid.*

trame d'une démonstration complexe. « Dans la mesure où tout langage est conceptuel, il parle déjà du langage et non des choses [...] Tout langage est langage au sujet de la dénomination, c'est-à-dire un langage conceptuel, figural, métaphorique [...] Si tout langage est langage au sujet du langage, alors le modèle linguistique qui lui sert de paradigme est celui d'une entité qui s'en prend à elle-même *(confronts itself)* [1]. »

L'oscillation infiniment rapide entre performatif et constatif, langage et métalangage, fiction et non-fiction, auto- et hétéro-référence, etc., ne produit pas seulement une instabilité essentielle. Cette instabilité constitue l'événement même, disons l'œuvre, dont l'invention perturbe normalement, si on peut dire, les normes, les statuts et les règles. Elle en appelle à une nouvelle théorie, comme à la constitution de nouveaux statuts et de nouvelles conventions capables de prendre acte de la possibilité de tels événements et de se mesurer à eux. Je ne suis pas sûr que dans son état actuel la représentation dominante de la *speech act theory* en soit capable, pas plus d'ailleurs que les théories littéraires de type formaliste ou herméneutique (sémantiste, thématiste, intentionnaliste, etc.)

Sans la ruiner totalement, puisque aussi bien elle a besoin d'elle pour provoquer ce singulier événement, l'économie fabuleuse d'une petite phrase très simple (parfaitement intelligible et normale dans sa grammaire) *déconstruit* spontanément la logique oppositionnelle qui s'en tient à la distinction intouchable du performatif et du constatif et à tant d'autres distinctions connexes [2].

Est-ce que dans ce cas l'effet de déconstruction tient à la force

---

1. P. 152-153. Cette phrase appelle une note. Je la cite au titre de la psyché et du Narcisse qui nous importent ici. Elle commence ainsi : « Cela implique que le moment de réflexion sur soi du *cogito,* la réflexion sur soi de ce que Rilke appelle " le Narcisse exhaucé " [sic], n'est pas un événement original mais lui-même la version allégorique (ou métaphorique) d'une structure intralinguistique, avec toutes les conséquences épistémologiques négatives que cela entraîne. » Cette équation entre allégorie et métaphore pose dans ce contexte des problèmes sur lesquels nous reviendrons ailleurs.

2. « Le premier passage (section 516 de *La volonté de puissance)* sur l'identité a montré que le langage constatif est en fait performatif, mais le second passage (section 477) affirme *(asserts)* que la possibilité de performer est, pour le langage, tout aussi fictionnelle que la possibilité pour lui d'affirmer *(to assert)*. [...] La différence entre langage performatif et langage constatif (que Nietzsche anticipe) est indécidable ; la déconstruction conduisant d'un modèle à l'autre est irréversible mais elle reste toujours suspendue, si souvent qu'on la répète. » « Rhetoric of persuasion (Nietzsche) », in *Allegories of Reading,* p. 129-130.

d'un événement littéraire? Quoi de la littérature et de la philosophie dans cette scène fabuleuse de la déconstruction? Sans pouvoir aborder ici de front ce problème, je me contenterai de quelques remarques.

1. A supposer même qu'on sache ce qu'est la littérature, et même si par la convention en usage on classe *Fable* dans la littérature, il n'est pas sûr qu'elle soit de part en part littéraire (et par exemple non philosophique : dès lors qu'elle parle *de* la vérité et prétend la dire expressément), ni que sa structure déconstructive ne puisse pas se retrouver dans d'autres textes qu'on ne songerait pas à considérer comme littéraires. Je suis persuadé que la même structure, si paradoxale qu'elle paraisse, se retrouve dans des énoncés scientifiques et surtout juridiques, et parmi les plus instituteurs d'entre eux, donc parmi les plus inventifs.

2. A ce sujet, je citerai et commenterai brièvement un autre texte de Paul de Man qui croise de manière très dense tous les motifs qui nous occupent en ce moment : performatif et constatif, littérature et philosophie, possibilité ou non de la déconstruction. C'est la conclusion de « Rhetoric of persuasion (Nietzsche) », dans *Allegories of Reading,* p. 131 :

> Si la critique de la métaphysique est structurée comme une aporie entre langage performatif et langage constatif, cela revient à dire qu'elle est structurée comme la rhétorique. Et puisque, si l'on veut conserver le terme de « littérature », on ne doit pas hésiter à l'assimiler à la rhétorique, alors il s'ensuivrait que la déconstruction de la métaphysique, ou de la « philosophie », est impossible dans la mesure précise où elle est « littéraire ». Cela ne résout en rien le problème du rapport entre littérature et philosophie chez Nietzsche, mais cela établit au moins un point de « référence » plus sûr depuis lequel poser la question.

Ce paragraphe abrite trop de nuances, de plis ou de réserves pour que nous puissions ici, en si peu de temps, déployer tous ses enjeux. Je risquerai seulement cette glose un peu elliptique, en attendant d'y revenir plus patiemment une autre fois : il y a sans doute plus d'ironie qu'il n'y paraît, me semble-t-il, à parler de l'impossibilité d'une déconstruction de la métaphysique, dans la mesure précise où elle est « littéraire ». Au moins pour cette raison, mais il y en aurait d'autres, que la déconstruction la plus rigoureuse ne s'est jamais présentée comme étrangère à la littérature, ni surtout comme quelque chose de *possible*. Je dirais qu'elle ne perd rien à s'avouer impossible, et ceux qui s'en réjouiraient trop vite ne perdent rien pour attendre. Le danger pour une tâche de déconstruction, ce serait plutôt la *possibilité,* et de devenir un ensemble disponible de procédures réglées, de pratiques méthodiques, de chemins accessibles. L'intérêt de la déconstruction, de sa force et de son désir si elle en a, c'est une certaine expérience de l'impossible : c'est-à-dire, j'y ferai retour à la fin de cette conférence, *de l'autre,* l'expérience de l'autre comme invention de l'impossible, en d'autres termes comme la seule invention possible. Quant à savoir où situer l'insituable « littérature » à cet égard, c'est aussi une question que je délaisse pour l'instant.

Fable se donne donc, par lui-même, par elle-même, un brevet d'invention. Et c'est l'invention, son coup double. Cette singulière duplication, de « par » en *« par »,* la voici destinée à une spéculation infinie, et la spécularisation paraît d'abord saisir ou glacer le texte. Elle le paralyse ou le fait tourner sur place à une vitesse nulle ou infinie. Elle le fascine dans une glace de malheur. Le bris d'un miroir, dit le mot de la superstition, annonce le malheur pour sept ans. Ici, dans un autre caractère typographique et entre parenthèses, c'est *après* sept ans de malheurs qu'elle brisa le miroir. APRÈS est en capitales dans le texte. Étrange inversion. Est-elle aussi un effet de miroir? une sorte de réflexion du temps? Mais si cette chute de *fable,* qui assure entre parenthèses le rôle classique d'une sorte de « moralité », garde quelque chose de *renversant* à la première lecture, ce n'est pas seulement à cause de ce paradoxe. Ce n'est pas seulement parce qu'elle inverse le sens ou la direction du proverbe superstitieux. *A l'inverse* des fables classiques, cette « moralité » est le seul élément de forme explicitement narrative (disons donc allégorique). Une fable de La Fontaine fait en général le contraire : un récit, *puis* une moralité en forme de sentence ou de maxime. Mais le récit qui vient ici entre parenthèses et en conclusion, à la place de la moralité, nous ne savons pas où situer le temps inversé auquel il se réfère. Raconte-t-il ce qui se serait passé avant ou ce qui se passe après la « première ligne »? Ou encore pendant tout le poème dont il serait le temps propre? La différence des temps grammaticaux (passé simple de la « moralité » allégorique après un présent continu) ne nous permet pas d'en décider. Et l'on ne saura pas si les sept ans de « malheurs » qu'on est tenté de synchroniser avec les sept lignes précédentes se laissent raconter par la fable ou se confondent tout simplement avec ce malheur du récit, cette détresse d'un discours fabuleux qui ne peut que se réfléchir sans sortir de soi. Dans ce cas, le malheur serait le miroir même. Et loin de se laisser annoncer par le bris d'un miroir, il consisterait, d'où l'infini de la réflexion, dans la présence même et la possibilité du miroir, dans le jeu spéculaire assuré par le langage. Et en jouant un peu avec ces malheurs de performatifs ou de constatifs qui n'en sont jamais parce qu'ils se parasitent l'un l'autre, on serait tenté de dire que ce malheur, c'est aussi l'essentielle « infelicity » de ces *speech acts,* cette « infelicity » souvent décrite comme un accident par les auteurs de la *speech act theory.*

En tout cas, par toutes ces inversions et perversions, par cette révolution fabuleuse, nous sommes au croisement de ce que Paul de Man appelle allégorie et ironie. Nous pourrions à cet égard relever trois moments ou trois motifs dans « The Rhetoric of Temporality ».

1. Celui d'une « conclusion provisoire » (p. 222). Elle lie l'allégorie et l'ironie dans la découverte, on peut dire l'invention, *« of a truly temporal predicament ».* Le mot « predicament » est difficile à traduire : situation embarrassante, dilemme, aporie, impasse, tels sont les sens courants qui l'ont emporté, sans le faire disparaître, sur le sens philosophique de *predicamentum.* Je le laisserai hors traduction dans ces quelques lignes qui paraissent écrites pour *Fable :*

> L'acte d'ironie, tel que nous l'entendons maintenant, révèle l'existence d'une temporalité qui est certainement *non organique,* en ce qu'elle se rapporte à sa source seulement en termes de distance et de différence, et *ne laisse place à aucune fin, à aucune totalité* [c'est bien la structure technique et non organique du miroir]. L'ironie divise le flux de l'expérience temporelle en un passé qui est pure mystification et un avenir qui reste à jamais harcelé par une rechute dans l'inauthentique. Elle ne peut que la réaffirmer et la répéter à un niveau de plus en plus conscient, mais elle demeure indéfiniment enfermée dans l'impossibilité de rendre cette connaissance applicable au monde empirique. Elle se dissout dans la spirale toujours plus étroite d'un signe linguistique qui s'éloigne de plus en plus de son sens, et elle ne peut échapper à cette spirale. Le vide temporel qu'elle révèle est le même vide que nous avons rencontré quand nous avons découvert que l'allégorie implique toujours une antériorité inaccessible. *L'allégorie et l'ironie sont associées dans leur découverte commune d'un* predicament *véritablement temporel.* (Je souligne.)

Laissons au mot *predicament* (et le mot est un *predicament*) toutes ses connotations, et jusqu'aux plus adventices. Le miroir est ici le *predicament :* une situation nécessaire ou fatale, une quasi-nature dont on peut définir en toute neutralité le prédicat ou la catégorie, la machinerie technique, l'artifice qui la constitue. On est en proie au piège fatal et fascinant du miroir. J'aime prononcer ici le mot de piège : ce fut, il y a quelques années, un thème favori de discussions elliptiques, aussi amusées que désespérées, entre Paul de Man et moi.

2. Un peu plus loin, voici l'ironie comme image spéculaire inversée de l'allégorie : « La structure fondamentale de l'allégorie réapparaît ici [dans l'un des *Lucy Gray poems* de Wordsworth] dans la tendance qui pousse le langage vers la narration, cette extension de soi sur l'axe d'un temps imaginaire pour conférer de la durée à ce qui est, en fait, simultané dans le sujet. La structure de l'ironie est toutefois l'*image en miroir inversée (the reversed mirror-image)* de cette forme. » (P. 225. Je souligne.)

3. Ces deux images inversées en miroir se rassemblent dans le même : l'expérience du temps. « L'ironie est une structure synchronique, tandis que l'allégorie apparaît comme un mode séquentiel capable d'engendrer la durée en tant qu'illusion d'une continuité qu'elle sait illusoire. Pourtant les deux modes, malgré ce qui sépare profondément leur affect et leur structure, sont les deux faces de la même et fondamentale expérience du temps. » (P. 226.)

Fable, donc : une allégorie disant ironiquement la vérité de l'allégorie qu'elle est présentement, et le faisant en le disant à travers un jeu des personnes et des masques. Les quatre premières lignes : à la troisième personne du présent de l'indicatif (mode apparent du constatif, bien que le « je », dont Austin nous dit qu'il a, au présent, le privilège du performatif, puisse y être ici implicite). Dans ces quatre lignes, les deux premières sont affirmatives, les deux autres interrogatives. Les lignes 5 et 6 pourraient expliciter l'intervention implicite d'un « je » dans la mesure où elles dramatisent la scène par une adresse au lecteur, par le détour d'une apostrophe ou parabase. Paul de Man accorde beaucoup d'attention à la parekbase, notamment telle qu'elle est évoquée par Schlegel en rapport avec l'ironie. Il le fait encore dans « The Rhetoric of Temporality » (p. 222) et ailleurs. Le « tu juges » est *à la fois* performatif et constatif, lui aussi, et « nos difficultés », ce sont aussi bien celles 1) de l'auteur, 2) du « je » implicite d'un signataire, 3) de la fable qui se présente elle-même, ou bien 4) de la communauté fable-auteur-lecteurs. Car tous s'embarrassent dans les mêmes difficultés, tous les réfléchissent et tous peuvent en juger.

Mais qui est *elle ?* Qui « brisa son miroir » ? Peut-être *Fable,* la fable elle-même, qui est ici, vraiment, le sujet. Peut-être l'allégorie de la vérité, voire Vérité elle-même, et c'est souvent, selon l'allégorie, une Femme. Mais le féminin peut aussi contresigner l'ironie de l'auteur. Elle parlerait de l'auteur, elle le dirait ou le montrerait lui-même dans son miroir. On dirait alors de Ponge ce que Paul de Man, s'interrogeant sur le « she » d'un des *Lucy Gray poems (She seemed a thing that could not feel),* dit de Wordsworth : « Wordsworth est l'un des rares poètes qui peuvent écrire de façon proleptique au sujet de leur propre mort et parler, pour ainsi dire, depuis l'au-delà de leur propre tombe. Le " she " est en fait assez vaste pour comprendre aussi Wordsworth. » (P. 225.)

Elle, dans cette *Fable,* nous l'appellerons Psyché, celle des *Métamorphoses* d'Apulée, celle qui perd Éros, le mari promis, pour l'avoir voulu voir malgré l'interdit. Mais une psyché, homonyme ou nom commun, c'est aussi le grand et double miroir installé sur un dispositif pivotant. La femme, disons Psyché, l'âme, sa beauté ou sa vérité, peut s'y réfléchir, admirer ou parer de la tête aux pieds. Psyché n'apparaît pas ici, du moins sous son nom, mais Ponge pourrait bien avoir dédié sa *Fable* à La Fontaine. Pour celui qui sut illustrer, dans la littérature française, et la fable et Psyché, Ponge dit souvent son admiration : « Si je préfère La Fontaine — la moindre fable — à Schopenhauer ou Hegel, je sais bien pourquoi. » C'est justement dans *Proêmes, Pages bis, V.*

Paul de Man, lui, nomme Psyché, non pas le miroir, mais le personnage mythique. Le passage nous importe puisqu'il dit la distance entre les deux « selves », les deux moi-mêmes, l'impossibilité de se voir et de se toucher en même temps, la « parabase permanente » et l'« allégorie de l'ironie » :

> Cette combinaison réussie d'allégorie et d'ironie détermine aussi la substance du roman, dans son ensemble [*La chartreuse de Parme*], le *mythos* sous-jacent de l'allégorie. Le roman raconte l'histoire de deux amants auxquels, comme à Éros et à Psyché, la plénitude du contact n'est jamais permise. Quand ils peuvent se toucher, il faut que ce soit dans une nuit imposée par une décision tout à fait arbitraire et irrationnelle, un acte des dieux. C'est le mythe d'une distance insurmontable qui l'emporte toujours entre les deux moi, et il thématise la distance ironique dont l'écrivain Stendhal croyait toujours qu'elle l'emportait entre ses identités pseudonymique et nominale. En tant que telle, elle réaffirme la définition schlegelienne de l'ironie comme « parabase permanente » et distingue ce roman comme l'un des rares romans du roman, comme l'allégorie de l'ironie.

Ce sont les derniers mots de « The Rhetoric of Temporality » (*Blindness and Insight,* p. 228).

Ainsi, du même coup, mais d'un coup double, une fabuleuse invention se fait invention de la vérité, de sa vérité de fable, de la fable de la vérité, la vérité de la vérité *comme fable.* Et de ce qui en elle tient au langage (*fari,* fable). C'est le deuil impossible de la vérité : dans et par le mot. Car nous l'avons vu, si le deuil n'est pas annoncé par le bris du miroir mais survient comme le miroir lui-même, s'il arrive avec la spécularisation, le miroir n'advient à lui-même que par l'intercession du mot. C'est une invention et une intervention du mot, et même ici du mot « mot ». Le mot lui-même se réfléchit dans le mot « mot » et dans le nom de nom. Le tain, qui interdit la transparence et autorise l'invention du miroir, c'est une trace de langue :

> « Par le mot *par* commence donc ce texte
> Dont la première ligne dit la vérité,
> Mais ce tain sous l'une et l'autre
> Peut-il être toléré? »

Entre les deux « par », le tain qui se dépose sous les deux lignes, entre l'une et l'autre, c'est le langage même; il tient d'abord aux mots, et au mot « mot »; c'est le « mot » qui partage, sépare, de part et d'autre de lui-même, les deux apparitions de « par » : « Par le mot *par...* ». Il les oppose, les met en regard ou en vis-à-vis, les lie indissociablement mais les dissocie aussi à tout jamais. Éros et Psyché. Violence insupportable, que la loi devrait interdire (ce tain peut-il être toléré sous les deux lignes ou entre les lignes?). Elle devrait l'interdire comme une perversion des usages, un détournement de la convention linguistique. Or il se trouve que cette perversion obéit à la loi du langage. Elle est tout à fait normale, aucune grammaire ne trouve rien à redire à cette rhétorique. Il faut en faire son deuil, c'est ce que constate et commande à la fois l'*igitur* de cette fable, le « donc » à la fois logique, narratif et fictif de cette première ligne : « Par le mot *par* commence *donc* ce texte... ».

Cet *igitur* parle pour une *Psyché,* à elle et devant elle, à son sujet aussi, et *psyché* ne serait que le *speculum* pivotant venu rapporter le même à l'autre : « Par le mot *par...* ». Ce rapport du même à l'autre, on pourrait en dire à se jouer : ce *n'*est *qu'*une invention, un mirage ou un effet de miroir admirable, son statut reste celui d'une invention, d'une simple invention, sous-entendez un dispositif technique. La question demeure : la psyché, est-ce une invention?

L'analyse de cette fable serait sans fin, je l'abandonne ici. *Fable* qui dit la fable n'invente pas seulement dans la mesure où elle raconte une histoire qui n'a pas lieu, qui n'a pas lieu hors d'elle-même et qui n'est autre qu'elle-même en sa propre in(ter)vention inaugurale. Celle-ci n'est pas seulement d'une fiction poétique dont la production vient se faire signer, breveter, conférer un statut d'œuvre

littéraire à la fois par son auteur et par le lecteur, par l'autre qui
juge (« Cher lecteur déjà tu juges... ») mais qui juge depuis l'apostrophe qui l'inscrit dans le texte, place contresignante quoique d'abord
assignée de destinataire. C'est le fils comme le véritable destinataire,
c'est-à-dire le signataire, l'auteur même, dont nous disions le droit
en commençant. Le fils comme l'autre, son autre, c'est encore la fille,
peut-être Psyché. *Fable* n'a ce statut d'invention que dans la mesure
où, depuis la double position de l'auteur et du lecteur, du signataire
et du contresignataire, elle propose aussi une machine, un dispositif
technique qu'on doit pouvoir, dans certaines conditions et dans
certaines limites, re-produire, répéter, ré-utiliser, transposer, engager
dans une tradition et un patrimoine publics. Elle a donc la valeur
d'un procédé, d'un modèle ou d'une méthode; elle fournirait ainsi
des règles d'exportation, de manipulation, de variation. Compte tenu
d'autres variables linguistiques, un invariant syntaxique peut, de
façon récurrente, donner lieu à d'autres poèmes de même type. Et
cette facture *typée,* qui suppose une première instrumentalisation de
la langue, c'est bien une sorte de *tekhnè.* Entre l'art et les beaux-
arts. Cet hybride de performatif et de constatif qui dès la première
ligne (premier vers ou *first line*) à la fois dit *la* vérité (« dont la
première ligne dit la vérité », selon la description et le rappel de la
deuxième ligne), et *une* vérité qui n'est autre que la sienne propre
se produisant, voilà un événement singulier mais aussi une machine
et une vérité générale. Tout en faisant appel à un fonds linguistique
préexistant (règles syntaxiques et trésor fabuleux de la langue), il
fournit un dispositif réglé ou régulateur capable d'engendrer d'autres
énoncés poétiques de même type, une sorte de matrice d'imprimerie.
On peut dire ainsi : « Avec le mot *avec* s'inaugure donc cette fable »,
ou d'autres variantes réglées, plus ou moins éloignées du modèle, et
que je n'ai pas le temps de multiplier ici. Pensez aussi aux problèmes
de la citationalité à la fois inévitable et impossible d'une invention
auto-citationnelle, si par exemple je dis, comme je l'ai déjà fait :
« Par le mot *par* commence donc ce texte de Ponge intitulé *Fable,*
car il commence ainsi : ˮ Par le mot par, etc. ˮ. » Processus sans
commencement ni fin qui ne fait pourtant que commencer, mais
sans jamais pouvoir le faire puisque sa phrase ou sa phase initiatrice
est déjà seconde, déjà la *suivante* d'une première qu'elle décrit avant
même qu'elle n'ait proprement lieu, dans une sorte d'exergue aussi
impossible que nécessaire. Il faut toujours recommencer pour arriver
à commencer enfin, et réinventer l'invention. Au bord de l'exergue,
essayons de commencer.

 Il était entendu que nous parlerions aujourd'hui du statut de l'invention. Il y avait là un contrat dont vous sentez bien qu'il est travaillé par quelque déséquilibre. Par là-même il garde quelque chose de provocant. Il faut parler du statut de l'invention, mais il vaut mieux inventer quelque chose à ce sujet. Toutefois nous ne sommes autorisés à inventer que dans les limites statutaires assignées par le contrat et par le titre (statut de l'invention ou inventions de l'autre). Une invention qui ne se laisserait pas dicter, commander, programmer par ces conventions serait déplacée, hors de mise, hors de propos, impertinente, transgressive. Et pourtant certains seraient tentés, avec quelque hâte empressée, de répliquer que justement il n'y aura aujourd'hui invention qu'à la condition de cet écart, voire de cette malséance : autrement dit à la condition que l'invention transgresse, pour être inventive, le statut et les programmes qu'on aurait voulu lui assigner.

Vous vous en doutez, les choses ne sont pas si simples. Si peu que nous retenions de la charge sémantique du mot « invention », quelque indétermination que nous lui laissions pour l'instant, nous avons au moins le sentiment qu'une invention ne devrait pas, en tant que telle et dans son surgissement inaugural, avoir de statut. Au moment où elle fait irruption, l'inversion instauratrice devrait déborder, ignorer, transgresser, nier (ou au moins, complication supplémentaire, éviter ou dénier) le statut qu'on aurait voulu lui assigner ou lui reconnaître d'avance, voire l'espace dans lequel ce statut lui-même prend son sens et sa légitimité, bref tout le milieu de *réception* qui par définition ne devrait jamais être prêt pour accueillir une authentique innovation. Dans cette hypothèse (qui n'est pas la mienne pour l'instant) une théorie de la réception devrait ici ou bien rencontrer sa limite essentielle ou bien se compliquer d'une théorie des écarts transgressifs dont on ne sait plus très bien si elle serait encore théorie et théorie de quelque chose comme la réception. Restons encore un peu dans cette hypothèse de bon sens : une invention devrait produire un dispositif de dérèglement, ouvrir un lieu de perturbation ou de turbulence pour tout statut à elle assignable au moment où elle survient. N'est-elle pas alors spontanément destabilisatrice, voire déconstructrice? La question serait alors la suivante : quels peuvent être les effets déconstructeurs d'une invention? Ou inversement : en quoi un mouvement de déconstruction, loin de se limiter aux formes négatives ou destructurantes qu'on lui prête souvent avec naïveté, peut-il être inventif en lui-même? ou du moins le signal d'une inventivité à l'œuvre dans un champ socio-historique? Et enfin comment une déconstruction du concept même d'invention, à travers toute la richesse complexe et organisée de son réseau sémantique, peut-elle encore inventer? inventer au-delà du concept et du langage même de l'invention, de sa rhétorique et de son axiomatique?

Je n'essaie pas de rabattre la problématique de l'invention sur celle de la déconstruction. D'ailleurs, pour des raisons essentielles, il ne saurait y avoir de *problématique* de la déconstruction. Ma question est ailleurs : pourquoi le mot d'« invention », ce mot classique, usé, fatigué, connaît-il aujourd'hui une nouvelle vie, une nouvelle mode et un nouveau mode de vie? Une analyse statistique de la *doxa* occidentale, j'en suis sûr, le ferait apparaître : dans le vocabulaire, les titres de livre [1], la rhétorique de la publicité, de la critique littéraire, de l'éloquence politicienne, et même dans les mots d'ordre de l'art, de la morale et de la religion. Retour étrange d'un désir d'invention. « Il faut inventer », il a fallu ou il aurait fallu inventer : non pas tant créer, imaginer, produire, instituer, mais plutôt inventer. C'est dans l'intervalle entre ces significations (inventer/découvrir, inventer/créer, inventer/imaginer, inventer/produire, inventer/instituer, etc.) qu'habite précisément la singularité de ce désir d'inventer. Inventer non pas ceci ou cela, telle *tekhnè* ou telle fable, mais inventer le monde, un monde, non pas l'Amérique, le Nouveau Monde, mais un monde nouveau, un autre habitat, un autre homme, un autre désir même, etc. Une analyse devrait montrer pourquoi c'est alors le mot d'invention qui s'impose, plus vite et plus fréquemment que d'autres mots voisins (découvrir, créer, imaginer, produire, insti-

---

1. Pourquoi ces titres se sont-ils multipliés ces dernières années? *L'invention du social,* de Donzelot, *L'invention de la démocratie,* de Lefort, *L'invention d'Athènes...,* de Loraux, *L'invention de la politique,* de Finley (titre d'autant plus significatif qu'il a été inventé, pour la traduction française d'un autre titre), *L'invention de l'Amérique,* de Petillon. A quelques semaines d'intervalle paraissent *L'invention scientifique,* de Gerald Holton (PUF, Paris 1982, titre lui aussi imposé par la traduction), *L'invention intellectuelle,* de Judith Schlanger (Fayard, Paris, 1983) et *L'invention du racisme,* de Christian Delacampagne (Fayard, Paris, 1983). Ce dernier livre rappelle que l'invention du mal reste, comme toute invention, affaire de culture, de langage, d'institution, d'histoire et de technique. Dans le cas du racisme au sens strict, c'est sans doute une invention fort récente malgré ses racines anciennes. Delacampagne en lie au moins le signifiant à la *raison* et à la *razza.* Le racisme est aussi une invention de l'autre, mais pour l'exclure et mieux se refermer sur le même. Logique de la *psyché,* cette topique des identifications et projections mériterait un long discours. C'est l'objet de ce livre, dans tous les textes qui suivent, je le crois, sans exception. Quant à son exemplification « politique », cf. en particulier « Le dernier mot du racisme », « Géopsychanalyse », et « Admiration de Nelson Mandela ou les Lois de la réflexion. »

tuer, etc.). Et pourquoi ce désir d'invention, qui va jusqu'à rêver d'inventer un *nouveau* désir, reste contemporain, certes, d'une expérience de fatigue, d'épuisement, d'exhaustion mais accompagne aussi un désir de déconstruction, allant jusqu'à lever l'apparente contradiction qu'il pourrait y avoir entre déconstruction et invention.

La déconstruction est inventive ou elle n'est pas; elle ne se contente pas de procédures méthodiques, elle fraye un passage, elle marche et marque; son écriture n'est pas seulement performative, elle produit des règles — d'autres conventions — pour de nouvelles performativités et ne s'installe jamais dans l'assurance théorique d'une opposition simple entre performatif et constatif. Sa *démarche* engage une affirmation. Celle-ci se lie au venir de l'événement, de l'avènement et de l'invention. Mais elle ne peut le faire qu'en déconstruisant une structure conceptuelle et institutionnelle de l'invention qui aurait arraisonné quelque chose de l'invention, de la force d'invention : comme s'il fallait, par-delà un certain statut traditionnel de l'invention, réinventer l'avenir.

Venir, inventer, Étrange proposition. On vient de dire que toute
trouver, se trouver invention tend à dérégler le statut qu'on voudrait
lui assigner au moment où elle a lieu. On dit maintenant qu'il s'agit pour la déconstruction de mettre en cause le statut traditionnel de l'invention elle-même. Qu'est-ce à dire?

Qu'est-ce qu'une invention? Que fait-elle? Elle vient à *trouver* pour la première fois. Toute l'équivoque se reporte sur le mot « trouver ». Trouver, c'est inventer quand l'expérience du trouver a lieu pour la première fois. Événement sans précédent dont la nouveauté peut être ou bien celle de la chose trouvée (inventée), par exemple un dispositif technique qui n'existait pas auparavant : l'imprimerie, un vaccin, une forme musicale, une institution — bonne ou mauvaise —, un engin de télécommunication ou de destruction à distance, etc.; ou bien l'acte et non pas l'objet du « trouver » ou du « découvrir » (par exemple, en un sens maintenant vieilli, l'Invention de la Croix — par Hélène, la mère de l'empereur Constantin, à Jérusalem en 326 — ou l'Invention du corps de saint Marc, du Tintoret). Mais dans les deux cas, selon les deux points de vue (objet ou acte), l'invention ne crée pas une existence ou un monde comme ensemble des existants, elle n'a pas le sens théologique d'une création de l'existence comme telle, *ex nihilo*. Elle découvre pour la première fois, elle dévoile ce qui déjà se trouvait là, ou produit ce qui, en tant que *tekhnè,* ne se trouvait certes pas là mais n'est pas pour autant créé, au sens fort du mot, seulement agencé à partir d'une réserve d'éléments existants et disponibles, dans une configuration donnée. Cette configuration, cette totalité ordonnée qui rend possibles une invention et sa légitimation, pose tous les problèmes que vous savez, qu'on l'appelle totalité culturelle, *Weltanschauung,* époque, *épistémè,* paradigme, etc. Quelle que soit l'importance de ces problèmes, et leur difficulté, ils en appellent tous à une élucidation de ce qu'*inventer* veut dire et implique. En tout cas, la *Fable* de Ponge ne crée rien, au sens théologique du terme (du moins en apparence), elle n'invente qu'en recourant à un lexique et à des règles syntaxiques, à un code en vigueur, à des conventions auxquelles elle se soumet d'une certaine manière. Mais elle donne lieu à un événement, raconte une histoire fictive et produit une machine en introduisant un écart dans l'usage habituel du discours, en déroutant dans une certaine mesure l'habitus d'attente et de réception dont elle a pourtant besoin ; elle forme un commencement *et* parle de ce commencement, et dans ce double geste indivisible, elle inaugure. C'est là que réside cette singularité et cette nouveauté sans lesquelles il n'y aurait pas d'invention.

Dans tous les cas et à travers tous les déplacements sémantiques du mot « invention », celle-ci reste le *venir,* l'événement d'une nouveauté qui doit surprendre : au moment où elle survient, un statut ne pouvait être paré pour l'attendre et la réduire au même.

Mais cette survenue du nouveau doit être due à une opération du sujet humain. L'invention revient toujours à l'homme comme sujet. Voilà une détermination de très grande stabilité, un quasi-invariant sémantique dont nous devrons tenir un compte rigoureux.

Quelles que puissent être l'histoire ou la polysémie du terme d'invention en tant qu'il s'inscrit dans la mouvance de la latinité, si ce n'est pas dans la langue latine même, jamais, me semble-t-il, on ne s'est autorisé à parler d'invention sans y impliquer l'initiative technique de ce qu'on appelle l'homme [1]. L'homme lui-même, le

---

1. Trouver *ou* inventer, trouver *et* inventer. L'homme peut inventer en trouvant, en trouvant l'invention, ou inventer par-delà ce qu'il trouve et qui se trouve déjà là. Exemples : « Les sourds et les muets trouvent l'invention de se parler avec les doigts » (Bossuet). « Les hommes trouvant le monde tel qu'il est, ont eu l'invention de le tourner à leurs usages » (Fénelon). L'invention « humaine » a souvent le sens négatif de l'imagination, du délire, de la fiction arbitraire ou trompeuse. Spinoza privilégie cette acception dans *Le traité des autorités théologiques et politiques,* notamment au chapitre VII (« De l'interprétation de l'Écriture ») : « ... presque tous

monde humain, est défini par l'aptitude à inventer, au double sens de la narration fictive ou de la fable et de l'innovation technique ou techno-épistémique. De même que je lie *tekhnè* et *fabula,* je rappelle ici le lien entre *historia* et *épistémè.* On ne s'est jamais *autorisé* (il y va bien du statut et de la convention) à dire de Dieu qu'il invente, même si sa création – a-t-on pensé – fonde et garantit l'invention des hommes; on ne s'est jamais autorisé à dire de l'animal qu'il invente, même si sa production et sa manipulation d'instruments ressemblent, dit-on parfois, à l'invention des hommes. En revanche, les hommes peuvent inventer des dieux, des animaux, et surtout de divins animaux.

Cette dimension techno-épistémo-anthropocentrique inscrit la valeur d'invention (entendez son usage *dominant* et réglé par des conventions) dans l'ensemble des structures liant de façon différenciée technique et humanisme métaphysique. S'il faut aujourd'hui réinventer l'invention, ce sera à travers des questions et des performances déconstructives portant sur cette valeur dominante de l'invention, sur son statut et sur l'histoire énigmatique qui lie, dans un système de conventions, une métaphysique à la techno-science et à l'humanisme.

Éloignons-nous un peu de ces propositions générales, revenons à la question du statut. Si une invention semble devoir surprendre ou perturber des conditions statutaires, il faut bien qu'à son tour elle implique ou produise d'autres conditions statutaires, non seulement pour être reconnue, identifiée, légitimée, institutionnalisée comme telle (brevetée, pourrait-on dire) mais même pour se produire, disons pour *survenir.* Et là se situe l'immense débat, qui n'est pas seulement celui des historiens des sciences ou des idées en général, autour des conditions d'émergence et de légitimation des inventions. Comment découper et comment nommer ces ensembles contextuels qui rendent possible et recevable telle invention dès lors que celle-ci à son tour doit modifier la structure de ce contexte même? Là

---

substituent à la parole de Dieu leurs propres inventions *(commenta)* » « Nous voyons, dis-je, les théologiens inquiets (...) du moyen de tirer des Livres sacrés, en leur faisant violence, leurs propres inventions *(figmenta)* et leurs jugements arbitraires... » « Seule une ambition criminelle a pu faire que la religion consistât moins à obéir aux enseignements de l'Esprit-Saint qu'à défendre des inventions humaines *(commentis)...* » « ... et tout ce qu'on invente dans ce délire *(delirando fingunt),* on l'attribue à l'Esprit-Saint... » « ... et ne pas nous attacher (...) à des inventions humaines *(hominum figmenta)* prises pour des enseignements divins... » (trad. M. Frances et R. Misrahi, *Œuvres complètes,* éd. de la Pléiade, Gallimard, p. 711-712).

encore je dois me contenter de situer, dans leur présupposition commune, tant de discussions qui se sont développées au cours de ces dernières décennies autour du « paradigme », de « l'épistémè », de la « coupure épistémologique » ou des « themata ». Si inventive qu'elle soit, et pour l'être, la *Fable* de Ponge, comme toute fable, requiert des règles linguistiques, des modes sociaux de lecture et de réception, un état des compétences, une configuration historique du champ poétique et de la tradition littéraire, etc.

Qu'est-ce qu'un statut? Comme « invention », le mot « statut », et ce n'est pas insignifiant, se détermine d'abord dans le code latin du droit et donc aussi de la rhétorique juridico-politique. Avant d'appartenir à ce code, il désigne la stance ou la station de ce qui, se dressant de façon stable, tient debout, stabilise ou se stabilise. En ce sens il est essentiellement *institutionnel*. Il définit en prescrivant, il détermine selon le concept et la langue ce qui est stabilisable sous forme institutionnelle, à l'intérieur d'un système et d'un ordre qui sont ceux d'une société, d'une culture et d'une loi humaines, même si cette humanité se pense depuis autre chose qu'elle-même, par exemple Dieu. Un statut est toujours humain, en tant que tel, il ne peut être animal ou théologique. Comme l'invention, nous le disions tout à l'heure. On voit donc s'aiguiser le paradoxe : toute invention devrait se moquer du statut, mais il n'y a pas d'invention sans statut. En tout cas ni l'invention ni le statut n'appartiennent à la nature, au sens devenu courant de ce terme, c'est-à-dire au sens statutairement institué par une tradition dominante.

Que demande-t-on quand on s'interroge sur le statut de l'invention? On demande d'abord ce qu'est une invention, et quel concept convient à son essence. Plus précisément, on s'interroge sur l'essence qu'on *s'accorde à lui reconnaître*. On se demande quel est le concept garanti, le concept tenu pour légitime à son sujet. Ce moment de reconnaissance est essentiel pour passer de l'essence au statut. Le statut, c'est l'essence considérée comme stable, fixée et légitimée par un ordre social ou symbolique dans un code, un discours et un texte institutionnalisables. Le moment propre du statut est social et discursif, il suppose qu'un groupe s'entende à dire, par un contrat au moins implicite : 1. l'invention *en général* étant ceci ou cela, se reconnaissant à tels critères et disposant de tel statut, eh bien, 2. cet événement singulier est bien une invention, tel individu ou tel groupe mérite bien le statut d'inventeur, il aura eu de l'invention. Cela peut prendre la forme d'un prix Goncourt ou d'un prix Nobel.

Brevets :   *Statut* s'entend donc à deux niveaux. L'un
l'invention du titre   concerne l'invention en général, l'autre telle
                   invention déterminée qui reçoit son statut ou
son prix par référence au statut général. La dimension juridico-
politique étant irréductible, l'index le plus utile ici serait peut-être
ce qu'on appelle en français le « brevet » d'une invention, en anglais
« patent ». C'est d'abord un texte bref, un « bref », acte écrit par
lequel l'autorité royale accordait un bénéfice ou un titre, voire un
diplôme; aujourd'hui encore il n'est pas insignifiant qu'on parle de
brevet d'ingénieur ou de technicien pour désigner une compétence
attestée. Le brevet, c'est donc l'acte par lequel les autorités politiques
confèrent un titre public, c'est-à-dire un statut. Le brevet d'invention
crée un statut ou un droit d'auteur, un titre – et c'est pourquoi
notre problématique devrait passer par celle, très riche et très complexe,
du droit positif des œuvres, de ses origines et de son histoire actuelle,
fort agitée par les perturbations de toute sorte, en particulier celles
qui viennent des nouvelles techniques de reproduction ou de télécommunication. Le brevet d'inventeur, *stricto sensu,* ne sanctionne
que des inventions techniques donnant lieu à des instruments reproductibles, mais on peut l'étendre à tout droit d'auteur. Le sens de
l'expression « statut de l'invention » est supposé par l'idée de « brevet »
mais ne s'y réduit pas.

Pourquoi ai-je insisté sur ce dernier? C'est qu'il est peut-être
un meilleur indice de notre situation aujourd'hui. Si le mot d'« invention » connaît une nouvelle vie, sur fond d'épuisement angoissé
mais aussi depuis le désir de réinventer l'invention même, et jusqu'à
son statut, c'est sans doute qu'à une échelle sans commune mesure
avec celle du passé, ce qu'on appelle l'« invention » à breveter se
trouve *programmé,* c'est-à-dire soumis à de puissants mouvements de
prescription et d'anticipation autoritaires dont les modes sont les
plus multiples. Et cela aussi bien dans les domaines dits de l'art ou
des beaux-arts que dans le domaine techno-scientifique. Partout le
projet de savoir et de recherche est d'abord une programmatique des
inventions. On pourrait évoquer les politiques éditoriales, les
commandes de marchands de livres ou de tableaux, les études de
marché, la politique de la recherche et les « finalisations », comme
on dit maintenant, qu'elle détermine à travers des institutions de
recherche et d'enseignement, la politique culturelle, qu'elle soit ou
non étatique. On pourrait évoquer aussi toutes les institutions, privées
ou publiques, capitalistes ou non, qui se déclarent elles-mêmes

comme des machines à produire et à orienter l'invention. Mais ne considérons encore une fois, au titre de l'indice, que la politique des brevets. On dispose aujourd'hui de statistiques comparatives au sujet des brevets d'invention déposés chaque année par tous les pays du monde. La concurrence qui fait rage, pour des raisons économico-politiques évidentes, détermine les décisions au niveau gouvernemental. Au moment où la France, par exemple, considère qu'elle doit progresser dans cette course aux brevets d'invention, le gouvernement décide d'accroître tel poste budgétaire et d'injecter des fonds publics, via tel ministère, pour commander, induire ou susciter les inventions brevetées. Selon des trajets plus inapparents ou plus surdéterminés encore, nous savons que de telles programmations peuvent investir la dynamique de l'invention soi-disant la plus « libre », la plus sauvagement « poétique » et inaugurale. La logique générale de cette programmation, s'il y en avait une, ne serait pas nécessairement celle de représentations conscientes. La programmation prétend, et y parvient parfois jusqu'à un certain point, assigner jusqu'à la marge aléatoire avec laquelle il lui faut compter. Elle l'intègre dans ses calculs probabilitaires. Il y a quelques siècles, on se représentait l'invention comme un événement erratique, l'effet d'un coup de génie individuel ou d'une chance imprévisible. Cela souvent par une méconnaissance, inégalement répandue il est vrai, des détours selon lesquels se laissait contraindre, prescrire, sinon prévoir, l'invention. Aujourd'hui, c'est peut-être parce que nous connaissons trop l'existence au moins, sinon le fonctionnement des machines à programmer l'invention, que nous rêvons de réinventer l'invention au-delà des matrices à programme. Car une invention programmée, est-ce encore une invention? Est-ce un événement par où l'avenir vient à nous?

Revenons modestement sur nos pas. Comme celui d'une invention particulière, le statut de l'invention en général suppose la reconnaissance *publique* d'une origine, plus précisément d'une originalité. Celle-ci doit être assignable et revenir à un *sujet humain,* individuel ou collectif, responsable de la *découverte* ou de la *production* d'une nouveauté désormais *disponible* pour tous. Découverte ou production? Première équivoque, si du moins l'on ne réduit pas le *producere* au sens de mise au jour par le geste de conduire ou de mettre en avant, ce qui reviendrait à dévoiler ou découvrir. En tout cas, découverte ou production, mais non création. Inventer, c'est en venir à trouver, découvrir, dévoiler, produire *pour la première fois* une chose, qui peut être un artefact, mais qui en tout cas pouvait se trouver là de manière encore virtuelle ou dissimulée. La première fois de l'invention ne crée jamais une existence, et c'est sans doute par une certaine réserve à l'égard d'une théologie créationniste qu'on veut aujourd'hui réinventer l'invention. Cette réserve n'est pas nécessairement athée, elle peut au contraire tenir à réserver justement la création à Dieu et l'invention à l'homme. On ne dira plus que Dieu a inventé le monde, à savoir la totalité des existences. On peut dire que Dieu a inventé les lois, les procédures ou les modes de calcul pour la création (« *dum calculat fit mundus* »), mais non pas qu'il a inventé le monde. De même, on ne dirait plus aujourd'hui que Christophe Colomb a inventé l'Amérique, sauf en ce sens devenu archaïque où, comme dans l'Invention de la Croix, celle-ci revient seulement à découvrir une existence qui se trouvait déjà là. Mais l'usage ou le système de certaines conventions modernes, relativement modernes, nous interdiraient de parler d'une invention dont l'objet serait une existence comme telle. Si on parlait aujourd'hui de l'invention de l'Amérique ou du Nouveau Monde, cela désignerait plutôt la découverte ou la production de nouveaux *modes* d'existence, de nouvelles manières d'appréhender, de projeter ou d'habiter le monde mais non la création ou la découverte de l'existence même du territoire nommé Amérique [1].

---

1. Il faudrait étudier ici toute la première partie de la *Didactique* dans l'*Anthropologie du point de vue pragmatique* de Kant, en particulier aux § 56-57. Contentons-nous d'en citer ce fragment : « *Inventer (erfinden)* est tout autre chose que découvrir *(entdecken)*. Car ce qu'on découvre est considéré comme déjà existant sans être révélé, par exemple l'Amérique avant Colomb; mais ce que l'on *invente,* la *poudre à canon* par exemple, n'était pas connu avant l'artisan qui l'a fabriqué. Les deux choses peuvent avoir leur mérite. On peut trouver quelque chose que l'on ne cherche pas (comme l'alchimiste le Phosphore) et ce n'est pas un mérite. Le talent d'inventeur s'appelle le *génie,* mais on n'applique jamais ce nom qu'à un créateur *(Künstler),* c'est-à-dire à celui qui s'entend à *faire* quelque chose et non pas à celui qui se contente de connaître et de savoir beaucoup de choses; on ne l'applique pas à qui se contente d'imiter, mais à qui est capable de faire dans ses ouvrages une production originale; en somme à un créateur, à cette condition seulement que son œuvre soit un modèle *(Beispiel) (Exemplar).* Donc le génie d'un homme est ˝ l'originalité exemplaire de son talent ˝ *(die musterhafte Originalität seines Talents)* (pour tel ou tel genre d'œuvres d'arts *(Kunstproducten)).* Mais on appelle aussi génie un esprit qui a une semblable disposition; c'est que ce mot ne doit pas signifier seulement les dons naturels *(Naturgabe)* d'une personne, mais cette personne elle-même. Être un génie dans de nombreux domaines, c'est être un vaste génie (comme Léonard de Vinci). » (Trad. M. Foucault, Vrin, p. 88.) J'ai rappelé les mots allemands pour souligner dans leur langue les oppositions qui nous importent ici et surtout pour faire apparaître que le mot « créateur » ne désigne

Une ligne de partage ou de mutation se dessine ainsi dans le devenir sémantique ou dans l'usage réglé du mot « invention ». Il faudrait la décrire sans durcir la distinction, ou du moins en la maintenant à l'intérieur de cette grande et fondamentale référence à la *tekhnè* humaine, à ce pouvoir mytho-poétique qui associe la fable, le récit historique et la recherche épistémique. Quelle est cette ligne de partage ? Inventer a toujours signifié « en venir à trouver pour la première fois » mais jusqu'à l'aube de ce qu'on pourrait appeler la « modernité » techno-scientifique et philosophique (à titre d'indication empirique très grossière et insuffisante, disons au XVIIᵉ siècle), on pouvait encore parler (mais cela ne sera plus possible par la suite) d'*invention* au sujet d'*existences* ou de *vérités* qui, sans être, bien entendu, créées par l'invention, sont par elles découvertes ou dévoilées pour la première fois : trouvées là. Exemples : Invention du corps de saint Marc, encore, mais aussi invention de vérités, de choses vraies. C'est ainsi que la définit Cicéron dans le *De inventione* (1. VII). Première partie de l'art oratoire, l'invention est « *excogitatio rerum verarum, aut verisimilium, quae causam probabilem reddant* ». La « cause » en question est la cause juridique, le débat ou la controverse entre des « personnes déterminées ». Il appartient au statut de l'invention qu'elle concerne *aussi et toujours* des questions juridiques de statuts.

Puis selon un déplacement déjà engagé mais qui, me semble-t-il, se stabilise au XVIIᵉ siècle, peut-être entre Descartes et Leibniz, on ne parlera quasiment plus de l'invention comme découverte dévoilante de ce qui se trouvait déjà là (existence ou vérité) mais de plus en plus, voire uniquement, comme découverte productive d'un dispositif qu'on peut appeler technique au sens large, techno-scientifique ou techno-poétique. Il ne s'agit pas simplement d'une technologisation de l'invention. Celle-ci a toujours été liée à l'intervention d'une *tekhnè*, mais dans cette *tekhnè* c'est désormais la production – et non seulement le dévoilement – qui va dominer l'usage du mot « invention ». *Production* signifie alors la mise en œuvre d'un dispositif machinique relativement indépendant, lui-même capable d'une certaine récurrence auto-reproductive et même d'une certaine simulation ré-itérante.

---

pas, dans ce contexte, celui qui produit *ex nihilo* une existence, ce que l'inventeur, nous y avons insisté, ne saurait faire, mais bien l'artiste (*Künstler*).

La suite de ce passage nous intéressera plus tard. Il concerne le rapport entre le génie et la vérité, l'imagination productive et l'exemplarité.

L'invention de la vérité   Une déconstruction de ces règles d'usage et
                                  donc de ce concept d'invention, si elle veut
être aussi une ré-invention de l'invention, suppose ainsi l'analyse
prudente de la double détermination dont nous formulons ici l'hypothèse. Double détermination, double inscription qui forme aussi
une sorte de scansion qu'on hésitera à appeler « historique » et surtout
à dater pour des raisons évidentes. Ce que nous avançons ici ne peut
être sans effet sur le concept et la pratique de l'histoire même.

La « première ligne » de partage traverserait la *vérité* : le rapport
à la vérité et l'usage du mot « vérité ». La décision se tiendrait là,
comme toute la gravité de l'équivoque.

Une certaine polysémie du mot « invention » peut, grâce à
certaines contraintes contextuelles, se laisser facilement maîtriser. Par
exemple en français, ce mot désigne au moins trois choses, selon les
contextes et la syntaxe de la proposition. Mais chacune de ces trois
choses se laisse à son tour frapper, voire diviser par une équivoque
plus difficile à réduire, car elle est essentielle.

Quelles sont d'abord ces trois premières significations qui se
déplacent sans grand risque d'un lieu à l'autre ? On peut en premier
lieu appeler invention la capacité d'inventer, l'aptitude à inventer,
l'inventivité. On la suppose souvent naturelle et géniale. On dira
d'un savant ou d'un romancier qu'ils ont de l'invention. On peut
ensuite appeler invention le moment, l'acte ou l'expérience, cette
« première fois » de l'événement nouveau, la nouveauté de ce nouveau
(qui n'est pas forcément l'autre, je le suggère au passage). Et puis,
troisièmement, on appellera invention le contenu de cette nouveauté,
la chose inventée. Je récapitule dans un exemple ces trois valeurs
référentielles : 1. Leibniz a de l'invention. 2. Son invention de la
caractéristique universelle eut lieu à telle date et eut tels effets, etc.
3. La caractéristique universelle fut son invention, le contenu et non
seulement l'acte de cette invention.

Si ces trois valeurs se laissent aisément discerner d'un contexte
à l'autre, la structure sémantique *générale* de l'« invention », avant
même cette triplicité, reste beaucoup plus difficile à élucider. Avant
le partage auquel je faisais allusion à l'instant, deux significations
concurrentes semblaient coexister : 1. « Première fois », événement
d'une *découverte,* invention de ce qui se trouvait déjà là et se dévoile
comme existence ou comme sens et vérité. 2. Invention productrice
d'un dispositif technique qui, lui, ne se trouvait pas là en tant que
tel. Alors on lui donne *lieu* en *le trouvant,* tandis que dans le premier

cas on trouvait son lieu, là où il *se trouvait* déjà. Et le rapport de l'invention à la question du lieu – à tous les sens de ce mot – est évidemment essentiel. Or si, comme nous en formons l'hypothèse, le premier sens de l'invention, celui qu'on pourrait appeler « véritatif », tend à disparaître depuis le xviie siècle au profit du second, il nous faut encore trouver le lieu où ce partage commence à s'opérer, un lieu qui ne soit pas empirique ou historico-chronologique. D'où vient-il qu'on ne parle plus de l'Invention de la Croix ou de l'invention de la vérité (en un certain sens de la vérité) pour parler de plus en plus, voire seulement, de l'invention de l'imprimerie, de la navigation à vapeur ou d'un dispositif logico-mathématique, c'est-à-dire d'une autre forme de rapport à la vérité? Malgré cette transformation tendancielle, il s'agit dans les deux cas de la vérité. Un pli ou une jointure séparent tout en ajointant ces deux sens du sens. Ce sont aussi deux forces ou deux tendances qui se rapportent ainsi l'une à l'autre, l'une sur l'autre dans leur différence même. Nous avons peut-être un instantané furtif et tremblé dans ces textes où « invention » signifie *encore* invention de la vérité au sens de la découverte dévoilant ce qui d'abord se trouve là mais aussi, *déjà,* invention d'un autre type de vérité et d'un autre sens du mot « vérité » : celui d'une proposition judicative, donc d'un dispositif logico-linguistique. Il s'agit alors d'une production, celle de la *tekhnè* la plus appropriée, la construction d'une machinerie qui n'était pas là, même si ce nouveau dispositif de la vérité doit en principe se régler encore sur celui du premier type. Les deux sens restent très proches, jusqu'à paraître confondus, dans l'expression assez fréquente d'« invention de la vérité ». Je les crois pourtant hétérogènes. Et il me semble aussi qu'ils n'ont jamais cessé d'accentuer ce qui les sépare. Le second tendrait depuis lors à une hégémonie sans partage. Il est vrai qu'il a toujours hanté et donc aimanté le premier, toute la question de la différence entre la *tekhnè* pré-moderne et la *teknè* moderne résidant au cœur de ce que je viens de nommer rapidement la hantise ou l'aimantation.

Dans les exemples que je vais rappeler, on peut avoir le sentiment que seul le premier sens (découverte dévoilante et non découverte productive) est encore déterminant. Mais ce n'est jamais aussi simple. Je me limite d'abord à tel passage de *La Logique ou l'art de penser* de Port-Royal. Ce texte fut écrit en français et l'on sait quel rôle il a joué dans la diffusion de la pensée cartésienne. Je l'ai choisi parce qu'il multiplie les références à toute une tradition qui nous importe ici, notamment celle du *De inventione* de Cicéron.

Dans le chapitre qui traite « *Des Lieux, ou de la méthode de trouver des arguments...* » (III, XVII), on rappelle que

> Ce que les Rhétoriciens et les Logiciens appellent Lieux, *loci argumentorum,* sont certains chefs généraux, auxquels on peut rapporter toutes les preuves dont on se sert dans les diverses matières que l'on traite : et la partie de la Logique qu'ils appellent *invention,* n'est autre chose que ce qu'ils enseignent de ces Lieux. Ramus fait une querelle sur ce sujet à Aristote et aux philosophes de l'école, parce qu'ils traitent des Lieux après avoir donné les règles des argumens, et il prétend contre eux, qu'il faut expliquer les Lieux et ce qui regarde l'invention avant que de traiter de ces règles. La raison de Ramus est, que l'on doit avoir trouvé la matière avant que de songer à la disposer. Or l'explication des Lieux enseigne à trouver cette matière, au-lieu que les règles des argumens n'en peuvent apprendre que la disposition. Mais cette raison est très–foible, parcequ'encore qu'il soit nécessaire que la matière soit trouvée pour la disposer, il n'est pas nécessaire néanmoins d'apprendre à trouver la matière avant que d'avoir appris à la disposer.

Cette question de la disposition, ou de la *collocatio,* dont on débat pour savoir si elle doit ou non précéder le moment où l'on *trouve la matière* (aussi bien la vérité de la chose, l'idée, le contenu, etc.), n'est autre, en fait, que celle des deux vérités à inventer : vérité de dévoilement, vérité comme dispositif propositionnel.

Mais il s'agit toujours de trouver, mot d'une énigmatique et puissante obscurité, notamment dans l'étoilement de ses rapports aux lieux, au lieu dans lequel on trouve, au lieu qu'on trouve, au lieu qui se trouve ou dans lequel ça se trouve. Que veut dire trouver? Si intéressante que soit l'étymologie du mot, la réponse ne s'y trouve pas. Laissons pour l'instant sommeiller cette question qui est aussi question de langue [1].

---

1. Il n'est pas seulement difficile de traduire toute la configuration qui se rassemble autour du mot « trouver ». Il est quasiment impossible de reconstituer en deux mots tous les usages du « se trouver », voire du « si ça se trouve » français dans une langue non latine (« il se trouve que... », « je me trouve bien ici », « la lettre se trouve entre les jambes de la cheminée... », etc.). Aucune trouvaille de traduction ne sera parfaitement adéquate. La traduction, est-ce de l'invention? Et la lettre volée, où qu'elle se trouve, et si on la trouve là où elle se trouve, l'aura-t-on découverte, dévoilée ou inventée? Inventée comme la croix du Christ, là où elle *se trouvait* déjà, ou comme une fable? comme un sens ou comme une existence? comme une vérité ou comme un simulacre? en son lieu ou comme un lieu? Dès son *incipit,* « Le facteur de la vérité » (in *La carte postale*) se lie de façon irréductible, donc intraduisible, à l'idiome français du « se trouver » et du « si ça se trouve », dans tous les états de sa syntaxe (p. 441 et 448). La question de savoir

L'*ars inveniendi* et l'*ordo inveniendi* concernent aussi bien le *chercher* que le *trouver* dans la découverte analytique d'une vérité qui se trouve déjà là. Pour ne pas trouver au hasard d'une rencontre ou d'une « trouvaille » la vérité qui se trouve déjà là, il faut un programme de recherche, une méthode, et une méthode analytique, qu'on appelle méthode d'invention. Elle suit l'*ordo inveniendi* (distinct de l'*ordo exponendi*), c'est-à-dire l'ordre analytique. « Il y a deux sortes de méthodes : l'une pour découvrir la vérité, qu'on appelle *analyse, ou méthode de résolution,* et qu'on peut aussi appeler *méthode d'invention;* et l'autre pour la faire entendre aux autres quand on l'a trouvée, qu'on appelle *synthèse,* ou *méthode de composition,* et qu'on peut aussi appeler *méthode de doctrine.* » (*Logique de Port-Royal,* IV, II.) Transposons : que dira-t-on, à partir de ce discours sur l'invention, d'une *Fable* comme celle de Francis Ponge? Sa première ligne découvre-t-elle, invente-t-elle quelque chose? ou bien expose-t-elle, enseigne-t-elle ce qu'elle vient à l'instant d'inventer? Résolution ou composition? Invention ou doctrine? Tout son intérêt tient à ceci : elle intéresse aux deux, *entre* les deux, jusqu'à rendre la décision impossible et l'alternative secondaire. On peut constater dans *La Logique de Port-Royal* ce qu'on peut aussi vérifier chez Descartes ou chez Leibniz : même si elle doit se régler sur une vérité « qui se doit trouver dans la chose même indépendamment de nos désirs » (III, XX, a, 1-2), la vérité que nous devons *trouver* là où elle *se trouve,* la vérité à inventer, c'est avant tout le caractère de notre *rapport* à la chose même et non le caractère de la chose même. Et ce rapport doit se stabiliser dans une proposition. C'est elle qu'on nommera le plus souvent « vérité », surtout quand on mettra ce mot au pluriel. Les vérités sont des propositions vraies (II, IX; III, X; III, XX, b, 1; IV, IX; V, XIII), des dispositifs de prédication. Quand Leibniz parle des « inventeurs de la vérité », il faut bien le rappeler, comme le fait Heidegger dans *Der Satz vom Grund,* qu'il s'agit de producteurs de propositions et non seulement de révélateurs. La vérité qualifie la connexion du sujet et du prédicat. On n'a jamais inventé quelque chose, c'est-à-dire une chose. En somme on *n'*a jamais *rien* inventé. On n'a pas davantage inventé une essence des choses, dans ce nouvel univers du discours, seulement la vérité comme proposition. Et ce dispositif logico-discursif peut être nommé *tekhnè* au sens large. Pourquoi? Il n'y a d'invention qu'à la condition

---

si dans le moment de sa découverte la lettre volée est une invention (et alors en quel sens?) ne recouvre pas exactement, du moins n'épuise-t-elle pas celle de savoir si *La lettre volée* est une invention.

d'une certaine généralité, et si la production d'une certaine idéalité objective (ou objectivité idéale) donne lieu à des opérations récurrentes, donc à un dispositif utilisable. Si l'*acte* d'invention peut n'avoir lieu qu'une fois, l'artefact inventé, lui, doit être essentiellement répétable, transmissible et transposable. Dès lors le « une fois » ou le « une première fois » de l'acte d'invention se trouve divisé ou multiplié en lui-même, d'avoir donné lieu à une itérabilité. Les deux types extrêmes des choses inventées, le dispositif machinique d'une part, la narration fictive ou poématique d'autre part, impliquent à la fois la première fois et toutes les fois, l'événement inaugural et l'itérabilité. Une fois inventée, si l'on peut dire, l'invention n'est inventée que si, dans la structure de la première fois, s'annoncent la répétition, la généralité, la disponibilité commune et donc la publicité. D'où le problème du statut institutionnel. Si on pouvait d'abord penser que l'invention remettait en question tout statut, on voit aussi qu'il ne saurait y avoir d'invention sans statut. Inventer, c'est produire l'itérabilité et la machine à reproduire, la simulation et le simulacre. En un nombre indéfini d'exemplaires, utilisables hors du lieu d'invention, à la disposition de sujets multiples dans des contextes variés. Ces dispositifs peuvent être des instruments simples ou complexes, mais aussi bien des procédures discursives, des méthodes, des formes rhétoriques, des genres poétiques, des styles artistiques. Et ce sont dans tous les cas des « histoires » : une certaine séquentialité doit pouvoir prendre une forme narrative, à répéter, réciter, re-citer. On doit pouvoir la raconter et en rendre compte selon le principe de raison. Cette itérabilité se marque, et donc se remarque, à l'origine de l'instauration inventive. Elle la constitue, elle y forme une poche du premier instant, une sorte d'anticipation rétroversée : « Par le mot *par*... »

A tout cela la structure de la langue – je préfère dire ici, pour des raisons essentielles, la structure de la marque ou de la trace – n'est pas du tout étrangère ou inessentielle. L'articulation qui ajointe les deux sens du mot « invention » dans l'expression « invention de la vérité », il n'est pas fortuit qu'on la perçoive mieux qu'ailleurs chez Descartes ou chez Leibniz, quand tous deux parlent de l'invention d'une langue [1] ou d'une caractéristique universelle (système de

---

1. L'invention du langage et de l'écriture – de la marque – est toujours, pour des raisons essentielles, le paradigme même de l'invention, comme si on assistait là à l'invention de l'invention. On en trouverait mille exemples. Mais puisque nous sommes à Port-Royal : « La grammaire est l'art de parler. Parler, est expliquer ses pensées par des signes que les hommes ont inventés à ce dessein. On a trouvé que

marques indépendant de toute langue naturelle). Tous les deux
justifient cette invention en fondant l'aspect technologique ou techno-
sémiotique sur l'aspect « véritable », sur des vérités qui sont vérités
découvertes *et* connexions prédicatives dans des propositions vraies.
Mais ce recours commun à la vérité philosophique de l'invention
technique n'opère pas chez l'un et chez l'autre de la même façon.
Cette différence devrait nous importer ici. Tous deux parlent de
l'invention d'une langue ou d'une caractéristique universelle. Tous
deux pensent à une nouvelle machinerie qui reste à *forger* même si
la logique de cet artefact doit se fonder et en vérité *se trouver* dans
celle d'une invention analytique. Descartes se sert à deux reprises du
mot « invention » dans la célèbre lettre à Mersenne (20 novembre
1629) au sujet d'un projet de langue et d'écriture universelle :

> ... l'*invention* de cette langue dépend de la vraie philosophie;
> car il est impossible autrement de dénombrer toutes les pensées des

---

les plus commodes de ces signes étaient les sons et les voix. Mais parce que ces
sons passent, on a inventé d'autres signes pour les rendre durables et visibles, qui
sont les caractères de l'écriture, que les Grecs appellent *grammata,* d'où est venu le
mot de Grammaire. » Arnauld et Lancelot, *Grammaire générale et raisonnée,* 1660.
Comme toujours, l'invention est à la jointure de la nature et de l'institution : « Les
divers sons dont on se sert pour parler, et qu'on appelle *lettres,* ont été trouvés
d'une manière toute naturelle, et qu'il est utile de remarquer. » Si je préfère dire
« invention de la marque ou de la trace », plutôt que du langage ou de l'écriture,
pour désigner le paradigme de toute invention, c'est à la fois pour la situer à la
jointure de la nature et de la culture, comme le veut toute originarité supposée,
mais aussi pour ne plus accréditer *a priori* l'opposition de l'animal et de l'homme
sur laquelle est construite la valeur courante d'invention. Si toute invention, comme
invention de trace *et* trace d'invention, devient alors mouvement de différance et
d'envoi, comme j'ai tenté de le démontrer ailleurs, le dispositif postal en reçoit un
privilège que je me contenterai de souligner une fois de plus. Et d'illustrer selon
Montaigne dont je citerai ici, supplément détaché de *La carte postale,* ce fragment
Des postes (II, XXIII) qui nomme l'« invention » et la situe entre le socius animal
et le socius humain : « En la guerre des Romains contre le Roy Antiochus,
T. Sempronius Gracchus, dict Tite-Live, " per dispositos equos prope incredibili
celeritate ab Amphissa tertio die Pellam pervenit " ; et appert à veoir le lieu, que
c'éstoient postes assises, non ordonnées freschement pour cette course.
« L'invention de Cecinna à renvoyer des nouvelles à ceux de sa maison avoit
bien plus de promptitude : il emporta quand et soy des arondelles, et les relaschoit
vers leurs nids quand il vouloit r'envoyer de ses nouvelles, en les teignant de marque
de couleur propre à signifier ce qu'il vouloit, selon qu'il avoit concerté avec les
siens. Au theatre, à Romme, les maistres de famille avoient des pigeons dans leur
sein, ausquels ils attacheoyent des lettres quand ils vouloient mander quelque chose
à leurs gens au logis; et estoient dressez à en raporter responce. »

hommes, et de les mettre par ordre, ni seulement de les distinguer en sorte qu'elles soient claires et simples, qui est à mon avis le plus grand *secret* qu'on puisse avoir pour *acquérir la bonne science...* Or je tiens que cette langue est possible, et qu'on peut *trouver* la science de qui elle dépend, par le moyen de laquelle les paysans pourraient mieux *juger de la vérité* des choses, que ne font maintenant les philosophes... (Je souligne.)

L'invention de la langue dépend de la science des vérités, mais cette science doit elle-même être trouvée par laquelle, grâce à l'invention de la langue qu'elle aura permise, tout le monde, paysans compris, pourra mieux juger de la vérité des choses. L'invention de la langue suppose *et* produit la science, elle intervient entre deux savoirs comme une procédure méthodique ou techno-scientifique. Sur ce point, Leibniz suit bien Descartes, mais s'il reconnaît que l'invention de cette langue dépend « de la vraie philosophie », « elle ne dépend pas, ajoute-t-il, de sa perfection ». Cette langue peut être

> établie, quoique la philosophie ne soit pas parfaite : et à mesure que la science des hommes croistra, cette langue croistra aussi. En attendant elle sera d'un secours merveilleux et pour se servir de ce que nous sçavons, et pour voir ce qui nous manque, et pour inventer les moyens d'y arriver, mais sur tout pour exterminer les controverses dans les matières qui dépendent du raisonnement. Car alors raisonner et calculer sera la même chose. (*Opuscules et fragments inédits,* éd. Couturat, p. 27-28.)

La langue artificielle ne se situe pas seulement à l'arrivée d'une invention dont elle procéderait, elle procède aussi à l'invention : son invention sert à inventer. La nouvelle langue est elle-même un *ars inveniendi* ou le code idiomatique de cet art, son espace de signature. Telle une intelligence artificielle, grâce à l'indépendance d'un certain automatisme, elle préviendra le développement et elle précédera l'achèvement du savoir philosophique. L'invention survient et prévient, elle excède le savoir, du moins dans son état actuel, dans son statut présent. Cette différence de rythme confère au temps de l'invention une vertu de frayage producteur, même si l'aventure inaugurale doit être surveillée, en dernière instance téléologique, par un analytisme fondamental.

La signature : art d'inventer, art d'envoyer

Les inventeurs, dit Leibniz, « procèdent à la vérité », ils inventent le chemin, la méthode, la technique, le dispositif propositionnel, autrement dit ils *posent* et instituent. Ce sont les hommes du statut autant que du chemin quand celui-ci devient méthode. Et cela ne va jamais sans possibilité d'application réitérée, donc sans une certaine généralité. En ce sens l'inventeur invente toujours une vérité générale, c'est-à-dire la connexion d'un sujet à un prédicat. Dans les *Nouveaux essais sur l'entendement humain,* Théophile y insiste :

> ... si l'inventeur ne trouve qu'une vérité particulière, il n'est inventeur qu'à demi. Si Pythagore avait seulement observé que le triangle dont les côtés sont 3, 4, 5 a la propriété de l'égalité du carré de l'hypoténuse avec ceux des côtés (c'est-à-dire que 9 + 16 fait 25), aurait-il été l'inventeur pour cela de cette grande vérité, qui comprend tous les triangles rectangles, et qui est passée en maxime chez les géomètres? (IV, VII.)

L'universalité, c'est aussi l'objectivité idéale, donc la récurrence illimitée. Cette récurrence logée dans l'occurrence unique de l'invention, c'est ce qui brouille en quelque sorte la signature des inventeurs. Le nom d'un individu ou d'une singularité empirique ne peut y être associé que de façon inessentielle, extrinsèque, accidentelle. On devrait même dire aléatoire. D'où l'énorme problème du droit de propriété des inventions à partir du moment où, très récemment en somme, il a commencé à s'inscrire, sous sa forme législative, dans l'histoire de l'Occident puis du monde. Nous célébrons aussi un centenaire. C'est en 1883 qu'a été signée la première grande convention internationale, la Convention de Paris, légiférant sur les droits de propriété industrielle. Elle n'a été contresignée qu'en 1964 par l'Union soviétique et elle est en pleine évolution depuis la Deuxième Guerre mondiale. Sa complexité, le retors de sa casuistique autant que ses présuppositions philosophiques en font un objet redoutable et passionnant. Ses dispositifs juridiques sont eux aussi des inventions, des conventions inaugurées par des actes performatifs. Deux distinctions essentielles marquent l'axiomatique de cette législation : distinction entre le droit d'auteur et le brevet, distinction entre l'idée scientifique, la découverte théorique d'une vérité et l'idée de son exploitation industrielle. C'est seulement dans le cas d'une exploitation de type industriel qu'on peut prétendre au brevet. Et cela suppose que l'invention littéraire ou artistique, quand une origine ou un auteur lui sont assignables, ne donne pas lieu à exploitation industrielle; cela suppose aussi qu'on doive pouvoir discerner la découverte théorique des dispositifs techno-industriels qui peuvent s'ensuivre. Ces distinctions ne sont pas seulement difficiles à mettre en œuvre, d'où une casuistique très raffinée; elles s'autorisent de « philosophèmes » en général peu critiqués ; mais surtout elles appartiennent à une nouvelle interprétation de la technique comme technique industrielle. Et c'est de ce nouveau régime de l'invention, celui qui ouvre la « modernité » techno-scientifique ou techno-industrielle, que nous essayons ici de repérer ici l'avènement en lisant Descartes ou Leibniz.

Signature aléatoire, disions-nous à l'instant. Le mot ne s'est pas imposé fortuitement. Toute la politique moderne de l'invention tend à intégrer l'aléatoire dans ses calculs programmatiques. Aussi bien comme politique de la recherche scientifique que comme politique de la culture. On essaie d'ailleurs de souder l'une à l'autre et de les associer toutes deux à une politique industrielle des « brevets » : ce qui à la fois leur permettrait de soutenir l'économie (« sortir de la crise par la culture » ou par l'industrie culturelle) et de se laisser soutenir par elle. Malgré l'apparence, cela ne contrevient pas au projet leibnizien : on entend tenir compte de l'aléatoire, le dominer en l'intégrant comme une marge calculable. En concédant que le hasard peut, par hasard, servir l'invention d'une idée générale, Leibniz n'y reconnaît pas la meilleure voie :

> Il est vrai que souvent un exemple, envisagé par hasard, sert d'*occasion* à un homme *ingénieux* [je souligne ce mot à la limite de la génialité naturelle et de la ruse technicienne] pour s'aviser de *chercher* la vérité générale, mais c'est encore une affaire bien souvent que de la *trouver;* outre que cette voie d'invention n'est pas la meilleure ni la plus employée chez ceux qui procèdent par ordre et par méthode, et ils ne s'en servent que dans les *occasions* où de meilleures méthodes se trouvent courtes. C'est comme quelques-uns ont cru qu'Archimède a trouvé la quadrature de la parabole en pesant un morceau de bois taillé paraboliquement, et que cette expérience particulière lui a fait trouver la vérité générale ; mais ceux qui connaissent la pénétration de ce grand homme voient bien qu'il n'avait pas besoin d'un tel *secours.* Cependant quand cette voie empirique des vérités particulières aurait été l'*occasion* de toutes les découvertes, elle n'aurait pas été suffisante pour les donner [...] Au reste, j'avoue qu'il y a souvent de la différence entre la méthode dont on se sert pour *enseigner* les sciences et celle qui les a fait *trouver* [...] Quelquefois [...] *le hasard a donné occasion* aux inventions. Si l'on avait remarqué ces occasions et en avait conservé la mémoire à la postérité (ce qui aurait été fort utile), ce détail aurait été une partie très considérable de l'*histoire des arts,* mais il n'aurait pas été propre à en faire les *systèmes.* Quel-

quefois aussi les inventeurs ont procédé raisonnablement à la vérité, mais par de grands circuits [1].

(Soit dit entre parenthèses, si une démarche déconstructive relevait de cette logique, si ce qu'elle invente était de l'ordre des « vérités générales » et du système de la science, on devrait lui appliquer ce système de distinctions, notamment entre le hasard et la méthode, la méthode de l'invention et celle de l'exposition péda-gogique. Mais c'est justement cette logique de l'invention qui appelle des questions déconstructrices. Dans cette mesure même les questions et l'invention déconstructrices ne se soumettent plus à cette logique ou à son axiomatique. « Par le mot *par...* » enseigne, décrit et *performe à la fois* cela même dont *Fable* semble prendre acte.)

Continuons d'accompagner la pensée de Leibniz. Si le hasard, la chance ou l'occasion n'ont pas de rapport essentiel au système de l'invention, seulement à son histoire en tant qu'« histoire de l'art », l'aléa n'induit l'invention que dans la mesure où la nécessité s'y

---

1. *Ibid.* IV, VII (je souligne). Il faut citer la suite pour situer ce que pourrait être une théorie leibnizienne de l'*aphorisme,* certes, mais aussi de l'enseignement et d'un genre qu'on pourrait appeler « mémoires autobiographiques de l'inventeur », l'atelier, la fabrique, la genèse ou l'histoire de l'invention. « Je trouve qu'en des *rencontres* d'importance les auteurs auraient rendu service au public s'ils avaient voulu marquer sincèrement dans leurs écrits les *traces* de leurs *essais ;* mais si le *système de la science devait être fabriqué* sur ce pied-là, ce serait comme si dans une maison achevée l'on voulait garder tout l'appareil dont l'architecte a eu besoin pour l'élever. Les bonnes *méthodes d'enseigner* sont toutes telles que la science aurait pu être trouvée certainement par leur *chemin ;* et alors si elles ne sont pas empiriques, c'est-à-dire si les vérités sont enseignées par les raisons ou par des preuves tirées des idées, ce sera toujours par axiomes, théorèmes, canons et autres propositions générales. Autre chose est quand les vérités sont des *aphorismes,* comme ceux d'Hippocrate, c'est-à-dire des vérités de fait ou générales, ou du moins vraies le plus souvent, apprises par l'observation ou fondées en expériences, et dont on n'a pas des raisons tout à fait convaincantes. Mais ce n'est pas de quoi il s'agit ici, car ces vérités ne sont point connues par la liaison des idées. » (Leibniz ne souligne que le mot *aphorisme.* « Vérités de fait ou générales », dans ce contexte, s'oppose évidemment à « vérités nécessaires » ou universelles et connues *a priori.*)

Sur l'aphorisme, cf. plus bas *Cinquante-deux aphorismes pour un avant-propos* et *L'aphorisme à contretemps.*

Je regrette de n'avoir pu lire, au moment d'écrire cette conférence, en 1983, l'admirable ouvrage de Geoffrey Bennington, *Sententiousness and the novel, Laying down the law in eighteen century French fiction,* Cambridge University Press, 1985. Parmi toutes les richesses de ce livre, je pense en particulier à ce qui concerne ici la fable, la vérité et la fiction « *Feinte, Fable, Faute : the* Reading-Machine », p. 80 et suiv.

révèle – s'y trouve. Le rôle de l'inventeur (ingénieux ou génial), c'est d'avoir précisément cette chance-là. Et pour cela, non pas de tomber par hasard sur la vérité, mais en quelque sorte de *savoir la chance, savoir avoir de la chance,* reconnaître la chance de la chance, l'anticiper, la déchiffrer, la saisir, l'inscrire dans la charte du nécessaire et faire œuvre d'un coup de dé. Ce qui à la fois garde et annule un hasard comme tel, transfigurant jusqu'au statut de l'aléa.

Voilà ce que tentent toutes les politiques de la science et de la culture modernes quand elles s'efforcent, et comment pourraient-elles faire autrement, de programmer l'invention. La marge aléatoire qu'elles veulent intégrer reste homogène au calcul, à l'ordre du calculable. Elle relève d'une quantification probabilitaire et demeure, pourrait-on dire, dans le même ordre et dans l'ordre du même. Pas de surprise absolue. C'est ce que j'appellerai l'invention du même. C'est *toute* l'invention, ou presque. Et je ne l'*opposerai* pas à l'invention de l'autre (d'ailleurs je ne lui opposerai rien), car l'opposition, dialectique ou non, appartient encore à ce régime du même. L'invention de l'autre ne s'oppose pas à celle du même. Sa différence fait signe vers une autre survenue, vers cette autre invention dont nous rêvons, celle du tout autre, celle qui laisse venir une altérité encore inanticipable et pour laquelle aucun horizon d'attente ne paraît encore prêt, disposé, disponible. Il faut pourtant s'y préparer, car pour laisser venir le tout autre, la passivité, une certaine sorte de passivité résignée pour laquelle tout revient au même, n'est pas de mise. Laisser venir l'autre, ce n'est pas l'inertie prête à n'importe quoi. Sans doute la venue de l'autre, si elle doit rester incalculable et d'une certaine manière aléatoire (on tombe sur l'autre dans la rencontre), se soustrait-elle à toute programmation. Mais cet aléatoire de l'autre doit être hétérogène à l'aléatoire intégrable dans un calcul, comme à cette forme d'indécidable à laquelle se mesurent les théories des systèmes formels. Au-delà de tout statut possible, cette invention du tout autre, je l'appelle encore invention parce qu'on s'y prépare, qu'on y fait ce pas destiné à laisser venir, *invenir* l'autre. L'invention de l'autre, venue de l'autre, cela ne se *construit* certainement pas comme un génitif subjectif, mais pas davantage comme un génitif objectif, même si l'invention vient de l'autre. Car celui-ci, dès lors, n'est ni sujet ni objet, ni un moi, ni une conscience ni un inconscient. Se préparer à cette venue de l'autre, c'est ce qu'on peut appeler la déconstruction. Elle déconstruit précisément ce double génitif et revient elle-même, comme invention déconstructive, au pas de l'autre. Inventer, ce serait alors « savoir » dire « viens » et répondre au « viens » de l'autre. Cela arrive-t-il jamais? De cet événement on n'est jamais sûr.

Mais nous anticipons encore.

Repartons des *Nouveaux essais sur l'entendement*. Depuis l'intégration de l'aléa sous l'autorité du Principe de Raison jusqu'à la politique moderne de l'invention, l'homogénéité reste profonde, qu'il s'agisse de recherche techno-scientifique civile ou militaire – et comment distinguer entre les deux aujourd'hui? –, qu'il s'agisse de programmation étatique ou non, des sciences ou des arts – et toutes ces distinctions s'effacent progressivement. Cette homogénéité, c'est l'homogénéité même, la loi du même, la puissance assimilatrice qui neutralise la nouveauté autant que le hasard. Cette puissance est à l'œuvre avant même que l'intégration de l'autre aléatoire, de l'autre aléa, ne soit effective; il suffit qu'elle soit possible, projetée, signifiante. Il suffit qu'elle prenne sens sur le fond d'un horizon *économique* : loi domestique de l'*oikos* et règne de la productivité ou de la rentabilité. L'économie politique de l'invention moderne, celle qui en règle ou domine le statut actuel, appartient à la récente tradition de ce que Leibniz appelait en son temps « une nouvelle espèce de logique » :

> ... il faudrait un *nouvelle espèce de logique,* qui traiterait des degrés de probabilité, puisque Aristote dans ses Topiques n'a rien moins fait que cela, et s'est contenté de mettre en quelque ordre certaines règles populaires, distribuées selon les lieux communs, qui peuvent servir dans quelque occasion où il s'agit d'amplifier le discours et de lui donner apparence, sans se mettre en peine de nous donner une balance nécessaire pour peser les apparences et pour former là-dessus un jugement solide. Il serait bon que celui qui voudrait traiter cette matière poursuivît l'examen des *jeux de hasard;* et généralement je souhaiterais qu'un habile mathématicien voulût faire un ample ouvrage bien circonstancié et bien raisonné sur toute sorte de jeux, ce qui serait de grand usage pour perfectionner l'art d'inventer, l'esprit humain paraissant mieux dans les jeux que dans les matières les plus sérieuses. (IV, XVI.)

Ces jeux sont jeux de miroir : l'esprit humain y « paraît » mieux qu'ailleurs, tel est l'argument de Leibniz. Le jeu tient ici la place d'une *psyché* qui renverrait à l'inventivité de l'homme la meilleure image de sa vérité. Comme à travers une fable imagée, le jeu dit ou révèle une vérité. Cela ne contredit pas le principe de la rationalité programmatrice ou de l'*ars inveniendi* comme mise en œuvre du principe de raison, mais en illustre la « nouvelle espèce de logique », celle qui intègre le calcul des probabilités.

L'un des paradoxes de ce nouvel *ars inveniendi,* c'est qu'à la fois il libère l'imagination et libère *de* l'imagination. Il passe l'imagination et passe par elle. Tel est le cas de la caractéristique universelle qui ne fournit pas ici un exemple parmi d'autres. Elle

> espargne l'esprit et l'imagination, dont il faut sur tout ménager l'usage. C'est le but principal de cette grande science que j'ai accoustumé d'appeler *Caractéristique,* dont ce que nous appelons Algèbre, ou Analyse, n'est qu'une branche fort petite : puisque c'est elle qui donne les paroles aux langues, les lettres aux paroles, les chiffres à l'Arithmétique, les notes à la Musique; c'est elle qui nous apprend le secret de fixer le raisonnement, et de l'obliger à laisser comme des traces visibles sur le papier en petit volume, pour estre examiné à loisir : c'est enfin elle, qui nous fait raisonner à peu de frais, en mettant des caractères à la place des choses, pour desembarrasser l'imagination. (*Opuscules et fragments inédits,* éd. Couturat, p. 98-99.)

L'invention de Dieu (*politique de la recherche, politique de la culture*) Nous avons là une économie de l'imagination. Elle a une histoire. Le statut de l'imagination se déplace, comme on sait, chez Kant et après Kant et cela ne peut pas ne pas affecter le statut de l'invention. On assiste à une sorte de réhabilitation de l'imagination, comme imagination transcendantale ou imagination productive, de Kant [1] à Schelling et Hegel. Cette imagination productive (*Einbil-*

---

1. Cf. la suite du passage de l'*Anthropologie...* que nous citions plus haut : « Le champ qui est propre au génie est celui de l'imagination, car elle est créatrice (*schöpferisch*), et elle se trouve moins que les autres facultés sous la contrainte des règles; elle n'en est que plus capable d'être originale. Le mécanisme de l'enseignement qui force sans cesse l'élève à imiter est évidemment nuisible au germe d'un génie et à son originalité. Mais chaque création (*Kunst*) a besoin de certaines règles mécaniques fondamentales, pour adapter l'œuvre à l'idée qui lui est sous-jacente, c'est-à-dire à la *vérité* dans la présentation de l'objet pensé. Cela, c'est la rigueur de l'école qui doit l'apprendre, et c'est assurément un effet de l'imitation. Mais libérer l'imagination de cette contrainte, et laisser le talent singulier se retourner contre la nature, échapper aux règles et s'exalter, ce serait donner expression à une folie originale peut-être, mais qui ne saurait être exemplaire (*musterhaft*) et ne saurait donc être mise au compte du génie.

« Le principe spirituel (*Geist*) est en l'homme le principe qui vivifie (*das belebende Princip*). En français *Geist* et *Witz* ont le même nom, esprit. En allemand, il en est autrement. On dit : un discours, un écrit, une dame dans une réunion, etc.,

dungskraft, comme *produktive Vermögen,* que Schelling et Hegel distinguent de l'*Imagination* re-productrice), dira-t-on qu'elle libère l'inventivité philosophique et le statut de l'invention de leur assujettissement à un ordre de la vérité théologique, à un ordre de la raison infinie, soit à ce qui *toujours se trouve déjà là?* Dira-t-on qu'elle interrompt l'invention du même selon le même et qu'elle en soumet le statut à l'interruption de l'autre? Je ne le crois pas. Une lecture attentive ferait apparaître que le passage par la finitude, tel qu'il est appelé par cette réhabilitation de l'imagination, reste un *passage,* un passage obligé, certes, mais un passage. On ne peut dire néanmoins que rien ne s'y passe et que l'événement de l'autre y soit absent. Lorsque, par exemple, Schelling en appelle à une poétique philosophique, à une « pulsion artistique du philosophe », à l'imagination productrice comme nécessité vitale pour la philosophie; lorsque, retournant contre Kant ce qu'il hérite de Kant, il déclare que le philosophe doit inventer des formes et que « chaque philosophie dite nouvelle doit avoir accompli un nouveau pas dans la forme *(einen neuen Schritt in der Form)* », ou encore qu'un philosophe « peut être original » [1], c'est très nouveau dans l'histoire de la philosophie. C'est un événement et une sorte d'invention, une réinvention de l'invention. Personne n'avait dit auparavant qu'un philosophe pût et dût, en tant que tel, faire preuve d'originalité en créant de nouvelles formes.

Il est original de dire que le philosophe doit être original, qu'il est artiste et doit innover dans la forme, dans une langue et dans une écriture désormais inséparables de la vérité en manifestation. Personne n'avait dit que l'invention philosophique fût un *ars inveniendi* poétiquement et organiquement porté par la vie d'une langue naturelle. Descartes lui-même ne l'avait pas dit au moment où il recommandait le retour à la langue française comme langue philosophique.

Malgré son originalité, le propos schellingien se laisse retenir dans les limites paradoxales d'une invention du même sous l'espèce du *supplément d'invention.* Car l'invention est toujours *supplémentaire*

---

sont beaux; mais le principe spirituel leur fait défaut *(aber ohne Geist).* Les ressources du jeu d'esprit *(Witz)* ne font pas l'affaire; elles peuvent même provoquer le dégoût *(verekeln);* car leur action ne laisse derrière elle aucune trace durable *(nichts Bleibendes).* » (trad. M. Foucault, Vrin, p. 89).

1. *Vorlesungen über die Methode des akademischen Studiums,* 1803, trad. J.-F. Courtine et J. Rivelaygue in *Philosophies de l'Université,* Payot, 1979, p. 88.

pour Schelling. Elle s'ajoute, et donc elle inaugure, elle se trouve *en plus* mais pour compléter un tout, pour venir à la place d'un manque et donc pour accomplir un programme. Programme encore théologique, celui d'un « savoir originel » *(Urwissen)* qui est aussi un « savoir absolu », « organisme » total qui doit articuler mais aussi se représenter et se *réfléchir* dans toutes les régions du monde ou de l'encyclopédie. Et même dans l'État, dans l'État moderne, malgré la conception apparemment « libérale » des institutions philosophiques dans ces textes de Schelling. On pourrait faire apparaître dans les *Vorlesungen* auxquelles je viens de me référer cette logique du tableau *(Bild)* et de la réflexion spéculaire [1] entre le réel et l'idéal. Le savoir total a l'unité d'une manifestation absolue *(absolute Erscheinung,* invention au titre du dévoilement ou de la découverte) réellement finie mais idéalement infinie, nécessaire dans sa réalité, libre dans son idéalité. L'invention de l'autre, qui est à la fois la limite et la chance d'un être fini, s'amortit alors à l'infini. Et nous retrouvons alors la loi de l'humanisme [2] rationaliste qui nous retient depuis le début, ici dans la logique spectaculairement *supplémentaire* d'un anthropo-théocentrisme :

> L'homme, l'être rationnel en général, est destiné de par sa position *(hineingestellt)* à être un complément *(Ergänzung)* de la manifestation du monde : c'est de lui, de son activité que doit se développer ce qui manque à la totalité de la révélation de Dieu *(zur Totalität der Offenbarung Gottes fehlt),* puisque la nature est certes porteuse de l'essence divine en son entier, mais seulement dans le réel ; l'être rationnel doit donc exprimer l'image *(Bild)* de cette même nature divine, telle qu'elle est en soi et par conséquent dans l'idéal [3].

---

1. Par exemple : « Ainsi donc, poésie et philosophie, qu'une autre sorte de dilettantisme oppose, sont semblables en ce que l'une et l'autre exigent un tableau *(Bild)* du monde, qui s'engendre soi-même et vient au jour spontanément. » *(Ibid.,* p. 101.) « Les mathématiques appartiennent en effet encore au monde de ce qui est simplement image réfléchie *(abgebildete Welt),* dans la mesure où elles ne manifestent le savoir originaire et l'identité absolue que dans un reflet... » (P. 80.) « Sans intuition intellectuelle pas de philosophie ! Même l'intuition pure de l'espace et du temps n'est pas présente à la conscience commune, comme telle ; car elle est aussi intuition intellectuelle, mais réfléchie *(reflektierte)* dans le sensible. » (P. 81.)

2. Au sujet de cet invariant « humaniste » ou « anthropologique » dans ce concept d'invention, c'est peut-être ici le lieu de citer Bergson (affinité schellingienne oblige...) : « L'invention est la démarche essentielle de l'esprit humain, celle qui distingue l'homme de l'animal. »

3. *Ibid.,* p. 49-50.

L'invention manifeste : elle est la révélation de Dieu mais elle la complète en l'accomplissant, elle la réfléchit en la suppléant. L'homme est la *psyché* de Dieu, mais ce miroir ne capte le tout qu'en suppléant un manque. Ce miroir total qu'est une *psyché* ne revient pas à ce qu'on appelle un supplément d'âme, c'est l'âme comme supplément, le miroir de l'invention humaine comme désir *de* Dieu, en ce lieu où quelque chose manque à la vérité de Dieu, à sa révélation : « *zur Totalität der Offenbarung Gottes fehlt* ». En laissant survenir le nouveau, en inventant l'autre, la *psyché* réfléchit le même, elle se tend comme un miroir pour Dieu. Elle accomplit aussi, dans cette spéculation, un programme.

Cette logique du *supplément d'invention* pourrait se vérifier, au-delà de Schelling, dans toute philosophie de l'invention, voire de l'invention philosophique, dans toutes les économies politiques, toutes les programmatiques de l'invention, dans la juridiction implicite ou explicite qui évalue et qui statue aujourd'hui chaque fois qu'on parle d'invention. Comment est-ce possible? Est-ce possible?

L'invention revient au même, et c'est toujours possible, dès qu'elle peut recevoir un statut, se faisant ainsi légitimer par une institution qu'elle devient à son tour. Car ce qu'on invente ainsi, ce sont toujours des institutions. Les institutions sont des inventions et les inventions auxquelles on confère un statut sont à leur tour des institutions. Comment une invention peut-elle *revenir* au même, comment l'*invenire,* avènement de l'avenir, peut-il en venir à revenir, à replier vers le passé un mouvement qu'on dit toujours innovateur? Il suffit pour cela que l'invention soit possible et qu'elle invente le possible. Alors dès son origine (« Par le mot *par* commence donc ce texte »), elle enveloppe en elle une répétition; elle ne déploie que la dynamis de ce qui déjà *se trouvait là,* ensemble de possibles compréhensibles qui se manifestent comme vérité ontologique ou théologique, programme d'une politique culturelle ou techno-scientifique (civile et militaire), etc. A inventer le possible à partir du possible, on rapporte le nouveau (c'est-à-dire le tout autre qui peut être aussi archi-ancien) à un ensemble de possibilités présentes, au présent du possible qui lui assure les conditions de son statut. Cette économie statutaire de l'invention publique ne brise pas la *psyché,* elle ne passe pas au-delà du miroir. Et pourtant la logique de la supplémentarité introduit jusque dans la structure de la *psyché* une fabuleuse complication, la complication d'une fable qui fait plus qu'elle ne dit et invente autre chose que ce qu'elle donne à breveter. Le mouvement même de cette fabuleuse répétition peut, selon un croisement de chance et de nécessité, produire le nouveau d'un événement. Non seulement par l'invention singulière d'un performatif, car tout performatif suppose des conventions et des règles institutionnelles ; mais en tournant ces règles dans le respect de ces règles mêmes afin de laisser l'autre venir ou s'annoncer dans l'ouverture de cette déhiscence. C'est peut-être ce qu'on appelle la déconstruction. La performance de la *Fable* respecte des règles mais selon un geste étrange, que d'autres jugeraient pervers alors qu'il se rend fidèlement et lucidement aux conditions mêmes de sa propre poétique. Ce geste consiste à défier et à exhiber la structure précaire de ces règles : tout en les respectant et par la marque de respect qu'il invente.

Singulière situation. L'invention est toujours possible, elle est l'invention du possible, *tekhnè* d'un sujet humain dans un horizon onto-théologique, invention en vérité de ce sujet et de cet horizon, invention de la loi, invention selon la loi qui confère les statuts, invention des institutions et selon les institutions qui socialisent, reconnaissent, garantissent, légitiment, invention programmée de programmes, invention du même par laquelle l'autre revient au même lorsque son événement se réfléchit encore dans la fable d'une *psyché*. Ainsi l'invention ne serait conforme à son concept, au trait dominant de son concept et de son mot que dans la mesure où, paradoxalement, l'invention n'invente rien, lorsqu'en elle l'autre ne vient pas, et quand rien ne vient à l'autre et de l'autre. Car l'autre n'est pas le possible. Il faudrait donc dire que la seule invention possible serait l'invention de l'impossible. Mais une invention de l'impossible est impossible, dirait l'autre. Certes, mais c'est la seule possible : une invention doit s'annoncer comme invention de ce qui ne paraissait pas possible, sans quoi elle ne fait qu'expliciter un programme de possibles, dans l'économie du même [1].

C'est dans cette paradoxie qu'est engagée une déconstruction. C'est de l'invention du même et du possible, de l'invention toujours possible que nous sommes fatigués. Ce n'est pas contre elle mais au-delà d'elle que nous cherchons à ré-inventer l'invention même,

---

1. Cette économie ne se limite évidemment pas à quelque représentation consciente et aux calculs qui y paraissent. Et s'il n'y a pas d'invention sans le coup de ce qu'on appelait génie, voire sans l'éclair d'un *Witz* par lequel tout commence, encore faut-il que cette générosité ne réponde plus à un principe d'épargne et à une économie restreinte de la différance. La venue aléatoire du tout autre, au-delà de l'incalculable comme calcul encore possible, au-delà de l'ordre même du calcul, voilà la « vraie » invention, qui n'est plus invention de la vérité et ne peut advenir que pour un être fini : la *chance* même de la finitude. Elle n'invente et ne s'apparaît que depuis ce qui *échoit* ainsi.

une autre invention, ou plutôt une invention de l'autre qui viendrait, à travers l'économie du même, voire en la mimant ou en la répétant (« Par le mot *par...* ») donner lieu à l'autre, laisser venir l'autre. Je dis bien *laisser venir* car si l'autre, c'est justement ce qui ne s'invente pas, l'initiative ou l'inventivité déconstructive ne peuvent consister qu'à ouvrir, déclôturer, destabiliser des structures de forclusion pour laisser le passage à l'autre. Mais on ne fait pas venir l'autre, on le laisse venir en se préparant à sa venue. Le venir de l'autre ou son revenir, c'est la seule survenue possible, mais elle ne s'invente pas, même s'il faut la plus géniale inventivité qui soit pour se préparer à l'accueillir : pour se préparer à affirmer l'aléa d'une rencontre qui non seulement ne soit plus calculable mais ne soit même pas un incalculable encore homogène au calculable, un indécidable encore en travail de décision. Est-ce possible? Non, bien sûr, et voilà pourquoi c'est la seule invention possible.

Chercherions-nous, comme cela fut dit à l'instant, à ré-inventer l'invention? Non, cela ne peut relever de la *recherche* en tant que telle, quelque tradition grecque ou latine qu'on retrouve à ce mot derrière la politique et les programmes modernes de la recherche. Nous ne pouvons pas davantage dire que *nous* cherchons : ce qui se promet ici, ce n'est pas, ce n'est plus ou pas encore le « nous » identifiable d'une communauté de sujets humains, avec les traits de tout ce que nous connaissons sous les noms de société, de contrat, d'institution, etc. Tous ces traits sont liés à ce concept d'invention qui reste à déconstruire. C'est un autre « nous » qui se livre à cette inventivité, après sept ans de malheurs, la glace rompue, le tain traversé, un « nous » qui ne *se* trouve nulle part, qui ne s'invente pas lui-même : il ne peut être inventé que par l'autre, depuis la venue de l'autre qui dit « viens » et auquel la réponse d'un autre « viens » paraît être la seule invention désirable et digne d'intérêt. L'autre, c'est bien ce qui ne s'invente pas, et c'est donc la seule invention au monde, la seule invention du monde, la *nôtre,* mais celle qui *nous* invente. Car l'autre est toujours une autre origine du monde et *nous sommes à inventer.* Et l'être du *nous,* et l'être même. Au-delà de l'être.

Par l'autre, par-delà la performance et la *psychè* de « Par le mot *par...* ». Il faut du performatif mais cela ne suffit pas. Au sens strict, un performatif suppose encore trop de conventionnelle institution pour briser la glace. La déconstruction dont je parle n'invente et n'affirme, elle ne laisse venir l'autre que dans la mesure où, performative, elle ne l'est pas seulement mais continue de perturber les conditions du performatif et de ce qui le distingue paisiblement du constatif. Cette écriture est passible de l'autre, ouverte à l'autre et par lui, par elle travaillée, travaillant à ne pas se laisser enfermer ou dominer par cette économie du même en sa totalité, celle qui assure à la fois la puissance irréfutable et la fermeture du concept classique d'invention, sa politique, sa techno-science et ses institutions. Celles-ci ne sont pas à rejeter, à critiquer ou à combattre, loin de là. D'autant moins que le cercle économique de l'invention n'est qu'un mouvement pour se réapproprier cela même qui le met en mouvement, la *différance* de l'autre. Et cela ne se résume ni au sens, ni à l'existence, ni à la vérité.

Passant au-delà du possible, elle est sans statut, sans loi, sans horizon de réappropriation, de programmation, de légitimation institutionnelle, elle passe l'ordre de la commande, du marché de l'art ou de la science, elle ne demande aucun brevet et n'en aura jamais. En quoi elle reste très douce, étrangère à la menace et à la guerre. Mais elle est ressentie comme d'autant plus dangereuse.

Comme l'avenir, car c'est le seul souci qu'elle porte : laisser venir l'aventure ou l'événement du tout autre. D'un tout autre qui ne peut plus se confondre avec le Dieu ou l'Homme de l'onto-théologie ni avec aucune des figures de cette configuration (le sujet, la conscience, l'inconscient, le moi, l'homme ou la femme, etc.). Dire que c'est là le seul avenir, ce n'est pas en appeler à l'amnésie. La venue de l'invention ne peut se rendre étrangère à la répétition et à la mémoire. Car l'autre n'est pas le nouveau. Mais sa venue porte au-delà de ce présent passé qui a pu construire (inventer, doit-on dire) le concept techno-onto-anthropo-théologique de l'invention, sa convention même et son statut, le statut de l'invention et la statue de l'inventeur.

Que vais-je pouvoir inventer encore, demandiez-vous, au commencement, quand c'était la fable.

Et bien sûr vous n'avez rien vu venir.

L'autre, ça ne s'invente plus.

— Que voulez-vous dire par là? que l'autre, cela n'aura été qu'une invention, l'invention de l'autre?

— Non, que l'autre, c'est ce qui ne s'invente jamais et qui n'aura jamais attendu votre invention. L'autre appelle à venir et cela n'arrive qu'à plusieurs voix.

Le retrait de la métaphore

à Michel Deguy

Qu'est-ce qui se passe, aujourd'hui, avec la métaphore?
Et de la métaphore qu'est-ce qui se passe?

C'est un très vieux sujet. Il occupe l'Occident, il habite ou se laisse habiter : s'y représentant comme une énorme bibliothèque dans laquelle nous nous déplacerions sans en percevoir les limites, procédant de stations en stations, y cheminant à pied, pas à pas, ou en autobus (nous circulons déjà, avec l'«autobus» que je viens de nommer, dans la traduction et, selon l'élément de la traduction, entre *Übertragung* et *Übersetzung, metaphorikos* désignant encore aujourd'hui, en grec, comme on dit, moderne, ce qui concerne les moyens de transport). *Metaphora* circule dans la cité, elle nous y véhicule comme ses habitants, selon toute sorte de trajets, avec carrefours, feux rouges, sens interdits, intersections ou croisements, limitations et prescriptions de vitesse. De ce véhicule nous sommes d'une certaine façon − métaphorique, bien sûr, et sur le mode de l'habitation − le contenu et la teneur : passagers, compris et déplacés par métaphore.

Étrange énoncé pour démarrer − dites-vous. Étrange pour impli-

  * Conférence prononcée le 1er juin 1978 à l'université de Genève, lors d'un colloque *(Philosophie et Métaphore)* auquel participaient aussi Roger Dragonetti, André de Muralt et Paul Ricœur. Mais à la lecture on pourra l'éprouver : c'est à Michel Deguy que j'aurai d'abord destiné l'esquisse approchante de ce détour, *Umriss* dans l'autre langue pour dire, parallèlement, la proximité. Première version publiée dans *Po&sie, 7,* 1978.

quer au moins que nous sachions ce qu'*habiter* veut dire, et *circuler,* et *se transporter,* se *faire* ou se *laisser* transporter. En général et dans ce cas. Étrange ensuite parce qu'il n'est pas seulement métaphorique de dire que nous habitons la métaphore et que nous y circulons comme dans une sorte de véhicule automobile. Ce n'est pas simplement métaphorique. Ni davantage propre, littéral ou usuel, notions que je ne confonds pas en les rapprochant, mieux vaut le préciser tout de suite. Ni métaphorique, ni a-métaphorique, cette « figure » consiste singulièrement à changer les places et les fonctions : elle constitue le soi-disant sujet des énoncés (le locuteur ou le scripteur que nous disons être, ou quiconque croirait *se servir* de métaphores et parler *more metaphorico*) en *contenu* ou en *teneur,* et encore partielle, et toujours déjà « embarquée », « en voiture », d'un véhicule qui le comprend, l'emporte, le déplace au moment même où ledit sujet croit le désigner, le dire, l'orienter, le conduire, le gouverner « comme un pilote en son navire ».

Comme un pilote en son navire.

Je viens de changer d'élément et de moyen de transport. Nous ne sommes pas dans la métaphore comme un pilote en son navire. Avec cette proposition, je dérive. La figure du vaisseau ou du bateau, qui fut si souvent le véhicule exemplaire de la pédagogie rhétorique, du discours enseignant sur la rhétorique, me fait dériver vers une citation de Descartes dont le déplacement à son tour m'entraînerait beaucoup plus loin que je ne peux ici me le permettre.

Je devrais donc interrompre décisoirement la dérive ou le dérapage. Je le ferais si c'était possible. Mais qu'est-ce que je fais depuis un moment ? Je dérape et je dérive irrésistiblement. J'essaie de parler *de* la métaphore, de dire quelque chose de propre ou de littéral à son sujet, de la *traiter* comme mon sujet mais je suis, par elle, si on peut dire, obligé à parler d'elle *more metaphorico,* à sa manière à elle. Je ne peux *en traiter* sans *traiter avec elle,* sans négocier avec elle l'emprunt que je lui fais pour parler d'elle. Je n'arrive pas à produire un *traité* de la métaphore qui ne soit *traité avec* la métaphore qui du coup paraît intraitable.

C'est pourquoi depuis tout à l'heure je me déplace d'écart en écart, de véhicule en véhicule, sans pouvoir freiner ou arrêter l'autobus, son automaticité ou son automobilité. Du moins ne puis-je freiner qu'en laissant déraper, autrement dit échapper, jusqu'à un certain point, à mon contrôle conducteur. Je ne peux plus arrêter le véhicule ou ancrer le navire, maîtriser sans reste la dérive ou le dérapage (j'avais rappelé quelque part que le mot « dérapage », avant son plus grand dérapage métaphorique, avait rapport avec un certain jeu de l'ancre dans le langage de la marine, je dirai plutôt de la flotte et des parages). Du moins ne puis-je de ce véhicule flottant, ici mon discours, que stopper les machines, ce qui serait encore un bon moyen de l'abandonner à sa dérive la plus imprévisible. Le drame, car ceci est un drame, c'est que même si je décidais de *ne plus parler* métaphoriquement de la métaphore, je n'y arriverais pas, elle continuerait à se passer de moi pour me faire parler, me ventriloquer, me métaphoriser. Comment ne pas parler? Autres manières de dire, autres manières de répondre, plutôt, à mes premières questions. Que se passe-t-il *avec* la métaphore? Eh bien, tout, il n'est rien qui ne se passe avec la métaphore et par métaphore. Tout énoncé au sujet de quoi que ce soit qui se passe, y compris la métaphore, se sera produit *non sans* métaphore. Il n'y aura pas eu de métaphorique suffisamment consistante pour dominer tous ses énoncés. Et qu'est-ce qui se passe *de* la métaphore? Rien, donc, et il faudrait dire plutôt que la métaphore se passe de tout autre, ici de moi, au moment même où elle paraît passer par moi. Mais si elle se passe de tout ce qui ne se passe pas sans elle, peut-être qu'en un sens insolite elle se passe d'elle-même, elle n'a plus de nom, de sens propre ou littéral, ce qui commencerait à vous rendre lisible telle figure double de mon titre : en son retrait, il faudrait dire en ses retraits, la métaphore peut-être se retire, se retire de la scène mondiale, et s'en retire au moment de sa plus envahissante extension, à l'instant où elle déborde toute limite. Son retrait alors aurait la forme paradoxale d'une insistance indiscrète et débordante, d'une rémanence surabondante, d'une répétition intrusive, marquant toujours d'un trait supplémentaire, d'un tour de plus, d'un re-tour et d'un *re-trait* le trait qu'elle aura laissé à même le texte.

Si donc je voulais interrompre le dérapage, j'échouerais. Et cela au moment même où je me retiendrais de le donner à remarquer.

La troisième des petites phrases par lesquelles j'ai semblé attaquer mon sujet, et qu'en somme je commente ou cite depuis tout à l'heure, c'était : « la métaphore est un très vieux sujet ». Un sujet, c'est à la fois sûr et douteux, selon le sens dans lequel se déplacera ce mot − sujet − dans sa phrase, son discours, son contexte, et selon la métaphoricité à laquelle on l'assujettira lui-même, car rien n'est plus métaphorique que cette valeur de sujet. Je laisse tomber le sujet pour m'intéresser plutôt à son prédicat, au prédicat du sujet « sujet », à savoir son âge. Si je l'ai dit *vieux,* c'est pour deux raisons au moins.

Et là je commence : autre manière de dire que je vais faire de mon mieux pour ralentir le dérapage.

La première raison, c'est l'étonnement devant le fait qu'un sujet en apparence si vieux, un personnage ou un acteur en apparence si fatigué, si usé, revienne aujourd'hui occuper la scène — et la scène occidentale de ce drame — avec autant de force et d'insistance depuis quelques années, de façon, me semble-t-il, assez nouvelle. Comme s'il voulait se refaire une jeunesse ou se donner à réinventer, le même encore, ou l'autre. A elle seule déjà une socio-bibliographie le ferait apparaître, à recenser les articles et les colloques (nationaux et internationaux) qui se sont affairés autour de la métaphore depuis une décennie environ, peut-être un peu moins, et encore cette année : au cours des derniers mois il y a eu au moins trois colloques internationaux à ce sujet, si je suis bien informé, deux aux États-Unis et un ici même, des colloques internationaux et interdisciplinaires, ce qui n'est pas moins signifiant (celui de Davis en Californie a pour titre *Interdisciplinary Conference on Metaphor*).

Quelle est la portée historique ou historiale (quant à la valeur même d'historialité ou d'époqualité) de cette préoccupation et de cette convergence inquiète? D'où vient cette pression? Quel en est l'enjeu? Qu'est-ce qui se passe aujourd'hui avec la métaphore? Autant de questions dont je voulais seulement marquer la nécessité et l'ampleur, étant entendu que je ne saurais faire ici qu'un petit signe dans leur direction. L'étonnante jeunesse de ce vieux sujet est considérable et à vrai dire un peu sidérante. La métaphore — occidentale en cela aussi — se retire, elle est au soir de sa vie. « Soir de la vie », pour « vieillesse », c'est l'un des exemples choisis par Aristote, dans la *Poétique,* pour la quatrième espèce de métaphore, celle qui procède *kata to analogon;* la première, qui va du genre à l'espèce, *apo genous epi eidos* ayant pour exemple, comme par hasard : « " voici mon navire arrêté " *(neos dè moi ed estekè),* car être ancré est une d'entre les façons d'être arrêté ». L'exemple est déjà une citation de l'*Odyssée.* Au soir de sa vie, la métaphore est encore un sujet très généreux, intarissable, on ne peut pas l'arrêter, et je pourrais commenter indéfiniment l'adhérence, la pré-appartenance de chacun de ces énoncés à un corpus métaphorique, et même, d'où le *re-trait,* à un corpus métaphorique d'énoncés au sujet de ce vieux sujet, d'énoncés métaphoriques sur la métaphore. J'arrête ici ce mouvement.

L'autre raison qui m'a attiré vers l'expression « vieux sujet », c'est une valeur d'épuisement apparent qu'il m'a paru nécessaire de reconnaître une fois de plus. Un vieux sujet, c'est un sujet apparemment épuisé, usé jusqu'à l'os ou jusqu'à la corde. Or cette valeur d'usure, et d'abord d'usage, cette valeur de valeur d'usage, d'utilité, de l'usage ou de l'utilité comme être *utile* ou comme être *usuel,* bref tout ce système sémantique que j'abrégerai sous le titre de l'*us* aura joué un rôle déterminant dans la problématique traditionnelle de la métaphore. La métaphore n'est peut-être pas seulement un sujet *usé* jusqu'à l'os, c'est un sujet qui se sera entretenu d'un rapport essentiel à l'*us,* ou à l'*usance* (usance est un vieux mot français, un mot hors d'usage aujourd'hui dont la polysémie mériterait toute une analyse à elle seule). Or ce qui peut paraître usé aujourd'hui, dans la métaphore, c'est justement cette valeur d'*us* qui a déterminé toute sa problématique traditionnelle : métaphore morte ou vive.

Pourquoi, dès lors, faire retour à l'*us* de la métaphore? Et pourquoi en ce retour privilégier le texte signé du nom de Heidegger? En quoi cette question de l'*us* s'ajointe-t-elle avec la nécessité de privilégier le texte heideggerien dans cette *époque* de la métaphore, retrait suspensif et retour appuyé du trait délimitant un contour? Cette question est aiguisée par un paradoxe. Le texte heideggerien a paru incontournable, à d'autres et à moi-même, dès lors qu'il s'agissait de penser l'époque mondiale de la métaphore dans laquelle nous disons que nous sommes, alors même que Heidegger n'a que très allusivement traité de la métaphore comme telle et sous ce nom. Et cette rareté même n'aura pas été insignifiante. C'est pourquoi je parle du *texte* heideggerien : je le fais pour souligner d'un trait supplémentaire qu'il ne s'agit pas seulement pour moi de considérer les propositions énoncées, les thèmes et les thèses au sujet de la métaphore comme telle, le contenu de son discours traitant de la rhétorique et de ce trope, mais bien de son écriture, de son traitement de la langue, et, plus rigoureusement, de son traitement du trait, du trait en tous sens : plus rigoureusement encore du trait comme mot de sa langue, et du trait comme entame traçante de la langue.

Heidegger aura donc assez peu parlé de la métaphore. On cite toujours deux lieux *(Der Satz vom Grund* et *Unterwegs zur Sprache)* où il semble prendre position quant à la métaphore – ou plus précisément quant au concept rhétorico-métaphysique de métaphore –, et encore le fait-il comme au passage, brièvement, latéralement, dans un contexte dont la métaphore n'occupe pas le centre. Pourquoi un texte si elliptique, si prêt, en apparence, à éluder la question de la métaphore, aurait-il quelque chose de si nécessaire à performer quant au métaphorique? Ou encore, envers de la même question, pourquoi un texte inscrivant quelque chose de décisif quant au métaphorique sera-t-il resté si discret, rare, réservé, retiré, quant à la métaphore comme telle et sous son nom, sous son nom en quelque sorte propre et littéral? Car si on parlait toujours métaphoriquement ou métonymiquement de la métaphore, comment déterminer le moment où on en ferait son thème propre, sous son nom propre? Y aurait-il donc un rapport essentiel entre ce retrait, cette réserve, cette retenue et ce qui s'écrit, métaphoriquement ou métonymiquement, de la métaphore *sous* la signature de Heidegger?

Compte tenu de l'ampleur de cette question et de toutes les limites qui s'imposent ici à nous, à commencer par celle du temps, je ne prétendrai pas vous proposer autre chose qu'une note brève, et même pour resserrer encore mon propos, une *note sur une note*. J'espère vous en convaincre chemin faisant : si l'appel de cette note sur une note se trouve dans un texte de moi signé, *La mythologie blanche. La métaphore dans le texte philosophique,* je ne m'y reporte pas comme un auteur qui se cite pour reconduire indécemment à lui-même. Mon geste est d'autant moins complaisant, je l'espère, que c'est d'une certaine insuffisance de ladite note que je prendrai mon départ. Et je le fais par raison d'économie, pour gagner du temps, afin de reconstruire très vite un contexte aussi large et aussi strictement déterminé que possible. Il se trouve en effet que : 1. cette note (19, *Marges,* p. 269) concerne Heidegger et cite longuement l'un des principaux passages où celui-ci semble prendre position quant au concept de métaphore; 2. deuxième trait contextuel, cette note est appelée par un développement concernant l'*us* (l'usuel, l'usage, l'usure) et le recours à cette valeur d'*us* dans l'interprétation philosophique dominante de la métaphore; 3. troisième trait contextuel : cette note cite une phrase de Heidegger (*Das Metaphorische gibt es nur innerhalb der Metaphysik,* « Le métaphorique, il n'y en a qu'à l'intérieur de la métaphysique »), que Paul Ricœur « discute » — c'est son mot — dans *La métaphore vive,* précisément dans la *Huitième Étude, Métaphore et discours philosophique.* Et cette phrase, que Paul Ricœur appelle régulièrement un *adage,* il la place aussi en « épigraphe », c'est encore son mot, pour ce qu'il définit, après la discussion de Heidegger, une « seconde navigation », à savoir la lecture critique de mon essai de 1971, *La mythologie blanche.* Je préfère citer ici le troisième paragraphe de l'Introduction à la *Huitième Étude :*

> Une modalité toute différente — et même inverse — d'implication de la philosophie dans la théorie de la métaphore doit être considérée. Elle est inverse de celle qui est mise à l'épreuve dans les deux paragraphes précédents, en ce qu'elle place les présuppositions philosophiques à l'origine même des distinctions qui rendent possible un discours sur la métaphore. Cette hypothèse fait plus que renverser l'ordre de priorité entre métaphore et philosophie, elle renverse la manière d'argumenter en philosophie. La discussion antérieure se sera

déployée au niveau des intentions déclarées du discours spéculatif, voire du discours onto-théologique, et n'aura mis en jeu que l'ordre de ses raisons. Pour une autre « lecture », c'est le mouvement inavoué de la philosophie et le jeu inaperçu de la métaphore qui ont partie liée. Plaçant en épigraphe l'affirmation de Heidegger que *« le métaphorique n'existe qu'à l'intérieur de la métaphysique »,* on prendra pour guide de cette « seconde navigation » la « mythologie blanche » de Jacques Derrida. (P. 325.)

Sans même compter avec l'implication qui nous est commune, à Paul Ricœur et à moi-même, en ce colloque, les trois éléments contextuels que je viens de rappeler suffiraient à justifier que l'on revienne ici, une fois de plus, à la petite phrase de Heidegger, et ils m'engagent, du même coup, à développer la note que j'y avais, il y a sept ou huit ans, consacrée.

La place et la portée de cette note me paraissent avoir été négligées par Paul Ricœur dans sa discussion; et si je me permets de le rappeler à titre tout à fait préliminaire, ce n'est nullement par esprit polémique, pour défendre ou attaquer des positions, seulement pour mieux éclairer les prémisses de la lecture de Heidegger que je tenterai tout à l'heure. Je regrette de devoir me limiter, faute de temps, à quelques indications principielles; il me sera impossible de mesurer mon argumentation à toutes les richesses de *La métaphore vive,* et par une analyse de détail, dût-elle accentuer le désaccord, de témoigner ainsi de ma reconnaissance envers Paul Ricœur. Quand je dis « désaccord », comme vous allez voir, je simplifie. La logique en est parfois déconcertante : c'est souvent parce que je souscris à certaines propositions de Ricœur que je suis tenté de protester quand je le vois me les opposer comme si elles n'étaient pas déjà lisibles dans ce que j'ai écrit. Je me limiterai, pour l'exemple, à deux des traits les plus généraux, ceux qui flèchent toute la lecture de Ricœur, pour re-situer le lieu d'un débat possible, plutôt que pour l'ouvrir et encore moins pour le fermer. Quiconque voudrait s'y engager dispose maintenant à cet égard d'un corpus ample et précis.

Premier trait. Ricœur inscrit toute sa lecture de *La mythologie blanche* dans la dépendance de sa lecture de Heidegger et du dit « adage », comme si je n'avais tenté qu'une extension ou une radicalisation *continue* du mouvement heideggerien. D'où la fonction de l'épigraphe. Tout se passe comme si j'avais seulement généralisé ce que Ricœur appelle la « critique restreinte » de Heidegger et l'avais étendue démesurément, au-delà de toute borne. Passage, dit Ricœur, « de la critique restreinte de Heidegger à la " déconstruction " sans borne de Jacques Derrida dans *La mythologie blanche* » (p. 362). Un peu plus loin, dans le même geste d'assimilation ou au moins de dérivation continue, Ricœur se fie à la figure d'un « noyau théorique commun à Heidegger et à Derrida, à savoir la prétendue connivence entre le couple métaphorique du propre et du figuré et le couple métaphysique du visible et de l'invisible » (p. 373).

Cette assimilation continuiste ou cette mise en filiale m'a surpris. Car c'est justement au sujet de ces couples et singulièrement du couple visible/invisible, sensible/intelligible, que, dans ma note sur Heidegger, j'avais marqué une réserve nette et sans équivoque; et même une réserve qui, dans sa lettre du moins, ressemble à celle de Ricœur. Je me vois donc objecter, après assimilation à Heidegger, une objection dont j'avais auparavant moi-même formulé le principe. La voici (pardonnez-moi ces citations, elles sont utiles pour la clarté et l'économie de ce colloque), elle vient en première ligne de la note 19 : « Cela explique la méfiance qu'inspire à Heidegger le concept de métaphore [je souligne : *le concept* de métaphore]. Dans *Le principe de raison,* il insiste surtout sur l'opposition sensible/non-sensible, trait important mais non le seul ni sans doute le premier venu ni le plus déterminant de la valeur de métaphore. »

Cette réserve n'est-elle pas assez nette pour exclure, sur ce point en tout cas, et le « noyau théorique commun » (outre qu'il n'y a ici, pour des raisons essentielles, ni noyau ni noyau théorique surtout) et la connivence entre les deux couples considérés? Je m'en tiens à cet égard à ce qui est clairement dit dans cette note. Je le fais par souci de concision car en réalité toute *La mythologie blanche* met constamment en question l'interprétation courante et couramment philosophique (y compris chez Heidegger) de la métaphore comme transfert du sensible à l'intelligible, aussi bien que le privilège accordé à ce trope (y compris par Heidegger) dans la déconstruction de la rhétorique métaphysique.

Deuxième trait. Toute la lecture de *La mythologie blanche* proposée dans *La métaphore vive* se noue autour de ce que Ricœur distingue comme « deux affirmations dans l'entrelacs serré de la démonstration de Jacques Derrida » (p. 362). L'une des deux serait donc celle dont nous venons de parler, à savoir, dit Ricœur, « l'unité profonde du transfert métaphorique et du transfert analogique de l'être visible à l'être intelligible ». Je viens de souligner que cette affirmation n'est pas la mienne mais celle que je traite sur un mode, disons pour faire vite, déconstructif. La deuxième affirmation concernerait l'*us* et ce que Ricœur appelle « l'efficace de la métaphore usée ». Dans un premier temps, Ricœur avait reconnu que le jeu tropique de *La mythologie blanche* sur le mot « usure » ne se limitait pas à l'usure comme érosion, appauvrissement ou exténuation, à l'usure de l'usage, de l'usagé ou de l'usé. Mais ensuite Ricœur ne tient plus compte de ce qu'il appelle lui-même « une tactique déroutante ». Celle-ci ne répond pas à quelque perversité retorse, manipulatrice ou triomphante de ma part mais à la structure intraitable dans laquelle nous sommes d'avance impliqués et déportés. Ricœur ne tient donc, ensuite, aucun compte de ce retors et réduit tout mon propos à l'affirmation que précisément je mets en question, loin de l'assumer, à savoir que le rapport de la métaphore au concept et en général le procès de la métaphoricité se laisseraient comprendre sous le concept ou le schème de l'usure comme devenir-usagé ou devenir-usé, et non pas comme usure en un autre sens, comme production de plus-value selon d'autres lois que celles d'une capitalisation continue et linéairement accumulatrice; ce qui non seulement m'a conduit dans d'autres régions problématiques (disons pour faire vite, psychanalytique, économico-politique, généalogique dans le sens nietzschéen) mais à déconstruire ce qui est déjà dogmatisé ou accrédité dans ces régions. Or Ricœur consacre une longue analyse à critiquer ce motif de la métaphore « usée », à démontrer que « l'hypothèse d'une fécondité spécifique de la métaphore usée est fortement contrebattue par l'analyse sémantique exposée dans les études antérieures [...] l'étude de la lexicalisation de la métaphore, chez Le Guern par exemple, contribue grandement à dissiper la fausse énigme de la métaphore usée... ».

Ici aussi, c'est dans la mesure où je souscris à cette proposition que je ne suis pas d'accord avec Ricœur quand il me prête, pour les « contrebattre », c'est son mot, des énoncés que j'avais commencé par mettre en question moi-même. Or je l'ai fait constamment dans *La mythologie blanche* et même, à un degré d'explication littérale au-dessus de tout soupçon, dès l'*Exergue* (dès le chapitre intitulé « Exergue »), puis encore dans le contexte immédiat de la note sur Heidegger, dans le paragraphe même où se trouve l'appel de cette note. L'*Exergue* annonce bien qu'il ne s'agit pas d'accréditer le schème de l'*us* mais bien de déconstruire un concept philosophique, une construction philosophique édifiée sur ce schème de la métaphore usée ou privilégiant pour des raisons signifiantes le trope nommé métaphore :

> Il fallait aussi proposer à l'interprétation cette valeur d'*usure*. Elle paraît avoir un lien de système avec la perspective métaphorique.

71

On la retrouvera partout où le thème de la métaphore sera privilégié. C'est aussi une métaphore qui importe avec elle une *présupposition continuiste* : l'histoire d'une métaphore n'aurait pas essentiellement l'allure d'un déplacement, avec ruptures, réinscriptions dans un système hétérogène, mutations, écarts sans origine, mais celle d'une érosion progressive, d'une perte sémantique régulière, d'un épuisement ininterrompu du sens primitif. Abstraction empirique sans extraction hors du sol natal [...]. Ce trait — le concept d'usure — n'appartient sans doute pas à une configuration historico-théorique étroite mais plus sûrement au concept de métaphore lui-même et à la longue séquence métaphysique qu'il détermine ou qui le détermine. C'est à elle que nous nous intéresserons pour commencer (p. 256).

L'expression « longue séquence métaphysique » le marque bien, il ne s'agissait pas pour moi de tenir *« la »* métaphysique pour l'unité homogène d'un ensemble. Je n'ai jamais cru à l'existence ou à la consistance de quelque chose comme *la* métaphysique. Je le rappelle pour répondre à un autre soupçon de Ricœur. S'il a pu m'arriver, compte tenu de telle ou telle phase démonstrative ou de telle contrainte contextuelle, de dire « la » métaphysique, ou « la » clôture de « la » métaphysique (expression qui fait la cible de *La métaphore vive*), j'ai aussi très souvent, ailleurs mais aussi dans *La mythologie blanche,* avancé la proposition selon laquelle il n'y aurait jamais « la » métaphysique, la « clôture » n'étant pas ici la limite circulaire bordant un champ homogène mais une structure plus retorse, je serais tenté de dire aujourd'hui selon une autre figure : « invaginée ». La représentation d'une clôture linéaire et circulaire entourant un espace homogène, c'est justement, tel est le thème de ma plus grande insistance, une auto-représentation de la philosophie dans sa logique onto-encyclopédique. Je pourrais multiplier les citations, depuis *La différance* où il était dit par exemple que le « texte de la métaphysique » n'est « pas entouré mais traversé par sa limite », « marqué en son dedans par le sillon multiple de sa marge », « trace simultanément tracée et effacée, simultanément vive et morte » (p. 25). Je me limite à ces quelques lignes de *La mythologie blanche,* au voisinage de la note (p. 274) :

> Chaque fois qu'une rhétorique définit la métaphore, elle implique non seulement une philosophie mais un réseau conceptuel dans lequel la philosophie s'est constituée. Chaque fil, dans ce réseau, forme de surcroît un *tour,* on dirait une métaphore si cette notion n'était ici trop dérivée. Le défini est donc impliqué dans le définissant de la définition. Comme il va de soi, nulle pétition ici de quelque continuum homogène qui rapporterait sans cesse à elle-même la tradition,

celle de la métaphysique comme celle de la rhétorique. Néanmoins, si l'on ne commençait par prêter attention à telles contraintes plus durables, exercées depuis une très longue chaîne systématique, si l'on ne prenait pas la peine d'en délimiter le fonctionnement général et les limites effectives, on courrait le risque de prendre les effets les plus dérivés pour les traits originaux d'un sous-ensemble historique, d'une configuration hâtivement identifiée, d'une mutation imaginaire ou marginale. Par une précipitation empiriste et impressionniste vers de prétendues différences, en fait vers des découpages principiellement linéaires et chronologiques, on irait de découverte en découverte. Une rupture sous chaque pas! On présenterait par exemple comme physionomie propre à la rhétorique du « XVIIIe siècle » un ensemble de traits (tel le privilège du nom) hérités, quoique sans droite ligne, avec toute sorte d'écarts et d'inégalités de transformation, d'Aristote ou du Moyen Age. Nous sommes ici reconduits au programme, tout entier à élaborer, d'une nouvelle délimitation des corpus et d'une nouvelle problématique des signatures.

Le « privilège du nom » ayant été signalé entre parenthèses, j'en profite pour souligner que, comme Paul Ricœur, j'ai constamment, dans *La mythologie blanche* et ailleurs, avec une insistance qu'on peut juger lassante mais qu'en tout cas on ne peut négliger, mis en question le privilège du nom et du mot, comme toutes ces « conceptions sémiotiques qui, dit justement Ricœur, imposent le primat de la dénomination ». A ce primat j'ai régulièrement opposé l'attention au motif syntaxique, qui est dominant dans *La mythologie blanche* (cf. p. 317, par exemple). J'ai donc une fois de plus été surpris de me voir critiqué du côté où j'avais déjà porté la critique. J'en dirais de même et *a fortiori* pour le problème de l'étymologisme ou l'interprétation de l'*idion* aristotélicien si j'en avais le temps. Tous ces malentendus font système avec l'attribution à *La mythologie blanche* d'une thèse, et d'une thèse qui se confondrait avec la présupposition contre laquelle précisément je me suis acharné, à savoir un concept de métaphore dominé par le concept d'usure comme *être-usé* ou *devenir-usé,* avec toute la machine de ses implications. Dans la gamme ordonnée de ces implications, on trouve une série d'oppositions parmi lesquelles précisément celle de la métaphore vive et de la métaphore morte. Dire, comme le fait Ricœur, que *La mythologie blanche* fait de la mort ou de la métaphore morte son mot d'ordre, c'est abuser en la marquant de ce dont elle se démarque clairement, par exemple en disant qu'il y a deux morts ou deux auto-destructions de la métaphore (et quand il y a deux morts, le problème de *la* mort est infiniment compliqué) ou, par exemple, encore, pour en finir avec cet apparent *pro domo,* dans ce paragraphe où se situe l'appel de cette note qui fait aujourd'hui appel d'une autre note :

> A la valeur d'usure (*Abnutzung* [mot de Hegel sur lequel, loin de m'« appuyer », comme le voudrait Ricœur, je fais porter l'analyse déconstructrice : j'appuie sur lui comme sur un texte patiemment étudié mais je ne m'y appuie pas]) dont nous avons déjà reconnu les implications, correspond ici l'opposition entre métaphores effectives et métaphores effacées. C'est là un trait à peu près constant des discours sur la métaphore philosophique : il y aurait des métaphores inactives, auxquelles on peut refuser tout intérêt, puisque l'auteur n'y pensait pas et que l'effet métaphorique est étudié dans le champ de la conscience. A la différence entre les métaphores effectives et les métaphores éteintes correspond l'opposition traditionnelle entre métaphores vivantes et métaphores mortes (p. 268-269).

J'ai dit tout à l'heure pourquoi il m'avait paru nécessaire, hors de tout plaidoyer *pro domo,* de commencer par resituer la note sur Heidegger que je voudrais aujourd'hui annoter et relancer. A montrer en quoi, dans ses deux prémisses les plus générales, la lecture de *La mythologie blanche* par Paul Ricœur me paraissait, disons, trop vivement métaphorique ou métonymique, je ne voulais, bien entendu, ni polémiquer, ni étendre mes questions à une vaste systématique qui ne se limite pas plus à cette *Huitième Étude* de *La métaphore vive* que *La mythologie blanche* ne se ferme sur les deux affirmations isolées que Ricœur a bien voulu lui prêter. Pour reprendre le mot d'ordre de Ricœur, l'« intersection » que je viens de situer ne rassemble pas en un point toute la différence, voire l'éloignement incommensurable des trajets qui se traversent là, comme des parallèles, dira tout à l'heure Heidegger, peuvent se recouper à l'infini. Je serais le dernier à rejeter une critique sous prétexte qu'elle est métaphorique ou métonymique ou les deux à la fois. Toute lecture l'est de quelque façon et le partage ne passe pas entre une lecture tropique et une lecture appropriée ou littérale, juste et vraie, mais entre des capacités tropiques. Laissant donc de côté, en sa réserve intacte, la possibilité d'une tout autre lecture des deux textes, *La mythologie blanche* et *La métaphore vive,* j'en viens enfin à la note annoncée sur une note.

S'impose maintenant à moi un problème que je cherche à intituler aussi brièvement que possible. Je lui cherche, par économie, un titre aussi formalisateur et donc aussi économique que possible : eh bien, c'est justement l'*économie.* Mon problème est : l'économie. Comment, suivant les contraintes, d'abord temporelles, de ce colloque, déterminer le fil conducteur le plus rassemblant et le plus enchevêtrant possible à travers tant de trajets virtuels dans l'immense corpus, comme on dit, de Heidegger, et dans son écriture enchevêtrée? Comment ordonner les lectures, interprétations ou récritures que je serais tenté d'en proposer? J'aurais pu choisir, entre tant d'autres possibilités, celle qui vient de se présenter à moi sous le nom d'enchevêtrement, d'entrelacement – qui m'intéresse beaucoup depuis longtemps et sur laquelle je travaille d'une autre manière en ce moment. Sous le nom allemand de *Geflecht,* elle joue un rôle discret mais irréductible dans *Der Weg zur Sprache* (1959) pour désigner cet entrelacement singulier, unique, entre *Sprache* (mot que je ne traduirai pas, afin de ne pas avoir à choisir entre *langage, langue* et *parole*) et chemin (*Weg, Bewegung, Bewegen,* etc.), entrelacement liant-déliant *(entbindende Band)* vers lequel nous serions sans cesse proprement reconduits, selon un cercle que Heidegger nous propose de penser ou de pratiquer autrement que comme régression ou cercle vicieux. Le cercle est un « cas particulier » du *Geflecht.* Pas plus que le *chemin,* le *Geflecht* n'est une figure parmi d'autres. Nous y sommes impliqués déjà, d'avance entrelacés quand nous voulons parler de *Sprache* et de *Weg :* qui sont « en avance sur nous » *(uns stets schon voraus).*

Mais après une première anticipation j'ai dû décider de laisser ce thème en retrait : il n'aurait pas été assez économique. Or c'est économiquement d'économie que je dois parler ici. Pour quatre raisons au moins, et je les nomme algébriquement.

a. Économie pour articuler ce que je vais dire avec l'autre possible tropique de l'*usure,* celui de l'intérêt, de la plus-value, du calcul fiduciaire ou du taux usuraire, que Ricœur a désigné mais laissé dans l'ombre, alors qu'il vient en supplément hétérogène et discontinu, en écart tropique irréductible à celui de l'être-usé ou usagé.

b. Économie pour articuler ce possible avec la loi-de-la-maison et la loi du propre, *oiko-nomia,* qui m'avait fait réserver un sort particulier aux deux motifs de la lumière et de la demeure (« Demeure empruntée », dit Du Marsais en citation dans sa définition métapho-rique de la métaphore : « La métaphore est une espèce de Trope; le mot dont on se sert dans la métaphore est pris dans un autre sens que le sens propre : *il est,* pour ainsi dire, dans une *demeure empruntée,* dit un ancien; ce qui est commun et essentiel à tous les Tropes. »).

c. Économie pour mettre le cap, si on peut dire, sur cette valeur d'*Ereignis,* si difficilement traduisible et dont toute la famille *(erei-*

gnen, eigen, eigens, enteignen) se croise, de façon de plus en plus dense, dans les derniers textes de Heidegger, avec les thèmes du propre, de la propriété, de la propriation ou de la dé-propriation d'une part, avec celui de la lumière, de l'éclaircie, de l'œil d'autre part (Heidegger dit sous-entendre *Er-aügnis* dans *Ereignis*) et enfin, dans son usage courant, avec ce qui *vient* comme événement : quel est le lieu, l'avoir-lieu, l'événement métaphorique ou l'événement du métaphorique? qu'est-ce qui arrive, qu'est-ce qui se passe, aujour-d'hui, avec la métaphore?

d. Économie enfin, parce que la considération économique me paraît avoir un rapport essentiel avec ces déterminations du passage ou du frayage selon les modes de trans-fert ou de la tra-duc-tion *(Übersetzen)* que je crois devoir lier ici à la question du transfert métaphorique *(Übertragung).* En raison de cette économie de l'éco-nomie, j'ai proposé de donner à ce discours le titre de *retrait.* Non pas d'économies au pluriel, mais de retrait.

Pourquoi retrait et pourquoi retrait de la métaphore?

Je parle dans ce que j'appelle ou plutôt dans ce qu'on appelle *ma* langue ou, de façon encore plus obscure, ma « langue maternelle ». Dans *Sprache und Heimat* (texte sur Hebel de 1960 dont nous aurions beaucoup à entendre, au sujet de la métaphore, du *gleich* de *Vergleich* et de *Gleichnis*, etc., mais qui se prête mal à l'accélération d'un colloque), Heidegger dit ceci : dans le « dialecte », autre mot pour *Mundart*, dans l'idiome, s'enracine *das Sprachwesen*, et si l'idiome est la langue de la mère, s'y enracine aussi *« das Heimische des Zuhaus, die Heimat ».* Et il ajoute *« Die Mundart ist nicht nur die Sprache der Mutter, sondern zugleich und zuvor die Mutter der Sprache ».* Selon un mouvement dont nous analyserons la loi, ce renversement nous induirait à penser que non seulement l'*idion* de l'*idiome,* le propre du dialecte se donne comme la mère de la langue mais que, loin de savoir avant cela ce qu'est une mère, un tel renversement nous donne peut-être seul à approcher l'essence de la maternité. Langue maternelle ne serait pas une métaphore pour déterminer le sens de la langue mais le tour essentiel pour comprendre ce que « la mère » veut dire.

Et le père? Ce qu'on appelle le père? Il tenterait d'occuper la place de la forme, de la langue formelle. Cette place est intenable et il ne peut donc *tenter* de l'occuper, parlant dans cette seule mesure la langue du père, que pour la forme. C'est en somme cette place et ce projet impossibles que Heidegger désignerait au début de *Das Wesen der Sprache* sous les noms de « métalangage » *(Metasprache,*

Übersprache, Metalinguistik) – ou de Métaphysique. Car finalement, l'un des noms dominants pour ce projet impossible et monstrueux du père, comme pour cette maîtrise de la forme pour la forme, c'est bien Métaphysique. Heidegger y insiste : « métalinguistique » ne « résonne » pas seulement comme « métaphysique », c'est la métaphysique de la « technicisation » intégrale de toutes les langues ; elle est destinée à produire un « instrument d'information unique, fonctionnel et interplanétaire ». « *Metasprache* et *Sputnik*... sont le même. »

Sans m'enfoncer dans toutes les questions qui se pressent ici, je remarque d'abord que dans « ma langue » le mot *retrait* se trouve doté d'une assez riche polysémie. Je laisse ouverte pour l'instant la question de savoir si cette polysémie est réglée ou non par l'unité d'un foyer ou d'un horizon de sens qui lui promette une totalisation ou un ajointement en système. Ce mot s'est imposé à moi pour des raisons économiques (loi de l'*oikos* et de l'idiome encore), compte tenu, ou tenté, de ses capacités de traduction, de capture ou de captation traduisante, de traduction ou de translation au sens traditionnel et idéal : transport d'un signifié intact dans le véhicule d'une autre langue, d'une autre patrie ou matrie ; ou encore au sens plus inquiétant et plus violent d'une capture captatrice, séductrice et transformatrice (plus ou moins réglée et fidèle, mais quelle est alors la loi de cette fidélité violente?) d'une langue, d'un discours et d'un texte par un autre discours, une autre langue, et un autre texte qui peuvent du même coup, comme ce sera ici le cas, violer dans le même geste leur propre langue maternelle au moment d'y importer et d'en exporter le maximum d'énergie et d'information. Le mot *retrait* – à la fois intact, et forcé, sauf dans ma langue et simultanément altéré –, je l'ai présumé le plus propre à capter la plus grande quantité d'énergie et d'information dans le texte heideggerien à l'intérieur du contexte qui est ici le nôtre, et seulement dans les limites de ce contexte. La mise à l'épreuve d'un tel transfert (en même temps que de votre patience), voilà donc ce que j'essaierai ici avec vous, sous une forme évidemment schématique et programmatique. Je commence.

I. *Premier trait.* Je repars de ces deux passages apparemment allusifs et digressifs où Heidegger pose très vite l'appartenance *du* concept de métaphore, comme s'il n'y en avait qu'un, à *la* métaphysique, comme s'il n'y en avait qu'une et comme si elle était une. Le premier passage, je l'ai rappelé tout à l'heure, c'est celui que je cite dans la note *(Das Metaphorische gibt es nur innerhalb der Metaphysik)*. L'autre, dans la triple conférence *Das Wesen der Sprache*

(1957), dit notamment : « *Wir blieben in der Metaphysik hängen, wollten wir dieses Nennen Hölderlins in der Wendung " Worte wie Blumen " für eine Metapher halten* » (p. 207). « Nous resterions suspendus dans la métaphysique si nous voulions tenir pour une métaphore cette nomination de Hölderlin dans la tournure " mots comme des fleurs ". »

Sans doute à cause de leur forme univoque et sentencieuse, ces deux passages ont constitué l'unique foyer de la discussion qui s'est engagée sur la métaphore chez Heidegger, d'une part dans un article de Jean Greisch, « Les mots et les roses, la métaphore chez Martin Heidegger » (*Revue des Sciences théologiques et philosophiques*, 57, 1973), puis d'autre part dans *La métaphore vive* (1975). Les deux analyses s'orientent différemment. L'essai de Greisch se dit plus proche du mouvement amorcé par *La mythologie blanche*. Néanmoins les deux textes ont en commun les motifs suivants que je rappelle très vite sans revenir sur ce que j'ai dit tout à l'heure de *La métaphore vive*. Le premier motif, sur lequel je ne me sens pas du tout d'accord mais sur lequel je ne m'étendrai pas, pour l'avoir fait et devoir le faire encore ailleurs (notamment dans *Glas*, « Le sans de la coupure pure [1] », « Survivre [2] », etc.), c'est le motif onto-anthologique de la fleur. Greisch et Ricœur identifient ce que je dis des fleurs séchées à la fin de *La mythologie blanche* avec ce que Heidegger reproche à Gottfried Benn de dire pour transformer le poème de Hölderlin en « herbier » et en collection de plantes desséchées. Greisch parle d'une parenté entre l'attitude de Benn et la mienne. Et Ricœur utilise ce motif de l'herbier comme une transition vers le propos de *La mythologie blanche*. Pour de multiples raisons que je n'ai pas le temps d'énumérer, je lirais cela tout autrement. M'importe davantage pour l'instant l'autre des deux motifs communs à Greisch et à Ricœur, à savoir que le pouvoir métaphorique du texte heideggerien est plus riche, plus déterminant que sa thèse sur la métaphore. La métaphoricité du texte de Heidegger déborderait ce qu'il dit thématiquement, sur le mode de la dénonciation simplificatrice, du concept dit « métaphysique » de la métaphore (Greisch, p. 441 et suiv., Ricœur, p. 359). Je souscrirais assez volontiers à cette affirmation. Reste pourtant à déterminer le sens et la nécessité qui lient entre elles cette dénonciation apparemment univoque, simplifiante et réductrice du concept « métaphysique » de métaphore et d'autre part la puissance apparemment

---

1. Repris in *La vérité en peinture*, Flammarion, 1979.
2. Repris in *Parages*, Galilée, 1986.

métaphorique d'un texte dont l'auteur ne veut plus qu'on comprenne comme « métaphorique », justement, ni même sous aucun concept de la métalinguistique ou de la rhétorique, ce qui s'y passe et prétend s'y passer de la métaphore. La première réponse schématique que j'y ferais, au titre du retrait, serait la suivante. Le concept dit « métaphysique » de la métaphore appartiendrait à *la* métaphysique en tant que celle-ci correspond, dans l'époqualité de ses époques, à une *épochè,* autrement dit à un retrait suspensif de l'être, à ce que l'on traduit souvent par retrait, réserve, abritement, qu'il s'agisse de *Verborgenheit* (être-caché), de dissimulation ou de voilement *(Verhüllung).* L'être se retient, se dérobe, se soustrait, *se retire (sich entzieht)* dans ce mouvement de retrait qui est indissociable, selon Heidegger, du mouvement de la présence ou de la vérité. Se retirant en se montrant ou se déterminant *comme* ou *sous* ce mode d'être (par exemple comme *eidos,* selon l'écart ou l'opposition visible/invisible qui construit l'*eidos* platonicien), qu'il se détermine donc en tant qu'*ontôs on* sous la forme de l'*eidos* ou sous toute autre forme, il se soumet déjà, *autrement dit, pour ainsi dire, sozusagen, so to speak,* à un déplacement métaphorico-métonymique. Toute ladite histoire de la métaphysique occidentale serait un vaste processus structural où l'*épochè* de l'être se retenant, se tenant en retrait, prendrait ou plutôt *présenterait* une série (entrelacée) de guises, de tours, de modes, c'est-à-dire de figures ou d'allures tropiques qu'on pourrait être tenté de décrire à l'aide d'une conceptualité rhétoricienne. Chacun de ces mots – forme, guise, tour, mode, figure – serait déjà en situation tropique. Dans la mesure de cette *tentation,* « la » métaphysique ne serait pas seulement l'enclos dans lequel se serait produit et enfermé *le* concept de *la* métaphore. *La* métaphysique n'aurait pas seulement construit et traité *le* concept de métaphore, par exemple à partir d'une détermination de l'être comme *eidos;* elle serait elle-même en situation tropique au regard de l'être ou de la pensée de l'être. Cette métaphysique *comme* tropique, et singulièrement comme détour métaphorique, correspondrait à un *retrait* essentiel de l'être : ne pouvant se révéler, se présenter qu'en se dissimulant sous l'« espèce » d'une détermination époquale, sous l'espèce d'un *comme* qui oblitère son *comme tel* (l'être *comme* eidos, *comme* subjectité, *comme* volonté, *comme* travail, etc.), l'être ne se laisserait nommer que dans un écart métaphorico-métonymique. On serait alors tenté de dire : le métaphysique, qui correspond en son discours au retrait de l'être, tend à rassembler, dans la ressemblance, tous ses écarts métonymiques en une grande métaphore de l'être ou de la vérité de l'être. Ce rassemblement serait *la* langue de *la* métaphysique.

Qu'est-ce qui se passerait alors avec la métaphore? Tout, la totalité de l'étant. Il se passerait ceci : on devrait se passer d'elle sans pouvoir s'en passer, et cela définit la structure des retraits qui m'intéressent ici. D'une part, on doit pouvoir s'en passer parce que le rapport de la métaphysique (onto-théologique) à la pensée de l'être, ce rapport *(Bezug)* qui marque le retrait *(Entziehung)* de l'être, ne peut plus être nommé – *littéralement* – métaphorique dès lors que l'usage (je dis bien l'usage, le devenir-usuel du mot et non pas son sens originel auquel personne ne s'est jamais référé, en tout cas pas moi) s'est fixé à partir de ce couple d'opposition métaphysique pour décrire des rapports entre des étants. L'être n'étant rien, n'étant pas un étant, il ne saurait être dit ou nommé *more metaphorico*. Et donc il n'a pas, dans un tel contexte de l'usage métaphysique dominant du mot « métaphore », un sens propre ou littéral qui pourrait être visé métaphoriquement par la métaphysique. Dès lors, si à son sujet on ne peut parler métaphoriquement, on ne peut pas davantage parler proprement ou littéralement. On en parlera toujours *quasi* métaphoriquement, selon une métaphore de métaphore, avec la surcharge d'un trait supplémentaire, d'un *re-trait*. Un pli supplémentaire de la métaphore articule ce retrait, répétant en la déplaçant la métaphore intra-métaphysique, celle-là même que le retrait de l'être aura rendue possible. Le graphique de ce retrait prendrait alors l'allure suivante, que je décris très sèchement :

1. Ce que Heidegger appelle *la* métaphysique correspond à un retrait de l'être. Donc la métaphore en tant que concept dit métaphysique correspond à un retrait de l'être. Le discours métaphysique, produisant et contenant le concept de métaphore, est lui-même quasi métaphorique au regard de l'être : c'est donc une métaphore englobant le concept étroit-restreint-strict de métaphore qui n'a de sens, lui-même, que strictement métaphorique.

2. Le discours dit métaphysique ne peut être débordé, *en tant qu'*il correspond à un retrait de l'être, que selon un retrait de la métaphore *en tant que* concept métaphysique, selon un retrait du métaphysique, un retrait du retrait de l'être. Mais comme ce retrait du métaphorique ne laisse pas la place libre à un discours du propre ou du littéral, il aura à la fois le sens du re-pli, de ce qui se retire comme une vague sur le littoral, et d'un re-tour, de la répétition surchargeant d'un trait supplémentaire, d'une métaphore de plus, d'un *re*-trait de métaphore, un discours dont la bordure rhétorique n'est plus déterminable selon une ligne simple et indivisible, selon un trait linéaire et indécomposable. Ce trait a la multiplicité interne,

la structure pliée-repliée d'un re-trait. Le retrait de la métaphore donne lieu à une généralisation abyssale du métaphorique – métaphore de métaphore dans les deux sens – qui évase les bords ou les invagine plutôt. Cette paradoxie prolifère et surabonde d'elle-même. J'en tire seulement, très vite, deux conclusions provisoires.

1. Le mot, jusqu'à un certain point « français », de *retrait, n'est pas trop abusif,* pas trop je crois, si on peut le dire d'un abus, pour traduire l'*Entziehung,* le *Sich-Entziehen* de l'être, en tant que, se suspendant, dissimulant, dérobant, voilant, etc., il se retire en sa crypte. Le mot français convient, dans cette mesure, celle du « point trop abusif » (une « bonne » traduction doit toujours *abuser*), pour désigner le mouvement essentiel et en lui-même double, équivoque, qui rend possible tout ce dont je parle en ce moment dans le texte heideggerien. Le retrait de l'être, son être en-retrait, donne lieu à la métaphysique comme onto-théologie produisant le concept de métaphore, se produisant et s'appelant de manière quasi métaphorique. Pour penser l'être en son retrait, il faudrait donc laisser se *produire* ou se *réduire* un retrait de la métaphore qui pourtant, ne laissant place à rien qui soit *opposé,* opposable à du métaphorique, étendra sans limite et chargera de plus-value supplémentaire tout trait métaphorique. Ici le mot *re-trait* (trait en plus pour suppléer le retrait soustrayant, *re-trait* disant du même coup, d'un trait, le plus et le moins) ne désigne le retour généralisateur et supplémentaire que dans une sorte de violence quasi catachrétique, une sorte d'abus que j'impose à la langue mais un abus que j'espère sur-justifié par nécessité de bonne formalisation économique. *Retrait* n'est ni une traduction ni une non-traduction (au sens courant) par rapport au texte heideggerien; il n'est ni propre ni littéral, ni figuré ni métaphorique. « Retrait de l'être » ne peut avoir un sens littéral ou propre dans la mesure où l'être n'est pas *quelque chose,* un étant déterminé qu'on puisse désigner. Pour la même raison, le retrait de l'être donnant lieu et au concept métaphysique de métaphore et à son retrait, l'expression « retrait de l'être » n'est pas *stricto sensu* métaphorique.

2. Deuxième conclusion provisoire : en raison de cette invagination chiasmatique des bords, et si le mot *retrait* ne fonctionne ici ni littéralement ni par métaphore, je ne sais pas ce que je veux dire avant d'avoir pensé, si on peut dire, le retrait de l'être *comme* retrait de la métaphore. Loin que je procède à partir d'un mot ou d'un sens connu ou déterminé (le retrait) pour penser ce qu'il en est de l'être et de la métaphore, je n'en viendrai à comprendre, entendre, lire, penser, laisser s'annoncer le retrait en général que depuis le

retrait de l'être comme retrait de la métaphore dans tout le potentiel polysémique *et* disséminal du retrait. Autrement dit : si l'on voulait que *retrait-de* s'entende comme une métaphore, ce serait une métaphore curieuse, renversante, on dirait presque *catastrophique,* catastropique : elle aurait pour fin d'énoncer quelque chose de nouveau, d'encore inouï sur le véhicule et non sur le sujet apparent du trope. *Retrait-de-l'être-ou-de-la-métaphore* serait en voie de nous donner à penser moins l'être ou la métaphore que l'être ou la métaphore *du retrait,* en voie de nous donner à penser la voie et le véhicule, ou leur frayage. Habituellement, usuellement, une métaphore prétend nous ménager un accès à l'inconnu et à l'indéterminé par le détour d'un familier reconnaissable. « Le soir », expérience commune, nous aide à penser la vieillesse, chose plus difficile à penser ou à vivre, comme soir de la vie, etc. Selon ce schéma courant, nous saurions familièrement ce que *retrait* veut dire et nous essaierions de penser à partir de lui le retrait de l'être ou de la métaphore. Or ce qui survient ici, c'est que pour une fois nous ne pouvons penser le trait du re-trait que depuis la pensée de cette différence ontico-ontologique sur le retrait de laquelle se serait tracée, avec la bordure de la métaphysique, la structure courante de l'usage métaphorique.

Telle catastrophe inverse donc le trajet métaphorique au moment où, devenue débordante, la métaphoricité ne se laisse plus contenir dans son concept dit « métaphysique ». Cette catastrophe produirait-elle un délabrement général, une destructuration du discours – par exemple celui de Heidegger – ou bien une simple conversion du sens, répétant en sa profondeur la circulation du cercle herméneutique? Je ne sais pas si c'est là une alternative, mais si c'en était une, je ne pourrais pas répondre à cette question, et non seulement pour des raisons de temps : un texte, par exemple celui de Heidegger, comporte et croise nécessairement en lui les deux motifs.

II. Je soulignerai donc seulement – ce sera le *deuxième* grand *trait* annoncé – ce qui unit (leur trait d'union, si vous voulez) les énoncés de Heidegger sur le concept dit métaphysique de la métaphore et d'autre part son propre texte en tant qu'il paraît plus « métaphorique » que jamais, ou *quasi* métaphorique au moment même où il s'en défend. Comment cela est-il possible?

Pour trouver le chemin, la forme du chemin entre les deux, il faut apercevoir ce que je viens d'appeler la catastrophe généralisante. J'en prendrai deux exemples parmi d'autres possibles. Il s'agit toujours de ces moments typiques où, recourant à des formules qu'on serait tenté de recevoir comme des métaphores, Heidegger précise qu'elles n'en sont pas et jette la suspicion sur ce que nous croyons penser d'assuré et de clair sous ce mot. C'est un geste qu'il ne fait pas seulement dans les deux passages cités par Ricœur ou Greisch. Dans la *Lettre sur l'humanisme,* un mouvement que je ne peux reconstituer ici porte la phrase : « *Das Denken baut am Haus des Seins* », « La pensée travaille à (construire) la maison de l'être », l'ajointement de l'être *(Fuge des Seins)* venant assigner, enjoindre *(verfügen)* à l'homme d'habiter dans la vérité de l'être. Et un peu plus loin, après une citation de Hölderlin : « Le discours sur la maison de l'être *(Die Rede vom Haus des Seins)* n'est pas une métaphore *(Übertragung)* transportant l'image de " maison " vers l'être, mais [sous-entendu : inversement] c'est à partir de l'essence de l'être convenablement pensée *(sondern aus dem sachgemäss gedachten Wesen des Seins)* que nous pourrons un jour penser ce que sont " maison " et " habiter ". »

« Maison de l'être » n'opérerait pas, dans ce contexte, à la manière d'une métaphore dans le sens courant, usuel, c'est-à-dire littéral de la métaphore, s'il en est un. Ce sens courant et cursif — je l'entends aussi dans le sens de la direction — transporterait un prédicat familier (et ici rien n'est plus familier, familial, connu, domestique et économique, croit-on, que la maison) vers un sujet moins familier, plus éloigné, *unheimlich,* qu'il s'agirait de mieux s'approprier, connaître, comprendre, et qu'on désignerait ainsi par le détour indirect du plus proche, la maison. Or ce qui se passe ici, *avec* la quasi-métaphore de la maison de l'être, et ce qui se passe *de* la métaphore en sa direction cursive, c'est que l'être donnerait ou promettrait de donner, depuis son retrait même, à penser la maison ou l'habitat. On pourrait être tenté d'utiliser toute sorte de termes et de schémas techniques empruntés à telle ou telle méta-rhétorique pour maîtriser *formaliter* ce qui ressemble, selon une *Übertragung* insolite, à une inversion tropique dans les rapports entre le prédicat et le sujet, le signifiant et le signifié, le véhicule et la teneur, le discours et le référent, etc. On pourrait être tenté de formaliser cette inversion rhétorique où, dans le trope « maison de l'être », l'être nous dit plus, ou nous *promet* plus sur la maison que la maison sur l'être. Mais on manquerait ce qu'entend dire le texte heideggerien en ce lieu, ce qu'il a, si l'on veut, de plus propre. Par l'inversion considérée, l'être n'est pas devenu le propre de cet étant supposé bien connu et familier, proche, ce qu'on croyait qu'était la maison dans la méta-phore courante. Et si la maison est devenue un peu *unheimlich,* ce n'est pas pour avoir été remplacée dans le rôle du plus proche par « être ». On n'a donc plus affaire à une métaphore au sens usuel, ni à une simple inversion permutant les places dans une structure tropique usuelle. D'autant plus que cet énoncé (qui n'est d'ailleurs pas un énoncé judicatif, une proposition courante, du type constatif S *est* P) n'est pas non plus un énoncé parmi d'autres portant sur des rapports entre des prédicats et des sujets ontiques. D'abord parce qu'il implique la valeur économique de la demeure et du propre qui interviennent souvent ou toujours dans la définition du métaphorique. Ensuite il parle avant tout *du* langage et donc en lui *de* la métaphoricité. En effet, la maison de l'être, aura-t-on lu plus haut dans la *Lettre,* c'est *die Sprache* (langue ou langage) :

> L'unique *(Das Einzige),* que la pensée qui cherche pour la première fois à s'exprimer dans *Sein und Zeit* voudrait atteindre, est quelque chose de simple *(etwas Einfaches).* En tant que tel [simple, unique], l'être demeure mystérieux *(geheimnisvoll),* la proximité simple d'une puissance non contraignante. Cette proximité *west* [est, s'essen-cie] comme *die Sprache selbst...*

Autre façon de dire qu'on ne pourra penser la proximité du proche (qui, elle, n'est pas proche ou propre : la proximité n'est pas proche, la propriété n'est pas propre) que depuis et dans la langue. Et plus bas :

> C'est pourquoi il importe de penser *das Wesen der Sprache* selon la correspondance à l'être et en tant que cette correspondance, c'est-à-dire en tant que *Behausung des Menschenwesens* (maison abritant l'essence de l'homme). Mais l'homme n'est pas seulement un être vivant qui, à côté d'autres aptitudes, possède aussi *die Sprache. Die Sprache* est bien plutôt la maison de l'être, en laquelle, y habitant, l'homme ek-siste, en tant qu'il appartient, en assumant la garde, à la vérité de l'être.

Ce mouvement n'est plus simplement métaphorique. 1. Il porte sur le langage et la langue comme élément du métaphorique. 2. Il porte sur l'être qui n'est rien et qu'il faut penser selon la différence ontologique qui, avec le retrait de l'être, rend possibles et la métaphoricité et son retrait. 3. Il n'y a par conséquent aucun terme qui soit propre, usuel et littéral dans l'écart sans écart de ce phrasé. Malgré son allure ou sa ressemblance, celui-ci n'est ni métaphorique ni littéral. Énonçant non littéralement la condition de la métaphoricité, il en libère et l'extension illimitée et le retrait. Retrait par lequel ce qui s'éloigne *(entfernt)* dans le non-proche de la proximité s'y retire et abrite. Comme il est dit au début de *das Wesen der*

Sprache, plus de métalangage, plus de métalinguistique, donc plus de méta-rhétorique, plus de métaphysique. Toujours une métaphore de plus au moment où la métaphore se retire en évasant ses limites.

Cette torsion, cette entorse de la démarche et du pas, ce *détour* du chemin heideggerien, on en retrouve la trace partout où Heidegger écrit et écrit du chemin. On peut en suivre la piste et la déchiffrer selon la même règle, qui n'est plus simplement d'une rhétorique ou d'une tropique. Je n'en situerai qu'une autre occurrence, parce qu'elle jouit de quelques privilèges. Lesquels? 1. Dans *Das Wesen der Sprache* (1957-1958), elle précède le passage cité tout à l'heure sur « *Worte wie Blumen* ». 2. Elle ne concerne pas seulement la prétendue métaphoricité de certains énoncés sur le langage en général et, en lui, sur la métaphore. Elle vise d'abord un discours prétendument métaphorique portant sur le rapport entre pensée et poésie *(Denken und Dichten)*. 3. Elle détermine ce rapport comme *voisinage (Nachbarschaft),* selon ce type de proximité *(Nähe)* qu'on appelle *voisinage,* dans l'espace de la demeure et l'économie de la maison. Or là aussi, appeler métaphore, comme si on savait ce que c'était, telle valeur de voisinage entre poésie et pensée, faire comme si on était d'abord assuré de la proximité de la proximité et du voisinage du voisinage, c'est se fermer à la nécessité de l'autre mouvement. Inversement, c'est en renonçant à la sécurité de ce qu'on croit reconnaître sous le nom de métaphore et de voisinage qu'on s'approchera peut-être de la proximité du voisinage. Non que le voisinage nous soit étranger avant cet accès à ce qu'il est entre *Denken* et *Dichten*. Rien ne nous est plus familier que lui et Heidegger le rappelle aussitôt. Nous séjournons et nous mouvons en lui. Mais il faut, et c'est le plus énigmatique de ce cercle, revenir où nous sommes sans y être proprement (voir p. 184 et *passim*). Heidegger vient de nommer « voisinage » le rapport marqué par le « et » entre *Dichten* et *Denken*. De quel droit, demande-t-il alors, parler ici de « voisinage »? Le voisin *(Nachbar)* est celui qui habite à proximité *(in der Nähe)* d'un autre et avec un autre (Heidegger n'exploite pas la chaîne *vicus, veicus,* qui renvoie peut-être à *oikos* et au sanscrit *veca (maison),* je le note sous réserve et provisoirement). Le voisinage est ainsi un *rapport (Beziehung),* soyons attentifs à ce mot, qui résulte de ce que l'un attire *(zieht)* l'autre dans sa proximité pour qu'il s'y établisse. On pourrait croire alors que, s'agissant de *Dichten und Denken,* ce rapport, ce trait qui les attire l'un au voisinage de l'autre, est nommé selon une « *bildliche Redeweise* » (façon imagée de parler). Ce serait rassurant en effet. A moins, note alors Heidegger, que nous n'ayons déjà dit par là quelque chose de la chose même, à savoir de l'essentiel qui reste à penser, à savoir le voisinage, alors que demeure encore « indéterminé pour nous ce que c'est que *Rede,* et ce que c'est que *Bild* et jusqu'à quel point *die Sprache in Bildern spricht;* si même elle parle en général de la sorte ».

III. Précipitant ma conclusion en ce *troisième* et dernier *trait,* je voudrais maintenant en venir non pas au dernier mot, mais à ce mot pluriel de *trait* lui-même. Et non pas y venir mais y revenir. Non pas au retrait de la métaphore mais à ce qui pourrait d'abord ressembler à la métaphore du retrait. N'y aurait-il pas en dernière instance, derrière tout ce discours, le soutenant plus ou moins discrètement, en retrait, une métaphore du retrait qui autoriserait à parler de la différence ontologique et à partir d'elle du retrait de la métaphore? A cette question d'apparence un peu formelle et artificielle, on pourrait répondre, aussi vite, que cela confirmerait du moins la dé-limitation du métaphorique (il n'y a pas de méta-métaphorique parce qu'il n'y a que des métaphores de métaphores, etc.) et confirmerait aussi ce que dit Heidegger du projet métalinguistique comme métaphysique, de ses limites, voire de son impossibilité. Je ne me contenterai pas de cette forme de réponse, même si elle est en son principe suffisante.

Il y a — et de façon décisive dans l'instance du « il y a », du *es gibt* qu'on traduit ainsi — il y a le trait, un tracé ou un tracement du trait opérant discrètement, souligné par Heidegger mais chaque fois en un lieu décisif, et assez incisif pour nous donner à penser qu'il nomme justement la signature la plus grave, gravée, gravante, de la décision. Deux familles, pour ainsi dire, de mots, noms, verbes et syncatégorèmes, viennent s'allier, s'engager, se croiser en ce contrat du trait dans la langue allemande. C'est d'une part la « famille » de *Ziehen (Zug, Bezug, Gezüge, durchziehen, entziehen),* d'autre part la « famille » de *Reissen (Riss, Aufriss, Umriss, Grundriss,* etc.). A ma connaissance on ne l'a jamais remarqué ou du moins thématisé à la mesure du rôle que joue ce croisement. C'est plus ou moins qu'un lexique puisqu'il en viendra à nommer le trait ou la traction différentielle comme possibilité du langage, du *logos,* de la langue et de la *lexis* en général, de l'inscription parlée autant qu'écrite. Ce quasi-archi-lexique s'impose très tôt à Heidegger, au moins me semble-t-il, réserve faite d'une enquête plus systématique, dès *L'origine de l'œuvre d'art* (1935-1936). Mais pour ce premier repérage, limitons-nous à trois types de remarques.

Le retrait de la métaphore

1. Remarquons d'abord quelque chose du trait *avoisinant*. Le voisinage entre *Denken* et *Dichten* nous donnait accès au voisinage, à la proximité du voisinage, selon un chemin qui, n'étant pas plus métaphorique que littéral, rouvrirait la question de la métaphore. Or le trait avoisinant, disons le trait *approchant,* le trait propre qui rapporte *(bezieht)* l'une à l'autre *Dichten* (qu'il ne faut pas traduire sans précaution par poésie) et pensée *(Denken)* en leur proximité avoisinante, qui les *partage* et que les deux *partagent,* ce trait commun différentiel qui les attire réciproquement, tout en signant leur différence irréductible, ce trait, c'est le *trait : Riss,* tracement de frayage qui incise, déchire, marque l'écart, la limite, la marge, la marque (Heidegger nomme quelque part la « marche », « *Mark* » comme limite, *Grenz, Grenzland,* p. 171). Et ce trait *(Riss)* est une *coupe* que se font, quelque part à l'infini, les deux voisins, *Denken und Dichten.* A l'entaille de cette coupe, ils s'ouvrent, pourrait-on dire, l'un à l'autre, ils s'ouvrent de leur différence et même, pour me servir d'un mot dont j'ai ailleurs (dans *Glas*) tenté de régler l'usage, *se recoupent* de leur trait et donc de leur *re*trait respectif. Ce trait *(Riss)* de recoupe rapporte l'un à l'autre mais n'appartient à aucun d'eux. C'est pourquoi ce n'est pas un trait commun ou un concept général, ni davantage une métaphore. On dirait du trait qu'il est plus originaire que les deux *(Dichten* et *Denken)* qu'il entaille et recoupe, qu'il est leur origine commune et le sceau de leur alliance, restant en cela singulier et différent des deux, si un trait pouvait être quelque chose, pouvait être proprement et pleinement originaire. Or s'il fraye un écart différentiel, un trait n'est ni pleinement originaire et autonome, ni, en tant que frayage, purement dérivé. Et dans la mesure où un tel trait fraye la possibilité de nommer dans la langue (écrite ou parlée au sens courant de ces mots), il n'est lui-même nommable, en tant qu'écartement, ni littéralement, ni proprement, ni métaphoriquement. *Il n'a pas d'approchant en tant que tel.*

A la fin de la deuxième partie de *Das Wesen der Sprache,* Heidegger vient de marquer comment, dans le *« es gibt das Wort »* *es, das Wort, gibt,* mais de telle sorte que le joyau *(Kleinod)* du poème qu'on est en train de lire *(Das Wort,* Stefan George), que le poème donne comme un présent et qui n'est autre qu'un certain rapport du mot à la chose, ce joyau innommé se retire *(das Kleinod entzieht sich).* Le *es gibt* retire ce qu'il donne, il ne donne qu'à retirer ; et à qui sait renoncer. Le joyau se retire dans l'« étonnant secret », où secret *(geheimnisvoll)* vient qualifier l'étonnant *(das Erstaunende, was stauner lässt)* et désigne l'intimité de la maison comme le lieu du retrait *(geheimnisvoll).* Revenant ensuite sur le thème du voisinage entre *Denken* et *Dichten,* sur leur altérité irréductible, Heidegger dit leur différence « tendre », délicate *(zart)* mais « claire », qui ne doit laisser place à aucune confusion. *Dichten* et *Denken* sont parallèles *(para allelôn),* l'un à côté ou le long de l'autre mais non séparés si la séparation signifie « être éloigné dans le sans-rapport » *(ins Bezuglose abgeschieden),* non sans la traction de ce trait *(Zug),* de ce *Bezug* qui rapporte ou transporte l'un vers l'autre.

Quel est donc le trait de ce *Bezug* entre *Denken* et *Dichten?* C'est le trait *(Riss)* d'une entame, d'une ouverture traçante, *frayante* (le mot *Bahnen* apparaît souvent dans ce contexte avec les figures du *Bewegen),* d'un *Aufriss.* Le mot *entame,* dont je me suis beaucoup servi ailleurs, me paraît le plus approchant pour traduire *Aufriss,* mot décisif, mot de la décision dans ce contexte, de la décision non « volontaire », et que les traducteurs français rendent tantôt par « tracé-ouvrant » et tantôt par « gravure ».

Entamées, les deux parallèles se coupent à l'infini, se recoupent, s'entaillent et signent en quelque sorte l'une dans le corps de l'autre, l'une au lieu de l'autre, le contrat sans contrat de leur voisinage. Si les parallèles se coupent *(schneiden sich)* à l'infini *(im Un-endlichen),* cette coupe, cette entaille *(Schnitt),* elles ne se la font pas à elles-mêmes, elles se recoupent sans se toucher, sans s'affecter, sans se blesser. Elles s'entament seulement et sont coupées *(geschnitten)* dans l'entame *(Aufriss)* de leur avoisinement, de leur essence avoisinante *(nachbarlichen Wesens).* Et par cette incision qui les laisse intactes, elles sont *eingezeichnet,* « signées » dit la traduction française publiée : dessinées, caractérisées, assignées, consignées. *Diese Zeichnung ist der Riss,* dit alors Heidegger. Il entame *(er reisst auf),* il trace en ouvrant *Dichten* et *Denken* dans l'approchement de l'un à l'autre. Cet approchement ne les rapproche pas depuis un autre lieu où ils seraient déjà eux-mêmes et se laisseraient ensuite attirer *(ziehen).* L'approchement est l'*Ereignis* qui renvoie *Dichten* et *Denken* dans le propre *(in das Eigene)* de leur essence *(Wesen).* Le trait de l'entame, donc, marque l'*Ereignis* comme propriation, événement de propriation. Il ne précède pas les deux propres qu'il fait venir à leur propriété, car il n'est rien sans eux. En ce sens il n'est pas une instance autonome, originaire, elle-même propre par rapport aux deux qu'il entame et allie. N'étant rien, il n'apparaît pas lui-même, il n'a aucune phénoménalité propre et indépendante, et ne se montrant pas, il se retire, il est structurellement en retrait, comme écart, ouverture, différentialité, trace, bordure, traction, effraction, etc. Dès lors qu'il se retire en se tirant, le trait est *a priori* retrait, inapparence, effacement de la marque dans son entame.

Son inscription, comme j'ai tenté de l'articuler de la trace ou de la différance, *n'arrive qu'à s'effacer.*

Elle n'arrive et n'advient qu'en s'effaçant. Inversement, le trait n'est pas dérivé. Il n'est pas secondaire, en son arrivée, par rapport aux domaines, aux essences ou aux existences qu'il découpe, fraye et reploie dans leur recoupe. Le *re-* du retrait n'est pas un accident survenant au trait. Il s'enlève en permettant à toute propriété de s'enlever, comme on le dit d'une figure sur un fond. Mais il ne s'enlève ni avant ni après l'entame qui permet de s'enlever, ni substantiellement ni accidentellement, ni matériellement ni formellement, ni selon aucune des oppositions qui organisent le discours dit métaphysique. Si « la » métaphysique avait une unité, ce serait le régime de ces oppositions qui n'apparaît et ne se détermine qu'à *partir* du retrait du trait, du retrait du retrait, etc. Le « à partir de » s'y abîme lui-même. Nous venons ainsi de reconnaître le rapport entre le *re-* du retrait (qui ne dit pas moins violemment la répétition de l'entame que la suspension négative de l'*Ent-ziehung* ou de l'*Entfernung*) et l'*Ereignen* du *es gibt* qui focalise toute la « dernière » pensée de Heidegger, en ce trait précisément où le mouvement de l'*Enteignen* (dé-propriation, retrait de propriété) vient creuser tout *Ereignis* (« *Dieses enteignende Vereignen ist das Spiegelspiel des Gevierts* », *Das Ding,* p. 172*)*.

2. Remarquons, deuxièmement, la performance, ou en un sens très ouvert de ce mot, le performatif d'écriture par lequel Heidegger nomme, appelle *Aufriss* (entame) ce qu'il décide, décrète ou laisse se décider d'appeler *Aufriss,* ce qui s'appelle selon lui *Aufriss* et dont j'esquisse la traduction, selon la traction d'un geste également performatif, par *entame.* La décision tranchante d'appeler *Aufriss* ce qui d'une certaine manière était encore innommé ou ignoré sous son nom, c'est déjà en soi-même une entame; elle ne peut que se nommer, s'auto-nommer et s'entamer dans sa propre écriture. Heidegger fait souvent le même geste, par exemple avec *Dasein* au début de *Sein und Zeit.* Pas de néologisme ni de méta-écriture dans le geste qu'*il y a* ici.

Voici ce qui se signe et s'entame *sous* la signature de Heidegger. C'est au moment où, dans *Der Weg zur Sprache,* il vient de suggérer que l'unité de la *Sprache* est encore restée *innommée (unbennant).* Les noms de la tradition en ont toujours arrêté l'essence à tel ou tel aspect ou prédicat. Heidegger va à la ligne et ouvre ainsi un nouveau paragraphe : « *Die gesuchte Einheit des Sprachwesens heisse der Aufriss* », « L'unité cherchée de l'essence de la *Sprache,* qu'elle s'appelle l'entame ». Heidegger ne dit pas : je décide arbitrairement de la baptiser « entame » mais « qu'elle s'appelle », dans la langue qui décide, entame. Et mieux, de ce nom, ça ne s'appelle pas, ça nous appelle, ça nous appelle à... Poursuivons : « *Der Name heisst uns* [Ce nom nous appelle] à apercevoir [*erblicken,* comme dans *Satz vom Grund,* au moment de la déclaration sur la métaphore] plus distinctement (*deutlicher*) le propre (*das Eigene*) *des Sprachewesens. Riss ist dasselbe Wort wie ritzen* (Trait est le même mot que " rayer ") » (p. 251-252).

Or, poursuit Heidegger, nous ne connaissons souvent le *Riss* que sous la forme « dévaluée » (*abgewerteten*) qu'il a dans des expressions comme rayer un mur, défricher et retourner un champ (*einen Acker auf-und-umreissen*), pour tracer des sillons (*Furchen ziehen*) afin que le champ abrite, garde en lui (*berge*) les semences et la croissance. L'entame (*Aufriss*), c'est la totalité des traits (*das Ganze der Züge*), le *Gefüge* de cette *Zeichnung* (inscription, gravure, signature) qui *ajointe* (articule, écarte et tient ensemble) de part en part l'ouverture de la *Sprache*. Mais cette entame reste voilée (*verhüllt*) tant qu'on ne remarque pas proprement (*eigens*) en quel sens il est parlé du parlé et du parler. Le trait de l'entame est donc voilé, retiré, mais il est aussi le trait qui rassemble et écarte à la fois le voilement *et* le dévoilement, le *retrait* et le *retrait du retrait.*

3. On vient d'apercevoir le trait contractant avec lui-même, se retirant, croisant, recoupant à travers ces deux circonscriptions voisines du *Reissen* et du *Ziehen.* La recoupe croise et allie entre elles, après les avoir attirées dans la langue, les deux *généalogies* hétérogènes du trait, les deux mots ou « familles » de mots, de « logies ». Dans la recoupe, le trait se remarque lui-même en se retirant, il arrive à s'effacer dans un autre, à s'y réinscrire *parallèlement,* donc *hétérologiquement,* et *allégoriquement.* Le trait est retrait. On ne peut même plus dire *est,* on ne peut plus soumettre le retrait à l'instance d'une copule ontologique dont il conditionne, comme le *es gibt,* la possibilité même. Comme Heidegger le fait pour *Ereignis* ou *Sprache,* il faudrait dire de façon non tautologique : le trait traite ou *se* traite, trace le trait, donc retrace et re-traite ou retire le retrait, contracte, se contracte et passe avec lui-même, avec le retrait de lui-même, un étrange contrat qui ne précède plus, pour une fois, sa propre signature *et donc l'emporte.* Nous devons encore, ici même, performer, entamer, tracer, tracter, traquer non pas ceci ou cela mais la capture même de ce croisement d'une langue dans une autre, la capture (à la fois violente et fidèle, passive pourtant et laissant *sauf*) de ce croisement alliant *Reissen* et *Ziehen,* les traduisant déjà *dans* la langue dite

allemande. Cette capture affecterait le capteur lui-même, le traduisant dans l'autre, puisque *retrait,* en français, n'a jamais voulu dire, selon l'usage, re-tracement. Pour entamer cette captation compréhensive et cette tractation ou cette transaction avec la langue de l'autre, je soulignerai encore ceci : que la tractation *fait œuvre,* elle est *à l'œuvre* déjà dans la langue de l'autre, je dirai dans les langues de l'autre. Car il y a toujours *plus d'une* langue dans *la* langue. Le texte de Heidegger qui, à ma connaissance, semble avoir pour la première fois appelé (au sens de *heissen*) ce croisement du *Ziehen* et du *Reissen,* c'est *L'origine de l'œuvre d'art* en ce lieu précis où est dite la vérité *comme non-vérité : Die Wahrheit ist Un-wahrheit.* Dans le non-retrait de la vérité comme vérité, dans son *Un-verborgenheit,* le *Un* barre, empêche, défend ou fend d'une double manière. La vérité est ce combat originaire *(Urstreit)* en lequel il appartient à l'essence de la vérité de subir ou de ressentir ce que Heidegger appelle l'*attraction* de l'œuvre, l'attrait vers l'œuvre *(Zug zum Werk),* comme son insigne possibilité *(ausgezeichnete Möglichkeit).* L'œuvre a été définie plus haut, en particulier, comme *sumballein* et *allegoreuein.* Dans cet attrait, la vérité déploie son essence *(west)* comme combat entre éclaircie et réserve ou retrait *(Verbergung),* entre monde et terre. Or ce combat n'est pas un trait *(Riss)* comme *Aufreissen* ouvrant un simple gouffre *(blossen Kluft)* entre les adverses. Le combat attire les adverses dans l'attrait d'une appartenance réciproque. C'est un trait qui les attire vers la provenance de leur unité à partir d'un fond uni, *aus dem einigen Grunde zusammen.* En ce sens il est *Grundriss :* plan fondamental, projet, dessein, esquisse, précis. S'impriment alors une série de locutions dont le sens courant, usuel, « littéral » dirait-on, se trouve réactivé en même temps que discrètement réinscrit, déplacé, remis en jeu dans ce qui fait œuvre en ce contexte. Le *Grundriss* est *Aufriss* (entame et, au sens courant, profil essentiel, schéma, projection) qui dessine *(zeichnet)* les traits fondamentaux *(Grundzüge,* et ici se croisent les deux systèmes de traits pour dire *trait* dans la langue) de l'éclaircie de l'étant. Le trait *(Riss)* ne fait pas se fendre les opposés, il attire l'adversité vers l'unité d'un contour *(Umriss),* d'un cadre, d'une charpente (au sens courant). Le trait est « *einheitliches Gezüge von Aufriss und Grundriss, Durch- und Umriss* », l'ensemble uni, ajointé *(Ge-)* des traits rassemblés, la contraction ou le contrat entre toutes ces formes de traits, ces apparentes modifications ou propriétés du *Riss (Auf-, Grund-, Durch-, Um-,* etc.), entre tous ces traits du trait qui ne lui surviennent pas comme des modifications prédicatives à un sujet, une substance ou un étant (ce que le trait n'est pas) mais qui ouvrent au contraire la dé-limitation, la dé-marcation depuis laquelle le discours ontologique sur la substance, le prédicat, la proposition, la logique et la rhétorique peuvent alors s'enlever. J'interromps ici arbitrairement ma lecture, je la coupe d'un trait au moment où elle nous conduirait au *Ge-stell* de la *Gestalt* dans l'ajointement *(Gefüge)* de laquelle *der Riss sich fügt.*

Le trait n'est donc rien. L'entame de l'*Aufriss* n'est ni passive ni active, ni une ni multiple, ni sujet ni prédicat, elle ne sépare pas plus qu'elle n'unit. Toutes les oppositions de valeur ont leur possibilité dans la différence, dans l'entre de son écart qui accorde autant qu'il démarque. Comment en parler? Quelle écriture faut-il ici inventer? Dira-t-on du lexique et de la syntaxe qui cernent cette possibilité en français, en allemand ou entre les deux, qu'ils sont métaphoriques? Les formalisera-t-on selon quelque autre schéma rhétorique? Quelle que soit la pertinence, voire la fécondité d'une analyse rhétorique déterminant tout ce qui se passe dans un tel chemin de pensée ou de langage, dans ce frayage du frayage, il y aura eu nécessairement une ligne, d'*ailleurs divisée,* où la détermination rhétorique aura rencontré dans le trait, c'est-à-dire dans son retrait, sa propre possibilité (différentialité, écart *et* ressemblance). Cette possibilité ne pourra pas être strictement comprise dans son ensemble, dans l'ensemble qu'elle rend possible; et pourtant elle ne le dominera pas. La rhétorique ne pourra alors s'énoncer elle-même, et sa possibilité, qu'en s'emportant dans le trait supplémentaire d'une rhétorique de la rhétorique, et par exemple d'une métaphore de métaphore, etc. Quand on dit trait ou retrait dans un contexte où il y va de la vérité, « trait » n'est plus une métaphore de ce que nous croyons usuellement reconnaître sous ce mot. Il ne suffit pourtant pas de renverser la proposition et de dire que le re-trait de la vérité comme non-vérité est le propre ou le littéral à partir duquel le langage courant sera en position d'écart, d'abus, de détour tropique sous quelque forme que ce soit. « Retrait » n'est pas plus propre, ni littéral, que figuré. Il ne se confond pas plus avec les mots qu'il rend possibles, en leur délimitation ou découpe (y compris les mots français ou allemands qui se sont ici croisés ou greffés) qu'il n'est étranger aux mots comme une chose ou un référent. Le retrait n'est ni une chose, ni un étant, ni un sens. Il se *retire* et de l'être de l'étant comme tel et du langage, sans être ni être dit ailleurs; il *entame* la différence ontologique elle-même. Il *se* retire mais l'ipséité du *se* par laquelle il se rapporterait à lui-même d'un trait ne le précède pas et suppose déjà un trait supplémentaire pour se tracer, signer, retirer, retracer à son tour. *Retraits* s'écrit donc au pluriel, il est singulièrement pluriel en lui-même, se divise et rassemble dans le retrait du retrait. C'est ce que j'ai tenté ailleurs de nommer aussi *pas* [1]. Il y va ici du chemin, encore, de ce qui y passe, le passe, s'y passe, ou pas.

Qu'est-ce qui se passe? aurons-nous demandé en entamant ce discours. Rien, pas de réponse, sinon que de la métaphore le retrait se passe et de lui-même.

---

1. Cf. « Pas » in *Parages,* Galilée, 1986.

Ce qui reste à force de musique

La « force », je me sers de ce mot de façon hâtive et un peu obscurantiste, attardée surtout, en retard sur le texte de Roger Laporte : il écrit en effet et désécrit et contrécrit le langage de la force, il l'interroge et le disqualifie pratiquement. Plus précisément, il ne disqualifie pas mais inscrit et met en scène, en scène non simplement représentative, inscrit et contre-inscrit, donc, le point de vue économique ou énergétique. Je commence par citer le *Supplément* : « Tout au long de ce post-scriptum, j'ai fait comme si la structure et le fonctionnement de l'entreprise littéraire pouvaient être décrits en termes d'investissement, désinvestissement, contre-investissement, surinvestissement : je ne renonce pas à cette interprétation (...) » En fait ce que j'appellerai provisoirement le signataire de *Fugue/Supplément* ne renonce jamais à rien, en quoi il écrit aussi comme l'inconscient, comme inconscient, il met une extraordinaire vigilance, une culture sans défaut à la mesure du désir de l'inconscient : il ne renonce à rien mais réinscrit par une interprétation inlassable, implacable, tout ce qu'il feint d'abandonner, de raturer, de périmer, dans un espace de jeu plus puissant et plus ample, oui, dans un espace de jeu. Je reprends ma citation : « car le point de vue économique, loin d'être rejeté, a été élargi en une théorie des jeux, ou plutôt intégré à un point de vue stratégique ». Mais c'est une stratégie sans finalité, sans gain assuré, où gagner égale perdre, où le jeu disloque

* Première version publiée dans *Digraphe* (numéro spécial consacré à Roger Laporte, 18/19, avril 1979).

et aventure le calcul : « Nous savons déjà que Je non seulement met toutes ses ressources [Je écrit en troisième personne], son énergie, ses désirs au service du camp qui faiblit, mais se met lui-même en jeu; nous savons aussi que cet investissement n'est fait ni par générosité ni avec l'ambition de se trouver habilement du côté du vainqueur, mais tout au contraire afin qu'aucun camp ne triomphe des autres, condition nécessaire au bon fonctionnement de la machine. » La « force », donc, je me servirai avec retard de ce mot pour désigner de manière insuffisante une avance, la force fascinante et intimidante de ce texte *(Fugue* et *Supplément* à *Fugue), ce* serait peut-être de ne jamais se laisser prendre, comprendre, réduire à aucun des discours qu'on pourrait tenir aujourd'hui sur lui. La mesure de cette force de fascination serait donc celle d'un écart. Écart entre d'une part *tous* les schèmes de la critique, tous les codes de la théorie, tous les programmes de lecture aujourd'hui disponibles pour construire un métalangage venant à parler *sur* ce texte et, d'autre part, ce texte *lui-même,* si l'on peut encore dire. Que celui-ci ne soit pas préhensible, dominable, compréhensible, cela ne signifie pas qu'il cache un secret ou se dissimule dans une occulte réserve; il a au contraire une sorte de transparence explicative, de rigueur analytique et de clarté rhétorique impeccables. Mais il analyse avec une patience et une rigueur incomparables tous les discours qu'on peut aujourd'hui tenir sur lui, il les situe, les prévient en tout cas dans leurs schémas principiels, dans leurs ressorts typiques, dans leur métaphore et en général dans leur rhétorique. Cela n'implique pas qu'il doive en être toujours ainsi et que *Fugue* déroute ou à son tour domine d'avance le contenu de tout métalangage possible en général. Mais si mon hypothèse historique n'est pas trop imprudente, et il faut en tout cas penser *Fugue,* lire *Fugue* comme *Fugue* se lit, c'est-à-dire en s'inscrivant dans un champ historiquement déterminé, libidinalement, économiquement, politiquement déterminé, comme on dit si souvent, aucun métalangage n'est assez puissant aujourd'hui pour dominer la marche, la dé-marche plutôt, de cette écriture. C'est cet écart déterminé que j'appelle sa force ou sa capacité de fascination. Il se mesurera après-coup, mais cette structure d'après-coup historique dans le pouvoir-lire ou écrire est elle-même reconnue comme une loi par *Fugue* et surtout par *Supplément.* Non que ces textes soient quelque chose au-delà du métalangage possible aujourd'hui, quel qu'en soit le type (critique, théorico-philosophique, etc.). Simplement il traite avec le métalangage, il passe avec lui une transaction dont la structure, le statut et le procès sont assez retors pour ne pouvoir être dominés. Et même si des contenus métalinguistiques nouveaux permettaient un jour de dire des choses que *Fugue* n'aura pas dites, inscrites ou prescrites, pointant ainsi un dehors invisible à *Fugue,* à son signataire ou à son lecteur, du moins la *structure* métalinguistique aura-t-elle été d'avance reconnue et réinscrite. C'est pourquoi la catégorie d'histoire et d'avenir que j'ai feint d'accréditer tout à l'heure serait elle-même à reconsidérer, au moins dans sa forme naïve. *Fugue* inscrit donc et emporte d'avance toute ressource métalinguistique et fait de cette quasi-opération une musique inouïe, hors genre. D'où l'attitude spontanément défensive, de garde, de mise en garde de celui qui lit et *a fortiori* de celui qui doit parler de *Fugue* ou de *Supplément.* Celui-ci met et se met en garde — ce que je fais ici — contre cela même qu'il engage, qui l'engage, et qui l'a d'avance comme emporté, faisant de sa lecture et de son discours une représentation ou plutôt, car la représentation n'épuise pas ici les effets d'abîme, une pièce parfois non représentative, voire non dite, une force partielle dans une mise en abyme généralisée.

On se crispe, on se défend donc contre une mise en abyme qui a déjà opéré. Le *déjà* importe plus que l'opération, et l'énigme de tout ce travail est peut-être, on le verra tout à l'heure, celle d'un *déjà.* On se défend donc après-coup et trop tard. Il serait vain pourtant de négliger ce que cette défense et les mécanismes de rejet qu'elle provoque peuvent induire dans le marché actuel de la littérature. En exhibant d'avance et en démontant tous les codes et tous les programmes par lesquels la lecture — et toutes les forces qui s'y engagent — pourraient s'emparer d'un tel texte, le consommer et le reproduire, en décrivant ces programmes avec une rigueur, une discrétion et une sorte de neutralité impassible, intransigeante aussi, le signataire se fait rejeter, vomir, en tout cas se rend imprenable, jusqu'au moment où la force de sa machination ou de son stratagème aura transformé, participé à la transformation de la marche et du marché général de la lecture ou de l'écriture, ce qui, tel est le risque absolu qui se prend ici sans aucune assurance stratégique pour la mise en jeu, *peut toujours ne pas arriver.* Le risque que rien n'arrive de ce côté-là, que rien n'arrive du tout, que rien même ne soit arrivé, quoi qu'il en soit dit, ce risque est expressément marqué dans la machinerie musicale de *Fugue.* Il est marqué, entre autres lieux, à la fin de *Fugue,* comme risque *insurrectionnel.* Et c'est même, je crois, à partir de ce risque, que le mot de *biographie* doit être relu. Le « vivant » qui s'écrit, le *Je* écrit et contre-écrit, signataire qui n'est même plus sujet de ce qu'il décrit, signe, désigne, le signataire faussaire, qui n'est même pas un vrai faussaire, mais un faux faussaire (« singulier faussaire, dit *Fugue,* contrefaisant ma propre signature, je ne cherche à tromper personne mais les pièces rapportées sont disparates et irrégulières »; plus haut, parmi toutes les métaphores non pas congédiées, mais déformées ou altérées, on trouvait celle-ci : « Il se peut que, dès le début de cet ouvrage, j'aie écrit avec l'arrière-pensée de faire fonctionner le mobile dans le seul but de lire son mouvement, en présupposant donc que ce mobile était une machine d'écriture laissant nécessairement une trace : sa signature »), ce faux faussaire, ce signataire fictif ne s'excepte donc même plus, afin de la dominer, de l'écriture, fût-ce pour tenir à son propos les discours les plus pertinents sur le risque, la dépense, la non-productivité, l'économie et l'anéconomie, etc. Telle est ce qu'il appelle la *seconde condition du biographique.* Parmi tous les motifs repris et relancés par *Supplément,* voici : « Parler de la vie économique de l'entreprise littéraire, n'est-ce pas seulement une métaphore » [j'interromps un instant ma citation : la question critique à l'égard du métaphorique est inlassable, elle veille sur tout le discours avec une sévérité qui n'est pas seulement celle de la loi ou de quelque répression à l'égard du poétique ou du rhétorique. Cette vigilance au contraire relance la productivité de métaphores qui sont essayées les unes après les autres, se substituent sans fin, de telle sorte que, dans ce *retrait* général de la métaphore, aucune bordure, aucun horizon de propriété ne vient garder contre l'extension à l'infini de suppléments métaphoriques. Cette absence de bordure et de clôture de propriété donne à cette musique textuelle ce que j'appellerai – d'une citation d'ailleurs – sa structure galaxique, galactique. Par galaxie il faut entendre ici, au moins, une multiplicité dans un espace en perpétuel déploiement et qui n'a pas de limite externe, pas de dehors, pas d'arête, autonomie constellée qui ne se rapporte qu'à elle-même, se nourrit, s'ensemence ou s'allaite elle-même. Bien sûr il s'agit là encore d'une métaphore mise en fugue, mais dont le thème revient avec insistance. Ainsi, d'abord dans *Fugue :* « Le langage ordinaire est distinct du référent qu'il désigne ou signifie : j'ai rêvé d'écrire une œuvre où forme, contenu et référent auraient été non seulement inséparables, mais à jamais confondus. Assurément cet ouvrage n'est point le miroir du monde, mais, comme le jeu d'échecs, il constitue en quelque mesure une galaxie autonome et pourtant je n'ai point créé ce Grand-Œuvre, strictement " sui-référentiel "... » Devant une métaphore galactique qui supposerait encore une auto-nomie, une propriété, une sui-référentialité, ce mouvement de *retrait* ou de déprise est accentué vers la fin de *Supplément.* La métaphore galactique est sans doute préférable à telle autre, à celle par exemple d'une *« fabrique d'archives originairement délabrées »* :

« Écrire fait tout aussi bien penser à un espace inconnu, galaxie explorable seulement par le scripteur-argonaute : pour qualifier ma tâche j'ai, de très longue date, employé la métaphore du cartographe ou celle de l'explorateur... » Mais le *Supplément* avait d'avance périmé la métaphore galactique. Ainsi : « On ne saurait s'approprier une langue sans propriétés : sa grammaire ne s'est encore figée dans aucune règle, son vocabulaire est sans sûreté, et il n'y a peut-être ni grammaire ni lexique : je ne peux pas m'approprier écrire, car il ne m'appartient pas, il ne s'appartient pas [Le Il joue ici peut-être comme dans *La Veille*]. J'ai manqué de vigilance [devant la singularité de ce Il, peut-être], en identifiant son espace à celui d'une galaxie autonome [donc à quelque chose ou quelqu'un qui se donne sa loi – autonome – comme un ciel étoilé], car s'il est exact qu'écrire ne renvoie ni à un réel qui lui serait extérieur, ni même à un texte qui lui serait immanent, il est faux d'affirmer qu'écrire est " sui-référentiel " : comment écrire pourrait-il s'auto-désigner puisqu'il ne possède rien en propre, nulle intériorité, aucun " soi-même " ! ». Il s'agissait donc seulement d'une métaphore, mais il n'y a pas d'au-delà du métaphorique; la métaphore ne s'opposant plus à aucune limite, à aucun contraire, ne s'appuyant plus sur rien, elle n'est même plus elle-même, proprement, métaphore. Il s'agit, comme il est dit dans *Fugue,* de s'approcher « indirectement par une série de métaphores non destinées à être un jour remplacées par un langage direct ». Il faut donc se méfier non seulement des métaphores et du propre mais aussi d'un jeu qui, semblant produire ces écarts sans limite, ce non-métaphorique et ce non-propre, pourrait se mettre en position d'essentialité ou de vérité, comme si on disait enfin : le jeu, lui, c'est l'écriture, l'écriture c'est le jeu, voilà l'essence de l'essence. Nouvelle mise en garde contre cette dernière garde, mise en garde du *Supplément* cette fois, précédant toute garde, avant-garde dans son concept non codé : « Sans commencement ni fin, sans règles, sans unité, écrire, toujours dissident, n'est assimilable à aucun jeu codifié, mais c'est justement pourquoi parler du jeu insensé d'écrire n'est pas une métaphore. On peut même dire que le jeu est le seul élément non métaphorique de mon lexique, mais que prenne garde celui qui en conséquence prétendrait saisir l'essence d'écrire! Ce serait seulement par un abus de langage que l'on attribuerait une réalité à ce qui excède l'opposition du métaphorique et du réel, à ce qui se joue du seul chasseur qui ravale au rang de gibier la mobilité, la célérité d'un vide interstitiel, à ce jeu instable, toujours autre, qui déjoue toute définition, à cette contre-écriture qui rompt toute clôture et engendre une fuite perpétuelle ponctuée de sauvages ruptures blanches. » Après ce long détour sur le détour sans fin, je reviens à la citation interrompue quant à la *seconde condition* du biographique : « Parler de la vie économique de l'entreprise littéraire, n'est-ce pas seulement une métaphore? J'aimerais bien le savoir! »; et après avoir traité, retourné, altéré ces questions du travail, de la productivité, de la dépense, etc., *Supplément* définit la seconde condition du bio-graphique : ne pas se contenter de tenir un discours sur l'économie ou sur la production :

> Que l'écrivain, en tant qu'écrivain, et en conséquence en tant qu'homme, soit touché dans sa vie, voire menacé, est sans doute une condition suffisante pour que le texte soit marqué du sceau « Bio-graphie », mais cette seule condition ne me permet pas de mener à bien le projet qui de tout temps m'a le plus tenu à cœur : prendre le contre-pied de tout livre où l'on se contente de parler de l'écriture, d'une dépense improductive, d'un gaspillage insensé, où l'auteur, en contradiction, consciente ou non, avec son propre discours, ne courant aucun danger, retire de son entreprise le bénéfice d'une science économique fondée sur le potlatch, consumation qu'il ne pourrait vivre qu'en cessant d'abord d'écrire. Pour réaliser ce projet dans lequel j'ai tant investi, il ne suffit pas de rejeter tout discours seulement théorique, mais il faut que faire l'étude stratigraphique du volume, radiographier la pratique du scripteur, déceler le rôle d'agent double tenu par l'unique personnage du texte, constituent une aventure opaque, violente, brûlante, dispendieuse qui forme toute la matière du livre : telle est la deuxième condition.
>
> Je préfère en conséquence réserver le terme de Biographie, voire celui d'écrire, à l'entreprise littéraire où écrire constituant le seul sujet : ce dont on traite, le seul objet : ce que l'on cherche, et la seule pratique, est inséparable de sa « mise en abyme ». Il ne s'agit pas d'écrire un Traité, d'énumérer les opérations qui seraient effectuées par un praticien inconnu dans un autre lieu et dans un autre temps, mais il faut instituer un texte practico-théorique.

Il faut y insister, cette mise en abyme est *pratique* – et plus que pratique puisqu'elle travaille même une notion traditionnelle du pratique, une théorie ou une thèse sur la pratique. Cette mise en abyme ne procède pas à une thèse sur une thèse, à une théorisation de la théorie, une représentation de la représentation. *Fugue* et *Supplément,* pas plus que le trajet qui les a précédés et qui s'y plie, ne sont de ces nombreux discours saturés et saturants qui, dans le champ littéraire actuel, se tiennent si on peut dire eux-mêmes sur eux-mêmes, se représentent et se posent eux-mêmes en eux-mêmes ou en tout cas s'en donnent le spectacle. Et du même coup suturent leur propre espace. Dans le *topos* moderne de la mise en abyme, dans son extension moderniste plutôt, on peut percevoir cette auto-défense du texte qui, à s'expliquer, à s'enseigner, à se poser lui-même, à s'installer complaisamment dans son auto-telisme ou son auto-thétisme, dans la représentation de soi à l'infini, se garde précisément contre l'abime dont il se contente alors de parler, dont il a la bouche pleine après avoir fait le plein d'abîme. Quand on lit ici, au contraire, que le texte qui *se met* en abyme est *« practico-théorique »*, toute la structure en fugue et supplément marque que le se-mettre n'y est pas auto-position, auto-production, réappropria-tion par le sujet de sa thèse, de sa production et de sa *mise*. Une certaine malmise, un certain *qui-gagne-perd*, une certaine improduc-tivité pratique (qui n'est pas négative), une réinscription du théorique dans un champ agonistique qui le déborde, tout cela empêche l'écriture d'être une harmonieuse et pleine coextension du pratique et du théorique, d'être ce que *Fugue* appelle quelque part une *« machine théorique homothétique de la pratique de l'écriture »*. En analysant son mode de production, en écrivant, *« pour produire son mode de production »* et pour le transformer — en quoi ce travail est aussi politique (au-delà des codes et stéréotypies dépolitisantes dont se satisfait souvent une certaine avant-garde littéraire) –, la contre-écriture introduit régulièrement et irrégulièrement un dysfonction-nement et des écarts dans la marche de la machine. Ces écarts ne sont pas négatifs, ils n'ouvrent pas des vides. Comme la contre-écriture qui la travaille et la détermine, l'écriture désobéit sans cesse à la logique de l'opposition plein/vide. Le blanc ne se détermine jamais comme manque ou vide qu'une sorte de théologie négative ou hypernégative viendrait isoler, purifier, mettre en position trans-cendantale. Contre la théologie négative dont Laporte aurait tort de croire ou plutôt feint de croire qu'elle marquait encore trop ses livres antérieurs, *Fugue* — *musique. Fugue* ne se contente pas d'édifier des mises en garde, des négations ou des dénégations (quelque part il y est explicitement traité de la dénégation), *Fugue musique*. L'irréduc-tibilité du musical ici ne relève d'aucun mélocentrisme. Et j'essaierai tout à l'heure de mettre cet effet musical inouï en rapport avec un reste inassimilable par tout discours possible, c'est-à-dire par toute présentation philosophique en général. Voici d'abord, un peu après avoir dénoncé le *« piège tendu par la théologie même négative »*, la *« dimension insurrectionnelle »* : « Je ne céderai pas à une vieille nos-talgie; je ne retomberai pas dans la même erreur qu'au départ; je n'affirmerai pas qu'il ne faut ni dire sans faire, ni faire sans dire, ou plutôt j'affirmerai cette troisième condition tout en sachant que l'expérience d'écrire est l'impossible. Le jeu d'écrire, ne coïncidant pas avec lui-même, inséparable de son déport, ne se marque pas, mais peut seulement être retracé : on doit, nécessairement après-coup, réinscrire le blanc d'écriture, affirmer fidèlement le décalage en constituant une nouvelle copie non conforme d'un texte méconnaissable devenu une banale pièce d'archives. La différence en tant que procès, la contre-écriture " cœur sans cœur " d'écrire, n'étant jamais l'objet d'une intuition immédiate, ne constitue pas un vécu, et par conséquent écrire s'inscrit en faux contre la Biographie comme genre, ou plutôt la ramène à sa juste proportion en ne lui donnant qu'une place dans une systase » [Systase est à peu près le seul néologisme ou mot étranger que Laporte introduise, dans le long débat analytique qu'il déploie et qu'il faudrait suivre quant à son monoglottisme et à l'attaque de la langue maternelle, débat rigoureux et sans forfanterie, soupçonneux à l'égard de toutes les pseudo-transgressions immédiatement recodifiées —] « systase que par définition aucun terme ne peut ni englober ni surplomber. Rien qu'une place, soit, mais au juste laquelle?

La dimension insurrectionnelle de la vie... »

Cette réinscription du blanc d'écriture a un rapport essentiel à la musique et au rythme. Le rythme compte plus que tous les thèmes qu'il emporte et relance et scande sans cesse. C'est pourquoi au lieu de faire l'inventaire – ce qui est à la fois impossible et non pertinent – de tous les « thèmes » mis en *Fugue* et en *Supplément* (la fugue et le supplément sont à la fois le titre, la forme et le thème de cet emportement musical d'écriture), au lieu de faire une fausse liste des thèmes traités (la signature, le privilège du psychanalytique, la métaphore, la contre-écriture, la fête, la suture, la dénégation, la référence, le jeu, le code, la castration, la question et la réponse, la vérité et la fiction, la perte, la loi, l'économique, le machinique, le fonctionnement, la fugue, le supplément, etc.), je marquerai brièvement, pour renvoyer le plus vite possible au texte même, si on peut encore dire, l'affinité entre le musical ou le « *battement rythmique d'un blanc* » (presque les derniers mots de *Supplément*) et le reste. Je le marquerai non pas pour fermer un propos mais comme en ouverture, c'est-à-dire à peine sous la forme d'une question, d'une question inachevée, non élaborée, ouverte, presque sans programme. Une fois que tous les codes, tous les programmes, toutes les métaphores d'écriture ont été épuisés, dénoncés dans leur insuffisance, excédés, donc, une fois qu'un immense travail s'est fait comme en pure perte, que toutes les traces déterminées ont été effacées ou emportées, que tout le trajet s'est comme miné lui-même, jusqu'à la question *« quelque chose s'est-il passé ? »* *« quelque chose m'est-il arrivé ? »*, un événement a-t-il eu lieu ? etc., que reste-t-il ? Pas rien. Mais ce *pas rien* ne se présente jamais, ce n'est pas quelque chose qui existe et apparaisse. Aucune ontologie ne le domine. Un « s'être-passé » arrache cet étrange reste — qui fait qu'il y a à lire — à toute présentation thématique et même à toute référence à quelque passé qui ait pu être présent, qui ait pu *être*. D'où la forme sans cesse relancée de certains énoncés qui mettent au passé quelque chose ou plutôt quelque écriture ou quelque fonctionnement qui n'a jamais été, jamais été présent, qui ne relève pas du verbe *être*. Par exemple : *« La machine a fonctionné »* ou *« il y a eu écriture »*. Quel rapport ce reste sans être, sans substance, sans forme, sans contenu, sans essence, *« glorieux tombeau à la mémoire de rien »,* quel rapport cette signature sans nom propre, car aucun nom ne la porte, entretient-elle avec ce qui s'affecte et nous affecte ici de musique ? On ne peut même pas dire que la musique est arrivée, ni que quelque chose comme la musique est arrivée à quelqu'un (Laporte questionne et fait trembler quelque part le *me,* le *m'* réflexif ou auto-affectif dans l'expression *« quelque chose m'est arrivé »*) et pourtant le passé étrange et inquiétant du *« il y a eu écriture »* passe ici irréductiblement par du musical et du rythmique, et nous contraint — telle est aussi la force singulière de *Fugue* — à repenser, à réinventer ce que nous disposons sous ces mots : musique-rythme. Telle remarque de *Supplément* nous met sur la voie, mais son argument doit aussi se mettre en *Fugue* : « Écrire ne conduit pas à un pur signifié, et il se pourrait que la Biographie se différencie de la philosophie et au contraire se rapproche de la peinture et surtout de la musique, pour autant qu'elle ne comporte sans doute jamais un véritable contenu... »

Illustrer, dit-il...

Au commencement, c'est la fiction, il y aurait l'écriture. Soit, une fable, de l'écriture. L'autre lit et, partant, écrit à son tour, selon son tour. A *partir*, entendez bien, de *sa* lecture : en la laissant aussi s'éloigner ou se perdre, en se rendant ailleurs. Dans le meilleur des cas il y aura toujours à *redire*, le procès des deux inscriptions sera interminable. Toujours il appellera son supplément, quelque rajout de discours car je parlais de textes verbaux, je veux dire des mots.

Maintenant imaginez, autre fable, qu'un texte lu soit récrit, et tout autrement, imaginez-le transfiguré par le dessin ou la couleur. Transformé, changé dans sa ligne ou ses formes, mais transporté dans un autre élément jusqu'à perdre quelque chose comme son lieu et son rapport à soi. Alors il peut lui arriver (quelquefois) de paraître précédé par ce qui le seconde, comme *doublé* par sa conséquence – et une sorte de paix vient immobiliser d'un seul trait les deux corps, le corps des mots et celui des espaces, l'un par l'autre fasciné. Tous les deux hors d'eux-mêmes, une sorte d'extase. Vous avez le sentiment que, singulière extase, l'organisme verbal a été radiographié selon l'espace en dépit de l'espace, à l'instant traversé par les traits du peintre ou du dessinateur, je veux dire filmé, fixé, soumis à révélateur

---

* Texte publié en 1979 par le Centre Georges-Pompidou (Musée national d'Art moderne). Il accompagnait, dans les *Ateliers Aujourd'hui,* une exposition conjointe de certains manuscrits de mon livre *Éperons, Les styles de Nietzsche* et de dessins à la plume de François Loubrieu, destinés, selon le mot de l'auteur, à « illustrer » le livre.

avant même le temps de sa production, à la veille du commencement, avant la lettre.

François Loubrieu, soit, veut garder pour ces rayons, les siens, le mot d'« illustration ». Oui, à condition de le changer un peu d'emploi et de le soumettre encore au même processus. De le passer au révélateur et d'insister, en effet, sur l'*inséparable,* l'*indétachable* d'une illustration. D'une qui en soit une et ne vaille qu'une fois, pour un seul corpus.

Encore que cette alliance indestructible reçoive toute son énergie d'une interruption, d'un abîme infranchissable et d'une dissymétrie absolue entre le visible et le lisible.

Et encore : ce partage entre le visible et le lisible je n'en suis pas sûr, je ne crois pas à la rigueur de ses limites, ni surtout qu'il passe entre la peinture et les mots. D'abord il traverse chacun des corps sans doute, le pictural et le lexical, selon la ligne – unique chaque fois mais labyrinthique – d'un idiome.

Éperons : en premier lieu apprêtés pour la scène, affûtés pour la crypte d'un théâtre. J'y jouais des effets d'une lecture publique, un été de 1972, au château de Cerisy-la-Salle. Et déjà en vue d'un certain tableau vivant chargé de hiéroglyphes. Ce qui alors s'offrait pour se dérober à la scène, dans les plis d'un simulacre – tel « parapluie » de Nietzsche –, c'était déjà une multiplicité d'objets, tout un catalogue. Je les mettais sous les yeux comme des énigmes silencieuses, je les avançais à travers les chicanes d'une argumentation lente, précautionneuse mais discontinue aussi, avec des bonds et des blancs – et ces objets, d'autres pouvaient croire qu'ils attendaient leur représentation pour s'y prêter naturellement : plumes, styles et stylets, voiliers et voiles en tous genres, dagues ou dards, araignées, grues, papillons, taureaux, la flamme et le fer, les roches, des oreilles, un labyrinthe, la grossesse ou non de toutes les femmes de Nietzsche, une matrice énorme, des ventres de vierge, l'œil et les dents, un dentiste même qui attendait Wagner à Bâle – ou un pli secret, un petit paquet confié à la poste par le signataire un jour de la phrase « j'ai oublié mon parapluie ». Bref une salve de cartes postales dans la rhétorique d'une ombrelle à Cerisy-la-Salle, non loin d'une « machine à recoudre sur une table de castration ».

Et pourtant, dans le dessein d'une démonstration à la fin suspendue, *sans objet,* n'exhibant que son secret, tout refusait l'image. Rien ne devait se laisser arrêter par l'icône, arraisonner dans la présence d'un spectacle, les contours arrêtés d'un tableau ou, enfin situable, la position d'un thème. Surtout pas la femme, l'impossible sujet du discours (« Mais – la femme sera mon sujet », c'est au commencement, et plus loin, à partir de là, « La femme n'aura pas été mon sujet »). Heidegger se voit même soupçonné de la délaisser, la femme, dans un écrit de Nietzsche, et de la traiter comme une image, « un peu comme on sauterait une image sensible dans un livre de philosophie, comme on arracherait aussi une page illustrée ou une représentation allégorique dans un livre sérieux. Ce qui permet de voir sans lire ou de lire sans voir ».

François Loubrieu n'a pas cherché à *restituer.* Son geste sillonne en tous sens un espace étranger à la dette : rien à rendre de ces *éperons,* de ces traces ou de ces sillages *(Spuren)* qui se donnent pour annuler l'échange, la circulation, le marché, l'exposition. C'est ce qu'il appelle, d'un mot finalement assez nouveau, l'*illustration.*

Le doux acharnement de la greffe, l'incision harcelante du dessin, les télescopages en expansion n'ont pas travaillé *sur* des objets présents, sur le passé antérieur d'un écrit qui les aurait tendus au graveur, au dessinateur, au peintre. Loubrieu a *tourné* tout cela avec une violence discrète, il a *mis en œuvre* tous ces objets possibles, il les a manœuvrés comme des instruments plutôt que comme des images : des instruments, les siens désormais, pour défricher un nouvel espace et pour y frayer avec eux – d'imprévisibles aiguillages. Des formes tout autres et pourtant trait pour trait ressemblantes, le portrait d'un livre, ressemblantes comme un rêve, le rêve par l'écrit rêvé qui me revient ici d'ailleurs. Par l'invention de l'autre.

Loubrieu s'est « attaqué », c'est son mot.

Il s'est attaqué à ce qu'il appelle une « matière » (mais celle-ci n'est pas un support passif, comme on voudrait parfois le croire, pas plus qu'elle ne se figure de préférence au féminin).

Il l'a fait avec des corps hermaphrodites, peut-être, selon le « troisième sexe » dont, en ce lieu, justement, parle Nietzsche : des plumes, des éperons, un parapluie.

Si vous voulez savoir comment on dessine, grave ou peint avec un parapluie, avec *ce* parapluie et nul autre, suivez Loubrieu dans son atelier. Vous y verriez encore autre chose, tout autre chose que *Les vacances de Hegel,* ce parapluie de Magritte suspendu sous son verre d'eau à la virtuosité d'un discours.

Et vous sauriez qu'armé de cette chose, il passe au travers de tous les mots dont je m'étais épris, par lesquels je m'étais laissé prendre, impressionner à même le corps, pour les avoir d'abord aimés, les deux éperons par exemple.

Mais passant au travers des mots, il s'en passe aussi et c'est bien.

Là où cela venait de m'arriver, il savait déjà.

Et voilà que ça m'arrive encore, comme la première fois quand je fus médusé. C'était il y a quelques années, il venait de me montrer des esquisses, pointes sèches et eaux-fortes, des essais pour une édition vénitienne en quatre langues, un travail commun avec Stefano Agosti.

Depuis, autour de foyers différents, l'espace de Loubrieu aura gagné d'autres ellipses, il n'a cessé de s'étendre — voyez.

Envoi

Au commencement de ce siècle, en 1901, le philosophe français Henri Bergson eut un mot pour ce qu'alors il appela « notre mot *représentation* », *notre* mot *français* de représentation : « Notre mot *représentation* est un mot équivoque qui devrait, d'après l'étymologie, ne jamais désigner un objet intellectuel présenté à l'esprit pour la première fois. Il faudrait le réserver... », etc.

Pour l'instant j'abandonne ce mot de Bergson. Je le laisse attendre sur le seuil d'une introduction que je propose d'intituler tout simplement *envoi*, au singulier.

La simplicité et la singularité de cet envoi nommeront peut-être l'ultime enjeu des questions que je voudrais vous adresser pour les soumettre aussi à votre discussion.

Imaginez que le français soit une langue morte. J'aurais pu dire aussi bien : représentez-vous cela, le français, une langue morte. Et sur quelque archive de pierre ou de papier, sur quelque bande de microfilm, nous pourrions lire une phrase. Je la lis ici, ce serait la première phrase du discours d'envoi de ce congrès, par exemple celle-ci : « On dirait alors que nous sommes en représentation. » Je répète : « On dirait alors que nous sommes en représentation. »

Ce que cela veut dire aujourd'hui, sommes-nous bien sûrs de

---

* Conférence prononcée en juillet 1980 à l'université de Strasbourg, à l'ouverture du XVIIIᵉ congrès des Sociétés de Philosophie de Langue Française. Thème général du congrès : *la représentation*.

l'entendre? Ne nous hâtons pas de le croire. Peut-être faudra-t-il l'inventer ou le ré-inventer : le découvrir ou le produire.

A dessein j'ai commencé par laisser paraître le mot de « représentation » déjà serti dans un idiome, enchâssé dans la singularité d'une locution (« être en représentation »). Sa traduction dans un autre idiome resterait problématique, autre façon de dire qu'elle n'irait pas sans laisser des restes. Je n'analyserai pas toutes les dimensions de ce problème, je m'en tiens à son signalement le plus apparent.

Que savons-nous, nous-mêmes, à prononcer ou à écouter la phrase que je viens de lire? Que savons-nous de cet idiome français?

En disant « nous », pour l'instant, je désigne d'abord la communauté qui se rapporte à elle-même en tant que sujet du discours, communauté de ceux qui s'y connaissent en français, qui se connaissent comme tels et s'entendent à parler ce que nous appelons *notre* langue.

Or ce que nous savons déjà, c'est que si nous sommes ici, à Strasbourg, *en représentation,* cet événement entretient un rapport essentiel à un double *corps,* que vous entendiez ce mot dans la figure du corpus ou de la corporation. Je pense d'une part au corps de la philosophie qui lui-même peut être considéré comme un corpus d'actes discursifs ou de textes mais aussi comme le corps ou la corporation des sujets, des institutions et des sociétés philosophiques. Ces sociétés, nous sommes censés les *représenter* ici, sur un mode ou sur un autre, sous telle forme ou à tel degré de légitimité. Nous en serions les *représentants* plus ou moins bien mandatés, les délégués, les ambassadeurs, les émissaires, je préfère dire les envoyés. Mais, d'autre part, cette représentation entretient aussi un rapport essentiel avec le corps ou le corpus de la langue française. Le contrat donnant lieu à ce XVIIIe congrès, il fut passé en français entre des sociétés philosophiques dites « de langue française », dont le statut même se réfère à une appartenance linguistique, à une différence linguistique qui ne coïncide pas avec une différence nationale.

Ce qui en la circonstance revient de l'acte philosophique ou philosophico-institutionnel à une langue, à ce qui est supposé constituer l'unité d'une langue ou d'un groupe de langues dites latines, il va de soi que nous ne pourrons pas le soustraire à notre discussion. Nous le devrons d'autant moins que le thème choisi par cette institution, *la représentation,* se laisse moins qu'un autre dégager ou dissocier de son instance linguistique, voire lexicale et surtout nominale, d'autres se presseraient de dire de sa représentation nominale.

La phrase par laquelle se serait ouvert un tel discours (« On dirait alors que nous sommes en représentation ») et dont j'ai dit que je n'en analyserai pas toutes les ressources idiomatiques, retenons-en au moins ceci encore : les représentants plus ou moins représen-tatifs, les envoyés que nous sommes censés être, la phrase les évoque sous les aspects et dans le temps très réglé d'une sorte de spectacle, d'exhibition ou de performance discursive, sinon oratoire, au cours d'échanges cérémonieux, codés, ritualisés. Être en représentation, pour un envoyé, c'est aussi dans notre langue se montrer, se-représenter-de-la-part-de, se-rendre-visible-pour, en une occasion qu'on appelle parfois manifestation pour y reconnaître, sous ce mot, quelque solen-nité. L'apparaître alors n'y va pas sans apparat, la présentation ou la présence y est tout à coup remarquable, elle se donne à remarquer dans la représentation. Et le remarquable y fait événement, rassem-blement consacré, fête ou rituel destiné à renouveler le pacte, le contrat ou le symbole. Eh bien, permettez-moi, en remerciant ici nos hôtes, de saluer avec quelque insistance le lieu de ce qui, ici même, a lieu, le lieu de cet avoir-lieu. L'événement a lieu, grâce à l'hospitalité de l'une de nos sociétés, dans une ville qui, pour n'être pas hors de France, comme ce fut parfois, très symboliquement, le cas, n'est pourtant pas n'importe quelle ville de France. Cette ville-frontière est un lieu de passage et de traduction, une marche, un site privilégié pour le croisement ou la concurrence entre deux immenses territoires de langue, deux des mondes parmi les plus habités aussi du discours philosophique. Et il se trouve (disant « il se trouve », je laisse dans sa réserve une chance de l'idiome hésitant entre le hasard et la nécessité) que, traitant de la représentation, nous ne pourrons pas en tant que philosophes nous enfermer dans la latinité. Il ne sera ni possible ni légitime d'ignorer l'énorme enjeu historique de la traduction latino-germanique, du rapport entre la *re-praesentatio* et le *Stellen* de la *Vorstellung,* de la *Darstellung* ou du *Gestell.* Depuis des siècles, dès qu'un philosophe, quelle que soit son appartenance linguistique, s'interroge sur la *re-praesentatio,* le *Vor-* ou le *Dar-stellen,* eh bien, des deux côtés de la frontière, sur les deux rives du Rhin il se trouve pris déjà et toujours, surpris, précédé, prévenu par la co-destination soudée, la co-habitation étrange, la contamination et la co-traduction énigmatique de ces deux lexiques. Le philosophique — et ce sont des sociétés *philosophiques* qui nous envoient ici comme leurs représentants — ne se laisse plus dans ce cas enfermer dans la clôture d'un seul idiome, sans pour autant flotter, neutre et désincarné, loin du corps de toute langue. Simple-ment le philosophique se trouve d'avance engagé dans un corps multiple, dans une dualité ou dans un duel linguistique, dans la zone d'un bilinguisme qu'il ne peut plus effacer sans s'effacer lui-

111

même. Et l'un des nombreux plis supplémentaires de cette énigme suit la ligne de cette traduction – et de cette tâche du traducteur. Nous ne sommes pas seulement en représentation comme des représentants, des délégués ou des lieutenants envoyés à une assemblée décidée à traiter de la représentation. Le problème de la traductibilité que nous ne pourrons éviter sera aussi un problème de la représentation. La traduction est-elle de l'ordre de la représentation? Consiste-t-elle à représenter un sens, le même contenu sémantique, par un autre mot d'une autre langue? S'agit-il dans ce cas d'une substitution de structure représentative? Et par exemple privilégié, supplémentaire et abyssal, *Vorstellung, Darstellung* jouent-elles le rôle de représentations allemandes de la représentation française (ou plus généralement latine) ou vice versa, « représentation », est-ce le représentant pertinent de *Vorstellung,* voire de *Darstellung?* Ou bien le rapport dit de traduction ou de substitution échappe-t-il déjà à l'orbe de la représentation, et alors comment interpréter celle-ci? Je reviendrai sur cette question, mais je me contente de la situer ici. Plus d'une fois, pour donner l'envoi en m'acquittant fort mal de la tâche dont vous m'avez honoré, je devrai procéder ainsi et me limiter à reconnaître, sans faire plus, certains *topoi* qu'aujourd'hui, me semble-t-il, nous ne devrions pas éviter.

Supposez que le français soit une langue morte. Nous croyons savoir distinguer une langue morte et disposer à cet égard de critères assez rigoureux. Faisant confiance à cette présomption très naïve, représentez-vous une scène de déchiffrement dans ce cas : des philosophes, affairés autour d'un corpus écrit, d'une bibliothèque ou d'une archive muette, auraient non seulement à reconstituer une langue française, à la ré-inventer, mais du même coup à fixer le sens de certains mots, à établir un dictionnaire ou au moins des fiches de dictionnaire. Par exemple pour le mot *représentation* dont l'unité nominale aurait été à tel moment identifiée. Sans autre contexte que celui des documents écrits, en l'absence des sujets dits vivants et intervenant dans ce contexte, le lexicologue devrait élaborer un dictionnaire de mots; on distingue les dictionnaires de mots et les dictionnaires de choses – un peu comme Freud aura distingué les représentations de mots *(Wortvorstellungen)* et les représentations de choses *(Sach-* ou *Dingvorstellungen).* Confiant dans l'unité du mot et dans la double articulation du langage, un tel lexique devrait classer les différents items du mot « représentation » en raison de leur sens et de leur fonctionnement dans un certain état de la langue, compte tenu d'une certaine richesse ou diversité des corpus, des codes, des contextes. On doit alors présupposer une unité profonde de ces différents sens, et qu'une loi vienne régler cette multiplicité. Un noyau sémantique minimum et commun justifierait chaque fois le choix du « même » mot de « représentation » et se laisserait justement « représenter » par lui dans les contextes les plus différents. Dans l'ordre politique, on peut parler de représentation parlementaire, diplomatique, syndicale. Dans l'ordre esthétique, on peut parler de représentation au sens de la substitution mimétique, notamment dans les arts dits plastiques, et, de façon plus problématique, de représentation théâtrale en un sens qui n'est pas forcément ni uniquement reproductif ou répétitif mais pour nommer la représentation *(Darstellung)* d'un soir, la séance, une exhibition, une performance. Je viens d'évoquer deux codes, le politique et l'esthétique, laissant provisoirement en suspens les autres catégories (métaphysique, histoire, religion, épistémologie) inscrites au programme de notre congrès. Mais il y a aussi toutes sortes de sous-contextes et de sous-codes, toutes sortes d'*usages* du mot « représentation » qui semble alors signifier image, éventuellement non-représentative, non-reproductive, non-répétitive, simplement *présentée* et mise devant les yeux, le regard sensible ou le regard de l'esprit, selon la figure traditionnelle qu'on peut aussi interpréter et surdéterminer comme une représentation de la représentation. Plus largement, on peut aussi chercher ce qu'il y a de commun entre les occurrences nominales du mot « représentation » et tant de locutions idiomatiques dans lesquelles le verbe « représenter », voire « se représenter » n'a pas l'air de moduler simplement, sur le mode du « verbe », un noyau sémantique qu'on pourrait identifier sur le mode nominal de *la* « représentation ». Si le nom « représentation », les adjectifs « représentant », « représentatif », les verbes « représenter » ou « se représenter » ne sont pas seulement les modulations grammaticales d'un seul et même sens, si des noyaux de sens différents sont présents, à l'œuvre ou produits dans ces modes grammaticaux de l'idiome, alors on peut souhaiter bien du plaisir au lexicologue, au sémanticien, voire au philosophe qui tenterait de classer des variétés de « représentation » et de « représenter », de rendre raison des variables ou des écarts par rapport à l'identité d'un sens invariant.

L'hypothèse de la langue morte me sert seulement de révélateur. Elle exhibe une situation dans laquelle un contexte n'est jamais saturable pour la détermination ou l'identification d'un sens. Or à cet égard la langue dite vivante est structurellement dans la même situation. S'il y a deux conditions pour fixer le sens d'un mot ou pour dominer la polysémie d'un vocable, à savoir l'existence d'un invariant sous la diversité des transformations sémantiques d'une part, la possibilité de déterminer un contexte de façon saturante d'autre part, ces deux conditions me paraissent en tout cas aussi problématiques pour une langue vivante que pour une langue morte.

Et c'est un peu, ici même, notre situation à nous qui sommes en représentation. Qu'on prétende ou non à un usage philosophique de la langue dite naturelle, le mot « représentation » n'a pas le même champ sémantique et le même fonctionnement qu'un mot apparemment identique (« representation » en anglais, *« Repräsentation »* en allemand) ou que les différents mots qu'on lui croit équivalents dans les traductions courantes (et une fois encore, j'y reviendrai, *Vorstellung* n'est pas ici un exemple parmi d'autres). Si nous voulons nous entendre, savoir de quoi nous parlons autour d'un thème véritablement commun, nous avons devant nous deux types de grandes problématiques. Nous pouvons d'une part nous demander ce que veut dire dans notre langue commune le discours faisant fonds sur la représentation. Et alors nous aurons à faire un travail qui n'est pas fondamentalement différent de celui du lexicologue sémanticien qui projette un dictionnaire des mots. Mais nous pouvons d'autre part, présupposant un savoir implicite et pratique à ce sujet, faisant fonds sur un contrat ou sur un consensus vivant, croire qu'au bout du compte tous les sujets compétents de notre langue s'entendent bien sur ce mot, que les variations sont seulement contextuelles et qu'aucune obscurité essentielle ne vient offusquer le discours sur la représentation; nous essaierions de faire, comme on dit, le point sur la représentation aujourd'hui, sur la chose ou les choses nommées « représentations » plutôt que sur les mots eux-mêmes. Nous aurions en vue une sorte de dictionnaire philosophique raisonné des choses plutôt que des mots. Nous présupposerions qu'il ne peut y avoir aucun malentendu irréductible quant au contenu et à la destination du message nommé ou de l'envoi « représentation ». Dans une situation « naturelle » (comme on dit aussi langue naturelle), on pourrait toujours corriger l'indétermination ou le malentendu; et c'est au fond par de la philosophie qu'on corrigerait la philosophie, je veux dire les mauvais effets de la philosophie. Ceux-ci tiendraient à ce geste si courant et apparemment si profondément philosophique : penser ce que veut dire un concept en lui-même, penser ce qu'est *la* représentation, l'essence de la représentation en général. Ce geste philosophique porte d'abord le mot à sa plus grande obscurité, de façon très artificielle, en faisant abstraction de tout contexte et de toute valeur d'usage, comme si un mot se réglait sur un concept en dehors de tout fonctionnement conceptualisé et à la limite en dehors de toute phrase. Vous reconnaissez là un type d'objection (nommons-

le approximativement « wittgensteinien » et si nous voulions le développer au cours du Colloque, n'oublions pas qu'il s'est accompagné
chez Wittgenstein, à un moment donné de son trajet, d'une théorie
de la représentation dans le langage, une théorie du tableau qui doit
ici nous importer, au moins dans ce qu'elle peut avoir de « problématique »). Dans cette situation, une collocution de philosophes
essaie toujours d'arrêter le vertige philosophique qui les prend tout
près de leur langue, et de le faire par un mouvement dont je disais
tout à l'heure qu'il était philosophique (philosophie contre philosophie) mais qui est bien pré-philosophique, puisqu'on fait alors
comme si on savait ce que « représentation » veut dire et comme s'il
y avait seulement à ajuster ce savoir à une situation historique
présente, à distribuer les articles, les types ou les problèmes de la
représentation dans des régions différentes mais appartenant au même
espace. Geste à la fois très philosophique et pré-philosophique. On
comprend le souci légitime des organisateurs de ce congrès, plus
précisément du Conseil scientifique qui afin d'éviter, je cite, « une
trop grande dispersion » propose des sections pour la distribution du
thème (Esthétique, Politique, Métaphysique, Histoire, Religion, Épistémologie). « Éviter une trop grande dispersion », c'est accepter une
certaine polysémie pourvu qu'elle ne soit pas excessive et qu'elle se
prête à une règle, qu'elle se laisse mesurer et dominer dans cette
liste de six catégories ou dans cette encyclopédie comme cercle de
six cercles ou de six juridictions. Rien de plus légitime, en théorie
et pratiquement, que ce souci du Conseil scientifique. Néanmoins
cette liste de six catégories reste problématique, chacun le sait. On
ne peut les étaler sur la même table, comme si l'une n'impliquait
ou ne recouvrait jamais l'autre, comme si tout était homogène à
l'intérieur de chacune des catégories ou comme si cette liste était *a
priori* exhaustive. Et vous vous représentez Socrate arrivant, au petit
matin de ce Symposium, ivre, en retard et posant sa question : « Vous
me dites qu'il y a la représentation esthétique, et la politique, et la
métaphysique et l'historique et la religieuse et l'épistémologique,
comme si chacune était parmi d'autres, mais enfin, outre que vous
en oubliez peut-être, que vous en énumérez trop ou trop peu, vous
n'avez pas répondu à la question : qu'est-ce que la représentation
elle-même en général ? Qu'est-ce qui fait de toutes ces représentations
des représentations qu'on appelle du même nom? Quel est l'*eidos*
de la représentation, l'être-représentation de la représentation? » Quant
à ce schéma bien connu de la question socratique, ce qui limite la
possibilité de cette fiction, c'est que pour des raisons essentielles, des
questions de langue qui ne se laissent pas assigner une simple région

limitée, Socrate n'aurait pas pu poser ce type de question sur le mot « représentation », et je crois qu'il nous faut partir de cette hypothèse que le mot « représentation » ne traduit aucun mot grec de façon transparente, sans reste, sans réinterprétation et réinscription historique profonde. Ceci n'est pas un problème de traduction, c'est le problème de la traduction et du pli supplémentaire que je marquais tout à l'heure. Avant de savoir comment et que traduire par « représentation », on doit s'interroger sur le concept de traduction et de langage qui est souvent dominé par le concept de représentation, qu'il s'agisse de traduction interlinguistique, intralinguistique (à l'intérieur d'une seule langue) ou même, pour recourir ici par commodité à la tripartition de Jakobson, de traduction intersémiotique (entre des langages discursifs et des langages non discursifs), dans l'art par exemple. Chaque fois nous retrouvons la présupposition ou le désir d'une identité de sens invariable, déjà présente derrière tous les usages et réglant toutes les variations, toutes les correspondances, toutes les relations entr'expressives (j'utilise à dessein ce langage leibnizien, ce que Leibniz appelle la « nature représentative » de la monade constituant ce rapport constant et réglé d'entre'expressivité). Un tel rapport représentatif organiserait non seulement la traduction d'une langue naturelle ou philosophique dans une autre mais aussi la traductibilité de toutes les régions, par exemple aussi de tous les contenus distribués dans les sections prévues par le Conseil scientifique. Et l'unité de cette table des sections serait assurée par la structure représentative de la table.

Cette hypothèse ou ce désir seraient justement ceux de la représentation, d'un langage représentatif dont la destination serait de représenter quelque chose (de représenter à tous les sens de la délégation de présence, de la réitération rendant présent une fois de plus, en substituant une présentation à une autre *in absentia*, etc.). Un tel langage représenterait quelque chose, un sens, un objet, un référent, voire déjà une autre représentation en quelque sens que ce soit, qui lui seraient *antérieurs* et *extérieurs*. Sous la diversité des mots de langues diverses, sous la diversité des usages du même mot, sous la diversité des contextes ou des systèmes syntaxiques, le même sens ou le même référent, le même contenu représentatif garderaient leur identité inentamable. Le langage, tout langage serait représentatif, système de représentants, mais le contenu représenté, le représenté de cette représentation (sens, chose, etc.) serait une *présence* et non une représentation. Le représenté (le contenu représenté) n'aurait pas, lui, la structure de la représentation, la structure représentative du représentant. Le langage serait un système de représentants ou aussi bien de signifiants, de lieu-tenants substitués à ce qu'ils disent, signifient ou représentent, et la diversité équivoque des représentants n'affecterait pas l'unité, l'identité, voire la simplicité ultime du représenté. Or c'est seulement à partir de ces prémisses – à savoir un langage comme système de représentation – que se serait mise en place la problématique dans laquelle nous nous embarrassons. Mais déterminer le langage comme représentation, ce n'est pas l'effet d'un préjugé accidentel, une faute théorique ou une manière de penser, une limite ou une clôture parmi d'autres, une forme de représentation, justement, survenue un jour et dont nous pourrions nous défaire par une décision, le moment venu. On pense beaucoup aujourd'hui *contre* la représentation. De façon plus ou moins articulée ou rigoureuse, on cède facilement à une évaluation : la représentation, c'est mal. Et cela sans que le lieu et la nécessité de cette évaluation soient en dernière instance assignables. Nous devons nous demander quel est ce lieu et surtout quels peuvent être les risques de tous ordres (politiques en particulier) pour une évaluation aussi répandue, répandue dans le monde mais aussi bien entre les champs les plus divers, de l'esthétique à la métaphysique (pour reprendre les distinctions de notre programme), en passant par la politique où l'idéal parlementaire, auquel on attache si souvent la structure de la représentation, n'est plus très mobilisateur, dans le meilleur des cas. Et pourtant quelles que soient la force et l'obscurité de ce courant dominant, l'autorité de la représentation nous contraint, elle s'impose à notre pensée au travers de toute une histoire dense, énigmatique, lourdement stratifiée. Elle nous programme, nous précède et nous prévient trop pour que nous puissions en faire justement un objet, une représentation, un objet de représentation en face de nous, devant nous comme un thème. Il est même assez difficile de poser une question systématique et historique à ce sujet (une question du type : « quel est le système et l'histoire de la représentation? ») dès lors que nos concepts de système et d'histoire seraient précisément marqués dans leur essence par la structure et la clôture de la représentation.

Quand on essaie aujourd'hui de penser ce qui se passe avec la représentation, à la fois l'extension de son règne et sa mise en question, on ne peut pas contourner, quelque compte qu'on en tienne finalement, ce motif central de la méditation heideggerienne quand elle tente de déterminer une époque de la représentation dans le destin de l'être, époque post-hellénique où le rapport à l'être aurait été arrêté comme *repraesentatio* et *Vorstellung,* dans l'équivalence de l'une à l'autre. Parmi les nombreux textes de Heidegger que nous devrions relire ici, je devrai me limiter à tel passage de *Die Zeit des Weltbildes* dans les *Holzwege* (« L'époque des " conceptions du monde " » in *Chemins qui ne mènent nulle part*). Heidegger y interroge ce qui s'exprime le mieux, la signification *(Bedeutung)* qui vient le mieux à expression *(Ausdruck)* dans le mot *repraesentatio* aussi bien que dans le mot *Vorstellen* (p. 84 ; tr., p. 82). Ce texte date de 1938 et je voudrais d'abord attirer votre attention sur un des traits particulièrement actuels de cette méditation. Il concerne la publicité et la publication, les médias, la technicisation accélérée de la production intellectuelle ou philosophique (bref, son caractère justement productif), en deux mots tout ce qu'on pourrait ranger aujourd'hui sous le titre de société de la productivité, de la représentation et du spectacle – avec toutes les responsabilités qu'elle appelle. Heidegger amorce en ce lieu même une analyse de l'institution de recherche, de l'université et de la publication en rapport avec l'installation dominante de la pensée représentative, d'une détermination de l'apparaître ou de la présence comme image-devant-soi ou d'une détermination de l'image elle-même comme objet installé devant *(vorgestellt)* un sujet. Je réduis et simplifie à l'excès un chemin de pensée qui s'engage du côté de la détermination de l'étant comme objet et du monde comme champ d'objectivité pour une subjectivité, l'institutionnalisation du savoir étant impensable sans cette mise en représentation objective. Au passage, Heidegger évoque d'ailleurs la vie de l'intellectuel devenu « chercheur » et devant participer à des congrès programmés, du chercheur lié aux « commandes des éditeurs, ces derniers ayant désormais à décider des livres à écrire ou à ne pas écrire ». Heidegger ajoute ici une note que je veux lire à cause de sa date et parce qu'elle appartient de plein droit à notre réflexion sur l'époque de la représentation :

> L'importance croissante du règne de l'éditeur ne trouve pas seulement sa raison dans le fait que les éditeurs (à travers le commerce des livres, par exemple) acquièrent un meilleur flair quant aux besoins du public ou bien maîtrisent mieux que les auteurs le côté commercial de la chose. C'est bien plutôt que leur propre travail revêt la forme d'un procédé planifié et, se réorganisant à chaque fois lui-même, orienté sur la question de savoir comment, par l'édition commandée et sériée de livres et d'écrits, l'entrée du monde dans la figure de la publicité *(ins Bild der Öffentlichkeit)* devient possible et comment il peut y être solidement maintenu. La prépondérance des collections, des séries, des revues et des éditions de poche est déjà une conséquence de cet effort des éditeurs, lequel à son tour concorde avec les intentions des chercheurs, ceux-ci se faisant non seulement plus facilement et plus rapidement connaître et remarquer dans les séries et collections,

mais accédant aussitôt, sur un front plus développé, à une efficience pilotée (p. 90-91 ; tr., p. 88).

Voici maintenant l'articulation la plus sensible, je la prélève sur un long et difficile trajet que je ne peux reconstituer ici. A suivre Heidegger, le monde grec n'avait pas de rapport à l'étant comme à une image conçue ou à une représentation (ici *Bild*). L'étant y est présence ; et cela non pas, à l'origine, du fait que l'homme regarderait l'étant et en aurait ce qu'on appelle une représentation *(Vorstellung)* comme mode de perception d'un sujet. De même, autre époque (et c'est sur cette séquence des époques ou des âges, *Zeitalter,* ordonnés de façon non téléologique, certes, mais rassemblés sous l'unité d'un destin de l'être comme *envoi, Geschick,* que je voudrais ouvrir plus tard une question), le Moyen Age se rapporte essentiellement à l'étant comme à un *ens creatum.* « Être-un-étant » signifie appartenir à l'ordre du créé. Cela correspond ainsi à Dieu selon l'analogie de l'étant *(analogia entis)* mais jamais, dit Heidegger, l'être de l'étant ne consiste en un objet *(Gegenstand)* amené *devant* l'homme, fixé, arrêté, disponible pour le sujet-homme qui en aurait la représentation. Ceci sera la marque de la modernité. « Que l'étant devienne étant dans la représentation (littéralement dans l'être-représenté, *in der Vorgestelltheit*), voilà ce qui fait de l'époque *(Zeitalter)* qui en arrive là une époque nouvelle par rapport à la précédente. » C'est donc seulement dans la modernité (cartésienne et post-cartésienne) que l'étant se détermine comme ob-jet présent *devant* et *pour* un sujet dans la forme de la *repraesentatio* ou du *Vorstellen.* Heidegger analyse donc la *Vorgestelltheit des Seienden.* Que veut dire *Stellen* et que veut dire *Vorstellen ?* Je traduis ou plutôt, pour des raisons essentielles, je dois accoupler les langues : « C'est tout autre chose que, à la différence de l'entente grecque, signifie *(meint)* le représenter moderne *(das neuzeitliche Vorstellen),* dont la signification *(Bedeutung)* est portée à sa meilleure expression *(Ausdruck)* dans le mot *repraesentatio. Vorstellen bedeutet hier,* représenter signifie ici : *das Vorhandene als ein Entgegenstehendes vor sich bringen, auf sich, den Vorstellenden zu, beziehen und in diesen Bezug zu sich als den massgebenden Bereich zurückzwingen,* faire venir devant soi l'existant (qui est déjà devant soi : *Vorhandene*) en tant qu'ob-stant, le rapporter à soi qui le représente et le réfléchir dans ce rapport à soi en tant que région qui donne la mesure. » (P. 84.) C'est le soi, ici le sujet-homme, qui dans ce rapport est la région, le domaine et la mesure des objets comme représentations, ses propres représentations.

Heidegger se sert donc du mot latin *repraesentatio* et s'installe immédiatement dans l'équivalence entre *repraesentatio* et *Vorstellung*. Ce n'est pas illégitime, tout au contraire, mais cela requiert quelque explicitation. En tant que « représentation », dans le code philosophique ou dans le langage courant, *Vorstellung* semble ne pas impliquer immédiatement la valeur qui se loge dans le *re-* de la *repraesentatio*. *Vorstellen* semble vouloir dire seulement, comme le souligne Heidegger, poser, disposer devant soi, une sorte de thème sur le thème. Mais ce sens ou cette valeur de l'être-devant est déjà à l'œuvre dans « présent ». La *praesentatio* signifie le fait de présenter et la *re-praesentatio* de *rendre* présent, de faire-venir comme pouvoir-de-faire-revenir-à-la-présence. Et ce pouvoir-de-faire-revenir, de façon répétitive, en gardant la disposition de ce rappel, est marqué à la fois dans le *re-* de la représentation *et* dans cette positionalité, ce pouvoir-poser, disposer, mettre, placer, qu'on lit dans le *Stellen* et qui du coup renvoie bien à soi, c'est-à-dire au pouvoir d'un sujet qui peut faire revenir à la présence et rendre présent, se rendre quelque chose présent, voire se rendre présent tout court. Le rendre-présent, on peut l'entendre en deux sens au moins. Cette duplicité travaille le mot de représentation. D'une part, rendre présent, ce serait faire venir à la présence, en présence, faire ou laisser venir en présentant. D'autre part, mais ce deuxième sens habite le premier, faire ou laisser venir impliquant la possibilité de faire ou de laisser revenir, rendre présent, comme tout « rendre », comme toute restitution, ce serait répéter, pouvoir répéter. D'où l'idée de répétition et de retour qui habite la valeur même de représentation. Je dirai d'un mot dont on ne se sert jamais à ma connaissance de façon thématique dans ce contexte, que c'est le « rendre » qui se divise, signifiant *tantôt,* dans « rendre présent », simplement présenter, laisser ou faire venir à la présence, dans la présentation, *tantôt* faire ou laisser revenir, restituer en un second temps à la présence, éventuellement en effigie, spectre, signe ou symbole, ce qui n'y était pas ou plus, ce *ne-pas* ou *ne-plus* pouvant avoir une très grande diversité de modes. Or d'où est venue, dans le langage philosophique plus ou moins savant, cette détermination sémantique de la *repraesentatio* comme de quelque chose qui a son lieu *dans l'esprit* et *pour l'esprit,* dans le sujet et face à lui, en lui et pour lui, objet pour un sujet? Autrement dit, comment cette valeur de *repraesentatio* serait-elle contemporaine, ainsi que l'affirme Heidegger, de l'époque cartésienne et cartésiano-hegelienne du *subjectum?* Dans la re-présentation, le présent, la présentation de ce qui se présente revient, fait retour comme double, effigie, image, copie, idée en tant que tableau de la chose désormais disponible, en l'absence de la chose, disponible, disposée et prédisposée pour, par et dans le sujet. *Pour, par* et *dans,* le système de ces *prépositions* marque le lieu de la représentation ou de la *Vorstellung.* Le *re-* marque la répétition *dans, pour* et *par* le sujet, *a parti subjecti,* d'une présence qui autrement se présenterait au sujet sans dépendre de lui ou sans avoir en lui son lieu propre. Sans doute le présent qui revient ainsi avait déjà la forme de ce qui est pour et devant le sujet mais n'était pas à sa disposition dans cette préposition même. D'où la possibilité de traduire *repraesentatio* par *Vorstellung,* mot qui, dans sa littéralité et ici par métaphore, pourrait-on dire un peu vite (mais je réserve ce problème) marque le geste qui consiste à poser, à faire tenir debout devant soi, à installer devant soi, à garder à sa disposition, à localiser dans la disponibilité de la préposition. Et l'idéalité de l'idée comme copie dans l'esprit, c'est précisément ce qu'il y a de plus disponible, de plus répétable, apparemment de plus docile à la spontanéité reproductrice de l'esprit. La valeur *« pré »,* « être devant », était certes déjà présente dans « présent ». C'est seulement la mise à la disposition du sujet humain qui donne lieu à la représentation et cette mise à la disposition est cela même qui constitue le sujet en sujet. Le sujet, c'est ce qui peut ou croit pouvoir se donner des représentations, les disposer et en disposer. Quand je dis « se donner des représentations », je pourrais dire aussi bien, changeant à peine de contexte, se donner des représentants (par exemple politiques) ou même, j'y reviendrai, se donner soi-même en représentation ou comme représentant. Cette initiative positionnelle — qui sera toujours en rapport avec un certain concept très déterminé de la liberté — nous la voyons marquée dans le *Stellen* du *Vorstellen.* Et je dois me contenter de situer *ici,* en ce lieu précis, la nécessité de toute la méditation heideggerienne sur le *Gestell* et l'essence moderne de la technique.

Si *rendre présent* s'entend comme la répétition qui restitue grâce à un substitut, on retrouve le continuum ou la cohérence sémantique entre la représentation comme idée dans l'esprit visant la chose (par exemple comme « réalité objective » de l'idée), comme tableau à la place de la chose même, au sens cartésien ou au sens des empiristes, et d'autre part la représentation esthétique (théâtrale, poétique, littéraire ou plastique) ou enfin la représentation politique.

Le fait qu'il y *ait* de la représentation ou de la *Vorstellung,* cela n'est pas, suivant Heidegger, un phénomène récent et caractéristique de l'époque moderne de la science, de la technique et de la subjectivité de type cartésiano-hegelien. Ce qui serait caractéristique de cette époque en revanche, c'est l'autorité, la généralité dominante de la représentation. C'est l'interprétation de l'essence de l'étant comme objet de représentation. Tout ce qui devient présent, tout ce qui *est,* c'est-à-dire est présent, se présente, tout ce qui arrive est appréhendé dans la forme de la représentation. L'expérience de l'étant devient essentiellement représentation. *Représentation* devient la catégorie la plus générale pour déterminer l'appréhension de quoi que ce soit qui concerne ou intéresse dans un rapport quelconque. Tout le discours post-cartésien et même post-hegelien, sinon justement le tout du discours moderne, recourt à cette catégorie pour désigner les modifications du sujet dans son rapport à un objet. La grande question, la question matricielle devient alors pour cette époque celle de la *valeur* de la représentation, celle de sa vérité ou de son adéquation à ce qu'elle représente. Et même la critique de la représentation ou du moins sa dé-limitation et son débordement le plus systématique – chez Hegel au moins – semble ne pas remettre en question la détermination même de l'expérience comme subjective, c'est-à-dire représentationnelle. Je crois qu'on pourrait le montrer chez Hegel qui pourtant rappelle régulièrement les limites de la représentation en tant qu'elle est unilatérale, seulement du côté du sujet (« ce n'est encore qu'une représentation », dit-il toujours au moment de proposer une nouvelle *Aufhebung*). J'y reviens dans un instant. *Mutatis mutandis,* Heidegger en dirait de même de Nietzsche qui s'est pourtant acharné contre la représentation. En eût-il dit autant, s'il l'avait lu, de Freud chez qui les concepts de représentation, de *Vorstellung, Repräsentanz* et même *Vorstellungsrepräsentanz* jouent nommément un rôle si organisateur dans l'obscure problématique de la pulsion et du refoulement, et chez qui par des voies plus détournées le travail du deuil (introjection, incorporation, intériorisation, idéalisation, autant de modes de *Vorstellung* et d'*Erinnerung*), les notions de fantasme et de fétiche gardent un rapport étroit avec une logique de la représentation ou de la représentance? C'est une question que je réserve encore pour l'instant.

Bien entendu, ce règne de la représentation, Heidegger ne l'interprète pas comme un accident, encore moins comme un malheur devant lequel il faudrait se replier frileusement. La fin de *Die Zeit des Weltbildes* est très nette à cet égard, au moment où Heidegger évoque un monde moderne qui commence à se soustraire à l'espace de la représentation et du calculable. On pourrait dire dans un autre langage qu'une critique voire une déconstruction de la représentation resterait faible, vaine et sans pertinence si elle conduisait à quelque réhabilitation de l'immédiateté, de la simplicité originaire, de la présence sans répétition ni délégation, si elle induisait une critique de l'objectivité calculable, de la science, de la technique ou de la représentation politique. Les pires régressions peuvent se laisser commander par ce parti pris anti-représentatif. Revenant au propos heideggerien lui-même, je préciserai ceci, qui préparera de loin une question en retour sur le chemin ou la démarche de Heidegger. Pour n'être pas l'accident d'un faux pas, ce règne de la représentation doit avoir été destiné, pré-destiné, *geschickte,* c'est-à-dire littéralement envoyé, dispensé, assigné par un destin comme rassemblement d'une histoire *(Geschick, Geschichte).* L'avènement de la représentation doit avoir été préparé, prescrit, annoncé de loin, émis, je dirai télésigné dans un monde, le monde grec, où pourtant la représentation, la *Vorstellung* ou la *Vorgestelltheit des Seienden* ne régnait pas. Comment cela? La représentation est certes une image, ou une idée comme image dans et pour le sujet, une affection du sujet sous la forme d'un rapport à l'objet qui est en lui en tant que copie, tableau ou scène, une idée, si vous voulez, en un sens plus cartésien que spinoziste et, question au passage, c'est sans doute pourquoi Heidegger se réfère toujours à Descartes sans nommer Spinoza – ou d'autres, peut-être – pour désigner cette époque. La représentation n'est pas seulement cette image mais dans la mesure où elle l'est, cela suppose qu'auparavant le monde soit constitué en visible. En visible c'est-à-dire en image non pas au sens de la représentation reproductive mais au sens de la manifestation de la forme visible, du spectacle formé, informé, comme *Bild.*

Or si pour les Grecs, selon Heidegger, le monde n'est pas essentiellement *Bild,* image disponible, forme spectaculaire offerte au regard ou à la perception d'un sujet; si le monde était d'abord présence *(Anwesen)* qui prend l'homme ou s'éprend de lui plutôt que d'être vue, intuitionnée *(angeschaut)* par lui; si c'est plutôt l'homme qui est investi et regardé par l'étant, il a bien fallu néanmoins que le monde comme *Bild,* puis comme représentation, s'annonçât chez les Grecs, et ce ne fut rien de moins que le platonisme. La détermination de l'être de l'étant comme *eidos* n'est pas encore sa détermination comme *Bild,* mais l'*eidos* (aspect, vue, figure visible) serait la condition lointaine, la présupposition, la médiation secrète pour qu'un jour le monde devienne représentation. Tout se passe comme si le monde du platonisme (et, en disant le monde du platonisme, j'exclus aussi bien que quelque chose comme la philosophie platonicienne ait produit un monde ou qu'inversement elle ait été la simple représentation en reflet ou en symptôme d'un monde qui la porte) avait préparé, dispensé, destiné, envoyé, mis en voie et en chemin le monde de la représentation : jusqu'à nous en passant par le relais des positions ou des postes de type cartésien, hegelien, schopenhauerien, nietzschéen, même, etc., c'est-à-dire le tout de l'histoire de la métaphysique dans son unité *présumée* comme unité indivisible d'un envoi.

En tout cas, sans aucun doute pour Heidegger, l'homme grec d'avant Platon n'habitait pas un monde dominé par la représentation ; et c'est avec le monde du platonisme que s'annonce et s'envoie la détermination du monde comme *Bild* qui elle-même prescrira, enverra la prédominance de la représentation. « En revanche *(Dagegen)*, que pour Platon, l'être-étant de l'étant *(die Seiendheit des Seienden)* se détermine comme *eidos* (aspect, vue, *Aussehen, Anblick*), voilà la présupposition bien auparavant dispensée (envoyée : *die weit voraus geschickte Voraussetzung*) dès longtemps médiatement, de façon cachée, dominante, régnante *(lang im Verborgenen mittelbar waltende)* pour que le monde ait pu devenir image *(Bild)*. » (P. 84.)

Le monde du platonisme aurait ainsi donné l'envoi pour le règne de la représentation, il y aurait destiné, il l'aurait destiné sans y être lui-même soumis. Il aurait été, à la limite de cet envoi, comme l'origine de la philosophie. Déjà et pas encore. Mais ce déjà-pas-encore ne devrait pas être le déjà-pas-encore dialectique qui organise toute la téléologie de l'histoire hegelienne et en particulier le moment de la représentation *(Vorstellung)* qui est *déjà* ce qu'il *n'est pas encore*, son propre débordement. Le *Geschick*, le *Schicken* et la *Geschichte* dont parle Heidegger ne sont pas des envois du type représentatif. L'historialité qu'ils constituent n'est pas un procès représentatif ou représentable et il faut, pour le penser, une histoire de l'être, de l'*envoi* de l'être qui ne soit plus réglée ou centrée sur la représentation.

Reste donc ici à penser une histoire qui ne soit plus de type hegelien ou dialectique en général. Car la critique hegelienne, voire néo-hegelienne de la représentation *(Vorstellung)* semble avoir toujours été une relève *(Aufhebung)* de la représentation gardant celle-ci au centre du devenir, comme la forme même, la structure formelle la plus générale du relais d'un moment à l'autre, et cela encore dans la forme présente du déjà-pas-encore. Ainsi, mais on pourrait multiplier ces exemples, entre la religion esthétique et la religion révélée, entre la religion révélée et la philosophie comme savoir absolu, c'est toujours la *Vorstellung* qui marque la limite à relever. Le syntagme typique est alors le suivant : ce n'est *encore* qu'une représentation, c'est *déjà* l'étape suivante mais cela reste *encore* dans la forme de la *Vorstellung*, ce n'est que l'unilatéralité subjective d'une représentation. Mais la forme « représentative » de cette subjectivité est seulement *relevée*, elle continue d'informer le rapport à l'être après sa disparition.

C'est en ce sens et suivant cette interprétation du hegelianisme – à la fois forte et classique – que celui-ci appartiendrait à l'époque de la subjectivité et de la représentationnalité *(Vorgestelltheit)* du monde cartésien.

Ce que je retiens des deux derniers points que je viens d'évoquer trop superficiellement, c'est que pour commencer à penser les portées multiples du mot « représentation » et l'histoire, s'il en est une et qui soit une, de la *Vorgestelltheit,* la condition minimale serait de lever deux présuppositons, celle d'un langage de structure représentative ou représentationnelle, et celle d'une histoire comme procès scandé selon la forme ou le rythme de la *Vorstellung.* On ne doit plus chercher à *se représenter* l'essence de la représentation, la *Vorgestelltheit.* L'essence de la représentation n'est pas une représentation, elle n'est pas représentable, il n'y a pas de représentation de la représentation, la *Vorgestelltheit* n'est pas seulement une *Vorstellung.* Et elle ne s'y prête pas. C'est en tout cas par un geste de ce type que Heidegger interrompt ou disqualifie, dans différents domaines, la réitération spéculaire ou le renvoi à l'infini.

Ce pas de Heidegger ne conduit pas seulement à penser la représentation comme le modèle devenu de toute pensée du sujet, de toute idée, de toute affection, de tout ce qui arrive au sujet et le modifie dans son rapport à l'objet. Le sujet n'est plus seulement défini dans son essence comme le lieu et le placement de ses représentations. Il est aussi, comme sujet et dans sa structure de *subjectum,* lui-même appréhendé *comme un représentant.* L'homme déterminé d'abord et surtout comme sujet, comme étant-sujet, se trouve lui-même de part en part interprété selon la structure de la représentation. Et à cet égard il n'est pas seulement sujet représenté par exemple au sens où l'on peut encore aujourd'hui, sur un mode ou sur un autre, dire du sujet qu'il est représenté, par exemple par un signifiant pour un autre signifiant – « Le sujet, dit Lacan, c'est ce que le signifiant représente (...) pour un autre signifiant. » (« Positions de l'inconscient », *Écrits,* p. 835.) Toute la logique lacanienne du signifiant travaille aussi avec cette structuration du sujet par et comme la représentation : sujet « entièrement calculable », dit Lacan, dès lors qu'il est « réduit à la formule d'une matrice de combinaisons signifiantes » (« La science et la vérité », *Écrits,* p. 860). Ce qui accorde ainsi le règne de la représentation au règne du calculable, c'est précisément le thème de Heidegger qui insiste sur le fait que seule la calculabilité *(Berechenbarkeit)* garantit la certitude anticipée de ce qui est *à représenter (des Vorzustellenden);* et c'est vers l'*incalculable* que peuvent être débordées les limites de la représentation. Structuré par la représentation, le sujet représenté est aussi sujet représentant. Un représentant de l'étant et donc aussi un objet, *Gegenstand.* Le trajet qui conduit à ce point serait schématiquement le suivant : par le *Vorstellen* ou la *repraesentatio* « modernes » le sujet fait revenir l'étant devant lui-même. Le *re* qui n'a pas forcément valeur de répétition signifie au moins la disponibilité du faire-venir ou devenir-présent comme étant-là, devant, pré-posé. Le *Stellen* traduit le *re* en tant qu'il désigne la mise à disposition ou la mise en place alors que le *vor* traduirait le *prae* de *praesens.* Ni *Vorstellung* ni *repraesentatio* ne pourraient traduire une pensée grecque sans l'entraîner ailleurs, ce que fait d'ailleurs toute traduction. Il est arrivé par exemple en français qu'on traduise *phantasia* ou *phantasma* par représentation; un lexique de Platon le fait, par exemple, et on traduit couramment la *phantasia kataleptikè* des Stoïciens par « représentation compréhensive ». Mais ce serait là supposer anachroniquement que le *subjectum* et la *repraesentatio* soient possibles et pensables pour des Grecs. Heidegger le conteste et l'appendice 8 de *Die Zeit des Weltbildes* tend à démontrer que le subjectivisme était étranger au monde grec, fût-ce à la Sophistique : l'être y serait appréhendé comme présence, le paraître dans la présence et non dans la représentation. *Phantasia* nomme un mode de ce paraître qui n'est pas représentatif. « Dans le décel *(Unverborgenheit) ereignet sich die Phantasia,* advient à son propre la *phantasia,* c'est-à-dire le venir-au-paraître *(das zum Erscheinen-Kommen)* du présent comme tel *(des Anwesenden als eines solchen)* pour l'homme qui, de son côté, est présent pour ce qui apparaît. » (P. 98.) Cette pensée grecque de la *phantasia* (dont nous devrions suivre ici tout le destin et tous les déplacements, jusqu'à la problématique dite moderne de la « fiction » et du « phantasme ») ne s'adresse qu'à de la présence, présence de l'étant pour présence de l'homme, sans que la valeur de re-production représentative ou celle d'objet imaginaire (produit ou reproduit par l'homme comme représentation) vienne marquer le sens de la *phantasia.* L'énorme question philosophique de l'imaginaire, de l'imagination productrice ou reproductrice, même quand elle reprend, chez Hegel par exemple, le nom grec de *Phantasie,* n'appartient pas au monde grec mais survient plus tard, à l'époque de la représentation et de l'homme comme sujet représentant : « *Der Mensch als das vorstellende Subjekt jedoch phantasiert.* L'homme comme sujet représentant, par contre, se livre à de la fantaisie, c'est-à-dire se meut dans l'*imaginatio* [c'est toujours le mot latin qui marque l'accès au monde de la représentation], dans la mesure où sa représentation *(sein Vorstellen)* imagine l'étant comme l'objectif dans le monde en tant qu'image conçue [l'allemand est toujours indispensable : *insofern sein Vorstellen das Seiende als das Gegenständliche in die Welt als Bild einbildet*]. »

Comment l'homme devenu représentant au sens de *Vorstellend,* est-il aussi et du même coup représentant au sens de *Repräsentant,* autrement dit non seulement quelqu'un qui a des représentations, qui se représente, mais quelqu'un qui représente lui-même quelque chose ou quelque autre? Non seulement quelqu'un qui s'envoie ou se donne des objets mais qui est l'envoyé d'autre chose ou de l'autre? Lorsqu'il a des représentations, lorsqu'il détermine tout l'étant comme représentable dans une *Vorstellung,* l'homme se fixe en se donnant une image de l'étant, il s'en fait une idée, il y est (*Der Mensch setzt über das Seiende sich ins Bild,* dit Heidegger). Dès lors il se met lui-même en scène, dit littéralement Heidegger, *setzt er sich selbst in die Szene,* c'est-à-dire dans le cercle ouvert du représentable, de la représentation commune et publique. Et dans la phrase suivante, l'expression de *mise en scène* est déplacée ou repliée; et, comme dans la traduction, *Übersetzen,* la *mise (Setzen)* n'importe pas moins que la scène. Se posant ou se mettant en scène, l'homme se pose, se représente lui-même *comme* la scène de la représentation (*Damit setzt sich der Mensch selbst als die Szene, in der das Seiende fortan sich vor-stellen, präsentieren, d. h. Bild sein muss.*) : par là, l'homme se pose lui-même comme la scène dans laquelle l'étant doit désormais se re-présenter, se présenter, c'est-à-dire être image. Et Heidegger conclut : « L'homme devient le représentant (cette fois *Repräsentant,* avec toute l'ambiguïté du mot latin) de l'étant au sens d'objet (*im Sinne des Gegenständigen*). »

On verrait ainsi se reconstituer la chaîne conséquente qui renvoie de la représentation comme idée ou réalité objective de l'idée (rapport à l'objet) à la représentation comme délégation, éventuellement politique, donc à la substitution de sujets identifiables les uns aux autres et d'autant plus remplaçables qu'ils sont objectivables (et ici nous avons l'envers de l'éthique démocratique et parlementaire de la représentation, à savoir l'horreur des subjectivités calculables, innombrables mais nombrables, computables, les foules dans les camps ou sur les ordinateurs des polices – étatiques ou autres –, le monde des masses et des mass media qui serait aussi un monde de la subjectivité calculable et représentable, le monde de la sémiotique, de l'informatique et de la télématique). La même chaîne, *si on en suppose la conséquence* et si on suit en le développant le motif heideggerien, traverse un certain système de la représentation poli-tique, picturale, théâtrale ou esthétique en général.

Certains d'entre vous considèrent peut-être que cette référence révérencieuse à Heidegger est excessive, et surtout que l'allemand se fait un peu envahissant pour ouvrir à un Congrès de philosophie de langue française. Avant de proposer quelques types de question pour les débats qui vont s'ouvrir, je voudrais justifier de trois façons ce recours à Heidegger et à l'allemand de Heidegger.

Première justification. La problématique ouverte par Heidegger est à ma connaissance la seule aujourd'hui à traiter de la représentation dans son ensemble. Et déjà je dois excéder cette formule même : la démarche ou le pas, le chemin de pensée dit heideggerien est ici plus qu'une problématique (une problématique ou une *Fragestellung* devant encore trop à la pré-positionnalité représentative, c'est la valeur même de *problème* qui se donne ici à penser). Nous avons là plus qu'une problématique et elle concerne plus qu'un « ensemble »; en tout cas, elle ne concerne pas l'ensemble ou le rassemblement seulement comme *système* ou comme *structure*. Le rassemblement de la représentation, ce chemin de pensée heideggerien est le seul à le rapporter à ce monde de la langue et des langues (grec, latin et germain) où il s'est déployé et à faire des langues une question, une question qui ne soit pas pré-déterminée par la représentation. Que la force de ce rassemblement dans le chemin de pensée heideggerien ouvre un autre type de problème et laisse encore à penser, voilà ce que j'essaierai de suggérer tout à l'heure, mais je crois qu'il n'est pas possible aujourd'hui de méconnaître, comme on le fait trop souvent dans les institutions philosophiques francophones, l'espace frayé par Heidegger.

Deuxième justification. Si, désignant − et je n'ai pu le faire davantage − la nécessité de la référence à Heidegger, j'ai souvent parlé allemand, c'est que, s'adressant la question de la représentation, des philosophes francophones doivent sentir la nécessité philosophique de sortir de la latinité pour penser l'événement de pensée qui se produit sous le mot de *repraesentatio*. Non pas sortir pour sortir, pour disqualifier une langue ou pour s'exiler, mais pour penser le rapport à sa propre langue. Pour n'indiquer que ce point, essentiel il est vrai, ce que Heidegger situe « avant », si on peut dire, la *repraesentatio* ou la *Vorstellung,* ce n'est ni une présence, ni une *praesentatio* simple, ni une *praesentatio* tout court. Ce qu'on traduit souvent par présence dans ce contexte, c'est *Anwesen, Anwesenheit,* dont le préfixe, *dans ce contexte* (je dois insister sur ce point) annonce la venue à décèlement, à parution, à patence, à phénoménalité plutôt que la prépositionnalité de l'être-devant objectif. Et l'on sait comment depuis *Sein und Zeit* le questionnement concernant la présence de l'être est rapporté en profondeur à celui de la temporalité, mouvement que la problématique latine de la représentation, soit dit beaucoup trop vite, a sans doute inhibé pour des raisons essentielles. Il ne suffit pas de dire que Heidegger ne nous rappelle pas à la nostalgie d'une présentation enfouie sous la représentation. Si du moins la nostalgie demeure, elle ne reconduit pas à de la présentation. Ni même, ajouterai-je, à la simplicité présumée de l'*Anwesenheit*. L'*Anwesenheit* n'est pas simple, elle est déjà divisée et différente, elle marque le lieu d'une scission, d'une division, d'une dissension *(Zwiespalt)*. Engagé dans l'ouverture de cette dissension, et plutôt par elle, sous son assignation, l'homme est regardé par l'étant, dit Heidegger, et telle serait l'essence *(Wesen)* de l'homme « pendant la grande époque grecque ». L'homme alors cherche à rassembler dans le dire *(legein)* et à sauver, à garder *(sozein, bewahren)* tout en restant exposé au chaos de la dissension. Le théâtre ou la tragédie de cette dissension n'appartiendraient encore ni à l'espace scénique de la présentation *(Darstellung)* ni à celui de la représentation, mais le pli de la dissension ouvrirait, annoncerait, enverrait tout ce qui viendra ensuite se déterminer comme *mimesis*, puis imitation, représentation, avec tout le cortège des couples oppositionnels qui formera la théorie philosophique : production/reproduction, présentation/représentation, originaire/dérivé, etc. « Avant », si on peut dire, tous ces couples, il n'y aura jamais eu de simplicité présentative mais un autre pli, une autre différence imprésentable, irreprésentable, *jective* peut-être, mais ni objective, ni subjective, ni projective. Quoi de l'imprésentable ou de l'irreprésentable? Comment le penser? Voilà maintenant la question, j'y reviens dans un instant.

Troisième justification. Celle-ci flotte vraiment sur le Rhin. J'avais d'abord pensé, pour ce congrès des sociétés de philosophie de langue française à Strasbourg sur le thème de la représentation, prendre la mesure européenne de l'événement en me référant à ce qui se passait il y a quatre-vingts ans, au tournant de ce siècle, au moment où l'Alsace était de l'autre côté de la frontière, si on peut dire. J'avais d'abord pensé me reporter à ce qui se passait et se disait de la *représentation* à la Société de philosophie française. L'altercation linguistique avec l'autre comme germain y organisait tout un débat pour fixer le vocabulaire philosophique français, et proposition y fut même faite de détruire le mot philosophique français « représentation », de le rayer de notre vocabulaire, ni plus ni moins, de le mettre hors d'usage parce qu'il n'était que la traduction d'un mot venu de par-delà la ligne bleue des Vosges; ou à la rigueur et en faisant contre mauvaise fortune historique bon cœur, de « tolérer » l'usage de ce mot qui est, disait-on alors avec quelque ressentiment xénophobique, « à peine français ».

On trouve l'archive de ce corpus gallocentrique dans le *Bulletin de la Société française de philosophie* de 1901 à laquelle renvoie ce qui s'appelle justement le *Vocabulaire technique et critique de la philosophie* de Lalande. A l'article très riche sur le mot « présentation », on voit se former la proposition d'un double bannissement, et du mot *présentation* et du mot *représentation*. Au cours de la discussion qui eut lieu à la Société de philosophie le 29 mai 1901 au sujet du mot *« présentation »*, Bergson avait écrit ceci : « Notre mot représentation est un mot équivoque qui devrait, d'après l'étymologie, ne jamais désigner un objet intellectuel présenté à l'esprit pour la première fois. Il faudrait le réserver aux idées ou aux images qui portent la marque d'un *travail* antérieur effectué par l'esprit. Il y aurait lieu alors d'introduire le mot présentation (également employé par la psychologie anglaise) pour désigner d'une manière générale tout ce qui est purement et simplement présenté à l'intelligence. » Cette proposition de Bergson recommandant l'autorisation et la légitimation officielle du mot *présentation* souleva deux types d'objection du plus haut intérêt. Je lis : « Je n'ai pas d'objection à l'emploi de ce mot *(présentation)*; mais il me semble très douteux que le préfixe *re,* dans le mot français *représentation,* ait eu primitivement une valeur duplicative. Ce préfixe a beaucoup d'autres usages, par exemple dans *recueillir, retirer, révéler, requérir, recourir,* etc. Son vrai rôle, dans *représentation,* n'est-il pas plutôt de marquer l'*opposition* du sujet et de l'objet, comme dans les mots *révolte, résistance, répugnance, répulsion,* etc.? » (Cette dernière question me paraît à la fois aberrante et hyperlucide, ingénument géniale.) Et voici que M. Abauzit rejette, comme le fera ensuite Lachelier, la proposition de Bergson, l'introduction du mot *présentation* à la place de celui de *représentation.* Il conteste que le *re* de représentation implique un redoublement. S'il y a duplication, ce n'est pas, dit-il, au sens qu'indique Bergson (répétition d'un état mental antérieur) mais « reflet, dans l'esprit, d'un objet conçu comme existant en soi ». Conclusion : « Présentation ne se justifie donc pas. » Quant à Lachelier, il préconise de revenir au français et donc d'abandonner purement et simplement l'usage philosophique du mot *représentation :*

Il me semble que *représentation* n'était pas primitivement en français un terme philosophique, et qu'il ne l'est devenu que lorsqu'on a voulu traduire *Vorstellung* [ici Lachelier semble au moins négliger, même s'il n'a pas tout à fait tort à un certain degré, le fait que *Vorstellung* était aussi traduction du latin *repraesentatio*]. Mais on disait bien *se représenter* quelque chose et je crois que la particule *re,* dans ce mot, indiquait, selon son sens ordinaire, une reproduction de ce qui avait été antérieurement donné, mais peut-être sans qu'on y fît attention... La critique de M. Bergon est donc, à la rigueur, justifiée ; mais il ne faut pas être si rigoureux sur l'étymologie. Le mieux serait de ne pas parler du tout en philosophie de *représentations* et de se contenter du verbe *se représenter;* mais si l'on a absolument besoin d'un substantif, mieux vaut *représentation,* dans un sens déjà consacré par l'usage, que *présentation* qui éveille, en français, des idées d'un tout autre ordre.

Il y aurait beaucoup à dire sur les attendus de cette conclusion, sur la distinction nécessaire selon Lachelier entre l'usage courant et l'usage philosophique, sur la méfiance à l'égard de l'étymologisme, sur la transformation du sens et le devenir philosophique d'un sens quand on passe d'une forme verbale idiomatique à une forme nominale, sur la nécessité de parler « philosophie » dans sa propre langue et de se méfier des violences importées par la traduction, sur le respect néanmoins des usages consacrés qui vaut mieux que le néologisme ou l'artifice d'un nouvel usage décrété par le philosophe, etc. Je voudrais seulement signaler que cette méfiance proprement xéno-phobique à l'égard de l'importation philosophique dans l'idiome ne concerne pas seulement, dans le texte symptomatique de Lachelier, l'invasion du français par l'allemand, mais de façon plus générale et plus intestine, la contamination violente – la greffe mal supportée, et qu'il faudrait à vrai dire rejeter, de la langue philosophique sur le corps de la langue naturelle et ordinaire. Car ce n'est pas seulement en français et en provenance de la philosophie allemande que ce mal aurait opéré et laissé de mauvaises traces. Le mal a déjà commencé à l'intérieur du corps de la langue allemande, dans le rapport à soi de l'allemand, dans le germano-germain. Et l'on voit Lachelier rêver d'une thérapeutique de la langue qui ne préviendrait pas seulement le mal français en provenance de l'Allemagne mais qu'on exporterait sous la forme d'un conseil européen des langues. Car, murmure-t-il, nos amis allemands eux-mêmes ont peut-être souffert des effets du style philosophique. Ils ont peut-être été « choqués » par l'usage philosophique du mot *Vorstellung :*

> ... Dans le sens ordinaire, *tenir la place de...,* ce préfixe *(re)* semble plutôt exprimer l'idée d'une seconde présence, d'une répétition imparfaite de la présence primitive et réelle. Cela a pu se dire d'une personne qui agit au nom d'une autre, et d'une simple image qui nous rend présente à sa manière une personne ou une chose absente. De là le sens de *se représenter* intérieurement une personne ou une chose en l'imaginant, d'où l'on est enfin passé au sens philosophique de *représentation.* Mais le passage me semble avoir quelque chose de violent et d'illégitime. Il aurait fallu pouvoir dire *se-représentation* et ne le pouvant pas, il aurait fallu renoncer à ce mot. – Aussi me paraît-il probable que nous n'avons pas tiré nous-mêmes *représentation* de *se représenter,* mais calqué simplement *Vorstellung* pour le traduire. Nous sommes bien obligés, aujourd'hui, de tolérer cet usage du mot; mais il me paraît à peine français. (...)

Et après des allusions intéressantes à Hamelin, Leibniz et Descartes quant à l'usage qu'ils font pourtant du même mot, Lachelier conclut ainsi :

> Il y aurait lieu de rechercher si *Vorstellung* n'a pas été tiré de *sich etwas vorstellen* (se représenter quelque chose), et si les Allemands n'ont pas eux-mêmes été choqués lorsqu'on a commencé à l'employer dans le style philosophique.

Je note au passage l'intérêt de cette insistance sur le *se* du *se représenter* aussi bien que sur le *sich* du *sich vorstellen.* Elle marque à quel point Lachelier est justement sensible à cette dimension auto-affective qui est sans doute l'essentiel de la représentation et qui se marque mieux dans le verbe réfléchi que dans le nom. Dans la représentation, il importe avant tout qu'un sujet *se* donne, *se* procure, donne place pour lui et devant lui à des objets : il se les représente et se les envoie, et c'est par là qu'il en dispose.

Les réflexions que je viens de vous présenter, si je les considère comme des attendus (plus ou moins attendus), ce sont les attendus de questions et non pas de conclusions. Voici donc néanmoins, pour conclure, un certain nombre de questions que je voudrais vous soumettre dans leur formulation la plus économe, voire dans le style télégraphique qui convient à un tel envoi.

Première question. Elle touche à l'histoire de la philosophie, de la langue et de la langue philosophique française. Y en a-t-il une, et qui soit une? Et que s'est-il passé en elle ou sur ses bords depuis le débat de 1901 autour des mots *présentation* et *représentation* à la

Société française de Philosophie? Que suppose l'élaboration de cette question?

Deuxième question. Elle se rapporte à la légitimité même d'une interrogation générale sur l'essence de *la* représentation, autrement dit de l'usage du nom et du titre « représentation » dans un colloque en général. C'est ma question principale et bien que je doive la laisser à l'état de schéma minimal, je devrai l'expliquer un peu plus que la précédente, d'autant plus qu'elle me conduira peut-être à esquisser un autre rapport à Heidegger. Il s'agit toujours de langues et de traduction. On pourrait objecter, et je prends cette objection au sérieux, que dans les situations ordinaires du langage ordinaire (s'il y en a, comme on croit d'ordinaire), la question de savoir ce qu'on vise sous le nom de représentation a très peu de chances de surgir, et si elle le fait, elle ne dure pas une seconde. Il suffit pour cela d'un contexte qui soit non pas saturé, mais raisonnablement déterminé comme il l'est justement dans ce qu'on appelle l'expérience ordinaire. Si je lis, si j'entends à la radio, si quelqu'un me dit que la représentation diplomatique ou parlementaire d'un pays a été reçue par le chef de l'État, que les représentants des travailleurs en grève ou des parents d'élèves sont allés en délégation au ministère, si je lis dans un journal qu'il y aura ce soir une représentation de la *Psyché* de Molière ou que tel tableau représente *Éros,* etc., je comprends sans la moindre équivoque et je ne me prends pas la tête à deux mains pour entendre ce que ça veut dire. Il suffit évidemment que j'aie un rapport de compétence moyennement exigé dans un certain état de la société, de sa scolarisation, etc. Et que la *destination* du message envoyé soit d'une grande probabilité, suffisamment déterminée. Les mots fonctionnant toujours dans un contexte (supposé) destiné à assurer normalement la normalité de leur fonctionnement, se demander ce qu'ils peuvent vouloir dire avant et hors de tout contexte ainsi déterminé, c'est s'intéresser (dirait-on peut-être) à une pathologie ou à un dysfonctionnement linguistique. Le schéma est bien connu. Le questionnement philosophique sur le nom et sur l'essence de « représentation » avant et hors de tout contexte particulier serait le paradigme même de ce dysfonctionnement. Il conduirait nécessairement à des apories ou à des jeux de langage sans portée, ou plutôt à des jeux de langage que le philosophe prendrait au sérieux sans percevoir ce qui, dans le fonctionnement du langage, rend ce jeu possible. Dans cette perspective, il ne s'agirait pas d'exclure le style ou le type philosophique hors du langage ordinaire mais de lui reconnaître une place parmi d'autres. Ce que nous faisons du mot « représentation » en tant que philosophes depuis des siècles ou des décennies viendrait s'intégrer, plus ou moins bien, dans l'ensemble des codes et des usages. Ce serait aussi une possibilité contextuelle parmi d'autres.

Ce type de problématique – dont je ne fais qu'indiquer l'ouverture principielle – peut donner lieu, comme on sait, aux développements les plus divers, par exemple du côté *pragmatique* du langage pour lequel le noyau représentationnel ou référentiel des énoncés ne serait pas l'essentiel; et il est significatif que ces développements aient trouvé un terrain culturel favorable hors du duel, du dialogue ou de *l'Auseinandersetzung* gallo-germanique, des annales franco-allemandes dans lesquelles je me suis un peu confiné jusqu'ici. Quels qu'en soient les représentants plus ou moins anglo-saxons, de Peirce (avec sa problématique du représenté comme, déjà, du *representamen*) ou de Wittgenstein, s'il était anglais, aux tenants les plus divers de la philosophie analytique ou de la *speech act theory,* n'y a-t-il pas là un décentrement par rapport à cette *Auseinandersetzung* que nous avons trop tendance à considérer comme un lieu de convergence absolue? Et ce décentrement, même si on n'y procède pas nécessairement selon les voies anglo-saxonnes auxquelles je viens de faire seulement allusion, même si on les soupçonne d'être encore trop philosophantes dans le sens centralisateur du terme, et si à vrai dire l'excentricité commence au centre du continent, peut-être y trouvera-t-on une incitation vers une problématique d'un autre style? Il ne s'agirait pas alors simplement de remettre ou de soumettre le langage dit philosophique à la loi ordinaire et de le faire simplement comparaître devant cette dernière instance contextuelle, mais de se demander si, à l'intérieur même de ce qui se donne comme usage philosophique ou seulement théorique du mot *représentation,* l'unité de quelque centre sémantique est à présumer, qui ordonnerait toute une multiplicité de modifications et de dérivations. Est-ce que cette présomption éminemment philosophique n'est pas justement de type représentatif, au sens prétendument central du terme, à savoir qu'une seule et même présence s'y délègue, envoie, assemble, et finalement s'y retrouve? Cette interprétation de la représentation présupposerait une pré-interprétation représentationnelle de la représentation, elle serait encore une représentation de la représentation. Cette présomption unifiante, rassemblante, dérivationniste n'est-elle pas à l'œuvre jusque dans les déplacements les plus forts et les plus nécessaires de Heidegger? N'en trouverait-on pas un indice dans le fait que l'époque de la représentation ou de la *Vorstellung* y apparaît comme une époque dans le destin ou dans l'envoi rassemblé *(Geschick)* de l'être? Et que le *Gestell* continue de s'y rapporter? Bien que l'époque ne soit pas un mode, une modification, au sens strict, d'un étant ou d'un sens substantiel, bien qu'elle ne soit pas davantage un moment ou une détermination au sens hegelien, elle est bien annoncée par un envoi de l'être qui d'abord se décèle comme présence, plus rigoureusement comme *Anwesenheit.* Pour que l'époque de la représentation ait son sens et son unité d'époque, il faut qu'elle appartienne au rassemblement d'un envoi plus originaire et plus puissant. Et s'il n'y avait pas le rassemblement de cet envoi, le *Geschick* de l'être, si ce *Geschick* ne s'était pas annoncé d'abord comme *Anwesenheit* de l'être, aucune interprétation de l'époque de la représentation ne viendrait ordonner celle-ci dans l'unité d'une histoire de la métaphysique. Sans doute − et ici il faut redoubler de prudence et de lenteur, beaucoup plus que je ne puis le faire ici − le rassemblement de l'envoi et de la destinalité, le *Geschick* n'a-t-il pas la forme d'un *telos,* encore moins d'une certitude (cartésienne ou lacanienne) de l'arrivée à destination de l'envoi. Mais du moins y a-t-il *(gibt es)* un envoi. Du moins un envoi se donne-t-il, qui se rassemble avec lui-même; et ce rassemblement est la condition, l'être-ensemble de ce qui se donne à penser pour qu'une figure époquale − ici celle de la représentation − *se détache* en son contour et s'ordonne en son rythme dans l'unité d'une destination ou plutôt d'une destinalité de l'être. Sans doute l'être-ensemble du *Geschick,* et on peut le dire aussi du *Gestell,* n'est-il ni celui d'une totalité, ni celui d'un système, ni celui d'une identité comparable à aucune autre. Sans doute doit-on prendre les mêmes précautions au sujet du rassemblement de toute figure époquale. Néanmoins la question demeure : si, en un sens qui n'est ni chronologique, ni logique, ni intra-historique, toute l'interprétation historiale ou destinale ordonne l'époque de la représentation (autrement dit la modernité, et dans le même texte Heidegger traduit : l'ère du *subjectum,* de l'objectivisme et du subjectivisme, de l'anthropologie, de l'humanisme esthético-moral, etc.) à un envoi originaire de l'être comme *Anwesenheit* qui lui-même se traduit en présence puis en représentation selon des traductions qui sont autant de mutations dans le même, dans l'être-ensemble du même envoi, alors l'être-ensemble de l'envoi originaire s'arrive en quelque sorte à lui-même, au plus près de lui-même, dans l'*Anwesenheit.* Même s'il y a de la dissension *(Zwiespalt)* dans ce que Heidegger appelle la grande époque grecque et l'expérience de l'*Anwesenheit,* cette dissension se rassemble dans le *legein.* Elle se sauve, se garde et assure ainsi une sorte d'indivisibilité du destinal. C'est en faisant fonds sur cette indivisibilité rassemblée de l'envoi que la lecture heideggerienne peut détacher des époques, et la plus puissante, la plus longue, la plus dangereuse aussi de toutes, l'époque de la représentation dans les temps modernes. Comme ce n'est pas une époque parmi d'autres, et qu'elle *se détache,* dans son privilège, sur un mode très singulier, ne sera-t-on pas tenté de dire qu'elle est elle-même détachée, envoyée, déléguée, tenant lieu de ce qui se dissimule, se suspend, se réserve en elle, y faisant retrait et retraite, à savoir l'*Anwesenheit* ou même la présence? A ce détachement on pourra trouver plusieurs types (métaphore, métonymie, mode, détermination, moment, etc.), ils seront tous insatisfaisants pour des raisons essentielles. Mais on pourra difficilement éviter de se demander si le rapport de l'époque de la représentation à la grande époque grecque n'est pas encore interprété par Heidegger sur un mode représentatif, comme si le couple *Anwesenheit/repraesentatio* dictait encore la loi de sa propre interprétation, celle-ci ne faisant que se redoubler et reconnaître dans le texte historial qu'elle prétend déchiffrer. Derrière ou sous l'époque de la représentation, il y aurait en retrait ce qu'elle dissimule, recouvre, oublie comme l'envoi même qu'elle représente encore, la présence ou l'*Anwesenheit* en son rassemblement dans le *legein* grec qui l'aura sauvé, et d'abord de la dislocation. Ma question est alors la suivante, et je la formule trop vite : partout où l'envoi de l'être se divise, défie le *legein,* déjoue sa destination, est-ce que le schéma de lecture heideggerien n'est pas principiellement contestable, historialement déconstruit? déconstruit dans l'historialité qu'il implique encore? S'il y a eu de la représentation, c'est peut-être que, justement (et Heidegger le reconnaîtrait), l'envoi de l'être était originairement menacé en son être-ensemble, en son *Geschick,* par de la divisibilité ou de la dissension (ce que j'appellerais de la dissémination). Ne peut-on donc en conclure que s'il y a eu de la représentation, la lecture époquale qu'en propose Heidegger en devient, *de ce fait,* d'entrée de jeu problématique, du moins comme lecture ordonnante (et elle veut l'être aussi) sinon comme questionnement ouvert de ce qui donne à penser par-delà le problématique, et même *par-delà la question de l'être,* du destin rassemblé ou de l'envoi de l'être.

Ce que je viens de suggérer ne concerne pas seulement la lecture de Heidegger, celle qu'il fait de la destination de la représentation ou celle que nous ferions de sa propre lecture. Cela ne concerne pas seulement toute l'ordonnance des époques ou des périodes dans l'unité présumée d'une histoire de la métaphysique ou de l'Occident. Il y va du crédit même qu'on voudrait faire, en philosophes, à une organisation centrée, centralisée, de tous les champs ou de toutes les sections de la représentation, autour d'un sens tuteur et d'une interprétation fondamentale. S'il y a eu de la représentation, c'est que la division aura été plus forte, assez forte pour que ce sens tuteur ne garde, ne sauve, ne garantisse plus rien de façon assez rigoureuse.

Les problématiques ou les métamorphoses dites « modernes » de la représentation ne seraient plus du tout des représentations du même, des diffractions d'un sens unique à partir d'un seul carrefour, d'un seul lieu de rencontre ou de croisement pour des démarches convergentes, d'une seule congression ou d'un seul congrès.

Si je n'avais pas craint d'abuser de votre temps et de votre patience, j'aurais peut-être essayé de mettre à l'épreuve une telle différence de la représentation, une différence qui ne s'ordonnerait plus à la différence de l'*Anwesenheit* ou de la présence, ou à la différence *comme* présence, une différence qui ne représenterait plus le même ou le rapport à soi du destin de l'être, une différence qui ne serait pas rapatriable dans l'*envoi de soi,* une différence comme envoi qui *ne serait pas* un, et *pas un envoi de soi.* Mais des envois de l'autre, des autres. Des inventions de l'autre. J'aurais essayé cette épreuve non pas en proposant quelque démonstration scientifique à travers les différentes sections prévues par notre Conseil scientifique, à travers différents types de problématique de *la* représentation. Plutôt et de préférence en me portant du côté de ce qui *n'est pas représenté* à notre programme. Deux exemples de ce qui n'est pas représenté, et j'aurai terminé.

Premier exemple. Dans les différentes sections prévues, y a-t-il un *topos* au moins virtuel pour ce qui, sous le nom de psychanalyse et sous la signature de Freud, nous a légué un corpus si étranger et si étrangement chargé de « représentations » en toutes langues? Le lexique de la *Vorstellung,* du *Vorstellungsrepräsentant,* dans son abondance, sa complexité, l'embarras prolixe du discours qui le porte, manifeste-t-il un épisode de l'époque de la représentation, comme si Freud se débattait confusément dans les contraintes implacables d'un programme et d'un héritage conceptuel? Le concept même de pulsion et de « destin de pulsion » *(Triebschicksal),* que Freud situe à la frontière entre le somatique et le psychique, semble ne pas pouvoir se construire sans un recours à un schème représentatif, d'abord au sens de la délégation. De même, le concept de refoulement (originaire ou secondaire, proprement dit) est construit sur un concept de représentation : le refoulement porte essentiellement sur des représentations ou des représentants, des délégués. Cette valeur de délégation, si l'on suit ici Laplanche et Pontalis dans leur souci de systématisation, donnerait lieu à deux interprétations ou à deux formulations de la part de Freud. Tantôt la pulsion elle-même serait un « représentant psychique » *(psychische Repräsentanz* ou *psychischer Repräsentant)* des excitations somatiques ; tantôt la pulsion serait le processus d'excitation somatique lui-même et elle serait, elle, représentée par ce que Freud appelle des « représentants de la pulsion » *(Triebrepräsentanz* ou *Triebrepräsentant).* Ceux-ci à leur tour sont envisagés soit – principalement – comme des représentants dans la forme de la représentation au sens de *Vorstellung (Vorstellungsrepräsentanz* ou *-repräsentant),* avec une plus grande insistance sur l'aspect idéationnel, soit sous l'aspect du quantum d'affect dont il est arrivé à Freud de dire qu'il était plus important dans le représentant de la pulsion que l'aspect représentatif (intellectuel ou idéationnel). Laplanche et Pontalis proposent de surmonter les contradictions ou les oscillations apparentes de Freud dans ce qu'ils appellent ses « formulations » en rappelant que néanmoins « une idée reste toujours présente : la *relation* du somatique au psychique n'est conçue ni sur le mode du parallélisme ni sur celui d'une causalité ; elle doit être comprise par comparaison avec la relation qui existe entre un délégué et son mandant ». Et en note : « On sait que, dans un tel cas, le délégué, bien qu'il ne soit par principe rien d'autre que le " fondé de pouvoir " de son mandant, entre dans un nouveau système de relations qui risque de modifier sa perspective et d'infléchir les directives qui lui ont été données. » Ce que Laplanche et Pontalis appellent une *comparaison* porte tout le problème. Si cette comparaison avec la structure de la délégation est ce à partir de quoi on interprète des choses aussi peu négligeables que les rapports de l'âme et du corps, du destin des pulsions, du refoulement, etc., le comparant de la comparaison ne doit plus être considéré comme une évidence allant de soi. Qu'est-ce que léguer ou déléguer, si ce mouvement ne se laisse dériver, interpréter ou comparer à partir de rien d'autre ? Qu'est-ce qu'une mission ou un envoi ? Ce type de question peut prendre son prétexte à partir d'autres lieux du discours freudien, et plus strictement d'autres recours au mot ou au concept de représentation (par exemple la représentation de but *(Zielvorstellung)* ou surtout la distinction entre représentation de mot et représentation de chose *(Wort-* et *Sach-* ou *Ding-vorstellung)* dont on sait quel rôle lui assigne Freud entre le processus primaire et le processus secondaire ou dans la structure de la schizophrénie). On peut se demander si, comme le suggèrent à plusieurs reprises, de façon un peu embarrassée, Laplanche et Pontalis, la traduction de représentation ou de représentant par « signifiant » permet une clarification des difficultés freudiennes. C'est là évidemment l'enjeu aujourd'hui fondamental de l'héritage lacanien de Freud. Cet enjeu, que j'ai tenté de situer ailleurs, je ne peux ici que le signaler. Et la question que je pose au sujet de Freud (dans son rapport à l'époque de la représentation) peut en principe valoir aussi pour Lacan. En tout cas, quand Laplanche et Pontalis disent au sujet du mot *Vorstellung* que « l'acception n'en est pas modifiée au départ par Freud mais l'usage qu'il en fait est original », cette distinction entre l'acception et l'usage est justement le lieu du problème. Peut-on distinguer entre le contenu sémantique (éventuellement stable, continu, identique à soi) et la diversité des usages, des fonctionnements, des investissements contextuels en supposant que ces derniers ne peuvent pas déplacer, voire totalement déconstruire l'identité des premiers ? Autrement dit, est-ce que des développements dits « modernes » – comme celui de la psychanalyse freudienne mais on pourrait en citer d'autres – ne sont pensables que par référence à une tradition sémantique fondamentale, ou encore à une détermination époquale unifiante de la représentation qu'elles continueraient à représenter encore ? ou bien devons-nous y trouver une incitation nous donnant à penser tout autrement la diffraction des champs, et d'abord des envois, ou des renvois ? Est-on autorisé à dire, par exemple, que la théorisation lacanienne de la *Vorstellung-repräsentanz* en termes de signifiant binaire produisant la disparition, *l'aphanisis* du sujet, se tient tout entière dans ce que Heidegger appelle l'époque de la représentation ? Je ne peux ici que désigner le lieu de ce problème. Il ne comporte pas de réponse simple. Je renvoie notamment à deux des chapitres du Séminaire sur *Les quatre concepts fondamentaux de la psychanalyse (Tuché et automaton,* d'une part, *L'aphanisis* d'autre part). Il importe beaucoup que, dans ces chapitres en particulier, Lacan définisse son rapport au *Je pense* cartésien et à la dialectique hegelienne, c'est-à-dire aux deux instances mandées et mandatrices les plus fortes que Heidegger assigne au règne de la représentation. Les nervures de la problématique à laquelle je renvoie ici ont été pour la première fois reconnues et interprétées de façon fondamentale dans les travaux de Lacoue-Labarthe et de Nancy, depuis *Le titre de la lettre,* leur œuvre commune, jusqu'à leurs dernières publications, respectivement *Le sujet de la philosophie* et *Ego sum.*

Le *deuxième* et dernier *exemple* annoncé concerne la question-limite de l'irreprésentable. Penser la limite de la représentation, c'est penser l'irreprésenté ou l'irreprésentable. Il y a ici de très nombreuses manières de placer l'accent. Le déplacement d'accent peut donner lieu à de puissants déportements. Si penser l'irreprésentable, c'est penser au-delà de la représentation pour penser la représentation depuis sa limite, alors on peut entendre cela comme une tautologie. Et c'est là une première réponse, elle pourrait être aussi bien celle de Hegel que celle de Heidegger. Tous deux pensent la pensée, celle dont la représentation a peur (selon le mot de Heidegger qui se demande si tout simplement on n'a pas peur de penser), comme ce qui s'affranchit ou fait un pas au-delà ou en deçà de la représentation. C'est même la définition et de la représentation et de la pensée pour Hegel : la *Vorstellung* est une médiation, un milieu *(Mitte)* entre l'intellect non libre et l'intellect libre, autrement dit la pensée. C'est une manière double et différenciée de penser la pensée comme l'au-delà de la représentation. Mais c'est la forme de ce passage, l'*Aufhebung* de la représentation, que Heidegger interprète encore comme appartenance à l'époque de la représentation. Et pourtant, bien que Heidegger et Hegel ne pensent pas ici de la même manière la pensée comme au-delà de la représentation, une certaine possibilité du rapport à l'irreprésentable me semble rapprocher Hegel et Heidegger (du moins ce à quoi ces noms propres renvoient sinon ce qu'ils représentent). Cette possibilité ne concernerait pas seulement l'irreprésentable comme ce qui est étranger à la structure même du représentable, comme ce qu'on *ne peut pas* représenter, mais plutôt et aussi ce qu'on *ne doit pas* représenter, que cela ait ou non la structure du représentable. Je nomme ici l'immense problème de l'*interdit* porté sur la représentation, sur ce qu'on a pu traduire plus ou moins légitimement (autre problème inouï) à partir d'un monde juif ou islamique par « représentation ». Or cet immense problème, qu'il concerne la représentation objectivante, la représentation mimétique ou même la simple présentation, voire encore la simple nomination, je ne dirais pas qu'il est simplement omis par des pensées de type hegelien ou heideggerien. Mais il me paraît en principe secondarisé et dérivé chez Heidegger (en tout cas il ne fait à ma connaissance du moins l'objet d'aucune attention spécifique). Et quant à Hegel, qui en parle plus d'une fois, en particulier dans ses *Leçons sur l'Esthétique,* il n'est peut-être pas injustifié de dire que l'interprétation de cet interdit se trouve dérivée et réinscrite dans un procès plus vaste, de structure dialectique, et au cours duquel l'interdit ne constitue pas un événement absolu venu d'un tout autre qui déchirerait absolument ou du moins retournerait dissymétriquement la trame d'un procès dialectisable. Cela ne veut pas nécessairement dire que les traits essentiels de l'interdit soient par là méconnus ou dissimulés. Par exemple la disproportion entre l'infinité de Dieu et les limites de

140

la représentation humaine sont prises en compte et on peut y voir ainsi s'annoncer le tout-autre. Inversement, si on concluait à quelque effacement dialectique du tranchant de l'interdit, cela n'impliquerait pas qu'inversement toute prise en compte de ce tranchant (par exemple dans un discours psychanalytique) n'aboutirait pas à un résultat analogue, à savoir à réinscrire la genèse et la signification de l'interdit sur la représentation dans un processus intelligible et plus vaste où disparaîtrait encore l'irreprésentable comme le tout-autre. Mais la disparition, la non-phénoménalité n'est-elle pas le destin du tout-autre et de l'irreprésentable, voire de l'imprésentable? Je ne peux ici, une fois de plus (me référant à un travail qui fut poursuivi toute cette année avec des étudiants et des collègues), que marquer l'ouverture et la nécessité d'une interrogation pour laquelle rien n'est le moins du monde assuré, surtout pas par ce qu'on traduit tranquillement par interdit ou par représentation.

Vers quoi, vers qui, vers où ai-je sans cesse renvoyé, au cours de cette introduction, de façon à la fois insistante et elliptique? J'oserai dire vers des envois, et vers des renvois, déjà, qui ne fussent plus représentatifs. Au-delà d'une clôture de la représentation dont la forme ne pouvait plus être linéaire, indivisible, circulaire, encyclopédique ou totalisante, j'ai tenté de retracer une voie ouverte sur une pensée de l'envoi qui, pour être, comme le *Geschick des Seins* dont parle Heidegger, d'une structure encore étrangère à la représentation, ne se rassemblait pas encore avec lui-même comme envoi de l'être à travers l'*Anwesenheit*, la présence puis la représentation. Cet envoi pré-ontologique, en quelque sorte, ne se rassemble pas. Il ne se rassemble qu'en se divisant, en se différant. Il n'est pas originaire ou originairement envoi-de (envoi d'un étant ou d'un présent qui le précéderait, encore moins d'un sujet, ou d'un objet par et pour un sujet). Il ne fait pas un et ne commence pas avec lui-même, bien que rien de présent ne le précède; il n'émet qu'en renvoyant déjà, il n'émet qu'à partir de l'autre, *de l'autre en lui sans lui*. Tout commence par le renvoi, c'est-à-dire ne commence pas. Dès lors que cette effraction ou cette partition divise d'entrée de jeu tout renvoi, il y a non pas un renvoi mais d'ores et déjà, toujours, une multiplicité de renvois, autant de traces différentes renvoyant à d'autres traces et à des traces d'autres. Cette divisibilité de l'envoi n'a rien de négatif, elle n'est pas un manque, elle est tout autre chose que du sujet, du signifiant, ou cette lettre dont Lacan dit qu'elle ne supporte pas la partition et qu'elle arrive toujours à destination. Cette divisibilité ou cette différance est la condition pour qu'il y ait de l'envoi, éventuellement un envoi de l'être, une dispensation ou un don de l'être et du temps, du présent et de la représentation. Ces renvois de traces ou ces traces de renvois n'ont pas la structure de représentants ou de représentations, ni de signifiants ni de symboles, ni de métaphores ni de métonymies, etc. Mais comme ces renvois de l'autre et à l'autre, ces traces de différance, ne sont pas des conditions originaires et transcendantales à partir desquelles la philosophie tente traditionnellement de dériver des effets, des sous-déterminations voire des époques, on ne pourra pas dire que par exemple la structure représentative (ou signifiante, ou symbolique, etc.) leur *survient;* on ne pourra pas périodiser ou faire suivre depuis ces renvois quelque époque de la représentation. Dès qu'il y a des renvois, et il y en a toujours déjà, quelque chose comme la représentation n'attend plus et il faut s'en arranger, peut-être, pour se raconter autrement cette histoire, de renvois à renvois de renvois, dans une destinée qui n'est jamais assurée de se rassembler, de s'identifier ou de se déterminer. Je ne sais pas si cela peut se dire avec ou sans Heidegger, et peu importe. C'est la seule chance — mais ce n'est qu'une chance — pour qu'il y ait de l'histoire, du sens, de la présence, de la vérité, de la parole, du thème, de la thèse et du colloque. Encore faut-il ici penser la chance donnée, et la loi de cette chance. La question reste ouverte de savoir si l'irreprésentable des envois est ce qui produit la loi (par exemple l'interdit sur la représentation) ou si c'est la loi qui produit l'irreprésentable en interdisant la représentation. Quelle que soit la nécessité de cette question sur le rapport entre la loi et les traces (les renvois de traces, les renvois comme traces), elle s'essouffle peut-être quand on cesse de *se représenter* la loi, d'appréhender la loi elle-même sous l'espèce du représentable. Peut-être la loi elle-même déborde-t-elle toute représentation, peut-être n'est-elle jamais devant nous, comme ce qui se pose dans une figure ou se compose une figure. (Le gardien de la loi et l'homme de la campagne ne sont « devant la loi », *Vor dem Gesetz,* dit le titre de Kafka [1], qu'aux prix de ne jamais arriver à la voir, de ne jamais pouvoir arriver à elle. Elle n'est ni présentable ni représentable et l'« entrée » en elle, suivant un ordre que l'homme de la campagne intériorise et se donne, est différée jusqu'à la mort.) On a souvent pensé à la loi comme à cela même qui pose, se pose et se rassemble dans

---

1. Cf. « Préjugés – devant la loi », in *La faculté de juger,* Minuit, 1985.

la composition (*thesis, Gesetz,* autrement dit ce qui régit l'ordre de la représentation) et l'*autonomie* suppose toujours la représentation, comme la thématisation, le devenir-thème. Mais la loi elle-même n'arrive peut-être, *ne nous arrive,* qu'à transgresser la figure de toute représentation possible. Ce qui est difficle à concevoir, comme il est difficile de concevoir quoi que ce soit au-delà de la représentation, mais engage peut-être à penser tout autrement.

Moi – la psychanalyse

J'introduis ici – moi –, à une traduction.

C'est assez dire où je serai, par ces deux voies, conduit : à m'effacer sur le seuil pour faciliter votre lecture. J'écris dans « ma » langue mais je devrai, dans votre idiome, *introduire*. Autrement dit, et encore dans « ma » langue, *présenter* quelqu'un. Quelqu'un qui, en de nombreux sens tous aussi singuliers, n'est pas là, quoiqu'il reste assez proche et présent cependant pour se passer de toute introduction.

On présente quelqu'un à quelqu'un ou à quelques-uns, et à l'égard des hôtes, ceux qui dans leur langue reçoivent et celui qu'on introduit, la première politesse commande de ne pas se mettre en avant. Or on se met en avant, jusqu'à se rendre indispensable, dès qu'on multiplie les difficultés de traduction (une à chaque pas, depuis mon premier mot) et qu'on embarrasse l'interprète de l'interprète, celui qui doit dans sa propre langue introduire à son tour l'introducteur. On a l'air de prolonger indéfiniment les manœuvres dilatoires, de détourner l'attention, de l'arrêter sur soi, de se l'attacher en insistant : voici ce qui me revient, à moi, l'introducteur, et à mon style, à ma manière de faire, de dire, d'écrire, d'interpréter, ça

---

* Cet essai fut publié pour la première fois en langue anglaise comme introduction à la traduction en anglais d'un article de Nicolas Abraham, « L'Écorce et le Noyau », in *Diacritics*, Johns Hopkins University Press, printemps 1979. Le texte français fut ensuite publié dans *Confrontation* (« Les fantômes de la psychanalyse », *Cahiers*, 8, 1982).

vaut le détour, croyez-moi, je me permets de vous le dire, c'est promis, etc.

A moins qu'en assumant l'indiscrétion, à souligner la manœuvre, je ne me retire plus efficacement derrière la langue dite et présumée maternelle, puisque tout paraît y revenir, finalement, quoi qu'on dise à son sujet, et lui revenir.

Or n'est-ce pas de cela qu'il s'agit ici? où, ici? Entre *L'Écorce et le Noyau*.

Car j'ai déjà nommé, vous induisant d'avance à y penser, ce dont vous entendrez tout à l'heure parler Nicolas Abraham : la présence, l'être-là *(fort/da)* [1] ou pas, la prétendue présence à soi dans l'auto-présentation, tous les modes de l'introduction ou de l'hospitalité donnée en moi, par moi, à l'étranger, l'introjection ou l'incorporation, toutes les opérations « dilatoires » (les « moyens, pour ainsi dire conventionnels, offerts implicitement par tout le contexte culturel, pour mieux permettre, à moins de fixation – de se détacher de la mère maternante, tout en lui signifiant un attachement dilatoire »); de tout cela vous entendrez parler tout à l'heure Nicolas Abraham, en même temps que de la traduction. Car c'est de traduction qu'il parle simultanément et non seulement quand il se sert du mot, de la traduction d'une langue dans une autre (avec des mots étrangers) et même d'une langue en elle-même (avec les « mêmes » mots changeant tout à coup de sens, débordant de sens et même le sens, et néanmoins impassibles, à eux-mêmes identiques, imperturbables, vous donnant encore à lire, dans le nouveau code de cette traduction anasémique, ce qu'il aurait fallu de l'autre mot, le même, avant la psychanalyse, cette autre langue qui se sert des mêmes mots en leur imposant un « changement sémantique radical »). En parlant simultanément de la traduction en tous sens et au-delà ou en deçà du sens, en traduisant simultanément le vieux concept de traduction dans la langue de la psychanalyse, Nicolas Abraham vous parlera aussi de la langue maternelle et de tout ce qui se dit aussi de la mère, de l'enfant, du phallus, de toute cette « pseudologie » qui soumet tel discours sur l'Œdipe, la castration, le désir et la loi, etc., à une « théorie d'enfants ».

Mais si Abraham semble *parler* de ces choses archi-anciennes,

---

1. Le « jeu du *fort-da* qui a nourri tant de spéculations » est éclairé à partir du processus de l'introjection dans un remarquable manuscrit inédit de 1963, *Le « crime » de l'introjection,* maintenant accessible dans *L'Écorce et le Noyau* (voir, par exemple, p. 128 du volume portant ce titre, Aubier-Flammarion, 1978).

ce n'est pas seulement pour en proposer une nouvelle « exégèse », mais aussi pour en déchiffrer ou en déconstituer le sens, puis pour reconduire, selon les voies nouvelles de l'*anasémie* et de l'*antisémantique,* à un procès d'avant le sens et d'avant la présence. C'est aussi pour vous introduire au code qui vous permettra de traduire la langue de la psychanalyse, sa nouvelle langue qui altère radicalement les mots, les mêmes mots, ceux de la langue courante, dont elle se sert encore et qu'elle traduit en elle, en une tout autre langue : alors entre le texte traduisant et le texte traduit, rien apparemment n'aurait changé et pourtant il n'y aurait plus entre eux que des rapports d'homonymie! Mais, on le verra, d'une homonymie incomparable à aucune autre. Il y va donc des concepts de sens, et de traduction. Et en vous parlant de la langue psychanalytique, de la nécessité de s'y traduire autrement, Abraham donne la règle pour lire *L'Écorce et le Noyau :* on n'y comprendra pas grand-chose si on ne lit pas ce texte comme il enseigne lui-même à lire, en tenant compte de l'« antisémantique scandaleuse », celle « des concepts dé-signifiés par la vertu du contexte psychanalytique ». Ce texte doit donc se déchiffrer à l'aide du code qu'il propose et qui appartient à sa propre écriture.

Or voilà que je suis supposé introduire – moi – à une traduction, la première sans doute, en anglais, d'un essai majeur de Nicolas Abraham. Je devrais donc m'effacer sur le seuil et, pour faciliter la lecture, limiter les obstacles de traduction qui tiendraient à mon écriture ou à l'idiome de mon habitus linguistique. Soit. Mais comment faire pour ce qui tient à la langue elle-même?

Moi, par exemple.

C'est, comme toujours avec les langues, l'alliance d'une limite avec une chance.

En français, à la différence du *Ich* allemand et du *I* anglais, « moi » va comme un gant au sujet qui dit je (« moi, je dis, traduis, introduis, conduis... etc. ») et à celui qui se prend, se laisse ou fait prendre pour objet (« prends-moi, par exemple comme je suis » ou « traduis-moi, conduis-moi, introduis-moi... etc. »). Un gant à travers lequel, même, je *me* touche, ou les doigts, *comme si* j'étais à *moi*-même présent dans le contact. Mais *je-me* peut en français se décliner autrement : par exemple « je me souviens », « je me moque », « je me fais plaisir », etc.

L'apparence de ce « comme si » n'est pas un phénomène parmi d'autres. *« Entre le " je " et le " me " »,* le chapitre ainsi intitulé situe un « hiatus », celui qui, séparant « je » et « me », échappe à la réflexivité phénoménologique, à l'autorité de la présence à soi et à tout ce qu'elle commande. Ce hiatus de la non-présence à soi conditionne le sens dont la phénoménologie fait son thème mais il n'est lui-même ni un sens ni une présence. « Le domaine de la psychanalyse, lui, se situe précisément sur ce sol d'*impensé* de la phénoménologie. » Si je cite cette phrase, ce n'est pas seulement pour marquer une étape essentielle dans le trajet du texte, le moment où il faut bien se demander : « comment inclure dans un discours, quel qu'il soit, cela même qui, pour en être la condition, lui échapperait par essence? ». Et aussitôt après : « Si la non-présence, noyau et ultime raison de tout discours, se fait parole, peut-elle — ou doit-elle — se faire entendre dans et par la présence à soi? Telle apparaît la situation paradoxale inhérente à la problématique psychanalytique. » La question touche bien à la traduction, à la transposition dans un discours de sa propre condition. C'est déjà très difficile à penser puisque ce discours, traduisant ainsi sa propre condition, sera encore conditionné et manquera dans cette mesure à sa fin, comme à son commencement. Mais cette traduction sera encore plus étrange : elle devra traduire dans du discours ce qui « lui échapperait par essence », à savoir du non-discours, autrement dit de l'intraduisible. Et de l'imprésentable. Cet imprésentable qu'il faut par le discours traduire en présence sans rien trahir de cette structure, Abraham le nomme « noyau ». Pourquoi? Laissons à cette question le temps de se reposer.

Si j'ai cité cette phrase, c'est aussi pour rappeler que l'« *hiatus* » reproduit aussi nécessairement un intervalle, le moment d'un saut dans le trajet de Nicolas Abraham lui-même. Lui-même, c'est-à-dire dans le rapport à soi, le *je-me* de sa propre recherche : d'abord, aussi loin qu'il était possible, une approche originale alliant les questions de type psychanalytique et de type phénoménologique dans un champ où ne s'aventuraient ni les phénoménologues ni les psychanalystes. Tous les essais antérieurs à 1968, date de *L'Écorce et le Noyau,* en gardent une trace encore très productive. Je pense en particulier aux *Réflexions phénoménologiques sur les implications structurelles et génétiques de la psychanalyse* (1959), et à *Le Symbole ou l'Au-delà du phénomène* (1961). Tous ces textes sont maintenant recueillis dans le volume qui porte le titre *L'Écorce et le Noyau* (1978). Ils y entourent ou enveloppent l'essai de 1968 (on pourra le dire homonyme) et permettraient à une mise en perspective téléologique de voir s'annoncer toutes les transformations à venir dès ces premiers essais. Et ce ne serait pas injustifié. Mais autour de 1968, la nécessité d'une *brisure,* espace de jeu et d'articulation à la fois, marque un nouveau rapport de la psychanalyse à la phénoménologie, une nouvelle « logique » et une nouvelle « structure » de ce rapport. Elles affecteront et l'idée de système structurel et les canons du « logique » en général. On en a un indice explicite à la fin de l'essai de 1968, quand la démonstration vient d'être faite que les « concepts clés de la psychanalyse » « ne se plient pas aux normes de la logique formelle : ils ne se rapportent à aucun objet ou collection d'objets, ils n'ont, au sens strict, ni extension ni compréhension ».

En 1968, donc, nouveau départ, nouveau programme de recherches mais le parcours antérieur aura été indispensable. Aucune lecture ne pourra faire désormais l'économie de ces prémisses.

Malgré toute la fécondité, malgré la rigueur du questionnement phénoménologique, une rupture s'impose et elle est nette, un retournement étrange plutôt, la conversion d'une « conversion » qui bouleverse tout. Une Note du chapitre *« Entre le " je " et le " me " »* situe le « contresens » de Husserl « au sujet de l'Inconscient ». Le type du contresens est essentiel et donne à lire l'hiatus qui nous intéresse : Husserl a compris l'Inconscient à partir de l'*expérience,* du *sens,* de la *présence,* comme « l'oubli d'expériences jadis conscientes ». Il faudra penser l'Inconscient en le soustrayant à cela même qu'il rend possible, à toute cette axiomatique phénoménologique du sens et de la présence.

La frontière, très singulière en effet puisqu'elle va partager deux territoires absolument hétérogènes, passe désormais entre deux types de « conversion sémantique ». Celle qui opère à l'intérieur du sens, pour le faire apparaître et le garder, se marque dans la traduction discursive par les guillemets phénoménologiques : le même mot, celui de la langue courante, une fois entouré de guillemets, désigne le sens intentionnel mis en évidence par la réduction phénoménologique et toutes les procédures qui l'accompagnent. L'autre conversion, celle qu'opère la psychanalyse, est absolument hétérogène à la précédente. Elle la suppose en un certain sens, puisqu'on ne peut la comprendre en droit sans être allé jusqu'au bout, et de la façon la plus conséquente possible, du projet phénoménologique (de ce point de vue aussi la démarche de Nicolas Abraham me paraît d'une exemplaire nécessité). Mais inversement, elle donne accès à ce qui conditionne la phénoménalité du sens, depuis une instance a-sémantique. L'origine du sens n'est pas ici un sens originaire mais préoriginaire, si on peut dire. Si on peut dire, et pour le dire, le discours psychanalytique, usant encore des mêmes mots — ceux de la langue courante et ceux de la phénoménologie mis entre guillemets —, les cite une fois de plus pour dire tout autre chose, et autre chose que du sens. C'est cette deuxième conversion que signalent les majuscules dont les traducteurs français ont justement doté les notions métapsychologiques; et c'est encore un phénomène de traduction qui sert ici d'indice révélateur à Abraham. Nous pouvons reconnaître la singularité de ce qui s'appelle ici traduction : elle peut déjà opérer à l'intérieur de la *même* langue, au sens linguistique de l'identité. A l'intérieur du même système linguistique, le français par exemple, le même mot, par exemple « plaisir », peut se traduire comme en lui-même et, sans véritablement « changer » de sens, passer dans une autre langue, la même où pourtant l'altération aura été totale, soit que dans la langue phénoménologique et entre guillemets le « même » mot fonctionne autrement que dans la langue « naturelle » mais en révèle le sens noético-noématique, soit que dans la langue psychanalytique cette suspension elle-même soit suspendue et que le même mot se trouve traduit dans un code où il n'a plus de sens, où, rendant par exemple possible ce qu'on sent ou entend par plaisir, plaisir ne signifie plus lui-même « ce que l'on ressent » (Freud, dans *Au-delà du principe du plaisir,* parle d'un plaisir vécu comme souffrance et il aura fallu tirer la conséquence rigoureuse d'une affirmation aussi scandaleusement insoutenable pour la logique classique, la philosophie, le sens commun et aussi bien la phénoménologie). Passer du mot de plaisir dans la langue courante, au « plaisir » du discours phénoménologique, puis au « Plaisir » de la théorie psychanalytique, c'est procéder à des traductions insolites. Il s'agit bien de traductions puisqu'on passe d'une langue à une autre et que c'est bien une certaine identité (ou non-altération sémantique) qui effectue ce trajet, se laisse *transposer* ou *transporter.* Mais c'est la seule « analogie » avec ce qu'on appelle couramment ou phénoménologiquement « traduction ». Et toute la difficulté tient à cette « analogie », mot qu'il faudra lui-même soumettre à la transformation anasémique. En effet, la « traduction » en question ne passe pas vraiment d'une langue naturelle à l'autre : c'est bien le même mot (plaisir) qu'on reconnaît dans les trois cas. Dire qu'il s'agit d'un homonyme ne serait pas faux mais cet « homonyme » n'a pas pour effet de désigner, de sa même forme, des sens différents. Ce ne sont pas des sens différents, ce ne sont pas davantage des sens identiques, voire analogues et si les trois mots différemment écrits (plaisir, « plaisir », Plaisir) ne sont pas des homonymes, ils sont encore moins synonymes. Le dernier d'entre eux excède l'ordre du sens, de la présence et de la signification et « cette dé-signification psychanalytique *précède* la possibilité même de la collision des sens ». Précession qui doit aussi s'entendre, je dirais encore se traduire, selon la relation d'anasémie. Celle-ci remonte à la source et plus haut qu'elle, à la source pré-originaire et pré-sémantique du sens. La traduction anasémique ne concerne pas des échanges entre des significations, des signifiants et des signifiés, mais entre l'ordre de la signification et ce qui, la rendant possible, doit encore se traduire dans la langue *de* ce qu'elle rend possible, y être reprise, réinvestie, ré-interprétée. C'est cette nécessité que signalent les majuscules de la métapsychologie traduite en français.

Qu'est-ce donc que l'anasémie? et la « figure » qui aura paru la plus « propre » à en traduire la nécessité, est-ce une « figure » et qu'est-ce qui en légitime la « propriété »?

Je devrais m'arrêter ici, laisser maintenant travailler le traducteur et vous laisser lire.

Encore un mot pourtant.

J'introduis ici – moi –, à une traduction et donc, avec cette seule difficulté, déjà – dire *moi* en toutes les langues – j'introduis à la psychanalyse en personne.

Comment présenter la psychanalyse en personne? Il faudrait pour cela qu'elle puisse de quelque façon se présenter elle-même. L'a-t-elle jamais fait? A-t-elle jamais dit « moi »? « Moi, la psychanalyse »? Dire « moi » et dire « le moi », on sait que ça ne revient pas au même. Et on peut être « moi » sans le dire, sans le dire dans toutes les langues et selon tous les codes. Et moi, n'est-ce pas toujours une sorte d'homonyme? Sans doute quelque chose que nous identifions comme *la* psychanalyse a-t-elle dit « le moi ». Elle l'aura identifié, défini, situé, – et décentré. Mais le mouvement qui assigne un lieu dans une topique n'échappe pas forcément, en tout cas pas simplement, à la juridiction de cette topique. Au moment où elle se présenterait comme le sujet réfléchi, critique, autorisé, nommé d'un « mouvement », d'une « cause », d'un discours « théorique », d'une « pratique », d'une « institution » multinationale commerçant plus ou moins bien avec elle-même, *la* psychanalyse ne serait pas pour autant soustraite, *a priori,* aux lois de structure et notamment à la topique dont elle aura formé l'hypothèse. Pourquoi, par exemple, ne pas parler d'un « Moi » de la psychanalyse? Et pourquoi ne pas y reconnaître à l'œuvre les lois de la métapsychologie? Le repli de cette structure doit être reconnu, même s'il semble d'abord se former selon une simple analogie : de même que la psychanalyse entend nous enseigner qu'il y a, outre le *Ça* et le *Surmoi,* un *Moi,* de même la psychanalyse, en tant que structure psychique d'une identité collective, comporte des instances qu'on pourra nommer *Ça, Surmoi,* et *Moi.* Loin de nous faire dériver dans un analogisme vague, la figure de ce rapport nous en dira peut-être plus long encore sur les termes de la relation analogique qu'une simple inspection interne de leur contenu. Le *Moi de* la psychanalyse n'est peut-être pas une mauvaise introduction au Moi dont parle la psychanalyse : que doit être un Moi si quelque chose comme la psychanalyse peut dire : Moi?

Réappliquer à un corpus, quel qu'il soit, la loi dont il fait son objet, analyser les conditions et les conséquences de cette opération singulière, voilà, selon moi, le geste inaugural de Nicolas Abraham en ce domaine. Inaugurant parce qu'il *ouvre* l'essai à la traduction duquel je suis *supposé,* comme on dit en anglais, introduire : il y introduit. Inaugural aussi par la problématique qui s'y met en place.

Prenant apparemment prétexte, mais faisant en vérité plus et autre chose que cela, du *Vocabulaire de la psychanalyse* de J. Laplanche et de J.-B. Pontalis (Paris, PUF, 1967), Abraham pose en effet la question du « droit » et de l'« autorité » d'un tel *« corpus juris »* prétendant avoir « force de loi » quant aux « statuts de la " chose " psychanalytique ». Et Abraham ajoute cette précision essentielle : « de la " chose " psychanalytique, aussi bien dans ses rapports au monde exérieur que dans sa relation à elle-même ». Cette *double* relation est essentielle en ce qu'elle autorise la « comparaison » et l'« image » qui vont jouer ensuite un rôle organisateur. C'est la figure *écorce-noyau* qui, à l'origine de toute traduction figurative, de toute symbolisation et de toute figuration, ne serait pas un dispositif tropique ou topique parmi d'autres. Mais elle s'avance d'abord comme une « image » ou une « comparaison » :

> Voilà donc une réalisation qui, pour la psychanalyse tout entière, est appelée à remplir les fonctions de cette instance à laquelle Freud a conféré la désignation prestigieuse de Moi. Or, en nous référant, par cette comparaison, à la théorie freudienne elle-même, nous voulons évoquer cette image du Moi qui lutte sur deux fronts : vers l'extérieur, en tempérant les sollicitations et les attaques, vers l'intérieur, en canalisant les élans excessifs et incongrus. Freud a conçu cette instance comme une couche protectrice, ectoderme, cortex cérébral, *écorce.* Ce rôle cortical de double protection, vers l'intérieur et vers l'extérieur, on le reconnaîtra sans peine au *Vocabulaire,* rôle qui ne va pas — on le comprend — sans un certain camouflage de cela même qui est à sauvegarder. Encore que l'écorce se marque de ce qu'elle met à l'abri, ce qui, celé par elle, en elle se décèle. Et si le noyau même de la psychanalyse n'a pas à se manifester dans les pages du *Vocabulaire,* il n'en reste pas moins que, occulte et insaisissable, son action est attestée à chaque pas par sa résistance à se plier à une systématique encyclopédique.

Le noyau de la psychanalyse : ce qu'elle a elle-même désigné, du mot de Freud, comme le « noyau de l'être », l'Inconscient, et son

« *propre* » noyau, son « *propre* » Inconscient. Je souligne « *propre* » et le laisse entre guillemets : plus rien n'est propre ici, ni au sens de la propriété comme appartenance (une part du noyau, au moins, ne revient à aucun Moi), ni au sens de la propriété d'une figure, au sens du sens propre (la « figure » de « l'écorce et le noyau », dès lors qu'on l'entend par anasémie, ne fonctionne comme aucune autre figure ; elle figure au titre de ces « figures nouvelles, absentes dans les traités de rhétorique »).

Cette étrange figure sans figure, l'écorce-et-le-noyau, vient d'avoir lieu, de trouver sa place, d'annoncer son titre : il est double et doublement *analogique*. 1. La « comparaison » : entre le *corpus juris,* le discours, l'appareil théorique, la loi du concept, etc., bref le *Vocabulaire* raisonné d'une part et le Moi de la psychanalyse d'autre part. 2. L'« image » : le Moi – dont parle la psychanalyse – paraît lutter sur deux fronts, assurer une double protection, interne et externe ; il ressemble à une *écorce*. Il faut ajouter au moins un troisième titre caché comme un noyau sous l'écorce de cette dernière image (et déjà cette figure singulière ouvre sur son « propre » abîme, puisqu'elle se comporte à l'égard d'elle-même comme une écorce abritant, protégeant, encryptant une autre figure de l'écorce et du noyau qui elle-même, etc.) : le « cortex cérébral » ou l'ectoderme évoqué par Freud, c'était déjà une « image » empruntée au registre « naturel », cueillie comme un fruit.

Mais ce n'est pas seulement à cause de ce caractère abyssal que l'« écorce-et-le-noyau » va très vite excéder toute limite et se mesurer à tout enjeu possible, on dirait couvrir la *totalité du champ* si cette dernière figure n'impliquait une théorie de la surface et de la totalité qui perd ici, on va le voir, toute pertinence.

Quel rapport, demandera-t-on, entre cette structure « écorce-noyau » et la « conversion » à laquelle en appelle Abraham ? Comment introduit-elle à ce « changement sémantique radical », à cette « anti-sémantique scandaleuse » qui marqueraient l'avènement du langage psychanalytique ? L'« écorce-et-le-noyau », n'est-ce pas une figure tropique et topique parmi d'autres, un dispositif très particulier qu'il serait abusif de généraliser pour lui prêter tant de pouvoirs ? Ne pourrait-on conduire la même opération à partir d'une autre structure tropique et topique ? Ces questions, et d'autres encore du même type, seraient peut-être légitimes jusqu'à un certain point. Lequel ?

Il y a un point et un moment où l'image, la comparaison, l'analogie cessent. L'« écorce-et-le-noyau » ressemble et ne ressemble plus à sa provenance « naturelle ». La ressemblance, qui référait au fruit et aux lois de l'espace naturel ou « objectif », vient à s'inter-

rompre. Dans le fruit, le noyau peut devenir une surface accessible
à son tour. Dans la « figure », ce tour n'arrive jamais.

A un certain point, à un certain moment, une dissymétrie
s'impose entre les deux espaces de cette structure, entre la surface
de l'écorce et la profondeur du noyau qui, au fond, n'appartiennent
plus au même élément, et deviennent incommensurables dans le
rapport même qu'ils ne laissent pas de garder. Le noyau ne peut
jamais, par structure, faire surface. « Ce noyau-ci », non pas celui du
fruit tel qu'il peut m'apparaître, à moi qui le tiens dans ma main,
l'exhibe après avoir décortiqué, etc. Moi, à qui un noyau peut
apparaître, et pour qu'un noyau puisse m'apparaître, je reste l'écorce
d'un noyau inaccessible. Cette dissymétrie ne prescrit pas seulement
un changement de régime sémantique, je dirai plutôt textuel en
prenant acte par là de ce qu'aussi bien, et du même coup, en retour,
elle prescrit une autre loi d'interprétation de la « figure » (l'écorce et
le noyau) qui l'aura provoquée.

Précisons le sens (sans plus de sens) de cette dissymétrie. Le
noyau n'est pas une surface dissimulée qui pourrait, après la traversée
de l'écorce, apparaître. Il est inaccessible et dès lors ce qui le marque
de non-présence absolue passe la limite du sens, de ce qui aura
toujours lié le sens à la présentabilité. L'inaccessibilité d'un noyau
imprésentable (échappant aux lois de la présence même), intouchable
et insignifiable, insignifiable autrement que par symbole et anasémie,
telle est la prémisse, elle-même imprésentable, de cette théorie insolite
de la traduction. Il va falloir, il aura fallu traduire l'imprésentable
dans le discours de la présence, l'insignifiable dans l'ordre de la
signification. Une mutation fait événement dans ce changement
d'ordre et l'hétérogénéité absolue des deux espaces (traduit et traduisant) laisse dans la traduction la marque d'une transmutation.
En général on admet que la traduction opère du sens au sens par le
médium d'une autre langue, ou d'un autre code. Ici, occupée à
l'origine asémantique du sens, comme à la source imprésentable de
la présence, la traduction anasémique doit plier la langue à dire les
conditions non langagières du langage. Et elle peut le faire, d'où le
plus étrange, parfois dans la « même » langue, le même corpus lexical
(par exemple : plaisir, « plaisir », Plaisir). Le plaisir que Nicolas
Abraham, toute sa vie, prit à traduire, surtout des poètes (Babits,
G. M. Hopkins, Shakespeare [1], etc.) et à méditer sur la traduction,

---

1. Cf. par exemple *Le fantôme d'Hamlet ou le VIe acte,* précédé par *L'entr'acte*

nous le comprendrons et le partagerons mieux si nous nous trans-
portons, si nous nous traduisons nous-mêmes vers ce qu'il nous dit
de l'anasémie et du symbole, et si nous le lisons en retournant vers
son texte ses propres protocoles de lecture. Du même coup, et par
exemple exemplaire, la « figure » *écorce-noyau* devrait être lue selon
la règle nouvelle, *anasémique et symbolique,* à laquelle pourtant elle
nous avait introduits. Il faut *convertir* et retourner vers elle la loi
qu'elle avait donné à lire. Ce faisant, on n'accède à rien qui soit
présent, au-delà de l'écorce et de sa figure. Au-delà de l'écorce,
(c'est) « la non-présence, noyau et ultime raison de tout discours »,
l'« intouché nucléique de la non-présence ». Les « messages » même
que le texte nous fait parvenir doivent être réinterprétés depuis les
nouveaux « concepts » (anasémique et symbolique) de l'envoi, de
l'émission, de la mission ou de la missive. Le symbole freudien du
« messager » ou du « représentant » doit surtout être soumis à la
même réinterprétation (« On a vu comment [...] la démarche anasémique de Freud *crée,* grâce au Somato-Psychique, le symbole du
messager et l'on comprendra plus loin qu'elle est apte à révéler le
caractère symbolique du message lui-même. De par sa structure
sémantique, le concept du messager est un symbole en tant qu'il est
allusion à l'inconnaissable au moyen d'un inconnu, alors que le seul
rapport des termes est donné. En dernière analyse, tous les concepts
psychanalytiques authentiques se réduisent à ces deux structures,
d'ailleurs complémentaires : symbole et anasémie. ») La valeur même
d'authenticité, me semble-t-il (« concepts authentiques »), ne sortira
pas intacte, en son sens courant, de cette transmutation.

Traduire autrement le concept de traduction, le traduire en lui-
même hors de lui-même. L'hétérogénéité absolue, marquée par le
« hors de lui-même » qui porte au-delà ou en deçà du sens, doit
encore être traduit, anasémiquement, dans le « en lui-même ». « Traduction » garde un rapport symbolique et anasémique à la traduction,
à ce qu'on appelle « traduction ». Et si j'y insiste, ce n'est pas
seulement pour donner à remarquer ce qui se dit et se fait ici même,
à savoir qu'on lit la traduction d'un texte qui lui-même s'emploie

---

de la « vérité », in *L'Écorce et le Noyau (Anasémies,* II, Aubier-Flammarion, 1978).
Ce volume porte en exergue un extrait de *L'Écho de plomb et l'Écho d'or,* traduit
de G. M. Hopkins par Abraham. L'exergue du *Verbier de l'Homme aux loups* était
une traduction de Babits. Le tome III des *Anasémies* s'intitule *Jonas,* traduction et
commentaire psychanalytique du *Livre de Jonas* de Mihaly Babits. Et le tome V :
Poésies mimées, traductions de poètes hongrois, allemands, anglais...

à traduire un autre texte. C'est aussi que ce dernier, ce premier, celui que signe Nicolas Abraham est déjà entraîné dans la même thématique. Une thématique sans thème puisque le thème nucléaire n'est jamais un thème, autrement dit un objet présent à la conscience attentive, posé là sous le regard. Le « thème » de la « traduction » donne pourtant tous les signes de sa présence, et sous son nom, sous ses homonymes en tout cas, dans *L'Écorce et le Noyau*. Régulièrement, qu'il s'agisse de la « vocation de la métapsychologie » (« Elle a à *traduire* [je souligne, J. D.] les phénomènes de la conscience – auto-ou hétéro-perception, représentation ou affect, acte, raisonnement ou jugement de valeur – dans la langue d'une symbolique rigoureuse, révélant les rapports concrets sous-jacents qui conjuguent, dans chaque cas particulier, les deux pôles anasémiques : Noyau et Enveloppe. Parmi ces rapports, il existe des formations typiques ou universelles. Nous nous arrêterons ici à l'une d'elles, d'autant qu'elle constitue l'axe tant de la cure analytique que des élaborations théoriques et techniques qui en dérivent. »), qu'il s'agisse précisément de la for-mation *mythique* ou *poétique,* chaque fois il faut apprendre à se méfier d'une certaine naïveté traductrice et traduire autrement : « Le béotien prétend *traduire* [je souligne, J. D.] et paraphraser le symbole littéraire et, par là, il l'abolit irrémédiablement. » Et plus loin : « Cette manière de voir s'impose encore bien davantage lorsque le mythe est pris comme exemplaire d'une situation métapsychologique. Bien naïf serait celui qui le prendrait à la lettre et le *transposerait* [je souligne, J. D.] purement et simplement dans le domaine de l'Inconscient. Et sans doute les mythes correspondent-ils à des " histoires " nombreuses et variées qui se " racontent " aux confins du Noyau. "»

Un certain « trans- » assure le passage en direction ou en pro-venance du Noyau, à travers la traduction, les *trans*positions tropiques selon des « figures nouvelles, absentes dans les traités de rhétorique », tous les *transferts* anasémiques. Dans son rapport au Noyau impré-sentable et inapparaissant, il relève de cette *transphénoménalité* dont le concept avait été mis en place dès *Le symbole ou l'au-delà du phénomène* (inédit de 1961 recueilli dans le volume de *Anasémie II* intitulé *L'Écorce et le Noyau*. On devra donc s'y reporter à l'ouverture de l'ouvrage).

En 1968, l'interprétation anasémique porte d'abord, certes, sur des thématiques freudiennes et post-freudiennes : la métapsychologie, le « pansexualisme » de Freud qui serait « celui – anasémique – du Noyau », ce « Sexe nucléique » qui n'aurait « aucun rapport avec la différence des sexes » et dont Freud aurait dit, « par anasémie encore, qu'il est d'essence virile » (c'est là, me semble-t-il, un des passages les plus provocants et les plus énigmatiques de l'essai), certaines élaborations venues après Freud et dont Abraham situe les « dépendances » et les « implications » (« pseudologie de l'enfant », « théorie de l'enfant », « immobilisme » et « moralisme », etc.). Autant de voies frayées pour un déchiffrement historique et institutionnel du champ psychanalytique. Et par conséquent aussi, des formes d'introjection, de réception ou d'assimilation, de détournement, de rejet ou d'incorporation qu'il peut réserver à de telles recherches.

Car cette interprétation anasémique porte aussi, pourrait-on dire, sur elle-même. Elle se traduit et demande à être lue selon les protocoles qu'elle constitue ou performe elle-même. Ce qui est dit ici, en 1968, de l'anasémie, du symbole, de la duplicité de la trace, prescrit rétrospectivement et par anticipation un certain type de lecture de l'écorce et du noyau de *L'Écorce et le Noyau*. Tous les textes antérieurs et tous les textes postérieurs à 1968 s'y trouvent en quelque sorte enveloppés, entre l'écorce et le noyau. C'est à cette lecture de longue haleine que je voulais ici engager. Naturellement il ne s'agit pas seulement de lire, mais au sens le plus travailleur du terme, de traduire.

Comment aurais-je introduit – moi –, à une traduction? On attendait peut-être de moi que je réponde au moins à deux attentes. D'abord que je « situe » l'essai de 1968 dans l'œuvre de Nicolas Abraham. Il se trouve qu'elle occupe chronologiquement une place médiane entre les premières recherches de 1961 et les théorisations les plus célèbres (l'incorporation et l'introjection, la cryptophorie, l'effet de « fantôme », etc.) maintenant accessibles dans *Anasémies I (Le Verbier de l'Homme aux loups)* (1976) et les chapitres II à VI de *Anasémies II (L'Écorce et le Noyau)* (1978). Mais une situation chronologique est toujours insuffisante, et le travail commencé en collaboration avec Maria Torok se poursuit. Les prochaines publications de Maria Torok nous donneront encore d'autres raisons de le croire ouvert à la plus étonnante fécondité. Je n'ai donc pu « situer » : comment situer ce qui est trop proche et ne cesse pas d'avoir lieu, ici, ailleurs, là-bas, hier, aujourd'hui, demain? On attendait encore de moi, peut-être, que je dise comment il fallait traduire cette nouvelle traduction. Je n'ai pu, pour le faire, qu'en ajouter une et pour vous dire en somme : à votre tour de traduire. Et il faut tout lire, tout traduire, ça ne fait que commencer.

Un tout dernier mot avant de me retirer du seuil même. Citant Freud, Abraham parle ici d'un « territoire étranger, interne ». Et on sait que la « crypte » dont il proposera, avec Maria Torok, le nouveau concept, a son lieu dans le *Moi*. Elle est logée, comme un « faux inconscient », comme la prothèse d'un « inconscient artificiel », à l'intérieur du moi clivé. Elle forme, comme toute écorce, un double front. Or puisque nous avons parlé ici, comme d'une difficulté de traduction, en somme, de l'homonymie des « Moi » et de la singulière locution « le Moi *de* la psychanalyse », la question se sera d'elle-même posée : et s'il y avait de la crypte ou du fantôme dans le Moi de la psychanalyse? Si je dis que la question aura été posée, d'elle-même, en pierre d'attente, ce n'est pas pour présumer le savoir de ce que « pierre » veut dire.

Ni pour décider de l'intonation avec laquelle vous diriez dans la fausse intimité aux déclinaisons si multiples du *Je-me* : Moi – la psychanalyse – vous savez...

En ce moment même dans cet ouvrage me voici

— Il aura obligé.

A l'instant même, tu m'entends, je viens de le dire. Il aura
obligé. Si tu m'entends, déjà tu es sensible à l'étrange événement.
Tu n'as pas été visitée mais comme après le passage d'un visiteur
singulier tu ne reconnais plus les lieux, ceux-là même où la petite
phrase pourtant, d'où vient-elle? qui l'a prononcée? laisse encore
égarée sa résonance.

Comme si, dès maintenant, nous n'habitions plus là, comme
si à vrai dire, nous n'avions jamais été chez nous. Mais tu n'es pas
inquiète, ce que tu ressens, quelque chose d'inouï mais de si ancien,
ce n'est pas un malaise, et si quelque chose t'affecte sans t'avoir
touchée, tu n'es privée de rien. Aucune négation ne devrait pouvoir
se mesurer, pour le décrire, à ce qui se passe.

Remarque, tu peux encore t'entendre toute seule à répéter les
trois mots (« Il aura obligé »), tu n'es pas sans en entendre et la
rumeur et le sens. Tu n'es plus sans eux, sans ces mots discrets, et
par-là même illimités, débordants de discrétion. Moi-même je ne
sais plus où les arrêter. Qu'est-ce qui les entoure? Il aura obligé.
Les bords de la phrase restent noyés dans la brume. Elle paraît
pourtant très nette et clairement découpée dans sa brièveté autoritaire,

---

* Première version publiée in *Textes pour Emmanuel Levinas,* J.-M. Place
éditeur, 1980.

complète, sans appel, sans l'attente d'aucun adjectif, d'aucun complément, ni même d'aucun nom : il aura obligé. Mais justement rien ne l'entoure assez pour nous assurer de ses limites. La sentence n'est pas évasive mais sa bordure se dérobe. D'elle, de ce mouvement qui ne se résume à aucun de ces un, deux, trois mots (« Il aura obligé ») de une, deux, trois syllabes, d'elle tu ne peux plus dire que rien n'arrive en ce moment même. Mais quoi? La rive manque, les bords d'une phrase appartiennent à la nuit.

Il aura obligé – éloigné de tout contexte.

Tu entends bien, éloigné, ce qui n'interdit pas, au contraire, la proximité. Ce qu'ils appellent un contexte et qui vient serrer le sens d'un discours, toujours plus ou moins, cela n'est jamais simplement absent, seulement plus ou moins strict. Mais aucune coupure n'*est* là, aucun énoncé n'est jamais coupé de tout contexte, il ne l'annule jamais sans reste. Il faut donc négocier, traiter, transiger avec les effets de bord. Il faut même négocier ce qui ne se négocie pas et qui déborde tout contexte.

Ici, en ce moment même où me voici, essayant de te donner à entendre, la bordure d'un contexte est moins étroite, moins strictement déterminante qu'on n'en a, croit-on, l'habitude. « Il aura obligé », voilà une phrase qui peut paraître – terriblement pour certains – indéterminée. Mais l'éloignement qui nous est ici donné ne viendrait pas tant d'une certaine absence de bord très apparente (« Il aura obligé » sans sujet nommable, sans complément, sans attribut, sans passé ni avenir identifiables sur cette page, dans cet ouvrage au moment où tu t'entends présentement à la lire). Plutôt à cause d'un certain *dedans,* de ce qui est dit et du dire de ce qui est dit *dans* la phrase et qui, du dedans, si on peut encore dire, *déborde* infiniment, d'un coup, tout contexte possible. Et cela au moment même où, dans un ouvrage par exemple – mais tu ne sais pas encore ce que je veux dire sous ce mot d'ouvrage – le tout autre qui aura visité cette phrase négocie le non-négociable avec un contexte, négocie son économie *comme* celle de l'autre.

Il aura obligé.

Tu dois me trouver énigmatique, un peu complaisant ou pervers dans la culture de l'énigme, chaque fois que je répète cette petite phrase, toujours la même et, faute de contexte, de plus en plus obscure. Non, je le dis sans rechercher l'effet, la possibilité de cette répétition est cela même qui m'intéresse, qui t'intéresse aussi avant même que nous n'ayons à la trouver intéressante, et je voudrais m'approcher lentement (de toi, peut-être, mais selon cette proximité qui lie, dirait-il, à la première vue, à l'autre dépareillé, avant tout contrat, sans qu'aucun présent ne puisse rassembler un contact), m'approcher lentement de ceci, que je n'arrive plus à formaliser dès lors que l'événement (« Il aura obligé ») aura précisément défié, dans la langue, cette puissance de formalisation. Il aura obligé à comprendre, disons plutôt à recevoir parce que l'affection, une affection plus passive que la passivité, est dans ce cas de la partie, il aura obligé à recevoir tout autrement la petite phrase. A ma connaissance il ne l'a jamais prononcée telle quelle, peu importe. Il aura obligé à la « lire » tout autrement. Et pour nous faire (sans rien faire) recevoir autrement, et recevoir autrement l'autrement, il n'a pas pu faire autrement que négocier avec le risque : dans la même langue, dans la langue du même, on peut toujours mal recevoir cet autrement dit. Avant même cette faute, le risque en contamine toute proposition. Que devient alors cette faute? Et si elle est inévitable, de quelle sorte d'événement s'agit-il? Où aurait-il lieu?

Il aura obligé. Si éloigné qu'il reste, il y a certes du contexte à cette phrase.

Tu l'entends résonner, en ce moment même, dans cet ouvrage.

Ce que j'appelle ainsi – cet ouvrage – n'est pas, surtout pas, dominé par le nom d'Emmanuel Levinas.

Il lui est plutôt, en intention, donné. Il est donné selon son nom, en son nom autant qu'à son nom. Il y a donc des chances multiples, des probabilités, tu ne peux éviter de t'y rendre, pour que le sujet de la phrase « Il aura obligé », ce soit Emmanuel Levinas.

Or ce n'est pas sûr. Et même si on pouvait s'en assurer, aurait-on pour autant répondu à la question : qui est-« Il » dans cette phrase?

Après un titre étrange qui ressemble à une citation cryptée dans ses guillemets invisibles, le site de cette phrase « princeps » ne te laisse pas encore savoir à quel titre *Il* porte une majuscule. Peut-être non seulement au titre de l'*incipit,* et dans cette hypothèse d'une autre majuscule ou de la majuscule de l'Autre, sois attentive à toute la conséquence. Elle entraîne dans le jeu de l'irremplaçable *Il* se soumettant à substitution, comme un objet, dans l'irremplaçable même. Il, sans italiques.

Je me demande d'où vient que je doive m'adresser à toi pour dire cela. Et pourquoi, après tant d'essais, tant d'échecs, me voici obligé de renoncer à la neutralité anonyme d'un discours proposé, dans sa forme du moins, à n'importe qui, prétendant se dominer lui-même et son objet dans une formalisation sans reste? Je ne prononcerai pas ton nom, je ne l'inscrirai pas non plus mais tu n'es pas anonyme au moment où me voici te disant cela, *l'envoyant* vers toi comme une lettre, te la donnant à entendre ou à lire, te la *donner* m'important infiniment plus que ce qu'elle pourrait transmettre au moment où j'en reçois de toi le désir, au moment où je me laisse par toi dicter ce que je voudrais te donner de moi-même. Pourquoi? Pourquoi en ce moment même?

Suppose qu'en te donnant – peu importe quoi –, je veuille lui donner, à lui, à Emmanuel Levinas. Non pas lui rendre quelque chose, par exemple un hommage, pas même me rendre à lui, mais lui donner quelque chose qui échappe au cercle de la restitution ou du « rendez-vous » (« La proximité, écrit-il, n'entre pas dans ce temps commun des horloges qui rend possible les rendez-vous. Elle est dérangement. ») Je voudrais le faire sans faute, d'un « sans-faute » qui n'appartient plus au temps ni à la logique du rendez-vous. Il faudrait donc qu'au-delà de toute restitution possible, mon geste opère, sans dette, dans l'ingratitude absolue. Le piège, c'est qu'alors je rends hommage, le seul hommage possible à son œuvre, à ce que son œuvre dit de l'Œuvre : « L'Œuvre pensée jusqu'au bout exige une générosité radicale du mouvement qui dans le Même va vers l'Autre. Elle exige, par conséquent, une *ingratitude* de l'autre. » Il l'aura écrit deux fois, deux fois d'apparence littéralement identique dans la *Trace de l'autre,* et dans *La Signification et le sens.* Mais on ne peut pas faire, j'y reviendrai, l'économie de cette *sérialité.*

Suppose donc que je veuille *donner,* à E. L., et au-delà de toute restitution. De ma part ou de la sienne. Il me faudra pourtant le faire *conformément* à ce qu'il aura dit de l'Œuvre dans son œuvre, dans l'Œuvre de son œuvre. Je serai encore pris dans le cercle de la dette et de la restitution avec lesquelles il faudra négocier le non-négociable. Je me débattrai interminablement et depuis toujours, et avant même de l'avoir su, jusqu'au moment peut-être où j'affirmerais la dissymétrie absolument anachronique d'une dette sans prêt, sans reconnaissance, sans restitution possible.

Selon laquelle il aura immémorablement obligé, avant même de s'appeler de quelque nom que ce soit, d'appartenir à quelque genre que ce soit. La conformité du *conformément* n'est plus pensable dans la logique de la vérité qui domine – sans pouvoir les commander – notre langue et la langue de la philosophie. Si, pour donner sans restituer, je dois encore me conformer à ce qu'il dit de l'Œuvre dans son œuvre, à ce qu'il y donne aussi à re-tracer du donner, si plus précisément je dois conformer mon geste à ce qui fait l'Œuvre dans son Œuvre, qui est plus vieux que son œuvre et dont le Dire, selon ses termes mêmes, ne se réduit pas au Dit, nous voilà engagés, avant tout engagement, dans une incroyable logique, formelle et non formelle. Si je restitue, si je restitue sans faute, je suis fautif. Et si je ne restitue pas, en *donnant* au-delà de la reconnaissance, je risque la faute. Je laisse pour l'instant à ce mot – la faute – toute la liberté de ses registres, du crime à la faute d'orthographe : quant au nom propre de ce qui se trouve ici en cause, au nom propre de l'autre, cela reviendrait peut-être au même. Le nom de l'autre, faudra-t-il l'inventer? Mais que veut dire inventer? trouver, découvrir, dévoiler, faire venir là où il était, advenir là où il n'était pas? Toujours sans prévenir?

Te voilà prévenue, c'est le risque ou la chance de cette faute qui me fascine ou m'obsède en ce moment même, et ce que peut devenir un écrit fautif, une lettre fautive (celle que je t'écris), ce qu'il peut en rester, ce que donne à penser d'un texte ou d'un reste la possibilité inéluctable d'une telle faute. Inéluctable dès lors que la structure de « fautivité » est *a priori,* plus vieille même que tout *a priori.* Si quelqu'un (Il) te dit *dès l'abord :* « ne me rends pas ce que je te donne », tu es en faute avant même qu'il ait fini de parler. Il suffit que tu l'entendes, que tu commences à comprendre et à reconnaître. Tu as commencé à recevoir son injonction, à te rendre à ce qu'il dit, et plus tu lui obéiras en ne restituant rien, mieux tu lui désobéiras et te rendras sourde à ce qu'il t'adresse. Cela pourrait ressembler à un paradoxe logique ou à un piège. Mais c'est « antérieur » à toute logique. J'ai parlé *à tort* de piège il y a un instant. Ce n'est ressenti comme un piège qu'à partir du moment où, par volonté de maîtrise et de cohérence, on prétendrait échapper à la dissymétrie absolue. Ce serait une manière de reconnaître le don pour le refuser. Rien n'est plus difficile que d'accepter un don. Or ce que je « veux » « faire » ici, c'est accepter le don, l'affirmer et le réaffirmer comme ce que j'ai reçu. Non pas de quelqu'un qui, lui, en aurait eu l'initiative, mais de quelqu'un qui aurait eu la force de le recevoir, de le *réaffirmer.* Et si c'est ainsi que je te donne (à mon tour), cela ne sera plus une chaîne de restitutions mais un autre don, le don de l'autre. L'invention de l'autre. Est-ce possible? Est-ce que cela aura été possible? Mais cela ne doit-il pas avoir eu lieu déjà, avant tout, pour que la question même en surgisse, ce qui la périme d'avance?

Le don *n'est pas,* on ne peut demander « qu'est-ce que le don? » mais c'est à cette *condition* qu'il y aurait eu, sous ce nom ou sous un autre, un don.

Suppose donc : au-delà de toute restitution, dans l'ingratitude radicale (mais attention, pas n'importe laquelle, pas celle qui appartient encore au cercle de la reconnaissance et de la réciprocité), je désire (ça désire en moi mais le ça n'est pas un non-moi neutre) tenter de donner à E. L. Ceci ou cela? Telle ou telle chose? Un discours, une pensée, un écrit? Non, cela encore donnerait lieu à échange, commerce, réappropriation économique. Non, lui donner le donner même du donner, un donner qui ne soit même plus un objet ou un dit présent, puisque tout présent reste dans la sphère économique du même, ni un infinitif impersonnel (il faut donc que le « donner » troue ici le phénomène grammatical dominé par l'interprétation courante de la langue), ni quelque opération ou action assez identique à elle-même pour revenir au même. Ce « donner » ne doit être ni une chose ni un acte : ce doit être d'une certaine façon quelqu'un(e) qui ne soit pas *moi :* ni lui (« il »). Étrange, non, cet excès qui déborde la langue à tout instant et cependant la requiert, la met en mouvement incessant au moment même de la traverser. Cette traversée n'est pas une transgression, le passage d'une limite coupante, la métaphore même du débordement ne lui convient plus au moment où elle implique encore quelque linéarité.

Avant même que je le tente ou désire le tenter, suppose que le désir de ce don soit appelé en moi par l'autre, sans pourtant que j'y sois obligé ou du moins avant toute obligation de contrainte, de contrat, de gratitude ou de reconnaissance : un devoir sans dette, une dette sans contrat. Cela devrait se passer de lui ou se passer avec n'importe qui. Or cela exige *à la fois* cet anonymat, cette possibilité de substitution indéfiniment équivalente, *et* la singularité, non, l'unicité absolue du nom propre. Au-delà de toute chose, de tout ce qui pourrait l'égarer ou le séduire vers autre chose, au-delà de tout ce qui pourrait me revenir d'une manière ou d'une autre, un tel don devrait aller droit à l'unique, à ce que son nom aura nommé *uniquement,* à cet unique qu'aura donné son nom. Ce *droit* ne relève d'aucun droit, d'aucune juridiction transcendante au don lui-même, c'est le droit de ce qu'il appelle, lui, en un sens que tu ne comprends peut-être pas encore parce qu'il dérange la langue chaque fois qu'il la visite, la *rectitude* ou la *sincérité.*

Ce que son nom aura nommé ou donné *uniquement.* Mais (mais il faudra toujours dire *mais* à chaque mot) uniquement en un autre sens que celui de la singularité qui garde jalousement sa propriété de sujet irremplaçable dans un nom propre d'auteur ou de propriétaire, dans la suffisance du moi assuré de sa signature. Et suppose enfin que dans le tracé de ce don je fasse une faute, que je la laisse, comme on dit, s'y glisser, que je n'écrive pas droit, que je n'arrive pas à donner comme il faut (mais *il faut, il faut* entendre autrement le *il faut*) ou que je n'arrive pas à lui donner, *à lui,* un don qui ne soit pas *de lui.* Je ne pense pas en ce moment même à une faute sur son nom, sur son prénom et sur son nom patronymique mais à tel défaut d'écriture qui finirait par constituer une sorte de faute d'orthographe, un mauvais traitement infligé à son nom propre, que je le fasse ou non, en conscience, exprès.

Comme en cette faute, il y va de ton corps, et comme, je l'ai dit tout à l'heure, le don que je lui ferais vient de toi qui me le dictes, alors ton inquiétude s'accroît. Une telle faute, en quoi pourrait-elle consister? Pourra-t-on jamais l'éviter? Si elle était *inévitable* — et donc irréparable en fin de compte — pourquoi faudrait-il en demander réparation? Et surtout, surtout, dans cette hypothèse, qu'est-ce qui aurait lieu? Je veux dire : qu'est-ce qui se passerait (et de quoi? de qui?)? Quel serait le lieu propre de ce texte, de ce corps fautif? Aurait-il proprement lieu? Où? Où devrions-nous, toi et moi, le laisser être?

— Non, pas le laisser être. Tout à l'heure il nous faudra le donner à manger, et à boire, et tu m'écouteras.

— Le corps d'un texte fautif a-t-il lieu? Il a, lui, une réponse à cette question. Semble-t-il. Il ne doit pas y avoir de protocole à un don, ni de préliminaires s'attardant aux conditions de possibilité. Ou alors les protocoles doivent déjà faire don. C'est à titre de protocole, et sans savoir, donc, jusqu'où un don y est probable, que je voudrais d'abord interroger sa réponse à la question du texte fautif. Sa réponse est d'abord pratique. Il traite la faute, il traite avec la faute, en écrivant : d'une certaine manière et non d'une autre. L'intérêt que je porte à la manière dont il écrit ses ouvrages peut paraître déplacé : écrire, au sens courant de ce mot, faire des phrases et composer, exploiter une rhétorique ou une poétique, etc., ce n'est pas ce qui lui importe en dernière instance; c'est un ensemble de gestes subordonnés. Et pourtant l'obligation qui se trouve en cause dans la petite phrase de tout à l'heure, je crois qu'elle *se noue* dans une certaine manière de *lier* : non seulement le Dire au Dit, comme il dit, mais l'Écrire au Dit et le Dire à l'écrit, et de lier, serrer, enchaîner, entrelacer selon une structure sérielle d'un type singulier. Sur ce que je lace moi-même dans ce mot de *série* j'insisterai plus tard.

Comment donc écrit-il? Comment ce qu'il écrit fait-il ouvrage et Œuvre dans l'ouvrage? Que fait-il, par exemple et par excellence, quand il écrit au présent, dans la forme grammaticale du présent, pour dire ce qui ne se présente pas et n'aura jamais été présent, le *dit présent* ne se présentant qu'au nom d'un Dire qui le déborde, au-dehors et au-dedans, infiniment, comme une sorte d'anachronie absolue, celle d'un tout autre qui, pour être incommensurablement hétérogène à la langue du présent et au discours du même, y laisse pourtant une trace : toujours improbable mais chaque fois déterminée, celle-ci et non une autre? Comment fait-il pour inscrire ou laisser s'inscrire le tout autre dans la langue de l'être, du présent, de l'essence, du même, de l'économie, etc., dans sa syntaxe et dans son lexique, sous sa loi? Comment fait-il pour y donner lieu, l'inventant, à ce qui, au-delà de l'être, du présent, de l'essence, du même, de l'économie, etc., reste absolument étranger à ce médium, absolument délié de cette langue? Ne faut-il pas renverser la question, du moins en apparence, et se demander si cette langue n'est pas *d'elle-même déliée,* donc ouverte au tout autre, à son propre au-delà, de telle sorte qu'il s'agisse moins de l'excéder, cette langue, que de traiter autrement avec ses propres possibilités. Traiter autrement, c'est-à-dire calculer la transaction, négocier le compromis qui laissera le non-négociable intact, et faire en sorte que la faute, celle qui consiste à inscrire le tout autre dans l'empire du même, altère assez le même pour s'absoudre d'elle-même. C'est selon moi sa réponse; et cette réponse de fait, si on peut dire, cette réponse en acte, en œuvre plutôt dans la série des négociations stratégiques, cette réponse ne répond pas à un problème ou à une question, elle répond à l'Autre – pour l'Autre – et aborde l'écriture en s'ordonnant à ce pour-l'Autre. C'est à partir de l'Autre que l'écriture alors donne lieu et fait événement, invente l'événement, par exemple celui-ci : « Il aura obligé. »

C'est cette réponse, la responsabilité de cette réponse que je voudrais interroger à son tour. Interroger n'est pas le mot, bien sûr, et je ne sais pas encore qualifier ce qui se passe ici entre lui, toi et moi, qui n'est pas de l'ordre des questions et des réponses. Ce serait plutôt sa responsabilité – et ce qu'il dit de la responsabilité – qui nous interroge par-delà tous les discours codés sur le sujet.

Donc : que fait-il? comment œuvre-t-il quand, sous une apparence fausse de présent, dans un plus-que-présent, il aura écrit par exemple ceci, où je lis lentement pour toi, en ce moment même, écoute, ce qu'il dit de Psyché, du « psychisme comme grain de folie ».

La responsabilité pour Autrui – à rebours de l'intentionnalité et du vouloir que l'intentionnalité n'arrive pas à dissimuler – signifie non point le dévoilement d'un donné et sa réception ou sa perception, mais l'exposition de moi à autrui, préalable à toute décision. Revendication du Même par l'autre au cœur de moi-même, tension extrême du commandement exercé par autrui en moi sur moi, emprise traumatique de l'Autre sur le Même, tendue au point de ne pas laisser au Même le temps d'attendre l'Autre. [...] Le sujet dans la responsabilité s'aliène dans le tréfonds de son identité d'une aliénation qui ne vide pas le Même de son identité, mais l'y astreint, d'une assignation irrécusable, s'y astreint comme personne où personne ne saurait le remplacer. L'unicité, hors concept, psychisme comme grain de folie, le psychisme déjà psychose, non pas un Moi, mais moi sous assignation. Assignation à identité pour la réponse de la responsabilité dans l'impossibilité de se faire remplacer sans carence. A ce commandement tendu sans relâche, ne peut répondre que « me voici » où le pronom « je » est à l'accusatif, décliné avant toute déclinaison, possédé par l'autre, malade [1], identique. Me voici – dire de l'inspiration qui n'est ni le don de belles paroles, ni de chants. Astriction au *donner,* aux mains pleines et, par conséquent, à la corporité. [...] Subjectivité de l'homme de chair et de sang, plus passive dans son extradition à l'autre que la passivité de l'effet dans une chaîne causale – car au-delà de l'actualité même qu'est l'unité de l'aperception du *je pense,* arrachement-à-soi-pour-un-autre dans le donner-à-l'autre-le-pain-de-sa-bouche ; non point l'anodin d'une relation formelle, mais toute la gravité du corps extirpé de son conatus essendi dans la possibilité du *donner.* L'identité du sujet s'accuse ici, non pas par un repos sur soi, mais par une inquiétude qui me pourchasse hors le noyau de ma substantialité.

(J'aurais voulu considérer lentement le titre de l'ouvrage que je viens de citer, *Autrement qu'être ou au-delà de l'essence :* dans une singulière locution comparative qui ne fait pas une phrase, un adverbe *(autrement)* l'emporte démesurément sur un verbe (et quel verbe : *être)* pour dire un « autre » qui ne peut faire, ni même modifier un nom ou un verbe, ni ce nom-verbe qui revient toujours à *être,* pour dire un « autre » qui n'est ni adjectif ni nom, surtout pas la simple altéri*té* qui mettrait encore l'*autrement,* cette modalité sans substance, sous l'autorité d'une catégorie, d'une essence, d'un être encore. L'au-delà de la verbalisation (constitution en verbe) ou de la nominalisation, l'au-delà de la *symplokè* liant les noms et les verbes pour faire le jeu de l'essence, cet au-delà laisse une chaîne de traces, une autre

---

1. « Je suis malade d'amour » *Cantique des Cantiques,* V. 8 (*Autrement qu'être ou au-delà de l'essence,* p. 180-181.) « " Me voici " signifie " envoie-moi " » (p. 186).

symplokè, « dans » le titre déjà, *au-delà de l'essence,* sans s'y laisser pourtant inclure, déformant plutôt la courbure de ses bords naturels.)

Tu viens d'entendre, le « présent » du « Me voici » livré à l'autre et décliné avant toute déclinaison. Ce « présent » était déjà très compliqué dans sa structure, on dirait presque contaminé par cela même à quoi il aurait dû s'arracher. Ce n'est pas le supposé signataire de l'ouvrage, E. L., qui dit « Me voici », moi présentement. Il *cite* un « me voici », il thématise le non-thématisable (pour utiliser ce vocabulaire auquel il aura accordé une fonction conceptuelle régulière – et un peu singulière – dans ses écrits). Mais au-delà du *Cantique des Cantiques* ou du *Poème des Poèmes,* la citation de quiconque dirait « me voici » doit marquer *cette* extradition où la responsabilité pour l'autre me livre à l'autre. Aucune marque grammaticale en tant que telle, aucune langue, aucun contexte ne suffiront à le déterminer. Cette citation-présente qui, en tant que citation, paraît effacer l'événement présent d'un « me voici » irremplaçable, elle vient aussi *pour dire* que dans « me voici » le Moi ne se présente plus comme un sujet présent à soi, se faisant présent à soi de soi-même (je-me) : il est décliné, avant toute déclinaison, « à l'accusatif » et il

– Il ou elle, si l'interruption du discours est requise? N'est-ce pas « elle » dans le *Cantique des Cantiques?* Et qui serait-« elle »? Est-ce indifférent? Qui est E. L.? Emmanuel Levinas? Dieu?

Presque toujours, chez lui, voilà comment il met son ouvrage en fabrique, interrompant le tissage de notre langue et tissant ensuite les interruptions mêmes, une autre langue vient déranger celle-ci. Elle ne l'habite pas, elle la hante. Un autre texte, le texte de l'autre, sans jamais paraître dans sa langue d'origine, vient alors en silence, selon une cadence plus ou moins régulière, disloquer la langue de traduction, convertir la version, la retourner, la plier à cela même qu'elle prétend importer. Elle la désassimile. Mais alors, cette phrase traduite et citée du *Cantique des Cantiques* dont il faudrait d'abord rappeler qu'elle est déjà une réponse, et une réponse plus ou moins fictive dans sa rhétorique, de surcroît une réponse faite pour être à son tour *citée,* transmise, communiquée en discours indirect, l'accusatif y trouvant mieux sa vraisemblance grammaticale (diverses traductions le rendent plus ou moins proche : « J'ai ouvert à mon bien-aimé; / mais mon bien-aimé s'en était allé, il avait disparu. / J'étais hors de moi, quand il me parlait [...]. Je l'ai appelé, et il ne m'a point répondu [...]. Ils m'ont enlevé mon voile, les gardes des murs. / Je vous en conjure, filles de Jérusalem / Si vous trouvez

mon bien-aimé, / Que lui direz-vous?... / Que je suis malade
d'amour. — » Ou bien « J'ouvre moi-même à mon chéri / mais mon
chéri s'est esquivé, il est passé. / Mon être sort à son parler : / je le
cherche et ne le trouve pas. / Je l'appelle : il ne me répond pas. [...]
Sur moi, ils enlèvent mon châle, / les gardiens des remparts. / Je
vous adjure, filles de Yeroushalaïm : si vous trouvez mon chéri que
lui annoncerez-vous? / — Que malade d'amour, moi... »), cette phrase
traduite et citée (en note pour y ouvrir et déporter le texte principal),
c'est à une bouche de femme qu'elle s'arrache pour être donnée à
l'autre. Pourquoi ne le précise-t-il pas dans cet ouvrage?

— Sans doute parce que cela reste, dans ce contexte et selon son
propos le plus urgent, secondaire. A cette question donc, ici du
moins, il ne semble pas répondre. Dans le passage qui cite le « me
voici » et qu'à mon tour je t'ai lu, la structure des énoncés se
complique de l'« astriction au donner ». Ce qui s'y trouve cité, c'est
ce qu'aucune citation ne devrait plus pouvoir amortir, ce qui chaque
fois ne se dit qu'une fois et dès lors excède, non pas le dire mais le
dit dans la langue. La phrase décrit ou dit ce qui, à l'intérieur du
dit, l'interrompt, le rend d'un coup anachronique au dire, à la fois
négocie entre le dit et le dire et interrompt la négociation, négociant
aussitôt l'interruption elle-même. Telle négociation traite avec une
langue, avec l'ordre d'une grammaire et d'un lexique, avec un système
de contraintes normatives qui tend à interdire ce qu'*il faut dire* ici,
à savoir l'astriction au donner et l'extradition de la subjectivité à
l'autre. La négociation thématise ce qui ne se laisse pas thématiser;
et dans le trajet même de cette transaction, elle force la langue à
contracter avec l'étranger, avec ce qu'elle ne peut que s'incorporer
sans se l'assimiler. D'un coup à peine lisible, l'autre fait faux-bond
à la négociation contaminante, marque furtivement l'effraction d'un
dire qui, pour n'être plus *dit dans la langue,* n'est pourtant pas
réduit au silence. L'énoncé grammatical est là, mais il s'est disloqué
pour faire place, quoique sans domicile, à une sorte d'agrammaticalité
du don assigné depuis l'autre : *je* à l'accusatif, etc. La langue inter-
dictrice est interdite mais elle continue à parler, elle n'en peut mais,
elle ne peut plus que continuer étrangement à s'interrompre, inter-
loquée par ce qui la traverse d'un seul pas, l'entraîne ensuite après
lui tout en la laissant sur place. D'où la fonction essentielle d'une
citation, sa mise en œuvre singulière qui consiste, en citant l'irréci-
table, à accuser la langue, à la citer tout entière à comparaître *à la
fois* comme témoin et comme accusée dans ses limites, offerte à un

don, *comme* un don auquel elle ne peut s'ouvrir d'elle-même. Il ne s'agit donc pas simplement d'une transgression, d'un simple passage au-delà de la langue et de ses normes. Ce n'est pas une pensée de la limite, du moins pas de cette limite trop facilement figurée par le mot « au-delà » si nécessaire à la transaction. Le passage au-delà de la langue requiert la langue ou plutôt le texte comme lieu des traces pour un pas qui n'est pas (présent) ailleurs. C'est pourquoi le mouvement de cette trace passant au-delà de la langue n'est pas classique, il n'instrumentalise pas, ne secondarise pas le *logos*. Celui-ci reste indispensable comme le pli qui se plie au don, et comme la langue de ma bouche quand j'en arrache le pain pour le donner à l'autre. C'est aussi mon corps.

On pourrait affiner encore, mais peu importe, la description de cette structure discursive. Quelle qu'en soit la complication, l'exemple que nous venons de rencontrer se tient encore dans des limites assez strictes. Lesquelles? En raison de la citationalité de premier degré, en quelque sorte, du « me voici » qui n'est pas l'exhibition complaisante du moi mais l'exposition sans réserve de son secret demeuré secret, le signataire présumé, E. L., ne dit pas directement *Je* dans le texte. Il parle du « je pense », il en parle autrement certes, et quelquefois l'indécision reste irréductible quant à savoir s'il dit « je » ou le « je », « moi » ou le « moi » (par exemple : « L'identité du sujet s'accuse ici, non pas par un repos sur soi, mais par une inquiétude qui me pourchasse hors le noyau de ma substantialité. » Plus haut dans le même livre, il écrit : « Je n'ai rien fait et j'ai toujours été en cause : persécuté. L'ipséité, dans sa passivité sans *arché* de l'identité, est otage. Le mot *Je* signifie *me voici*, répondant de tout et de tous. » *(L'exposition, IV. La substitution, 4. La substitution))*, selon une rhétorique qui peut paraître traditionnelle dans le discours philosophique. Mais rien, dans le passage que tu as entendu *ne remarque* un certain présent de la scription, en ce moment même, la maintenance phénoménale de l'écriture, le « je dis maintenant que je dis (le Dire) » ou « j'écris maintenant que j'écris (le Dire) », ce que vous lisez en ce moment même. Du moins n'est-ce pas thématisé. Quand cela arrivera, et cela arrive, il faudra compliquer encore les protocoles de la négociation avec les puissances contagieuses ou contaminantes d'une langue réappropriatrice, de la langue du Même, étrangère ou allergique à l'Autre. Et y produire ou reconnaître les symptômes de cette allergie. Surtout quand quelque chose comme un « voilà ce qui se passe en ce moment », « voilà ce que je veux dire et comment je le dis dans cet ouvrage », « voilà comment j'écris certains de mes livres » vient à décrire la loi de cette négociation et du même coup l'interrompre *non sans* raconter l'interruption. Car cette négociation n'est pas une négociation comme une autre. Elle négocie le non-négociable et non pas avec tel ou tel partenaire ou adversaire, mais avec la négociation elle-même, avec le pouvoir négociateur qui croit pouvoir tout négocier. *Cette* négociation (qui interrompt passivement, on dirait presque oisivement, l'activité négociatrice, qui la nie d'une double négation) doit négocier le traitement du non-négociable pour lui garder sa chance, c'est-à-dire pour qu'il donne et ne se garde pas intact, comme le même.

En voici un exemple (je me limiterai moi-même à quelques exemples, compte tenu de l'économie réglée en ce moment même par le temps d'écriture, le mode de composition et la facture éditoriale de cet ouvrage-ci). Écoute :

> Mais la raison de la justice, de l'État, de la thématisation, de la synchronisation, de la re-présentation du logos et de l'être – n'arrive-t-elle pas *à absorber dans sa cohérence l'intelligibilité de la proximité où elle s'épanouit?* Ne faut-il pas subordonner celle-ci à celle-là puisque le *discours même qu'en ce moment* [je souligne, J. D.] nous tenons, compte par son *Dit,* puisque, en thématisant, nous synchronisons les termes, formons un système entre eux, usons du verbe être, plaçons dans l'*être* toute signification prétendant signifier au-delà de l'être? Ou faut-il rappeler l'alternance et la diachronie comme temps de la philosophie – [...]

Et un peu plus loin, ceci où tu remarqueras, autour du « en ce moment même », la métaphore du *fil renoué*. Elle appartient à une fabrique très singulière, celle d'une relation (au sens de récit, cette fois, relation du même qui reprend dans ses nœuds les interruptions de la Relation à l'Autre) par laquelle le logos philosophique se réapproprie, reprend dans sa toile l'histoire de toutes ses ruptures :

> Toute contestation et interruption de ce pouvoir du discours est aussitôt relatée et invertie par le discours. Il recommence donc dès qu'on l'interrompt. [...] Ce discours s'affirmera cohérent et un. En relatant l'interruption du discours ou mon ravissement au discours, j'en renoue le fil. [...] Et ne sommes-nous pas, *en ce moment même* [je souligne, J. D.] en train de barrer la sortie que tout notre essai tente, et d'encercler de toutes parts notre position? Les mots exceptionnels par lesquels se dit la trace de la passée et l'extravagance de l'approche – Un, Dieu – se font termes, rentrent dans le vocabulaire et se mettent à la disposition des philologues au lieu de désarçonner le langage philosophique. Leurs explosions mêmes se racontent. [...]

Ainsi, signifie l'équivoque indémaillable que tisse le langage. (*Autrement qu'être...*, p. 213-215.)

Dans la question qui vient d'être posée (« Et ne sommes-nous pas en ce moment même...? »), le « en ce moment même » serait la forme enveloppante, la toile d'un texte reprenant sans cesse en lui toutes ses déchirures. Mais deux pages plus loin le même « en ce moment même », autrement dit dans le texte, pris dans un autre enchaînement-déchaînement, vient dire tout autre chose, à savoir qu'« en ce moment même » la percée interruptrice a lieu, inéluctable *au moment même* où la relation discursive, le récit philosophique prétend se réapproprier la déchirure dans le continuum de sa texture :

> ...les intervalles ne sont pas récupérés. Le discours qui supprime les interruptions du discours en les relatant, ne maintient-il pas la discontinuité sous les nœuds où le fil se renoue?
>
> Les interruptions du discours retrouvées et relatées dans l'immanence du dit, se conservent comme dans les nœuds d'un fil renoué, trace d'une diachronie n'entrant pas dans le présent, se refusant à la simultanéité.
>
> Mais l'ultime discours où s'énoncent tous les discours, je l'interromps encore en le disant à celui qui l'écoute et qui se situe hors le Dit que dit le discours, hors tout ce qu'il embrasse. Ce qui est vrai du discours que je suis en train de tenir *en ce moment même* [je souligne, J. D.]. Cette référence à l'interlocuteur perce d'une façon permanente le texte que le discours prétend tisser en thématisant et en enveloppant toutes choses. En totalisant l'être, le discours comme Discours apporte ainsi un démenti à la prétention même de la totalisation (p. 216-217).

A deux pages d'intervalle, d'un intervalle qui ne peut ni ne doit être réduit et qui constitue ici une sérialité absolument singulière, le même « en ce moment même » ne semble se répéter que pour se dis-loquer sans retour. Le « même » du « même » de « en ce moment même » a remarqué sa propre altération, celle qui l'aura depuis toujours ouvert à l'autre. Le « premier », celui qui formait l'élément de la réappropriation dans le continuum, aura été *obligé* par le « second », l'autre, celui de l'interruption, avant même de se produire et pour se produire. Il aura fait texte et contexte avec lui, mais dans une série où le texte compose avec sa propre (si on peut encore dire) déchirure. Le « en ce moment même » ne compose avec lui-même que selon une anachronie démesurée, incommensurable à elle-même. La textualité singulière de cette « série » ne renferme pas l'Autre, elle s'ouvre au contraire depuis l'irréductible différence, la passée d'avant tout présent, d'avant tout moment présent, avant tout ce que nous croyons entendre quand nous disons « en ce moment même ».

Cette fois, le « en ce moment même », qui s'est pourtant cité (récité d'une page à l'autre pour marquer l'interruption du récit), n'aura pas été, comme le « me voici » de tout à l'heure, une citation. Son itération – car il est itérable et répété dans la série – n'est pas de même type. Si la langue y est *à la fois* (comme diraient les théoriciens des *speech acts*) *utilisée* et *mentionnée,* la mention n'est pas de la même espèce que celle du « me voici » qui se trouvait aussi, tout à l'heure, cité, au sens traditionnel de ce terme. C'est donc un étrange événement. Les mots y décrivent (constatent) et produisent (performent) indécidablement. Un écrit et un écrire impliquent immédiatement le « je-maintenant-ici » du scripteur. L'étrange événement comporte en lui une répétition sérielle mais il se répète encore ailleurs, comme série, régulièrement. Par exemple à la fin de « Le nom de Dieu d'après quelques textes talmudiques » (*Archivio di Filosofia,* Rome, 1969). L'expression « en ce moment même », ou « en ce moment » y apparaît deux fois, à trois lignes d'intervalle, la seconde se donnant comme la reprise délibérée, sinon strictement citationnelle, de la première. L'allusion calculée y remarque en tout cas le *même moment* (c'est chaque fois maintenant) et la même expression, bien que d'un moment à l'autre le moment même ne soit plus le même. Mais s'il n'est plus le même, cela ne tient pas, comme dans la « certitude sensible » de la *Phénoménologie de l'esprit,* à ce que le temps a passé (depuis que j'ai écrit *das Jetzt ist die Nacht*) et que le maintenant n'est plus maintenant le même. Cela tient d'abord à autre chose, à la chose comme Autre. Écoute, c'est encore l'âme, ou *psyché* :

> Responsabilité qui, avant le discours portant sur le *dit,* est probablement l'essence du langage.

[J'entrecoupe ici ma lecture pour admirer ce « probablement » : il n'a rien d'empirique ou d'approximatif, il ne fait perdre aucune rigueur à l'énoncé qu'il détermine. Comme responsabilité (éthique avant l'ontologie), l'essence du langage n'appartient pas au discours sur le *dit* qui ne détermine que des assurances. Ici l'essence ne définit pas l'être de ce qui est mais ce qui doit être ou aura été et qui ne peut être prouvé dans la langue de l'être-présent, dans la langue de l'essence en tant qu'elle ne souffre aucune improbabilité. Bien que le langage soit aussi ce qui, reconduisant à la présence, au même, à l'économie de l'être, etc., n'ait pas *sûrement* son essence dans cette responsabilité répondant (à) de l'autre comme passé qui n'aura jamais été présent, c'« est » pourtant cette responsabilité qui met en mouvement le langage. Il n'y aurait pas de langage sans cette responsabilité (éthique) mais il n'*est jamais sûr* que le langage se rende à la responsabilité qui le rend possible (à son essence simplement probable) : il peut toujours (et c'est même probablement, jusqu'à un certain point, inéluctable) le trahir et tendre à l'enfermer dans le même. Il faut que cette liberté de trahir lui soit laissée pour qu'il puisse se rendre à son essence qui est l'éthique. L'essence pour une fois, l'unique fois, est livrée à la probabilité, au risque et à l'incertitude. A partir de quoi l'essence de l'essence reste à repenser depuis la responsabilité de l'autre, etc.]

> On objectera certes : si entre l'Ame et l'Absolu peut exister une autre relation que la thématisation, le fait d'en parler et d'y penser *en ce moment même* [je souligne, J. D.] — le fait de l'envelopper de notre dialectique, ne signifie-t-il pas que pensée, langage et dialectique sont souverains par rapport à cette Relation?
> Mais le langage de la thématisation, dont nous usons *en ce moment* [je souligne, J. D.] a peut-être été rendu seulement possible par cette Relation et n'est qu'ancillaire.

Un « peut-être » (« peut-être été rendu seulement possible... ») affecte encore cette assertion : elle concerne pourtant une condition de possibilité, *cela même* que la philosophie soustrait à tout « peut-être ». Celui-ci consonne avec le « probablement » de tout à l'heure, et le « seulement » du rendre possible se lit aussi de deux manières, peut-être : 1. n'a été rendu *possible* que par cette Relation (forme classique d'un énoncé sur la condition de possibilité); 2. a été rendu seulement *possible* (probable), lecture qui correspond mieux à l'ordre syntaxique courant, et à l'insécurité du *peut-être*.

Tu auras remarqué que les deux occurrences du « en ce moment » sont inscrites et interprétées, entraînées selon deux gestes différents. Dans le premier cas, le moment présent est déterminé depuis le mouvement d'une thématisation présente, d'une présentation qui prétend envelopper en elle la Relation qui pourtant l'excède, prétend l'excéder, la précéder, la déborder. Ce premier « moment » fait revenir l'autre au même. Mais l'autre, le deuxième « moment », s'il est rendu possible par l'excessive relation de la *psyché,* n'est déjà plus, n'aura jamais été un présent « même ». Son « même » est (aura été) disloqué par cela même qui aura été (probablement, peut-être) son « essence », à savoir la Relation. Il est anachronique, en lui-même disparate, il ne se ferme plus sur lui-même. Il n'est ce qu'il est, dans cette étrange et seulement probable essence, qu'en se laissant d'avance ouvrir et déporter par la Relation qui le rend possible. Elle l'*aura* rendu possible – et du même coup impossible comme présence, mêmeté, essence assurée.

Il faut le préciser. Entre les deux occurrences du « en ce moment » le rapport n'est pourtant pas de distinction. C'est le « même » moment qui se répète et qui se divise chaque fois dans son rapport à sa propre essence, à la responsabilité qui le rend possible. Dans le premier cas, E. L. y thématise la thématisation qui enveloppe, recouvre, dissimule la Relation. Dans le deuxième cas, E. L. y thématise le non-thématisable d'une Relation qui ne se laisse plus envelopper dans le tissu du même. Mais bien qu'il y ait entre les deux « moments » un intervalle chronologique, rhétorique, logique – et même ontologique, dans la mesure où le premier appartient à l'ontologie et le second y échappe en la rendant possible –, c'est le *même moment* qui s'écrit et se lit dans sa différence, dans sa double différence, l'une appartenant à la dialectique et l'autre, différant (de) la première, la débordant infiniment, et d'avance. Le deuxième moment a une avance infinie sur le premier. Et pourtant c'est le même.

Mais il faut une *série,* un commencement de série de ce « même » (au moins deux occurrences) pour que l'écriture de dislocation du Même vers la Relation ait une chance et une prise. E. L. n'aurait pas pu donner à entendre l'essence *probable* du langage sans cette singulière répétition, cette citation ou cette récitation qui fait venir, plutôt que revenir, le Même à l'Autre. J'ai dit une « chance » parce qu'on n'est jamais contraint, si même on est obligé, de lire ce qui se donne ainsi à lire. Certes il semble clair, et clairement dit, que dans la deuxième occurrence, le « en ce moment » qui détermine le langage de la thématisation se trouve lui-même, on ne peut plus dire déterminé, mais dérangé, dans sa signification courante de présence, par cette Relation qui le rend possible en l'ouvrant (l'ayant ouvert) à l'Autre, hors thème, hors présence, au-delà du cercle du Même, au-delà de l'Être. Telle ouverture n'ouvre pas quelque chose (qui aurait une identité) à autre chose. Ce n'est peut-être même pas une ouverture, plutôt ce qui ordonne à l'Autre, depuis l'ordre de l'autre, un « ce moment même » qui ne peut plus revenir à lui-même. Mais rien ne contraint à le lire ainsi. On peut toujours l'interpréter sans passer au-delà, l'au-delà n'ouvrant sur rien qui soit. On peut toujours faire revenir le deuxième « en ce moment » au premier, l'envelopper à nouveau, ignorer l'effet de série ou le réduire à un concept homogène de la sérialité, ignorer ce que cette sérialité comporte de singulièrement autre, et de hors-série. Tout alors reviendrait au même.

Mais qu'est-ce que ça veut dire? Que la dialectique du premier moment triompherait? Pas même. La Relation aura eu lieu néanmoins, aura déjà rendu possible la relation (comme *récit* des interruptions) qui prétend tout recoudre dans le texte discursif. Tout reviendrait au même mais le même peut aussi bien être, déjà, l'autre, celui du second « en ce moment », celui – probablement – de la responsabilité. Il s'ensuit que la responsabilité en question n'est pas seulement dite, nommée, thématisée dans l'une ou l'autre occurrence de « ce moment », elle est d'abord la tienne, celle de la lecture à laquelle « ce moment » est donné, confié, livré. Ta lecture n'est donc plus une simple lecture déchiffrant le sens de ce qui se trouve déjà dans le texte, elle a une initiative (éthique) sans limite. Elle s'oblige librement depuis le texte de l'Autre dont on dirait abusivement aujourd'hui qu'elle le *produit* ou qu'elle l'*invente*. Mais qu'elle s'oblige librement ne signifie aucune auto-nomie. Tu es l'auteur du texte que tu lis ici, bien sûr, cela peut se dire, mais tu restes dans l'hétéronomie absolue. Tu es responsable de l'autre – qui te rend responsable. *Qui t'aura obligée.* Et même si tu ne lis pas *comme il faut,* comme E. L. dit qu'il faut lire, au-delà de l'interprétation dominante (celle de la domination) qui fait corps avec la philosophie de la grammaire et la grammaire de la philosophie, la Relation de dislocation *aura eu lieu,* tu n'y peux plus rien, et sans le savoir tu auras lu ce qui aura rendu seulement possible, depuis l'Autre, ce qui se passe : « en ce moment même ».

Voilà l'étrange force d'un texte qui se livre à toi sans défense apparente; la force n'est pas celle de l'écrit, bien sûr, au sens courant de ce terme, elle oblige l'écrit en le rendant seulement possible. Le dérangement qu'elle *réfère* (la Relation qu'elle relate à l'Autre en y rapportant le récit) n'est jamais assuré, perceptible, *démontrable :* ni une conclusion démonstrative ni une monstration phénoménale. Aucun dérangement contrôlable par définition, rien de lisible dans le *dedans* de la logique, de la sémiotique, de la langue, dans la grammaticalité, le lexique, la rhétorique, avec leurs critères internes, prétendument internes car rien n'est moins sûr que les limites rigoureuses d'un tel dedans.

Il faut que cet élément interne ait été troué, percé (à jours), déchiré, et encore *plus d'une fois,* de façon à peu près régulière, pour que cette régularité de la déchirure (je dirais la *stratégie* de la déchirure si ce mot de stratégie ne faisait encore trop signe – pour lui, pas pour moi — vers le calcul économique, la ruse du stratagème et la violence guerrière là où il faut au contraire tout calculer pour que le calcul n'ait pas raison de tout) ait obligé à recevoir l'ordre qui doucement t'est donné, confié, de lire ainsi et non autrement, de lire *autrement* et non ainsi. Ce que je voudrais te donner ici (à lire, penser, aimer, manger, boire, comme tu voudras encore), c'est ce qu'il aura donné, lui, et comment il donne « en ce moment même ». Le geste est très subtil, à peu près inapparent. En raison de son enjeu, il doit rester à peu près inapparent, seulement probable, non pas pour être décisif (il ne doit pas l'être) mais pour répondre de la chance devant l'Autre. Aussi le deuxième « en ce moment », celui qui donne son temps à ce langage qui « a peut-être été seulement rendu possible par cette Relation » à l'autre de toute présence, il n'est autre que le premier, il est le même dans la langue, il le répète à quelques lignes d'intervalle et sa référence est la même. Et pourtant tout aura changé, la souveraineté sera devenue ancillaire. Le premier « moment » donnait sa forme ou son lieu temporel, sa « présence » à une pensée, un langage, une dialectique « souverains par rapport à cette Relation ». Alors il se sera — peut-être, probablement — passé ceci : que le deuxième « moment » aura forcé le premier vers sa propre condition de possibilité, vers son « essence », au-delà du Dit et du Thème. Il en aura d'avance — mais après coup dans la rhétorique sérielle — déchiré l'enveloppe. Mais cette déchirure elle-même n'aura été possible que selon une certaine échancrure du deuxième moment et une sorte de contamination analogique entre les deux, une relation entre deux incommensurables, une relation entre la relation comme récit ontologique et la Relation comme responsabilité de l'Autre.

Il aime apparemment la déchirure mais il déteste la contamination. Or ce qui tient son écriture en haleine, c'est qu'il faut accueillir la contamination, le *risque* de contamination, en enchaînant les déchirures, en les *reprenant* régulièrement dans le tissu ou le texte philosophique d'un récit. Cette *reprise* est même la condition pour que l'au-delà de l'essence garde sa chance contre la couture enveloppante du thématique ou du dialectique. Il faut sauver la déchirure et pour cela jouer couture contre couture. Il faut accepter régulièrement (en série) le risque de la contamination pour laisser sa chance à la non-contamination de l'autre par la règle du même. Son « texte » (et je dirais même *le* texte sans effacer un idiome irremplaçable) est toujours ce tissu hétérogène qui entrelace, sans rassembler, de la texture et de l'atexture. Et qui (comme cela fut écrit ailleurs d'un autre, très proche et très éloigné) « s'aventure à tramer l'absolu déchirement, déchire absolument son propre tissu redevenu solide et servile de se donner encore à lire ». Je propose ce rapprochement, sans complaisance, pour tenter de penser une nécessité : celle qui, pour n'être pas formalisable, reproduit régulièrement la relation du formalisable au non-formalisable.

Les « métaphores » de la couture et de la déchirure obsèdent son texte. S'agit-il seulement de « métaphores » dès lors qu'elles enveloppent ou déchirent l'élément même (le texte) du métaphorique ? Peu importe pour l'instant. Elles semblent s'organiser en tout cas de la manière suivante. Appelons d'un mot, l'*interruption* (il s'en sert souvent), ce qui régulièrement met fin à l'autorité du Dit, du thématique, du dialectique, du même, de l'économique, etc., ce qui se démarque de cette série pour aller *droit* au-delà de l'essence : à l'Autre, vers l'Autre. L'interruption sera venue déchirer le continuum d'un tissu qui tend naturellement à envelopper, à se refermer, à se recoudre, à reprendre ses propres déchirures, à faire précisément comme si elles lui étaient encore propres et pouvaient lui revenir. Par exemple, dans *« le Nom de Dieu... »,* le premier « moment » rassemble le continuum d'un tissu qui « enveloppe » l'au-delà dans le même et interdit l'interruption. Or dans la phrase suivante, mais dans le langage de la thématisation, l'autre moment, le moment de l'Autre, marque l'instance de la déchirure selon une Relation qui *aura rendu* « seulement possible » le continuum lui-même, qui n'aura donc pas été (à être) le continuum qu'il paraissait être. Le futur absolument antérieur de cette déchirure – comme passé absolument antérieur – aura rendu possible l'effet de couture. Et non l'inverse. Mais à la condition de se laisser contaminer, reprendre, recoudre dans ce qu'il a rendu possible. Il s'ensuit que la reprise n'est pas plus logique que l'interruption. *Autrement qu'être... :*

> Les déchirures du texte logique se recousent-elles par la seule logique ? C'est dans l'association de la philosophie et de l'État, de la philosophie et de la médecine que se surmonte la rupture du discours. L'interlocuteur qui ne se plie pas à la logique est menacé de prison ou d'asile ou subit le prestige du maître et la médication du médecin. [...] C'est par l'État que la Raison et le savoir sont force et efficacité. Mais l'État n'escompte ni la folie sans retour, ni même les intervalles de la folie. Il ne déjoue pas les nœuds, mais les tranche. Le Dit thématise le dialogue interrompu ou le dialogue mis en retard par des silences, par des échecs ou par des délires ; mais les intervalles ne sont pas récupérés. Le discours qui supprime les interruptions du discours en relatant, ne maintient-il pas la discontinuité sous les nœuds où le fil se renoue ? Les interruptions du discours retrouvées et relatées dans l'immanence du dit, se conservent comme dans les

nœuds d'un fil renoué, trace d'une diachronie n'entrant pas dans le présent, se refusant à la simultanéité (p. 216).

Qu'il tranche ou qu'il renoue, le discours de la philosophie, de la médecine ou de l'État garde malgré lui la trace de l'interruption. Malgré lui. Mais pour re-marquer l'interruption, ce que fait l'écriture d'E. L., il faut *aussi* renouer, malgré soi, dans le livre qui n'est pas intact de philosophie, de médecine et de logique étatique. Entre le livre, la philosophie, la médecine, la logique et l'État, l'analogie est très forte. « Le discours interrompu rattrapant ses propres ruptures, c'est le livre. Mais les livres ont leur destin, ils appartiennent à un monde qu'ils n'englobent pas, mais qu'ils reconnaissent en s'écrivant et en s'imprimant et en se faisant pré-facer et en se faisant précéder d'avant-propos. Ils s'interrompent et en appellent à d'autres livres et s'interprètent en fin de compte dans un dire distinct du dit. »
Or il écrit des livres, qui ne doivent pas être des livres d'État (de philosophie, de médecine, de logique). Comment fait-il? Dans ses livres, comme dans les autres, l'interruption laisse ses marques, mais autrement. Des nœuds s'y forment, rattrapant les déchirures, mais autrement. Ils laissent apparaître le discontinu dans sa trace, mais comme la trace ne doit pas se rassembler dans son paraître, elle peut toujours ressembler à la trace que le discontinu laisse dans le discours logique de l'État, de la philosophie, de la médecine. La trace doit donc s'y « présenter », sans se présenter, *autrement*. Mais comment? *Ce* livre-ci, celui que composent les *siens* au-delà de toute totalité, comment se livre-t-il autrement à l'autre? D'un moment à l'autre — la différence aura dû être infiniment subtile — celui qui rattrape l'autre dans ses mailles doit laisser une autre trace de l'interruption dans ses mailles, et, en thématisant la trace, faire un autre nœud (laissé à la discrétion de l'autre dans la lecture). Mais un autre nœud reste insuffisant, il y faut une autre chaîne de nœuds multiples qui aient ceci de singulier qu'ils ne nouent pas des fils continus (comme le feint un livre d'État) mais renouent des fils coupés en gardant la trace (peut-être, probablement) à peine apparente, d'interruptions absolues, de l'ab-solu comme interruption. La trace de cette interruption dans le nœud n'est jamais simplement visible, sensible, assurée. Elle n'appartient pas au discours et ne vient à lui que depuis l'Autre. Cela est vrai aussi du discours d'État, certes, mais ici la non-phénoménalité doit obliger, sans contraindre, à lire la trace comme trace, l'interruption comme interruption, selon un *comme tel* qui ne soit plus réappropriable comme phénomène de l'essence. La structure du nœud doit être autre, bien qu'elle ressemble

beaucoup. Tu n'es jamais contrainte à la lire, à la reconnaître, elle n'advient que par toi à qui elle est livrée et pourtant il aura, tout autrement, obligé à lire ce qu'on n'est pas obligé de lire. Il ne fait pas seulement, comme tout le monde, comme l'État, la philosophie, la médecine, des nœuds et des interruptions dans son texte. Je dis comme tout le monde car s'il y a de l'interruption partout, il y a des nœuds partout. Mais il y a dans son texte, peut-être, une complication nodale supplémentaire, une autre manière de renouer sans renouer.

Comment figurer ce supplément de nœud? Il doit enchaîner les nœuds de telle sorte que le texte tienne mais aussi que les interruptions *en nombre* (une seule ne suffit jamais) « restent » : non pas d'une restance présente ou apparente ou substantielle, ce serait une autre manière pour elle de disparaître, mais assez traçante dans leur passée pour laisser le plus de chance à la trace de l'autre. Or pour cela un seul nœud gardant la trace d'une seule interruption ne suffit pas, ni une chaîne exhibant la trace d'un seul hiatus. Une seule interruption dans un discours ne fait pas son œuvre et se laisse immédiatement réapproprier. L'hiatus doit insister, d'où la nécessité de la *série,* de la série de nœuds. Le paradoxe absolu (de l'ab-solu), c'est que *cette série,* incommensurable à aucune autre, série hors-série, ne noue pas des fils mais des interruptions entre les fils, des traces d'intervalles que le nœud doit seulement remarquer, donner à remarquer. J'ai choisi pour nommer cette structure le mot de *série* pour y nouer à mon tour *series* (file, suite, rangée conséquente, enchaînement ordonné d'une multiplicité régulière, entrelacement, lignée, descendance) et σειρά (corde, chaîne, lasso, lacet, etc.). On acceptera la chance de trouver dans le filet de la même lignée l'un au moins des quatre sens du *sero* latin (entrelacer, tresser, enchaîner, rattacher) et l'ἔιρω grec qui dit (ou noue) l'entrelacement du lacet et du dire, la *symplokè* du discours et du lien. Cette série ab-solue est *sans un seul nœud* mais noue une multiplicité de nœuds re-noués, et qui ne re-nouent pas des fils mais des interruptions sans-fil laissant ouverte l'interruption entre les interruptions. Cette interruption n'est pas une coupure, elle ne relève pas d'une logique de la coupure mais de la dé-stricturation ab-solue. C'est pourquoi l'ouverture de l'interruption n'est jamais pure. Et pour se distinguer par exemple du discontinu comme symptôme dans le discours d'État ou dans le livre, elle ne peut rompre la ressemblance qu'en *n'étant pas n'importe laquelle,* donc en se déterminant aussi dans l'élément du même. *Pas n'importe laquelle* : c'est ici que se situe l'énorme responsabilité d'une œuvre – dans l'État, la philosophie, la médecine, l'économie, etc. Et le risque est inéluctable, il est inscrit dans la *nécessité* (autre mot pour dire le lien qu'on ne peut couper) de la stricture, la nécessité d'enchaîner les moments, fussent-ils de rupture, et de négocier la chaîne, fût-ce de façon non dialectique. Ce risque est lui-même régulièrement thématisé dans son texte. Par exemple, s'agissant précisément d'ouverture : « Comment penser l'ouverture sur *l'autre que l'être* sans que l'ouverture, comme telle, signifie aussitôt un rassemblement en conjoncture, en unité de l'essence où s'enliserait aussitôt le sujet même à qui ce rassemblement se dévoilerait, le lien *avec* l'essence se tendant aussitôt *dans* l'intimité de l'essence? », etc. *(Autrement qu'être...).*

Il y a donc plusieurs manières d'enchaîner les interruptions et les passages au-delà de l'essence, de les enchaîner non pas simplement *dans* la logique du même mais au contact (au contact sans contact, dans la proximité) du même et de l'Autre; il y a plusieurs manières de confectionner tel indémaillable plutôt que tel autre, car le risque tient à ce qu'ils ne se valent pas tous. Là se négocient une philosophie encore, une esthétique, une rhétorique, une poétique, une psychagogie, une économie, une politique : entre, si on pouvait encore dire, l'en-deçà et l'au-delà. Avec une vigilance qu'on dirait probablement de chaque instant, pour sauver l'interruption sans qu'à la garder sauve on la perde encore mieux, sans que la fatalité de renouement ne vienne structurellement interrompre l'interruption, E.L. prend à cet égard des risques calculés, aussi calculés que possible. Mais comment calcule-t-il? Comment l'Autre calcule-t-il en lui pour laisser place à l'incalculable? Quel aura été le style de ce calcul, si l'on doit appeler style cet idiome qui marque la négociation d'un sceau singulier et irremplaçable? Et si les gages qu'il donne à l'autre de l'Autre, ce qui le constitue lui-même, selon son mot, en otage, ne sont plus absolument remplaçables?

Ce que j'appelle ici le risque de la négociation obligée (car si on ne négocie pas l'interruption, elle s'interrompt encore plus sûrement et abandonne le non-négociable au marché), ce vers quoi son attention peut-être se tend incessamment à l'extrême, c'est aussi ce qu'il appelle, lui, l'inévitable « concession » (« " Va au-delà " – c'est déjà faire concession au langage ontologique et théorétique, comme si *l'au-delà* était encore un terme ou un étant ou un mode d'être ou le contre-pied négatif de tout cela ». *Autrement qu'être...* p. 123), le risque toujours menaçant de la « trahison » (p. 214) ou de la « contamination » (« ...voilà les propositions de ce livre qui nomme *l'au-delà de l'essence*. Notion qui ne saurait, certes, se prétendre originale, mais dont l'accès n'a rien perdu de son antique escarpement.

Les difficultés de l'ascension – et ses échecs et ses reprises – s'inscrivent dans une écriture qui, sans doute aussi, atteste l'essoufflement du chercheur. Mais *entendre un Dieu non contaminé par l'être,* est une possibilité humaine non moins importante et non moins précaire que de *tirer l'être de l'oubli* où il serait tombé dans la métaphysique et dans l'onto-théologie », p. X, cf. aussi *Le nom de Dieu,* p. 160). Cédant pour une part à l'arbitraire, celui de l'exemple dans la série, pour une part à l'économie du discours que j'enchaîne ici, thématisons la « contamination ». Habituellement elle implique la souillure ou l'empoisonnement dans la contagion d'un corps impropre. Ici le simple contact aura suffi, dès lors qu'il aura interrompu l'interruption. Le contact serait *a priori* contaminant. Plus grave encore, le risque de contamination apparaîtrait *avant* le contact, dans la simple *nécessité de nouer* ensemble des interruptions comme telles, dans la sérialité même des traces et l'insistance des ruptures. Et même si cette chaîne inouïe ne renoue pas des fils mais des hiatus. La contamination alors n'est plus un risque mais une fatalité qu'il faut assumer. Les nœuds de la série contaminent sans contact, comme si, à distance, les deux bords rétablissaient la continuité par le simple vis-à-vis de leurs lignes. Encore ne s'agit-il plus de bords puisqu'il n'y a plus de ligne, seulement des pointes effilées, absolument disjointes d'une rive à l'autre de l'interruption.

Une fois nouée, la pointe de chaque fil reste sans contact avec l'autre mais la contamination aura eu lieu entre les bords (interne et externe), entre les deux pointes rapprochées du même et de l'autre, l'un maintenant l'autre dans la diachronie du « moment ».

Le lacet de l'obligation est en place. Ce n'est pas un piège, j'ai dit pourquoi tout à l'heure. Sa stricture incomparable contamine une obligation par l'autre, celle qui délie par celle qui lie, sans réciprocité pourtant. Jouant – à peine, peut-être –, on dirait que l'obligation lie et délie. Il aura obligé : lié et délié, lié en déliant « ensemble », dans la « même » sériature, la même dia-synchronie, en *une fois* sérielle, ce « plusieurs fois » qui n'aura eu lieu qu'une fois. Lié/délié une obligation qui oblige, une *religion,* et une ob-ligation qui dé-lie mais qui, sans faire seulement ob-stacle ou ob-jection à la ligature, ouvre la religion dans la déliaison même.

Ce lacet de l'obligation tient le langage. Il le maintient, l'empêche de se défaire en passant à travers l'œillet d'une texture : alternativement dedans et dehors, dessous et dessus, en deçà et au-delà. Il le fait en mesure, il enserre régulièrement le corps dans sa forme. C'est en laissant faire ce lacet qu'il aura obligé.

Mais qui, « il »? Qui dit le « *il faut* » de cette obligation qui se fait défaut pour être livrée à ta discrétion?

Voici maintenant un autre exemple. Il parle de « ce livre », ici même, de la fabrique de « cet ouvrage », du « présent ouvrage », ces expressions se répétant comme tout à l'heure le « en ce moment » mais s'entrelaçant cette fois avec une série de « il faut ». Un « moi » et un « me voici » y glissent sans cesse de la citation à une oscillation interminable entre l'« usage » et la « mention ». Ce sont les deux dernières pages de *Autrement qu'être...* (*Autrement dit*, ch. VI, *Au-dehors*, p. 232). J'y prélève ceci, non sans quelque artifice d'abstraction : « La signification – l'un-pour-l'autre – la relation avec l'altérité – a été analysée *dans le présent ouvrage* [je souligne, J. D.] comme proximité, la proximité comme responsabilité pour autrui, et la responsabilité pour autrui – comme substitution : dans sa subjectivité, dans son port même de substance séparée, le sujet s'est montré expiation-pour-autrui, condition ou incondition d'otage. » J'interromps un instant : « *dans le présent ouvrage* » s'est donc présenté l'imprésentable, une relation avec l'Autre qui fait échec à tout rassemblement dans la présence, au point où aucun « ouvrage » ne peut se relier ou se refermer sur sa présence, ne peut se tramer ou s'enchaîner pour faire livre. Le présent ouvrage fait présent de ce qui ne peut être donné que hors livre. Et même hors cadre. « Le problème déborde le cadre de ce livre » : ce sont les derniers mots du dernier chapitre de *Totalité et infini* (immédiatement avant les *Conclusions*). Mais ce qui déborde vient de s'annoncer – c'est l'annonce même, la conscience messianique – sur le bord interne de cet énoncé, *sur le cadre* du livre sinon *en* lui. Et pourtant ce qui s'ouvrage du présent ouvrage ne fait œuvre qu'au-dehors du livre. L'expression « dans le présent ouvrage » mime la thèse et le code de la communication universitaire, elle est ironique. Elle doit l'être aussi discrètement que possible : il y aurait encore trop d'assurance et de complaisance à rompre ce code dans le fracas. L'effraction ne ridiculise pas, elle fait bien présent de ce « présent ouvrage ».

Poursuivons : « Ce livre interprète le *sujet* comme *otage* et la subjectivité du sujet comme substitution rompant avec *l'essence* de l'être. La thèse s'expose imprudemment au reproche d'utopisme dans une opinion où l'homme moderne se prend pour un être d'entre les êtres, alors que sa modernité éclate comme une impossibilité de demeurer chez soi. A l'utopisme comme reproche – si l'utopisme est reproche, si aucune pensée échappe à l'utopisme – ce livre échappe en rappelant que ce *qui eut humainement lieu n'a jamais pu rester enfermé dans son lieu.* » « *La thèse* » ne se pose donc pas, elle s'expose, imprudemment et sans défense, et pourtant cette vulnérabilité même est (« il faut cette faiblesse », lira-t-on plus loin) la provocation à la responsabilité pour l'autre, elle lui donne lieu, en un avoir-lieu de *ce* livre dont le *ceci* ne se renferme plus sur lui-même, sur son propre sujet. La même déhiscence qui ouvrait la série des « en ce moment », la voici à l'œuvre dans « le présent ouvrage », « ce livre », « la thèse », etc. Mais la série se complique toujours du fait que l'équivoque indémaillable, la contamination, on dira dans un instant l'« hypocrisie », est à la fois décrite et dénoncée dans sa nécessité *par* « ce livre », par « ce présent ouvrage », par « la thèse » et *en* eux, hors d'eux en eux mais voués en eux à un dehors qu'aucune dialectique ne pourra réapproprier dans son livre. Ainsi : (je souligne *il faut, il fallait*)

> ... chaque individu est virtuellement un élu, appelé à sortir, à son tour – ou sans attendre son tour – du concept du Moi, de son extension dans le peuple, à répondre de responsabilité : *moi,* c'est-à-dire *me voici pour les autres,* à perdre radicalement sa place – ou son abri dans l'être, à entrer dans l'ubiquité qui est aussi une utopie. Me voici pour les autres – réponse é-norme dont la démesure s'atténue d'hypocrisie dès son entrée dans mes propres oreilles averties de *l'essence* de l'être, c'est-à-dire de la façon dont il mène son train. Hypocrisie d'emblée dénoncée. Mais les normes auxquelles la dénonciation se réfère ont été entendues dans l'énormité du sens et dans la pleine résonance de leur énoncé, vraies comme un irréfrénable témoignage. *Il n'en faut pas,* en tout cas, *moins* pour le peu d'humanité qui orne la terre [...] *Il y faut* un dé-règlement de l'essence par lequel elle ne répugne pas seulement à la violence. Cette répugnance n'atteste que le stade d'une humanité débutante ou sauvage, prête à oublier ses dégoûts, à s'investir en « essence du dérèglement », à s'entourer comme toute essence, inévitablement jalouse de sa persévérance, des honneurs et vertus militaires. Pour le peu d'humanité qui orne la terre, *il faut* un relâchement de l'essence au deuxième degré : *dans la juste guerre menée à la guerre, trembler – encore frissonner – à tout instant, à cause de cette justice même. Il faut* cette faiblesse. *Il fallait* ce relâchement sans lâcheté de la virilité pour le peu de cruauté que nos mains répudièrent. C'est le sens, notamment, que devaient suggérer les formules répétées dans *ce livre* [je souligne, J. D.] relatives à la passivité plus passive que toute passivité, à la fission du Moi jusqu'à moi, à sa consumation pour autrui sans que, des cendres de cette consumation, l'acte puisse renaître.

J'interromps encore : pas de phénix hegelien après cette consumation. *Ce livre* n'est pas seulement singulier en ce qu'il ne se rassemble pas comme un autre. Sa singularité tient à *cette* sérialité-ci, enchaînement ab-solu, rigoureux mais d'une rigueur qui sait se relâcher comme *il faut* pour ne pas redevenir totalitaire, *virile* même, et pour se livrer à la discrétion de l'autre dans l'hiatus. C'est dans cette sérialité-ci et non dans une autre (la rangée dans son arrangement homogène), dans cette sérialité de dérangement qu'il faut entendre chaque philosophème dérangé, déboîté, désarticulé, inadéquat et antérieur à lui-même, absolument anachronique à ce qui se dit de lui, par exemple, « la passivité plus passive que toute passivité » et toute la « série » des syntaxes analogues, toutes les « formules répétées dans ce livre ». Tu entends maintenant la nécessité de cette répétition. Tu t'approches ainsi du « il » qui (se) passe dans cet ouvrage et depuis lequel il est dit qu'« il faut ». Voici les dernières lignes :

> *Dans cet ouvrage* [je souligne, J. D.] qui ne cherche à restaurer aucun concept ruiné, la destitution et la dé-situation du sujet ne restent pas sans signification : après la mort d'un certain dieu habitant les arrière-mondes, la substitution de l'otage découvre la trace — écriture imprononçable — de ce qui, toujours déjà passé — toujours « il » — n'entre dans aucun présent et à qui ne conviennent plus les noms désignant des êtres, ni les verbes où résonne leur *essence* — mais qui, Pro-nom, marque de son sceau tout ce qui peut porter un nom.

— Dira-t-on de « cet ouvrage » qu'il fait œuvre? A partir de quel moment? De quoi? De qui? Quels qu'en soient les relais, la responsabilité lui en revient, à lui, « il » qui *soussigne* toute signature, Pro-nom sans nom prononçable et qui « marque de son sceau tout ce qui peut porter un nom ». Cette dernière phrase vient à la fin du livre, comme à la place de la signature. Emmanuel Levinas rappelle au Pro-nom qui précède, remplace, rend possible toute signature nominale, au moment même où Il la laisse encore signer à sa place. Il lui donne et lui soustrait, du même coup double, sa signature. Est-ce lui, « il » qui alors fait œuvre? *De lui* que l'œuvre répond? De lui qu'on aura dit « Il aura obligé »? Je ne crois pas qu'entre tel pro-nom et un nom ou le porteur d'un nom il y ait ce qu'on appelle une différence, une distinction. Le rapport entre « il » et le porteur d'un nom est autre. Chaque fois différent, jamais anonyme, « il » est (sans le soutenir d'une présence substantielle) le porteur du nom. Si maintenant je transforme l'énoncé venu de je ne sais où et dont nous sommes partis (« Il aura obligé ») par celui-ci « L'œuvre d'Emmanuel Levinas aura obligé », y souscrirait-il? Accepterait-il que je remplace « il » par Emmanuel Levinas pour dire (ce) qui aura fait œuvre dans son œuvre? Sera-ce une faute, quant à « il » ou quant à lui, E. L.?

– Maintenant, j'écris, sous ta dictée, « l'œuvre d'E. L. aura obligé ».

Tu me l'as dicté et pourtant, ce que j'écris en ce moment même, « l'œuvre d'E. L. aura obligé », articulant nom commun et nom propre, tu ne sais pas encore ce que cela signifie. Tu ne sais pas encore comment *il faut* lire. Tu ne sais pas même comment, en ce moment, *il faut* entendre ce « il faut ».

L'œuvre d'E. L. *comprend* une *autre* manière de penser l'obligation du « il faut », une *autre* manière de penser l'œuvre, et même de penser le penser. Il faut donc la lire autrement, y lire autrement le « il faut » et autrement « autrement ».

La dislocation à laquelle cette œuvre aura obligé est une dislocation sans nom. Vers une autre pensée du nom, tout autre pensée parce qu'ouverte *au nom de l'autre*. Dislocation inaugurale *et* immémoriale, elle n'aura eu lieu – autre lieu, au lieu de l'autre – qu'à la condition d'une autre topique. D'une topique extravagante (d'une u-topique diront ceux qui croient savoir ce qui a lieu et ce qui tient lieu) et absolument autre. Mais pour entendre l'absolu de cet « absolument », il aura fallu lire l'œuvre sérielle qui déplace, remplace, substitue ce mot « absolu ». Et d'abord le mot « œuvre ». Nous nous prenons sans fin dans le réseau des guillemets. Nous ne savons plus comment les effacer ou les accumuler les uns par-dessus les autres. Nous ne savons même plus comment citer son « œuvre » dès lors qu'elle cite déjà, entre guillemets, toute la langue, la française, l'occidentale et même au-delà, ne serait-ce déjà qu'à partir du moment et en conséquence de ce fait qu'« il » doit mettre entre guillemets le signataire pronominal, le signataire sans nom et sans signature d'auteur, « il » qui soussigne toute œuvre, met en œuvre tout ouvrage, et « marque de son sceau tout ce qui peut porter un nom ». S'« il » est entre guillemets, plus rien ne se dit – de lui, pour lui, depuis lui, à sa place ou devant lui – qui ne requiert une série cousue, nouée, ouvragée, une fabrique de guillemets crochetant un texte sans bordure. Texte excédant la langue et pourtant intraduisible en toute rigueur d'une langue à l'autre. La sérialité le noue irréductiblement à *une* langue.

Si tu veux parler de l'opération d'E. L. quand il se met à « cet ouvrage », quand il écrit « en ce moment », et si tu demandes « que fait-il? » et « comment fait-il? » alors, il te faudra non seulement dis-loquer le « il » qui n'est plus le sujet d'une opération, son agent, son producteur, son travailleur, mais préciser aussitôt que l'Œuvre, telle que son œuvre la donne et redonne à penser, n'est plus de l'ordre technique ou producteur de l'opération (*poiein, facere, agere, tun, wirken, erzeugen* ou de quelque façon qu'on traduise). Tu ne peux donc plus parler – pertinemment – de l'Œuvre avant ce que « son » œuvre dit de l'Œuvre, en son Dire et au-delà de son Dit, puisque cet écart reste irréductible. Et il n'y a là aucun cercle, surtout pas un cercle herméneutique car l'Œuvre – selon son œuvre – « est » précisément ce qui rompt toute circularité. Là, proche mais infiniment éloignée, se trouve la dis-location, à l'intérieur sans dedans de la langue mais ouverte au-dehors du tout autre. La loi infinie des guillemets semble suspendre toute référence et fermer l'œuvre sur le contexte sans bord qu'elle se donne à elle-même; or voici que cette loi fait référence absolue au commandement du tout autre, obligeant au-delà de tout contexte délimitable.

Si donc j'écris maintenant « l'œuvre d'E. L. aura obligé à une dislocation absolue », l'obligation, comme l'œuvre l'enseigne et enseigne ce qu'il faut de l'enseignement, aura été sans contrainte, sans contrat, antérieure à tout engagement, à toute signature nominale, mais qui à l'autre répond de l'autre avant toute question et toute demande, ab-solue par là même, ab-solvante. La responsabilité dissymétrique, « il » l'aura soustraite au cercle, à la circulation du pacte, de la dette, de la reconnaissance, de la réciprocité synchronique, j'oserai même dire de l'alliance annulaire, du *tour,* de ce qui fait le tour, d'un doigt et j'oserai dire d'un sexe.

Peut-on le dire? Comme il est difficile, probablement impossible, d'écrire ici, de décrire ce que je parais commencer à décrire. Peut-être impossible de tenir un discours qui se tienne en ce moment, disant, expliquant, décrivant, constatant (un discours de constat) l'œuvre d'E. L. Il y faudrait une écriture qui performe, mais d'un performatif sans présent (qui a jamais défini un tel performatif?), qui réponde du sien, un performatif sans événement présent, un performatif dont l'essence ne se résume pas à la présence (« en ce moment même », en ce moment *présent* j'écris ceci, je dis *je*, présentement : et on a dit que la simple énonciation d'un *je* était performative et aussi que le vrai performatif s'énonce toujours à la première personne), un performatif comme on n'en a jamais décrit, mais dont la performance ne doit pas non plus être vécue comme un succès complaisant, une prouesse. Car c'est en même temps l'exercice le plus quotidien d'un discours à l'autre, la condition de l'écriture la moins virtuose. Cette performance ne répond pas à la description canonique du performatif, peut-être. Alors, qu'on change cette description ou qu'on renonce ici au mot « performatif »! Ce qui est à peu près sûr, c'est que *cette* performance-*là* ne relève pas davantage de la proposition « constative », ni de la proposition tout court ; et qu'inversement, dissymétriquement, toute proposition dite constative, toute proposition en général *présuppose* avant tout cette structure, cette responsabilité de la trace (*per*formante ou *per*formée).

Par exemple. J'ai écrit tout à l'heure : « " il " l'aura soustraite au cercle... ». Or il faudrait déjà – et à l'infini – que je reprenne et déplace en série chaque mot écrit. Le déplacement n'y suffisant pas, il faut que j'arrache chaque mot à lui-même, que je l'arrache *absolument* à lui-même, comme par exemple dans sa manière d'écrire « passivité plus passive que la passivité », expression qui s'indétermine et peut aussi bien passer dans son contraire, sauf si l'arrachement se limite quelque part, comme pour un morceau de peau arraché symboliquement au corps et gardant, sous la coupure, l'adhérence ; il faut que je le détache et l'absolve de lui-même en y laissant néanmoins une marque attachante (l'expression « passivité plus passive que la passivité » ne devient pas n'importe quoi, elle ne signifie pas « activité plus active que l'activité »). Pour que deux annulations ou deux excès ne s'équivalent pas, dans l'indétermination, il faut que la rature ab-solvante ne soit pas absolument absolue. Il faut donc que je fasse apparaître chaque atome d'énoncé comme fautif et absous. Fautif au regard de qui ? de quoi ? Et pourquoi ? Quand j'ai écrit par exemple « " il " l'aura soustraite... etc. », la syntaxe même de ma phrase, selon les normes dominantes qui interprètent la langue française, semble constituer le « il » en sujet actif, auteur et initiateur d'une opération. S'« il » était le pronom simple du signataire (et non « le Pro-nom qui marque de son sceau tout ce qui peut porter un nom »...), on pourrait alors penser que le signataire a l'autorité d'un auteur et qu'« il » est l'agent de l'action qui « aura soustrait », etc. Or il *aurait fallu,* il faut donc dire qu'« il » n'a pas soustrait quoi que ce soit, « il » a *fait apparaître* la possibilité de cette soustraction ; il ne l'a pas *fait* apparaître, il l'a *laissé* paraître, il ne l'a pas laissé *paraître* car ce qu'il a laissé (non pas être mais faire signe et non pas signe mais énigme), ce qu'il a laissé se produire comme énigme, et se produire est encore trop, n'est pas de l'ordre phénoménal ; il a « laissé » « paraître » le non-apparaissant comme tel (mais le non-apparaissant ne dis-paraît jamais dans son « comme tel », etc.), sur la limite de l'au-delà, limite qui n'est pas une ligne déterminable, visible, pensable, et qui n'a pas de bords définissables : sur la « limite », donc, de l'« au-delà » du phénomène et de l'essence : c'est-à-dire (!) le « il » lui-même. C'est ça, le « il » lui-même, c'est-à-dire (!) l'Autre. « Il » a dit « Il ». Avant même que « je » dise « je » et pour que, si c'est possible, « je » dise « je ».

Cet autre « il », cet « il » comme tout autre, n'a pu arriver au bout de ma phrase (à moins que ma phrase n'y soit jamais arrivée, indéfiniment arrêtée sur sa propre rive linguistique) qu'après une série de mots qui sont tous fautifs et que j'ai comme raturés au passage, en mesure, régulièrement, l'un après l'autre, tout en leur laissant leur force traçante, le sillage de leur tracement, la force (sans force) d'une trace qu'aura laissée le passage de l'autre. J'ai écrit en les marquant, en les laissant marquer, de l'autre. C'est pourquoi il est inexact de dire que je les ai, ces mots, raturés. En tout cas je n'aurais pas dû les raturer, j'aurais dû les laisser s'entraîner dans une *série* (suite cordée de *ratures* en lacets), une série interrompue, une *série* d'interruptions entrelacées, série d'*hiatus* (bouche bée, bouche ouverte à la parole entrecoupée ou au don de l'autre et au-pain-de-sa-bouche), ce que j'appellerai désormais pour formaliser de façon économique et pour ne plus dissocier ce qui n'est plus dissociable dans cette fabrique, la *sériature*. Cet autre « il », donc, n'aurait pu arriver au bout de ma phrase que dans la mobilité interminable de cette sériature. Il n'est pas le sujet-auteur-signataire-propriétaire de l'ouvrage, c'est un « il » sans autorité. On peut aussi bien dire qu'il est le Pro-nom qui laisse sa présignature sous scellé dans le nom d'auteur, par exemple E. L., ou inversement qu'E. L. n'est qu'un pronom remplaçant le prénom singulier, le sceau qui vient avant tout ce qui peut porter un nom. E. L., de ce point de vue, serait le pronom *personnel* de « il ». Sans autorité, il ne *fait* pas œuvre, il n'est pas l'agent ou le créateur de son œuvre. Mais si je dis qu'il *laisse* œuvrer l'œuvre (mot qui reste encore à entraîner), il faut aussitôt préciser que ce laisser n'est pas une simple passivité ni un laisser à penser dans l'horizon du laisser-être. Ce laisser au-delà de l'essence, « plus passif que la passivité », entends-le comme la pensée la plus provocante, aujourd'hui. Elle n'est pas provocante dans le sens de l'exhibition transgressive et complaisamment choquante. Pensée aussi provoquée, d'*abord* provoquée. Hors la loi comme la loi de l'autre. Elle ne provoque elle-même que depuis son exposition absolue à la provocation de l'autre, exposition tendue de toute la force possible pour ne pas réduire la passée *antérieure* de l'autre et pour ne pas retourner la surface du moi qui, *d'avance,* s'y trouve corps et âme livrée.

« Passée antérieure » (antérieure au passé, au présent passé), « d'abord », « d'avance » : parmi les mots ou la syntaxe dont je n'ai pas encore esquissé la sériature, il y a le futur antérieur, dont je me serai pourtant beaucoup servi, sans autre recours possible. Par exemple dans la petite phrase : « Il aura obligé », ou « L'œuvre d'E. L. aura obligé ». (Obligé à quoi? et qui, d'abord? Je n'ai pas encore dit toi, moi, vous, nous, eux, ils, elles, ça.) Le futur antérieur pourrait être – et cette ressemblance est irréductible – le temps de la téléologie hegelienne. C'est bien ainsi qu'on en administre le plus souvent l'intelligence proprement philosophique, en accord avec ce que j'ai appelé plus haut l'interprétation dominante de la langue – en quoi consiste précisément la philosophie. Or *ici même,* dans *cette* sériature entraînant le « il aura obligé », dans celle-ci et non dans une autre très semblable, mais déterminant autrement le même énoncé, le futur antérieur, « ici même », aura désigné, « dans » la langue, ce qui reste le plus irréductible à l'économie de la téléologie hegelienne et à l'interprétation dominante de la langue. Dès lors qu'il est accordé au « il » comme Pro-nom du tout-autre « toujours déjà passé », il aura entraîné vers une eschatologie sans téléologie philosophique, au-delà d'elle en tout cas, autrement qu'elle. Il aura enfoncé le futur antérieur au fond sans fond d'un passé antérieur à tout passé, à tout présent passé, vers cette passée de la trace qui n'a jamais été présente. Sa future antériorité aura été *irréductible* à l'ontologie. A une ontologie qui est d'ailleurs faite pour tenter cette réduction impossible. Cette réduction est la finalité du mouvement ontologique, sa puissance mais aussi la fatalité de son échec : ce qu'elle tente de réduire, c'est sa propre condition.

Cette future antériorité-*là* ne déclinerait plus alors un verbe disant l'action d'un sujet dans une opération qui aurait été *présente.* Dire « il aura obligé » – dans *cette* œuvre, compte tenu de ce qui fait œuvre dans *cette* sériature – c'est non pas désigner, décrire, définir, montrer, etc., mais, disons, *entracer,* autrement dit performer dans l'entr(el)acement d'une sériature, cette obligation dont « il » n'aura pas été le sujet présent mais de laquelle « je » réponds ici même : me voici, (je) viens. *Il* n'aura pas été (un) présent, il aura fait don de ne pas disparaître sans laisser de trace. Mais laisser la trace, c'est aussi la *laisser,* l'abandonner, ne pas y insister dans un signe. C'est l'effacer. Dans le concept de trace, le re-trait de l'effacement s'inscrit d'avance. La trace s'inscrit en s'effaçant et en laissant la trace de son effacement dans le *re*trait ou dans ce qu'E. L. appelle la « surimpression » (« La trace authentique, par contre, dérange l'ordre du monde. Elle vient " en surimpression "... Celui qui a laissé des traces en effaçant ses traces, n'a rien voulu dire, ni faire par les traces qu'il laisse... », *Humanisme de l'autre homme,* p. 60). La structure de surimpression ainsi décrite menace de sa rigueur même, qui est celle de la contamination, toute *authenticité* assurée de la trace (« la trace authentique... ») et toute dissociation rigoureuse entre signe et trace (« La trace n'est pas un signe comme un autre. Mais elle joue aussi le rôle de signe [...]. Mais tout signe, dans ce sens, est trace... » *(ibid.)*). Le mot « laisser » dans la locution « laisser une trace » semble se charger alors de toute l'énigme. Il ne s'annoncerait plus à partir de rien d'autre que de la trace, et surtout pas à partir d'un laisser-être. A moins d'entendre *autrement* le laisser-être depuis le signe que lui fait la trace ou qu'il laisse s'y effacer.

Qu'est-ce que je te dis, quand je prononce « laisse-moi »? Quand tu dis « il m'a laissée », ou comme dans le *Cantique des Cantiques,* « il s'est esquivé, il est passé »?

Autrement dit (l'enchaînement sériel ne doit plus glisser par un « c'est-à-dire » mais s'interrompre et se renouer au bord de l'inter-ruption par un « autrement dit »), pour ce pas-sans-trace, la conta-mination entre le « il » au-delà de la langue et le « il » dans l'im-manence économique de la langue et de son interprétation dominante, n'est pas simplement un mal, une contamination « négative », elle décrit le procès même de la trace en tant qu'elle fait œuvre, d'un faire-œuvre qu'il aura fallu entendre non pas à partir du faire ou de l'œuvre mais de ce qui se dit de l'Œuvre dans son Œuvre, du dire de ce dit, de sa performance entr(el)acée. Il n'y a pas plus de contamination « négative » qu'il n'y a un simple au-delà et un simple dedans de la langue, de part et d'autre d'une bordure.

Tu retrouves une fois de plus la paradoxie logique de *cette* sériature (mais elle vaut, celle-ci, dans sa singularité irremplaçable, pour toute autre) : il faut, bien que personne n'y contraigne personne, lire son œuvre, autrement dit y répondre et même en répondre, non pas à partir de ce qu'on entend par *œuvre* selon l'interprétation dominante de la langue, mais selon ce que *son* œuvre dit — à *sa* manière — de l'Œuvre, de ce qu'elle est, autrement dit de ce qu'elle *doit* (être), autrement dit ce qu'elle aura dû (être), comme œuvre dans l'œuvre. Aussi difficile de calculer la majuscule que les guil-lemets.

Voilà sa dislocation : elle ne déporte pas un énoncé ou une série d'énoncés, elle re-marque en chaque atome du Dit une effraction marquante du dire, d'un dire qui n'est plus un infinitif présent mais déjà une passée de la trace, une performance (du) tout autre. Et si tu veux accéder à « son » œuvre, il t'aura fallu passer par ce qu'elle aura dit de l'Œuvre, à savoir qu'elle ne lui revient pas. C'est pourquoi tu as, toi, à en répondre. Elle est entre tes mains qui peuvent la lui donner, la lui dédier. En ce moment, ici même :

« L'Autre peut me déposséder de mon œuvre, la prendre ou l'acheter et diriger ainsi mon comportement même. Je m'expose à l'instigation. L'œuvre se voue à cette *Sinngebung* étrangère, dès son origine en moi. [...] Le vouloir échappe au vouloir. L'œuvre est toujours, dans un certain sens, un acte manqué. Je ne suis pas entièrement ce que je veux faire. D'où un champ d'investigation illimité pour la psychanalyse ou la sociologie saisissant la volonté à partir de son apparition dans l'œuvre, dans son comportement ou dans ses produits. » *(Totalité et infini.)*

L'Œuvre, telle qu'elle est à l'œuvre, *œuvrée,* dans l'œuvre d'E. L. et telle qu'il faut la lire si l'on doit lire « son » œuvre, ne revient pas – à l'origine – au Même. Cela n'entraîne pas qu'elle *signifie* dépense et pure perte dans un *jeu.* Un tel jeu serait encore déterminé, en dépense, par l'économie. La gratuité de cette œuvre, ce qu'il appelle encore *liturgie,* « mise de fonds à perte » ou « œuvre sans rémunération » *(Humanisme de l'autre homme)* ressemble au jeu mais n'est pas le jeu, « elle est l'éthique même », au-delà même de la pensée et du pensable. Car la liturgie de l'œuvre ne doit même pas se *subordonner* à la pensée. Une œuvre qui « se subordonnerait à la pensée » *(La Trace de l'autre* et *Humanisme...)* encore entendue comme calcul économique, ne ferait pas Œuvre.

Ce qu'aura donc réussi l'œuvre d'E. L. – dans l'acte manqué qu'elle dit être, comme toute œuvre – c'est d'avoir obligé, avant tout contrat de reconnaissance, à cette dissymétrie qui l'a elle-même violemment, doucement, provoquée : impossible de s'approcher d'elle, de « son » œuvre, sans passer d'abord, déjà, par le re-trait de son dedans, à savoir le remarquable dire de l'œuvre. Non pas seulement ce qui s'y trouve dit à ce sujet mais du dire entr(el)acé qui y vient de l'autre et n'y revient jamais à lui-même, qui vient (par exemple, exemplairement) de toi (viens), lectrice obligée. Tu peux encore ne pas lui donner ce sens ou seulement te prêter à cette *Sinngebung,* ne pas t'approcher encore de cette ellipse singulière où pourtant déjà tu es prise, peut-être.

– Je savais. En écoutant je me demandais pourtant si j'étais comprise, moi, et comment arrêter ce mot : comprise. Et comment l'œuvre me savait, ce qu'elle savait de moi. Soit : commencer par lire son œuvre, la lui donner, pour s'approcher de l'Œuvre. Qui, elle, ne commence pas avec « son » œuvre et avec quiconque prétendrait dire « mon » œuvre. Allant vers l'Autre, venant du Même pour ne pas y revenir, elle n'en vient donc pas, mais de l'Autre qui l'invente. Elle fait œuvre dans le re-trait qui re-marque ce mouvement hétéronome. Le re-trait n'est pas unique bien qu'il remarque l'unique, mais sa sériature est unique. Non pas sa signature – « il » soussignant sous-scellé – mais sa sériature. Soit. Or si, lisant ce qu'il aura eu à donner, je tiens compte de la sériature unique, je dois par exemple constater que le mot « œuvre », pas plus qu'aucun autre, n'a de sens fixé hors de la syntaxe mobile des marques, hors de la transformation contextuelle. La variation n'est pas libre, la transformation est réglée, dans son irrégularité et dans son dérangement même. Mais comment? Par quoi? Par qui? J'en donne ou j'en prends un exemple. Plus ou autre chose peut-être qu'un exemple, celui du « fils » dans *Totalité et infini,* du fils ou des fils « uniques » : « Le fils n'est pas seulement mon œuvre, comme un poème ou un objet. » C'est à la page 254 et je suppose le contexte relu. « Le fils » semble *ici,* bien qu'il soit défini comme au-delà de « mon œuvre », avoir plutôt les traits de ce qui, dans d'autres contextes, et sans doute plus tard, s'appelle, avec une majuscule, l'Œuvre. Autrement dit, le mot *œuvre* n'a pas le même *sens* et la même *référence* dans les deux contextes, sans qu'il y ait là aucune incohérence ou contradiction. *Ils ont même un rapport tout autre au sens et à la référence.*

« Le fils » – mouvement sans retour vers l'autre au-delà de l'œuvre – ressemble donc à ce qui s'appelle, ailleurs, plus tard, l'Œuvre. Ailleurs, plus tard, j'ai lu aussi « Le rapport avec autrui par le fils... » *(Du sacré au saint.)*

Or dans le même paragraphe de *Totalité et infini* (et ailleurs), là où il est dit, presque toujours, « fils » (et « paternité »), une phrase dit « enfant » (« Je n'ai pas mon enfant, je suis mon enfant. La paternité est une relation avec un étranger qui tout en étant autrui [...] *est* moi; une relation du moi avec un soi qui cependant n'est pas moi »). Est-ce que « fils » est un autre mot pour « enfant », un enfant qui pourrait être de l'un ou l'autre sexe? Et alors d'où vient et que signifie cette équivalence? Et pourquoi « fille » ne jouerait-il pas un rôle analogue? Pourquoi le fils serait-il, plus ou mieux que la fille, que moi, Œuvre au-delà de « mon œuvre »? S'il n'y avait pas encore de différence de ce point de vue, pourquoi « fils » représenterait-il mieux et d'avance cette indifférence? Cette indifférence non marquée?

De cette question que j'abandonne ici en son ellipse, j'interroge le rapport, dans l'Œuvre d'E. L., entre la différence sexuelle – autrui comme autre sexe, autrement dit comme autrement sexué – et autrui comme tout autre, au-delà ou en deçà de la différence sexuelle. Son texte, à lui, marque sa signature d'un « je-il » masculin, chose rare, cela fut noté ailleurs, « au passage », il y a longtemps, par un autre.

(« Notons au passage, à ce sujet, que *Totalité et infini* pousse le respect de la dissymétrie jusqu'au point où il nous paraît impossible, essentiellement impossible, qu'il ait été écrit par une femme. Le sujet philosophique en est l'homme [*vir*][1]. ») Et à la page même qui dit « le fils » au-delà de « mon œuvre », j'ai aussi pu lire : « Ni savoir ni pouvoir. Dans la volupté, autrui − le féminin − se retire dans son mystère. La relation avec lui [autrui] est une relation avec son absence... ». Sa signature assume donc la marque sexuelle, phénomène remarquable dans l'histoire de l'écriture philosophique, si celle-ci a toujours eu intérêt à occuper cette position sans la remarquer ou sans en assumer, sans en signer la marque. Mais aussi bien l'œuvre d'E. L. me paraît avoir toujours secondarisé, dérivé, l'altérité comme différence sexuelle, subordonné le trait de différence sexuelle à l'altérité d'un tout autre sexuellement non marqué. Non pas secondarisé, dérivé, subordonné la femme ou le féminin, mais la différence sexuelle. Or la différence sexuelle une fois subordonnée, il se trouve toujours que le tout autre qui n'est *pas encore marqué* se trouve être *déjà* marqué de masculinité (il-avant il/elle, fils-avant enfant fils/fille, père-avant père/mère, etc.). Opération dont la logique m'a paru aussi constante (dernier exemple en date, la psychanalyse freudienne et tout ce qui y fait retour) qu'illogique, mais d'un illogique qui aura rendu possible toute logique et l'aura ainsi marquée − depuis qu'elle existe comme telle − de ce « il » prolégoménal. Comment marquer au masculin *cela même* qu'on dit antérieur ou encore étranger à la différence sexuelle? Ma question sera plus claire si je me contente de citer. Non pas tous ces passages où il affirme la féminité comme une « catégorie ontologique » (« Le féminin figure parmi les catégories de l'Être »), geste dont je me demande toujours s'il me comprend *contre* une tradition qui m'aurait refusé cette dignité ontologique ou, mieux que jamais, *dans* cette tradition profondément répétée. Mais ceux-ci :

> ... la femme n'aura dans le judaïsme que le destin de l'être humain où sa féminité ne figurera que comme un attribut. [...] La féminité de la femme ne saurait ni déformer ni absorber son essence humaine. « La femme se dit *Ichah* en hébreu, car elle vient de l'homme − *Iche* », conte la Bible. Les docteurs s'emparent de cette étymologie pour affirmer la dignité unique de l'hébreu qui exprime le mystère même de la création, la femme dérive quasi grammaticalement de

---

1. Cf. *L'écriture et la différence*, Le Seuil, 1967, p. 228.

l'homme. [...] « La chair de ma chair et l'os de mes os » signifie donc une identité de nature entre la femme et l'homme, une identité de destin et de dignité et aussi une subordination de la vie sexuelle au rapport personnel qui est l'égalité en soi. Idées plus anciennes que les principes au nom desquels lutte la femme moderne pour son émancipation, mais *vérité* de tous ces principes sur un plan où se maintient aussi la thèse qui s'oppose à l'image d'androgyne initial et s'attache à l'idée populaire de la côte. Elle maintient une priorité certaine du masculin. Il demeure le prototype de l'humain et détermine l'eschatologie [...]. Les différences du masculin et du féminin s'estompent en ces temps messianiques. (« Le Judaïsme et le féminin », in *Difficile Liberté*.)

Tout récemment :

> Le sens du féminin se trouvera éclairé ainsi à partir de l'essence humaine, la *Ischa* à partir de *Isch* : non pas le féminin à partir du masculin, mais le partage en féminin et en masculin – la dichotomie – à partir de l'humain [...] par-delà la relation personnelle qui s'établit entre ces deux êtres issus de deux actes créateurs, la particularité du féminin est chose secondaire. Ce n'est pas la femme qui est secondaire; c'est la relation avec la femme en tant que femme, qui n'appartient pas au plan primordial de l'humain. Au premier plan sont des tâches qu'accomplissent l'homme comme être humain et la femme comme être humain. [...] Le problème, dans chacun des alinéas que nous commentons en ce moment, consiste à concilier l'humanité des hommes et des femmes avec l'hypothèse d'une spiritualité du masculin, le féminin n'étant pas son corrélatif mais son corollaire, la spécificité féminine ou la différence des sexes qu'elle annonce ne se situant pas d'emblée à la hauteur des oppositions constitutives de l'Esprit. Audacieuse question : comment l'égalité des sexes peut-elle provenir de la priorité du masculin? [...] Il fallait une différence qui ne compromette pas l'équité : une différence de sexe; et, dès lors, une certaine prééminence de l'homme, une femme venue plus tard et, en tant que femme, appendice de l'humain. Nous en comprenons maintenant la leçon. L'humanité n'est pas pensable à partir de deux principes entièrement différents. Il faut qu'il y eût du *même* commun à ces *autres* : la femme a été prélevée sur l'homme, mais est venue après lui : *la féminité même de la femme est dans cet initial après coup*. (« Et Dieu créa la femme », in *Du sacré au saint*, p. 132-142.)

Étrange logique que celle de cette « audacieuse question ». Il faudrait en commenter chaque pas, et vérifier que chaque fois la secondarité de la différence sexuelle y signifie la secondarité du féminin (mais pourquoi donc?) et que l'initialité du pré-différentiel s'y marque chaque fois de ce masculin qui devrait pourtant, comme toute marque sexuelle, ne venir qu'après coup. Il faudrait commenter mais je préfère d'abord souligner ceci, à titre de protocole : il commente lui-même, et dit qu'il commente; ce discours n'est pas littéralement celui d'E. L. et il faut en tenir compte. Il dit, tenant le discours, qu'il commente les docteurs, *en ce moment même* (« les alinéas que nous commentons en ce moment », et plus loin : « Je ne prends pas parti; aujourd'hui, je commente »). Mais la distance du commentaire n'est pas neutre. Ce qu'il commente consonne avec tout un réseau d'affirmations qui sont les siennes, ou celles de lui, *« il »*. Et la position du commentateur correspond à un choix : au moins celui d'accompagner et non de déplacer, transformer, voire renverser l'écriture du texte commenté. Je ne veux pas garder la parole à ce sujet. S'agissant d'écriture inédite, en voici, d'une autre :

> Si donc la femme dérive quasi grammaticalement de l'homme, cela implique bien, comme l'affirme Lévinas, une même identité de destin et de dignité, identité qu'il convient de penser comme « récurrence du soi dans la responsabilité-pour-les-autres », mais cela fait part aussi d'un double régime pour l'existence séparée de l'homme et de la femme. Et si Lévinas se refuse à voir dans cette séparation une déchéance par rapport à quelque unité première, s'il répugne à l'indifférenciation car la séparation vaut mieux que l'unité première, il n'en établit pas moins un ordre de préséance. Si la dérivation est pensée dans l'écoute d'une grammaire, ce n'est sans doute pas par hasard. Car la grammaire témoigne ici du privilège d'un nom qui toujours associe le désintéressement eschatologique à l'Œuvre de paternité. Ce nom s'apprend encore comme ce qui, effectivement, détermine l'eschatologie dans la dérivation d'une généalogie.
>
> Écrire autrement la grammaire, inventer quelques fautes inédites, n'est pas vouloir un renversement de cette détermination, ce n'est pas là défi qui s'égale à l'orgueil, c'est se rendre compte que le langage n'est pas une simple modalité du penser. Que le logos n'est pas neutre comme le reconnaît aussi Lévinas. Que la difficulté que lui-même rencontre dans son élection – qui lui semble indépassable – du lieu grec pour faire entendre une pensée qui vient d'ailleurs, n'est peut-être pas étrangère à un certain mutisme au féminin. Comme si se perdait – dans cette nécessité d'emprunter le chemin d'un unique logos – l'inédit d'une autre syntaxe. (Catherine Chalier, *Figures du féminin,* Lecture d'Emmanuel Lévinas, inédit [1].)

---

1. Publié depuis, aux éditions de *La nuit surveillée,* 1982, p. 97.

J'en viens donc à ma question. Dès lors qu'elle est sous-signée du Pro-nom Il (avant il/elle, certes, mais Il n'est pas Elle), est-ce que la secondarisation de l'altérité sexuelle, loin de se laisser approcher à partir de l'Œuvre, la sienne ou celle qui s'y dit, ne devient pas la maîtrise, maîtrise de la différence sexuelle, posée comme origine de la féminité? Maîtrise donc *de* la féminité? Cela même qu'*il* n'*aurait pas fallu* maîtriser et qu'on n'a – donc – pas pu éviter de maîtriser, de le tenter du moins? Cela même qu'il n'aurait pas fallu dériver d'une *archè* (neutre et donc, dit-il, masculine) pour l'y soumettre? L'anéconomique qu'il n'aurait pas fallu *économiser,* situer dans la maison, *dans* ou *comme* la loi de l'*oikos?* La secondarité sexuelle, et donc, dit-Il, la différence féminine, ne figure-t-elle pas alors le tout-autre de ce Dire du tout autre dans sa sériature ici déterminée, dans l'idiome de cette négociation? Ne dessine-t-elle pas, au-dedans de l'œuvre, un surcroît d'altérité non dite? Ou dite comme secret, précisément, ou mutisme symptomal? Les choses se compliqueraient alors. L'autre comme féminin (moi), loin d'être dérivé ou secondaire, deviendrait l'autre du Dire du tout-autre, de celui-ci en tout cas; et ce dernier, *en tant* qu'il aura cherché à en dominer l'altérité, risquerait (dans cette mesure du moins) de *s'*enfermer *lui-même* dans l'économie du même.

Tout autrement dit : secondarisée par la responsabilité du tout autre, la différence sexuelle (et donc, dit-Il, la féminité) se retient, comme autre, dans la zone économique du même. Incluse dans le même, elle y est du même coup exclue : enfermée au-dedans, forclose dans l'immanence d'une crypte, incorporée dans le Dire qui se dit du tout autre. Désexualiser le rapport au tout autre (ou aussi bien l'inconscient, comme tend à le faire aujourd'hui une certaine interprétation philosophique de la psychanalyse), secondariser la sexualité par rapport à un tout-autre qui ne serait pas en lui-même sexuellement marqué (« ...sous l'altérité érotique, l'altérité de l'un-pour-l'autre : la responsabilité avant l'éros », *Autrement qu'être...,* p. 113), c'est toujours secondariser la différence sexuelle *comme* féminité. Je situerais en ce lieu sa complicité profonde avec telle interprétation de la psychanalyse. Cette complicité, plus profonde que l'abîme qu'il veut mettre entre sa pensée et la psychanalyse, rassemble toujours autour d'un dessein fondamental : leur rapport à moi, à l'autre comme femme. C'est ce que je veux leur donner (d'abord à lire).

Abuserai-je alors de cette hypothèse? L'effet de secondarisation, prétendument exigé par le tout-autre (comme Il), deviendrait la cause, autrement dit l'autre du tout autre, l'autre d'un tout autre qui n'est plus sexuellement neutre mais *posé* (hors série dans la sériature), tout à coup déterminé comme Il. Alors l'Œuvre apparemment signée du Pro-nom Il serait dictée, inspirée, aspirée par le désir de secondariser Elle, donc *par* Elle. Depuis son lieu de dépendance dérivable, depuis sa condition de dernier ou de premier « otage », elle sous-signerait le soussigné de l'œuvre. Non pas au sens où soussigner reviendrait à confirmer la signature mais contresigner, et non plus au sens où contresigner reviendrait à redoubler la signature, selon le même ou le contraire – mais *autrement que signer*.

Tout le système de *cette* sériature commenterait en silence l'hétéronomie absolue par rapport à Elle qui serait le tout autre. *Cette* hétéronomie écrivait le texte depuis son envers, comme un tisserand son ouvrage. Mais il faudrait ici se défaire d'une métaphore du tissage qui ne s'est pas imposée par hasard : on sait à quels investissements interprétatifs elle a donné lieu, quant à une spécificité féminine que la psychanalyse freudienne fait *aussi régulièrement* dériver. C'est ce que j'appelle, moi, l'invention de l'autre.

Je le savais. Ce que je suggère ici n'est pas sans violence, et même sans violence redoublée de ce qu'il appelle « traumatisme », la blessure non symbolisable qui vient, avant toute autre effraction, de la passée antérieure de l'autre. Blessure effrayante, blessure *de la vie,* la seule que fraye aujourd'hui la vie. Violence fautive à l'égard de son nom, de son œuvre en tant qu'elle inscrit son nom propre sur un mode qui n'est plus de propriété. Car enfin la dérivation de la féminité n'est pas un mouvement simple dans la sériature de son texte. Le féminin y est aussi décrit comme une figure du tout autre. Et puis nous avons reconnu que cette œuvre est l'une des premières et des rares, dans cette histoire de la philosophie à laquelle elle n'appartient pas simplement, à ne pas feindre d'effacer la marque sexuelle de sa signature : dès lors, il serait le dernier surpris par le fait que l'autre (de tout le système de son dire de l'autre) soit femme et le commande depuis cette place. Aussi ne s'agit-il pas de renverser les places et de mettre, contre lui, la femme à la place du tout autre comme *archè*. Si ce que je dis reste faux, falsificateur, fautif, c'est aussi dans la mesure où la dissymétrie (je parle depuis ma place de femme et à supposer qu'elle soit définissable) peut aussi renverser la perspective et laisser le schéma intact.

Il a été tout à l'heure démontré que l'ingratitude et la contamination ne survenaient pas comme un mal accidentel. C'est une sorte de fatalité du Dire. Elle est à négocier. Ce serait pire sans la négociation. Acceptons-le : ce que j'écris en ce moment même est fautif. Fautif jusqu'à un certain point en touchant ou pour ne pas toucher à son nom, à ce qu'il met en œuvre en son nom rigoureusement propre dans cet « acte manqué » (dit-il), dans une œuvre. Si son nom propre, E. L., est à la place du Pronom (Il) qui préscelle tout ce qui peut porter un nom, ce n'est pas lui, mais Lui que ma faute vient blesser en son corps. Où ma faute alors aura-t-elle pris corps? Où dans son corps aura-t-elle laissé une marque, dans son corps à Lui, veux-je dire? Qu'est-ce que le corps d'une faute dans cette écriture où s'échangent, sans circuler, sans jamais se présenter, les traces de tout autre? Si je voulais détruire ou annuler ma faute, je devrais savoir ce que devient le texte qui s'écrit en ce moment même, où il peut avoir lieu et ce qui peut rester de son reste.

Pour mieux donner à entendre ma question, je ferai un détour par ce qu'il nous rappelle du nom de Dieu, dans le commentaire sans neutralité qu'il nous en propose (*Le nom de Dieu d'après quelques textes talmudiques*). Selon le Traité *Chevouoth* (35 a), il est interdit d'effacer les noms de Dieu, même dans le cas où le copiste en aurait altéré la forme. On doit alors enterrer le manuscrit tout entier. Celui-ci, dit E. L., « doit être mis en terre comme un corps mort ». Mais que signifie mettre en terre? Et que signifie un « corps mort » dès lors qu'il n'est pas effacé ou détruit mais « mis en terre »? Si on voulait simplement l'anéantir – ne plus le garder – on brûlerait tout, on effacerait tout sans reste. On remplacerait, sans reste, la dysgraphie par l'orthographie. En l'inhumant au contraire, on ne détruit pas la faute sur le nom propre, au fond on la garde, comme faute, on la garde au fond. Elle se décomposera lentement, prenant son temps, au cours d'un travail du deuil qui, réussi dans une intériorisation spirituelle, une idéalisation que certains psychanalystes appellent introjection, ou paralysé dans une pathologie mélancolique (l'incorporation), gardera l'autre comme autre, blessé, blessant, énoncé impossible. La topique d'un tel texte fautif reste bien improbable, comme l'avoir-lieu de son reste en ce cimetière théonymique.

Si je demande en ce moment même où remettre ma faute, c'est à cause d'une certaine *analogie*. Ce qu'il rappelle des noms de Dieu, on serait tenté de le dire *analogiquement* pour tout nom propre. Il serait le Pro-nom ou le Pré-nom de tout nom. De même qu'il y a une « ressemblance » entre le visage de Dieu et le visage de l'homme (même si cette ressemblance n'est ni « marque ontologique » de l'ouvrier sur son ouvrage, ni « signe » ni « effet » de Dieu), de même il y aurait une analogie entre tous les noms propres et les noms de Dieu qui sont à leur tour analogues entre eux. Dès lors je transporte par analogie sur un nom propre d'homme ou de femme ce qui se dit des noms de Dieu. Et de la « faute » sur le corps de ces noms.

Mais les choses sont plus compliquées. Si dans *Totalité et infini,* l'analogie est gardée, quoique en un sens peu classique, entre le visage de Dieu et le visage de l'homme, ici en revanche, dans le commentaire des textes talmudiques, tout un mouvement s'esquisse pour marquer la nécessité d'interrompre cette analogie, de « refuser à Dieu toute analogie avec des êtres certes uniques, mais qui forment monde ou structure avec d'autres êtres. Aborder à travers un nom propre, c'est affirmer une relation irréductible à la connaissance qui thématise ou définit ou synthétise et qui, par là même, entend le corrélat de cette connaissance comme être, comme fini et comme immanent ». Et pourtant, l'analogie une fois interrompue, on la voit renouée, comme analogie entre des hétérogènes absolus, à travers l'énigme, l'ambiguïté de l'épiphanie incertaine et précaire. L'humanité monothéiste a *rapport* à cette trace d'une passée absolument antérieure à toute mémoire, au re-trait ab-solu du nom révélé, à son inaccessibilité même. « Les lettres carrées sont une demeure précaire d'où se retire déjà le Nom révélé; lettres effaçables à la merci de l'homme qui trace ou recopie... » L'homme peut donc être en rapport avec ce retrait, malgré la distance infinie du non-thématisable, avec le précaire et l'incertain de cette révélation. « Mais cette épiphanie incertaine, à la limite de l'évanescence, est précisément celle que l'*homme seul peut retenir*. Et c'est pourquoi il est le moment essentiel et de cette transcendance et de sa manifestation. C'est pourquoi par cette révélation ineffaçable il est interpellé avec une droiture sans pareille.

« Mais cette révélation est-elle assez précaire? Le Nom est-il assez libre à l'égard du contexte où il se loge? Est-il préservé dans l'écrit de toute contamination par l'être ou la culture? Est-il préservé de l'homme qui certes a vocation de le retenir, mais qui est capable de tous les abus? »

Paradoxe : le précaire de la révélation n'est jamais assez précaire. Mais doit-il l'être? Et s'il l'était, ne serait-ce pas pire?

L'analogie renouée, comme on renoue les interruptions et non les fils, il faut s'en souvenir, je dois pouvoir transposer le discours sur les noms de Dieu au discours sur les noms humains, par exemple là où il n'y a plus d'exemple, celui d'E. L.

Et donc à la faute à laquelle ils s'exposent en corps l'un et l'autre. La faute aura eu lieu toujours, déjà : dès que je thématise ce qui dans son œuvre porte au-delà du thématisable et se met en singulière sériature dans ce qu'il ne peut pas ne pas signer lui-même. Il y a déjà, certes, de la contamination dans son œuvre, dans ce qu'il thématise « en ce moment même » du non-thématisable. Cette thématisation irrépressible, je la contamine à mon tour; et non seulement selon une loi de structure commune mais aussi bien par une faute mienne que je ne chercherai pas à résoudre ou absoudre dans la nécessité générale. En tant que femme, par exemple, et en inversant la dissymétrie, j'en ai rajouté, du viol. Je lui aurai été un peu plus infidèle encore, plus ingrate, mais n'était-ce pas alors pour me rendre à ce que son œuvre dit de l'Œuvre : qu'elle provoque à l'ingratitude? Ici à l'ingratitude absolue, la moins prévisible en son œuvre même?

Je donne, je joue l'ingratitude contre la jalousie. Dans tout ce dont je parle, il y va de la jalousie. La pensée de la trace, telle qu'E. L. la met en sériature, pense un singulier rapport de Dieu (non contaminé par l'être) à la jalousie. Il, celui qui est passé au-delà de tout être, doit être exempt de toute jalousie, de tout désir de possession, de garde, de propriété, d'exclusivité, de non-substitution. Et le rapport à Lui doit être pur de toute économie jalouse. Mais ce sans-jalousie ne peut pas ne pas se garder jalousement, il est, en tant que passée absolument réservée, la possibilité même de toute jalousie. Ellipse de jalousie : la sériature est toujours une jalousie à travers laquelle, voyant sans tout voir et surtout sans être vu, en deçà et au-delà du phénomène, le sans-jalousie se garde jalousement, autrement dit se perd, se-garde-se-perd. Selon une série de traits et de retraits réguliers : figure de la jalousie, au-delà du·visage. Plus de jalousie, toujours, plus de zèle, est-ce possible?

Si la différence féminine préscellait, peut-être et presque illisiblement, son œuvre, si elle devenait, au fond du même, l'autre de son autre, aurai-je alors déformé son nom, à lui, en écrivant en ce moment, dans cet ouvrage, ici même, « elle aura obligé »?

– Je ne sais plus si tu dis ce que dit son œuvre. Ça revient peut-être au même. Je ne sais plus si tu dis le contraire ou si tu as déjà écrit tout autre chose. Je n'entends plus ta voix, je la distingue mal de la mienne, de tout autre, ta faute me devient illisible tout à coup. Interromps-moi.

~ VOICI EN CE MOMENT MÊME J'ENROULE LE CORPS DE NOS VOIX ENTRELACÉES CONSONNES VOYELLES ACCENTS FAUTIFS DANS CE MANUSCRIT ~ IL ME FAUT POUR TOI LE METTRE EN TERRE ~ VIENS PENCHE-TOI NOS GESTES AURONT EU LA LENTEUR INCONSOLABLE

Psyché

QUI CONVIENT AU DON COMME S'IL FALLAIT RETARDER L'ÉCHÉANCE
SANS FIN D'UNE RÉPÉTITION ∼ C'EST NOTRE ENFANT MUET UNE FILLE
PEUT-ÊTRE D'UN INCESTE MORT-NÉE À L'INCESTE SAURA-T-ON JAMAIS
PROMISE ∼ EN FAUTE DE SON CORPS ELLE SE SERA LAISSÉ DÉTRUIRE
UN JOUR ET SANS RESTE IL FAUT L'ESPÉRER IL FAUT SE GARDER DE
L'ESPOIR MÊME QU'AINSI TOUJOURS PLUS DE JALOUSIE ELLE SE GAR-
DERA MIEUX ∼ PLUS ASSEZ DE DIFFÉRENCE LÀ ENTRE ELLES ENTRE
L'INHUMÉE OU LES CENDRES D'UN BRÛLE-TOUT ∼ MAINTENANT ICI
MÊME LA CHOSE DE CETTE LITURGIE SE GARDE COMME UNE TRACE
AUTREMENT DIT SE PERD AU-DELÀ DU JEU ET DE LA DÉPENSE TOUT
COMPTE POUR D'AUTRES FAIT ELLE SE LAISSE DÉJÀ MANGER ∼ PAR
L'AUTRE PAR TOI QUI ME L'AURAS DONNÉE ∼ TU SAVAIS DEPUIS
TOUJOURS QU'ELLE EST LE CORPS PROPRE DE LA FAUTE ELLE N'AURA
ÉTÉ APPELÉE DE SON NOM LISIBLE QUE PAR TOI EN CELA D'AVANCE
DISPARUE ∼ MAIS DANS LA CRYPTE SANS FOND L'INDÉCHIFFRABLE
DONNE ENCORE À LIRE POUR UN LAPS AU-DESSUS DE SON CORPS QUI
LENTEMENT SE DÉCOMPOSE À L'ANALYSE ∼ IL NOUS FAUT UN NOU-
VEAU CORPS UN AUTRE SANS PLUS DE JALOUSIE LE PLUS ANCIEN
ENCORE À VENIR ∼ ELLE NE PARLE PAS L'INNOMMÉE OR TU L'ENTENDS
MIEUX QUE MOI AVANT MOI EN CE MOMENT MÊME OU POURTANT
SUR L'AUTRE CÔTÉ DE CET OUVRAGE MONUMENTAL JE TISSE DE MA
VOIX POUR M'Y EFFACER CECI TIENS ME VOICI MANGE ∼ APPROCHE-
TOI ∼ POUR LUI DONNER ∼ BOIS

Des tours de Babel

Babel : un nom propre d'abord, soit. Mais quand nous disons Babel aujourd'hui, savons-nous ce que nous nommons? Savons-nous qui? Considérons la survie d'un texte légué, le récit ou le mythe de la tour de Babel : il ne forme pas une *figure* parmi d'autres. Disant au moins l'inadéquation d'une langue à l'autre, d'un lieu de l'encyclopédie à l'autre, du langage à lui-même et au sens, il dit aussi la nécessité de la figuration, du mythe, des tropes, des tours, de la traduction inadéquate pour suppléer à ce que la multiplicité nous interdit. En ce sens il serait le mythe de l'origine du mythe, la métaphore de la métaphore, le récit du récit, la traduction de la traduction. Il ne serait pas la seule structure à se creuser ainsi mais il le ferait à sa manière (elle-même *à peu près* intraduisible, comme un nom propre) et il faudrait en sauver l'idiome.

La « tour de Babel » ne figure pas seulement la multiplicité irréductible des langues, elle exhibe un inachèvement, l'impossibilité de compléter, de totaliser, de saturer, d'achever quelque chose qui serait de l'ordre de l'édification, de la construction architecturale, du système et de l'architectonique. Ce que la multiplicité des idiomes vient limiter, ce n'est pas seulement une traduction « vraie », une entr'expression transparente et adéquate, c'est aussi un ordre structural, une cohérence du constructum. Il y a là (traduisons) comme

---

* Première version publiée en 1985 in *Difference in translation,* éd. Joseph Graham, Cornell University Press (édition bilingue) et in « L'art des confins », *Mélanges offerts à Maurice de Gandillac,* PUF.

une limite interne à la formalisation, une incomplétude de la constructure. Il serait facile et jusqu'à un certain point justifié d'y voir la traduction d'un système en déconstruction.

On ne devrait jamais passer sous silence la question de la langue dans laquelle se pose la question de la langue et se traduit un discours sur la traduction.

D'abord : dans quelle langue la tour de Babel fut-elle construite et déconstruite? Dans une langue à l'intérieur de laquelle le nom propre de Babel pouvait aussi, par confusion, être traduit par « confusion ». Le nom propre Babel, en tant que nom propre, devrait rester intraduisible mais, par une sorte de confusion associative qu'une seule langue rendait possible, on put croire le traduire, dans cette langue même, par un nom commun signifiant ce que *nous* traduisons par confusion. Voltaire s'en étonnait ainsi dans son *Dictionnaire philosophique,* à l'article « Babel » :

> Je ne sais pas pourquoi il est dit dans la *Genèse* que Babel signifie confusion; car *Ba* signifie père dans les langues orientales, et *Bel* signifie Dieu; Babel signifie la ville de Dieu, la ville sainte. Les Anciens donnaient ce nom à toutes leurs capitales. Mais il est incontestable que Babel veut dire confusion, soit parce que les architectes furent confondus après avoir élevé leur ouvrage jusqu'à quatre-vingt et un mille pieds juifs, soit parce que les langues se confondirent; et c'est évidemment depuis ce temps-là que les Allemands n'entendent plus les Chinois; car il est clair, selon le savant Bochart, que le chinois est originairement la même langue que le haut-allemand.

L'ironie tranquille de Voltaire veut dire que Babel veut dire : ce n'est pas seulement un nom propre, la référence d'un signifiant pur à un existant singulier — et à ce titre intraduisible —, mais un nom commun rapporté à la généralité d'un sens. Ce nom commun *veut-dire,* et non seulement la confusion, encore que « confusion » ait au moins deux sens, Voltaire y est attentif : la confusion des langues mais aussi l'état de confusion dans lequel se trouvent les architectes devant la structure interrompue, si bien qu'une certaine confusion a déjà commencé à affecter les deux sens du mot « confusion ». La signification de « confusion » est confuse, au moins double. Mais Voltaire suggère autre chose encore : Babel ne veut pas seulement dire confusion au double sens de ce mot, mais aussi le nom du père, plus précisément et plus communément, le nom de Dieu comme nom de père. La ville porterait le nom de Dieu le père, et du père de la ville qui s'appelle confusion. Dieu, le Dieu aurait marqué de son patronyme un espace communautaire, cette ville où l'on ne peut plus s'entendre. Et on ne peut plus s'entendre quand il n'y a que du nom propre, et on ne peut plus s'entendre quand il n'y a plus de nom propre. En donnant son nom, en donnant tous les noms, le père serait à l'origine du langage et ce pouvoir appartiendrait de droit à Dieu le père. Et le nom de Dieu le père serait le nom de cette origine des langues. Mais c'est aussi ce Dieu qui, dans le mouvement de sa colère (comme le Dieu de Boehme ou de Hegel, celui qui sort de lui, se détermine dans sa finitude et produit ainsi l'histoire), annule le don des langues, ou du moins le brouille, sème la confusion parmi ses fils et empoisonne le présent *(Gift-gift)*. C'est aussi l'origine des langues, de la multiplicité des idiomes, autrement dit de ce qu'on appelle couramment des langues maternelles. Car toute cette histoire déploie des filiations, des générations et des généalogies : sémitiques. Avant la déconstruction de Babel, la grande famille sémitique était en train d'établir son empire, elle le voulait universel, et sa langue, qu'elle tente aussi d'imposer à l'univers. Le moment de ce projet précède immédiatement la déconstruction de la tour. Je cite deux traductions françaises. Le premier traducteur se tient assez loin de ce qu'on voudrait appeler la « littéralité », autrement dit de la figure hébraïque, pour dire « langue », là où le second, plus soucieux de littéralité (métaphorique ou plutôt métonymique), dit « lèvre » puisque en hébreu on désigne par « lèvre » ce que nous appelons, d'une autre métonymie, « langue ». Il faudra dire multiplicité des lèvres et non des langues pour nommer la confusion babelienne. Le premier traducteur, donc, Louis Segond, auteur de la Bible Segond parue en 1910, écrit ceci :

> Ce sont là les fils de Sem, selon leurs familles, selon leurs langues, selon leurs pays, selon leurs nations. Telles sont les familles des fils de Noé, selon leurs générations, selon leurs nations. Et c'est d'eux que sont sorties les nations qui se sont répandues sur la terre après le déluge. Toute la terre avait une seule langue et les mêmes mots. Comme ils étaient partis de l'origine, ils trouvèrent une plaine du pays de Schinear, et ils y habitèrent. Ils se dirent l'un à l'autre : Allons ! faisons des briques, et cuisons-les au feu. Et la brique leur servit de pierre, et le bitume leur servit de ciment. Ils dirent encore : Allons ! bâtissons-nous une ville et une tour dont le sommet touche au ciel, et faisons-nous un nom, afin que nous ne soyons pas dispersés sur la face de toute la terre...

Je ne sais comment interpréter cette allusion à la substitution ou à la transmutation des matériaux, la brique devenant pierre et le bitume servant de mortier. Cela déjà ressemble à une traduction, à une traduction de la traduction. Mais laissons et substituons une seconde traduction à la première. C'est celle de Chouraqui. Elle est récente et se veut plus littérale, presque *verbum pro verbo* comme Cicéron disait qu'il ne fallait surtout pas faire, dans un de ces premiers conseils au traducteur qu'on peut lire dans son *Libellus de optimo genero oratorum.* Voici :

> Voici les fils de Shem / pour leurs clans, pour leurs langues, / dans leurs terres, pour leurs peuples. / Voici les clans des fils de Noah pour leur geste, dans leurs peuples : / de ceux-là se scindent les peuples sur terre, après le déluge. / Et c'est toute la terre : une seule lèvre, d'uniques paroles. / Et c'est à leur départ d'Orient : ils trouvent un cañon, / en terre de Shine'ar. / Ils s'y établissent. / Ils disent, chacun à son semblable : / « Allons, briquetons des briques, / Flambons-les à la flambée. » / La brique devient pour eux pierre, le bitume, mortier. / Ils disent : / « Allons, bâtissons-nous une ville et une tour. / Sa tête : aux cieux. / Faisons-nous un nom, / que nous ne soyons dispersés sur la face de toute la terre.

Que leur arrive-t-il? Autrement dit, de quoi Dieu les punit-il en donnant son nom, ou plutôt, car il ne le donne à rien ni à personne, en clamant son nom, le nom propre de « confusion » qui sera sa marque et son sceau? Les punit-il d'avoir voulu construire à hauteur de cieux? d'avoir voulu accéder au plus haut, jusqu'au très-haut? Peut-être, sans doute aussi, mais incontestablement d'avoir voulu ainsi *se faire un nom,* se donner à eux-mêmes le nom, se construire eux-mêmes leur propre nom, s'y rassembler (« que nous ne soyons plus dispersés... ») comme dans l'unité d'un lieu qui est à la fois une langue et une tour, l'une comme l'autre. Il les punit d'avoir ainsi voulu s'assurer, d'eux-mêmes, une généalogie unique et universelle. Car le texte de la Genèse enchaîne immédiatement, comme s'il s'agissait du même dessein : élever une tour, construire une ville, se faire un nom dans une langue universelle qui soit aussi un idiome, et rassembler une filiation :

> Ils disent : / « Allons, bâtissons une ville et une tour. / Sa tête : aux cieux. / Faisons-nous un nom, / que nous ne soyons dispersés sur la face de toute la terre. » YHWH descend pour voir la ville et la tour / qu'ont bâties les fils de l'homme. / YHWH dit : / « Oui! Un seul peuple, une seule lèvre pour tous : / voilà ce qu'ils commencent à faire! / (...) Allons! Descendons! Confondons là leurs lèvres, / l'homme n'entendra plus la lèvre de son prochain. » [Puis il dissémine les Sem, et la dissémination est ici déconstruction] « YHWH les disperse de là sur la face de toute la terre. / Ils cessent

de bâtir la ville. / Sur quoi il clame son nom : Bavel, Confusion, /
car là, YHWH confond la lèvre de toute la terre, / et de là YHWH
les disperse sur la face de toute la terre.

Ne peut-on alors parler d'une jalousie de Dieu ? Par ressentiment
contre ce nom et cette lèvre uniques des hommes, il impose son
nom, son nom de père ; et de cette imposition violente il entame la
déconstruction de la tour comme de la langue universelle, il disperse
la filiation généalogique. Il rompt la lignée. Il impose et interdit *à
la fois* la traduction. Il l'impose et l'interdit, y contraint, mais comme
à l'échec, des enfants qui désormais *porteront* son nom. Depuis un
nom propre de Dieu, venu de Dieu, descendu de Dieu ou du père
(et il est bien dit que YHWH, nom imprononçable, *descend* vers la
tour), depuis cette *marque* les langues se dispersent, se confondent
ou se multiplient, selon une descendance qui dans sa dispersion
même reste scellée du seul nom qui aura été le plus fort, du seul
idiome qui l'aura emporté. Or cet idiome porte en lui-même la
marque de la confusion, il veut dire improprement l'impropre, à
savoir Bavel, confusion. La traduction devient alors nécessaire et
impossible comme l'effet d'une lutte pour l'appropriation du nom,
nécessaire et interdite dans l'intervalle entre deux noms absolument
propres. Et le nom propre de Dieu se divise assez dans la langue,
déjà, pour signifier aussi, confusément, « confusion ». Et la guerre
qu'il déclare, elle a d'abord fait rage au-dedans de son nom : divisé,
bifide, ambivalent, polysémique : *Dieu déconstruit*. Lui-même. *And
he war*, lit-on dans *Finnegans Wake*, et nous pourrions suivre toute
cette histoire du côté de Shem et de Shaun. Le *he war* ne noue pas
seulement, en ce lieu, un nombre incalculable de fils phoniques et
sémantiques, dans le contexte immédiat et dans tout ce livre babelien ;
il dit la déclaration de *guerre* (en anglais) de celui qui dit : « Je suis
celui qui suis » et qui ainsi fut *(war), aura été* intraduisible en sa
performance même, *au moins dans ce fait* qu'il s'énonce en plus
d'une langue à la fois, au moins l'anglais et l'allemand. Si même
une traduction infinie en épuisait le fonds sémantique, elle traduirait
encore en *une* langue et perdait la multiplicité du *he war*. Laissons
pour une autre fois une lecture moins vite interrompue de ce *he
war* [1] et notons une des limites des théories de la traduction : elles
traitent trop souvent des passages d'une langue à l'autre et ne
considèrent pas assez la possibilité pour des langues d'être impliquées

---

1. Cf. *Ulysse gramophone, Deux mots pour Joyce*, Galilée, 1986.

à plus de deux dans un texte. Comment traduire un texte écrit en plusieurs langues à la fois? Comment « rendre » l'effet de pluralité? Et si l'on traduit par plusieurs langues à la fois, appellera-t-on cela traduire?

Babel, nous le recevons aujourd'hui comme un nom propre. Certes, mais nom propre de quoi, et de qui? Parfois d'un texte narratif racontant une histoire (mythique, symbolique, allégorique, peu importe pour l'instant), d'une histoire dans laquelle le nom propre, qui alors n'est plus le titre du récit, nomme une tour ou une ville, mais une tour ou une ville qui reçoivent leur nom d'un événement au cours duquel YHWH « clame son nom ». Or ce nom propre qui nomme déjà au moins trois fois et trois choses différentes, il a aussi comme nom propre, c'est toute l'histoire, la fonction d'un nom commun. Cette histoire raconte, entre autres choses, l'origine de la confusion des langues, la multiplicité des idiomes, la tâche nécessaire et impossible de la traduction, sa nécessité *comme* impossibilité. Or on accorde en général peu d'attention à ce fait : c'est en traduction que le plus souvent nous lisons ce récit. Et dans cette traduction, le nom propre garde une destinée singulière puisqu'il n'est pas traduit dans son apparition de nom propre. Or un nom propre en tant que tel reste toujours intraduisible, fait à partir duquel on peut considérer qu'il n'appartient pas rigoureusement, au même titre que les autres mots, à la langue, au système de la langue, qu'elle soit traduite ou traduisante. Et pourtant « Babel », événement dans une seule langue, celle dans laquelle il apparaît pour former un « texte », a aussi un sens commun, une généralité conceptuelle. Que ce soit par un jeu de mots ou une association confuse importe peu : « Babel » pouvait être entendu dans une langue avec le sens de « confusion ». Et dès lors, de même que Babel est à la fois nom propre et nom commun, Confusion devient aussi nom propre et nom commun, l'un comme l'homonyme de l'autre, le synonyme aussi, mais non l'équivalent car il ne saurait être question de les confondre dans leur valeur. C'est pour le traducteur sans solution satisfaisante. Le recours à l'apposition et à la majuscule (« Sur quoi il clame son nom : Bavel, Confusion... ») ne traduit pas d'une langue dans une autre. Il commente, explique, paraphrase mais ne traduit pas. Tout au plus esquisse-t-il une analyse en divisant l'équivoque en deux mots là où la confusion se rassemblait en puissance, dans toute sa puissance, dans la traduction interne, si on peut dire, qui travaille le nom en la langue dite originale. Car dans la langue même du récit originaire, il y a une traduction, une sorte de translation qui donne immédiatement (par quelque confusion) l'équivalent sémantique du nom propre qui, par lui-même, en tant que pur nom propre, n'en aurait pas. A vrai dire, cette traduction intralinguistique s'opère immédiatement; ce n'est même pas, au sens strict, une opération. Néanmoins, celui qui parle la langue de la Genèse pouvait être attentif à l'effet de nom propre en effaçant l'équivalent conceptuel (comme pierre dans Pierre, et ce sont deux valeurs ou deux fonctions absolument hétérogènes). On serait alors tenté de dire *premièrement* qu'un nom propre, au sens propre, n'appartient pas proprement à la langue; il n'y appartient pas, *bien que et parce que* son appel la rend possible (que serait une langue sans possibilité d'appeler d'un nom propre?); par conséquent il ne peut s'inscrire proprement dans une langue qu'en s'y laissant traduire, autrement dit *interpréter* dans son équivalent sémantique : dès ce moment il ne peut plus être reçu comme nom propre. Le nom « pierre » appartient à la langue française, et sa traduction dans une langue étrangère doit en principe transporter son sens. Ce n'est plus le cas pour « Pierre » dont l'appartenance à la langue française n'est pas assurée et en tout cas pas du même type. Peter en ce sens n'est pas une *traduction* de Pierre, pas plus que Londres n'est une traduction de London, etc. *Deuxièmement,* le sujet dont la langue dite maternelle serait la langue de la Genèse peut bien entendre Babel comme « confusion », il opère alors une traduction *confuse* du nom propre dans son équivalent commun sans avoir besoin d'un autre mot. C'est comme s'il y avait là deux mots, deux homonymes dont l'un a valeur de nom propre et l'autre de nom commun : entre les deux, une traduction qu'on peut très diversement évaluer. Appartient-elle à ce genre que Jakobson appelle traduction intralinguale ou reformulation *(rewording)?* Je ne le crois pas : le *rewording* concerne des rapports de transformation entre noms communs et phrases ordinaires. L'essai *On translation* (1959) distingue trois formes de traduction. La traduction *intralinguale* interprète des signes linguistiques au moyen d'autres signes de la *même* langue. Cela suppose évidemment qu'on sache en dernière instance comment déterminer rigoureusement l'unité et l'identité d'une langue, la forme décidable de ses limites. Il y aurait ensuite ce que Jakobson appelle joliment la traduction « proprement dite », la traduction *interlinguale* qui interprète des signes linguistiques au moyen d'une autre langue, ce qui en appelle à la même présupposition que la traduction intralinguale. Il y aurait enfin la traduction intersémiotique ou *transmutation* qui interprète, par exemple, des signes linguistiques au moyen de signes non linguistiques. Pour les deux formes de traduction qui ne seraient pas des traductions « proprement dites », Jakobson propose un équivalent définitionnel et un autre mot. La première, il la traduit, si on peut dire, par un autre mot : traduction intralinguale ou *reformulation, rewording*. La troisième également : traduction *intersémiotique* ou *transmutation*. Dans ces deux cas, la traduction de « traduction » est une interprétation définitionnelle. Mais dans le cas de la traduction « proprement dite », de la traduction au sens courant, interlinguis-tique et post-babélien, Jakobson ne traduit pas, il reprend le même mot : « la traduction interlinguale ou traduction proprement dite ». Il suppose qu'il n'est pas nécessaire de traduire, tout le monde comprend ce que cela veut dire parce que tout le monde en a l'expérience, tout le monde est censé savoir ce qu'est une langue, le rapport d'une langue à l'autre et surtout l'identité ou la différence en fait de langue. S'il y a une transparence que Babel n'aurait pas entamée, c'est bien cela, l'expérience de la multiplicité des langues et le sens « proprement dit » du mot « traduction ». Par rapport à ce mot, quand il s'agit de traduction « proprement dite », les autres usages du mot « traduction » seraient en situation de traduction intralinguale et inadéquate, comme des métaphores, en somme, des tours ou tournures de la traduction au sens propre. Il y aurait donc une traduction au sens propre et une traduction au sens figuré. Et pour traduire l'une dans l'autre, à l'intérieur de la même langue ou d'une langue à l'autre, au sens figuré ou au sens propre, on s'en-gagerait dans des voies qui révéleraient vite ce que cette tripartition rassurante peut avoir de problématique. Très vite : à l'instant même où prononçant Babel nous éprouvons l'impossibilité de décider si ce nom appartient, proprement et simplement, à *une* langue. Et il importe que cette indécidabilité travaille une lutte pour le nom propre à l'intérieur d'une scène d'endettement généalogique. En cherchant à « se faire un nom », à fonder à la fois une langue universelle et une généalogie unique, les Sémites veulent mettre à la raison le monde, et cette raison peut signifier simultanément une violence coloniale (puisqu'ils universaliseraient ainsi leur idiome) *et* une transparence pacifique de la communauté humaine. Inversement, quand Dieu leur impose et oppose son nom, il rompt la transparence rationnelle mais interrompt aussi la violence coloniale ou l'impéria-lisme linguistique. Il les destine à la traduction, il les assujettit à la loi d'une traduction nécessaire et impossible; du coup de son nom propre traduisible-intraduisible il délivre une raison universelle (celle-ci ne sera plus soumise à l'empire d'une nation particulière) mais il en limite simultanément l'universalité même : transparence interdite, univocité impossible. La traduction devient la loi, le devoir et la dette mais de la dette on ne peut plus s'acquitter. Telle insolvabilité

210

se trouve marquée à même le nom de Babel : qui à la fois se traduit et ne se traduit pas, appartient sans appartenir à une langue et s'endette auprès de lui-même d'une dette insolvable, auprès de lui-même comme autre. Telle serait la performance babélienne.

Cet exemple singulier, à la fois archétypique et allégorique, pourrait introduire à tous les problèmes dits théoriques de la traduction. Mais aucune théorisation, dès lors qu'elle se produit dans une langue, ne pourra dominer la performance babélienne. C'est une des raisons pour lesquelles je préfère ici, au lieu d'en traiter sur le mode théorique, tenter de traduire à ma manière la traduction d'un autre texte sur la traduction. Sans m'en acquitter, je reconnaîtrais ainsi l'une de mes nombreuses dettes à l'égard de Maurice de Gandillac. Nous lui devons, entre tant d'autres enseignements irremplaçables, d'avoir introduit et traduit Walter Benjamin, et singulièrement *Die Aufgabe des Übersetzers, La tâche du traducteur.* Ce qui précède aurait dû me conduire plutôt vers un texte antérieur de Benjamin, *Sur le langage en général et sur le langage humain* (1916), également traduit par Maurice de Gandillac dans le même volume (*Mythe et violence,* Denoël, 1971). La référence à Babel y est explicite et s'y accompagne d'un discours sur le nom propre et sur la traduction. Mais devant le caractère à mes yeux trop énigmatique de cet essai, sa richesse et ses surdéterminations, j'ai dû ajourner cette lecture et m'en tenir à *La tâche du traducteur.* Sa difficulté n'est sans doute pas moindre, mais son unité reste plus apparente, mieux centrée autour de son thème. Puis ce texte sur la traduction est aussi la préface à une traduction des *Tableaux parisiens* de Baudelaire, et je le lis d'abord dans la traduction française que nous en donne Maurice de Gandillac. Et pourtant, la traduction, est-ce seulement un thème pour ce texte, et surtout son premier thème?

Le titre dit aussi, dès son premier mot, la tâche *(Aufgabe),* la mission à laquelle on est (toujours par l'autre) destiné : l'engagement, le devoir, la dette, la responsabilité. Il y va déjà d'une loi, d'une injonction dont le traducteur doit répondre. Il *doit s'acquitter* aussi, et de quelque chose qui implique peut-être une faille, une chute, une faute, voire un crime. L'essai a pour horizon, on le verra, une « réconciliation ». Et tout cela dans un discours multipliant les motifs généalogiques et les allusions — plus ou moins que métaphoriques — à la transmission d'une semence familiale. Le traducteur est endetté, il s'apparaît comme traducteur dans la situation de la dette; et sa tâche c'est de *rendre,* de rendre ce qui doit avoir été donné. Parmi les mots qui répondent au titre de Benjamin (*Aufgabe,* le devoir, la mission, la tâche, le problème, ce qui est assigné, donné à faire, donné à rendre), c'est dès le début *Wiedergabe, Sinnwiedergabe,* la restitution, la restitution du sens. Comment entendre une telle restitution, voire un tel acquittement? Et quoi du sens? Quant à *aufgeben,* c'est aussi donner, expédier (émission, mission) *et* abandonner.

Retenons pour l'instant ce lexique du don et de la dette, d'une dette qui pourrait bien s'annoncer comme insolvable, d'où une sorte de « transfert », amour et haine, de qui est en situation de traduire, sommé de traduire, à l'égard du texte à traduire (je ne dis pas du signataire ou de l'auteur de l'original), de la langue et de l'écriture, du lien d'amour qui signe la noce entre l'auteur de l'« original » et sa propre langue. Au centre de l'essai, Benjamin dit de la restitution qu'elle pourrait bien être impossible : dette insolvable à l'intérieur d'une scène généalogique. Un des thèmes essentiels du texte est la « parenté » des langues en un sens qui n'est plus tributaire de la linguistique historique du XIXe siècle, sans lui être tout à fait étranger. Peut-être nous est-il ici proposé de penser la possibilité même d'une linguistique historique.

Benjamin vient de citer Mallarmé : en français, après avoir laissé dans sa propre phrase un mot latin, que Maurice de Gandillac a reproduit en bas de page pour bien marquer que par « génie » il ne traduisait pas de l'allemand mais du latin *(ingenium).* Mais bien entendu, il ne pouvait en faire autant avec la troisième langue de cet essai, le français de Mallarmé dont Benjamin avait mesuré l'intraduisibilité. Une fois encore : comment traduire un texte écrit dans plusieurs langues à la fois? Voici ce passage sur l'insolvable (je cite comme toujours la traduction française, me contentant d'inclure ici ou là le mot allemand qui soutient mon propos) :

> Philosophie et traduction ne sont pas cependant des futilités, comme le prétendent des artistes sentimentaux. Car il existe un génie philosophique, dont le caractère le plus propre est la nostalgie de ce langage qui s'annonce dans la traduction :
>
>> « Les langues imparfaites en cela que plusieurs, manque la suprême : penser étant écrire sans accessoires, ni chuchotement mais tacite encore l'immortelle parole, la diversité, sur terre, des idiomes empêche personne de proférer les mots qui, sinon, se trouveraient, par une frappe unique, elle-même matériellement la vérité. »
>
> Si la réalité qu'évoquent ces mots de Mallarmé, est applicable, en toute rigueur, au philosophe, la traduction, avec les germes *(Keimen)* qu'elle porte en elle d'un tel langage, se situe à mi-chemin

de la création littéraire et de la théorie. Son œuvre a moins de relief, mais s'imprime tout aussi profondément dans l'histoire.

Si la tâche du traducteur apparaît sous cette lumière, les chemins de son accomplissement risquent de s'obscurcir de façon d'autant plus impénétrable. Disons plus : de cette tâche qui consiste, dans la traduction, à faire mûrir la semence d'un pur langage [*den Samen reiner Sprache zur Reife zu bringen*], il semble impossible de jamais s'acquitter [*diese Aufgabe* [...] *scheint niemals lösbar*], il semble qu'aucune solution ne permette de la définir [*in keiner Lösung bestimmbar*]. Ne la prive-t-on pas de toute base si rendre le sens cesse d'être l'étalon ?

Benjamin vient d'abord de renoncer à traduire Mallarmé, il l'a laissé briller comme la médaille d'un nom propre dans son texte ; mais ce nom propre n'est pas totalement insignifiant, il se soude seulement à ce dont le sens ne se laisse pas transporter sans dommage dans un autre langage ou dans une autre langue (*Sprache* ne se traduit pas sans perte par l'un ou l'autre mot). Et dans le texte de Mallarmé, l'effet de propriété intraduisible se lie moins à du nom ou à de la vérité d'adéquation qu'à l'unique événement d'une force performative. Alors se pose la question : le sol de la traduction n'en vient-il pas à se retirer dès l'instant où la restitution du sens *(Wiedergabe des Sinnes)* cesse de donner la mesure ? C'est le concept courant de la traduction qui devient problématique : il impliquait ce procès de restitution, la tâche *(Aufgabe)* revenait à rendre *(wiedergeben)* ce qui était d'abord *donné,* et ce qui était donné, c'était, pensait-on, le sens. Or les choses s'obscurcissent quand on essaie d'accorder cette valeur de restitution avec celle de maturation. Sur quel sol, dans quel sol aura lieu la maturation si la restitution du sens donné n'en est plus la règle ?

L'allusion à la maturation d'une semence pourrait ressembler à une métaphore vitaliste ou génétiste ; elle viendrait alors soutenir le code généalogiste et parental qui semble dominer ce texte. En fait, il paraît ici nécessaire d'inverser cet ordre et de reconnaître ce que j'ai ailleurs proposé d'appeler la « catastrophe métaphorique » : loin que nous sachions d'abord ce que veut dire « vie » ou « famille » au moment où nous nous servons de ces valeurs familières pour parler de langage et de traduction, c'est au contraire à partir d'une pensée de la langue et de sa « survie » en traduction que nous accéderions à la pensée de ce que « vie » et « famille » veulent dire. Ce retournement est expressément opéré par Benjamin. Sa préface (car, ne l'oublions pas, cet essai est une préface) circule sans cesse entre les valeurs de semence, de vie et surtout de « survie » *(Überleben* a ici un rapport essentiel avec *Übersetzen).* Or très près du début, Benjamin semble proposer une comparaison ou une métaphore – elle s'ouvre par un « De même que... » – et d'emblée tout se déplace entre *Übersetzen, Übertragen, Überleben :*

> De même que les manifestations de la vie, sans rien signifier pour le vivant, sont avec lui dans la plus intime corrélation, ainsi la traduction procède de l'original. Certes moins de sa vie que de sa « survie » *(« Überleben »).* Car la traduction vient après l'original et, pour les œuvres importantes, qui ne trouvent jamais leur traducteur prédestiné au temps de leur naissance, elle caractérise le stade de leur survie [*Fortleben,* cette fois, la survie comme continuation de la vie plutôt que comme vie *post mortem*]. Or c'est dans leur simple réalité, sans aucune métaphore [*in völlig unmetaphorischer Sachlichkeit*] qu'il faut concevoir pour les œuvres d'art les idées de vie et de survie *(Fortleben).*

Et selon un schéma d'apparence hegelien, dans un passage très circonscrit, Benjamin nous appelle à penser la vie depuis l'esprit ou l'histoire et non pas depuis la seule « corporalité organique ». Il y a vie au moment où la « survie » (l'esprit, l'histoire, les œuvres) excède la vie et la mort biologique : « C'est en reconnaissant bien plutôt la vie à tout ce dont il y a histoire et qui n'en est pas seulement le théâtre qu'on rend justice à ce concept de vie. Car c'est à partir de l'histoire, non de la nature [...] qu'il faut finalement circonscrire le domaine de la vie. Ainsi naît pour le philosophe la tâche *(Aufgabe)* de comprendre toute vie naturelle à partir de cette vie, de plus vaste extension, qui est celle de l'histoire. »

Dès son titre – et pour l'instant je m'y tiens – Benjamin situe le *problème,* au sens de ce qui précisément est *devant soi* comme une tâche : c'est celui du traducteur et non de la traduction (ni d'ailleurs, soit dit au passage et la question n'est pas négligeable, de la traductrice). Benjamin ne dit pas la tâche ou le problème de la traduction. Il nomme le sujet de la traduction comme sujet endetté, obligé par un devoir, déjà en situation d'héritier, inscrit comme survivant dans une généalogie, comme survivant ou agent de survie. La survie des œuvres, non pas des auteurs. Peut-être la survie des noms d'auteurs et des signatures, mais non des auteurs.

Telle survie donne un plus de vie, plus qu'une survivance. L'œuvre ne vit pas seulement plus longtemps, elle vit *plus et mieux,* au-dessus des moyens de son auteur.

Le traducteur serait-il alors un récepteur endetté, soumis au don et à la donnée d'un original? Nullement. Pour plusieurs raisons dont celle-ci : le lien ou l'obligation de la dette ne passe pas entre un donateur et un donataire mais entre deux textes (deux « productions » ou deux « créations »). Cela s'entend dès l'ouverture de la préface et si l'on voulait isoler des thèses, en voici quelques-unes, avec la brutalité du prélèvement :

1. La tâche du traducteur ne s'annonce pas depuis une *réception*. La théorie de la traduction ne relève pas pour l'essentiel de quelque théorie de la réception, même si elle peut inversement contribuer à la rendre possible et à en rendre compte.

2. La traduction n'a pas pour destination essentielle de *communiquer*. Pas plus que l'original, et Benjamin maintient, à l'abri de toute contestation possible ou menaçante, la dualité rigoureuse entre l'original et la version, le traduit et le traduisant, même s'il en déplace le rapport. Et il s'intéresse à la traduction de textes poétiques ou sacrés qui livrerait ici l'essence de la traduction. Tout l'essai se déploie entre le poétique et le sacré, pour remonter du premier au second, lequel indique l'idéal de toute traduction, le traductible pur : la version intralinéaire du texte sacré serait le modèle ou l'idéal *(Urbild)* de toute traduction possible en général. Or, c'est la deuxième thèse, pour un texte poétique ou pour un texte sacré, la communication n'est pas l'essentiel. Cette mise en question ne concerne pas directement la structure communicante du langage, mais plutôt l'hypothèse d'un contenu communicable qui se distinguerait rigoureusement de l'acte linguistique de la communication. En 1916, la critique du sémiotisme et de la « conception bourgeoise » du langage visait déjà cette distribution : moyen, objet, destinataire. « Il n'y a pas de contenu du langage. » Ce que communique d'abord le langage, c'est sa « communicabilité » *(Sur le langage..., trad. M. de Gandillac, p. 85)*. Dira-t-on qu'une ouverture est ainsi faite vers la dimension performative des énoncés? En tout cas cela nous met en garde devant une précipitation : isoler des contenus et des thèses dans *La tâche du traducteur,* et les traduire autrement que comme la signature d'une sorte de nom propre destinée à assurer sa survie comme œuvre.

3. S'il y a bien entre texte traduit et texte traduisant un rapport d'« original » à version, il ne saurait être *représentatif* ou *reproductif*. La traduction n'est ni une image ni une copie.

Ces trois précautions prises (ni réception, ni communication, ni représentation), comment se constituent la dette et la généalogie du traducteur? ou d'abord de ce qui est *à-traduire*, de l'*à-traduire?*

Suivons le fil de vie ou de survie, partout où il communique

avec le mouvement de la parenté. Quand Benjamin récuse le point
de vue de la réception, ce n'est pas pour lui dénier toute pertinence,
et il aura sans doute beaucoup fait pour préparer à une théorie de
la réception en littérature. Mais il veut d'abord revenir à l'instance
de ce qu'il appelle encore l'« original », non pas en tant qu'elle
produit ses récepteurs ou ses traducteurs, mais en tant qu'elle les
requiert, mande, demande ou commande en posant la loi. Et c'est
la structure de cette demande qui paraît ici la plus singulière. Par
où passe-t-elle? Dans un texte littéraire – disons plus rigoureusement
dans ce cas « poétique » – elle ne passe pas par le dit, l'énoncé, le
communiqué, le contenu ou le thème. Et quand, dans ce contexte,
Benjamin dit encore « communication » ou « énonciation » *(Mittei-
lung, Aussage)*, ce n'est pas de l'acte mais du contenu que visiblement
il parle : « Mais que " dit " une œuvre littéraire *(Dichtung)* ? Que
communique-t-elle? Très peu à qui la comprend. Ce qu'elle a
d'essentiel n'est pas communication, n'est pas énonciation. »
     La demande semble donc passer, voire être formulée par la
forme. « La traduction est une forme » et la loi de cette forme a
son premier lieu dans l'original. Cette loi se pose d'abord, répétons-
le, comme une demande au sens fort, une exigence qui délègue,
mande, prévoit, assigne. Quant à cette loi comme demande,
deux questions peuvent surgir; elles sont d'essence différente. Première question : parmi la totalité de ses lecteurs, l'œuvre peut-
elle chaque fois trouver le traducteur qui en soit en quelque sorte
capable? Deuxième question et, dit Benjamin, « plus proprement »,
comme si cette question rendait la précédente plus appropriée alors
que, nous allons le voir, il lui fait un sort tout autre : « De par
son essence [l'œuvre] supporte-t-elle et s'il en est ainsi – conformément à la signification de cette forme –, exige-t-elle d'être
traduite? »
     A ces deux questions la réponse ne saurait être de même nature
ou de même mode. *Problématique* dans le premier cas, non nécessaire
(le traducteur capable de l'œuvre peut apparaître ou ne pas apparaître,
mais même s'il n'apparaît pas, cela ne change rien à la demande et
à la structure de l'injonction venue de l'œuvre), la réponse est
proprement *apodictique* dans le second cas : nécessaire, *a priori,*
démontrable, absolue car elle vient de la loi intérieure de l'original.
Celui-ci *exige* la traduction même si aucun traducteur n'est là, en
mesure de répondre à cette injonction qui est en même temps
demande et désir dans la structure même de l'original. Cette structure
est le rapport de la vie à la survie. Cette exigence de l'autre comme
traducteur, Benjamin la compare à tel instant inoubliable de la vie :

il est vécu *comme* inoubliable, il *est* inoubliable même si en fait l'oubli finit par l'emporter. Il aura été inoubliable, c'est là sa signification essentielle, son essence apodictique, l'oubli n'arrive à cet inoubliable que par accident. L'exigence de l'inoubliable – qui est ici constitutive – n'est pas le moins du monde entamée par la finitude de la mémoire. De même, l'exigence de la traduction ne souffre en rien de n'être pas satisfaite; du moins ne souffre-t-elle pas en tant que structure même de l'œuvre. En ce sens la dimension *survivante* est un *a priori* – et la mort n'y changerait rien. Pas plus qu'à l'exigence *(Forderung)* qui traverse l'œuvre originale et à laquelle seule peut répondre ou correspondre *(entsprechen)* « une pensée de Dieu ». La traduction, le désir de traduction n'est pas pensable sans cette *correspondance* avec une pensée de Dieu. Dans le texte de 1916 qui accordait déjà la tâche du traducteur, son *Aufgabe,* à la réponse faite au don des langues et au don du nom *(Gabe der Sprache, Gebung des Namens),* Benjamin nommait Dieu en ce lieu, celui d'une correspondance autorisant, rendant possible ou garantissant la correspondance entre les langages engagés en traduction. Dans ce contexte étroit, il s'agissait aussi bien des rapports entre langage des choses et langage des hommes, entre le muet et le parlant, l'anonyme et le nommable, mais l'axiome valait sans doute pour toute traduction : « ... l'objectivité de cette traduction est garantie en Dieu » (trad. M. de Gandillac, p. 91). La dette, au commencement, se forme dans le creux de cette « pensée de Dieu ».

Étrange dette, qui ne lie personne à personne. Si la structure de l'œuvre est « survie », la dette n'engage pas auprès d'un sujet-auteur présumé du texte original – le mort ou le mortel, le mort du texte – mais à autre chose que représente la loi *formelle* dans l'immanence du texte original. Ensuite la dette n'engage pas à restituer une copie ou une bonne image, une représentation fidèle de l'original : celui-ci, le survivant, est lui-même en procès de transformation. L'original se donne en se modifiant, ce don n'est pas d'un objet donné, il vit et survit en mutation : « Car dans sa survie, qui ne mériterait pas ce nom, si elle n'était mutation et renouveau du vivant, l'original se modifie. Même pour des mots solidifiés il y a encore une post-maturation. »

Post-maturation *(Nachreife)* d'un organisme vivant ou d'une semence : ce n'est pas non plus, simplement, une métaphore, pour les raisons déjà entrevues. Dans son essence même, l'histoire de la langue est déterminée comme « croissance », « sainte croissance des langues ».

4. Si la dette du traducteur ne l'engage ni à l'égard de l'auteur (mort même s'il est vivant dès lors que son texte a structure de survie), ni à l'égard d'un modèle qu'il faudrait reproduire ou représenter, envers quoi, envers qui engage-t-elle? Comment nommer cela, ce *quoi* ou ce *qui?* Quel est le nom propre si ce n'est celui de l'auteur fini, le mort ou le mortel du texte? Et qui est le traducteur qui s'engage ainsi, qui se trouve peut-être *engagé* par l'autre avant de s'être engagé lui-même? Comme le traducteur se trouve, quant à la survie du texte, dans la même situation que son producteur fini et mortel (son « auteur »), ce n'est pas lui, pas lui-même en tant que fini et mortel, qui s'engage. Alors qui? C'est certes lui mais au nom de qui et de quoi? La question des noms propres est ici essentielle. Là où l'acte du vivant mortel paraît moins compter que la survie du texte *en traduction* – traduit et traduisant –, il faut bien que la signature du nom propre s'en distingue et ne s'efface pas si facilement du contrat ou de la dette. N'oublions pas que Babel nomme une lutte pour la survie du nom, de la langue ou des lèvres.

De sa hauteur, Babel à chaque instant surveille et surprend ma lecture : je traduis, je traduis la traduction par Maurice de Gandillac d'un texte de Benjamin qui, préfaçant une traduction, en prend prétexte pour dire à quoi et en quoi tout traducteur est engagé – et note au passage, pièce essentielle de sa démonstration, qu'il ne saurait y avoir de traduction de la traduction. Il faudra s'en souvenir.

Rappelant cette étrange situation, je ne veux pas seulement, pas essentiellement réduire mon rôle à celui d'un passeur ou d'un passant. Rien n'est plus grave qu'une traduction. Je voulais plutôt marquer que tout traducteur est en position de parler *de* la traduction, à une place qui n'est rien moins que seconde ou secondaire. Car si la structure de l'original est marquée par l'exigence d'être traduit, c'est qu'en faisant la loi l'original commence par s'endetter *aussi* à l'égard du traducteur. L'original est le premier débiteur, le premier demandeur, il commence par manquer – et par pleurer après la traduction. Cette demande n'est pas seulement du côté des constructeurs de la tour qui veulent se faire un nom et fonder une langue universelle se traduisant d'elle-même; elle contraint aussi le déconstructeur de la tour : en donnant son nom, Dieu en a aussi appelé à la traduction, non seulement entre les langues devenues tout à coup multiples et confuses, mais d'abord *de son nom,* du nom qu'il a clamé, donné, et qui doit se traduire par confusion pour être entendu, donc pour laisser entendre qu'il est difficile de le traduire et ainsi de l'entendre. Au moment où il impose et oppose sa loi à celle de la tribu, il est aussi demandeur de traduction. Il est aussi endetté.

Il n'a pas fini de pleurer après la traduction de son nom alors même qu'il l'interdit. Car Babel est intraduisible. Dieu pleure sur son nom. Son texte est le plus sacré, le plus poétique, le plus originaire puisqu'il crée un nom et se le donne, il n'en reste pas moins indigent en sa force et en sa richesse même, il pleure après un traducteur. Comme dans *La folie du jour,* la loi ne commande pas sans demander d'être lue, déchiffrée, traduite. Elle demande le transfert (*Übertragung* et *Übersetzung* et *Überleben*). Le *double bind* est en elle. En Dieu même, et il faut en suivre rigoureusement la conséquence : *en son nom.*

Insolvable de part et d'autre, le double endettement passe entre des noms. Il déborde *a priori* les porteurs des noms si l'on entend par là les corps mortels qui disparaissent derrière la survie du nom. Or un nom propre appartient et n'appartient pas, disions-nous, à la langue, ni même, précisons-le maintenant, au corpus du texte à traduire, de l'*à-traduire.*

La dette n'engage pas des sujets vivants mais des noms au bord de la langue ou, plus rigoureusement, le trait contractant le rapport dudit sujet vivant à son nom, en tant que celui-ci se tient au bord de la langue. Et ce trait serait celui de l'*à-traduire* d'une langue à l'autre, de ce bord à l'autre du nom propre. Ce contrat de langue entre plusieurs langues est absolument singulier. D'abord il n'est pas ce qu'on appelle en général contrat de langue : ce qui garantit l'institution d'*une* langue, l'unité de son système et le contrat social qui lie une communauté à cet égard. D'autre part on suppose en général que pour être valable ou instituer quoi que ce soit, tout contrat doit avoir lieu dans une seule langue ou en appeler (par exemple dans le cas de traités diplomatiques ou commerciaux) à une traductibilité déjà donnée et sans reste : la multiplicité des langues doit y être absolument dominée. Ici au contraire un contrat entre deux langues étrangères en tant que telles engage à rendre possible une traduction qui *ensuite* autorisera toute sorte de contrats au sens courant. La signature de ce contrat singulier n'a pas besoin d'une écriture documentée ou archivée, elle n'en a pas moins lieu comme trace ou comme trait, et ce lieu a lieu même si son espace ne relève d'aucune objectivité empirique ou mathématique.

Le *topos* de ce contrat est exceptionnel, unique, pratiquement impossible à penser sous la catégorie courante de contrat : dans un code classique on l'aurait dit transcendantal puisque en vérité il rend possible tout contrat en général, à commencer par ce qu'on appelle le contrat de langue dans les limites d'un seul idiome. Autre nom, peut-être, pour l'origine des langues. Non pas l'origine du langage mais des langues — avant le langage, *les* langues.

Le contrat de traduction, en ce sens *quasi* transcendantal, serait le contrat lui-même, le contrat absolu, la forme-contrat du contrat, ce qui permet à un contrat d'être ce qu'il est.

La parenté entre les langues, dira-t-on qu'elle suppose ce contrat ou qu'elle lui donne son premier lieu? On reconnaît là un cercle classique. Il a toujours commencé à tourner quand on s'interroge sur l'origine des langues ou de la société. Benjamin, qui parle souvent de parenté entre les langues, ne le fait jamais en comparatiste ou en historien des langues. Il s'intéresse moins à des familles de langue qu'à un apparentement plus essentiel et plus énigmatique, à une affinité dont il n'est pas sûr qu'elle précède le trait ou le contrat de l'*à-traduire*. Peut-être même cette parenté, cette affinité (*Verwandtschaft*), est-elle comme une alliance scellée par le contrat de traduction, dans la mesure où les survies qu'elle associe ne sont pas des vies naturelles, des liens du sang ou des symbioses empiriques. « Ce développement, comme celui d'une vie originale et de niveau élevé, est déterminé par une finalité originale et de niveau élevé. Vie et finalité − leur corrélation apparemment évidente, et qui pourtant échappe presque à la connaissance, ne se révèle que lorsque le but en vue duquel agissent toutes les finalités singulières de la vie n'est point cherché dans le domaine propre de cette vie, mais bien à un niveau plus élevé. Tous les phénomènes vitaux finalisés, comme leur finalité même, sont en fin de compte finalisés non vers la vie, mais vers l'expression de son essence, vers la représentation (*Darstellung*) de sa signification. Ainsi la traduction a finalement pour but d'exprimer le rapport le plus intime entre des langues. »

La traduction ne chercherait pas à dire ceci ou cela, à transporter tel ou tel contenu, à communiquer telle charge de sens mais à *re-marquer* l'affinité entre les langues, à exhiber sa propre possibilité. Et cela, qui vaut pour le texte littéraire ou le texte sacré, définit peut-être l'essence même du littéraire et du sacré, à leur racine commune. J'ai dit *re-marquer* l'affinité entre les langues pour nommer l'insolite d'une « expression » (« exprimer le rapport le plus intime entre les langues ») qui n'est ni une simple « présentation » ni simplement autre chose. La traduction rend *présente* sur un mode seulement anticipateur, annonciateur, quasiment prophétique, une affinité qui n'est jamais présente dans cette présentation. On pense à la manière dont Kant définit parfois le rapport au sublime : une présentation inadéquate à ce qui pourtant s'y présente. Ici le discours de Benjamin s'avance à travers des chicanes :

Il est impossible qu'elle [la traduction] puisse révéler ce rapport caché lui-même, qu'elle puisse le restituer *(herstellen)* ; mais elle peut le représenter *(darstellen)* en l'actualisant dans son germe ou dans son intensité. Et cette représentation d'un signifié *(Darstellung eines Bedeuteten)* par l'essai, par le germe de sa restitution, est un mode de représentation tout à fait original, qui n'a guère d'équivalent dans le domaine de la vie non langagière. Car cette dernière connaît, dans des analogies et des signes, d'autres types de référence *(Hindeutung)* que l'actualisation intensive, c'est-à-dire anticipatrice, annonciatrice *(vorgreifende, andeutende)*. – Mais le rapport auquel nous pensons, ce rapport très intime entre les langues, est celui d'une convergence originale. Elle consiste en ceci que les langues ne sont pas étrangères l'une à l'autre, mais, *a priori* et abstraction faite de toutes relations historiques, sont apparentées l'une à l'autre en ce qu'elles veulent dire.

Toute l'énigme de cette parenté se concentre ici. Que veut dire « ce qu'elles veulent dire? » Et qu'en est-il de cette présentation dans laquelle rien ne se présente sur le mode courant de la présence?

Il y va du nom, du symbole, de la vérité, de la lettre.

Une des assises profondes de l'essai, comme du texte de 1916, c'est une théorie du nom. Le langage y est déterminé à partir du mot et du privilège de la nomination. C'est, au passage, une affirmation très ferme sinon très démonstrative : « l'élément originaire du traducteur » est le mot et non la proposition, l'articulation syntaxique. Pour le donner à penser, Benjamin propose une curieuse « image » : la proposition *(Satz)* serait « le mur devant la langue de l'original », alors que le mot, le mot à mot, la littéralité *(Wörtlichkeit)* en serait l'« arcade ». Alors que le mur étaie en cachant (il est *devant* l'original), l'arcade soutient en laissant passer le jour et en donnant à voir l'original (nous ne sommes pas loin des « passages parisiens »). Ce privilège du mot soutient évidemment celui du nom et avec lui la propriété du nom propre, enjeu et possibilité du contrat de traduction. Il ouvre sur le problème *économique* de la traduction, qu'il s'agisse de l'économie comme loi du propre ou de l'économie comme rapport quantitatif (est-ce traduire que transposer un nom propre en plusieurs mots, en une phrase ou en une description, etc.?).

Il y a de l'*à-traduire*. Des deux côtés il assigne et contracte. Il engage moins des auteurs que des noms propres au bord de la langue, il n'engage essentiellement ni à communiquer ni à représenter, ni à tenir un engagement déjà signé, plutôt à établir le contrat et à donner naissance au pacte, autrement dit au *symbolon,* en un sens que Benjamin ne désigne pas sous ce nom mais suggère sans doute par la métaphore de l'amphore, ou disons plutôt, puisque nous avons suspecté le sens courant de la métaphore, par l'*ammétaphore.*

Si le traducteur ne restitue ni ne copie un original, c'est que celui-ci survit et se transforme. La traduction sera en vérité un moment de sa propre croissance, il s'y complétera *en* s'agrandissant. Or il faut bien que la croissance, et c'est en cela que la logique « séminale » a dû s'imposer à Benjamin, ne donne pas lieu à n'importe quelle forme dans n'importe quelle direction. La croissance doit accomplir, remplir, compléter (*Ergänzung* est ici le mot le plus fréquent). Et si l'original appelle un complément, c'est qu'à l'origine il n'était pas là sans faute, plein, complet, total, identique à soi. Dès l'origine de l'original à traduire, il y a chute et exil. Le traducteur doit racheter (*erlösen),* absoudre, résoudre, en tâchant de s'absoudre lui-même de sa propre dette, qui est au fond la même — et sans fond. « Racheter dans sa propre langue ce pur langage exilé dans la langue étrangère, libérer en le transposant ce pur langage captif dans l'œuvre, telle est la tâche du traducteur. » La traduction est transposition poétique (*Umdichtung*). Ce qu'elle libère, le « pur langage », nous aurons à en interroger l'essence. Mais notons pour l'instant que cette libération suppose elle-même une liberté du traducteur, qui n'est elle-même que rapport à ce « pur langage »; et la libération qu'elle opère, éventuellement en transgressant les limites de la langue traduisante, en la transformant à son tour, doit étendre, agrandir, faire croître le langage. Comme cette croissance vient aussi compléter, comme elle est *« symbolon », elle* ne reproduit pas, elle ajointe en ajoutant. D'où cette double comparaison (*Vergleich*), tous ces tours et suppléments métaphoriques : 1. « De même que la tangente ne touche le cercle que de façon fugitive et en un seul point et que c'est ce contact, non le point, qui lui assigne la loi selon laquelle elle poursuit à l'infini sa marche en ligne droite, ainsi la traduction touche à l'original de façon fugitive et seulement en un point infiniment petit du sens, pour suivre ensuite sa marche la plus propre, selon la loi de fidélité dans la liberté du mouvement langagier. » Chaque fois qu'il parle du contact (*Berührung*) entre le corps des deux textes au cours de la traduction, Benjamin le dit « fugitif » (*flüchtig*). Au moins à trois reprises, ce caractère « fugitif » est souligné, et toujours pour situer le contact avec le sens, le point infiniment petit du sens que les langues effleurent à peine (« L'harmonie entre les langues y est si profonde [il s'agit des traductions de Sophocle par Hölderlin] que le sens n'est touché par le vent du langage qu'à la manière d'une harpe éolienne »). Que peut être un point infiniment petit du sens? A quelle mesure l'évaluer? La métaphore même est à la fois la question et la réponse. Et voici l'autre métaphore, la métaphore qui ne concerne plus l'extension en ligne droite et infinie mais l'agrandissement par ajointement, selon les lignes brisées du fragment. 2. « Car, de même que les débris d'une amphore, pour qu'on puisse reconstituer le tout, doivent être contigus dans les plus petits détails, mais non identiques les uns aux autres, ainsi, au lieu de se rendre semblable au sens de l'original, la traduction doit bien plutôt, dans un mouvement d'amour et jusque dans le détail, faire passer dans sa propre langue le mode de visée de l'original : ainsi, de même que les débris deviennent reconnaissables comme fragments d'une même amphore, original et traductions deviennent reconnaissables comme fragments d'un langage plus grand. »

Accompagnons ce mouvement d'amour, le geste de cet aimant (*liebend*) qui œuvre dans la traduction. Il ne reproduit pas, ne restitue pas, ne représente pas, pour l'essentiel il ne *rend* pas le sens de l'original, sauf en ce point de contact ou de caresse, l'infiniment petit du sens. Il étend le corps des langues, il met la langue en expansion symbolique; et symbolique ici veut dire que, si peu de restitution qu'il y ait à accomplir, le plus grand, le nouvel ensemble plus vaste doit encore *reconstituer* quelque chose. Ce n'est peut-être pas un tout, mais c'est un ensemble dont l'ouverture ne doit pas contredire l'unité. Comme la cruche qui donne son *topos* poétique à tant de méditations sur la chose et la langue, de Hölderlin à Rilke et à Heidegger, l'amphore est une avec elle-même tout en s'ouvrant au-dehors − et cette ouverture ouvre l'unité, elle la rend possible et lui interdit la totalité. Elle lui permet de recevoir et de donner. Si la croissance du langage doit aussi reconstituer sans représenter, si c'est là le symbole, la traduction peut-elle prétendre à la vérité? Vérité, sera-ce encore le nom de ce qui fait la loi pour une traduction?

Nous touchons ici − en un point sans doute infiniment petit − à la limite de la traduction. L'intraduisible pur et le traductible pur y passent l'un dans l'autre − et c'est la vérité, « elle-même matériellement ».

Le mot de « vérité » apparaît plus d'une fois dans *La tâche du traducteur*. Il ne faut pas se hâter de s'en saisir. Il ne s'agit pas de la vérité d'une traduction en tant qu'elle serait conforme ou fidèle à son modèle, l'original. Ni davantage, du côté de l'original ou même de la traduction, de quelque adéquation de la langue au sens ou à la réalité, voire de la représentation à quelque chose. Alors de quoi s'agit-il sous le nom de vérité? Est-ce nouveau à ce point?

Repartons du « symbolique ». Rappelons la métaphore ou l'ammétaphore : une traduction épouse l'original quand les deux fragments ajointés, aussi différents que possible, se complètent pour former une langue plus grande, au cours d'une survie qui les change tous les deux. Car la langue maternelle du traducteur, nous l'avons noté, s'y altère également. Telle est du moins mon interprétation – ma traduction, ma « tâche du traducteur ». C'est ce que j'ai appelé le contrat de traduction : hymen ou contrat de mariage avec promesse d'inventer un enfant dont la semence donnera lieu à histoire et croissance. Contrat de mariage comme séminaire. Benjamin le dit, dans la traduction l'original grandit, il croît plutôt qu'il ne se reproduit – et j'ajouterai comme un enfant, le sien sans doute mais avec la force de parler tout seul qui fait d'un enfant autre chose qu'un produit assujetti à la loi de la reproduction. Cette promesse fait signe vers un royaume à la fois « promis et interdit où les langues se réconcilieront et s'accompliront ». C'est la note la plus babélienne d'une analyse de l'écriture sacrée comme modèle et limite de toute écriture, en tout cas de toute *Dichtung* dans son être-à-traduire. Le sacré et l'être-à-traduire ne se laissent pas penser l'un sans l'autre. Ils se produisent l'un l'autre au bord de la même limite.

Ce royaume n'est jamais atteint, touché, foulé par la traduction. Il y a de l'intouchable et en ce sens la réconciliation est seulement promise. Mais une promesse n'est pas rien, elle n'est pas seulement marquée par ce qui lui manque pour s'accomplir. En tant que promesse, la traduction est déjà un événement, et la signature décisive d'un contrat. Qu'il soit ou non honoré n'empêche pas l'engagement d'avoir lieu et de léguer son archive. Une traduction qui arrive, qui arrive à promettre la réconciliation, à en parler, à la désirer ou faire désirer, une telle traduction est un événement rare et considérable.

Ici deux questions avant d'aller plus près de la vérité. En quoi consiste l'intouchable, s'il y en a? Et pourquoi telle métaphore ou ammétaphore de Benjamin me fait penser à l'hymen, plus visiblement à la robe de mariage?

1. Le toujours intact, l'intangible, l'intouchable *(unberührbar)*, c'est ce qui fascine et oriente le travail du traducteur. Il veut toucher à l'intouchable, à ce qui reste du texte quand on en a extrait le sens communicable (point de contact, on s'en souvient, infiniment petit), quand on a transmis ce qui se peut transmettre, voire enseigner : ce que je fais ici, après et grâce à Maurice de Gandillac, sachant qu'un reste intouchable du texte benjaminien restera, lui aussi, intact au terme de l'opération. Intact et vierge malgré le labeur de la traduction, et si efficiente, si pertinente qu'elle soit. Ici la pertinence ne touche

pas. Si on peut risquer une proposition en apparence aussi absurde, le texte sera encore plus vierge après le passage du traducteur, et l'hymen, signe de virginité, plus jaloux de lui-même après l'autre hymen, le contrat passé et la consommation du mariage. La complétude symbolique n'aura pas eu lieu jusqu'à son terme et pourtant la promesse de mariage sera advenue — et c'est la tâche du traducteur, en ce qu'elle a de très aigu comme d'irremplaçable.

Mais encore? En quoi consiste l'intouchable? Étudions encore les métaphores ou les ammétaphores, les *Übertragungen* qui sont des traductions et des métaphores de la traduction, des traductions *(Übersetzungen)* de traduction ou des métaphores de métaphore. Étudions tous ces passages benjaminiens. La première figure qui vient ici, c'est celle du fruit et de l'enveloppe, du noyau et de l'écorce *(Kern, Frucht/Schale)*. Elle décrit en dernière instance la distinction à laquelle Benjamin ne voudra jamais renoncer ni même consacrer quelques questions. On reconnaît un noyau, l'original en tant que tel, à ceci qu'il peut se laisser de nouveau traduire et retraduire. Une traduction, elle, ne le peut pas *en tant que telle*. Seul un noyau, parce qu'il résiste à la traduction qu'il aimante, peut s'offrir à une nouvelle opération traductrice sans se laisser épuiser. Car le rapport du contenu à la langue, on dirait aussi du fond à la forme, du signifié au signifiant, peu importe ici (dans ce contexte Benjamin oppose teneur *(Gehalt)* et langue ou langage *(Sprache)*), diffère du texte original à la traduction. Dans le premier, l'unité en est aussi serrée, stricte, adhérente qu'entre le fruit et sa peau, son écorce ou sa pelure. Non qu'ils soient inséparables, on doit pouvoir les distinguer en droit, mais ils appartiennent à un tout organique et il n'est pas insignifiant que la métaphore soit ici végétale et naturelle, naturaliste :

> Ce royaume, il [l'original en traduction] ne l'atteint jamais complètement, mais c'est là que se trouve ce qui fait que traduire est plus que communiquer. Plus précisément on peut définir ce noyau essentiel comme ce qui, dans la traduction, n'est pas à nouveau traduisible. Car, autant qu'on en puisse extraire du communicable pour le traduire, il reste toujours cet intouchable vers quoi s'oriente le travail du vrai traducteur. Il n'est pas transmissible comme l'est la parole créatrice de l'original *(übertragbar wie das Dichterwort des Originals)*, car le rapport de la teneur au langage est tout à fait différent dans l'original et dans la traduction. Dans l'original, teneur et langage forment une unité déterminée, comme celle du fruit et de l'enveloppe.

Décortiquons un peu plus la rhétorique de cette séquence. Il n'est pas sûr que le « noyau » essentiel et le « fruit » désignent la même chose. Le noyau essentiel, ce qui n'est pas, dans la traduction, à nouveau traduisible, ce n'est pas la teneur mais cette adhérence entre la teneur et la langue, entre le fruit et l'enveloppe. Cela peut paraître étrange ou incohérent (comment un noyau pourrait-il se situer entre le fruit et l'enveloppe?). Il faut sans doute penser que le noyau est d'abord l'unité dure et centrale qui fait tenir le fruit à l'enveloppe, le fruit à lui-même aussi; et surtout que, au cœur du fruit, le noyau est « intouchable », hors d'atteinte et invisible. Le noyau serait la première métaphore de ce qui fait l'unité des deux termes dans la seconde métaphore. Mais il y en a une troisième, et cette fois elle n'a pas de provenance naturelle. Elle concerne le rapport de la teneur à la langue dans la traduction, et non plus dans l'original. Ce rapport est différent et je ne crois pas céder à l'artifice en insistant sur cette différence pour dire qu'elle est précisément celle de l'artifice à la nature. Qu'est-ce que Benjamin note en effet, comme au passage, par commodité rhétorique ou pédagogique? Que « le langage de la traduction enveloppe sa teneur comme un manteau royal aux larges plis. Car il est le signifiant d'un langage supérieur à lui-même et reste ainsi, par rapport à sa propre teneur, inadéquat, forcé, étranger ». C'est très beau, une belle traduction : hermine blanche, couronnement, sceptre et démarche majestueuse. Le roi a bien un corps (et ce n'est pas ici le texte original mais ce qui constitue la teneur du texte traduit) mais ce corps est seulement promis, annoncé et dissimulé par la traduction. L'habit sied mais ne serre pas assez strictement la personne royale. Ce n'est pas une faiblesse, la meilleure traduction ressemble à ce manteau royal. Elle reste séparée du corps auquel cependant elle se conjoint, l'épousant sans l'épouser. On peut certes broder sur ce manteau, sur la nécessité de cette *Übertragung,* de cette traduction métaphorique de la traduction. Par exemple on peut opposer cette métaphore à celle de l'écorce et du noyau comme on opposerait la technique à la nature. Un vêtement n'est pas naturel, c'est un tissu et même, autre métaphore de la métaphore, un texte, et ce texte d'artifice apparaît justement du côté du contrat symbolique. Or si le texte original est demande de traduction, le fruit, à moins que ce ne soit le noyau, exige ici de devenir le roi, ou l'empereur qui portera les habits neufs : sous ses larges plis, *in weiten Falten,* on le devinera nu. Le manteau et les plis protègent sans doute le roi contre le froid ou les agressions naturelles; mais d'abord, surtout, c'est, comme son sceptre, la visibilité insigne de la loi. C'est l'indice du pouvoir et du pouvoir de faire la loi. On en infère que ce qui compte, c'est ce qui se passe sous le manteau, à savoir le corps du roi, ne dites pas tout de suite le phallus, autour duquel une traduction affaire sa langue, fait des plis, moule des formes, coud des ourlets, pique et brode. Mais toujours amplement flottante à quelque distance de la teneur.

2. Plus ou moins strictement, le manteau épouse le corps du roi, mais pour ce qui se passe sous le manteau, comment séparer le roi du couple royal? C'est ce couple d'époux (le corps du roi et sa robe, la teneur et la langue, le roi et la reine) qui fait la loi et garantit tout contrat depuis ce premier contrat. Ne l'oublions pas, la scène de la traduction implique la généalogie ou l'héritage. J'ai donc pensé à une robe de mariage. Benjamin ne pousse pas les choses dans le sens où je les traduis moi-même, le lisant toujours déjà en traduction. J'ai pris quelque liberté avec la teneur de l'original, autant qu'avec sa langue, et encore avec l'original qu'est aussi pour moi, maintenant, la traduction française. J'ai ajouté un manteau à l'autre, ça flotte encore, mais n'est-ce pas la destination de toute traduction? Si du moins une traduction se destinait à arriver.

Malgré la distinction entre les deux métaphores, l'écorce et le manteau (le manteau royal, car il a dit « royal » là où d'autres auraient pu penser qu'un manteau suffisait), malgré l'opposition de la nature et de l'art, dans les deux cas il y a *unité* de la teneur et de la langue, unité naturelle dans un cas, unité symbolique dans l'autre. Simplement, dans la traduction, l'unité fait signe vers une unité (métaphoriquement) plus « naturelle », elle promet une langue ou un langage plus originaires et comme sublimes, sublimes dans la mesure démesurée où la promesse elle-même, à savoir la traduction, y reste inadéquate *(unangemessen),* violente et forcée *(gewaltig)* et étrangère *(fremd).* Cette « brisure » rend inutile, « interdit » même toute *Übertragung,* toute « transmission » dit justement la traduction française : le mot joue aussi, comme la transmission, avec le déplacement transférentiel ou métaphorique. Et le mot *Übertragung* s'impose encore quelques lignes plus loin : si la traduction « transplante » l'original sur un autre terrain de langue « ironiquement » plus définitif, c'est dans la mesure où l'on ne pourrait plus le déplacer de là par aucun autre « transfert » *(Übertragung)* mais seulement l'« ériger » *(erheben)* à nouveau sur place « en d'autres parties ». Il n'y a pas de traduction de la traduction, voilà l'axiome sans lequel il n'y aurait pas *La tâche du traducteur.* Si on y touchait on toucherait, et il ne le faut pas, à l'intouchable de l'intouchable, à savoir ce qui garantit à l'original qu'il reste bien l'original.

Cela n'est pas sans rapport avec la vérité. Elle est apparemment au-delà de toute *Übertragung* et de toute *Übersetzung* possibles. Elle n'est pas la correspondance représentative entre l'original et la traduction, ni même adéquation première entre l'original et quelque objet ou signification hors de lui. La vérité serait plutôt le *langage pur* en lequel le sens et la lettre ne se dissocient plus. Si un tel lieu, l'avoir-lieu de tel événement, restait introuvable, on ne pourrait plus, fût-ce en droit, distinguer entre un original et une traduction. En maintenant à tout prix cette distinction comme la donnée originaire de tout contrat de traduction (au sens quasi transcendantal dont nous parlions plus haut), Benjamin répète le fondement du droit. Ce faisant, il exhibe la possibilité d'un droit des œuvres et d'un droit d'auteur, celle-là même sur laquelle prétend s'appuyer le droit positif. Celui-ci s'effondre dès la moindre contestation d'une frontière rigoureuse entre l'original et la version, voire de l'identité à soi ou de l'intégrité de l'original. Ce que dit Benjamin de ce rapport entre original et traduction, on le retrouve, traduit dans une langue de bois mais fidèlement reproduit en son sens, au seuil de tous les traités juridiques concernant le droit positif des traductions. Et cela qu'il s'agisse des principes généraux de la différence original/traduction (celle-ci étant « dérivée » de celui-là) ou qu'il s'agisse des traductions de traduction. La traduction de traduction est dite « dérivée » de l'original et non de la première traduction. Voici quelques extraits du droit français; mais il ne semble pas y avoir de ce point de vue opposition entre celui-ci et d'autres droits occidentaux (il reste qu'une enquête de droit comparé devrait aussi concerner la traduction des textes de droit). On va le voir, ces propositions en appellent à la polarité expression/exprimé, signifiant/signifié, forme/fond. Benjamin commençait aussi par dire : la traduction est une forme, et le clivage symbolisant/symbolisé organise tout son essai. Or en quoi ce système d'opposition est-il indispensable à ce droit? C'est que seul il permet, à partir de la distinction entre l'original et la traduction, de reconnaître quelque originalité à la traduction. Cette originalité est déterminée, et c'est un des nombreux philosophèmes classiques au fondement de ce droit, comme originalité de l'*expression*. Expression s'oppose à contenu, certes, et la traduction, censée ne pas toucher au contenu, doit n'être originale que par la langue *comme expression;* mais expression s'oppose aussi à ce que les juristes français appellent la *composition* de l'original. En général on situe la composition du côté de la forme; or ici la forme d'expression dans laquelle on peut reconnaître de l'originalité au traducteur et à ce titre un droit d'auteur-traducteur, c'est seulement la forme d'expression linguistique, le choix des mots dans la langue, etc., mais rien d'autre de la forme. Je cite Claude Colombet, *Propriété littéraire et artistique,* Dalloz, 1976, dont j'extrais seulement quelques lignes, conformément à la loi du 11 mars 1957, rappelée à l'ouverture du livre et « n'autorisant... que les analyses et les courtes citations dans un but d'exemple et d'illustration », car « toute représentation ou reproduction intégrale, ou partielle, faite sans le consentement de l'auteur ou de ses ayants droit ou ayants cause, est illicite », et constitue « donc une contrefaçon sanctionnée par les articles 425 et suivants du Code pénal » : « 54. Les traductions sont des œuvres qui sont originales seulement par l'expression; [restriction très paradoxale : la pierre angulaire du droit d'auteur, c'est en effet que seule la forme peut devenir propriété, et non les idées, les thèmes, les contenus, qui sont propriété commune et universelle [1]. Si une première conséquence est bonne, puisque c'est cette forme qui définit l'originalité de la traduction, une autre conséquence en pourrait être ruineuse car elle devrait conduire à abandonner ce qui distingue l'original de la traduction si, à l'exclusion de l'expression, il revient à une distinction de fond. A moins que la valeur de composition, si peu rigoureuse qu'elle soit, ne reste l'indice du fait qu'entre l'original et la traduction le rapport n'est ni d'expression ni de contenu mais d'autre chose audelà de ces oppositions. A suivre l'embarras des juristes – parfois comique dans sa subtilité casuistique – pour tirer les conséquences des axiomes du type : " Le droit d'auteur ne protège pas les idées; mais celles-ci peuvent être, parfois indirectement, protégées par d'autres moyens que par la loi du 11 mars 1957 " (*op. cit.,* p. 21), on mesure mieux l'historicité et la fragilité conceptuelle de cette axiomatique] l'article 4 de la loi les cite parmi les œuvres protégées; en effet, il a toujours été admis que le traducteur fait preuve d'originalité dans le choix des expressions pour rendre au mieux en une langue le sens du texte en une autre langue. Comme le dit M. Savatier : " Le génie de chaque langue donne à l'œuvre traduite une physionomie propre; et le traducteur n'est pas un simple ouvrier. Il participe lui-même à une création dérivée dont il porte la responsabilité propre "; c'est qu'en effet la traduction n'est pas le résultat d'un processus automatique; par les choix qu'il opère entre plusieurs mots, plusieurs expressions, le traducteur fait une œuvre de l'esprit; mais, bien

---

1. Cf. tout le chapitre 1 de ce livre : « L'absence de protection des idées par le droit d'auteur. »

entendu, il ne saurait modifier la composition de l'œuvre traduite, car il est tenu au respect de cette œuvre. »

Dans sa langue, Desbois dit la même chose, avec quelques précisions supplémentaires :

> *Les œuvres dérivées qui sont originales par l'expression.* 29. Point n'est besoin que l'œuvre considérée, pour être *relativement originale* [souligné par Desbois], porte l'empreinte d'une personnalité à la fois par la composition et l'expression comme les adaptations. Il suffit que l'auteur, tout en suivant pas à pas le développement d'une œuvre préexistante, ait fait acte personnel dans l'expression : l'article 4 en fait foi, puisque, dans une énumération non exhaustive des œuvres dérivées, il situe à la place d'honneur les *traductions*. *Traduttore, traditore,* disent volontiers les Italiens, en une boutade, qui, comme toute médaille, a un avers et un revers : s'il est de mauvais traducteurs, qui multiplient les contresens, d'autres sont cités grâce à la perfection de leur tâche. Le risque d'une erreur ou d'une imperfection a pour contrepartie la perspective d'une version authentique, qui implique une parfaite connaissance des deux langues, une foison de choix judicieux, et partant un effort créateur. La consultation d'un diction- naire ne suffit qu'aux candidats médiocres au baccalauréat : le tra- ducteur consciencieux et compétent « met du sien » et *crée,* tout comme le peintre qui fait la copie d'un modèle. La vérification de cette conclusion est fournie par la comparaison de plusieurs traductions d'un seul et même texte : chacune pourra différer des autres, sans qu'aucune contienne un contresens ; la variété des modes d'expression d'une même pensée démontre, par la possibilité d'un choix, que la *tâche du traducteur* donne prise à des manifestations de personnalité. (*Le droit d'auteur en France,* Dalloz, 1978. Je souligne.)

On relèvera au passage que la *tâche du traducteur,* confinée dans le duel des langues (jamais plus de deux langues), ne donne lieu qu'à « effort créateur » (effort et tendance plutôt qu'achèvement, labeur artisanal plutôt que performance d'artiste), et quand le tra- ducteur « crée », c'est comme un peintre qui « copie » son « modèle » (comparaison saugrenue à plus d'un titre, est-il utile de l'expliquer ?). Le retour du mot « tâche » est assez remarquable en tout cas, par toutes les significations qu'il tisse en réseau, et c'est toujours la même interprétation évaluatrice : devoir, dette, taxe, redevance, impôt, charge d'héritage et succession, noble obligation mais labeur à mi-chemin de la création, tâche infinie, inachèvement essentiel, comme si le présumé créateur de l'original n'était pas, lui aussi, endetté, taxé, obligé par un autre texte, *a priori* traducteur.

Entre le droit transcendantal, tel que Benjamin le répète, et le droit positif tel qu'il se formule si laborieusement et parfois si grossièrement dans les traités du droit d'auteur ou du droit des œuvres, l'analogie peut être suivie très loin, par exemple en ce qui concerne la notion de dérivation et les traductions de traductions : celles-ci sont toujours dérivées de l'original et non de traductions antérieures. Voici une note de Desbois :

> Le traducteur ne cessera pas même de faire œuvre personnelle, lorsqu'il ira puiser conseil et inspiration dans une précédente traduction. Nous ne refuserons pas la qualité d'auteur d'une œuvre dérivée, *par rapport à des traductions antérieures,* à celui qui se serait contenté de choisir, entre plusieurs versions déjà publiées, celle qui lui paraît la plus adéquate à l'original : allant de l'une à l'autre, prenant un passage à celle-ci, un autre à celle-là, il créerait une œuvre nouvelle, par le fait même de la combinaison, qui rend son ouvrage différent des productions antécédentes. Il a fait acte de création, puisque sa traduction reflète une forme nouvelle et résulte de comparaisons, de choix. Le traducteur serait encore, selon nous, digne d'audience, malgré qu'il eût été conduit par ses réflexions au même résultat qu'un devancier, dont il aurait par hypothèse ignoré le travail : sa réplique involontaire, loin de constituer un plagiat, porterait la marque de sa personnalité, présenterait une « nouveauté subjective », qui appellerait protection. Les deux versions, accomplies à l'insu, séparément l'une de l'autre, ont donné lieu, séparément et isolément, à des manifestations de personnalité. *La seconde sera une œuvre dérivée vis-à-vis de l'œuvre qui a été traduite, non vis-à-vis de la première.* » (*Op. cit.,* p. 41.) (J'ai souligné cette dernière phrase.)

De ce droit à la vérité, quel est le rapport?

La traduction promet un royaume à la réconciliation des langues. Cette promesse, événement proprement symbolique ajointant, accouplant, mariant deux langues comme les deux parties d'un tout plus grand, en appelle à une langue de la vérité (*Sprache der Wahrheit*). Non pas à une langue vraie, adéquate à quelque contenu extérieur, mais à une vraie langue, à une langue dont la vérité ne serait référée qu'à elle-même. Il s'agirait de la vérité comme authenticité, vérité d'acte ou d'événement qui appartiendrait à l'original plutôt qu'à la traduction, même si l'original est déjà en situation de demande ou de dette. Et s'il y avait une telle authenticité et une telle force d'événement dans ce qu'on appelle couramment une traduction, c'est qu'elle se produirait de quelque façon comme œuvre originale. Il y aurait donc une manière originale et inaugurale de s'endetter, ce serait le lieu et la date de ce qu'on appelle un original, une œuvre.

Pour bien traduire le sens intentionnel de ce que veut dire

Benjamin quand il parle de « langue de la vérité », peut-être faut-il entendre ce qu'il dit régulièrement du « sens intentionnel » ou de la « visée intentionnelle » *(Intention, Meinung, Art des Meinens)*. Comme le rappelle Maurice de Gandillac, ce sont là des catégories empruntées à la scolastique par Brentano et Husserl. Elles jouent un rôle important, sinon toujours très clair dans *La tâche du traducteur*.

Qu'est-ce qui paraît visé sous ce concept de visée *(Meinen)*? Reprenons au point où dans la traduction semble s'annoncer une parenté des langues, au-delà de toute ressemblance entre un original et sa reproduction, et indépendamment de toute filiation historique. D'ailleurs la parenté n'implique pas nécessairement la ressemblance. Cela dit, en écartant l'origine historique ou naturelle, Benjamin n'exclut pas, en un tout autre sens, la considération de l'origine en général, pas plus que ne le font dans des contextes et par des mouvements analogues un Rousseau ou un Husserl. Benjamin le précise même littéralement : pour l'accès le plus rigoureux à cette parenté ou à cette affinité des langues « le concept d'origine *(Abstammungsbegriff)* reste indispensable ». Où chercher alors cette affinité originaire? Nous la voyons s'annoncer dans un ploiement, un reploiement et un co-déploiement des visées. A travers chaque langue quelque chose est visé qui est le même et que pourtant aucune des langues ne peut atteindre séparément. Elles ne peuvent prétendre l'atteindre, et se le promettre, qu'en co-employant ou co-déployant leurs visées intentionnelles, « le tout de leurs visées intentionnelles complémentaires ». Ce co-déploiement vers le tout est un reploiement car ce qu'il vise à atteindre, c'est « le langage pur » *(die reine Sprache)*, ou la pure langue. Ce qui est alors visé par cette co-opération des langues et des visées intentionnelles n'est pas transcendant à la langue, ce n'est pas un réel qu'elles investiraient de tous côtés comme une tour dont elles tenteraient de faire le tour. Non, ce qu'elles visent intentionnellement chacune et ensemble dans la traduction, c'est la langue même comme événement babélien, une langue qui n'est pas la langue universelle au sens leibnizien, une langue qui n'est pas davantage la langue naturelle que chacune reste de son côté, c'est l'être-langue de la langue, la langue ou le langage *en tant que tels*, cette unité sans aucune identité à soi qui fait qu'il y a *des* langues, et que ce sont des *langues*.

Ces langues se rapportent l'une à l'autre dans la traduction selon un mode inouï. Elles se complètent, dit Benjamin ; mais aucune autre complétude au monde ne peut représenter celle-ci, ni cette complémentarité symbolique. Cette singularité (non représentable par rien qui soit dans le monde) tient sans doute à la visée intentionnelle ou à ce que Benjamin essaie de traduire dans le langage scolastico-phénoménologique. A l'intérieur de la même visée intentionnelle, il faut rigoureusement distinguer entre la chose visée, le visé *(das Gemeinte),* et le mode de la visée *(die Art des Meinens).* La tâche du traducteur, dès qu'il prend en vue le contrat originaire des langues et l'espérance de la « langue pure », exclut ou laisse entre parenthèses le « visé ».

Le mode de visée seul assigne la tâche de traduction. Chaque « chose », dans son identité présumée à soi (par exemple le pain *lui-même)* est visée selon des modes différents dans chaque langue et dans chaque texte de chaque langue. C'est entre ces modes que la traduction doit chercher, produire ou reproduire, une complémentarité ou une « harmonie ». Et dès lors que compléter ou complémenter ne revient à la sommation d'aucune totalité mondaine, la valeur d'harmonie convient à cet ajustement, à ce qu'on peut appeler ici l'accord des langues. Cet accord laisse résonner, l'annonçant plutôt qu'il ne le présente, le pur langage, et l'être-langue de la langue. Tant que cet accord n'a pas lieu, le pur langage reste caché, celé *(verborgen),* muré dans l'intimité nocturne du « noyau ». Seule une traduction peut l'en faire sortir.

Sortir et surtout développer, faire croître. Toujours selon le même motif (d'apparence organiciste ou vitaliste), on dirait alors que chaque langue est comme atrophiée dans sa solitude, maigre, arrêtée dans sa croissance, infirme. Grâce à la traduction, autrement dit à cette supplémentarité linguistique par laquelle une langue donne à l'autre ce qui lui manque, et le lui donne harmonieusement, ce croisement des langues assure la croissance des langues, et même cette « sainte croissance des langues » « jusqu'au terme messianique de l'histoire ». Tout cela s'annonce dans le processus traducteur, à travers l'« éternelle survie des œuvres » *(am ewigen Fortleben der Werke)* ou « la renaissance *(Aufleben)* infinie des langues ». Cette perpétuelle reviviscence, cette régénérescence constante *(Fort-* et *Aufleben)* par la traduction, c'est moins une révélation, la révélation elle-même, qu'une annonciation, une alliance et une promesse.

Ce code religieux est ici essentiel. Le texte sacré marque la limite, le modèle pur, même s'il est inaccessible, de la traductibilité pure, l'idéal à partir duquel on pourra penser, évaluer, mesurer la traduction essentielle, c'est-à-dire poétique. La traduction, comme sainte croissance des langues, annonce le terme messianique, certes, mais le signe de ce terme et de cette croissance n'y est « présent » *(gegenwärtig)* que dans le « savoir de cette distance », dans l'*Entfernung,* l'*éloignement* qui nous y rapporte. Cet éloignement, on peut le savoir, en avoir le savoir ou le pressentiment, on ne peut le vaincre. Mais il nous met en rapport avec cette « langue de la vérité » qui est le « véritable langage » *(so ist diese Sprache der Wahrheit – die wahre Sprache).* Cette mise en rapport a lieu sur le mode du « pressentiment », le mode « intensif » qui se rend présent ce qui est absent, laisse venir l'éloignement comme éloignement, *fort:da.* Disons que la traduction est l'expérience, ce qui se traduit ou s'éprouve aussi : l'expérience est traduction.

L'*à-traduire* du texte sacré, sa pure traductibilité, voilà ce qui donnerait *à la limite* la mesure idéale de toute traduction. Le texte sacré assigne sa tâche au traducteur, et il est sacré *en tant qu'il* s'annonce comme traductible, simplement traductible, *à-traduire;* ce qui ne veut pas toujours dire immédiatement traduisible, au sens commun qui fut écarté dès le début. Peut-être faut-il distinguer ici entre le traductible et le traduisible. La traductibilité pure et simple est celle du texte sacré dans lequel le sens et la littéralité ne se discernent plus pour former le corps d'un événement unique, irremplaçable, intransférable, « matériellement la vérité ». Appel à la traduction : la dette, la tâche, l'assignation ne sont jamais plus impérieuses. Jamais il n'y a plus traductible, mais en raison de cette indistinction du sens et de la littéralité *(Wörtlichkeit),* le traductible pur peut s'annoncer, se donner, se présenter, se laisser traduire *comme intraduisible.* Depuis cette limite, à la fois intérieure et extérieure, le traducteur en vient à recevoir tous les signes de l'éloignement *(Entfernung)* qui le guident en sa démarche infinie, au bord de l'abîme, de la folie et du silence : les dernières œuvres de Hölderlin comme traductions de Sophocle, l'effondrement du sens « d'abîme en abîme »; ce danger n'est pas celui de l'accident, c'est la traductibilité, c'est la loi de la traduction, l'*à-traduire* comme loi, l'ordre donné, l'ordre reçu – et la folie attend des deux côtés. Comme la tâche est impossible aux abords du texte sacré qui vous l'assigne, la culpabilité infinie vous absout aussitôt.

C'est ce qui se nomme ici désormais Babel : la loi imposée par le nom de Dieu qui du même coup vous prescrit et vous interdit de traduire en vous montrant *et* en vous dérobant la limite. Mais ce n'est pas seulement la situation babélienne, pas seulement une scène ou une structure. C'est aussi le statut et l'événement du texte babélien, du texte de la Genèse (texte à cet égard unique) comme texte sacré. Il relève de la loi qu'il raconte et qu'il traduit exemplairement. Il fait la loi dont il parle, et d'abîme en abîme il déconstruit la tour, et chaque tour, les tours en tous genres, selon un rythme.

Ce qui se passe dans un texte sacré, c'est l'événement d'un *pas de sens*. Cet événement est aussi celui à partir duquel on peut penser le texte poétique ou littéraire qui tend à racheter le sacré perdu et s'y traduit comme dans son modèle. Pas-de-sens, cela ne signifie pas la pauvreté mais pas de sens qui soit lui-même, sens, hors d'une « littéralité ». Et c'est là le sacré. Il se livre à la traduction qui s'adonne à lui. Il ne serait rien sans elle, elle n'aurait pas lieu sans lui, l'un et l'autre sont inséparables. Dans le texte sacré « le sens a cessé d'être la ligne de partage pour le flot du langage et pour le flot de la révélation ». C'est le texte absolu parce qu'en son événement il ne communique rien, il ne dit rien qui fasse sens hors de cet événement même. Cet événement se confond absolument avec l'acte de langage, par exemple avec la prophétie. Il est littéralement la littéralité de sa langue, le « langage pur ». Et comme aucun sens ne s'en laisse détacher, transférer, transporter, traduire dans une autre langue comme tel (comme sens), il commande aussitôt la traduction qu'il semble refuser. Il est traductible (*übersetzbar*) et intraduisible. Il n'y a que de la lettre, et c'est la vérité du langage pur, la vérité comme langage pur.

Cette loi ne serait pas une contrainte extérieure, elle accorde une liberté à la littéralité. Dans le même événement, la lettre cesse d'opprimer dès lors qu'elle n'est plus le corps extérieur ou le corset de sens. Elle se traduit aussi d'elle-même, et c'est dans ce rapport à soi du corps sacré que se trouve engagée la tâche du traducteur. Cette situation, pour être celle d'une pure limite, n'exclut pas, au contraire, les degrés, la virtualité, l'intervalle et l'entre-deux, le labeur infini pour rejoindre ce qui pourtant est passé, déjà donné, ici même, entre les lignes, déjà signé.

Comment traduiriez-vous une signature? Et comment vous en abstiendriez-vous, qu'il s'agisse de Yaweh, de Babel, de Benjamin quand il signe tout près de son dernier mot? Mais à la lettre, et entre les lignes, c'est aussi la signature de Maurice de Gandillac que pour finir je cite en posant ma question : peut-on citer une signature? « Car, à un degré quelconque, toutes les grandes écritures, mais au plus haut point l'Écriture sainte, contiennent entre les lignes leur traduction virtuelle. La version intralinéaire du texte sacré est le modèle ou l'idéal de toute traduction. »

Télépathie

Le 9 juillet 1979 [1].

Alors, que veux-tu que je te dise, j'ai pressenti quelque chose de vicieux là-dedans, comme un mot, ou un ver, un morceau de ver qui serait du mot, et qui chercherait à se reconstituer en rampant, quelque chose de vicié qui empoisonne la vie. Et tout à coup, là précisément, là seulement, je commençai à perdre mes cheveux, non, à perdre des cheveux qui n'étaient pas nécessairement les miens, peut-être les tiens. J'essayais de les retenir en faisant des nœuds qui l'un après l'autre se dénouaient pour se reformer plus loin. Je sentais,

---

* Ce texte est paru pour la première fois dans la revue *Furor,* nº 2 (maintenant épuisé) en 1981. Il fut reproduit avec l'aimable autorisation de Daniel Wilhem dans *Confrontation* (Cahiers, 10, 1983).

1. Un tel restant, je le publie sans doute pour m'approcher de ce qui me demeure inexplicable aujourd'hui encore. Ces cartes et ces lettres m'étaient devenues inaccessibles, matériellement au moins, par une apparence d'accident, à tel moment précis. Or elles auraient dû figurer, à l'état de fragments et selon le dispositif alors adopté, dans les *Envois* (Première partie de *La carte postale...,* Flammarion, Paris, 1980). De façon apparemment aussi fortuite, je les ai retrouvées tout près de moi, mais trop tard, alors que les épreuves du livre étaient déjà reparties pour la deuxième fois. On parlera peut-être d'omission par « résistance » et autres choses semblables. Bien sûr, mais résistance à quoi? à qui? Dictée par qui, à qui, comment, selon quelles voies? De cette liasse d'envois quotidiens qui datent tous de la même semaine, je n'extrais qu'une partie pour l'instant, faute de place. Faute de temps aussi, et pour le traitement auquel j'ai dû soumettre ce courrier, tri, fragmentation, destruction, etc., le lecteur intéressé pourrait se reporter à la page sept et suivantes des *Envois*.

de loin et confusément, que je cherchais un mot, peut-être un nom propre (par exemple Claude, mais je ne sais pas pourquoi je choisis cet exemple à l'instant, je ne me souviens pas de sa présence dans mon rêve). C'était plutôt le vocable qui me cherchait, il avait l'initiative, selon moi, et travaillait à se rassembler par tous les moyens, au cours d'un temps que je n'ai pu mesurer, toute la nuit peut-être, et même davantage, ou bien une heure ou trois minutes, impossible de savoir, mais s'agit-il ici de savoir? Le temps de ce mot, n'est-ce pas, surtout si c'était un nom propre, reste sans commune mesure avec tout ce qui peut l'entourer. Le mot prenait son temps, et à force de le suivre

tu me demandes, je me demande moi-même : où cela nous conduit-il, vers quelle *place?* Nous ne pouvons absolument pas savoir, prévoir, foresee, foretell, fortune-tell. Anticipation impossible, c'est toujours de là que je me suis adressé à toi et tu ne l'as jamais accepté. Tu l'accepterais avec plus de patience si quelque chose ne nous disait, par-derrière et pour nous y assujettir, que ce lieu, lui, nous sait, nous prévoit venir, nous prédit, nous, selon son chiffre. Pense qu'un anachronisme nous décale qui ne ressemble à aucun autre, il lève ou déplace les cales, freine ou accélère comme si nous étions en retard par rapport à ce qui nous est déjà arrivé dans le futur, the one which foresees us et par lequel je nous sens prédits, prévenus, happés, appelés, mandés d'une seule coulée, d'une seule venue. Appelés, tu entends? tu entends ce mot dans plusieurs langues? J'essayais de le lui expliquer, de le lui traduire l'autre jour, à son premier sourire j'ai interrompu

et je me demande, je me demande comment déformer la syntaxe sans y toucher, comme à distance. Il y va de ce que j'ai envie d'appeler la vieille-nouvelle phrase, comme ils disent là-bas, tu te rappelles, la vieille-nouvelle synagogue. Je me demande, ce n'est pas à moi, ce n'est pas à moi que je demande, c'est moi que je demande quand je me demande, et à toi. Mais tu ne peux pas me répondre pour l'instant, seulement quand je t'aurai rencontrée de nouveau. A propos, sais-tu que tu m'as encore sauvé la vie l'autre jour quand d'un mouvement infiniment pardonnant tu as permis que je te dise où est le mal, son retour prévisible toujours, la catastrophe prévenante, appelée, donnée, datée. Elle est lisible sur un calendrier, avec son nom propre, classée, tu entends ce mot, nomenclaturée. Il ne suffisait pas de prévoir ou de prédire ce qui arriverait bien un jour, forecasting is not enough, il faudrait penser (qu'est-ce que ça veut dire ici, tu sais, toi?) ce qui arriverait par le fait même d'être prédit ou prévu, une sorte de belle apocalypse télescopée, caléidoscopée, à l'instant déclenchée par la précipitation de l'annonce même, consistant justement en cette annonce, la prophétie revenant à elle-même depuis le futur de son propre à-venir. L'apocalypse a lieu au moment où j'écris ceci, mais un présent de ce genre garde avec lui-même une affinité télépathique ou prémonitoire (il se sent à distance et s'avertit de lui-même) qui me sème en route et me fait peur. J'ai toujours tremblé devant ce que je sais de cette manière, c'est aussi ce qui effraie les autres et par quoi je les inquiète aussi, les endors parfois. J'en souffre. Crois-tu que je parle ici de l'inconscient, devine?

Je me demande – ceci, je te demande : quand dès le départ elle joue l'absence ou plutôt l'indétermination de quelque destinataire que cependant elle apostrophe, une lettre publiée provoque des événements, and even the events it foresees and foretells, qu'est-ce qui se passe, je te demande. Je ne parle évidemment pas de tous les événements auxquels peut donner lieu quelque écriture ou quelque publication que ce soit, dès la plus effacée des marques. Pense plutôt à une série dont ferait partie le destinataire, lui ou elle si tu veux, toi par exemple, alors inconnu de qui écrit; et dès lors qui écrit n'est pas tout à fait encore un destinateur, ni tout à fait lui-même. Le destinataire, lui ou elle, se laisserait produire par la lettre, depuis son programme, et, lui ou elle, le destinateur aussi. Je n'y vois plus très clair, je cale un peu. Voici, je m'exerce : suppose que j'écrive maintenant une lettre sans adresse déterminable. Elle serait cryptée ou anonyme, peu importe, et je la publie, usant ainsi du crédit que me fait encore, avec tout ce qui le soutient, notre système d'édition. Or voici que quelqu'un répond, s'adressant d'abord au signataire présumé de la lettre, qui est supposé se confondre par convention avec l'auteur « réel », ici avec « moi » dont il est censé être la créature. L'éditeur fait suivre la réponse. C'est un trajet possible, il y en aurait d'autres et la chose qui m'intéresse peut se produire même si ladite réponse ne prend pas la forme d'une missive au sens courant et si son acheminement n'est pas confié à l'institution des postes. Alors je deviens le signataire de ces lettres dites fictives, là où j'étais seulement l'auteur d'un livre. Transpose cela du côté de ce qu'ils appellent encore l'inconscient, en tous cas transpose, c'est du transfert et de la télépoétique au fond qui se trame. Je rencontre l'autre à cette occasion. C'est la *première fois* en apparence, et même si, selon une autre apparence je connais l'autre, comme toi, depuis des années. En cette rencontre se noue le destin d'une vie, de plusieurs vies du même coup, plus de deux bien sûr, toujours plus de deux. Situation banale, diras-tu, cela se passe tous les jours, par exemple entre des romanciers, des journalistes, leurs lecteurs et leurs auditeurs. Mais tu n'y es pas. Je ne fais pas l'hypothèse d'une lettre qui serait l'occasion externe, en quelque sorte, d'une rencontre entre deux sujets identifiables – et qui se seraient déjà déterminés. Non, d'une lettre qui après coup semble avoir été lancée vers quelque destinataire inconnu(e) au moment de son écriture, destinataire inconnu de lui-même ou d'elle-même si on peut dire, et qui se détermine, comme tu sais si bien faire, à la réception de la lettre; celle-ci est alors tout autre chose que le transfert d'un message. Son contenu et sa fin ne la précèdent plus. Alors voici, tu t'identifies et tu engages ta vie sur le programme de la lettre, ou plutôt d'une carte postale, d'une lettre ouverte, divisible, à la fois transparente et cryptée. Le programme ne dit rien, il n'annonce ou n'énonce rien, pas le moindre contenu, il ne se présente même pas comme un programme. On ne peut même pas dire qu'il « fait » programme, au sens de l'apparence, mais sans en avoir l'air *il fait,* il programme. Alors tu dis : c'est moi, uniquement moi qui puis recevoir cette lettre, non qu'elle me soit réservée, au contraire, mais je reçois comme un présent la chance à laquelle cette carte se livre. Elle m'échoit. Et je choisis qu'elle me choisisse au hasard, je veux croiser son trajet, je veux m'y trouver, je le peux et je le veux – son trajet ou son transfert. Bref tu dis « c'était moi » par une décision douce et terrible, tout autrement : rien à voir avec l'identification à un héros de roman. Tu dis « moi » l'unique destinataire et tout commence entre nous. A partir de rien, d'aucune histoire, la carte ne disant pas un mot qui tienne. Disant ou après coup prédisant « moi », tu ne te fais aucune illusion sur la divisibilité de la destination, tu ne l'arraisonnes même pas, tu la laisses flotter (t'y engageant même pour l'éternité, je pèse mes mots, et tu te demandes si je décris ou si j'engage ce qui a lieu en ce moment même), tu es là pour recevoir la division, tu la rassembles sans la réduire, sans lui faire mal, tu la laisses vivre et tout commence entre nous, depuis toi, ce que là tu donnes en recevant. D'autres concluraient : une lettre ainsi *trouve* son destinataire, il ou elle. Non, on ne peut pas dire du destinataire qu'il existe avant la lettre. D'ailleurs, si on le croyait, si on considérait que tu t'identifies au destinataire comme à un personnage de fiction, la question resterait : comment est-ce possible? comment s'identifier à un destinataire qui figurerait un personnage si absent du livre, totalement muet, inqua-lifiable? Car tu restes inqualifiable, innommable, et ceci n'est pas un roman, ni un récit, ni une pièce de théâtre, ni une épopée, toute représentation littéraire en est exclue. Bien sûr tu protestes, et je t'entends, et je te donne raison : tu dis que tu commences par t'identifier à moi, et en moi à la figure en creux dessinée de cette destinataire absente avec laquelle je me muse. Certes, et tu as raison, comme toujours, mais ce n'est plus à toi que je dis ça, avec toi que je veux jouer à ça, toi tu sais que c'est toi, mets-toi donc à la place d'une autre lectrice, n'importe laquelle, qui puisse même être un homme, une lectrice du genre masculin. D'ailleurs ce qui se passe ici, tu le sais bien, mon ange, est tellement plus compliqué. Ce que je puis en extraire pour en parler ne saurait s'y mesurer en principe, non pas seulement à cause de la faiblesse de mon discours, de sa pauvreté, choisie ou non : en vérité il ne pourra jamais qu'ajouter une complication de plus, un feuillet, un feuilleté de plus à la structure de ce qui se passe et à travers quoi je te tiens contre moi en t'embrassant continûment, la langue au fond de la bouche, près d'une gare, et les cheveux dans mes deux mains. Mais je pense à une seule personne, à l'unique, la folle qui pourrait dire après la lettre « c'est moi », c'était déjà moi, cela aura été moi, et dans la nuit de cette certitude pariée y engage sa vie sans retour, prend tous les risques possibles, fait monter la surenchère sans trembler, sans filet, comme la trapéziste que je suis depuis toujours. Tout cela peut se faire doucement, doit même se confier à la douceur, sans spectacle et comme en silence. Nous ne devrions pas même en parler ensemble, et tout serait en cendre, jusqu'à cette lettre-ci.

Le 9 juillet 1979.
Tu connais ma question : pourquoi les théoriciens du performatif ou de la pragmatique s'intéressent-ils si peu, à ma connaissance, aux effets de la chose écrite, notamment à la lettre ? Que craignent-ils ? S'il y a du performatif dans une lettre, comment cela peut-il produire toute sorte d'événements, prévisibles et imprévisibles, et jusqu'à son destinataire ? Tout cela, bien sûr, selon une causalité proprement performative, s'il y en a et qui soit pure, non pas selon une autre consécution extrinsèque à l'acte d'écriture. J'avoue ne pas très bien savoir ce que je veux dire par là ; l'imprévisible ne devrait pas pouvoir faire partie d'une structure performative *stricto sensu,* et pourtant... ; il faudrait encore diviser, démultiplier les instances : tout n'est pas destinataire dans un destinataire, une part seulement, qui compose avec le reste. Toi par exemple, tu m'aimes, cet amour est plus grand que toi et surtout plus grand que moi, et pourtant ce n'est qu'une toute petite partie que l'on nomme ainsi de ce mot, amour, mon amour. Cela ne t'empêche pas de me quitter, jour après jour, et de te livrer à ces petits calculs, etc.

je cale.

il faudra que je me renseigne et tire cela au clair : partir du fait que, par exemple, le *big bang* aurait, disons à l'origine de l'univers, produit un bruit dont on peut considérer qu'il ne *nous* est pas encore parvenu. C'est encore à venir et il nous sera donné de le capter, de le recevoir selon (enfin je t'expliquerai, l'essentiel est que dès maintenant tu en tires toutes les conséquences, par exemple de ce qu'il y a tant d'années je t'ai dit — et alors tu as pleuré

je l'ai appris, mais je le savais déjà, par téléphone. Ce ne fut pas la fin du transfert et ça continuera jusqu'à la fin des temps, en tout cas jusqu'à la fin de la Cause   que voulait-elle me donner ou me retirer ainsi, détourner de lui ou en vue de lui, je ne sais pas et je m'en fous un peu, la suite m'a confirmé dans ce sentiment

bref, ce fut là non pas un signe de rupture mais le dernier signe écrit, un peu avant *et* un peu après la rupture (c'est le temps de toute notre correspondance) : bref une carte postale qu'il envoya à Fliess le 10 octobre 1902. L'*Ansichtskarte* représentait le *Tempio di Nettuno* à Paestum : « *Einen herzlichen Gruss vom Höhepunkt der Reise, dein Sigm.* » L'histoire de cette correspondance transférentielle est incroyable; je ne parle pas de son contenu autour duquel on a beaucoup bavardé mais du scénario postal, économique, bancaire même, militaire aussi, stratégique auquel il a donné lieu et tu sais que je ne sépare jamais ces choses, surtout pas la poste et la banque, et toujours il y a de la didactique au milieu. La femme de Fliess, la « méchante femme », vend les lettres de Freud qui, lui, avait détruit celles de son mari. L'acheteur S. les vend à Marie Bonaparte (oui, celle de *La lettre volée* et du *Facteur de la vérité*) : 100 livres en 1937, en argent anglais donc, bien que la transaction ait eu lieu à Paris. Tu vas voir, toute notre histoire de Freud s'écrit aussi en anglais, elle se passe à passer la Manche, et la Manche sait se taire. Pendant sa didactique, la Bonaparte, à Vienne cette fois, elle parle de la chose au maître furieux qui lui raconte une histoire juive, une histoire d'oiseau mort à déterrer et à jeter une semaine après l'enterrement (il y a d'autres histoires d'oiseaux chez lui, tu sais) et tente de lui refiler 50 livres! pour reprendre ses droits sur ses lettres, sans le dire clairement. Donc un peu de didactique contre des morceaux de mon vieux transfert qui m'a tant fait causer. L'autre, je t'ai dit qu'elle était pas si sotte, refuse. Ce qui se passe dans sa tête je sais pas, mais tu parles d'une prise à ne pas lâcher (c'est, dit ce pauvre Jones, par « intérêt scientifique » qu'elle « eut le courage de tenir tête [eh! tu vois pourquoi je préfère souvent la traduction] au maître ». Puis c'est la banque Rothschild à Vienne, le retrait des lettres en présence de la Gestapo (seule une princesse de Grèce et du Danemark en était capable), leur dépôt à la légation du Danemark à Paris (en somme thanks to von Choltitz qui n'était pas un général comme les autres!), la traversée de la Manche entre les mines, dans un « tissu imperméable léger », dit encore Jones, en prévision d'un naufrage. Et tout ça, tu ne l'oublies pas, *contre* le désir du maître; toute cette violence aboutit à Anna pour qui on copie les lettres et qui en fait un choix pour la publication! Et maintenant nous pouvons flairer des tas de choses et faire des cours sur leurs histoires de nez. Et l'autre, on saura jamais ce qu'il a écrit, y en a d'autres et c'est toujours comme ça.

il n'y a que de la téléanalyse, ils devront en tirer comme nous toutes les conséquences, faire avaler à leur concept de « situation-analytique » aussi bien une nouvelle métrique des temps (de la multiplicité des systèmes, etc.) qu'une autre lecture de l'imagination transcendantale (depuis le *Kantbuch* et au-delà..., jusqu'à présent, comme on ose dire en français). Toi et moi, notre téléanalyse dure depuis si longtemps, des années et des années, « la séance continue », quoi, et pourtant nous ne nous voyons jamais en dehors des séances (et que nous pratiquions la séance très longue ne change rien à l'affaire, nous ponctuons tout autrement). Donc jamais en dehors des séances, voilà notre déontologie, nous sommes très stricts. S'ils en faisaient autant, tous, comme ils le devraient, l'herbe repousserait-elle dans les salons? Nous devrions revenir aux masques si du moins
la dernière
carte postale fut envoyée à Fliess, semble-t-il, au terme d'un voyage qui aurait dû conduire Freud (lui aussi!) en Sicile. Il paraît y avoir renoncé, mais c'est d'Amalfi qu'il se rend à Paestum. Retiens qu'il voyage avec son frère, Alexander, et qu'entre deux cartes postales il voit son double (« pas Horch, dit-il, un autre » sosie). Il y reconnaît un signe précurseur de mort : « Cela signifie-t-il *Vedere Napoli et poi morire?* » demande-t-il. Toujours il associa le double, la mort et la prémonition. Pour les deux cartes postales, avant et après la rencontre du sosie, je n'invente rien. L'une, le 26 août 1902 à Minna, sa belle-sœur. Il l'envoie de Rosenheim. L'autre, après Venise, et Jones écrit : « Le lendemain, à deux heures et demie du matin, ils doivent changer de train à Bologne, pour monter dans l'express de Munich. Freud trouve le temps d'envoyer une autre carte postale. »
En attendant, pour les raisons que je t'ai dites, je feuillette la *Saga* d'une main un peu distraite,

sans très bien voir si j'en tirerai quelque chose du côté de — de quoi ? Disons l'Angleterre de Freud dans la deuxième partie du siècle dernier. La *Forsyte Saga* commence dans l'Angleterre de 1886, et sa deuxième partie, que Galsworthy intitule *A modern comedy*, s'achève en 1926. Coïncidence ? 1926, c'est le moment où Freud a bougé, quant à la télépathie ; il y vient et cela terrifie l'ami Jones qui dans une lettre-circulaire déclare à ce sujet (la prétendue « conversion » de Freud à la télépathie) que ses « prédictions », à lui Jones, « se sont malheureusement réalisées » ! Il avait prédit (!) que cela encouragerait l'occultisme. Lettre-circulaire de Freud en réponse, le 18 février 1926 : « Notre ami Jones me semble bien malheureux au sujet de la sensation qu'a causée ma conversion à la télépathie dans les périodiques britanniques. Il se souviendra combien j'étais près d'une telle conversion dans la communication que j'eus l'occasion de vous présenter lors de notre voyage dans le Harz. Des considérations de politique extérieure m'ont retenu assez longtemps, mais finalement il faut déclarer ses couleurs et s'inquiéter aussi peu du scandale à cette occasion qu'à des occasions antérieures et peut-être plus importantes. »   Au début de la « comédie moderne », un magnifique *Forsyte family tree* qu'on déploie sur cinq pages. Mais je relis l'histoire *Forsyth-Forsyte-von Vorsicht-foresight-Freund-Freud* dans les *Nouvelles Conférences,* je la lis et relis dans les trois langues sans résultat, je veux dire sans trouver, derrière l'obvie, quelque chose que je flaire.

Il y a, entre nous, que veux-tu que je te dise, un cas de *fortune-telling book* plus fort que moi. Souvent je me demande : comment les *fortune-telling books,* par exemple celui d'Oxford, peuvent-ils, tels les dits de bonne aventure, les voyants ou les médiums, *faire partie* de ce qu'ils déclarent, prédisent ou disent prévoir alors même que, participant à la chose, ils la provoquent aussi, se laissent au moins provoquer à la provoquer ? Se croisent ici tous les *for, fore, fort,* en plusieurs langues, et *forte* en latin et *fortuna, fors,* et *vor,* et *forsitan, fr, fs,* etc.

Puis je me suis assoupi et j'ai cherché les mots de l'autre rêve, celui que j'avais commencé à te raconter. Dans un demi-sommeil j'ai eu le vague pressentiment qu'il s'agissait d'un nom propre (de toute façon il n'y a, là, jamais que des noms propres), d'un nom commun où s'enchevêtraient des noms propres et qui devenait lui-même un nom propre. Démêle un peu les cheveux de mon rêve et ce qu'ils disent dans leur chute, en silence. Je viens de l'associer à la photographie de Erich Salomon dont je t'ai parlé hier, *Le cours du professeur W. Khal* (presque

« chauve » en allemand).

longtemps déjà je me suis noyé. Rappelle-toi. Pourquoi, dans mes rêveries suicidaires, est-ce la noyade qui s'impose toujours, et le plus souvent dans un *lac,* un étang parfois mais surtout un lac? Rien ne m'est plus étranger qu'un lac : trop éloigné des paysages de mon enfance. Serait-ce plutôt littéraire? Je crois davantage à la force du mot. Quelque chose s'y renverse ou précipite *(cla, alc)* y plongeant la tête la première. Tu diras que dans ces mots, dans leurs lettres j'ai envie de disparaître, non forcément pour y mourir mais pour y vivre caché, peut-être pour y dissimuler ce que je sais. Alors *glas,* tu vois, serait à traquer de ce côté-là (cla, cl, clos, lacs, le lacs, le piège, le lacet, le lais, là, da, fort, hum...). T'avais-je parlé de « Claude »? Tu me rappelleras, il faut que je te raconte qui est ce nom pour moi. Tu remarqueras : comme « poste » il est androgyne. Je l'ai manqué dans *Glas* mais il n'a jamais été loin, il ne m'a pas manqué, lui. La catastrophe est de ce nom.

Suppose que je publie cette lettre en y prélevant, pour l'incinérer, tout ce qui, ici et là, permettrait d'en identifier la destination. Bien sûr, si la destination déterminée – la détermination – appartient au jeu du performatif, cela peut cacher un simulacre enfantin : sous l'indétermination apparente, compte tenu de mille traits codés, la figure de quelque destinataire se dessine fort bien, et la plus grande probabilité pour que la réponse ainsi induite (demandée) vienne de tel côté et non de tel autre. Le lieu de la réponse, mes grilles l'auraient assigné, les grilles de culture, de langue, de société, de fantasme, tout ce que tu voudras. N'importe quel inconnu ne reçoit pas, fût-ce fortuitement, n'importe quel « message » et surtout n'y répond pas. Or ne pas répondre, c'est ne pas recevoir. Si, par exemple de toi, je reçois une réponse à cette lettre, c'est que, consciemment ou non, comme tu voudras, j'aurai demandé ceci plutôt que cela, et donc de tel ou telle. Comme cela semble d'abord, en l'absence du destinataire « réel », se passer entre moi et moi, à part moi, une part de moi qui se sera fait part de l'autre, il aura bien fallu que je me sois demandé... Qu'est-ce que je me demande, et qui? Toi par exemple mais comment toi, mon amour, pourrais-tu n'être qu'un exemple? Tu le sais, toi, dis-moi la vérité, ô toi la voyante, toi la devine. Que veux-tu que je te dise, je suis prêt à tout entendre de toi, maintenant je suis prêt, dis-moi

Elle reste impensable, cette rencontre unique de l'unique, au-delà de tout calcul des probabilités, aussi programmée qu'imprévisible. Remarque, ce mot de calcul est intéressant pour lui-même, écoute-le bien, il arrive lui-même là où le calcul échoue peut-être... « avoir du cal au cœur » écrit Flaubert. C'est à Louise, dès les toutes premières lettres (ah ces deux-là!), il a peur qu'elle ait peur, et il y avait de quoi, des deux côtés : « Oh! n'aie pas peur : pour avoir du cal au cœur, il n'est pas moins bon... » Lis tout. Et le lendemain, après avoir rappelé : « Je te l'ai dit, je crois, que c'était ta voix surtout que j'aimais », sans téléphone, il écrit cette fois « lac de mon cœur » : « Tu es venue du bout de tes doigts remuer tout cela. La vieille lie a rebouilli, le lac de mon cœur a tressailli. Mais c'est pour l'Océan que la tempête est faite! – Des étangs quand on les trouble il ne s'exhale que de malsaines odeurs. – Il faut que je t'aime pour te dire cela. » Le lendemain, among other things : « Il est maintenant dix heures, je viens de recevoir ta lettre et d'envoyer la mienne, celle que j'ai écrite cette nuit. – A peine levé, je t'écris sans savoir ce que je vais te dire. » Ça te rappelle rien? C'est par là que la correspondance communique avec « le livre sur rien ». Et le message du non-message (il y en a toujours) consiste en cela. Dire que « Ça va? – Ça va. » ne transporte aucun message, ce n'est vrai qu'au regard du contenu apparent des énoncés, et il faut bien reconnaître que je n'attends pas d'information en réponse à ma question. Mais l'échange des « ça va » n'en reste pas moins très éloquent et signifiant.

De *cal* en *lac,* c'est à croire qu'il avait aussi sa claudication, celui-là. A propos, j'ai découvert du *claudius* dans *Glas,* à côté de *glavdius* (p. 60).

Comment ce *fortune-telling book* serait-il arrivé jusqu'à moi, jusqu'à toi que je ne connais pas encore, et c'est vrai, tu le sais, toi avec qui pourtant je vais vivre à partir de maintenant?

« Quelque chose tire! quelque chose touche le but! Est-ce moi qui touche le but ou le but qui m'atteint? », voilà ma question, je te l'adresse, mon ange; je l'ai tirée, cette formule, d'un texte *zen* sur l'art chevaleresque du tir à l'arc. Et quand on demande au rabbin de Kotzk pourquoi on appelle Shavuot le temps où la Torah nous fut *donnée* et non le temps où nous la *reçûmes,* il donne la réponse qui suit : le don eut lieu un jour, le jour que nous commémorons; mais il peut être reçu en tous les temps. A tous le don fut également donné, mais tous ne l'ont pas reçu. C'est une histoire hassidique de Buber. Ceci n'est pas la Torah, oh non, mais entre mes lettres et la Torah, la différence a besoin des deux pour être pensée.

Le 10 juillet 1979.
quand l'autre jour tu m'as demandé : qu'est-ce qui change dans ta
vie? Eh bien tu t'en es aperçu cent fois ces derniers temps, c'est le
contraire de ce que je prévoyais, comme on pouvait s'y attendre :
une surface de plus en plus offerte à tous les phénomènes refusés
naguère au nom d'un certain discours de la science, aux phénomènes
de la « magie », de la « voyance », du « sort », des communications
à distance, aux choses dites occultes. Rappelle-toi
                                et nous, nous n'aurions pas
avancé d'un pas dans ce traitement de l'envoi (l'adestination, la
destinerrance, la clandestination) si parmi toutes les téléchoses nous
ne touchions à Télépathie en personne. Ou plutôt si nous ne nous
laissions pas toucher par elle. Oui, toucher, parfois je pense que la
pensée   avant
de « voir » ou d'« entendre », touche, y met les pattes, et que voir
ou entendre revient à toucher à distance – très vieille pensée, mais
il faut de l'archaïque pour accéder à l'archaïque. Toucher, donc, des
deux bouts à la fois, toucher du côté où la science et ladite objectivité
technique s'en emparent maintenant au lieu de lui résister comme
auparavant (vois à quelles expérimentations réussies se livrent Russes
et Américains avec leurs cosmonautes), toucher aussi du côté de nos
appréhensions immédiates, de nos pathies, de nos réceptions, de nos
appréhensions parce que nous nous laissons approcher sans rien
prendre ni comprendre et parce que nous avons peur (« n'aie pas
peur », « ne t'inquiète de rien », c'est bien nous, hein), exemple : nos
dernières « hallucinations », le coup de téléphone aux lignes mêlées,
toutes les prédictions, si vraies, si fausses, de la musicienne polonaise...
La vérité, ce à quoi j'ai toujours du mal à me faire : que la non-
télépathie soit possible. Toujours difficile d'imaginer qu'on puisse
penser quelque chose à part soi, dans son for intérieur, sans être
surpris par l'autre, sans qu'il en soit sur-le-champ averti, aussi
facilement que s'il avait en lui un écran géant, au temps du parlant,
avec télécommande pour changer de chaîne et jouer avec les couleurs,
le discours étant doublé en grosses lettres pour éviter tout malentendu.
Pour les étrangers et les sourds-muets. Cette croyance puérile de ma
part, d'une part en moi, ne peut que renvoyer à ce fond – allons,
l'inconscient, si tu veux – sur lequel s'est enlevée la certitude objec-
tiviste, ce système (provisoire) de la science, le discours lié à un état
de la science qui nous a fait tenir en respect la télépathie. Difficile
d'imaginer une théorie de ce qu'ils appellent encore l'inconscient

sans une théorie de la télépathie. Elles ne peuvent ni se confondre ni se dissocier. Jusqu'à ces derniers temps, j'imaginais, par ignorance et par oubli, que l'inquiétude « télépathique » était contenue dans de petites poches de Freud – enfin de ce qu'il en dit dans deux ou trois articles considérés comme mineurs. Ce n'est pas faux mais je perçois mieux maintenant, après enquête, combien ces poches sont nombreuses. Et ça y remue beaucoup, beaucoup, le long des jambes. (Attends, là j'interromps un instant au sujet de ses « legs » et de tout ce que je t'avais raconté sur le pas, la voie, la viabilité, notre viatique, la voiture et la *Weglichkeit,* etc., pour copier ceci à ton intention, je suis tombé dessus hier soir : « ...nous avons l'être et le mouvement, car nous sommes des voyageurs. Or c'est grâce à la voie que le voyageur reçoit l'être et le nom de voyageur. Par conséquent, lorsqu'un voyageur avance ou se meut sur une voie infinie et qu'on lui demande où il est, il répond qu'il est sur la voie; et si on lui demande d'où il vient, il répond qu'il vient de la voie; et si on lui demande où il va, il répond qu'il va de la voie à la voie. [...] Mais prends garde à ceci [eh oui, parce qu'on pourrait ne pas y prendre garde, la tentation est grande, et c'est la mienne, elle consiste à ne pas prendre garde, garde de rien, garde à rien, surtout pas à la vérité qui est la garde même, comme son nom l'indique] : cette voie qui est en même temps vie, est aussi vérité ». Devine, toi la devine, qui écrit ça, qui n'est ni le *tô* (chemin et discours) ni le *Weg* de Martin; devine ce que j'ai sauté. Ça s'appelle *Où est le Roi des Juifs?* Malgré la tautologique viabilité de la chose, il y a des adresses, des apostrophes, des questions et des réponses, et qui se mettent en garde!). Donc les poches sont nombreuses, et gonflées, dans le corpus mais aussi dans le « Mouvement », dans la vie de la « Cause » : le débat n'en finissait pas sur la télépathie et la transmission de pensée, il faudrait dire le « transfert de pensée » (*Gedankenübertragung*). Freud lui-même voulait distinguer (laborieusement) entre les deux, croyant fermement à ce « transfert de pensée » et pratiquant longtemps la valse-hésitation autour de la « télépathie » qui signifierait un avertissement quant à un événement « extérieur » (???). Un débat interminable entre lui et lui, lui et les autres, les six autres bagués. Il y avait le clan Jones, « rationaliste » têtu, se faisant encore plus borné qu'il n'était à cause de la situation et de la tradition idéologique de son pays où le péril « obscurantiste » était plus fort; et puis le clan Ferenczi qui fonce encore plus vite que le vieux, sans parler de Jung évidemment. Il avait deux ailes, bien sûr, deux clans et deux ailes. Si tu as le temps, ces vacances, relis le chapitre « Occultisme » à la fin du Jones, c'est plein de choses, mais fais la part de cet autre Ernest : trop intéressé pour être sérieux, il tremble. Tu vois, on ne peut pas contourner l'Angleterre, dans notre histoire. Du *fortune-telling book* en *Sp* jusqu'à la *Forsyte Saga* et Herr von Vorsicht, en passant par les Jones et les Ernest (le petit, qui doit avoir près de 70 ans, continue à jouer à la bobine à Londres où il est psychanalyste sous le nom de Freud – Ernst W. Freud, non pas William, Wolfgang, mais Freud et non Halbertstadt, le nom du père ou du gendre, pauvres gendres). Bien sûr, il y avait tous les risques de l'obscurantisme, et le risque est loin d'avoir disparu, mais on peut imaginer qu'entre leur pensée de l'« inconscient » et l'expérimentation scientifique des autres qui vérifient la transférence psychique à distance, un lieu de croisement n'est pas exclu, si éloigné soit-il. D'ailleurs, entre autres lieux, Freud le dit dès le début de *Psychanalyse et Télépathie,* le progrès des sciences (découverte du radium, théories de la relativité) peut avoir ce double effet : rendre pensable ce que la science antérieure rejetait dans les ténèbres de l'occultisme, mais libérer simultanément de nouvelles ressources obscurantistes. Certains s'autorisent de sciences qu'ils ne comprennent pas pour endormir dans la crédulité, pour tirer des effets hypnotiques du savoir.   Ce

que tu ne sauras jamais, ce que je t'ai caché et te cacherai, sauf effondrement et folie, jusqu'à ma mort, tu le sais déjà, instantanément et presque avant moi. Je sais que tu le sais. Tu ne veux pas le savoir parce que tu le sais; et tu sais ne pas vouloir le savoir, vouloir ne pas le savoir. De mon côté, tout ce que tu dissimules et pourquoi je te hais et dont je jouis, je le sais, je te demande de l'entretenir au fond de toi comme la réserve d'un volcan, je me demande comme à toi une jouissance brûlante qui s'arrêterait à l'éruption et à la catastrophe de l'aveu. Ce serait simplement trop. Mais je vois, c'est la conscience que j'en ai, je vois les contours du gouffre; et du fond, que je ne vois pas, de mon « inconscient » (j'ai envie de rire chaque fois que j'écris ce mot, surtout avec une marque possessive), je reçois des informations en direct. Faut passer par les astres pour le fond du volcan, communication par satellite, et désastre, sans que pour autant ça arrive à destination. Car voici mon dernier paradoxe, que tu seras seule à bien comprendre : c'est parce qu'il y aurait de la télépathie qu'une carte postale peut ne pas arriver à destination. La dernière naïveté laisserait penser que Télépathie garantit une destination que les « postes et télécommunications » échouent à assurer. Au contraire, tout ce que je dis de la structure cartepostalée de la marque (brouillage, parasitage, divisibilité, itérabilité and so on) se trouve sur le réseau. Cela vaut pour tout système en télé-, quels qu'en soient le contenu, la forme ou le support.

Entre le 10 et le 12 juillet (probablement). My sweet darling girl
                                                          d'organiser avec
Eli notre rencontre de samedi et de faire passer en contrebande cette audacieuse missive. Mais il me paraît impossible de différer l'envoi de ma lettre
et pourtant je n'ai pu me résoudre à profiter des quelques instants où Eli nous a laissés en tête-à-tête. Il m'eût semblé violer l'hospitalité.
                                                          vais-je recevoir
la lettre dont vous m'avez parlé? Vous partez − et il faudra bien que nous correspondions. Comment procéder pour que nul n'en sache rien?   J'ai
établi un petit plan. Au cas où une écriture masculine paraîtrait étrange dans la maison de son oncle, Martha [voilà, tu sais quel contrebandier écrit cette lettre, le 15 juin 1882] pourrait peut-être tracer de sa douce main sa propre adresse sur un certain nombre d'enveloppes, après quoi je remplirai d'un misérable contenu ces misérables coquilles. Je ne puis me passer des réponses de Martha... Fin de citation. Deux jours après elle lui offre une bague venue du doigt de son père. Sa mère la lui avait donnée mais elle était grande pour elle (elle ne l'avait pas perdue, comme moi celle de mon père, un jour si singulier
). Freud la porta mais en fit faire une copie! en lui disant que la copie devait être la vraie. F. le sage. Voici la première archive de sa sensibilité télépathique, une histoire de bagues comme on en retrouvera tant dans le matériau de *Psychanalyse et Télépathie* (la femme enlève son alliance pour aller chez un *Wahrsager* qui n'aurait pas manqué, selon Freud, de percevoir *die Spur des Ringes am Finger.*
) : « J'ai à te
poser quelques questions sérieuses, tragiques. En ton âme et conscience, dis-moi si jeudi dernier à 11 h tu m'aimais moins ou si je t'avais ennuyée plus que de coutume, ou bien peut-être même si tu m'étais " infidèle " suivant les paroles du poète [Eichendorff, *La petite bague brisée*]. Mais pourquoi cette adjuration cérémonieuse et de mauvais goût? Parce que nous disposons ici d'une bonne occasion de mettre fin à une superstition. A l'instant dont je viens de parler, ma bague s'est fendue, à l'endroit où se trouve la perle. Il faut le reconnaître, mon cœur n'en frémit point. Aucun pressentiment ne me souffle que nos fiançailles vont être rompues et aucun noir soupçon

ne me fait penser que tu étais juste à ce moment-là en train de chasser mon image de ton cœur. Un homme impressionnable eût ressenti tout cela, mais moi je n'eus qu'une idée : faire réparer l'anneau et je pensais aussi que de pareils accidents sont rarement évitables... ». Si peu évitables qu'il casse deux fois cette bague et deux fois au cours de l'opération d'une angine, au moment où le chirurgien enfonçait son bistouri dans la gorge du fiancé. La deuxième fois, la perle ne put être retrouvée. Dans sa lettre à Martha, tu as tout le programme, toute la contradiction à venir déjà rassemblée dans le « mais moi... ». Lui aussi, il entend des voix, celle de Martha lorsqu'il est à Paris (la fin de la *psychopatho.*) et « on me répondait chaque fois qu'il ne s'était rien passé ». Va savoir si ça le rassure ou le déçoit.

Comme je fais d'habitude, j'ai collectionné tous les fétiches, les billets, les bouts de papier : les tickets pour assister au Ringtheater de Vienne (le soir du grand incendie), puis chaque carte de visite avec une devise en latin, en espagnol, en anglais, en allemand, comme j'aime faire, les cartes marquant la place de l'aimée à table, puis les feuilles de chêne de la promenade au Kahlenberg si bien nommé.

Entre le 10 et le 12 juillet (probablement).
        l'adresse à détourner des mots l'adresse.
« Ah! mon cher ange, combien je vous remercie de mon adresse! ». Je te laisse découvrir le contexte toute seule, c'est dans *Le spleen de Paris (Le galant tireur)* et dans *Fusées* (XVII).

Le 12 juillet 1979.
car ses conférences sur la télépathie – que j'ai envie d'appeler les fausses conférences parce qu'il s'y confie tant, le pauvre – furent pour nous aussi imaginaires ou fictives que le cours du Professeur W. Khal. Non seulement il eut tant de mal à se prononcer sur la télépathie, mais il n'a jamais rien prononcé à ce sujet. Rien écrit non plus. Il a écrit en vue de dire, se préparant à dire et il n'a jamais dit. Les conférences qu'il a rédigées à ce sujet n'ont jamais donné lieu à allocution et sont restées des écrits. Est-ce insignifiant? Je ne le crois pas et serais tenté de le mettre dans un certain rapport avec ce fait : le matériau dont il se sert dans ce domaine, surtout in *Rêve et télépathie,* est presque toujours écrit, littéral, voire seulement épistolaire (lettres, cartes postales, télégrammes, cartes de visite). La

fausse conférence de 1921, *Psychanalyse et télépathie,* prétendument écrite pour une assemblée de l'Association Internationale, qui n'eut pas lieu, il ne la prononça jamais; et il semble que Jones l'ait dissuadé, avec Eitingon, de la présenter au congrès suivant. Ce texte ne fut publié qu'après sa mort et son manuscrit comportait un post-scriptum relatant le cas du Dr Forsyth et de la Forsyte Saga, oublié dans la première version par « résistance » (je cite). La fausse conférence de 1922, « Rêve et télépathie », ne fut jamais prononcée, comme elle devait l'être, devant la Société de Vienne, seulement publiée dans *Imago.* La troisième fausse conférence, « Rêve et occultisme » (30e conférence, la seconde des *Nouvelles Conférences*) ne fut naturellement jamais prononcée et Freud s'en explique dans l'avant-propos aux *Nouvelles Conférences.* C'est dans ce dernier texte que tu trouveras la *Vorsicht Saga* avec laquelle je voudrais reconstituer une chaîne, la mienne, celle que je t'avais racontée au téléphone le jour où tu mettais la main sur l'appareil pour m'appeler à l'instant même où chez toi la sonnerie de mon propre appel se mit à retentir

il dit qu'il a changé d'avis sur le transfert de pensée. La science dite (par d'autres) « mécaniste » pourra en rendre compte un jour. Le rapport entre deux actes psychiques, l'avertissement immédiat qu'un individu peut sembler donner à un autre, le signal ou le transfert psychique peut être un phénomène physique. C'est la fin de « Rêve et occultisme ». Il vient de dire qu'il est incapable de chercher à plaire (tu parles, mon œil, comme moi

) le procès de télépathie serait physique en lui-même, sauf en ses deux extrémités; l'une se reconvertit *(sich wieder umsetzt)* dans le même psychique à l'autre extrémité. Dès lors l'« analogie » avec d'autres « transpositions », d'autres « conversions » *(Umsetzungen)* serait indiscutable : par exemple l'analogie avec « parler et entendre au téléphone ». Entre la rhétorique et le rapport psycho-physique, en chacun et de l'un à l'autre, il n'y a que de la traduction *(Übersetzung),* de la métaphore *(Übertragung),* des « transferts », des « transpositions », des conversions analogiques, et surtout des transferts de transferts : *Über, meta, tele* : ces mots transcrivent le même ordre formel, la même chaîne, et comme notre discours sur ce passage se passe en latin, ajoute aussi *trans* à ta liste. Nous privilégions aujourd'hui le support électrique ou magnétique pour penser ce procès, ce procès de pensée. Et la *tekhnè* télématique n'est pas un paradigme ou un exemple matérialisé d'autre chose, *elle est cela* (compare avec notre bloc magique, c'est une problématique analogue, tout cela se téléphone). Mais encore une fois, un téléphone terrifiant (et il a peur, le vieux, moi aussi) : avec le transfert télépathique, on ne pourrait pas s'assurer de pouvoir couper (plus besoin de dire *hold on, ne coupez pas,* c'est branché jour et nuit, tu nous imagines?), ni de pouvoir isoler les lignes. Tout l'amour serait capitalisé et dispatché par un central genre terminal Plato de Control Data : un jour je t'avais parlé du logiciel de C.i.i. Honeywell-Bull nommé Socrate, je viens de découvrir Plato. (J'invente rien, c'est en Amérique, Plato.) Donc il a peur, et il a raison, de ce qui se passerait si on pouvait se rendre maître et possesseur *(habhaft)* de cet équivalent physique de l'acte psychique, autrement dit (mais c'est ce qui se passe, et la psychanalyse n'est pas simplement hors du coup, surtout pas dans sa tradition hypnotique increvable) si on disposait d'une *tekhnè telepathikè*

mais mon amour, c'est perdre la tête, ni plus ni moins. Et ne me dis pas que tu ne comprends pas ou que tu ne te souviens pas, je te l'avais signifié dès le premier jour, puis répété à chaque échéance. Plato c'est encore le rêve de la tête capitalisant et garantissant les échanges (un logiciel plus un didacticiel, comme on dit maintenant, manque plus qu'un dialecticiel). Mais là il faudrait faire son deuil de Plato lui-même (voilà ce que nous faisons tout le temps depuis que nous nous aimons et tu m'as appris ce terrifiant parricide, tu es venue depuis que je l'ai tué en moi, pour l'achever, et ça n'en finit pas, et je te pardonne, mais lui en moi il a du mal...) « Dans des cas pareils, ce n'est que le premier pas qui coûte », dit-il en français à la fin de *Psy. et Télé.* Et il conclut : « *Das Weitere findet sich.* » Non, pour nous, ça coûte à chaque pas. Relis ce paragraphe, le dernier. Après avoir eu le culot de dire que sa vie a été très pauvre en expériences occultes, il ajoute : mais quel pas au-delà ce serait si... *(welch folgenschwerer Schritt über...).* Il envisage donc la consé-quence et ajoute l'histoire du gardien de la basilique de Saint-Denis. Celui-ci avait marché avec sa tête sous le bras après sa décapitation. Il avait marché un bon bout *(ein ganzes Stück).* Et tu sais ce qu'il avait fait avec sa tête, pour la mettre sous le bras? Il l'avait relevée *(aufgehoben).* Dis-moi, tu me relèveras, hein, tu marcheras avec ma tête sous le bras? J'aimerais. Non. « Dans des cas pareils, conclut le *Kustos,* ce n'est que le premier pas qui coûte. » Dans les *Gesammelte Werke,* le texte suivant, tu en lis le titre aussitôt après le « premier pas », c'est *Das Medusenhaupt.*

      Imagine que je marche comme lui, à son rythme : entre cinquante et soixante ans (en gros jusqu'à 1920) je reste dans l'indécision. Je les endors en les laissant croire ce qu'ils veulent : la télépathie, vous saurez pas, et je vous dis que je ne sais pas moi-même si j'y crois. Vous voyez les colombes dans mes mains et venues de mon chapeau, mais comment je fais, mystère. Alors tout dans ma vie (pardon, dans la nôtre) s'organise ou se désorganise au gré de cette indécision. On laisse vivre Plato ou son fantôme sans savoir si c'est lui ou son fantôme. Puis la dernière phase arrive, celle qui est encore devant nous mais que je vois nous voir venir et qui, logiciellement, nous aura prévenus dès le départ. Nous attendrait ainsi une vie totalement transformée, convertie, transie par la télé-pathie, livrée à ses réseaux et à ses intrigues sur toute la surface de son corps, dans tous les angles, embobinée dans l'écheveau des histoires et des temps sans la moindre résistance de notre part. Nous y engagerions au contraire une participation zélée, les initiatives expérimentales les plus provocantes. Les gens ne nous recevraient plus, ils nous fuiraient comme des addicts, nous ferions peur à tout le monde (si *fort,* si *da*!) Pour l'instant je me fais peur à moi-même, il y en a un en moi qui a commencé et qui joue à me faire peur. Tu resteras avec moi, n'est-ce pas, tu me diras encore la vérité.

Le 13 juillet 1979.
Ne m'intéresse que la *saga,* d'abord du côté maternel (Safah, le nom de la « lèvre » et de ma mère, comme je t'ai dit en octobre) au moins depuis l'arrière-grand-père qui a aujourd'hui plus de 600 descendants. Puis l'hypnose et je t'ai souvent dit l'an dernier : « c'est comme si j'écrivais sous hypnose » ou « faisais lire sous hyp-nose ». Bien que je ne croie pas à la veille, il faut bien que je prépare le grand réveil, juste pour changer de côté en somme, comme on se retourne dans un lit

     et donc mon premier temps, celui de l'indécision. Dans la fausse conférence intitulée *Rêve et télépathie,* ma rhétorique est impayable, proprement incroyable. Incroyable, voilà le mot, car je joue de l'incroyance ou plutôt de l'acroyance comme peu de temps auparavant dans *Au-delà...* Je fais tout pour que cet auditoire (que je me suis arrangé pour ne pas avoir, finalement, pour me laisser subtiliser par ce pauvre Jones avec ses conseils de scientisme politique) ne puisse ni croire ni ne pas croire, en aucun cas arrêter son jugement. Ça le fera travailler et transférer pendant ce temps, car la croyance et le jugement arrêtent le travail; et puis, bénéfice secondaire, il s'assoupira et restera suspendu à ma lèvre. Faut pas savoir (et là je suis fort parce que dans ce domaine il n'est plus question de « savoir ». Tout, dans notre concept de savoir se construit pour que la télépathie soit impossible, impensable, insue. S'il y en a, notre rapport à

Télépathie ne doit pas être de la famille « savoir » ou « non-savoir » mais d'un autre genre). Je ferai donc tout pour que tu ne puisses ni croire ni ne pas croire que moi-même je crois ou ne crois pas; mais justement tu ne sauras jamais si je le fais exprès. La question de l'*exprès* perdra tout sens pour toi

te sera stupéfiant : de ruse et de naïveté (c'est bien moi, non?), l'une et l'autre également probables et improbables, distinctes et confondues, comme chez un vieux singe. Je feins d'abord de décevoir auditeurs fictifs et lecteurs aléatoires : ah! on s'intéresse beaucoup à l'occulte aujourd'hui, et comme je mets Télépathie à l'affiche, vous voilà bien excités. Vous m'avez toujours pris, comme Fliess, pour un « liseur de pensée ». Mépris. Vous attendez en retenant votre souffle. Vous attendez au téléphone, je vous imagine et je te parle au téléphone ou au téléscripteur puisque j'ai préparé une conférence que je ne prononcerai jamais (comme une lettre qu'on n'envoie pas de son vivant, que je laisse intercepter par Jones et les amis de la Cause, autant dire par mes lieutenants). Eh bien, tu as tort, pour une fois, tu n'apprendras rien de moi quant à l'« énigme de la télépathie ». Surtout, je sauverai cela à tout prix, tu ne pourras pas savoir « si je crois ou non à l'existence d'une télépathie ». Cette attaque pourrait encore laisser penser que je sais, moi, si j'y crois ou non, et que, pour une raison ou une autre, je tiens à garder cela secret, en particulier pour produire tel ou tel effet transférentiel (pas forcément sur toi ou sur vous, mais sur ce public en moi qui ne me lâche pas). Et encore, à la fin de la fausse conférence, quand je reprends le mot « occulte », je feins (plus ou moins, comme disait mon père) d'avouer que je ne sais pas moi-même. Je n'en sais rien. Je m'excuse : si j'ai donné l'impression d'avoir secrètement « pris parti » pour la réalité de la télépathie au sens occulte. Je regrette qu'il soit si difficile d'éviter de donner une telle impression. Dis-moi, à qui crois-tu que je parle? Pour qui est-ce que je les prends? Si je veux pas donner l'impression, j'ai qu'à faire ce qu'il faut, non, tu trouves pas? Par exemple ne pas jouer avec l'allemand. En disant que je voudrais être tout à fait « *unparteiisch* », je ne dis pas « impartial » au sens de l'objectivité scientifique, mais sans parti. Voilà de quoi je veux avoir l'air : ne pas prendre parti *(Partei nehmen)* et rester « sans parti ». Et j'aurai conclu comme dans *Au-delà...*, sans conclure, en rappelant toutes les raisons que j'ai de rester sans parti. C'est vraiment le premier pas qui coûte. Voilà, tu dors, calée dans ton fauteuil. Je n'ai aucune opinion, tu entends, « aucun jugement ». C'est mon dernier mot. A cet âge, « je ne sais rien à ce sujet ». De la première phrase à la dernière, depuis le moment où j'ai dit :

« vous n'en saurez rien, si j'y crois ou non », jusqu'au moment de conclure : « d'ailleurs je n'en sais rien moi-même », tu croirais qu'il ne se passe donc rien, qu'il n'y a là aucun progrès. Mais tu ne crois pas que je peux dissimuler au début? Et encore à la fin en disant que je n'en sais rien? Par diplomatie et souci de « politique exté-rieure »? Tu n'as pas à me croire sur parole. C'est comme toi quand je te demande le soir : dis-moi, la vérité, ma petite virgule. Crois-tu qu'on puisse parler de mensonge en philosophie, ou en littérature, ou mieux, dans les sciences? Imagine la scène : Hegel *ment* quand il dit dans la grande Logique... ou Joyce, dans tel passage de *F. W.*, ou Cantor? mais si, mais si, et plus on peut jouer à ça, plus ça m'intéresse. Au fond, voilà, les discours dans lesquels le mensonge est impossible ne m'ont jamais intéressé. Les grands menteurs sont imperturbables, ils n'en parlent jamais. Nietzsche, par exemple, qui les démasque tous, ne devait pas être un grand menteur, il devait pas bien savoir, le pauvre...

Donc pas un pas de plus, en apparence, au cours de 25 pages serrées. La délimitation du problème, le garde-fou rigoureux (mais de quoi donc ai-je peur? qui me fait peur?), c'est le rapport de la télépathie au rêve, à « notre théorie du rêve ». Surtout ne pas parler d'autre chose, c'est elle, notre théorie du rêve, qu'il faut protéger à tout prix. Et pour sauver un rêve, un seul, un seul générateur de rêve en tout cas, le sauver contre toute autre théorie. Quelle stratégie, tu n'admires pas? Je neutralise tous les risques d'avance. Même si l'existence de la télépathie (dont je ne sais rien et dont tu ne sauras rien, surtout pas si j'y crois et si je veux en savoir quelque chose) était attestée un jour, avec tous ses requisits, même si elle était assurée, *sichergestellt,* il n'y aurait rien à changer à ma théorie du rêve et mon rêve serait à l'abri. Je ne dis pas si j'y crois ou non mais je laisse le champ ouvert à toute éventualité (à peu près), je me l'approprie d'avance en quelque sorte. Ma théorie du rêve, la nôtre (la première, la seconde, peu importe) pourrait s'en accommoder et même la commander encore. Et les deux scènes de *Rêve et Télépathie* sont trop évidentes pour être remarquées, une fois de plus. *Première scène :* tout en me défendant, c'est le mot, de rien savoir et de rien conclure, je ne parle que de moi, dis-je. Texte totalement autobiographique, sinon auto-analytique, et qui s'emploie tout le temps à spéculer. *Deuxième scène :* ma fausse conférence se laissant, si on veut, induire de bout en bout et conduire par une trace, *Spur,* de blessure au visage que je garde de mon enfance et qui, n'est-ce pas, ouvre le texte, le tient ouvert, bouche bée, le matériel analytique venu d'ailleurs, dans mon dossier de la télépathie, reste de part en part *épistolaire*.

Le 13 juillet 1979.
Qu'est-ce que je leur aurai raconté! que mon matériel est léger, que je regrette cette fois de ne pouvoir exhiber de rêve personnel comme dans ma *Traumdeutung,* que je n'ai jamais eu un seul rêve télépathique. Tu crois qu'ils me croiront? Il y en aura bien une pour pressentir (exception faite de toi, bien sûr, devine, tu sais tout d'avance) que c'est moins simple et que, au moment de le démontrer, les rêves que je raconte pour en faire apparaître le caractère finalement non télépathique, mes rêves, donc, pourraient bien être la chose la plus intéressante et le sujet principal, la vraie confidence. Quand je dis « Mais je n'ai jamais eu un rêve télépathique », il y en aura bien une pour demander : qu'est-ce qu'il en sait? et pourquoi le croirais-je? C'est avec celle-là que j'ai envie de me réveiller un jour et de tout recommencer. D'ailleurs j'ai bien reconnu, dès le départ, que j'avais gardé de certains rêves l'impression que tel événement déterminé, *ein bestimmtes Ereignis,* se jouait à distance, à tel endroit, au même moment ou plus tard. Et cette indétermination laisse assez de jeu pour qu'ils se posent des questions un peu plus compliquées; celles que je leur suggère dans leur sommeil ne valent jamais pour elles-mêmes
calmement, je le sais, calmement, une autre fois, une fois de plus. Il faut voir « double », du côté des frères morts (beaux frères), des homosexualités plus ou moins forcloses, avec les coups de télépathie (j'ai beau changer de numéro tous les ans, payer pour qu'il soit unlisted) dont la plupart me viennent des arrière-arrière et des grands-grands, etc. (pères, oncles, tantes, mon grand-père pouvant être à l'occasion mon grand-oncle und so weiter). Calmement, que veux-tu que je te dise, il faudra bien accepter de se réveiller

                                   puis je quitte le domaine
du rêve que je m'étais engagé pourtant à ne pas déborder. J'en sors pour peu de temps, certes, mais déjà pour parler de moi : même éveillé j'ai souvent verspürt, pressenti, éprouvé le pressentiment d'événements éloignés. Mais ces Anzeigen, Vorhersagen, Ahnungen, ces signes et ces discours prémonitoires ne se sont pas, wie wir uns ausdrücken, eingetroffen. En français on dirait qu'ils ne se sont pas, comme nous nous exprimons, réalisés. Or in english that they have not come true, ce qui serait encore autre chose, à la lettre, car je tiens que quelque chose peut *s'avérer,* se vérifier sans *se réaliser.* Or

le fait que j'insiste, wie wir uns ausdrücken, deux points : nicht eingetroffen, montre bien que quelque chose me gêne dans cette expression que pourtant je ne relève pas autrement. J'hésiterais pour ma part à traduire cela par « réalisés ». Eintreffen veut bien dire, au sens large, « se réaliser » mais je préférerais traduire par « arriver », « s'accomplir », etc., sans se référer à la réalité, surtout (mais non seulement) à celle que nous assimilons si facilement à la réalité-extérieure. Tu vois où je veux en venir. Une annonciation peut s'accomplir, quelque chose peut arriver sans pour autant se réaliser. Un événement peut avoir lieu qui ne soit pas réel. Ma distinction habituelle entre réalité interne et réalité externe n'est peut-être pas suffisante à cet endroit. Elle fait signe vers de l'événement qu'aucune idée de « réalité » ne nous aide à penser. Mais alors, diras-tu, si l'annoncé de l'annonciation porte bien l'indice « réalité extérieure », qu'en faire? Eh bien, le traiter comme indice, il peut signifier, téléphoner, télésignaler un autre événement qui arrive avant l'autre, sans l'autre, selon un autre temps, un autre espace, etc. C'est l'*a b c* de ma psychanalyse. La réalité, quand j'en parle, c'est comme pour les endormir, tu ne comprendras rien à ma rhétorique autrement. Je n'ai jamais pu renoncer à l'hypnose, simplement j'ai transféré un mode d'induction sur un autre : on pourrait dire que je suis devenu écrivain et dans l'écriture, la rhétorique, la mise en scène et la composition des textes, j'ai réinvesti tous mes pouvoirs et mes désirs hypnagogiques. Que veux-tu que je te dise, dormir avec moi, voilà tout ce qui les intéresse, le reste est secondaire. Donc l'annonciation télépathique has come true even if elle ne s'est pas eingetroffen dans la réalité extérieure, voilà l'hypothèse que je donne à lire à l'instant même où je la forclos à la surface de mon texte.

                L'hypnose, c'est toi qui me l'as fait comprendre, l'hypnose, c'est toi. Je me réveille lentement de toi, je dégourdis mes membres, j'essaie de me rappeler tout ce que tu m'as fait faire et dire sous hypnose et je n'y arriverai, je ne serai au bord d'y arriver qu'en voyant venir la mort. Et tu seras encore là pour me réveiller, toi. En attendant, je dévie, je me sers du pouvoir que tu me prêtes – sur les autres

                – « forclos » est un mot superbe, mais seulement là où il ne vaut que pour moi, ma lèvre, mon idiome. C'est un nom propre

sur cette hésitation entre le sommeil et la veille. Plus précisément entre le rêve proprement dit, le nocturne, et les pressentiments de la vie éveillée, regarde au microscope l'enchaînement de mes toutes premières phrases. En trois propositions, je dis 1. que je n'ai jamais eu de rêve télépathique, sauf ces rêves qui informent d'un événement déterminé se jouant à distance et laissent le rêveur décider s'il a lieu maintenant ou plus tard. Laisser décider, c'est le grand levier, j'essaie de mettre l'auditeur fictif, le lecteur en somme, dans la situation du rêveur à qui il revient de décider – s'il dort. 2. qu'à l'état de veille j'ai aussi eu des pressentiments qui, ne venant pas à se « réaliser » dans la « réalité extérieure » devaient être considérés comme de simples anticipations subjectives. Or voilà que 3. je vais à la ligne et dis « par exemple » pour raconter une histoire dont on ne sait pas si elle illustre le dernier propos (prémonitions dans la vie éveillée) ou l'avant-dernier (rêves télépathiques). Le contenu semble ne pas laisser de doute, il s'agit de rêves nocturnes, mais la rhétorique de l'enchaînement tremble un peu, à m'écouter tu crois rêver.

                                                    Il y a si longtemps que je t'ai écrit ça, je ne sais plus

                        mes deux rêves d'apparence télépathiques et qui ne se seraient pas « réalisés », ce sont deux rêves de mort. Je les livre comme des hors-d'œuvre, prétendument pour démontrer négativement que je n'ai jamais eu de rêve télépathique et pour insister sur la pauvreté de mon matériel. J'ajoute plus loin qu'en vingt-sept ans de pratique analytique (tu entends, c'est bien notre chiffre aujourd'hui) je n'ai jamais été en mesure d'assister ou de prendre part, *miterleben*, à un rêve vraiment, justement, « correctement » télépathique, et je les laisse ruminer le « *richtige* ». Cela dit, le hors-d'œuvre, mes deux rêves de mort, tu as vite compris, toi, qu'il porte l'essentiel de ma fausse conférence. Le matériau qui suit et qui m'arrive *par correspondance,* il suffit d'être un peu éveillé ou déniaisé pour le comprendre : il n'est là que pour *lire* mes deux rêves de mort ou, si tu préfères, pour-que-ne-pas, pour ne pas les lire, pour en distraire d'une part alors qu'on ne prête attention qu'à eux d'autre part. Dès que j'ai commencé à parler d'hypnose et de télépathie (à la fois), il y a bien longtemps, j'ai toujours attiré l'attention sur les procédures du détournement d'attention, précisément comme font les « médiums ». Ils provoquent ainsi des expériences de divination de pensée ou de trahison de pensée (*Gedanken erraten, Gedanken verraten*). Ici, mes deux rêves de mort, on les lit sans s'en rendre compte, et surtout à travers le reste du matériau venu par correspondance, apparemment sans rapport avec mes propres rêves.

                                                    Le matériau des autres, celui qui m'arrive par la poste, viendrait seulement déchiffrer mes deux rêves de mort, avec tout leur système, déchiffrement à distance, sous hypnose et par correspondance. C'est comme si je

parlais une langue diplomatique et cultivais chez mon lecteur patient
la diplopie. Toujours par souci de « politique extérieure », mais où
cela commence-t-il, la politique extérieure? où sont les confins?
Naturellement je laisse clairement entendre que je suis en mesure,
moi, d'interpréter mes deux rêves; et pour rassurer ceux qui se
soucient (pour moi) de préserver la théorie du rêve comme accomplissement du désir (ils me font marrer, ces attardés), je déclare avec
un clin d'œil qu'il n'est pas bien difficile de découvrir les motifs
inconscients de ces deux rêves de mort (mon fils et ma belle-sœur).
Mais toi, il ne t'a pas échappé que je ne dis rien du second rêve
alors que j'esquisse une lecture du premier (Totsagen de mon fils en
costume de ski), renvoi à une chute du même en ski (Skifahrerkos-
tum, Skiunfall), renvoi de ce renvoi à l'une de mes chutes alors
qu'enfant je cherchais, grimpé sur une échelle, à atteindre ou à faire
descendre quelque chose de bon, vraisemblablement, depuis la hauteur d'un coffre : un *fort/da* de moi alors que j'avais à peine deux
ans. Pour de la confiture, peut-être? De cette chute et de la blessure
qui s'ensuivit je garde encore la trace, *Spur*. Je leur dis alors que je
peux encore aujourd'hui la montrer, cette trace. Je le leur dis sur
un ton qu'ils ont du mal à identifier (souci de prouver? exhibition
compulsive? confirmation dont j'ai besoin parce que je ne suis pas
très sûr?) Tout cela si c'est bien du rêve du 8 juillet 1915 qu'il
s'agit. Trois jours plus tard une carte postale m'était envoyée par
mon fils aîné, elle faisait allusion à une blessure déjà cicatrisée. J'ai
demandé des précisions mais je n'ai jamais reçu de réponse. Naturellement je n'en ai pas soufflé mot dans la fausse conférence. Cette
trace sous ma barbe donne l'envoi, le titre et le ton : la conférence
ne traite que de fantômes et de cicatrices. À la fin de la mise en
scène du dernier cas (cette correspondante qui me dit être hantée
par son rêve « comme par un fantôme », rêve qui n'a rien de
télépathique et que je mets en avant pour la seule (et mauvaise)
raison que la rêveuse m'écrit qu'elle a eu, *d'autre part* (!), qu'elle
croit avoir eu des expériences télépathiques...), je rappelle que les
cures spontanées, autant dire les auto-analyses laissent en général des
« cicatrices ». Elles redeviennent douloureuses de temps en temps. Le
mot « Narbe » vient deux fois sous ma plume, je sais que les Anglais
s'étaient déjà servis du mot « scar » pour traduire Spur, beaucoup
plus haut. Cette traduction peut en avoir mis certains sur la piste.
J'aime ces mots, Narbe, scar, Spur, trace et cicatrice en français aussi.
Ils disent bien ce qu'ils veulent dire, hein, surtout quand ça se trouve
sous les poils de quelque Bart ou barbe. Nietzsche parlait déjà d'une
cicatrice sous la barbe de Plato. On peut caresser et écarter les poils

pour faire semblant de montrer, c'est toute ma conférence. Du deuxième rêve donc, j'ai préféré ne rien dire. Il m'annonçait la mort de ma belle-sœur, la veuve de mon frère aîné, à 87 ans, en Angleterre. Mes deux nièces, en noir, me disent « am Donnerstag haben wir sie begraben ». Ce jeudi de l'enterrement, détail apparemment le plus contingent de l'histoire, je n'en dis rien mais n'est-ce pas le mot de passe? J'en connais une à qui il ne faudra pas le dire deux fois. Je reconnais que mourir à 87 ans n'a rien de surprenant mais la coïncidence avec le rêve eût été désagréable. C'est encore une lettre qui m'a rassuré. Dans le protocole de la conférence, déjà, une lettre et une carte postale viennent démentir l'apparence télépathique de mes deux rêves, ça aurait dû troubler le lecteur. Puis dans les deux cas exposés la poste officie encore : deux correspondants qui ne me sont pas « personnellement » connus

c'est nous, ça, qui au fond ne nous connaissons que par correspondance. Le fait que nous nous soyons souvent rencontrés (souvent est un mot faible) reste un peu accessoire. Nous nous sommes confié nos télépathies par correspondance. Nous connaissons-nous « personnellement »? c'est très problématique. What does that mean? Et quand je dis que je n'ai pas la moindre raison de soupçonner l'intention mystificatrice de mes correspondants, dans la conférence, je te vois rire, tu me voyais déjà venir

parce que tu crois en moi,
tu es toujours prête à ne pas croire un mot de ce que je dis

je suis un double,
pour toi, pas Horch, un autre

Prends le rêve des jumeaux, le premier cas. Fido, Fido, rappelle-toi, je parle de télépathie à propos du double, dans *Das Unheimliche,* c'est absolument essentiel. En voilà donc un qui m'écrit : après avoir rêvé que sa deuxième femme avait des jumeaux, leur donnait le sein et de la confiture (suis la confiture dans toutes ces histoires), il reçoit de son gendre, eh oui, un *télégramme* lui annonçant que sa fille (premier mariage) venait d'avoir des jumeaux. Je raconte tout ça avec beaucoup de détails (et une autre fois, *à peu près* de la même façon dans les *Nouvelles Conférences* en laissant tomber le récit que mon correspondant avait ajouté. Il n'avait aucun rapport à aucun rêve et dans la logique du sujet j'aurais dû le laisser aussi tomber dans *Rêve et Télépathie.* J'ai gardé ce supplément à cause d'une carte postale et d'une mort d'enfant : à l'instant où le facteur lui apporte une carte postale, mon correspondant comprend que celle-ci lui annonce la mort de son jeune frère, âgé de 9 ans et resté seul avec ses parents. Mort soudaine et inattendue pourtant mais ses trois autres frères, qu'il n'a vus ensemble depuis trente ans qu'aux funérailles des parents, lui ont dit avoir fait une expérience exactement semblable (semblable jusqu'à un certain point qui ne lui est pas clair, avoue-t-il). Dans mes nouvelles fausses conférences, j'insiste comme toujours pour rétablir l'ordre légitime : la psychanalyse seule peut apprendre quelque chose sur les phénomènes télépathiques et non l'inverse. Évidemment, il faut pour cela intégrer la télépathie sans obscurantisme et quelque transformation peut s'ensuivre pour la psychanalyse. Mais il n'est pas opportun de présenter les choses ainsi pour le moment. Je m'acharne à distinguer entre télépathie et « transfert de pensée », à expliquer pourquoi j'ai toujours plus de mal à accepter cela que ceci, dont parlent si peu les vieux récits de miracle (j'en suis moins sûr maintenant); en tout cas cela peut vouloir dire deux choses : ou bien qu'on considérait ce « transfert » comme allant de soi, l'opération la plus facile du monde; ou bien, en raison même de l'état (peu avancé) du rapport à l'objectivité scientifico-technique, un certain schème de transmission n'était pas pensable, imaginable, intéressant. Tu t'expliquerais ainsi la constante association, au moins sous le mode de figures, de comparaisons, d'analogies, etc., entre une certaine structure des télécommunications, de la technologie postale (télégrammes, lettres et cartes postales, téléphone) et le matériau qui se trouve aujourd'hui à ma disposition quand j'entends parler de télépathie. J'ai à peine sélectionné pour toi

notre histoire de jumeaux, j'y reviens. Oui, j'y ai inséré la carte postale du jeune frère mort, bien qu'elle n'ait rien à voir avec aucun rêve et qu'elle sortît de mon sujet. Après quoi, je rassemble tout sur un central « Sie sollte lieber meine (zweite) Frau sein ». Et admire mon audace, je dis cela (c'est elle plutôt que j'aurais aimée comme (seconde) femme) à la première personne, en style mimétique ou apocryphe, dirait Plato. Admire, et n'oublie pas que cela fut écrit en somme très peu de temps après la mort de Sophie. Je devrais écrire un jour sur cette spéculation, ces télégrammes et la génération des gendres. La clause dans laquelle j'ai bloqué l'interprétation (« je l'aurais préférée pour seconde femme ») traduirait la pensée inconsciente du grand-père des jumeaux, à savoir de mon correspondant. Et je fais précéder tout cela de considérations innocentes sur l'amour d'une fille pour son père (je sais que sa fille s'accroche à lui, je suis convaincu que pendant les douleurs de l'accouchement elle a beaucoup pensé à lui, et d'ailleurs je pense qu'il est jaloux de son gendre pour lequel mon correspondant a des remarques dépréciatives dans une de ses lettres. Les liens entre une fille et son père sont « habituels

et naturels », on ne devrait pas en avoir honte. Dans la vie quotidienne, cela s'exprime par un intérêt tendre, le rêve seul pousse cet
amour à ses dernières conséquences, etc.). Tu te rappelles, un jour je
t'ai dit : tu es ma fille et je n'ai pas de fille. Auparavant, je remonte
toujours, j'avais rappelé que l'interprétation psychanalytique des rêves
relève, supprime et garde (aufhebt) la différence entre le rêve et
l'événement (Ereignis), donnant aux deux le même contenu. Autrement dit, si un jour il s'en trouve un ou une pour me suivre, pour
suivre ce que je retiens encore dans l'inhibition du trop tôt, ce sera
pour penser : depuis la pensée nouvelle de cette Aufhebung et ce
nouveau concept de l'Ereignis, depuis leur possibilité commune, on
voit s'évanouir toutes les objections de principe à la télépathie. Le
système des objections reposait sur mille naïvetés du côté du sujet,
du moi, de la conscience, de la perception, etc., mais avant tout sur
une détermination de la « réalité » de l'événement, de l'événement
comme essentiellement « réel »; or cela appartient à une histoire de
la philosophie de grand-papa, et en paraissant réduire la télépathie
au nom d'un néo-positivisme psychanalytique, j'en libère le champ.
Il faut pour cela qu'ils se libèrent aussi du didacticiel massivement
œdipien par lequel je feins de faire régner l'ordre dans ma classe.
Je voulais retarder l'arrivée massive des fantômes. Avec toi ça ne
pouvait plus traîner. Leur calvaire est tout près de sa fin

                                    je te laisse suivre seule
mon slalom dans son détail. C'est de la haute rhétorique – au service
d'une hypno-poétique. J'y parle toujours à la première personne (ah,
si c'était ma seconde femme, et si ma première femme était encore
en vie elle n'en aurait pas assez d'un seul petit-enfant, il lui faudrait
au moins des jumeaux : c'est ce que j'appelle, tu sais, Fido, la
première seconde – double la mise le grand-père gagne). Après quoi,
je joue au bonneteau avec le rêve et la télépathie, voilà le slalom :
1. si c'est un rêve avec une petite différence entre le contenu onirique
et l'événement « externe », le rêve s'interprète selon les voies classiques
de la psychanalyse; alors ce n'est qu'un rêve, la télépathie n'a rien
à y voir, pas plus qu'avec le problème de l'angoisse par exemple :
c'est ma conclusion. 2. le contenu du rêve correspond exactement
avec celui de l'événement « réel »; alors, admire, je pose la question :
qui vous dit que c'est un rêve et que, comme cela arrive souvent,
vous ne confondez pas deux expressions distinctes : état de sommeil
et rêve? Ne vaudrait-il pas mieux parler alors, non pas de rêve, mais
plutôt d'expérience télépathique en état de sommeil? Je n'en exclus
pas la possibilité mais cela reste ici hors sujet. Bien joué, non? Le
sujet, c'est le reine telepathische Traum. Et dans sa pureté, le concept

de rêve télépathique en appelle à la perception de quelque chose d'extérieur à l'égard de quoi la vie psychique se comporterait de façon « réceptive et passive ».

Le 14 juillet 1979.
Je prépare distraitement le voyage à Oxford. C'est comme si j'allais, passant la Manche en sens inverse, rencontrer Socrates et Plato en personne, ils m'attendent là-bas, au tournant, juste après l'anniversaire. Les voix qu'entendait Socrate, la voix plutôt, c'était quoi, *Telepathie* ou *Gedankenübertragung?* Et moi quand il m'inspire, m'amuse dans le creux de l'oreille, et toi?

L'autre quand il dit « réceptive et passive » sans se poser plus de questions, on regrette qu'il n'ait pas lu un certain *Kantbuch* qui s'écrivait justement pendant qu'il changeait d'avis, lui, sur la possibilité de la télépathie, entre *Rêve et Télépathie* et les *Nouvelles* fausses *Conférences*. Je n'étais pas né mais les choses se programmaient.

Pour ce qui est du « hors sujet » (et la télépathie, c'est ça, le hors-sujet, il s'y entend) le deuxième cas de *R. et T.* n'est pas davantage un cas de rêve télépathique. Il n'est pas présenté comme tel par sa correspondante. Celle-ci a seulement eu, *d'autre part,* des expériences télépathiques nombreuses. Écrit-elle, dit-il. Freud ne traite alors que d'un rêve qui revient sans cesse, « comme un fantôme », visiter sa correspondante. Totalement hors sujet, non? Alors, avant qu'on en reparle, suis mes indices. Je n'ai aucune hypothèse nouvelle pour le moment. Sélectionne et associe ce que tu peux de ton côté, moi je scande ainsi dans un premier temps, sans grammaire : le fantôme, l'inflammation des yeux et la double vue ou la double vision *(Doppeltsehen)* et les cicatrices *(Narben)*, la clairvoyance et la claire-ouïe *(hellsehen, hellhören)*, la carte postale, encore, annonçant cette fois la mort du frère qui avait appelé sa mère et que la correspondante disait avoir aussi entendu, puis (encore!) la première femme du mari, l'agrammaticalité de la langue symbolique telle qu'il la rappelle au moment de dire que le passif et l'actif peuvent se représenter dans la même image, par le même « noyau » (ce mot revient tout le temps, qu'il s'agisse du noyau du rêve, du « noyau de vérité » dans les expériences télépathiques et du noyau de la terre qui ne saurait être de la confiture, au début des *N.C.*), le lieu précis où F. rappelle que le psychanalyste a aussi ses « préjugés », de nouveau les cicatrices, l'aveu que dans ce deuxième cas on a totalement négligé la question de la télépathie (!), le point qui ne peut être ni prouvé ni démenti, la décision de ne s'occuper que du témoignage (épistolaire) de la fille-sœur en laissant totalement hors jeu l'expérience télépathique de la mère; puis l'étrange retour au cas précédent (le jeune frère mort, les frères aînés également convaincus du caractère tout à fait superflu du plus jeune, de sa naissance veux-je dire); enfin la fille aînée rêvant de devenir la seconde femme à la mort de la mère (une fois de plus) – et l'interprétation insolemment œdipienne qui n'y va pas par quatre chemins... Enfin, je me trompe peut-être plus que jamais, je ponctue mal, mais enfin place un calque là-dessus, prélève et raconte-toi l'histoire que tu veux dans les interstices, demain on joue, ou après-demain, quand j'aurai fait la même chose pour notre saga. N'oublie pas le retournement de la fin. Il ne se contente pas de répéter que la Ps. pourrait aider à comprendre la télépathie, il ajoute, *comme si c'était son vrai souci,* qu'elle aiderait à mieux isoler les phénomènes indubitablement télépathiques! Ps. et Télépathie alors feraient couple : un message télépathique peut ne pas coïncider avec l'événement dans le temps (entends : le temps de la conscience, voire du moi, qui est aussi le temps qu'on croit naïvement « objectif » et, comme il dit, « astronomique », selon une vieille science), cela ne le disqualifie pas dans sa vertu télépathique. Il lui aura fallu le temps d'arriver à la conscience. A l'aide de la temporalité psychique, de son hétérogénéité *décalée,* de ses décalages horaires si tu préfères, selon les instances considérées, on peut tranquillement envisager la probabilité télépathique. La conversion à la télépathie n'aura pas attendu 1926. « Plus de problème », dit-il, si le phénomène télépathique est une opération de l'inconscient. Les lois de ce dernier s'y appliquent et tout va de soi. Ce qui ne l'empêche pas de conclure comme il avait commencé : je ne sais rien, je n'ai pas d'opinion, faites comme si je ne vous avais rien dit. Salut, hein

si tu veux comprendre cette apparente oscillation, il faut bien préciser ceci : même au moment où, quelques années plus tard, vers 1926, il déclare sa « conversion à la télépathie », il ne cherche pas à l'intégrer de façon décidée ou univoque à la théorie psychanalytique. Il en fait encore une affaire privée, avec tout le brouillard dont on peut entourer une telle notion. « Le thème de la télépathie, dira-t-il dans une lettre à Jones, est, par essence, étranger à la psychanalyse » ou « la conversion à la télépathie est mon affaire personnelle, comme le fait que je sois juif, que je fume avec passion, et bien d'autres choses... » Qui pourrait se satisfaire d'une telle déclaration de sa part? Non qu'elle soit fausse ou sans valeur, et je l'ai assez souvent suggéré, il fallait bien lire ses propositions (les théoriques aussi) sur la télépathie en rapport avec son « affaire personnelle », etc., mais comment accepter cette dissociation pure et simple de la part de quelqu'un qui s'est débattu avec la théorisation de la télépathie? Et puis, si c'est étranger à la psychanalyse, comme un corps étranger, justement, comme du « hors-sujet », la psychanalyse doit-elle rester muette sur la structure et l'incorporation du corps étranger? A la fin de « Rêve et occultisme » *(Nouvelles Conférences),* il parle justement d'une histoire de corps étranger *(Fremdkörper)* et il est vrai qu'il s'agit d'un phénomène de transmission de pensée devant lequel il avoue l'échec de l'analyste. Le cas est d'autant plus intéressant qu'il s'agit d'un souvenir d'enfance de la mère (une pièce d'or) qui fait irruption à la génération suivante (son fils, âgé de 10 ans, lui apporte une pièce d'or pour qu'elle la mette de côté le jour même où elle en avait parlé en analyse). Freud, qui tient la chose de Dorothy Burlingham (celle à qui, je le tiens de M., il avait voulu offrir deux bagues [1] ce dont Anna l'avait dissuadé), avoue l'échec devant le corps étranger : « Mais l'analyse ne révèle rien, l'acte s'étant ce jour-là introduit dans la vie du garçonnet à la manière d'un corps étranger. » Et quand, quelques semaines plus tard, le gosse réclame la pièce pour la montrer, lui, à sa psychanalyste, « l'analyse ne parvient à découvrir aucun accès à ce désir », une fois de plus. Échec, donc, devant le corps étranger – qui prend la forme ici d'une pièce d'or : *Goldstück,* la valeur même, le signe authentique de la valeur dite authentique. Freud a tellement conscience (ou un tel désir) de s'être alors rendu à la limite de la psychanalyse (dedans ou dehors?) qu'il va à la ligne et conclut

---

1. « Dorothy Burlingham also came to Freud and psychoanalysis as Anna's close friend. Leaving her disturbed husband, she moved to Vienna from America with her four children. She was first in analysis with Theodor Reik an then Freud [...] A member of the Tiffany family, Dorothy Burlingham could afford to pay for the treatment of her whole family; her children were among Anna Freud's first patients. Freud was happy when Anna found Dorothy as a friend; to him it meant she was now in safe hands. In 1929 he wrote " our symbiosis with an American family (husbandless), whose children my daughter is bringing up analytically with a firm hand, is growing continually stronger, so that we share with them our needs for the summer " [à Binswanger]. And in 1932 Freud noted that Anna and " her American friend (who owns the car) have bought and furnished... a weekend cottage " [à Zweig]. Anna Freud loved dogs, and in his old age Freud would play " with them as he used to play with his ring " [Sachs] Dorothy... was the main source not only of Freud's dogs but also of the chows that went to others in Freud's circle [...] Anna became a second mother to her children, and Dorothy was recipient of one of Freud's rings. » Paul Roazen, *Freud and his followers,* New York 1975, p. 448. (Note ajoutée à la correction des épreuves, le 22 janvier 1981.)

ainsi la conférence (ce sont les derniers mots dont on ne sait pas s'ils signifient que le retour à la psychanalyse freudienne vient d'être amorcé ou reste à venir) : « *Und damit wären wir zur Psychoanalyse zurückgekommen, von der wir ausgegangen sind.* » : « Et ainsi serions-nous reconduits vers la psychanalyse dont nous étions partis. » Partis? Éloignés?   Car enfin si le thème de la télépathie est étranger à la psychanalyse, si c'est une affaire personnelle (« je suis juif », « j'aime fumer », « je crois à la télépathie »), pourquoi avoir pris des positions publiques à ce sujet, après y avoir consacré plusieurs études? Peut-on prendre cette réserve au sérieux? Maintenant, tiens compte aussi de ce fait : il ne dit pas à Jones « c'est une affaire personnelle », il lui conseille de répondre cela dans le cas où il serait en difficulté pour assumer publiquement les positions de Freud. Je cite toute la lettre, à cause de l'allusion à Ferenczi et à sa fille (Anna), elle me paraît importante (note au passage qu'il renonce, au sujet dudit corps étranger, à faire la paix avec l'Angleterre) : « Je regrette infiniment que mes déclarations concernant la télépathie vous aient plongé dans de nouvelles difficultés. Mais il est vraiment difficile de ne pas froisser les susceptibilités anglaises... Aucune perspective de pacifier l'opinion publique en Angleterre ne s'ouvre à moi, mais j'aimerais au moins vous expliquer à vous mon apparente inconséquence pour ce qui est de la télépathie. Rappelez-vous comme déjà, à l'époque de nos voyages dans le Harz, j'avais exprimé un préjugé favorable vis-à-vis de la télépathie. Mais il ne m'apparaissait pas nécessaire de le déclarer publiquement; mes propres convictions n'étant pas assez fortes, les considérations diplomatiques telles que mettre la psychanalyse à l'abri de tout rapprochement avec l'occultisme prirent aisément le dessus. Ne voilà-t-il pas que la révision de *L'interprétation des rêves* pour la *Collected Edition* m'a incité à reconsidérer le problème de la télépathie. En outre, mes propres expériences au travers des essais faits avec Ferenczi et ma fille me convainquirent si fortement que les considérations diplomatiques passèrent au second plan. Une fois de plus, il me fallait envisager de répéter, sur une échelle réduite, la grande expérience de ma vie : à savoir, la proclamation d'une conviction sans avoir à tenir compte d'un quelconque écho provenant du monde extérieur. Ainsi, cette démarche devint inévitable. Et quand on alléguera devant vous que j'ai sombré dans le péché, répondez calmement que ma conversion à la télépathie est mon affaire personnelle, comme le fait que je sois juif, que je fume avec passion, et bien d'autres choses, et que le thème de la télépathie est, par essence, étranger à la psychanalyse. » (7 mars 1926.) Même si on

267

tient compte de ce qu'il dit de la « diplomatie » et du conseil diplomatique qu'il donne encore à Jones, cette lettre est contradictoire de bout en bout. A faire perdre la tête, te disais-je l'autre fois et lui-même avait déclaré un jour que ce sujet le rendait « perplexe jusqu'à lui en faire perdre la tête ». Il s'agit bien de continuer à marcher avec la tête sous le bras (« il n'y a que le premier pas qui coûte », etc.) ou, ce qui revient au même, d'admettre un corps étranger dans la tête, dans le moi de la psychanalyse. Moi, la psychanalyse, j'ai un corps étranger dans la tête (tu te rappelles

Quant à Ferenczi et à sa fille, aux « expériences » qu'il aurait faites avec eux, il y aurait tant à dire. J'ai assez parlé de ses filles, encore que... mais pour Ferenczi, la piste à suivre est essentielle. L'un des moments les plus saisissants consiste encore (dès 1909) en une histoire de lettres (des lettres entre les deux au sujet de lettres qu'une voyante, Frau Seidler, semblait pouvoir lire les yeux bandés. Le frère de Ferenczi joue les médiateurs entre eux et le médium, il les introduit à elle et transmet les lettres, vois ça dans Jones, III, p. 435). A propos de Jones, qui n'avait sans doute pas la tête si « dure » qu'il disait à ce sujet, pourquoi, selon toi, compare-t-il, en 1926, les dangers de la télépathie pour la psychanalyse à des « loups » qui ne « seraient pas loin de la bergerie »? (III, p. 446).

Le 15 juillet 1979.
une terrifiante consolation. Quelquefois je m'approche aussi de Télépathie comme d'une assurance enfin

au lieu de tout brouiller, ou de compliquer le parasitisme, comme je te l'avais dit et comme je le crois, j'en espère la toute-présence, l'immédiateté fusionnelle, une parousie pour te garder, à distance, pour me garder en toi, je joue le panthéisme contre la séparation, ainsi tu ne pars plus, tu ne peux même plus m'opposer ta « détermination », ni moi

*Fort : Da, télé*pathie contre télé*pathie*, la distance contre l'immédiateté menaçante, mais aussi le contraire, le sentiment (toujours proche de soi, croit-on) contre la souffrance de l'éloignement qu'on appellerait aussi télépathie

je passe à la deuxième et dernière grande époque aujourd'hui, le tournant est amorcé, je commençais à être calé, je vais verser, je suis déjà versé. Tu n'y peux plus rien, je crois, je crois

garde un peu de temps, on relira les choses ensemble

voici déjà, en pierre d'attente, ma première ponctuation pour la *Forsyte Saga* (« Rêve et occultisme » in *Nouvelles Conférences*), je n'exclus pas qu'elle passe à côté ou déporte tout selon un mauvais décalage. C'est *ta* ponctuation qui m'intéresse, tu me diras la vérité. Donc je pars des « noyaux » (noyau de la terre, noyau de vérité, la confiture, *der Erdkern aus Marmelade besteht,* inutile de te dire qu'il n'y croit pas, pas autant que moi), puis les médiums et l'imposture, le noyau de nouveau, « autour duquel l'imposture *(Trug)* aurait, avec la force de l'imagination *(Phantasiewirkung),* étendu un voile difficile à traverser », le « tout se passe comme si elle avait été prévenue par téléphone *(als ob... telephonisch)* », « on pourrait parler d'une contre-partie psychique de la télégraphie sans fil *(gewissermassen ein psychisches Gegenstück zur drahtlosen Telegraphie)* », « Je n'ai à cet égard aucune conviction ». « C'est en 1922 que je fis ma première communication à ce sujet », puis le « télégramme » encore et nos « jumeaux », puis « dans l'inconscient ce ˮ comme ˮ est supprimé », mort, la dame de 27 ans (!) qui enlève son alliance chez « Monsieur le Professeur » [entre parenthèses, au sujet du 7,27, et de notre 17, savais-tu qu'il a choisi le 17 pour date de ses fiançailles après avoir choisi le 17 dans une loterie qui devait dire la nature du caractère – et c'était la « constance »!], un fortune-teller parisien, la « plus forte prépondérance de vraisem-blances en faveur d'un effectif transfert de pensée », la petite carte *(Kärtchen)* chez le graphologue, etc. Enfin arrive David Forsyth, et Freud fait jouer tous les noms qui s'y associent, Forsyte, foresight, Vorsicht, Voraussicht, précaution ou prévision, etc., mais ne donne jamais à remarquer en soulignant (m'a-t-il semblé, il faudra que je relise) le pli supplémentaire du trop évident, à savoir que le nom propre dit lui-même la prévue. Forsyth, qui avait rendez-vous, dépose *eine Karte* pour Sigi alors en séance avec M. P., qui lui raconte précisément ce jour-là comment telle vierge l'a surnommé, lui, Herr von Vorsicht à cause de sa réserve prudente ou pudique. Sigi semble en savoir long sur les motifs réels de cette réserve, il lui montre la carte et nous parle sans transition de la Saga, celle des Forsyte que M. P., alias von Vorsicht, lui avait d'ailleurs fait découvrir à partir de *The man of property*! Naturellement, tu tiens compte du fait que Jones, qui connaissait Forsyth, soupçonnait Freud d'avoir « incons-ciemment retouché l'histoire », lui reprochait de petites erreurs dans cet exemple, « le plus mince » qu'il nous ait « rapporté », tu suis tous les méandres des noms propres, en passant par Freud et von Freund, tu collectionnes et classes, classifies toutes les visites, cartes de visite, lettres, photographies et communications téléphoniques de l'histoire, puis tu fixes deux centres à cette longue ellipse. D'abord le thème de l'analyse interrompue. Il y a de l'analyse interrompue là-dedans et j'ai bien envie de dire en étirant l'ellipse : la télépathie, c'est l'interruption de la psychanalyse de la psychanalyse. Tout tourne, dans le cas Vorsicht, autour de la peur de M. P. de voir son analyse interrompue, comme le lui avait laissé entendre Freud. L'arrivée du Dr Forsyth, le visiteur à la carte, en eût été le présage. A moins qu'il ne s'agisse d'une autre interruption d'analyse, marquée d'une autre carte, d'un autre Dr F. Il faut flairer de ce côté-là. Ensuite, autre foyer, le couple mère/enfant, le cas rapporté par l'amie d'Anna (elle-même en analyse − chez qui déjà?) et la pièce d'or *(Goldstück)* induisant du « corps étranger », etc.

et naturellement je suis tout cela selon une ligne de pliure invisible : tu rabats sans réduire sur l'auto-bio-thanatographie, tu cherches le corps étranger côté docteur

et dans la *Gradiva,* devant une femme qui ressemblait à une patiente morte, il avait dit « les morts peuvent donc revenir ». Il se croit assez bon médium lui-même et en 1925, à l'époque où il ose déclarer sa « conversion », il écrivait à Jones : « Ferenczi est récemment venu ici un dimanche. Nous avons tous trois [avec Anna] fait des expériences concernant la transmission de pensées. Elles étaient étonnamment réussies, particulièrement celles où je jouais le rôle du médium et analysais ensuite mes associations. L'affaire devient urgente pour nous. » (15 mars 1925.) Avec qui parlaient-ils, ce dimanche? Qui fut M. P.? Plato, le maître penseur, le maître des postes, mais encore, devine, à cette date...

La psychanalyse alors (et tu suis toujours la ligne de pliure) ressemble à une aventure de la rationalité moderne pour avaler *et* rejeter à la fois le corps étranger nommé Télépathie, l'assimiler et le vomir sans pouvoir se résoudre à l'un ni à l'autre. Traduis tout cela en termes de politique − intérieure et extérieure − de l'État (c'est moi) psychanalytique. La « conversion » n'est pas une résolution, ni une solution, c'est encore la cicatrice parlante du corps étranger   un demi-siècle déjà,

commémore   le
grand Tournant, ça va aller très vite maintenant. Je vais tout relire en essayant les clés l'une après l'autre, mais j'ai peur de ne pas trouver (ou de trouver) tout seul, de ne plus avoir le temps. Tu me donneras la main?   plus de
temps à perdre, ὁ γὰρ καιρὸσ ἐγγύς, Télépathie vient sur nous, *tempus enim prope est*

Ex abrupto

« ... *Der Ort sagt...* » « C'est le lieu qui me dicte. » En moi j'ai toujours déplacé, déformé aussi cependant le mot de Créon. (...) Et maintenant le souvenir de l'abrupt. Ici je ne veux en parler, et ne le puis, que selon la mémoire, un fragment clivé de mémoire, depuis ce qui, à la fin de juin 1978, à l'instant même, sous le présent d'alors, était venu se rassembler dans ce qui fut déjà le souvenir du mot abrupt : la chute, la rupture pour une descente qui ne laisse plus le temps, l'abîme par interruption dans l'angle d'un lieu, l'aspiration vers le sans-fond au moment du face-à-face avec l'impossible. Car dans l'abrupt, dans le mot abrupt, j'en sais à peine la raison, je vois aussi un face-à-face, sans médiation, sans transition, sans tiers, autant dire sans communication ni passage. Et seule une cadence, le rythme d'une chute, la tragédie sans tragédie (...) D'abord, venu à Strasbourg pour voir et entendre Antigone, je me rappelle avoir lu la traduction, de la traduction, en avion, à voix haute et cependant intérieure, tantôt l'allemande, tantôt la française, et de l'une à l'autre, avec le désir enfin de l'accident, que ça tombe, que ça tombe comme ça tombe, bien, et que d'un coup prît place et fin

---

* Écrit à l'occasion de la représentation, par le théâtre national de Strasbourg, de l'*Antigone* de Sophocle, retraduite de Hölderlin par Philippe Lacoue-Labarthe. Mise en scène de Michel Deutsch et Ph. Lacoue-Labarthe. Il faut savoir que la première de ces deux séries de représentations eut lieu dans les bâtiments abandonnés de l'Arsenal, détruits peu après, la seconde dans les locaux désaffectés des Anciennes Forges de Strasbourg. Première publication in *Avant-Guerre,* 2, 1981.

entre les deux flancs, les deux versants, *ex abrupto* (...) Et j'ai encore prononcé le mot *cliff,* la falaise, la muraille, la même déclivité brutale, et aussi ce fut bien entendu la césure (...) Cela résonne encore dans la cadence et la tombe du même souvenir « ... *Ihn deket mit dem Grab' und heiliget... Dass keiner ihn begrabe, keiner traure, / Dass unbegraben er gelassen sey... Nichts feierlichs. Es war kein Grabmal nicht... Weist du, wie eine Quaal jetzt ist in deinen Worten?... on l'a trouvée / en train d'arranger le tombeau. Da ward kein Loos / Geschwungen... Sie ein Mann aber /...*/ *Führt sie gleich weg,* enfermez-la / dans l'ombre obscure de la crypte, *Umschattet ihr sie...* ». Et auparavant, « *Die vielfache Weheklage des Vaters / Und alles / Unseres Schiksaals, / Uns rühmlichen Labdakiden. / Io! du mütterlicher Wahn...* » (...) Puis, après tant de transitions oubliées il y eut la place donnée, j'étais tout au bord du gouffre dans l'entrepôt désaffecté, *defunctus,* défunt (...) L'amitié toute proche, le commentaire sur la filiation impossible et l'identification du père (...) L'entrepôt parce qu'il était éventré ne gardait plus rien. Plus la moindre mise, ce n'était plus qu'une grande structure vide inapte à s'entremettre, entreposer ou interposer quoi que ce fût, fors l'abrupt. Dans cet état le mot lui-même vidé, comme l'entrepôt donnant lieu, me parut prédestiné à ce qui survint alors au défi de toute destination. La nécessité verticale au bord du vertige, au bord duquel d'un saut les voix prenaient appel pour parvenir au risque à chaque instant du faux-pas d'acteur – et surtout de Créon. Elles nous arrivèrent. (...) Le discours sur la césure, comme tout ce qui fut déjà dit par Philippe Lacoue-Labarthe et Michel Deutsch, eut lieu là-bas, plus d'une fois mais uniquement (...) Dire que j'en fus témoin serait encore parler d'un spectacle or ce fut autre chose (...) J'oubliais, Hölderlin était venu se mêler à la foule, un peu égaré, ne s'interrogeant plus (...).

Les morts de Roland Barthes

Comment accorder ce pluriel? A qui? Cette question s'entend aussi selon la musique. Avec une docilité confiante, dans un certain abandon que je lui sens ici, le pluriel semble suivre : un ordre, après le début d'une phrase inaudible, comme un silence interrompu. Il suit un ordre, voilà, et même il obéit, il se laisse dicter. Il se demande. Et moi-même, au moment de me laisser commander un pluriel pour ces morts, j'ai dû me rendre à la loi du nom. Aucune objection n'y résista, ni la pudeur après l'instant d'une décision intraitable et ponctuelle, le temps presque nul d'un déclic : il en aura été ainsi, uniquement, une fois pour toutes. Et pourtant l'apparition déjà d'un titre en ce lieu m'est à peine supportable. Le nom propre aurait suffi. Seul et à lui seul il dit aussi la mort, toutes les morts en une. Il le fait du vivant même de qui le porte. Alors que tant de codes ou de rites travaillent à y effacer ce privilège, car il est terrifiant, le nom propre seul et à lui seul déclare énergiquement l'unique disparition de l'unique, je veux dire la singularité d'une mort inqualifiable (ce dernier mot, « inqualifiable », résonne maintenant comme la citation d'un texte de Roland Barthes que je relirai plus tard). La mort s'inscrit à même le nom mais *pour* aussitôt s'y disperser. Pour y insinuer une syntaxe étrange – au nom d'un seul répondre à plusieurs.

---

* Publié dans *Poétique,* 47, septembre 1981.

•

Ces pensées pour Roland Barthes, je ne sais pas encore et peu importe au fond si je saurai faire comprendre pourquoi il me faut les laisser à l'état de fragments, ni pourquoi j'y tiens, et plus qu'à la fracture encore, à l'inachèvement. A l'inachèvement marqué, à l'interruption ponctuée mais ouverte, sans même l'arête autoritaire d'un aphorisme. De petits cailloux pensivement, chaque fois un, au bord d'un nom comme la promesse de revenir.

•

Pour lui, pour Roland Barthes ces pensées, *pour lui,* cela signifie qu'à lui je pense, et de lui, non seulement de son œuvre ou à son sujet. Pour lui, cela semble dire que je voudrais aussi lui dédier ces pensées, les lui donner, les lui destiner. Or elles ne lui arriveront plus, c'est à partir de là que je dois penser, elles ne peuvent plus lui arriver, arriver jusqu'à lui si même elles l'avaient pu de son vivant. Alors? Où arrivent-elles? A qui et pour qui? Seulement pour lui en moi? en vous? en nous? Ce n'est pas la même chose, cela fait tant de fois et dès lors qu'il est dans un autre, l'autre n'est plus le même, je veux dire le même que soi. Et pourtant, Barthes, lui, n'y est plus. Tenir à cette évidence, à son trop de clarté, y revenir sans cesse comme au plus simple et à cela seul qui se retirant dans l'impossible donne encore, et laisse à penser.

•

Plus de lumière pour laisser à penser, laisser à désirer. Savoir ou plutôt accepter cela qui laisse à désirer, aimer cela depuis une source invisible de clarté. D'où venait la singulière clarté de Barthes? D'où *lui* venait-elle? Car il devait la recevoir aussi. Sans rien simplifier, sans faire violence au pli ou à la réserve, elle *émanait* toujours, d'un certain point qui n'en était pas un, qui resta invisible à sa manière, pour moi insituable — et dont je voudrais sinon parler du moins donner une idée, comme de ce qu'il reste pour moi.

•

Garder en vie, et en soi, est-ce le meilleur mouvement de la fidélité? Avec le sentiment incertain d'aller au plus vivant, je viens de lire deux livres de lui que je n'avais jamais lus. Je me suis retiré dans cette île comme pour croire que rien n'était encore arrêté. Et aussi bien je l'ai cru, et chaque livre me disait ce qu'il y avait à penser de cette croyance. C'étaient, ces deux livres, le premier et le dernier, dont j'avais ajourné la lecture pour des raisons aussi différentes que possible. *Le Degré zéro de l'écriture,* d'abord : j'ai mieux compris sa force et sa nécessité par-delà tout ce qui m'en avait jadis détourné, et il n'y allait pas seulement des majuscules, des connotations, de la rhétorique et de toutes les marques d'une époque dont je croyais alors *sortir* et qu'il fallait, justement, sortir l'écriture. Mais dans ce livre de 1953, comme dans ceux de Blanchot auxquels il nous renvoie souvent, ce mouvement est en cours, que j'appelle maladroitement et à tort la sortie. Et puis *La Chambre claire* dont le temps accompagna sa mort comme aucun livre je crois jamais ne veilla son auteur.

●

Pour un premier et un dernier livre, *Le Degré zéro de l'écriture* et *La Chambre claire* sont des titres heureux. Bonheur terrible, terriblement vacillant, de chance et de prédestinée. J'aime penser à Roland Barthes, maintenant, tout en traversant la tristesse, la mienne aujourd'hui et celle que j'ai toujours cru sentir chez lui, souriante et lasse, désespérée, solitaire, si incrédule au fond, raffinée, cultivée, épicurienne, toujours lâchant prise et sans crispation, continue, fondamentale et désappointée de l'essentiel, j'aime penser à lui malgré la tristesse comme à quelqu'un pourtant qui, ne renonçant à aucune jouissance (bien sûr), se les donna toutes en effet. Si on peut dire, mais j'ai l'impression que je peux en être sûr et que, comme disent naïvement les familles en deuil, il eût aimé cette pensée. Traduisez : l'image du moi de Barthes que Barthes a inscrite en moi, mais ni l'un ni l'autre n'y sommes vraiment pour l'essentiel, cette image, je me dis présentement qu'elle aime en moi cette pensée, elle en jouit ici maintenant, elle me sourit. Depuis que j'ai lu *La Chambre claire,* la mère de Roland Barthes, que je n'ai jamais connue, me sourit à cette pensée comme à tout ce qu'elle souffle de vie et ranime de plaisir. Elle lui sourit et donc en moi depuis, pourquoi pas, la Photographie du Jardin d'Hiver, depuis l'invisibilité radieuse d'un regard dont il nous a dit seulement qu'il fut clair, si clair.

●

Pour la première fois j'ai donc lu le premier et le dernier Barthes, dans la naïveté acceptée d'un désir, *comme si* à lire le premier et le dernier continûment, d'un trait comme un seul volume avec lequel je me serais retiré dans une île, j'allais enfin tout voir et tout savoir. La vie allait se poursuivre (il me restait tant à lire), mais une histoire allait peut-être se rassembler, reliée à elle-même, l'Histoire devenue Nature en ce recueil, *comme si...*

•

Je viens de mettre des majuscules à Nature et à Histoire. Il le faisait presque toujours. Avec une fréquence massive dans *Le Degré zéro...* et dès le début (« Nul ne peut, sans apprêts, insérer sa liberté d'écrivain dans l'opacité de la langue, parce qu'à travers elle, c'est l'Histoire entière qui se tient, complète et unie à la manière d'une Nature »). Mais encore dans *La Chambre claire* (« ...eux dont je sais qu'ils s'aimaient, je pense : c'est l'amour comme trésor qui va disparaître; car lorsque je ne serai plus là, personne ne pourra plus en témoigner : il ne restera plus que l'indifférente Nature. C'est là un déchirement si aigu, si intolérable, que, seul contre son siècle, Michelet conçut l'Histoire comme une Protestation d'amour [...] »). Or les majuscules, dont j'ai usé moi-même par mimétisme, il en jouait aussi pour mimer, déjà, pour citer. Ce sont des guillemets (« voilà comme on dit ») et loin de marquer l'hypostase, ils soulèvent, allègent, disent la déprise et l'incrédulité. A cette opposition (et à d'autres) je crois qu'il ne croyait pas. Il s'en servait le temps d'un passage. Plus tard, je voudrais montrer que les concepts en apparence le plus frontalement opposés, opposables, il les faisait jouer l'un *pour* l'autre, dans une composition métonymique. Ce qui pouvait impatienter une certaine logique mais lui résister aussi avec la plus grande force, la plus grande force de jeu, une manière légère de mobiliser en déjouant.

•

Comme si : j'ai lu les deux livres *à la suite* comme si un idiome allait enfin paraître et développer sous mes yeux son négatif, comme si l'allure, le pas, le style, le timbre, le ton, le geste de Roland Barthes, autant de signatures obscurément familières, déjà reconnaissables entre toutes, allaient tout à coup me livrer leur secret comme un secret de plus, caché derrière les autres (et j'appelais secret une intimité aussi bien qu'une façon de faire : l'inimitable), le trait unique tout à coup en pleine lumière; et pourtant comme je lui fus reconnaissant de ce qu'il dit de la « photographie unaire », naturellement contre elle dès lors qu'elle annule le « poignant » dans le « studieux », le *punctum* dans le *studium*. Je rêvais : comme si le point de singularité, avant même de s'étendre au trait mais s'affirmant continûment du premier livre à ce qui fut dans le dernier son interruption, résistant diversement mais tout de même aux mutations, soulèvements ou déplacements de terrain, à la diversité des objets, des corpus et des contextes, comme si l'insistance de l'invariable allait m'être livrée, telle qu'en elle-même enfin − et dans quelque chose comme un détail. Oui, c'est à un détail que je demandais l'extase révélatrice, l'accès instantané à Roland Barthes (lui-même, lui seul), un accès gracieux, étranger à tout labeur. Je l'attendais d'un détail à la fois très visible et dissimulé (trop évident), plutôt que des grands thèmes, des contenus, des théorèmes ou de la stratégie des écritures que je croyais connaître et facilement reconnaître depuis un quart de siècle à travers les « périodes » de Roland Barthes (ce qu'il distingua dans *Roland Barthes par Roland Barthes,* comme des « phases » et des « genres »). Je cherchais *comme lui,* comme lui, et dans la situation où j'écris depuis sa mort, un certain mimétisme est à la fois le devoir (le prendre en soi, s'identifier à lui pour lui laisser la parole en soi, le rendre présent et le représenter dans la fidélité) et la pire des tentations, la plus indécente, la plus meurtrière, le don *et* le retrait du don, essayez de choisir. Comme lui je cherchais la *fraîcheur* d'une lecture dans le rapport au détail. Ses textes me sont familiers et je ne les connais pas encore, voilà ma certitude, c'est vrai de tous les écrits qui m'importent. Le mot « fraîcheur » est le sien, il joue un rôle essentiel dans l'axiomatique du *Degré zéro...* L'intérêt pour le détail fut aussi le sien. Benjamin voyait dans l'agrandissement analytique du fragment ou du signifiant infime un lieu de croisement entre l'ère de la psychanalyse et celle de la reproductibilité technique, cinématographie, photographie, etc. (Traversant, débordant, exploitant les ressources de l'analyse phénoménologique *aussi bien* que structurale, l'essai de Benjamin et le dernier livre de Barthes pourraient bien être les deux textes majeurs sur la question dite du Référent dans la modernité technique.) *Punctum* traduit d'ailleurs, dans *La Chambre claire,* une valeur du mot « détail » : un point de singularité troue la surface de la reproduction − et même de la production −, des analogies, des ressemblances, des codes. Il perce, il vient m'atteindre d'un coup, me blesse ou me meurtrit et d'abord, semble-t-il, ne regarde que moi. Qu'il s'adresse à moi, c'est dans sa définition. S'adresse à moi la singularité absolue de l'autre, le Référent que dans son image même je ne peux plus suspendre alors que sa « présence » se dérobe à jamais (c'est pourquoi le mot « Référent » pourrait gêner si le contexte ne le reformait pas), alors qu'il s'est déjà enfoncé dans le passé. S'adresse à moi la solitude aussi qui déchire la trame du même, les réseaux ou les ruses de l'économie. Mais c'est toujours la singularité de l'autre en tant qu'elle m'arrive sans être tournée vers moi, sans être, elle, présente à moi, et l'autre peut être « moi », moi ayant été ou devant avoir été, moi déjà mort dans le futur antérieur et dans le passé antérieur de ma photographie. J'ajouterai aussi en mon nom. Bien qu'elle semble, comme toujours, légèrement marquée, cette portée dative ou accusative qui *m*'adresse ou *me* destine le *punctum,* je la crois essentielle à la catégorie, en tout cas pour sa mise en œuvre dans *La Chambre claire.* Si l'on rapproche deux expositions différentes du même concept, il apparaît bien que le *punctum me* vise à l'instant et au lieu où je le vise; et c'est ainsi que la photographie ponctuée me point. En sa superficie minimale, le même point se divise : cette double ponctuation désorganise aussitôt l'unaire et le désir qui s'y ordonne. *Première exposition :* « [...] c'est lui qui part de la scène, comme une flèche, et vient me percer. Un mot existe en latin pour désigner cette blessure, cette piqûre, cette marque faite par un instrument pointu; ce mot m'irait d'autant mieux qu'[...]. » (Voilà la forme de ce que je cherchais, *ce qui lui va,* ce qui ne va et ne vaut que pour lui; comme toujours il déclare chercher ce qui vient et va *à lui,* lui convient, lui sied comme un vêtement; fût-il de confection et pour le temps d'une mode, il doit se plier à l'*habitus* inimitable d'un seul corps : choisir alors ses mots, neufs ou très anciens, dans le trésor des langues, comme on choisit un vêtement et tenir compte alors de tout, de la saison, de la mode, du lieu, de l'étoffe, de la teinte, de la coupe.) « [...] ce mot m'irait d'autant mieux qu'il renvoie aussi à l'idée de ponctuation et que les photos dont je parle sont en effet ponctuées, parfois même mouchetées, de ces points sensibles; précisément ces marques, ces blessures sont des points. Ce second élément qui vient déranger le *studium,* je l'appellerai donc *punctum;* car *punctum,* c'est aussi : piqûre, petit trou, petite tache, petite coupure − et aussi coup de dés. Le *punctum* d'une photo, c'est ce hasard qui, en elle, *me point* (mais aussi me meurtrit, me poigne) ». La parenthèse n'enferme pas une incidente ou une idée secondaire; comme souvent elle baisse la voix dans l'*aparte* d'une pudeur. Et ailleurs, *autre exposition,* vingt pages plus loin : « Ayant de la sorte passé en revue les *intérêts sages* qu'éveillaient en moi certaines photos, il me semblait constater que le *studium,* pour autant qu'il n'est pas traversé, fouetté, zébré par un détail *(punctum)* qui m'attire ou me blesse, engendrait un type de photo très répandu (le plus répandu du monde), qu'on pourrait appeler la *photographie unaire.* »

•

Sa *manière,* la façon dont il exhibe, fait jouer, interprète le couple *studium/punctum,* tout en racontant ce qu'il fait, en nous livrant ses *notes,* tout à l'heure nous y entendrons la musique. Cette manière est bien la sienne. L'opposition *studium/punctum,* le versus apparent de la barre, il les fait d'abord surgir, lentement, prudemment, dans un contexte nouveau, avant lequel, semble-t-il, ils n'avaient aucune chance d'apparaître. Il leur donne ou il accueille cette chance. L'interprétation peut d'abord paraître un peu artificieuse, élégante mais spécieuse, par exemple dans le passage du *point* au *me poindre* et au *poignant,* mais peu à peu elle impose sa nécessité sans dissimuler l'artefact sous quelque prétendue nature. Elle fait la démonstration de sa rigueur tout au long du livre, et cette rigueur se confond avec sa productivité, sa fécondité performative. Il lui fait *rendre* la plus grande quantité de sens, de puissance descriptive ou analytique (phénoménologique, structurale, et encore au-delà). La rigueur n'est jamais rigide. Le souple, une catégorie que je crois indispensable pour décrire de toute manière toutes les manières de Barthes. La vertu de souplesse s'exerce sans la moindre trace de labeur, ni même de son effacement. Il ne s'en départit jamais, qu'il s'agisse de théorisation, de stratégie d'écriture, d'échange social; elle est lisible jusque dans sa graphie et je la lis comme l'extrême raffinement de cette civilité qu'il place, dans *La Chambre claire* et parlant de sa mère, à la limite de la morale et même au-dessus d'elle. Souplesse liée à la fois et déliée, comme on le dit de l'écriture ou de l'esprit. Dans la liaison comme dans la déliaison, elle n'exclut jamais la justesse − ou la justice; elle a dû le servir en secret, j'imagine, jusque dans les choix impossibles. Ici la rigueur conceptuelle d'un artefact reste souple et joueuse, elle dure le temps d'un livre, elle sera utile à d'autres mais elle ne convient parfaitement qu'à son signataire comme un instrument qu'on ne prête à personne, comme l'histoire d'un instrument. Car surtout, et en premier lieu, cette apparente opposition *(studium/punctum)* n'interdit pas, favorise au contraire une certaine *composition* entre les deux concepts. Que faut-il entendre par composition? Deux choses, qui encore composent ensemble. 1) Séparés par une limite infranchissable, les deux concepts passent entre eux des compromis, ils composent l'un *avec* l'autre et nous y reconnaîtrons tout à l'heure une opération *métonymique :* le « hors

champ subtil » du *punctum,* son hors code compose avec le champ
« toujours codé » du *studium.* Il lui appartient sans lui appartenir, il
y est insituable, ne s'inscrit jamais dans l'objectivité homogène de
son espace cadré mais il l'habite ou plutôt le hante : « C'est un
supplément : c'est ce que j'ajoute à la photo et qui cependant y est
déjà. » Nous sommes en proie à la puissance fantomatique du
supplément : cet emplacement insituable, c'est ce qui donne lieu au
spectre. « Le *Spectator,* c'est nous tous qui compulsons, dans les
journaux, les livres, les albums, les archives, des collections de photos.
Et celui ou cela qui est photographié, c'est la cible, le référent, sorte
de petit simulacre, d'*eidôlon* émis par l'objet, que j'appellerais volontiers le *Spectrum* de la Photographie, parce que ce mot garde à travers
sa racine un rapport au " spectacle " et y ajoute cette chose un peu
terrible qu'il y a dans toute photographie : le retour du mort. » Dès
lors qu'il cesse de s'opposer au *studium* tout en lui restant hétérogène,
dès lors qu'on ne peut même plus distinguer ici entre deux lieux,
deux contenus ou deux choses, le *punctum* ne se soumet pas entièrement à un concept, si l'on entend par là une détermination prédicative distincte et opposable. Ce concept du fantôme est aussi peu
saisissable, en personne, que le fantôme d'un concept. Ni la vie ni
la mort, la hantise de l'une par l'autre. Le versus de l'opposition
conceptuelle est aussi inconsistant que le déclic photographique. « La
Vie/la Mort : le paradigme se réduit à un simple déclic, celui qui
sépare la pose initiale du papier final. » Fantômes : le concept de
l'autre dans le même, le *punctum* dans le *studium,* le tout autre mort
vivant en moi. Ce concept de la photographie *photographie* chaque
opposition conceptuelle, il y décèle un rapport de hantise qui constitue peut-être toute « logique ».

•

Je pensais à un deuxième sens de la *composition.* Ainsi, 2) dans la
fantomatique opposition de deux concepts, dans le couple S/P,
studium/punctum, la composition c'est aussi la musique. On ouvrirait
ici un long chapitre : Barthes musicien. En note on y situerait tel
exemple analogique (pour commencer) : entre les deux éléments
hétérogènes S et P, le rapport n'étant plus d'exclusion simple, le
supplément punctique parasitant l'espace hanté du *studium,* on peut
dire entre parenthèses, discrètement, que le *punctum* vient rythmer
le *studium,* le « scander » : « Le second élément vient casser (ou
scander) le *studium.* Cette fois, ce n'est pas moi qui vais le chercher
(comme j'investis de ma conscience souveraine le champ du *studium*),

c'est lui qui part de la scène, comme une flèche, et vient me percer. Un mot existe en latin [...] *punctum* [...]. » Ce rapport de scansion étant marqué, la musique revient, au bas de la même page, d'un autre lieu. La musique et plus précisément la composition : analogie de la sonate classique. Comme il le fait souvent, Barthes est en train de décrire son cheminement, de livrer aussi le récit de ce qu'il fait en le faisant (ce que j'appelais ses notes), il le fait en cadence, en mesure et à mesure, avec le sens classique aussi de la mesure, il marque les étapes (ailleurs il souligne, pour insister et pour jouer peut-être point contre point ou point contre étude *« à ce point de ma recherche »*, p. 55). Il va laisser entendre en somme, dans un mouvement ambigu de modestie et de défi, qu'il ne traitera pas le couple de concepts S et P comme des essences venues d'au-delà du texte en train de s'écrire et autorisant quelque pertinence philosophique générale. Ils ne portent la vérité qu'à l'intérieur d'une irremplaçable composition musicale. Ce sont des motifs. Si on veut les transporter ailleurs, et c'est possible, utile, nécessaire, il faut procéder à une transposition analogique et l'opération ne sera réussie que si un autre opus, un autre système de composition les entraîne à son tour, de façon originale et irremplaçable. Voici : « Ayant ainsi distingué dans la Photographie deux thèmes (car en somme les photos que j'aimais étaient construites à la façon d'une sonate classique), je pouvais m'occuper successivement de l'un et de l'autre. »

•

Il faudrait revenir à la « scansion » du *studium* par un *punctum* qui ne lui est pas opposé même s'il reste tout autre, qui vient le doubler, se lier à lui, composer avec lui. Je pense maintenant à une composition en contrepoint, à toutes les formes savantes du contrepoint et de la polyphonie, à la fugue.

•

La Photographie du Jardin d'Hiver : le *punctum* invisible du livre. Elle n'appartient pas au corpus des photographies qu'il montre, à la série des exemples qu'il analyse en les exhibant. Elle irradie pourtant tout le livre. Une sorte de sérénité radieuse vient des yeux de sa mère dont il décrit la clarté mais qu'on ne voit jamais. Le radieux compose avec la blessure qui vient signer le livre, avec un *punctum* invisible. A *ce point* il ne parle plus de lumière ou de photographie, plus rien à voir, il dit la voix de l'autre, l'accompagnement, le chant, l'accord, la « dernière musique » : « Ou encore (car je cherche à dire cette vérité), cette Photographie du Jardin d'Hiver était pour moi comme la dernière musique qu'écrivit Schumann avant de sombrer, ce premier *Chant de l'Aube,* qui s'accorde à la fois à l'être de ma mère et au chagrin que j'ai de sa mort; je ne pourrais dire cet accord que par une suite infinie d'adjectifs [...]. » Et ailleurs : « [...] en un sens, je ne lui ai jamais " parlé ", je n'ai jamais " discouru " devant elle, pour elle; nous pensions sans nous le dire que l'insignifiance légère du langage, la suspension des images devait être l'espace même de l'amour, sa musique. Elle, si forte, qui était ma Loi intérieure, je la vivais pour finir comme mon enfant féminin. »

•

Ce que pour lui j'aurais voulu éviter : non pas les évaluations (serait-ce possible et même souhaitable?) mais tout ce qui s'insinue dans l'évaluation la plus implicite pour revenir au code (encore au *studium*). Pour lui j'aurais voulu, sans y réussir, écrire à la limite, au plus près de la limite mais aussi au-delà de l'écriture « neutre », « blanche », « innocente » dont *Le Degré zéro...* montre à la fois la nouveauté historique et l'infidélité : « Si l'écriture est vraiment neutre [...] alors la Littérature est vaincue [...] Malheureusement rien n'est plus infidèle qu'une écriture blanche; les automatismes s'élaborent à l'endroit même où se trouvait d'abord une liberté, un réseau de formes durcies serrent de plus en plus la fraîcheur première du discours [...]. » Il ne s'agit pas ici de vaincre la Littérature mais de l'empêcher de se refermer sagement, savamment, sur la blessure très singulière, une blessure sans faute (rien n'est plus insupportable et plus comique que tous les mouvements de culpabilité dans le deuil, tous ses spectacles inévitables).

•

Lui – écrire, faire à l'ami mort en soi présent de son innocence.
Ce que pour lui j'aurais voulu éviter, lui éviter : la double blessure de parler de lui, ici maintenant, comme d'un vivant *ou* comme d'un mort. Dans les deux cas je défigure, je blesse, je dors ou je tue, mais qui? Lui? Non plus. Lui en moi? En nous? En vous? Qu'est-ce que ça veut dire? Que nous restons entre nous? C'est vrai mais encore un peu simple. Roland Barthes nous regarde (chacun au-dedans et chacun peut dire que sa pensée, son souvenir, son amitié alors ne regarde que lui) et de son regard, bien que chacun de nous en

dispose aussi à sa manière, selon son lieu et son histoire, nous ne faisons pas ce que nous voulons. Il est en nous mais non à nous, nous n'en disposons pas comme d'un moment ou d'une partie de notre intériorité. Et ce qui alors nous regarde peut être indifférent ou aimant, terrible, reconnaissant, attentif, ironique, silencieux, ennuyé, réservé, fervent ou souriant, enfant ou déjà vieilli, bref il peut donner en nous tous les signes de vie ou de mort que nous puisons à la réserve définie de ses textes ou de notre mémoire.

•

Ce que j'aurais voulu lui éviter, ce n'est pas le Roman et la Photographie mais quelque chose en l'un et en l'autre, et ce n'est ni la vie ni la mort, quelque chose qu'il a dite, lui, avant moi (et sur laquelle je reviendrai – la promesse toujours de revenir, ce n'est plus une facilité de composition). Éviter cela, je n'y arriverai pas, en particulier parce que ce *point* se laisse toujours réapproprier dans le tissu qu'il déchire vers l'autre, et le voile studieux se reforme. Mais peut-être vaut-il mieux ne pas y *arriver,* ne pas réussir et préférer au fond le spectacle de l'insuffisance, de l'échec, ici, du tronqué? (N'est-il pas dérisoire, naïf et proprement puéril de se présenter devant un mort pour lui demander pardon? Y a-t-il du sens à cela? A moins que ce ne soit l'origine du sens même? L'origine dans une scène que vous feriez à d'autres qui vous observent et jouent aussi du mort? Une bonne analyse de la « puérilité » en question serait ici nécessaire mais insuffisante.)

•

Deux infidélités, un choix impossible : d'un côté ne rien dire qui revienne à soi seul, à sa propre voix, se taire ou au moins se faire accompagner ou précéder, en contrepoint, par la voix de l'ami. Dès lors par ferveur amicale ou reconnaissante, par approbation aussi, se contenter de citer, d'accompagner ce qui revient à l'autre, plus ou moins directement, lui laisser la parole, s'effacer devant elle, la suivre, et devant lui. Mais ce trop de fidélité finirait par ne rien dire, et ne rien échanger. Il retourne à la mort. Il y renvoie, il renvoie la mort à la mort. A l'opposé, en évitant toute citation, toute identification, tout rapprochement même, afin que ce qui s'adresse à Roland Barthes ou parle de lui vienne vraiment de l'autre, de l'ami vivant, on risque de le faire disparaître encore, comme si on pouvait ajouter de la mort à la mort, et indécemment la pluraliser ainsi. Reste à faire et à ne pas faire les deux à la fois, corriger une infidélité par l'autre. D'une mort l'autre : est-ce là l'inquiétude qui m'a dicté de commencer par un pluriel?

•

Déjà, et souvent, je sais avoir écrit *pour lui* (je dis toujours lui, lui écrire, lui adresser, lui éviter). Bien avant ces fragments. Pour lui : mais je veux obstinément rappeler, pour lui, qu'il n'est aujourd'hui de respect, donc de respect vivant, d'attention vivante à l'autre portée, soit au nom désormais seul de Roland Barthes, qui ne doive s'exposer sans répit, sans faiblesse, sans merci, à cette évidence trop transparente pour n'être pas immédiatement outrepassée : Roland Barthes est le nom de qui ne peut même plus l'entendre ni le porter. Et il (non pas le nom mais le porteur du nom) ne recevra rien de ce que prononçant son nom qui n'est plus le sien je dis ici de lui, pour lui, à lui, au-delà du nom mais encore dans le nom. L'attention vivante vient ici se déchirer vers (ce) qui ne peut plus la recevoir, elle se précipite vers l'impossible. Mais si son nom n'est plus le sien, l'a-t-il jamais été? Je veux dire simplement, uniquement?

•

L'impossible par chance parfois devient possible : comme utopie. C'est bien ce qu'il disait avant sa mort, mais pour lui, de la Photographie du Jardin d'Hiver. Au-delà des analogies, « elle accomplissait pour moi, utopiquement, *la science impossible de l'être unique* ». Il le disait uniquement, tourné vers sa mère et non vers la Mère, mais la singularité poignante ne contredit pas la généralité, elle ne lui interdit pas de valoir comme la loi, elle la flèche seulement, et la signe. Singulier pluriel. Y a-t-il, dès le premier langage, à la première marque, une autre possibilité, une autre chance que la douleur de ce pluriel? Et la métonymie? Et l'homonymie? Peut-on souffrir d'autre chose mais pourrait-on parler sans elles?

•

Ce qu'on pourrait appeler légèrement la *mathesis singularis,* ce qui s'accomplit pour lui « utopiquement » devant la Photographie du Jardin d'Hiver : elle est impossible et elle a lieu, utopiquement, métonymiquement, dès que ça marque, dès que ça écrit, « avant » même le langage. Barthes parle au moins deux fois d'utopie, dans

La Chambre claire. Les deux fois entre la mort de sa mère et la sienne en tant qu'il la confie à l'écriture : « Elle morte, je n'avais plus aucune raison de m'accorder à la marche du Vivant supérieur (l'espèce). Ma particularité ne pourrait jamais plus s'universaliser (sinon utopiquement, par l'écriture, dont le projet, dès lors, devait devenir l'unique but de ma vie). »

●

Quand je dis Roland Barthes, c'est bien lui que je nomme, au-delà de son nom. Mais comme il est désormais, lui, inaccessible à l'appellation, comme la nomination ne peut devenir vocation, adresse, apostrophe (à supposer déjà que, révoquée aujourd'hui, cette possibilité pût jamais être pure), c'est lui en moi que je nomme, vers lui en moi, en vous, en nous, que je traverse son nom. Ce qui se passe et se dit à son sujet reste entre nous. Le deuil a commencé à ce point. Mais quand? Car avant l'événement inqualifiable qu'on appelle la mort, l'intériorité (de l'autre en moi, en vous, en nous) avait déjà entamé son œuvre. Dès la première nomination, elle avait précédé la mort comme l'eût fait une autre mort. Le nom seul rend cela possible : cette pluralité de morts. Et même si le rapport entre elles était seulement analogique, l'analogie serait singulière, sans commune mesure avec aucune autre. Avant la mort sans analogie ni relève, avant la mort sans nom et sans phrase, avant celle devant laquelle nous n'avons rien à dire et devons nous taire, avant celle qu'il appelle « ma mort totale, indialectique », avant la dernière, les autres mouvements d'intériorisation étaient à la fois plus et moins puissants, *autrement* puissants, plus et moins assurés d'eux-mêmes, *autrement*. Plus : ils n'étaient pas encore dérangés ou interrompus par le silence de mort de l'autre qui vient toujours rappeler au dehors la limite d'une intériorité parlante. Moins : l'apparition, l'initiative, la réponse ou l'intrusion imprévisible de l'autre vivant rappellent *aussi* cette limite. Vivant, Roland Barthes ne se réduit pas à ce que chacun de nous imagine, à ce que nous pouvons penser, croire ou savoir, et déjà nous rappeler de lui. Une fois mort, le ferait-il? Non, mais le risque de l'illusion sera plus fort *et* plus faible, autre en tout cas.

●

« Inqualifiable » est encore un mot que je lui emprunte. Même si je le déporte un peu, il reste marqué maintenant de ce que j'ai lu dans *La Chambre claire*. « Inqualifiable » y désignait une manière de vie

— elle fut brève, après la mort de sa mère, la sienne —, une vie qui ressemblait déjà à la mort, une mort avant l'autre, plus d'une, qu'elle mimait d'avance. Cela ne l'empêche pas d'avoir été accidentelle, imprévisible, venue d'un dehors incalculable. Cette ressemblance autorise peut-être à déporter l'inqualifiable de la vie vers la mort. Voici la *psyché* : « On dit que le deuil, par son travail progressif, efface lentement la douleur; je ne pouvais, je ne puis le croire, car, pour moi, le Temps élimine l'émotion de la perte (je ne pleure pas), c'est tout. Pour le reste, tout est immobile. Car ce que j'ai perdu, ce n'est pas une Figure (la Mère), mais un être; et pas un être, mais une *qualité* (une âme) : non pas l'indispensable, mais l'irremplaçable. Je pouvais vivre sans la Mère (nous le faisons tous, plus ou moins tard); mais la vie qui me restait serait à coup sûr et jusqu'à la fin *inqualifiable* (sans qualité). » « Une âme » — venue de l'autre.

●

La chambre *claire* dit sans doute plus que la *camera lucida,* nom de cet appareil antérieur à la photographie et qu'il oppose à la *camera oscura.* Le mot de clarté, partout où il paraît, je ne peux plus ne pas l'associer à ce qu'il dit bien plus tôt du visage de sa mère enfant, de « la clarté de son visage ». Il ajoute aussitôt : « [...] la pose naïve de ses mains, la place qu'elle avait occupée docilement, sans se montrer ni se cacher [...]. »

●

Sans se montrer ni se cacher. Non pas la Figure de la Mère, mais sa mère. Il ne devrait pas, il devrait ne pas y avoir de métonymie dans ce cas, l'amour proteste (« je pouvais vivre sans la Mère »).

●

Sans se montrer ni se cacher. Voilà ce qui eut lieu. Elle avait déjà occupé sa place « docilement » sans l'initiative de la moindre activité, selon la plus douce passivité, et elle ne se montre ni ne se cache. La possibilité de cet impossible met en déroute, elle fragmente toute unité, et c'est l'amour, elle désorganise tous les discours studieux, les cohérences théoriques et les philosophies. Il leur faut décider entre la présence et l'absence, ici et là, ce qui se révèle et ce qui se dissimule. Ici, là, l'autre unique, sa mère, paraît, c'est-à-dire sans paraître, car l'autre ne peut paraître qu'en disparaissant. Et elle

« savait » le faire, innocemment, car c'est la « qualité » d'« âme » d'un enfant qu'il déchiffre dans la pose sans pose de sa mère. *Psyché* sans miroir. Il ne dit pas plus et ne souligne rien.

•

Encore la clarté, la « force d'évidence », dit-il, de la Photographie. Mais cela porte présence et absence, ne se montre ni ne se cache. Dans le passage sur la *camera lucida,* il cite Blanchot : « L'essence de l'image est d'être toute dehors, sans intimité, et cependant plus inaccessible et mystérieuse que la pensée du for intérieur; sans signification, mais appelant la profondeur de tout sens possible; irrévélée et pourtant manifeste, ayant cette présence-absence qui fait l'attrait et la fascination des Sirènes. »

•

L'adhérence du « référent photographique » sur laquelle il insiste, et justement : elle ne rapporte pas à un présent, ni à un réel, mais autrement à l'autre, et chaque fois différemment selon le type d'« image » (photographique ou non, et toutes les précautions différentielles étant prises, ce ne sera pas réduire ce qu'il dit de spécifique quant à la photographie que de le supposer pertinent ailleurs : je dirai même partout. Il s'agit à la fois de reconnaître la possibilité de suspendre le Référent (non pas la référence) partout où elle se produit, y compris dans la photographie, et de suspendre un concept naïf du Référent, celui qu'on accrédite si souvent).

•

Petite classification sommaire et toute préliminaire, le bon sens même : il y a, dans le *temps* qui nous rapporte aux textes et à leurs signataires présumés, nommables, autorisés, au moins trois possibilités. L'« auteur » peut être déjà mort, au sens le plus commun du terme, à l'instant où nous commençons à « le » lire, voire quand cette lecture nous commande d'écrire, comme on dit, à leur sujet, qu'il s'agisse de leurs écrits ou d'eux-mêmes. Ces auteurs qu'on n'a jamais « connus » vivants, rencontrés, aimés (ou non) sont de très loin les plus nombreux. Cette a-symbiose n'exclut pas une certaine modalité du contemporain (et vice versa), elle implique aussi de l'intériorisation, un deuil *a priori* dont la possibilité reste très riche, toute une expérience de l'absence que je ne peux décrire ici dans ce

qu'elle a d'original. Il y a ensuite, deuxième possibilité, les auteurs vivants au moment où nous les lisons, voire quand cette lecture nous commande d'écrire à leur sujet, etc. Nous pouvons, bifurcation de la même possibilité, les sachant vivants, les connaître ou non, les avoir rencontrés, « aimés » (ou non, etc.), et la situation peut changer à cet égard ; nous pouvons les rencontrer après avoir commencé à les lire (j'ai un souvenir si vivant de la première rencontre de Barthes), mille et mille formes de relais peuvent assurer la transition : les photographies, la correspondance, les propos rapportés, les enregistrements. Et puis il y a une « troisième » situation : à la mort et après la mort de ceux que nous avons aussi « connus », rencontrés, aimés, etc. Or voici : il m'est arrivé d'écrire au sujet ou dans le sillage de textes dont les auteurs étaient morts longtemps avant que je les lise (par exemple, Platon ou Jean de Patmos) ou dont les auteurs vivent au moment où j'écris, et c'est toujours apparemment le plus risqué. Mais ce que je croyais impossible, indécent, injustifiable, ce que dès longtemps, plus ou moins secrètement et résolument, je m'étais promis de ne jamais faire (souci de rigueur, de fidélité, si l'on veut et parce que cette fois c'est *trop* grave), c'est d'écrire *à la mort,* non pas après, longtemps après la mort *en revenant,* mais à la mort, *à l'occasion de la mort,* dans les rassemblements de célébration, d'hommage, d'écrits « à la mémoire » de ceux qui de leur vivant auraient été mes amis, assez présents à moi pour que quelque « déclaration », voire quelque analyse ou « étude », ne me paraisse en ce moment proprement intolérable.
— Mais le silence alors ? N'est-ce pas une autre blessure, une autre injure ?
— A qui ?
— Oui, à qui faisons-nous présent et de quoi ? Que faisons-nous quand nous échangeons ces discours ? A quoi veillons-nous ? A annuler la mort ou à la garder ? Essaie-t-on de se mettre en règle, de s'acquitter ou de régler des comptes ? avec l'autre, avec les autres au-dehors et en soi ? Combien de voix se croisent alors, se surveillent, se reprennent, s'en prennent les unes aux autres, s'étreignent dans l'effusion ou passent l'une près de l'autre en silence ? Va-t-on se livrer à des évaluations de dernière instance ? S'assurer que la mort n'a pas eu lieu ou qu'elle est irréversible et qu'on est ainsi prémuni contre le retour du mort ? Ou encore en faire son allié (« le mort avec moi »), le prendre à ses côtés, voire en soi, exhiber des contrats secrets, l'achever en l'exaltant, le réduire en tout cas à ce qu'une performance littéraire ou rhétorique peut encore en contenir alors qu'elle se met en valeur selon des stratagèmes dont l'analyse serait interminable,

comme toutes les ruses du « travail du deuil » individuel ou collectif? Et encore ledit « travail » reste-t-il ici le nom d'un problème. S'il travaille, c'est encore à dialectiser la mort, celle que Roland Barthes *appelait :* l'« indialectique ». (« Je ne pouvais plus qu'attendre ma mort totale, indialectique ».)

•

Un morceau de moi comme un morceau du mort. Dire « les morts » est-ce les dialectiser ou au contraire, comme je le voudrais? mais nous sommes ici à une limite où vouloir suffit moins que jamais. Deuil et transfert. Dans un entretien avec Ristat, alors qu'il s'agit de « pratique d'écriture » et d'auto-analyse, il dit, je m'en souviens : « L'auto-analyse n'est pas transférentielle, et là peut-être les psychanalystes ne seraient pas d'accord. » Sans doute. Il y a peut-être, sans doute, encore du transfert dans l'auto-analyse, en particulier quand elle passe par l'écriture et la littérature; mais il joue autrement, il joue plus — et la différence du jeu est ici essentielle. Mesuré à la possibilité d'écrire, nous avons besoin d'un autre concept du transfert (mais y en a-t-il jamais eu un?)

•

Ce qui s'appelait plus haut « à la mort », « à l'occasion de la mort » : toute une série de solutions typiques. Les pires ou la pire en chacune d'elles, ignoble ou dérisoire, si fréquente pourtant : manœuvrer encore, spéculer, soustraire un bénéfice, fût-il subtil ou sublime, tirer du mort une force supplémentaire qu'on dirige contre des vivants, dénoncer, injurier plus ou moins directement les survivants, s'autoriser, se légitimer, se hisser à la hauteur où la mort, présume-t-on, élève l'autre à l'abri de tout soupçon. Il y a certes moins grave, mais encore : faire hommage d'un essai traitant de l'œuvre ou d'une partie de l'œuvre léguée, discourir sur un thème dont on croit avec confiance qu'il eût à coup sûr intéressé l'auteur disparu (dont les goûts, les curiosités et le programme, dirait-on, ne devraient plus surprendre). Un tel traitement marquerait encore la dette, il en acquitterait aussi bien et compte tenu du contexte on adapterait le propos. Par exemple, dans *Poétique,* souligner maintenant le rôle immense qu'a joué et que continuera de jouer l'œuvre de Barthes dans le champ ouvert de la littérature et de la théorie littéraire (c'est légitime, il faut le faire, et je le fais). Et puis, pourquoi pas, se livrer, comme à un exercice rendu possible et influencé par Barthes (initiative approuvée en nous par la mémoire de lui), à l'analyse d'un genre ou d'un code discursif, des règles d'un scénario social, le faire avec cette minutie vigilante qui, tout intraitable qu'elle fût, savait finalement se désarmer, dans une certaine compassion désabusée, une élégance un peu nonchalante qui lui faisait abandonner la partie (mais je l'ai vu parfois se mettre en colère, question d'éthique ou de fidélité). Quel « genre »? Eh bien, par exemple ce qui en ce siècle nous tient lieu d'oraison funèbre. On étudierait le corpus des déclarations dans les journaux, sur les chaînes de radio ou de télévision, on analyserait les récurrences, les contraintes rhétoriques, les mises en perspective politique, les exploitations des individus et des groupes, les prétextes à prise de position, à menace, intimidation ou rapprochement (je pense à l'hebdomadaire qui à la mort de Sartre, allant chercher leurs photos pour les traîner en justice, osa faire le procès des très rares qui délibérément ou parce qu'ils étaient en voyage n'avaient rien dit, et de ceux qui n'avaient pas dit ce qu'il faut. Tous étaient accusés par le titre d'avoir encore peur de Sartre). Dans son type classique, l'oraison funèbre avait du bon, surtout quand elle permettait d'interpeller directement le mort, parfois de le tutoyer. Fiction supplémentaire, certes, c'est toujours le mort en moi, toujours les autres debout autour du cercueil que j'apostrophe ainsi, mais par son excès caricatural la surenchère de cette rhétorique marquait au moins qu'on devait ne plus rester entre soi. Il faut interrompre le commerce des survivants, déchirer le voile vers l'autre, l'autre mort *en nous* mais l'autre, et les assurances religieuses de survie pouvaient encore faire droit à ce « comme si ».

●

Les morts de Roland Barthes : *ses* morts, ceux et celles, les siens qui sont morts et dont la mort a dû l'habiter, situer des lieux ou des instances graves, des tombes orientées dans son espace intérieur (sa mère pour finir et sans doute pour commencer). *Ses* morts, celles qu'il a vécues au pluriel, celles qu'il a dû enchaîner, tenter en vain de « dialectiser » avant la « totale », l'« indialectique », ces morts qui forment toujours dans notre vie une terrifiante série qui n'en finit pas. Mais comment les a-t-il « vécues », lui? Aucune réponse n'est plus impossible et interdite que celle-ci. Mais un mouvement s'était précipité ces dernières années, il me semble avoir senti une sorte d'accélération autobiographique, comme s'il disait « je sens qu'il me reste peu de temps », je dois m'occuper d'abord de cette pensée de la mort qui commence, comme la pensée et comme la mort, à la mémoire de l'idiome. Écrivain vivant il a écrit une mort de Roland Barthes par lui-même. Et enfin *ses* morts, ses textes sur la mort, tout ce qu'il a écrit, avec quelle insistance dans le déplacement, sur la mort, sur le thème si l'on veut et s'il en est de la Mort. Du Roman à la Photographie, du *Degré zéro...* (1953) à *La Chambre claire* (1980), une certaine pensée de la mort a tout mis en mouvement, en voyage plutôt, une sorte de traversée vers un au-delà de tous les systèmes clôturants, de tous les savoirs, de toutes les nouvelles positivités scientifiques dont la nouveauté a toujours tenté en lui l'*Aufklärer* et le découvreur mais pour un temps seulement, le temps d'un passage, d'une contribution devenue après lui indispensable, et déjà il était ailleurs, et il le disait, il s'en ouvrait avec une modestie calculée, avec cette politesse qui présente une exigence rigoureuse et une éthique intraitable comme une fatalité idiosyncrasique naïvement assumée. Au début de *La Chambre claire,* il se dit, il dit son « inconfort » de toujours : « d'être un sujet ballotté entre deux langages, l'un expressif, l'autre critique; et au sein de ce dernier, entre plusieurs discours, ceux de la sociologie, de la sémiologie et de la psychanalyse – mais [je me dis] que, par l'insatisfaction où je me trouvais finalement des uns et des autres, je témoignais de la seule chose sûre qui fût en moi (si naïve fût-elle) : la résistance éperdue à tout système réducteur. Car chaque fois qu'y ayant un peu recouru, je sentais un langage consister, et de la sorte glisser à la réduction et à la réprimande, je le quittais doucement et je cherchais ailleurs : je me mettais à parler autrement ». L'au-delà de cette traversée, c'est sans doute le grand cap et la grande énigme du Référent, comme on a dit ces vingt dernières années, et justement la mort n'y est pas pour rien (il faudra bien y revenir sur un autre ton). En tout cas, dès *Le Degré zéro...,* l'au-delà de la littérature comme littérature, la « modernité » littéraire, la littérature se produisant et produisant son essence comme sa propre disparition, se montrant et se cachant à la fois (Mallarmé, Blanchot...), tout cela passe par le Roman et « Le Roman est une Mort » : « La modernité commence avec la recherche d'une Littérature impossible. Ainsi l'on retrouve, dans le Roman, cet appareil à la fois destructif et résurrectionnel propre à tout l'art moderne. [...] Le Roman est une Mort; il fait de la vie un destin, du souvenir un acte utile, et de la durée un temps dirigé et significatif. » Or la possibilité moderne de la photographie (art ou technique, peu importe ici), c'est ce qui conjugue en un même système la mort et le référent. Non pas pour la première fois, et cette conjugaison, pour avoir un rapport essentiel à la technique reproductive, à la technique tout court, n'a pas attendu la Photographie.

Mais la démonstration immédiate qu'en donne le dispositif photo-graphique ou la structure du *reste* qu'il en laisse derrière lui, ce sont là des événements irréductibles, ineffaçablement originaux. C'est l'échec ou en tout cas la limite pour tout ce qui, dans le langage, la littérature et les autres arts, paraissait autoriser quelques gros théorèmes sur la suspension générale du Référent, ou de ce que par simplification parfois caricaturale on classait sous cette catégorie ample et vague. Or à l'instant du moins où le *punctum* déchire l'espace, la référence et la mort ont partie liée dans la photographie. Mais faut-il dire la référence ou le référent? La minutie analytique doit être ici à la mesure de l'enjeu, et la photographie la met à l'épreuve : le référent y est visiblement absent, suspensible, disparu dans l'unique fois passée de son événement, mais la référence à ce référent, disons le mouvement intentionnel de la référence (puisque Barthes recourt justement à la phénoménologie dans ce livre) implique aussi irré-ductiblement l'avoir-été d'un unique et invariable référent. Elle implique ce « retour du mort » dans la structure même de son image et du phénomène de son image. Ce qui ne se produit pas – pas de la même manière en tout cas, l'implication et la forme de la référence prenant de tout autres tours et détours – dans d'autres types d'images ou de discours, disons de marques en général. Dès le départ, dans *La Chambre claire,* le « désordre » introduit par la photographie est fortement attribué à l'« unique fois » de son référent, une fois qui ne se laisse pas reproduire ou pluraliser, une fois dont l'implication référentielle est inscrite *comme telle à même* la structure du photo-gramme, quel que soit le nombre de ses reproductions et même l'artifice de sa composition. D'où « l'entêtement du Référent à être toujours là ». « On dirait que la Photographie emporte toujours son référent avec elle, tous deux frappés de la même immobilité amou-reuse ou funèbre [...] bref le référent adhère. Et cette adhérence singulière [...]. » Bien qu'il ne soit plus *là* (présent, vivant, réel, etc.), son *avoir-été-là* faisant présentement partie de la structure référentielle ou intentionnelle de mon rapport au photogramme, le retour du référent a bien la forme de la hantise. C'est un « retour du mort » dont l'arrivée spectrale dans l'espace même du photogramme res-semble bien à celle d'une émission ou d'une émanation. Déjà une sorte de métonymie hallucinante : c'est quelque chose, un morceau venu de l'autre (du référent) qui se trouve en moi, devant moi mais aussi en moi comme un morceau de moi (car l'implication référen-tielle est aussi intentionnelle et noématique, elle n'appartient pas au corps sensible ou au support du photogramme). Et de plus la « cible », le « référent », l'« *eidôlon* émis pas l'objet », le « *Spectrum* », ce peut être moi, vu dans une photographie de moi : « [...] je vis alors une micro-expérience de la mort (de la parenthèse) : je deviens vraiment spectre. Le Photographe le sait bien, et lui-même a peur (fût-ce pour des raisons commerciales) de cette mort dans laquelle son geste va m'embaumer. [...] je suis devenu Tout-Image, c'est-à-dire la Mort en personne. [...] Au fond, ce que je vise dans la photo qu'on prend de moi (l'" intention " selon laquelle je la regarde), c'est la Mort : la Mort est l'*eïdos* de cette Photo-là ».

•

Porté par ce rapport, tiré ou attiré par le trait de ce rapport *(Zug, Bezug,* etc.), par la référence au référent spectral, il a traversé les périodes, les systèmes, les modes, les « phases », les « genres », il en a marqué et ponctué le *studium,* passant *au travers* de la phéno-ménologie, de la linguistique, de la mathésis littéraire, de la sémiosis, de l'analyse structurale, etc. Mais leur nécessité ou leur fécondité, leur valeur critique aussi, leur lumière, son premier mouvement fut de les reconnaître et de les tourner contre le dogmatisme.

•

Je n'en ferai pas une allégorie, encore moins une métaphore mais je m'en souviens, c'est *en voyage* que j'ai passé le plus de temps seul à seul avec Barthes. Parfois en tête à tête, je veux dire face à face (par exemple, en train de Paris à Lille ou de Paris à Bordeaux) et parfois côte à côte, séparés par un couloir (par exemple la traversée Paris-New York-Baltimore en 1966). Le temps de nos voyages ne fut sans doute pas le même mais il fut aussi le même et il faut s'accommoder de ces deux certitudes absolues. Si je voulais ou pouvais livrer un récit, parler de lui tel qu'il fut pour moi (la voix, le timbre, les formes de son attention et de sa distraction, sa manière polie d'être là ou ailleurs, le visage, les mains, le vêtement, le sourire, le cigare, autant de traits que je nomme sans les décrire, car c'est ici impossible), même si je tentais de reproduire ce qui alors eut lieu, quelle place réserver à la réserve? Quelle place à l'immense étendue des silences, au non-dit de la discrétion, de l'évitement ou de l'à-quoi-bon, du trop-bien-connu-de-nous ou de ce qui reste infiniment inconnu de part et d'autre? Continuer à en parler tout seul après la mort de l'autre, esquisser la moindre conjecture, risquer la moindre interprétation, je le ressens comme une injure ou une blessure sans fond – et pourtant comme un devoir aussi, et à son égard. Mais je ne m'en acquitterai pas, pas ici maintenant en tout cas. Toujours la promesse de revenir.

•

Comment croire au contemporain? Tels qui semblent appartenir à la même époque, délimitée en termes de datation historique ou d'horizon social, etc., il serait facile de montrer que leurs temps restent infiniment hétérogènes et à vrai dire sans rapport. On peut y être très sensible mais simultanément, sur une autre portée, tenir aussi à un être-ensemble qu'aucune différence, aucun différend ne peut menacer. Cet être-ensemble ne se répartit pas de façon homogène dans notre expérience. Il y a des nœuds, des points de grande condensation, des lieux de forte évaluation, des trajets virtuellement inévitables de décision ou d'interprétation. La loi semble s'y produire. L'être-ensemble s'y réfère et s'y reconnaît, même s'il ne s'y constitue pas. Contrairement à ce qu'on pense souvent, les « sujets » individuels qui habitent les zones les plus incontournables ne sont pas des « surmoi » autoritaires, ils ne disposent pas d'un pouvoir, à supposer que du Pouvoir on dispose. Comme ceux pour qui ces zones deviennent incontournables (et c'est d'abord leur histoire), ils les habitent, ils en captent un désir ou une image plutôt qu'ils n'y commandent. C'est une certaine manière de se défaire de l'autorité, au contraire, une certaine liberté, un rapport avoué à leur propre finitude qui leur confère, paradoxe sinistre et rigoureux, tel surcroît d'autorité, ce rayonnement, cette présence qui promène leur fantôme où ils ne sont pas et d'où jamais il ne leur revient, bref ce qui fait qu'on se demande toujours, plus ou moins virtuellement : qu'est-ce qu'il ou elle en pense? Non pas qu'on soit disposé à donner raison, *a priori* et en toute circonstance, non pas qu'on attende un verdict ou qu'on croie à une lucidité sans faiblesse, mais avant même qu'on la cherche, l'image s'impose d'une évaluation, d'un regard, d'un affect. Difficile alors de savoir qui l'adresse à qui, cette « image ». J'aimerais décrire patiemment, interminablement, tous les trajets de cette adresse, surtout quand sa référence passe par de l'écriture, quand elle devient alors si virtuelle, invisible, plurielle, divisée, microscopique, mobile, infinitésimale, spéculaire aussi (car souvent la demande est réciproque et le trajet se perd encore mieux), ponctuelle, tout près de s'annuler en apparence dans le zéro alors qu'elle s'exerce si puissamment et si diversement.

●

Roland Barthes est le nom d'un ami qu'au fond, au fond d'une familiarité, je connaissais peu, dont il va de soi que je n'ai pas tout lu, je veux dire relu, compris, etc. Et sans doute mon premier mouvement fut-il le plus souvent d'approbation, de solidarité, de reconnaissance. Mais point toujours il me semble, et si peu que cela importe, je dois le dire pour ne pas trop céder au genre. Il fut, je peux dire qu'il reste un de ceux ou de celles dont je me demande presque toujours depuis à peu près vingt ans, de façon plus ou moins articulée : que pense-t-il de cela? au présent, au passé, au futur, au conditionnel, etc. Surtout, pourquoi ne pas le dire et qui cela surprendra-t-il, au moment d'écrire. Je le lui avais dit dans une lettre, il y a bien longtemps.

●

Je reviens vers le « poignant », vers cette paire de concepts, cette opposition qui n'en est pas une, le fantôme de ce couple, *punctum/ studium*. J'y reviens parce que *punctum* paraît dire, laisser Barthes dire lui-même le point de singularité, la traversée du discours vers l'unique, le « référent » comme l'autre irremplaçable, celui qui a été, ne sera plus, fait retour comme ce qui ne reviendra pas, marque le retour du mort à même l'image reproductrice. J'y reviens parce que Roland Barthes est le nom de ce qui me « point » ou « point » ici ce que j'essaie maladroitement de dire. J'y reviens aussi pour montrer comment il a traité, lui, et proprement signé ce simulacre d'opposition. Il a d'abord mis en valeur l'irréductibilité absolue du *punctum,* disons l'unicité du *référentiel* (je recours à ce mot pour ne pas avoir à choisir entre référence et référent : ce qui adhère dans la photographie, c'est peut-être moins le référent lui-même, dans l'effectivité présente de sa réalité, que l'implication, dans la référence, de son avoir-été-unique). L'hétérogénéité du *punctum* est rigoureuse, son originalité ne souffre aucune contamination, aucune concession. Et pourtant, ailleurs, à d'autres moments, Barthes fait droit à une autre exigence descriptive, disons phénoménologique, puisque le livre se présente *aussi* comme une phénoménologie. Il y fait droit au rythme requis de la composition, d'une composition musicale que plus précisément encore j'appellerais contrapuntique. Il lui faut en effet reconnaître, et ce n'est pas une concession, que le *punctum* n'est pas ce qu'il est. Cet autre absolu compose avec le même, avec son autre absolu qui n'est donc pas son opposé, avec le lieu du même et du *studium* (c'est la limite de l'opposition binaire, et sans doute d'une analyse structurale dont le *studium* lui-même peut abuser). S'il est plus et moins que lui-même, dissymétrique – à tout et en lui-même –, le *punctum* peut envahir le champ du *studium* auquel pourtant il n'appartient pas en toute rigueur. On se rappelle qu'il est hors champ et hors code. Lieu de la singularité irremplaçable et du référentiel unique, le *punctum* irradie et, voilà le plus surprenant, il se prête à la métonymie. Et dès qu'il se laisse entraîner dans des relais de substitution, il peut tout envahir, objets et affects. Ce singulier qui n'est nulle part *dans* le champ, voici qu'il mobilise tout et partout, il se pluralise. Si la photographie dit la mort unique, la mort de l'unique, celle-ci se répète aussitôt, comme telle, elle est elle-même ailleurs. J'ai dit que le *punctum* se laisse entraîner dans la métonymie. Non, il l'induit, et c'est sa *force* ou plutôt que sa force (car il n'exerce aucune contrainte actuelle, il est tout en réserve) sa *dynamis,* autrement dit sa puissance, sa virtualité et même sa dissimulation, sa latence. Ce rapport entre la force (virtuelle ou réservée) et la métonymie, Barthes le marque à certains intervalles de composition qu'injustement je dois ici réduire : « Si fulgurant qu'il soit, le *punctum* a, plus ou moins virtuellement, une force d'expansion. Cette force est souvent métonymique. » (P. 74.) Plus loin : « Je venais de comprendre que tout immédiat, tout incisif qu'il fût, le *punctum* pouvait s'accommoder d'une certaine latence (mais jamais d'aucun examen). » (P. 88.) Cette puissance métonymique a un rapport essentiel avec la structure supplémentaire du *punctum* (« c'est un supplément ») et du *studium* qui en reçoit tout son mouvement, même s'il doit se contenter, comme l'« examen », de tourner autour du point. Dès lors, entre les deux concepts, le rapport n'est ni tautologique, ni oppositionnel, ni dialectique, ni en quoi que ce soit symétrique, il est supplémentaire et musical (contrapuntique).

•

Métonymie du *punctum :* si scandaleuse qu'elle soit, elle permet de parler, de parler de l'unique, de lui et à lui. Elle délivre le trait qui rapporte à l'unique. La Photographie du Jardin d'Hiver, qu'il ne montre ni ne cache, qu'il dit, c'est le *punctum* de tout le livre. La marque de cette blessure unique n'est visible nulle part en tant que telle mais sa clarté insituable (celle des yeux de *sa* mère) irradie toute l'étude. De ce livre elle fait un événement irremplaçable. Et pourtant seule une force métonymique peut assurer encore une

certaine généralité au discours, l'offrir à l'analyse, en proposer les
concepts à une utilisation quasi instrumentale. Car autrement,
comment serions-nous bouleversés sans la connaître par ce qu'il dit
de *sa* mère qui ne fut pas seulement la Mère, ni une mère mais
celle-là seule qu'elle fut et dont telle photo, prise « ce jour-là... »?
Comment cela nous serait-il poignant si une force métonymique
n'était à l'œuvre qui ne se confond pas avec une facilité dans le
mouvement d'identification, au contraire? L'altérité reste à peu près
intacte, et c'est la condition. Je ne me mets pas à sa place, je ne
tends pas à remplacer sa mère par la mienne. Si je le fais, cela ne
peut m'émouvoir que depuis l'altérité du sans-rapport, l'unicité
absolue que la puissance métonymique vient me rappeler sans l'effacer. Il a raison de protester contre la confusion entre celle qui fut
sa mère et la Figure de la Mère, mais la puissance métonymique
(une partie pour le tout ou un nom pour un autre, etc.) viendra
toujours inscrire l'une et l'autre dans ce rapport sans rapport.

•

Les morts de Roland Barthes : par la brutalité un peu indécente de
ce pluriel on pensera peut-être que j'ai résisté à l'unique; j'aurais
évité, dénié, tenté d'effacer sa mort. En signe de protection ou de
protestation, je l'aurais du même coup accusée, livrée précisément
au procès d'une studieuse métonymie. Peut-être, mais comment parler
autrement et sans prendre ce risque? sans pluraliser l'unique, sans le
généraliser jusque dans ce qu'il garde de plus irremplaçable, sa propre
mort? Et n'a-t-il pas jusqu'au dernier moment parlé lui-même de
sa mort, et métonymiquement de ses morts? Et n'a-t-il pas dit
l'essentiel (notamment dans *Roland Barthes...,* titre et signature
métonymiques par excellence) de l'hésitation indécidable entre « parler et se taire »? On peut encore se taire en parlant. « La seule
" pensée " que je puisse avoir, c'est qu'au bout de cette première
mort, ma propre mort est inscrite; entre les deux, plus rien, qu'attendre; je n'ai d'autre ressource que cette *ironie :* parler du " rien à
dire ". » Plus haut : « L'horreur, c'est ceci : rien à dire de la mort de
qui j'aime le plus, rien à dire de sa photo [...]. »

•

L'amitié, ces quelques pages à la fin du volume qui porte ce titre,
nous n'avons pas le droit d'en détourner quoi que ce soit. Ce qui
lie Blanchot à Bataille fut unique et *L'amitié* le dit de façon

absolument singulière. Pourtant la force métonymique de l'écriture la plus poignante nous laisse *lire* ces pages, ce qui ne veut pas dire les exposer hors de leur réserve essentielle. Elle nous laisse penser ce que pourtant jamais elle ne descelle, ne montre ni ne cache. Sans pouvoir entrer dans la singularité absolue de ce rapport, sans oublier que seul Blanchot a pu écrire cela et parler alors seulement de Bataille, sans comprendre, peut-être, et en tout cas sans connaître, nous pouvons penser ce qui s'écrit là. Nous ne devrions pas pouvoir citer mais je prends sur moi la violence de la citation, et surtout d'une citation nécessairement tronquée :

> De cet ami, comment accepter de parler? Ni pour l'éloge, ni dans l'intérêt de quelque vérité. Les traits de son caractère, les formes de son existence, les épisodes de sa vie, même en accord avec la recherche dont il s'est senti responsable jusqu'à l'irresponsabilité, n'appartiennent à personne. Il n'y a pas de témoin. Les plus proches ne disent que ce qui leur fut proche, non le lointain qui s'affirma en cette proximité, et le lointain cesse dès que cesse la présence. [...] Nous ne cherchons qu'à combler un vide, nous ne supportons pas la douleur : l'affirmation de ce vide. [...] Tout ce que nous disons ne tend qu'à voiler l'unique affirmation : que tout doit s'effacer et que nous ne pouvons rester fidèles qu'en veillant sur ce mouvement qui s'efface, auquel quelque chose en nous qui rejette tout souvenir appartient déjà.

●

Dans *La Chambre claire,* la valeur d'*intensité* dont je suis la piste (*dynamis,* force, latence) conduit à une nouvelle équation contrapuntique, à une nouvelle métonymie de la métonymie elle-même, de la vertu substitutive du *punctum.* C'est le Temps. N'est-ce pas la ressource ultime pour la substitution d'un instant absolu à un autre, pour le remplacement de l'irremplaçable, de ce référent unique par un autre qui est encore un autre instant, tout autre et encore le même? Le temps n'est-il pas la forme et la force ponctuelles de toute métonymie, *sa dernière instance?* Or voici un passage où le passage d'une mort à l'autre, celle de Lewis Payne à celle de Roland Barthes, semble transiter (entre autres, si on osait dire) par la Photographie du Jardin d'Hiver. Et sur le thème du Temps. Une terrifiante syntaxe, en somme, et j'y prélève d'abord un accord singulier, à la transition entre S et P : « ... La photo est belle, le garçon aussi... » Et voici le passage d'une mort à l'autre :

Je sais maintenant qu'il existe un autre *punctum* (un autre « stigmate ») que le « détail ». Ce nouveau *punctum* qui n'est plus de forme, mais d'intensité, c'est le Temps, c'est l'emphase déchirante du noème *(« ça a été »)*, sa représentation pure. En 1865, le jeune Lewis Payne tenta d'assassiner le secrétaire d'État américain, W. H. Seward. Alexander Gardner l'a photographié dans sa cellule; il attend sa pendaison. La photo est belle, le garçon aussi : c'est le *studium*. Mais le *punctum*, c'est : *il va mourir*. Je lis en même temps : *cela sera* et *cela a été*; j'observe avec horreur un futur antérieur dont la mort est l'enjeu. En me donnant le passé absolu de la pose (aoriste), la photographie me dit la mort au futur. Ce qui me point, c'est la découverte de cette équivalence. Devant la photo de ma mère enfant, je me dis : elle va mourir : je frémis, tel le psychotique de Winnicott, *d'une catastrophe qui a déjà eu lieu*. Que le sujet en soit déjà mort ou non, toute photographie est cette catastrophe.

Plus loin : « C'est parce qu'il y a toujours en elle ce signe impérieux de ma mort future, que chaque photo, fût-elle apparemment la mieux accrochée au monde excité des vivants, vient interpeller chacun de nous, un par un, hors de toute généralité (mais non hors de toute transcendance). »

●

Le Temps : métonymie de l'instantané, la possibilité du récit aimantée par sa limite même. L'instantané photographique ne serait lui-même que la métonymie la plus saisissante, dans la modernité technique de son dispositif, d'une instantanéité plus vieille. Plus vieille bien qu'elle ne soit jamais étrangère à la possibilité de la *tekhnè* en général. En prenant mille précautions différentielles, on doit pouvoir parler d'un *punctum* en toute marque (et la répétition, l'itérabilité la structure déjà), en tout discours, qu'il soit ou non littéraire. Pourvu qu'on ne s'en tienne pas à quelque référentialisme naïf et « réaliste », c'est le rapport à quelque référent unique et irremplaçable qui nous *intéresse* et anime notre lecture la plus sage, la plus studieuse : ce qui a eu lieu une seule fois, tout en se divisant déjà, pour la visée, devant l'objectif du *Phédon* ou de *Finnegans Wake,* du *Discours de la méthode* ou de la *Logique* de Hegel, de l'*Apocalypse* de Jean ou du *Coup de dés.* Cette irréductible référentielle, le dispositif photographique nous la rappelle en un très puissant télescopage.

●

La force métonymique, voilà qu'elle divise le trait référentiel, suspend et laisse à désirer le référent tout en maintenant la référence. Elle est à l'œuvre dans l'amitié la plus fidèle, elle endeuille la destination mais elle l'engage aussi.

•

L'amitié : entre les deux titres, celui du livre et celui de l'envoi final en italique, entre les titres et l'exergue (« citations » de Bataille disant deux fois l'« amitié »), l'échange est encore métonymique mais la singularité n'y perd pas de sa force, au contraire.

> Je sais qu'il y a les livres. [...] Les livres eux-mêmes renvoient à une existence. Cette existence, parce qu'elle n'est plus une présence, commence à se déployer dans l'histoire, et la pire des histoires, l'histoire littéraire [...]. On veut « tout » publier, on veut « tout » dire ; comme s'il n'y avait plus qu'une hâte : que tout soit dit ; comme si le « tout est dit » devait enfin nous permettre d'arrêter une parole morte [...]. Aussi longtemps qu'existe celui qui nous est proche et, avec lui, la pensée où il s'affirme, sa pensée s'ouvre à nous, mais préservée dans ce rapport même, et ce qui la préserve, ce n'est pas seulement la mobilité de la vie (ce serait peu), c'est ce qu'introduit en elle d'imprévisible l'étrangeté de la fin. [...] Je sais aussi que, dans ses livres, Georges Bataille semble parler de lui-même avec une liberté sans contrainte qui devrait nous dégager de toute discrétion – mais qui ne nous donne pas le droit de nous mettre à sa place, ni le pouvoir de prendre la parole en son absence. Et est-il sûr qu'il parle de soi ? [...] Nous devons renoncer à connaître ceux à qui nous lie quelque chose d'essentiel ; je veux dire, nous devons les accueillir dans le rapport avec l'inconnu où ils nous accueillent, nous aussi, dans notre éloignement.

•

D'où vient le désir de dater ces dernières lignes (14 et 15 septembre 1980) ? La date, et c'est toujours un peu une signature, accuse la contingence ou l'insignifiance de l'interruption. Comme l'accident et comme la mort, elle paraît imposée du dehors, « ce jour-là » (ici le temps et l'espace accordés, les cadres d'une publication, etc.), mais elle dit sans doute aussi une autre interruption. Celle-ci n'est pas plus essentielle ou plus intérieure, mais elle s'annonce comme une autre portée, une autre pensée de la même...

•

Revenu de l'expérience un peu insulaire au fond de laquelle avec les deux livres je m'étais retiré, je ne regarde plus aujourd'hui que les photographies, dans d'autres livres (surtout dans *Roland Barthes...*) et dans des journaux, je ne quitte plus les photographies et l'écriture manuscrite. Je ne sais pas ce que je continue à chercher, mais je le cherche du côté de son corps, de ce qu'il en montre et de ce qu'il en dit, de ce qu'il en cache peut-être, comme de ce qu'il ne pouvait pas *voir* dans son écriture. Dans les photos je cherche les « détails », et sans la moindre illusion je crois, sans complaisance, quelque chose qui me regarde sans me voir, comme il dit, je crois, à la fin de *La Chambre claire*. J'essaie d'imaginer les gestes autour de ce qu'on croit être l'écriture essentielle. Comment a-t-il par exemple choisi toutes ces photographies d'enfants et de vieillards? Comment et quand a-t-il retenu ce « quatrième de couverture », Marpa disant la mort de son fils? et ces lignes blanches sur fond noir à l'intérieur de la couverture du *Roland Barthes...*?

•

Aujourd'hui même quelqu'un m'apporte un mot (moins qu'une lettre, une seule phrase) qui me fut destiné sans m'être donné il y a vingt-quatre ans, presque jour pour jour. A la veille d'un voyage, le mot devait accompagner le don d'un livre très singulier, un petit livre illisible pour moi, encore aujourd'hui. Je sais, je crois savoir pourquoi le geste fut interrompu. Il fut plutôt retenu (en fait le petit livre rangé à l'intérieur d'un autre), comme la mémoire gardée de l'interruption même. Celle-ci, dans ses raisons à la fois graves et légères, concernait bien quelque chose que je serais tenté d'appeler le tout de ma vie. La chose (que je reçois donc aujourd'hui à la veille du *même* voyage, je veux dire vers les mêmes lieux) fut retrouvée comme par hasard, longtemps après la mort de qui me la destinait. Tout m'est très proche, la forme de cette écriture, de cette signature, ces mots mêmes; une autre interruption me rend tout cela aussi lointain, aussi illisible que le petit viatique insignifiant, certes, mais dans l'interruption l'autre revenant s'adresse à moi en moi, l'autre revenant vraiment... Le papier garde ses plis de vingt-quatre ans, je lis l'écriture bleue (de plus en plus je suis sensible à la couleur de l'écriture, en tout cas je le sais mieux maintenant) de quelqu'un qui, parlant de la mort, m'avait dit un jour, en voiture, et je me le rappelle souvent : « cela va m'arriver bientôt ». Et ce fut vrai.

•

C'était hier. Autre coïncidence étrange, un ami m'envoie aujourd'hui des États-Unis la photocopie d'un texte de Barthes que je n'avais jamais lu (*Analyse textuelle d'un conte d'Edgar Poe*, 1973). Je le lirai plus tard. Mais en « parcourant », je relève ceci :

> Un autre scandale de l'énonciation, c'est le retournement de la métaphore en lettre. Il est en effet banal d'énoncer la phrase « je suis mort! » [...] Le renversement de la métaphore en lettre, *précisément pour cette métaphore-là,* est impossible : l'énonciation « je suis mort », selon la lettre, est forclose [...]. Il s'agit donc, si l'on veut, d'un scandale de langage [...] il s'agit ici d'un performatif, mais tel, certes, que ni Austin ni Benveniste ne l'avaient prévu dans leurs analyses [...] la phrase inouïe « Je suis mort » n'est nullement l'énoncé incroyable mais bien plus radicalement l'*énonciation impossible.*

•

Cette énonciation impossible, « Je suis mort », n'aurait-elle jamais eu lieu? Il a raison, elle est « selon la lettre », « forclose ». On la comprend pourtant, on entend son sens dit « littéral », ne serait-ce que pour la déclarer légitimement impossible dans son acte d'énonciation. Qu'a-t-il pensé, lui, au moment où il s'est référé à cette lettre? Sans doute à ceci au moins que dans l'idée de mort, tout autre prédicat demeurant problématique, est analytiquement comprise l'idée : incapable d'énoncer, de parler, de dire *je* au présent, etc. Oui, *je* ponctuel, ponctuant dans l'instant une référence à soi comme à un référent unique, etc., cette référence auto-affective définissant le cœur du vivant. Revenir de ce point à la métonymie, à la force métonymique du *punctum* sans laquelle il n'y aurait sans doute pas de *punctum* en tant que tel... Au cœur de la tristesse pour l'ami quand il meurt, ce point, peut-être : qu'après avoir pu dire une mort aussi nombreuse, et aussi souvent « je suis mort » selon la métaphore ou la métonymie, il n'ait jamais pu dire « je suis mort » à la lettre. L'eût-il fait, il aurait encore cédé à la métonymie. Mais la métonymie n'est pas l'erreur ou le mensonge, elle ne dit pas le faux. Et à la lettre il n'y a peut-être pas de *punctum*. Ce qui rend toute énonciation possible, mais ne réduit en rien la souffrance; c'est même une source, la source de la souffrance, im-ponctuelle, illimitable. Si j'écrivais *revenant à la lettre* et si j'essayais de traduire dans une autre langue... (toutes ces questions sont aussi de la traduction et du transfert).

•

Je : le pronom ou le prénom, le prête-nom de celui à qui l'*énoncé* « je suis *mort* » ne peut jamais arriver, l'énoncé littéral, bien entendu et si c'était possible, l'*énoncé* non métonymique? Cela quand même l'énonciation en serait possible?

•

L'énonciation du « je suis mort », qu'il dit impossible, est-ce qu'elle ne relèverait pas de ce régime qu'il appelle ailleurs *utopique* – et qu'il appelle? Et cette utopie ne s'impose-t-elle pas en ce lieu, si on peut encore dire, où une métonymie travaille déjà le *je* dans son rapport à soi, le *je* quand il ne renvoie à rien d'autre qu'à celui qui *présentement* parle? Il y aurait comme une phrase du *je* et le temps de cette phrase elliptique laisserait place à la substitution métonymique. Pour se donner le temps, il faudrait ici revenir sur ce qui relie implicitement, dans *La Chambre claire,* le Temps comme *punctum* et la force métonymique du *punctum*...

•

« Que dois-je faire? » Dans *La Chambre claire,* il semble approuver celle qui place la « valeur civile » au-dessus de la « valeur morale ». Dans *Roland Barthes...,* il dit de la *moralité* qu'on doit l'entendre comme « le contraire même de la morale (c'est la pensée du corps en état de langage) ».

•

Entre le possible et l'impossible du « je suis mort », la syntaxe du temps et quelque chose comme la catégorie d'imminence (ce qui pointe depuis le futur, ce qui est sur le point d'arriver). L'imminence de la mort se présente, elle est toujours sur le point, se présentant, de ne plus même se présenter et la mort se tient alors entre l'éloquence métonymique du « je suis mort » et l'instant où elle emporte dans le silence absolu, ne laissant plus rien à dire (un point c'est tout). Cette singularité ponctuelle (j'entends ce dernier mot comme un adjectif mais aussi comme une sorte de verbe, la syntaxe encore durable d'une phrase) : depuis son lieu d'imminence elle irradie le corpus, elle fait respirer dans *La Chambre claire* cet « air » de plus en plus dense, hanté, peuplé de revenants. Je me sers de ses mots pour en parler : « émanation », « extase », « folie », « magie ».

•

C'est fatal, juste et injuste, les livres les plus « autobiographiques »
(ceux de la fin, ai-je entendu dire) commencent à la mort par
dissimuler les autres. Et d'ailleurs ils commencent à la mort. Cédant
moi-même au mouvement, je ne quitterais plus ce *Roland Barthes...*
qu'en somme je n'avais pas su lire. Entre les photos et les graphies,
tous ces textes dont j'aurais dû parler ou partir, ou m'approcher....
Ne l'ai-je pas fait sans le savoir dans les fragments précédents? Par
exemple, à l'instant même, presque au hasard, sous les titres *Sa voix*
(« l'inflexion, c'est la voix dans ce qu'elle est toujours passée, tue »,
« la voix est toujours déjà morte »), *Pluriel, différence, conflit, A quoi
sert l'utopie, Forgeries* (« *j'écris classique* »), *Le cercle des fragments, Le
fragment comme illusion, Du fragment au journal, Pauses : anamnèses*
(« Le *biographème* n'est rien d'autre qu'une anamnèse factice : celle
que je prête à l'auteur que j'aime ».), *La mollesse des grands mots*
(« Histoire » et « Nature », par exemple), *Les corps qui passent, Le
discours prévisible* (exemple : « *Texte des Morts :* texte litanique, où
on ne peut changer un mot »), *Rapport à la psychanalyse, J'aime, je
n'aime pas* (à l'avant-dernière ligne, j'essaie de comprendre comment
il a pu écrire « *je n'aime pas* [...] la fidélité ». Je sais qu'il disait aussi
l'aimer et qu'il pouvait faire présent de ce mot. Je suppose – il y
va du ton, du mode, de l'inflexion, d'une certaine manière de dire
vite mais de façon significative *j'aime, je n'aime pas* – que dans ce
cas il n'aimait pas un certain pathos dont la fidélité se charge
facilement, et surtout le mot, le discours sur la fidélité à la seconde
où il se fatigue, devient terne, tiède, fade, interdicteur, infidèle). *Du
choix d'un vêtement, Plus tard...*

•

Théorie contrapuntique ou défilé des stigmates : une blessure vient
sans doute au lieu du point signé de singularité, au lieu de son
instant même *(stigmê),* en sa pointe. Mais *au lieu* de cet événement,
la place est laissée, pour la même blessure, à la substitution qui s'y
répète, ne gardant de l'irremplaçable qu'un désir passé.

•

Je n'arrive pas encore à me rappeler quand j'ai lu ou entendu son
nom pour la première fois, puis comment il est devenu un pour
moi. Mais l'anamnèse, si elle s'interrompt toujours trop tôt, se promet
chaque fois de recommencer, elle reste à venir.

Une idée de Flaubert :
« La lettre de Platon »

Mon Loulou,

Je n'ai rien à te dire, si ce n'est que je m'ennuie de toi beaucoup et que j'ai fort envie de te voir.

N.B. [...] je vois avec plaisir que mon ancienne élève se livre à des lectures sérieuses. Quant à mon avis sur ces choses, le voici en un mot : je ne sais pas ce que veulent dire ces deux substantifs *Matière* et *Esprit ;* on ne connaît pas plus l'une que l'autre. Ce ne sont peut-être que des abstractions de notre intelligence. Bref, je trouve le Matérialisme et le Spiritualisme *deux impertinences égales.*

Demande à Monseigneur de te prêter le *Banquet* et le *Phédon* de Platon (dans la traduction de Cousin). Puisque tu aimes l'idéal, mon Loulou, tu le boiras, dans ces livres, à la source même. Comme art, c'est merveilleux.

C'est en mars 1868, Flaubert écrit à sa nièce Caroline. Il joue des majuscules pour les grands mots de la philosophie, la Matière, l'Esprit. En bon pédagogue il souligne aussi le plus important, son propos même : *« deux impertinences égales »*. Caroline a 22 ans, c'est la fille de sa sœur dont elle porte le prénom. Vous savez qu'elle est née un mois avant la mort de sa mère ou de son homonyme. C'était en 1846. La même année, quelques mois après la naissance de Caroline, dite Loulou, et donc après la mort de sa mère Caroline,

* Conférence prononcée à Paris en 1980, lors d'un colloque organisé à l'occasion du centenaire de la mort de Flaubert. Texte publié in *Revue d'Histoire littéraire de la France* (81ᵉ année). LXXXI et in *Confrontation*, 12, *Correspondances*, 1984.

ce fut la rencontre de Louise, la rupture de celle-ci avec Victor Cousin que Flaubert ne tarde pas à surnommer le Philosophe, avec une majuscule. La même année, à quelques semaines d'intervalle, Louise Colet envoie à Flaubert telle lettre d'amour du Philosophe qu'elle lui aura fait suivre, si on peut dire, en signe de fidélité ou de foi jurée. Flaubert l'en remercie. Peu de jours auparavant, le 11 août 1846, il lui avait écrit ceci, et j'y souligne les pierres : « Tu donnerais de l'amour à un mort. Comment veux-tu que je ne t'aime pas? Tu as un pouvoir d'attraction à faire dresser les *pierres* à ta voix... ». Maintenant il accuse réception et remercie : « ... Merci de l'envoi de la lettre du Philosophe. J'ai compris le sens de cet envoi. C'est encore un hommage que tu me rends, un sacrifice que tu voudrais me faire. C'est me dire : " Encore un que je mets à tes pieds : vois comme je n'en veux pas, car c'est toi que j'aime. " – Tu me donnes tout, pauvre ange... » (24 août 1846.)

Vous vous demandez si je ne suis pas en train de contourner déjà le sujet qui me fut proposé, que j'ai eu l'imprudence d'accepter, *Flaubert et la Philosophie,* et auquel j'essaierais donc de substituer, au prix de quelques lettres détournées, *Flaubert et le Philosophe,* pour me perdre ou me réfugier dans des histoires de correspondances à suivre, de roman familial, de désir impossible, que sais-je, pour la sœur ou la fille, pour l'enfant ou la fille homonyme de la sœur, etc. En vérité, pour qu'une telle substitution fût possible, il aurait fallu qu'un sujet tel que « Flaubert et la philosophie » fût viable, d'abord identifiable, et qu'en beaucoup plus de temps que celui dont je dispose ici on pût même envisager de le traiter. Or un tel sujet peut-il avoir lieu quelque part, un lieu qui ne soit pas le tout d'un espace flaubertien? Sous ces derniers mots je ne présume certes pas l'unité d'un idiome, ni que le rapport de Flaubert à la philosophie se laisse arrêter ; je ne crois pas qu'il soit absolument singulier, rigoureusement identifiable, à l'abri, au bout du compte, des énoncés les plus contradictoires. Pour l'instant je dis « flaubertien » comme on avance une hypothèse de travail, nommant ainsi un corpus *reçu* sous le signe légal de ce nom, le corpus des œuvres et de la correspondance comme de tout ce que nous recevons naïvement au titre de son contexte bibliographique, biographique et autobiographique. Nous sommes installés pour commencer dans le *reçu* flaubertien et mon propos serait d'y localiser un rapport au philosophique comme tel, ne disons pour l'instant ni un rapport à la Philosophie ni un rapport au Philosophe.

Je me trouve donc dans le lieu commun et dans l'idée reçue. Vous savez comme l'évaluation profonde du lieu commun et de l'idée reçue reste contradictoire chez Flaubert, indécise plutôt, ambivalente, fascinée, le même affect y étant traversé à la fois d'attraction et de répulsion. Or ce qu'on appelle la philosophie ne se sépare jamais d'une tradition. La livraison, la transmission et la réception des idées, des arguments codés, des réponses ou solutions classables s'y prêtent mieux que partout ailleurs à la stéréotypie. Cela n'est pas incompatible, paradoxalement, avec l'exigence critique ou antidogmatique à laquelle aucun philosophe n'aura jamais voulu renoncer. Même quand elle s'exerce, cette vigilance critique doit donner lieu à des *idées,* à ce qu'on a appelé l'*idée* jusqu'à Hegel et depuis Platon, depuis le platonisme, depuis la « source » de l'idéalité, comme Gustave le rappelle à Loulou. Les idées, ce sont aussi des formes arrêtées (et parmi toutes les idées accumulées dans l'idée d'idée, c'est celle de forme, d'*eidos* ou de contour formel qui retiendra invariablement Flaubert). Dans la philosophie, ces formes arrêtées s'ajoutent en système, elles y deviennent éminemment reproductibles, identiques à elles-mêmes, et à ce titre, comme à tous les sens de ce mot, recevables et reçues. Aucune vigilance critique n'empêchera la philosophie, comme histoire de l'idée ou histoire des idées, de Platon à Hegel, de devenir par excellence, dans la vie même de sa tradition, une immense circulation, une interminable procession des idées reçues, l'encyclopédie des lieux communs. Cette encyclopédie peut être vivante et critique, mais en tant qu'elle produit et conserve des *idées,* elle porte en elle-même sa propre nécrose. Sartre dit, parlant précisément de Flaubert, « la bêtise de première instance, c'est l'Idée devenue matière ou la matière singeant l'Idée ». Il faudrait peut-être aiguiser cet énoncé en marquant que ce devenir-matière n'attend jamais, il guette l'idéalité, il s'empare de la forme même de l'idée en sa première instance et son premier instant. D'où cette attraction pour la bêtise, et cette bêtise de l'esprit le plus lucide. D'où aussi cette impertinence égale du matérialisme et du spiritualisme quand ils en viennent à s'opposer. Un certain idéalisme, nous le verrons peut-être, c'est autre chose encore.

C'est pourquoi les énoncés déclaratifs, les prises de positions les plus explicites, sinon les moins équivoques, au sujet de la philosophie, nous les trouvons dans *Bouvard et Pécuchet,* dans le *Dictionnaire des idées reçues,* dans la *Correspondance* aussi, bien sûr, c'est-à-dire dans des lieux hors-d'œuvre ou du moins dans des lieux qui, mimant le hors-d'œuvre littéraire, abondent en discours de savoir sur le savoir, voire en méta-langage sur le langage, notamment sur le propre dessein littéraire de Flaubert. Nous verrons que la philosophie, en tout cas un certain discours de l'Idée, y est essayée, d'ailleurs en vain, pour parler de la littérature, de la littérature signée Flaubert, au-delà du philosophique.

La difficulté où nous sommes ne tient pas seulement au peu de temps dont nous disposons : c'est que nous ne savons pas trop quoi chercher sous le titre de « rapport au philosophique ».

Et nous ne savons donc pas où chercher, même si nous voulions nous installer, comme je le disais à l'instant, dans l'idée reçue. S'agira-t-il du rapport de Flaubert à la philosophie comme discipline, tradition attitrée sous ce nom, reconnaissable aux noms de grands philosophes, de leurs œuvres et de leurs systèmes? S'agira-t-il de la philosophie déclarée de Flaubert, c'est-à-dire de l'ensemble de ses phrases ou thèmes qu'on croit pouvoir classer sous le type philosophique? Et alors à quoi reconnaît-on ce type? C'est une question redoutable. S'agira-t-il enfin de quelque chose comme une philosophie implicite et en acte dans sa pratique ou dans son dessein dit littéraire, fictionnel, romanesque ou poétique? Y a-t-il quelque chose de tel? Un certain débordement du philosophique ne s'annonce-t-il pas ici, précisément, et à quel signe le reconnaître? Selon le privilège accordé à l'une ou l'autre de ces trois questions, la zone du corpus interrogé sera différente − et chaque fois très riche. La question la plus ambitieuse, j'ose à peine la formuler mais elle aurait droit, avec le temps, à une préférence absolue, concernerait un rapport à la philosophie qui ne se résume à aucun de ces trois types ou de ces trois lieux et qui pourtant ordonnerait la loi secrète de leur unité. Ce que je risquerai au titre d'un certain rapport *historial* de Flaubert à l'Idée sera peut-être aimanté par cette question mais n'y fournira en tout cas aucune réponse.

Même si, fuyant la plus grande difficulté, nous voulions nous replier vers le plus reçu de l'idée reçue, et d'abord vers ce que Flaubert dit de la philosophie comme idée reçue dans le *Dictionnaire...* nous n'y trouverions pas le repos. Au moins pour deux raisons. D'abord l'idée elle-même ne fait pas partie du catalogue; l'idée n'est pas épinglée comme un objet, comme un thème pouvant donner lieu à quelque stéréotypie. L'idée n'apparaît pas dans la série des idées reçues. C'est peut-être un signe : Flaubert, qui se sert mille fois du mot « idée » en en faisant tourner le sens sous toutes ses facettes selon le contexte ou l'intention du moment, prenait acte du fait que l'empire de l'Idée ne pouvait pas donner lieu, pour cette raison même, à quelque objectivation ironique, à quelque citation parodique. L'« idéal » par contre, ce mot qui apparaît dans la lettre à Loulou (toi qui aimes l'idéal, tu le boiras à sa source, chez Platon, traduit par le Philosophe), il figure au titre de l'idée reçue : « *Idéal.*

Tout à fait inutile. » On y trouve aussi les mots « métaphysique » et « philosophie ». L'une et l'autre paraissent rejetées dans le risible ou le dérisoire mais on ne sait jamais qui prend la parole dans le *Dictionnaire,* et c'est là l'effet de l'idée reçue. Quand on formule une idée reçue comme idée reçue, on ne laisse pas savoir si on y souscrit ou si on se moque de ceux qui y souscrivent, si on *la* parle ou si on *en* parle comme ceux qui en parlent ou comme ce dont parlent les autres, si bien qu'à la fin on n'ose plus parler [1]. Ainsi, à l'article « Métaphysique » : « En rire : donne l'air (c'est une preuve) d'esprit supérieur. » Puis à l'article « Philosophie » : « On doit toujours en ricaner. » Est-ce Flaubert qui se déclare ainsi? On peut répondre *oui* et *non* comme à toute question sur le philosophique chez Flaubert, *oui* et *non* avec autant d'indices probants dans les deux cas, ce qui annule toute pertinence et nous interdit en tout cas de considérer quelque énoncé flaubertien que ce soit comme un hors-d'œuvre appartenant à quelque genre métalinguistique, théorique ou philosophique. Pas même telle lettre à Bouilhet (4 septembre 1850) qui parle d'une préface au *Dictionnaire,* donc d'une présentation soi-disant explicative, qui serait « arrangée de telle manière que le lecteur ne sache pas si on se fout de lui, oui ou non... ». Et l'on ne doit pas savoir, l'on ne doit pas pouvoir conclure, fût-ce au sujet de la bêtise qui consiste à « vouloir conclure ». C'est cela que la philosophie a de bête, c'est là sa bêtise, ce qui la rend dérisoire et fascinante pour Flaubert : elle veut conclure, elle veut savoir trancher, elle veut décider *si-oui-ou-non,* d'un côté ou de l'autre. C'est dans la même lettre à Bouilhet qu'il accable de sarcasmes l'*Essai de philosophie positive* d'Auguste Comte, « livre socialiste » « assommant de bêtise » : « Il y a là dedans des mines de comique immense, des Californies de grotesque. Il y a peut-être autre chose aussi. Ça se peut. » Et plus bas : « *L'ineptie consiste à vouloir conclure.* [...] c'est de ne pas comprendre le crépuscule, c'est ne vouloir que midi ou minuit. [...] Oui, la bêtise consiste à vouloir conclure. »

Dans son grotesque même, cette bêtise essentielle du philosophique exerce sur Flaubert une fascination proprement diabolique. Et cette fascination aimante tout dans sa vie comme dans son œuvre, elle a commandé l'acquisition à la fois avide et dégoûtée d'un savoir

---

1. « Il faudrait que, dans tout le cours du livre, il n'y eût pas un mot de mon cru, et qu'une fois qu'on l'aurait lu on n'osât plus parler, de peur de dire naturellement une des phrases qui s'y trouvent. » (À Louise Colet, 17 décembre 1852.)

philosophique dont nous connaissons bien maintenant les instruments bibliographiques, les étapes, les manuels, et tout le zèle autodidactique. Fascination et tentation, au sens le plus dangereux du terme. La tentation de saint Antoine est aussi la tentation philosophique. Dès le début, il dit sa « haine » des « assertions des philosophes ». Hilarion lui reproche son mépris crispé des philosophes. Et les affirmations les plus terrifiantes, comme celle par exemple de saint Clément d'Alexandrie qui déclare « La matière est éternelle », sont prélevées dans le trésor des thèses philosophiques les plus attirantes pour Flaubert, celles de Spinoza avant tout pour qui son admiration fut hyperbolique [1], le Spinoza de l'*Éthique* et surtout du *Traité théologico-politique* [2]. Et si nous en avions le temps, nous pourrions reconnaître toute une panoplie spinoziste dans le discours du Diable à la fin de la Tentation. Ce discours n'est pas purement spinoziste, il n'est pas homogène à cet égard, mais il recourt à des schèmes reconnaissables de l'*Éthique*. Le diable, bien entendu, n'est pas athée, personne n'est moins athée que le diable; mais pas plus que Spinoza il n'exclut l'étendue et donc la matière de Dieu, ce qui terrifie Antoine, comme l'accable la totale déshumanisation d'un Dieu qui, pour être exempt de toute subjectivité anthropomorphique, doit être

---

1. « A propos de Spinoza (un fort grand homme, celui-là), tâchez de vous procurer sa biographie par Boulainvilliers. Elle est dans l'édition latine de Leipsick. Émile Saisset a traduit, je crois, l'*Éthique*. Il faut lire cela. L'article de Mᵐᵉ Coignet, dans la *Revue de Paris,* était bien insuffisant. Oui, il faut lire Spinoza. Les gens qui l'accusent d'athéisme sont des ânes. Gœthe disait : " Quand je me sens troublé, je relis l'*Éthique*. " Il vous arrivera peut-être, comme à Gœthe, d'être calmée par cette grande lecture. J'ai perdu, il y a dix ans, l'homme que j'ai le plus aimé au monde, Alfred Le Poittevin. Dans sa maladie dernière, il passait ses nuits à lire Spinoza. » (A Mˡˡᵉ Leroyer de Chantepie, le 4 novembre 1857.)

2. Flaubert le découvre en 1870. « Je connaissais l'*Éthique* de Spinoza, mais pas du tout le *Tractatus theologico-politicus,* lequel m'épate, m'éblouit, me transporte d'admiration. Nom de Dieu, quel homme! quel cerveau! quelle science et quel esprit! » (A George Sand, avril-mai 1870.) Cet empressement d'autodidacte n'a-t-il pas exactement l'accent de Bouvard et Pécuchet?

La même année, à la même : « J'ai résolu de me mettre à mon *Saint Antoine* demain ou après-demain. [...] J'ai, dans ces derniers temps, lu des choses théologiques assommantes, que j'ai entremêlées d'un peu de Plutarque et de Spinoza... » (2-7-1870). « ... Présentement je lis, le soir, la *Critique de la Raison pure,* de Kant, traduit par Barni, et je repasse mon Spinoza... » (février 1872). « ... Pourvu que je ne rate pas aussi Saint Antoine? Je vais m'y remettre dans une huitaine, quand j'en aurai fini avec Kant et avec Hegel. Ces deux grands hommes contribuent à m'abrutir et, quand je sors de leur compagnie, je tombe avec voracité sur mon vieux et trois fois grand Spinoza. Quel génie! Quelle œuvre que l'*Éthique !* » (fin mars 1872).

sans amour, sans colère, sans aucun sentiment, sans aucune forme, sans providence et sans finalité. Le diable n'est pas plus athée que Spinoza et Flaubert dit de ceux qui « accusent » Spinoza d'athéisme que ce sont des « ânes ». Mais il joue ce Spinoza contre la religion, contre l'imagination religieuse, contre les illusions des figures dans la politique de la religion. Et à cet égard le *Traité théologico-politique* est encore plus important que l'*Éthique*. Ce livre, dit-il, l'« épate », l'« éblouit », le « transporte d'admiration » au moment où il le découvre, en 1870, alors qu'il travaille au *Saint Antoine*. Je risquerai tout à l'heure une hypothèse sur la place exceptionnelle de Spinoza dans la bibliothèque ou dans le dictionnaire philosophique de Flaubert, dans sa compagnie philosophique aussi car l'admiration pour l'homme Spinoza est toujours le premier mouvement (« Nom de Dieu, quel homme! quel cerveau! quelle science et quel esprit! » « Quel génie! »). Ce mouvement signale peut-être l'étonnement un peu naïf, la fraîcheur de l'amateur autodidacte, mais aussi la certitude, j'y viendrai, que le système n'est au fond qu'une œuvre d'art et renvoie d'abord à la force de l'artiste. Par ce geste, Flaubert est aussi le frère de Nietzsche.

La situation de Spinoza est aussi singulière dans ce que j'appellerai comme eux le « cabinet de lecture » philosophique de Bouvard et Pécuchet. Ce qui se passe dans ce « cabinet de lecture » mériterait des siècles d'analyse, et si le comique de Bouvard et Pécuchet ne tient pas du tout à leur incompétence ou à leur bêtise – ils en sont généralement exempts –, mais à une certaine accélération, à un certain rythme de leur assimilation philosophique, à la vitesse avec laquelle ils compulsent, manipulent et substituent les idées, les systèmes, les preuves, etc., alors, au rythme où je vais, je les caricature eux-mêmes. Je me contenterai donc d'indiquer une scansion dans leur épopée philosophique, à partir du moment où ils revinrent à la bibliothèque, où ils « reprirent un abonnement à un cabinet de lecture », ce qu'ils font pour répondre précisément à la question de Loulou. Cette question, c'est, je les cite : « Qu'est donc la matière? Qu'est-ce que l'esprit? D'où vient l'influence de l'une sur l'autre, et réciproquement? » Elle oriente les deux avant-derniers chapitres du manuscrit, ce n'est pas insignifiant. Au dernier chapitre, quand ils en viennent à s'occuper de l'éducation, ils commencent par se dire qu'« il fallait bannir toute idée métaphysique ». Mais ils savent déjà que ce n'est pas facile. Presqu'au terme de leur tournée encyclopédique, ils s'étaient certes tous deux avoué, c'est leur langage, qu'ils « étaient las des philosophes. Tant de systèmes vous embrouillent. La métaphysique ne sert à rien. On peut vivre sans elle ». Mais un moment après ils doivent reconnaître que toujours « la métaphysique revenait ». Ils peuvent d'autant moins y renoncer que « la philosophie les grandissait dans leur estime »; et c'est au cours de cette traversée du philosophique qu'ils conçoivent ce projet, insensé, la folie d'un désir à la fois philosophique et anti-philosophique par excellence : *voir la bêtise elle-même.* Rien n'est plus bête que l'intelligence même de ce désir qui est précisément leur fort. « L'évidence de leur supériorité blessait. Comme ils soutenaient des thèses immorales, ils devaient être immoraux; des calomnies furent inventées.

« Alors une faculté pitoyable se développa dans leur esprit, celle de voir la bêtise et de ne plus la tolérer. » Parmi les thèses immorales qu'ils venaient de développer, certaines tenaient à une négation de la Providence qui revient encore à Spinoza, d'autres à un « tant pis » pour la morale, « les vices sont des propriétés de la nature », ouvrant une référence à Sade qui n'est jamais absente du paysage de Flaubert [1]. J'insisterai seulement sur l'exception spinoziste dans la théorie accélérée, dans le cortège philosophique que font défiler Bouvard et Pécuchet. Tout est assimilé, digéré, dépassé, fors Spinoza qui situe le point de la plus grande fascination, de la plus grande tentation, mais aussi de la terreur qui le laisse hors d'atteinte, à distance, inassimilable. C'est trop, c'est trop fort et trop beau. Après que Bouvard se fut procuré la traduction de l'*Éthique,* celle de Saisset que Flaubert recommande dans une de ses lettres, ils prennent peur. « L'*Éthique* les effraya avec ses axiomes, ses corollaires. Ils lurent seulement les endroits marqués d'un coup de crayon et comprirent ceci [...] » Suivent des phrases de l'*Éthique* qu'ils comprennent plus ou moins bien, que Pécuchet ponctue à un moment par un « – Ah ce serait beau! » et devant lesquelles ils finirent par renoncer parce que c'était « trop fort » : « Il leur semblait être en ballon, la nuit, par un froid glacial, emportés d'une course sans fin, vers un abîme sans fond, et sans rien autour d'eux que l'insaisissable, l'immobile, l'éternel. C'était trop fort. Ils y renoncèrent. » A ce recul terrifié devant l'*Éthique* correspond un peu plus loin l'abomination d'une séquence issue du *Traité.* Le curé demande où Bouvard a découvert

---

1. Flaubert fut un grand lecteur de Sade, on le sait, même s'il s'est toujours défendu contre celui qui représentait pour lui l'hyperbole du catholicisme. Cf. ce qu'il en dit aux Goncourt (cité in J. -P. Richard, *Littérature et sensation, La création de la forme chez Flaubert*). Il se défendait aussi, d'un autre point de vue, contre ce que Sainte-Beuve avait appelé chez lui « la pointe d'imagination sadique ». (Cf. sa lettre à Sainte-Beuve de décembre 1862.)

« ces belles choses » : « – Dans Spinoza. A ce mot, le curé bondit. –
L'avez-vous lu? – Dieu m'en garde! » le rassure Bouvard [1].

On pourrait lire tout le drame encyclopédico-philosophique de
Bouvard et Pécuchet comme le développement bavard du *Nota Bene*
à Loulou et nous n'y serions pas seulement autorisés par ce que
Flaubert a dit : « Bouvard et Pécuchet m'emplissent à tel point, que
je suis devenu eux! leur bêtise est mienne, et j'en crève! » Je relis ce
Nota Bene qui commence aussi par la question de la matière et de
l'esprit :

> Mon Loulou [...] mon avis sur ces choses, le voici en un mot : je ne
> sais pas ce que veulent dire ces deux substantifs *Matière* et *Esprit;* on ne
> connaît pas plus l'une que l'autre. Ce ne sont peut-être que des abstractions
> de notre intelligence. Bref, je trouve le Matérialisme et le Spiritualisme
> *deux impertinences égales.*
> Demande à Monseigneur de te prêter le *Banquet* et le *Phédon* de
> Platon (dans la traduction de Cousin). Puisque tu aimes l'idéal, mon
> Loulou, tu le boiras, dans ces livres, à la source même. Comme art, c'est
> merveilleux.

En un mot ou cinq propositions, le temps d'une boutade, on
est tenté d'y reconnaître toute une scène faite à la philosophie, en
tout cas un fléchage de l'espace que nous aurions à déchiffrer si nous
voulions savoir ce que fut non pas *la* philosophie *de* Flaubert ni
même *la* philosophie *pour* Flaubert mais un rapport à la philosophie
qui ne fut pas d'un trait indivisible mais de plusieurs, et divisibles,
dont il est exclu qu'ils formassent, par définition, un système. Un
fléchage et des traits parce que l'ironie du coup porté marque toute
la scène, et en même temps que le trait le retrait, la distance prise
dans un espace qui ne fut pas homogène et vide. Cet espace appartient
à une possibilité déterminée, différenciée, possibilité historique ou
historiale qui *porte la signature de Flaubert.* Cette possibilité est
inséparable de ce qu'on appelle l'Idée et si elle porte la signature
de Flaubert, cela peut vouloir dire qu'elle est certes signée du nom
de Flaubert, nom propre et idiome que nous ne pouvons simplement

---

1. Il s'agit d'un passage sur l'imagination des prophètes et l'idolâtrie du
langage figuré ou des visions : « – Il va nier les prophètes, maintenant! – Pas du
tout! mais leur esprit échauffé percevait Jéhovah sous des formes diverses, celle
d'un feu, d'une broussaille, d'un vieillard, d'une colombe, et ils n'étaient pas certains
de la révélation puisqu'ils demandent toujours un signe. – Ah! et vous avez découvert
ces belles choses...? – Dans Spinoza. »

effacer, réduire ou déduire ici, mais aussi que ce nom, et l'idée qui vient à ce nom, nous les savons portés par une époque. C'est de ce qui, quant à la philosophie, porte cette signature, que j'essaie de parler.

Les traits de cette signature, j'ai choisi par économie de les reconnaître dans le *Nota Bene* d'une lettre. On y voit par exemple que Flaubert préfère parler de substantifs que de concepts. « Matière » et « esprit » sont d'abord traités comme des mots. Cette verbalité ou cette verbosité signale peut-être un fétichisme que Flaubert commence par récuser, peut-être en nominaliste de l'espèce vaguement condillacienne et tout en reproduisant une argumentation proprement philosophique, historiquement assignable, typée, classée, dont Flaubert avait une connaissance experte, qu'il allait développer et cataloguer dans *Bouvard et Pécuchet* au moment où ceux-ci, partis de la question de la matière et de l'esprit, « abordèrent l'origine des idées ». C'est la phase centrale du drame philosophique qui se joue entre eux et qui finalement est un drame de l'Idée. Après s'être posé la question de la matière et de l'esprit, ils doivent pour y répondre passer en revue tous les arguments sur l'origine des idées, des idées représentatives (par exemple de la matière et de l'esprit). C'est au cours de cette revue que, entre autres arguments, ils évoquent les risques de l'« abstraction » et du « mauvais emploi des mots », comme Flaubert le suggère à Loulou. Le grand tour ou le grand tourisme encyclopédique de Bouvard et Pécuchet philosophes est si clairement un tourisme de l'Idée qu'après avoir épluché les doctrines de l'idée représentative et de sa genèse, ils doivent en passer par l'Idée hegelienne. Dans l'intervalle ils avaient croisé Cousin [1]. Pécuchet se procure une introduction à la philosophie hegelienne et l'explique à Bouvard : « Il n'y a même de réel que l'idée », lui dit-il par exemple, et au curé qui passe le bréviaire à la main − « Aucune religion n'a établi aussi bien cette vérité : ˮ La nature n'est qu'un moment de l'idée! ˮ » Avec ce point d'exclamation qui ne devrait jamais ponctuer une thèse philosophique. Bouvard et Pécuchet c'est la philosophie, point d'exclamation. « Un moment de l'idée! murmura le prêtre, stupéfait. »

Deuxième trait du *Nota Bene*, ce nominalisme se doublant normalement d'un certain empirisme, autre argument codé, la matière et l'esprit, l'idée de matière et d'esprit ne correspondent à aucune

---

1. « Quant à l'évidence, niée par l'un, affirmée par l'autre, elle est à elle-même son critérium. M. Cousin l'a démontré. »

essence. L'idée – et on pourrait dire la même chose de l'idée d'idée – n'est qu'un mot associé à une abstraction de notre intelligence. « Peut-être », dit l'oncle à sa nièce, à sa sœur ou à sa fille, et ce « peut-être » vient alléger d'un soupçon de scepticisme les hypothèses en quelque sorte négatives qui se sont accumulées en deux phrases (ce nominalisme comme agnosticisme ou phénoménalisme, empirisme ou subjectivisme : ces deux mots, je ne sais pas ce qu'ils veulent dire, on ne connaît pas plus la matière que l'esprit, « ce ne sont peut-être que des abstractions de notre intelligence »). Mais très vite, toute la différence est dans le tempo, dans le jeu qui jette un système contre l'autre, Loulou reçoit la conclusion. Très vite, la conclusion précipite l'avis de l'oncle en un mot : « Bref, dit-il, je trouve le Matérialisme et le Spiritualisme *deux impertinences égales*. » Bref il renvoie dos à dos, il congédie les deux thèses opposables, les deux oppositions, il conclut (bêtement, donc) qu'il ne veut pas conclure (ce serait trop bête). Il le fait d'un « ni... ni » qui est moins celui de l'hésitation heuristique que le saut au-delà d'une opposition ressentie comme au fond périmée, épuisée, fatiguée, trop reçue pour être encore recevable, ou trop recevable pour être encore intéressante. Comme Bouvard et Pécuchet, il s'avoue en somme qu'il est « las des philosophes ». L'histoire paraît close, le code fini, les combinaisons et permutations de système sont trop connues. Dès lors, parader en faisant profession de spiritualisme ou de matérialisme, c'est égale impertinence, le mot visant à la fois l'incompétence naïve et l'insolence qui consiste à répondre là où il n'y a pas à répondre, l'arrogance monumentale (et pour Flaubert la bêtise est toujours monumentale [1], de la taille du monument pierreux couvert d'inscriptions) de ceux qui se posent sérieusement en matérialistes ou en spiritualistes, qui attachent leur nom à ce système alors qu'ils ne

---

1. « La bêtise est quelque chose d'inébranlable; rien ne l'attaque sans se briser contre elle. Elle est de la nature du granit, dure et résistante. A Alexandrie, un certain Thompson, de Sunderland, a, sur la colonne de Pompée, écrit son nom en lettres de six pieds de haut... Il n'y a pas moyen de voir la colonne sans voir le nom de Thompson, et par conséquent sans penser à Thompson. Le crétin s'est incorporé au monument et se perpétue avec lui. » Lettre citée par J. -P. Richard, *op. cit.* Quand il dit ailleurs que « les chefs-d'œuvre sont bêtes » (« ... ils ont la mine tranquille comme les productions de la nature, comme les grands animaux et les montagnes », à Louise Colet, 26-27 juin 1852), on peut aussi penser à la résistance pierreuse et monumentale qu'ils peuvent alors offrir à l'histoire. Le nom propre s'y incorpore et ce n'est pas un bénéfice secondaire de cette spéculation sur la bêtise. J'avais commencé par souligner les *pierres*.

savent même pas, tels des enfants, ce que ces grands mots de matière et d'esprit veulent dire.

Plusieurs gestes composent ici entre eux. D'une part l'intérêt avide et boulimique pour la philosophie (assez rare en somme, à ce degré, pour un écrivain de l'époque), l'empressement zélé à étudier la philosophie, à poser des questions aux systèmes, à en apprendre les arguments typés, la technique, la rhétorique, comme Bouvard et Pécuchet, mais toujours à une certaine distance, une extériorité à la fois délibérément revendiquée et un peu contrainte. D'autre part, avec ce mélange apparent d'ingénuité studieuse ou autodidactique et de culture sophistiquée (trop vieille), Flaubert fait deux gestes à la fois. D'une main il retourne les arguments de la philosophie contre la philosophie, joue un système ou une typologie philosophique contre l'autre avec l'agilité *et* la lourdeur de l'expert autodidacte qui mime très vite la manipulation de l'artiste ou du prestidigitateur philosophe; mais de l'autre main, d'une main lasse, il fait signe qu'il ne joue plus et que toutes ces prises de parti philosophique se valent, les oppositions sont impertinentes. Il esquisse alors un mouvement au-delà du Philosophe et de la Philosophie. Comment ce mouvement est-il possible (dans les déclarations mais aussi dans l'œuvre dite littéraire)? Comment compose-t-il avec l'autre? Et qu'est-ce qui peut donner lieu à cette composition dans l'histoire et *sous* la signature de Flaubert, comme ce qui la porte, voilà la question que j'aurais voulu ouvrir du moins au titre de l'idée de Flaubert.

Pour cela je m'en remets encore au *Nota Bene* de la lettre à Loulou, à son deuxième paragraphe qui conseille deux dialogues de Platon. Ce ne sont pas n'importe lesquels. Le *Banquet* et le *Phédon* exposent l'amour, le Beau et le système des Idées dans leur forme la plus dure, la plus dualiste et, dirait-on, la plus idéale : « puisque tu aimes l'idéal », dit Flaubert lui-même, qui conseille à Loulou de se faire prêter l'idéalisme (qui n'est ni le spiritualisme ni le matérialisme) dans la traduction de Cousin, de celui qu'il surnomme donc Le Philosophe et parfois même Platon [1] dans la correspondance

---

1. A Louise Colet le 22 septembre 1846 : « [...] Ce bon facteur! je lui fais donner à la cuisine un verre de vin pour se rafraîchir [...] Hier il ne m'a rien apporté, il n'a rien eu! Tu m'envoies tout ce que tu peux trouver pour flatter mon amour, tu me jettes, à moi, tous les hommages que tu reçois. J'ai lu la lettre de Platon avec toute l'intensité dont mon intelligence est susceptible, j'y ai vu beaucoup, énormément; le fond du cœur de cet homme-là, quoi qu'il fasse pour le montrer

avec Louise Colet, celui qu'il s'est envoyé ou dont il s'est fait envoyer la lettre par Louise Colet (qui lui avait d'ailleurs laissé croire, à Victor Cousin, que sa fille, Henriette Colet, était de lui, autre détournement de correspondance, autre dissémination qu'on devrait traiter de façon d'autant moins anecdotique au regard de l'œuvre de Flaubert que celle-ci s'est produite en ce lieu où Flaubert a pu écrire « je ne veux pas d'enfant à *moi* [...] j'aime ma petite nièce comme si c'était ma fille... » (à Louise Colet, le 22 avril 1854) et que la fausse couche de Louise, dès les premières semaines de leur amour, provoqua de la part de Flaubert une lettre profondément soulagée que nous devrions lire ici attentivement : après avoir dit qu'il préférait renoncer à la postérité et qu'il aimait l'« idée » du « néant absolu », il vole au secours de Cousin : « Pourquoi repousses-tu si durement ce bon philosophe qu'il s'en aperçoit et t'en fait des reproches? Qu'a-t-il donc commis, ce pauvre diable, pour que tu le maltraites? » (15-16 septembre 1846.) Voilà le côté Flaubert; il se trouve, pour rester encore dans le labyrinthe de ces détournements épistolaires, que les lettres de Louise sont restées entre les mains de Loulou. La scène est d'autant plus surdéterminée que l'ironie agressive à l'égard du Philosophe, comme rival passé ou potentiel, n'est jamais exempte d'un certain respect endetté. Flaubert renvoie Louise à l'autorité de Cousin comme si un pacte entre les deux hommes, le Philosophe et l'écrivain, restait invulnérable, voire inaccessible à ce qui lie l'un ou l'autre à une femme, fût-elle femme d'écriture. Si Flaubert est impitoyable pour le Philosophe, il ne manque pas de renvoyer aussi Louise aux leçons de son ancien amant, précisément aux leçons sur l'Idée et d'abord sur l'Idée du Beau pur, c'est-à-dire de ce que la femme, selon lui, a du mal à penser parce qu'elle y mêle toujours, comme une impureté, quelque désir de l'agréable et de l'utile. Il ne serait pas cohérent, en principe, pour qui analyserait le rapport de Flaubert au philosophe et à la philosophie, de tenir à l'écart tout son discours sur la femme qui lui « semble une chose impossible [1] » et sur la différence sexuelle, en particulier toutes les

---

calme, est froid et vide, sa vie est triste [...] mais il t'a beaucoup aimée et t'aime encore d'un amour profond et solitaire, cela lui durera longtemps. Sa lettre m'a fait mal [...] Le philosophe, d'ordinaire, est une espèce d'être bâtard entre le savant et le poète, et qui porte envie à l'un et l'autre – la métaphysique vous met beaucoup d'âcreté dans le sang ; – c'est très curieux et très amusant, j'y ai travaillé avec assez d'ardeur pendant deux ans, mais c'est un temps perdu que je regrette... »

1. « ... La femme me semble une chose impossible. Et plus je l'étudie, et

évaluations qui marquent sa poétique ou les figures de sa poétique. Il aime, dit-il, « les phrases tendues comme des biceps d'athlète » (à Louise Colet, 6-7 juin 1853) et « par-dessus tout la phrase nerveuse, substantielle, claire, au muscle saillant, à la peau bistrée [...] les phrases mâles et non les phrases femelles comme celles de Lamartine [1] » à qui la « couille manque » et qui « n'a jamais pissé que de l'eau claire [2] ». Parlant de l'Art et du Beau, la seule chose qu'il « estime et admire », il « gronde » Louise et l'adresse à son Philosophe : « Toi, tu mêles au Beau un tas de choses étrangères, l'utile, l'agréable, que sais-je? Tu diras au Philosophe de t'expliquer l'idée du Beau pur, telle qu'il l'a émise dans son cours de 1819 et telle que je la conçois... » (13 septembre 1846, soit deux jours avant la perte de l'enfant [3].) La figure du philosophe Cousin, ce n'est pas seulement celle du médiateur dans le duel qui se joue ici, elle occupe en général la place du *messager* comme traducteur, au sens large et au sens dit strict. C'est le philosophe éclectique qui assimile et livre la tradition (en particulier à Flaubert, à Bouvard et à Pécuchet), c'est le traducteur de Platon, soit du premier grand penseur de l'Idée dont Flaubert lui fait aussi porter le nom en sobriquet; c'est aussi

---

moins je la comprends. Je m'en suis toujours écarté le plus que j'ai pu. C'est un abîme qui attire et qui me fait peur! Je crois, du reste, qu'une des causes de la faiblesse morale du XIXe siècle vient de sa *poétisation* exagérée. Aussi le dogme de l'Immaculée-Conception me semble un coup de génie politique de la part de l'Église. Elle a formulé et annulé à son profit toutes les aspirations féminines du temps. Il n'est pas un écrivain qui n'ait exalté la mère, l'épouse ou l'amante. – La génération, endolorie, larmoie sur les genoux des femmes, comme un enfant malade. On n'a pas l'idée de la *lâcheté des hommes envers elles*!

« De sorte que, pour ne pas vivre, je me plonge dans l'Art, en désespéré; je me grise avec de l'" encre comme d'autres avec du vin "... » (A Mlle Leroyer de Chantepie, 18 décembre 1859.)

1. « Je suis flatté de voir que vous vous unissez à moi dans la haine du Sainte-Beuve et de toute sa boutique. J'aime par-dessus tout la phrase nerveuse, substantielle, claire, au muscle saillant, à la peau bistrée : j'aime les phrases mâles et non les phrases femelles, comme celles de Lamartine... » (A Louis de Cormenin, 7 juin 1844.)

2. « ... Lamartine se crève, dit-on. Je ne le pleure pas [...] Il ne restera pas de Lamartine de quoi faire un esprit eunuque, la couille lui manque, il n'a jamais pissé que de l'eau claire. » (A Louise Colet, 6 avril 1853.) Conséquence singulière qu'on pourrait croiser avec telle considération hegelienne sur l'unicité du canal conducteur pour l'émission du sperme et de l'urine qu'il compare respectivement à la pensée conceptuelle et à la représentation.

3. Et ailleurs : « De tout cela je conclus, suivant le père Cousin, que le Beau est fait pour quarante personnes par siècles en Europe. » (A Amélie Bosquet, le 9 août 1864.)

le traducteur ou le facteur en France du dernier grand penseur de
l'Idée, à savoir Hegel. Flaubert l'a lu. De Platon à Hegel, une
certaine histoire de l'Idée, comme du mot « idée » se déploie, se
destine et se clôt, sans laquelle on n'aurait aucune chance d'accéder
à ce qui porte la signature de Flaubert, surtout quand celle-ci s'écrit
à travers le mot « idée » dont les occurrences sont si abondantes et
si singulières dans son discours, et dont les sens se modifient, certes,
et se modalisent selon les contextes. Une forme de la question pourrait
être celle-ci : qu'est-ce que ça veut dire, qu'est-ce qui encore veut se
dire, qu'est-ce qui déjà ne veut plus se dire, ne peut plus vouloir
dire quand Flaubert se laisse littéralement assiéger par le mot « idée »,
quand il en fait ou n'en fait pas un thème, dès lors que de *cette
question* même il ne fait jamais un thème? Incontestablement, mille
citations pourraient l'attester, il mobilise, selon les contextes, toutes
les ressources sémantiques léguées par l'histoire de la langue et de
la philosophie, puis, comme si d'un saut invisible l'idée passait
l'idée, il semble nommer à travers elle un X qui, lui, n'appartient
peut-être plus à cette histoire. En ce sens, par cette étrange proximité
d'un post-hegelien à Hegel, à une Idée où se rassemble toute une
destinée platonico-hegelienne, Flaubert occupe un lieu qui n'est pas
incomparable à celui de Mallarmé, soit dit sans vouloir négliger
aucune des différences essentielles qui peuvent les séparer, à commencer par une certaine idée de la prose ou du vers. Tous deux inscrits
en un lieu d'épuisement du philosophique où ils ne peuvent plus
régler leur écriture littéraire, leur art, si l'on veut, sur un système
ou une position philosophique, ils doivent continuer à manœuvrer
les philosophèmes comme une sorte de métalangage instrumental
pour annoncer leur écriture. Ils recourent alors aux formes philosophiques les plus propres à dire cette limite et cette impossibilité,
par exemple et par excellence, tous les deux, à un simulacre de la
dialectique et de l'idée (platonicienne *et* hegelienne) qui permette à
la fois de rassembler le philosophique et de marquer sa limite tout
en disqualifiant les oppositions, c'est-à-dire en somme tous les concepts
philosophiques comme tels (ni matérialisme ni spiritualisme, c'est
aussi *ni... ni* tant d'autres choses). Et le mot « Idée », dans tel
contexte mallarméen ou flaubertien, mime l'Idée platonico-hegelienne
en la vidant de son contenu métaphysique ou dialectique, en l'ex-
ténuant jusqu'à la sublimité négative du Livre mallarméen ou du
« livre sur rien », on pourrait dire du livre-sur-rien-de-Flaubert. N'oublions pas que ce « livre sur rien » dont il parle à Louise Colet n'est
pas seulement un livre idéal, c'est le livre de l'idéalité qui n'est plus
rien. Le Beau (d'autant plus beau « qu'il y a le moins de matière »),

« l'avenir de l'art », l'« affranchissement de la matérialité » par une
« prose » qui « s'atténue » [1], tout cela ne fait que passer par une sorte
de formalisme de l'idée pour se présenter, mais le traverse aussitôt
vers un rien qui se tient tout seul au-delà des oppositions, par
exemple entre la forme et la matière ou entre la forme et le
contenu, etc. L'idée d'idée, le mot « idée », c'est encore la traduction
philosophique d'un texte qui n'est plus philosophique [2]. La philosophie a eu lieu, il n'y a plus rien à attendre d'elle, elle a déjà saturé
son champ et notre culture; tout ce qui reste à faire, pour faire autre
chose enfin, c'est peut-être la recevoir, comme un énorme héritage
d'idées reçues, la lire et la traduire. Notre seul retard par rapport à
cette philosophie qui a eu lieu, c'est un retard à la traduction. Je
rappelle le mot bien connu de Flaubert sur la traduction de Hegel.
Il dit surtout les ravages que font les discours critiques en tant que
discours philosophiques sur l'esthétique, l'art ou la littérature. C'est
le métalangage du régent qui prétend faire la loi : « Plaute aurait ri
d'Aristote s'il l'avait connu! Corneille se débattait sous lui; Voltaire
malgré lui a été rétréci par Boileau! Beaucoup de mauvais nous eût
été épargné dans le drame moderne sans Schlegel; et quand la
traduction de Hegel sera finie, Dieu sait où nous irons! » [3]. La
traduction de Hegel, autrement dit le déploiement sans réserve de
sa réception historique, ce serait la fin de tout, la fin de l'art et de
la littérature, d'une littérature passée tout entière sous la régence de
la philosophie, par elle stérilisée, et ne devant pour l'instant son
reste de vie ou de survie qu'à des recoins de Hegel encore non
traduits. De ce Hegel à traduire dont je rappelle que le Philosophe,
Victor Cousin, père auto-putatif de la fille de Louise Colet, l'avait
dans une lettre supplié d'engrosser de ses idées la France, d'« im-
planter dans les entrailles du pays des germes féconds qui s'y
développent naturellement [...] Je me sens le dos assez ferme pour

---

1. A Louise Colet, 16 janvier 1852, et 30 septembre 1853.
2. Tant il est difficile de « donner aux gens un langage *dans lequel ils n'ont
pas pensé!* » Je déplace et déforme le sens le plus évident de cette phrase. Dans le
contexte de cette lettre à Feydeau (fin octobre 1858), il s'agit de la tâche impossible
de décrire Carthage dont « on ne sait rien ». Mais la généralité de la formule porte
aussi ailleurs, vers l'insensé et l'impossible dont je parle ici. Deux phrases plus
haut, Flaubert disait : « Depuis que la littérature existe, on n'a pas entrepris quelque
chose d'aussi insensé. »
3. Le 14 octobre 1846. Et beaucoup plus tard, d'un autre point de vue, à
Mlle Leroyer de Chantepie, le 23 octobre 1863 : « ...l'Art ne doit servir de chaire à
aucune doctrine sous peine de déchoir!... »

le supporter [...] Hegel, dites-moi la vérité, puis j'en passerai à mon pays ce qu'il en pourra comprendre » (1er août 1826). Le règne de Hegel, ce serait le royaume sans limites d'une certaine idée mais du même coup, si paradoxal que cela paraisse, cela libérerait peut-être le passage à cette littérature ou à cette écriture que Flaubert appelle Art. La philosophie parvenue à sa fin ou à ses fins, on peut encore, on peut alors à la fois cesser de la considérer, voire la déconsidérer ou, ce qui revient au même, la traiter comme un art, et lire les grands philosophes comme des artistes. C'est la fin du *Nota Bene*. Éloge de Platon pour Loulou qui aime l'idéal : « Comme art, lui dit l'oncle, c'est merveilleux. » Douze ans après, il dit à la même que « la morale n'est qu'une partie de l'Esthétique » (8 mars 1880) et dans la même lettre il déclare ne pas douter de « la portée philosophique » de *Bouvard et Pécuchet*.

Maintenant une fiction pour *conclure* et s'adonner ainsi à ce qui est la bêtise même. Imaginez que je vous propose de mettre en tableau tous les usages que Flaubert a faits du mot « idée » (j'ai sous la main quelque 666 citations); je classerais toutes les occurrences apparemment triviales, inattentives, simplement opératoires, par exemple, dans le sens de « contenu » : « ce sera moins élevé que Saint Antoine comme *idées* (chose dont je fais peu de cas), mais ce sera peut-être plus raide et plus rare, sans qu'il y paraisse » (à Louise Colet, 8 février 1852), ou dans le sens de représentation humaine, exemple : « La religion est... une affaire d'invention humaine, une idée enfin », ceci par opposition à la foi qui est un « sentiment » (à Louise Colet, 31 mars 1853), moyennant quoi « les idées sont des faits » qu'on peut décrire et mettre en tableau (15 janvier 1853), etc. Dans un autre tableau taxinomique, je ferais apparaître les 666 cas où le mot « Idée », souvent avec une majuscule, est le thème, voire le héros du discours, cette fois en un sens qui n'est plus celui de représentation ou de contenu mais au contraire, comme « idée pure », du côté d'une forme et d'un art qui deviennent eux-mêmes le contenu, mais qui, dès lors, ne s'opposent plus au contenu et n'appartiennent plus à aucune opposition de concepts philosophiques. Par exemple, et sans ordre : « ...le bonheur, pour les gens de notre race, est dans l'idée, et pas ailleurs » (à Le Poittevin, septembre 1845); « ...je rentre plus que jamais dans l'idée pure, dans l'infini... je deviens un peu fou... » (à Du Camp, 7 avril 1856); « ...oui, travaille, aime l'Art. De tous les mensonges, c'est encore le moins menteur... l'idée seule est éternelle et nécessaire... » (à Louise Colet, 9 août 1846); « ...tu n'ôteras pas la forme de l'Idée, car l'Idée n'existe qu'en vertu de sa forme. Suppose une idée qui n'ait pas de forme, c'est impossible; de même qu'une forme qui n'exprime pas une idée. Voilà un tas de sottises sur lesquelles la critique vit » (à Louise Colet, 18 septembre 1846); « Il faut [...] écrire le moins qu'on peut, uniquement pour calmer l'irritation de l'Idée qui demande à prendre une forme et qui se retourne en nous » (à Louise Colet, 13 décembre 1846); « Je n'ai rien en vue [...] que la réalisation de l'idée, et il me semble que mon œuvre perdrait même tout son *sens* à être publiée... » (à Louise Colet, 16 août 1846); « ... Le style [...] m'agite les nerfs horriblement [...] je me trouve incapable de rendre l'*Idée*. » (à Louise Colet, 2 octobre 1846). Dans tous ces exemples – ils datent des années 1840-1850 – l'Idée, conformément à plusieurs programmes philosophiques, est à la fois le contenu qui cherche sa forme, et déjà forme elle-même, ce qui aurait aussi ses titres de généalogie philosophique, si ce que Flaubert appelle l'Art, comme lieu de l'Idée et non comme moment de l'idée, ne désignait pas un autre espace que le philosophique et donc, sous le nom d'Idée, autre chose que cette dialectique de la forme et du contenu. Ainsi : « Où la Forme, en effet, manque, l'idée n'est plus. [...] Ils sont aussi inséparables que la substance l'est de la couleur et c'est pour cela que l'Art est la vérité même. Tout cela, délayé en vingt leçons au Collège de France, me ferait passer près de beaucoup de petits jeunes gens, de messieurs forts et de femmes distinguées, pour grand homme pendant quinze jours » (à Louise Colet, 23 mai 1852); « La vie est une chose tellement hideuse que le seul moyen de la supporter, c'est de l'éviter. Et on l'évite en vivant dans l'Art, dans la recherche incessante du Vrai rendu par le Beau » (à Mlle Leroyer de Chantepie, 18 mai 1857). Ailleurs : « Je suis *beau* comme morale. Mais je crois que je deviens stupide intellectuellement parlant » (à Feydeau, septembre-octobre 1860). Ces propositions sur l'Art comme Vérité pour éviter la Vie, nous pourrions d'autant moins conclure avec elles et nous y arrêter, par exemple dans une lecture conjointe de propositions comparables, à la fois semblables et différentes, de Nietzsche ou de Valéry, qu'ailleurs Flaubert remet en jeu ce Vrai dans une sorte de perspectivisme et d'antinaturalisme de l'écriture. Exemples : « La rage de l'*idée* leur avait enlevé [aux poètes du XVIe siècle] tout sentiment de la nature. Leur poétique était antiphysique » (à Taine, 20 décembre 1865) ou encore : « Cette manie de croire qu'on vient de découvrir la nature et qu'on est plus vrai que les devanciers m'exaspère. La *tempête* de Racine est tout aussi vraie que celle de Michelet. Il n'y a pas de Vrai! Il n'y a que des manières de voir. Est-ce que la photographie est ressemblante? Pas plus que la peinture à l'huile, ou tout autant.

« A bas les Écoles quelles qu'elles soient! A bas les mots vides de sens! A bas les Académies, les Poétiques, les Principes! » (à L. Hennique, 3 février 1880).

Ce perspectivisme interdit qu'on arrête une vérité de l'Idée, et que, derrière toutes ces variations réglées, derrière tous ces contextes (on en trouverait encore d'autres), la vérité invariable d'une idée de l'idée fasse la loi. Le désir de cette idée de l'idée serait encore philosophique, même s'il cherchait cette vérité de l'idée comme une scène originaire ou paradigmatique, par exemple celle de la négativité ou du ressentiment, dans un art de l'idée qui nous mettrait à l'abri de la vie ou comme la scène d'un endettement coupable à l'égard de l'idée : par exemple quand Flaubert se refuse à « distraire quelque chose » à l'Art, ce qui serait, dit-il, « presque un crime », « un vol fait à l'idée » (à Louise Colet, 22 août 1853); ou encore quand il parle de ce qu'il fait avec les idées reçues comme d'une vengeance littéraire et morale (« ... je me serai *vengé* littérairement [dans la Préface], comme dans le *Dictionnaire des Idées reçues* je me vengerai moralement... », à Louise Colet, 7 juillet 1853); ou encore quand il parle de l'idée comme d'un instrument de puissance et de torture, et pour soi et pour les autres, dans cette lettre célèbre à Louise Colet : « Il est beau d'être un grand écrivain, de tenir les hommes dans la poêle à frire de sa phrase et de les y faire sauter comme des marrons. Il doit y avoir de délirants orgueils à sentir qu'on pèse sur l'humanité de tout le poids de son idée. » Mais il est vrai que dans cette phrase sur la phrase, l'idée est encore pensée comme un contenu, puisqu'il ajoute, en retirant toute son agressivité : « Mais il faut, pour cela, avoir quelque chose à dire. Or je vous avouerai qu'il me semble que je n'ai rien que n'aient les autres (...) L'art (...) n'est peut-être pas plus sérieux que le jeu de quilles. » (Début novembre 1851.)

Ce qui reste, en un sens du reste qui ne revient peut-être plus à l'idée philosophique, c'est qu'à travers toutes ces scènes, ces perspectives et ces contextes multiples de l'idée, à travers les mouvements dialectiques ou esthétiques de la négativité, du ressentiment contre la vie (« J'ai la vie en haine », à M. Du Camp, 21 octobre 1851), de la vengeance, de l'endettement, du devoir, de l'impuissance, etc., une affirmation s'inscrit qui ne fait l'objet d'aucune déclaration, d'aucun discours métalinguistique, d'aucune référence à la philosophie. Peut-être cette affirmation, que je décris dans un code un peu nietzschéen, avait-elle à s'entendre aussi avec une idée de l'idée qui n'appartient sans doute pas simplement au continuum platonico-hegelien, je veux dire avec l'idée de Spinoza qui n'est ni ne donne lieu à aucune représentation, mimétique ou non, à aucune idée de l'idée, et que Spinoza oppose justement à la tradition, notamment à l'idée cartésienne, comme l'acte ou l'affirmation à la copie reproductive, voire à son modèle. Hypothèse peut-être aventureuse, si Flaubert, alors même qu'il place Spinoza tout à fait à part et au-dessus de toute la société des philosophes, ne se réfère jamais, à ma connaissance, à l'idée spinoziste comme telle. Mais ce silence ne doit pas nous arrêter, tant il est vrai que l'*Éthique* et le *Traité* sont impossibles et illisibles sans cette idée. Et si je conclus sur ce silence de Flaubert, c'est qu'aussi bien la force affirmative de telle idée n'a donné lieu de sa part à aucune déclaration éloquente, je le disais à l'instant. Elle se confond avec l'acte de son écriture, avec sa littérature, avec son œuvre même – dont on ne m'avait pas demandé de vous parler.

Aurai-je le temps d'un épilogue?

Cet épilogue ou cet envoi, ce serait aussi une dédicace à mon ami Eugenio Donato auprès de qui l'année dernière [1], en Californie, j'ai sans doute commencé à lire Flaubert autrement.

Qui est l'idée de Flaubert? Peut-être seriez-vous tentés de traduire ainsi la grammaire de ma question, et plus audacieusement d'y répondre par un nom propre, un morceau de nom propre ou le transfert sans fin de quelques fragments d'identité encore sans nom. On entend quelqu'un souffler : l'idée de Flaubert, c'est Loulou, entre Caroline et Louise, et c'est d'abord Caroline la sœur morte, l'impossible.

J'avais d'abord choisi pour titre *L'idée de Flaubert*.

L'article défini s'autorisait de l'auteur qui dit si souvent « l'idée », que « le bonheur... est dans l'idée », qu'il « rentre... dans l'idée pure », que « l'idée seule est éternelle et nécessaire », « l'Art et la Religion, ces deux grandes manifestations de l'Idée... ».

Pourquoi ai-je finalement préféré l'article indéfini, *Une idée de Flaubert?* Sans doute pour mesurer mon propos : ceci revient à donner modestement *une* idée de Flaubert. Et l'une des siennes, parmi d'autres possibles. Mais il fallait aussi faire justice à une phrase, une seule, que j'aurais voulu inscrire sur la pierre de tout ce qui se méduse au bord du cadavre de Caroline, la mère et homonyme de Loulou – et c'est pourquoi j'ai préparé la pierre depuis une demi-

---

1. C'était en 1979. Eugenio Donato est mort en 1983. Quelques mois plus tôt, il publiait « Qui signe Flaubert? » (*in* MLN, mai 1983, vol. 98, n° 4) et citait cette lettre à Maxime Du Camp : « l'on meurt presque toujours dans l'incertitude de son nom propre ».

heure, celle sur laquelle on a toujours la bêtise de graver un nom, la « colonne » « de granit, dure et résistante ». Depuis la chambre même de la sœur morte, Flaubert écrit des lettres : « ... ma mère est une statue qui pleure... », « j'ai les yeux secs comme du marbre... » ; puis après l'enterrement : « ... j'ai senti le plomb me plier sous les mains. C'est moi qui l'ai fait mouler. J'ai vu les grosses pattes de ces rustres la manier et la recouvrir de plâtre. J'aurai sa main et sa face... », « ... J'étais sec comme la pierre d'une tombe... » (à M. Du Camp, 22-23 mars 1846.)

Cette phrase, je vais la dire, vous y admirerez le passage de l'indéfini au défini, et surtout du singulier au pluriel, comme l'effet de la plus lucide inattention. La traduction y est infaillible, il faudrait la faire parler comme cette pierre même, elle dit l'acharnement de Flaubert, ce qui l'a proprement acharné du côté de « la chose impossible ». Cette phrase est un conseil, un précepte, une plainte et un impératif, un mouvement de compassion aussi pour un ami endeuillé (Feydeau, 12-15 novembre 1859) :

> « ... *acharne-toi sur une idée ! ces femmes-là au moins ne meurent pas et ne trompent pas !* »

Flaubert exhortait souvent ses amis, il s'encourageait aussi lui-même en citant Gœthe, un mot sinistre et joyeux qu'il trouvait « sublime [1] » : « *par-delà les tombes en avant !* » Il avouait d'ailleurs n'en attendre aucune consolation.

---

1. Par exemple dans sa lettre à Edmond de Goncourt, début juillet 1870.

Géopsychanalyse
« and the rest of the world »

Avant de nommer l'Amérique latine, j'ouvrirai une parenthèse. « [...] et le reste du monde », c'est une citation, un bon mot de l'Association psychanalytique internationale. Dans le projet de sa Constitution de 1977, tel qu'il fut accepté au 30ᵉ congrès de l'API à Jérusalem, une phrase entre parenthèses définit en quelque sorte le partage du monde psychanalytique : « *(The Association's main geographical areas are defined at this time as America north of the United States-Mexican border; all America south of that border, and the rest of the world.)* » C'est un trop bon mot pour qu'on ne commence pas par ce reste. Il nomme au fond l'Europe, terre d'origine et vieille métropole de la psychanalyse, un corps couvert d'appareils et de tatouages institutionnels et, dans le même « reste du monde », tout territoire encore vierge, tous les lieux du monde où la psychanalyse, disons-le, n'a pas encore mis les pieds. « Le reste du monde », c'est pour la Constitution de l'API le titre commun, le nom commun, le lieu commun des origines de la psychanalyse et de ce qui, au-delà des confins de la psychanalyse, n'a pas encore été frayé, tous les espoirs restant permis, une sorte de *far west* ou de *no man's land,*

---

* Conférence prononcée à l'ouverture d'une Rencontre franco-latino-américaine qui eut lieu à Paris en février 1981 à l'initiative de René Major. Les actes de cette rencontre, consacrée avant tout aux institutions et à la politique de la psychanalyse aujourd'hui, furent publiés in *Confrontation* (collection Vert et Noir) en 1981, dans un volume qui reprenait le titre de cette conférence. Sous-titre : *Les souterrains de l'institution.*

mais aussi bien d'un corps étranger déjà nommé, incorporé, cerné par la Constitution de l'API qui mime d'avance, si on peut dire, la colonisation psychanalytique d'un reste du monde non américain, d'une virginité mariée entre parenthèses à l'Europe.

Je ferme provisoirement cette parenthèse et je nomme l'Amérique latine. C'est la seule performance à laquelle je rêve ce matin, nommer l'Amérique latine, et le faire autrement que dans la constitution de l'Association internationale de psychanalyse. Car nous devons partir de cette évidence : ceci est une rencontre internationale, une rencontre psychanalytique aussi, qu'aucune association internationale de psychanalyse ne vient légitimer. Un peu comme si le spectre d'une autre internationale venait hanter ces lieux pour leur conférer d'avance une autre légitimité.

Ainsi je nommerai l'Amérique latine. Qu'est-ce que l'Amérique latine aujourd'hui? Je dirai tout à l'heure pourquoi, selon moi, il faut la nommer. Mais est-ce qu'elle existe pour autant et si elle existe, qu'est-ce que c'est? Est-ce le nom de quelque chose qui tient assez à soi-même, autrement dit un continent, pour avoir une identité? Est-ce le nom d'un concept? Qu'est-ce que ce concept pourrait avoir à faire avec la psychanalyse?

Eh bien, la réponse que j'apporte à cette question que je me suis posée à moi-même en arrivant ici, c'est oui. Oui, l'Amérique latine est le nom d'un concept. Et j'ajouterais même, dans l'histoire conjointe de l'humanité et de la psychanalyse, le nom d'un concept psychanalytique.

Si j'ai annoncé de la géopsychanalyse, comme on dit géographie ou géopolitique, ce n'était pas, vous vous en doutiez, pour vous proposer, comme on le fit il y a quelques décennies, une psychanalyse de la terre : « La terre et les rêveries du repos », « La terre et les rêveries de la volonté », disait alors Bachelard. Mais si je m'écarte aujourd'hui d'une telle psychanalyse de la terre, ou aussi bien du thème plus récent et plus urgent d'une anti-psychanalyse de la territorialisation, c'est bien sur la terre néanmoins que je voudrais m'avancer, sur ce qu'est aujourd'hui la terre pour la psychanalyse.

Il y aurait une terre de la psychanalyse, une et unique. On la distinguerait du monde de la psychanalyse. Mon intention n'est pas de me demander maintenant ce qu'il en est du monde psychanalytique, si la psychanalyse est un monde ou encore de ce monde, mais plutôt d'observer la figure que ce devenir-monde de la psychanalyse, cette mondialisation en cours dessine sur la terre, à même la terre des hommes, le corps de la terre et des hommes.

L'idée m'en est peut-être venue d'abord, tout simplement à

lire le programme de votre colloque : qu'il existe une entité du socius psychanalytique nommée « Amérique latine », qu'une unité continentale, identité à la fois géographique – disons naturelle – *et* culturelle, linguistique, historico-linguistique, ait quelque pertinence dans l'organisation mondiale de la psychanalyse, cela ne va pas de soi et mérite quelques questions. Il y aurait donc des continents pour la psychanalyse, des demi-continents, des unités péninsulaires, des péninsules très peuplées de psychanalystes et de psychanalyse, et puis des péninsules vierges, des semi-continents blancs ou noirs; il y aurait plus ou moins qu'un continent noir, plus ou moins d'un noir, noir comme le non-frayé, l'inexploré, le féminin, noir aussi comme le sexe, noir comme la peau de certains, noir comme le mal, noir comme l'horreur indicible de la violence, de la torture ou de l'extermination. Tout cela m'a donné l'idée d'une lecture de la psychanalyse *à la carte,* si l'on peut dire. Et comme en cette hypothèse je n'étais pas dépourvu de toute arrière-pensée politique, la chose s'est accélérée, la nécessité s'est faite plus contraignante à la lecture de deux documents relativement récents.

Ces deux documents, je me suis demandé si j'oserai vous dire avec quelle ingénuité, avec quelle fraîcheur d'esprit et depuis quelle ignorance je les ai lus.

Je me suis demandé si j'oserai. Ce n'était pas tout à fait ma première question ou ma première inquiétude. Car en premier lieu je m'étais demandé pourquoi on m'avait ici demandé et ce qu'on avait bien voulu me demander. Pourquoi me demander de parler ici, de parler le premier un matin, le premier matin, de bon matin, pour quoi dire et pour quoi faire. Et à qui. Remarquez que je ne me demande pas pour quoi j'ai accepté. La réponse dans ce cas est simple : j'ai accepté pour essayer de comprendre ce pour quoi on m'avait demandé. Répondre à une question ou à une invitation sans savoir et seulement pour comprendre où l'autre veut en venir, c'est peut-être une attitude courante mais c'est une politique étrangère dangereuse, sans laquelle, il est vrai, il ne se passerait jamais rien. Y aurait-il de l'événement si on ne répondait qu'après avoir compris la question ou l'invitation, après avoir contrôlé l'identité et le sens de la question, de la demande ou de la provocation?

Ma première hypothèse fut la suivante, je la tire de mon expérience. Dans ce monde psychanalytique-ci, à Paris, on veut entendre le plus vite possible, le plus tôt et le plus rapidement, sans perdre de temps, ce que pourrait bien dire cet étranger, ce corps étranger qui n'appartient à aucun corps, qui n'est membre, à aucun titre, d'aucune des corporations analytiques du monde ou du reste du monde, qu'elles se trouvent ici représentées ou non, les européennes ou les latino-américaines. Je dis « corps étranger » pour désigner cette chose qu'on ne peut ni assimiler ni rejeter, ni intérioriser ni, à la limite d'un trait divisible entre le dedans et le dehors, forclore, mais aussi afin de citer Freud. A quelques lignes d'intervalle, de la 30ᵉ à 31ᵉ des *Nouvelles Conférences,* Freud parle deux fois de corps étranger *(Fremdkörper)* ou du corps le plus étranger au moi *(am Ichfremdesten).* La première fois, dans un contexte où il est question de télépathie et de *Gedankenübertragung* (transmission ou transfert de pensée), à l'instant où le trajet d'une certaine pièce d'or *(Goldstück)* marque un échec et une limite de l'analyse. Je note au sujet de télépathie et de transfert de pensée que c'est justement à ce propos que Freud a utilisé dans une lettre à Jones l'expression de « politique extérieure » ou de « politique étrangère » de l'institution psychanalytique mondiale, comme si cette dernière était une sorte d'État administrant ses rapports avec le reste du monde. Freud expliquait à Jones (qui eut toujours beaucoup de mal à le suivre sur cette question de la télécommunication télépathique) que si, par souci de « politique étrangère », il avait jusqu'ici gardé le silence sur sa propre « conversion à la télépathie », pour tenir compte, comme le lui demandait Jones, des effets obscurantistes et des accusations d'occultisme que cette déclaration pourrait induire dans certaines régions du monde, désormais sa conviction était trop forte et trop vérifiable pour tenir compte plus longtemps des impératifs stratégiques et de la diplomatie du super-État psychanalytique. La deuxième allusion au corps étranger, à quelques lignes d'intervalle, définit le symptôme, ni plus ni moins, comme un corps étranger au moi. Le symptôme est toujours un corps étranger, il faut le déchiffrer comme tel, et bien sûr un corps étranger est toujours un symptôme, il *fait* toujours symptôme sur le corps du moi, c'est un corps étranger au corps du moi. C'est ce que je fais ici, je fais symptôme, je fais le symptôme, je suis le symptôme, c'est un rôle que je joue, sinon pour vous tous, du moins pour un certain moi de l'institution analytique. Et si on veut entendre très vite l'étranger, de bon matin, c'est peut-être aussi pour faire disparaître le symptôme, le plus vite possible, pour classer sans délai son discours, autrement dit pour l'oublier sans attendre. Le discours de l'étranger se classe ou s'oublie d'autant plus vite, on le range d'autant mieux et il dérange d'autant moins qu'il vient à la place d'honneur, entendez de l'honoraire comme insignifiant. Le corps étranger frappé d'ostracisme est poliment expulsé suivant le protocole traditionnel qui confie à une instance extérieure et supposée neutre le soin d'ouvrir une séance inaugurale ou de tirer innocemment un papier dans un chapeau.

C'est naturellement ce que le symptôme va faire, et l'étranger trop heureux de se prêter au jeu. Je vous parlerai donc de deux papiers que j'ai trouvés comme dans un chapeau.

Étranger ici, je ne le suis pas seulement parce que je n'ai aucun titre analytique, n'étant ni analyste, pas même en formation, ni comme vous dites et comme je l'écris maintenant d'un seul mot ou d'un seul souffle « ennanalyse ». Je suis psychanalytiquement irres-ponsable et c'est peut-être pour que certaines choses soient dites par la bouche d'un irresponsable qu'on m'a fait venir ici. Je n'ai à répondre de ce que je dis devant aucune instance analytique pari-sienne, nationale ou internationale. Étranger je le suis aussi parce que je ne suis ni Américain – du Nord ou du Sud –, ni Européen du Nord ou du Sud. Je ne suis même pas vraiment Latin. Je suis né en Afrique et je vous jure qu'il m'en reste quelque chose. Pourquoi m'en souvenir aujourd'hui? Parce qu'il n'y a pratiquement pas de psychanalyse en Afrique (blanche ou noire), tout comme, pratique-ment, en Asie, ou, pratiquement, en Océanie. Ce sont de ces parties du « rest of the world » où la psychanalyse n'a pas mis les pieds ou en tout cas ne s'est jamais déchaussée de ses souliers européens. Ce que je vous dis là, je ne sais pas si vous le trouvez trivial ou choquant. Il peut y avoir, certes, dans ces continents, notamment en Afrique, dans certaines régions anciennement ou actuellement colonisées, voire néo-colonisées, des antennes de vos sociétés européennes ou améri-caines. En Algérie, pays dont je viens et que je n'ai quitté pour la première fois qu'à l'âge de 19 ans, l'appareil psychiatrique et embryonnairement psychanalytique était pour l'essentiel, avant la guerre d'indépendance, l'émanation de l'appareil « métropolitain » (comme on disait avec profondeur). En fait et en droit. La psycha-nalyse africaine était européenne, profondément structurée par l'ap-pareil d'État colonial. Je me contenterai de nommer ici Franz Fanon et d'évoquer son œuvre pour situer le problème politique auquel je fais allusion. A cette époque il était tout à fait exceptionnel et atypique de voir des psychanalystes se poser là-bas le problème politique, ethno-psychanalytique et socio-institutionnel de leur propre pratique. Le droit, la déontologie, l'éthique de la psychanalyse, tels qu'ils étaient institués ou simplement présupposés par les sociétés coloniales ou par la Société internationale de psychanalyse devaient régler la pratique et les rapports aux deux pouvoirs, celui de l'appareil étatique et celui de l'appareil médical. Les Fanon furent très rares, marginaux ou marginalisés, soit dit pour prendre un repère notoire et douloureux, non pour constituer un discours et ces positions de Fanon en modèle soustrait à toute discussion. Depuis cette époque, la géographie politique du monde a changé, les équilibres intercontinentaux ont été soumis à une grande turbulence, et cela ne devrait pas être sans effet sur la géographie politique de la psychanalyse, me suis-je dit.

Quels sont les deux documents par moi tirés d'un chapeau qu'on m'a gracieusement tendu? Vous ne croyez pas à l'aléa : avant la fin de la séance vous aurez tracé une carte des trajets programmés qui devaient me conduire à me faire tendre ce chapeau par tel ou tel et à y prélever moi-même ce cadavre exquis plutôt que tel autre, et des inscriptions de cadavre plutôt qu'autre chose. Moi aussi, je crois le moins possible à l'aléa, mais il me serait difficile de vous dire que je n'y crois pas du tout, et de toute façon mes croyances ne vous intéressent pas.

La chance aurait donc voulu que, m'intéressant simultanément aux problèmes politico-institutionnels et aux problèmes postaux (correspondances, lettres et cartes postales, technologie télécommunicative, télépathie et télématique, etc.), m'intéressant précisément à ce qui lie la politique institutionnelle de la psychanalyse à la technologie postale, je sois tombé, premier document, sur le 144e bulletin de l'Association psychanalytique internationale. Il rend compte du XXXIe congrès de l'API, le second à s'être déroulé hors d'Europe, à New York, alors que le premier, celui qui avait voté les propositions sur la Constitution et les statuts, s'était tenu en 1977 à Jérusalem. Mon attention fut d'abord alertée par le débat sur le vote par correspondance. Dans le passage que je vais lire, la question du vote par correspondance et des changements d'opinion qui peuvent intervenir entre deux votes, l'un *in presentia,* l'autre par correspondance *in absentia,* croise étrangement une allusion à des difficultés rencontrées par les sociétés d'Amérique latine et un report au prochain congrès d'Helsinki en 1981. C'est au cours de ce congrès d'Helsinki que cette Constitution et ces statuts seront discutés et votés. Helsinki, nous associons ce nom propre, depuis quelques années, à des jeux olympiques et à des accords de droit international concernant des droits de l'homme, au moins la libre circulation des idées et des personnes. A Helsinki, dans moins de six mois, l'API se verra proposer une nouvelle Constitution et de nouveaux statuts. Je feindrai, faisant le symptôme, d'apporter ici une brève et irresponsable, très illégitime contribution à la discussion qui précéderait ce vote. Mais dans les quelques lignes que je vais lire, c'est en vérité devant un certain usage du mot « géographie », associé au mot « économie », que je suis tombé en arrêt. L'expression « circonstances géographiques et économiques » me paraissait venir à la place d'autre chose qui n'était pas dite, et non dite en raison de circonstances qui, elles, n'étaient pas géographiques ou économiques. La discussion traînait depuis un moment sur le vote de la Constitution et sur ses modalités (pourrait-il se faire par correspondance ou non, par envoi recommandé ou non?, etc.), quand

le Dr Gemma Jappe (Tübingen) intervint pour dire que dans le cas où le principe des deux votes serait arrêté – l'un à la réunion administrative, et l'autre plus tard par correspondance – le résultat pourrait se compliquer par le changement inévitable d'opinion qui a lieu sur une période de temps déterminée. Elle aimerait suggérer, pour cette raison, qu'une clause précisât que si le résultat des deux votes différait, le résultat ne serait pas annulé, mais qu'il nécessiterait une nouvelle discussion [...] Le Dr Carlos Mendilaharsu (Montevideo) parla en faveur du vote par correspondance, faisant remarquer que les *circonstances géographiques et économiques rendaient la tâche difficile aux Sociétés d'Amérique latine,* particulièrement en ce qui concerne une représentation adéquate à la réunion administrative et aux congrès. Il eut le sentiment, pour cette raison, que le vote par correspondance serait une innovation importante pour ses collègues d'Amérique latine. (Je souligne, J. D.)

Il y a certainement, et je ne veux pas les minimiser, des « circonstances géographiques et économiques qui rendent la tâche difficile aux Sociétés d'Amérique latine, particulièrement en ce qui concerne une représentation adéquate ». Mais comme il doit y en avoir aussi pour d'autres sociétés, étant donné la forme de la terre et les distances à parcourir pour se rendre au lieu de rassemblement de toute la gent psychanalytique, je me suis dit, et ce n'était pas sorcier, que la question économico-géographique, à la veille de voter la Constitution à Helsinki, devait venir à la place d'autre chose qui restait innommable.

A la place de quoi? Qu'est-ce qu'il ne fallait pas nommer? Même si l'on avait des doutes à ce sujet, une sorte de contiguïté métonymique allait, sur la page d'en face, proposer un déchiffrement à peine décalé. Il y est traité d'une *Demande de la société australienne pour discuter d'une violation des droits de l'homme.* Je cite encore le rapport.

Le Dr Joseph [j'aime que tout cela se soit passé sous la présidence du Dr Joseph, mais n'y voyez aucun rapport avec le titre de géopsychanalyse] introduisit la discussion de ce point en disant qu'il avait reçu une demande de la Société australienne selon laquelle l'API était au courant des rumeurs *(sic)* faisant état d'une violation des droits de l'homme en Argentine. Comme l'API le fit remarquer, ce point devint l'objet de rumeurs, d'allégations et de nombreuses preuves de et à propos de nombreux pays du monde. Par conséquent, le Conseil exécutif eut le sentiment que ce n'était en aucune manière faire justice que de mentionner tel ou tel pays précis. De même, c'était évident, ce point ne devait pas seulement concerner les psychanalystes, mais tous les citoyens en général. En conséquence, le Conseil exécutif lui demanda de lire la déclaration suivante à l'Assemblée : [...].

J'interromps un instant ma citation avant de lire la déclaration officielle de l'API au sujet des violations des droits de l'homme. N'oublions pas que ceci se passe à New York au moment où, bien que Reagan n'ait pas encore accédé à la présidence et que Haig n'ait pas encore déclaré que la question des droits de l'homme n'aurait plus la priorité, fût-elle de simple principe, les violations des droits de l'homme, en Argentine et ailleurs, étaient déjà plus que de simples rumeurs ou allégations. On vient en fait, dans la discussion, de nommer des pays, par exemple l'Argentine; on s'est servi du mot « pays », qui désigne autre chose et plus qu'une simple entité géographique, voire une simple nation, mais aussi une organisation politique, un État, une société civile et une institution psychanalytique. Or pour « faire justice », au nom de la justice, compte tenu du fait en vérité incontestable que les droits de l'homme sont aussi violés ailleurs, on va donc, comme vous allez le voir, effacer dans la déclaration officielle, dans la résolution du Conseil, toute référence à quelque pays que ce soit. On va même faire disparaître le mot « pays » pour lui substituer la notion politiquement neutre ou vide de « certains endroits géographiques ». Certes le souci de justice exigeait qu'on n'ignorât pas d'autres violations des droits de l'homme – par exemple dans les « régions géographiques » dont l'institution psychanalytique est totalement absente. Un tel souci s'exprime ainsi sous une forme dont la rigueur morale, juridique, universaliste, se trouve à la mesure de la neutralité politique et de l'abstraction formelle. Le géographique, comme lieu naturel, viendrait alors effacer, sur la terre, dans la terre, l'inscription proprement symbolique et politique de la violation, et du même coup la singularité concrète, le corps irremplaçable, le lieu unique de la violence. Autrement dit aussi quelque chose de la terre. L'abstraction géographique neutralise le discours politique mais elle efface aussi la terre même, ce qui lie un nom de pays à une terre, à des noms propres, à une politique, et surtout, ici (j'y reviendrai plus tard), à de la psychanalyse. Voici la déclaration précédée de son protocole :

> Parallèlement à d'autres organisations internationales nombreuses, l'API a été, bien sûr, instruite de la violation des droits de l'homme survenue dans certains endroits géographiques.
> Le Conseil exécutif de l'API a discuté longuement ces révélations durant ses réunions à New York, comme il le fit précédemment pendant le Congrès de Jérusalem. A la suite de ces discussions, il m'a été demandé de lire la mise au point officielle à cette réunion administrative et de vous demander votre accord pour que soit divulguée cette déclaration aux nombreuses organisations internationales concernées, comme la Fédération mondiale de la Santé mentale, l'Organisation mondiale de la santé, l'Association psychiatrique internationale, Amnesty International, etc., et aux nombreux gouvernements nationaux, à l'appréciation du président et du secrétaire. Les membres sont invités à proposer au Conseil exécutif d'autres personnes appropriées susceptibles de recevoir cette déclaration, comme suit :
> « L'API désire exprimer son opposition à l'utilisation de méthodes psychiatriques ou psychothérapiques privant les individus de leur légitime liberté; à tout traitement psychiatrique ou psychothérapique que peut recevoir un individu basé sur des considérations politiques; à l'entrave du secret professionnel à des fins politiques. L'API condamne également la violation des droits de l'homme, des citoyens en général, des savants et de nos collègues en particulier. »
> Ensuite le Dr Walter Briehl (Los Angeles) soumit à l'Assemblée une proposition afin que soit rédigé un rapport de l'API prenant position de manière spécifique sur la situation en Argentine, au lieu de la publication proposée par le Conseil exécutif, plus générale. Les arguments pour et contre les deux rapports, celui proposé par le Conseil exécutif et celui du Dr Briehl [non publié], furent discutés par de nombreux membres. En fin de compte, il fut demandé aux membres présents d'exprimer leur opinion par un vote. Le résultat de ce vote à main levée révéla, par presque 85 % des membres présents, la préférence pour le rapport proposé par le Conseil exécutif.

On ne sait pas ce que fut le rapport Briehl, ni ce qu'eût été un vote dans d'autres conditions, par exemple un vote par correspondance.

Une telle prise de position est loin d'être négligeable ou condamnable. Compte tenu de tous les écueils à éviter, elle ne manque ni de clarté, ni de dignité, ni d'habileté. De la part d'une institution occidentale de type libéral, soucieuse des droits de l'homme au sens le plus abstrait du terme, de pluralisme politique, de sa propre neutralité formelle, de sa propre conservation, des conditions de son unité et de ce qu'il faut maintenir de non-engagement pour résister aux conflits mondiaux qui pourraient la traverser, cette déclaration vaut mieux que rien, et je n'insiste pas sur tout ce qui a pu en motiver ou justifier l'extrême prudence.

Mais là commencent les questions. Ces précautions ne sont légitimes qu'à la mesure de leur abstraction formelle, autrement dit de leur schématisme géographique. Quelle institution libérale d'Occident n'aurait pu faire la même déclaration? Il n'y a pas trace de spécificité psychanalytique dans ce texte et cela ne peut manquer d'intriguer.

Je vais ici au devant de deux objections. En premier lieu, il y a certes des marques relativement spécifiques dans cette protestation. Elle est destinée, y lit-on, à diverses organisations mondiales de la santé, elle concerne des méthodes psycho-thérapeutiques privant les individus de leur « légitime liberté », des traitements « basés sur des considérations politiques » ou l'« entrave du secret professionnel à des fins politiques ».

Mais cela ne vaudrait-il pas pour toute association de psycho-thérapeutes ou de psychiatres qui n'aurait jamais été effleurée par la psychanalyse? Tout se passe dans cette résolution comme si la violation des droits de l'homme et du citoyen (au sujet de laquelle circuleraient « certaines rumeurs et allégations ») ne pouvait avoir aujourd'hui aucun caractère qui intéressât la psychanalyse plutôt que la médecine ou la psychiatrie classique, et qui l'*intéressât* non plus seulement comme un objet d'étude théorique ou clinique mais comme une *situation dans laquelle* la psychanalyse, le psychanalytique, les psychanalystes et leurs institutions sont engagés, impliqués, d'un côté ou de l'autre, tantôt en complicité active ou passive, tantôt en conflit virtuel ou organisé avec les forces qui violent lesdits droits de l'homme, qu'elles soient ou non directement étatiques, qu'elles exploitent, manœuvrent ou persécutent de façon très singulière les analystes et leurs analysants. D'autres ont décrit ou décriront mieux que moi les violences dont je parle ici et qui passent de façon très singulière par l'instance psychanalytique. Je ne pense pas seulement aux formes les plus spectaculaires d'une compromission du pouvoir psychanalytique avec un pouvoir politique ou policier, ou inversement aux formes les plus terrifiantes d'une persécution des psychanalystes et de leurs patients, le tout selon des formes classiques et identifiables devant lesquelles les prises de position peuvent être claires et valent aussi bien pour tout professionnel de la santé et en général pour tout citoyen. Mais il y a aussi des violations plus invisibles, plus difficiles à détecter – hors d'Europe et en Europe –, plus nouvelles peut-être. Et à cet égard, la psychanalyse peut être aussi bien le lieu de passage pour ces violences nouvelles que l'instrument irremplaçable de leur déchiffrement, la condition par conséquent de leur dénonciation spécifique, la condition d'une lutte et d'une transformation. Et si elle n'analyse pas, ne dénonce pas, ne lutte pas, ne transforme pas (ne *se* transforme pas à cette fin), ne risque-t-elle pas de recouvrir seulement une appropriation perverse et raffinée de la violence, et dans le meilleur des cas une nouvelle arme de la panoplie symbolique? Cette arme nouvelle ne serait pas seulement à la disposition de ce qu'on appelle confusément le pouvoir, un pouvoir *extérieur* à l'institution analytique, dont il pourrait se servir de mille manières; et cela pourrait aller jusqu'à l'exploitation de certains effets ou de certains simulacres de savoir psychanalytique dans la technologie de la torture. Mais cette nouvelle panoplie ne vient pas seulement surprendre l'institution analytique de l'extérieur, elle peut s'y déchaîner au-dedans, dans la situation dite analytique, entre l'analyste et son patient, entre analystes eux-mêmes et elles-mêmes, analystes légitimés ou non, en voie de légitimation, en contrôle, etc; aussi bien qu'entre différentes institutions analytiques dont la « politique étrangère », pour reprendre le mot de Freud, n'est réglée par aucun droit original, et parfois pas même par ce qu'on appelle, dans le droit de la guerre, le droit des gens.

Je voudrais maintenant écarter une deuxième objection. Celle-ci tenterait de justifier le caractère formel de la déclaration – par conséquent l'effacement de toute référence politique aussi bien que le retrait de l'Amérique latine dans l'innommé. Que l'API, dans sa prise de position, ne détermine rien en fait de pays, de lutte politique ni même de lieu géographique (car non seulement le géographique efface toute autre situation socio-politique mais il reste lui-même indéterminé, il s'efface lui-même sous l'expression délibérément abstraite de « certains endroits géographiques »), que ce texte ne détermine rien non plus du côté de la psychanalyse, dans cette zone où la psychanalyse peut être l'objet ou l'agent, directement ou non, de violations très singulières des droits de l'homme, on pourra dire, ce serait l'objection, que cela est cohérent avec une référence aux droits de l'homme. Celle-ci devrait toujours rester formelle, ce serait la condition de sa rigueur impérative, de sa pureté universelle et abstraite, au-delà de toute différenciation concrète ou empirique. Pour gagner du temps, je ne rappelle pas ce schéma bien connu. Il justifierait ici l'abstraction géographique, l'a-politisme et même l'apsychanalytisme de l'API au nom d'un certain concept des droits de l'homme.

C'est évidemment une question très grave et il ne faudrait pas l'aborder dans la précipitation, sous l'intimidation plus ou moins virtuelle ou violente qui nous guette toujours à l'approche de ces problèmes. Cela va de soi, on doit être favorable au respect des droits de l'homme, contre toute violation de ces droits partout où elle serait comme telle déterminable. Il ne s'agit donc pas ici *simplement* de critiquer ou de regretter la prise de position de l'API. Cela vaut mieux que rien, disais-je, et dans la situation présente de l'API, ne désespérons de rien, cette déclaration peut avoir ici ou là quelques effets positifs. Elle peut, dans certaines situations données, infléchir des comportements, indiquer des limites ou des références, donner des idées de résistance, marquer en caractères abstraits le souci éthico-politique de ceux ou de celles qui se disent psychanalystes aujourd'hui dans le monde, etc.

Ces précautions prises, la question demeure à peu près entière. Pourquoi l'Association psychanalytique internationale, fondée par Freud il y a soixante-dix ans, ne peut-elle prendre position devant certaines violences (mot à préciser plus tard, je l'espère, dans ce colloque) que par référence à un discours juridique pré-psychanalytique, a-psychanalytique et même aux formes les plus vagues et les plus pauvres de ce discours juridique classique, aux formes jugées les plus insuffisantes par les juristes ou les partisans modernes des droits de l'homme eux-mêmes? Pourquoi l'API ne peut-elle nommer que « la violation des droits de l'homme, des citoyens en général », y ajoutant seulement « des savants et de nos collègues en particulier », note corporatiste qui corrompt, sans la compenser, l'abstraction universaliste du texte? Pourquoi ne peut-elle nommer que « la légitime liberté » des individus? Comme c'est le seul contenu que cette déclaration donne à ce qui s'entend ici des droits de l'homme, on n'a même pas besoin de se référer à toutes les élaborations successives du discours sur les droits de l'homme depuis 1776 ou 1789. Il suffit de se référer à la forme la plus archaïque de la déclaration des droits de l'homme, à la *Magna Carta* des Anglais émigrés en France en 1215 qui concerne le minimum de liberté civile. Encore cette *Magna Carta* était-elle très précise dans son rapport à la situation concrète de l'époque. La *Magna Carta* de l'API est parfaitement abstraite et sa seule allusion à la politique nomme un « traitement basé sur des considérations politiques », « le secret professionnel entravé pour des raisons politiques », sans préciser ce que cela veut dire, où cela se passe et comment, et en supposant que cela puisse jamais ne pas se passer. Lire la psychanalyse *à la carte,* disions-nous.

Comme je n'ai pas le temps de raffiner les prémisses du discours, je rappellerai schématiquement quelques évidences. Si ce sont bien des évidences, comme je le crois, et si elles n'ont pu être prises en compte, c'est qu'il y a là une chose obscure et terrifiante dans l'histoire conjointe de l'homme, des droits de l'homme et de ce qui s'appelle la psychanalyse. Première évidence : malgré toute l'effervescence des questions du type « psychanalyse et politique », malgré la multiplication des discours tenus à ce titre depuis dix ou douze ans au moins, il faut bien reconnaître − et c'en est même le signe − qu'il n'existe pas aujourd'hui de problématique politique ou de code du discours politique qui ait intégré en lui, rigoureusement, l'axiomatique d'une psychanalyse possible, si la psychanalyse est possible. Mon hypothèse, c'est donc qu'une telle intégration du psychanalytique n'a pas eu lieu. De même qu'aucun discours éthique n'a intégré l'axiomatique de la psychanalyse, de même aucun discours politique ne l'a fait. Je parle aussi bien des discours tenus par des non-analystes que des autres, ceux des psychanalystes ou des crypto-analystes dans le milieu et avec les mots de la psychanalyse. Je ne parle pas seulement des discours théoriques sur les conditions d'une politique ou d'une éthique mais du discours comme action ou comportement éthico-politique. L'intégration à laquelle je fais allusion ne serait pas une appropriation tranquille, elle n'irait pas sans déformation et transformation des deux côtés. C'est pourquoi, paradoxalement, moins les discours psychanalytique et éthico-politique s'intègrent l'un l'autre au sens rigoureux que je viens d'indiquer, plus facile est l'intégration ou l'appropriation des appareils les uns par les autres, la manipulation du psychanalytique par des instances politiques ou policières, les abus de pouvoir psychanalytique, etc.

Bien qu'ils convergent tous, les résultats de ce fait massif seraient de *trois types.*

Premier type : une neutralisation de l'éthique et du politique, une dissociation absolue entre la sphère du psychanalytique et celle du citoyen ou du sujet moral dans sa vie publique ou privée. Et pourquoi ne pas avouer que la ligne plus ou moins visible de ce partage traverse notre expérience, nos grandes et petites évaluations de chaque jour et de chaque instant, que nous soyons analystes ou non-analystes en souci de psychanalyse? Cette incroyable dissociation est un des traits les plus monstrueux de l'*homo psychanalyticus* de notre ère. C'est notre figure de mutants et cette monstrueuse distorsion peut être aussi terrifiante que comique, ou les deux à la fois.

Deuxième type – et il peut avoir un rapport de surimpression avec le premier –, le retrait vers des prises de position éthico-politiques aussi neutres qu'apparemment irréprochables, et éthiques plutôt que politiques (là je laisse délibérément suspendu cet immense problème). On se réfère alors à une doctrine d'ailleurs elle-même non précisée des droits de l'homme, on se met à l'abri dans un langage qui n'a aucun contenu et aucune pertinence psychanalytiques, un langage qui ne prend aucun risque psychanalytique et dont personne ici ne devrait se contenter. Qu'est-ce qu'un « individu »? Qu'est-ce qu'une « légitime liberté » en termes de psychanalyse? Qu'est-ce qu'un *habeas corpus?* Qu'est-ce que l'exclusion de toute fin politique? Qu'est-ce qu'une fin politique, etc.? Même si on ne peut le désapprouver, parce qu'il vaut mieux que rien, le repli sur les droits de l'homme paraît gravement insuffisant, au moins pour trois raisons. Je passe très vite sur la première, la plus radicale, qui concerne la pensée du droit, son histoire, le problème de ses rapports avec l'éthique, le politique, l'ontologique, les valeurs de personne ou même d'humanité de l'homme, la possibilité ou non de penser une dignité *(Würdigkeit)* qui, au sens kantien du terme, serait au-delà de toute valeur, de tout échange, de toute équivalence, de tout *Marktpreis* et peut-être même au-delà de la notion de droit, au-delà du calcul juridique, autant de questions énormes et urgentes que la problématique psychanalytique ne devrait plus pouvoir contourner et pour lesquelles elle devrait débattre avec Platon, Kant, Hegel, Marx, Heidegger et quelques autres, aussi bien qu'avec les juristes et les philosophes du droit. Ce débat n'a jamais été plus actuel, et dire que la psychanalyse ne devrait plus le contourner implique aussi, à mes yeux, qu'elle est elle-même à cet égard incontournable.

La deuxième raison de l'insuffisance concerne la formalité de la déclaration. Je m'empresse de le préciser, je n'ai jamais *simplement* souscrit à la vieille critique du formalisme de la Déclaration des droits de l'homme, telle qu'elle s'est vite développée en milieu marxiste. Non que cette critique soit sans valeur – et la meilleure preuve c'est qu'en des pays se réclamant du socialisme, les constitutions formelles conformes au respect des droits de l'homme n'ont jamais empêché, alors même qu'elles étaient formellement respectées, les pires violences. Et il suffit de lire attentivement la Déclaration de 1789 pour s'apercevoir que les pires tyrannies peuvent s'en accommoder, chaque article comportant une clause interprétative qu'on peut ployer en tous sens. En vérité une certaine formalité rigide est ici indispensable, au-delà de toute transaction possible. Mais il y a plusieurs régimes, plus ou moins stricts, plus ou moins serrés, de formalité. L'API s'est réglée sur le plus lâche. Elle fait d'abord l'économie d'une réflexion proprement psychanalytique sur les droits de l'homme et sur ce que pourrait être un droit contemporain du fait psychanalytique. Ensuite elle ne tient aucun compte, ni dans ses délibérations ni dans ses attendus ni dans sa déclaration, de cette histoire des droits de l'homme, de cette réflexion, classique ou non, sur les droits de l'homme et sur le juridique en général, réflexion aujourd'hui très vivante — et on imagine bien pourquoi — à l'intérieur et surtout au-dessus des organisations étatiques. A lire le texte de l'API, on ne sait pas à quelle déclaration elle se réfère. Depuis la *Magna Carta*, depuis la *Petition of rights*, le *Bill of rights* du XVIIᵉ siècle, depuis la Déclaration d'indépendance de 1776 et la Déclaration des droits de l'homme en 1789, plusieurs ont suivi et qui sont postérieures à la naissance de la psychanalyse : la Déclaration universelle des droits de l'homme adoptée en 1948 par les Nations unies, avec l'abstention de l'URSS qui la considérait comme trop formelle et encore trop proche de celle de 1789, la Convention européenne des droits de l'homme votée à Rome en 1950, un projet de convention interaméricaine des Droits de l'homme, etc.

Sans doute les travaux et les événements, les actes juridiques de type classique ne sont-ils pas nécessairement les plus fins dans leurs concepts et les plus rapides dans leur procès; mais une recherche progresse lentement pour donner aux structures formelles et problématiques des droits de l'homme des contenus de plus en plus déterminés. Depuis le XIXᵉ siècle, c'est du côté social, et d'une détermination, disons : « socialiste » du social, que ce contenu appelle l'enrichissement. Mais n'est-ce pas en ce lieu que l'intervention psychanalytique pourrait être essentielle, je veux dire du côté d'un socius qui ne serait pas seulement celui des concepts classiques, c'est-à-dire socio-économiques? D'autre part, un des thèmes juridiques sur lesquels le travail est en cours, c'est précisément la torture, dont le concept reste, pourrait-on dire, en retard sur la chose. Qu'est-ce qu'une violence qu'on appelle torture? Où commence-t-elle? Où finit-elle? Qu'est-ce qu'une souffrance infligée ou reçue dans ce cas? Quel est son corps, son fantasme, son symbole, etc.? A supposer même que la psychanalyse puisse en toute rigueur fonder un discours de la non-violence ou de la non-torture (ce qui me paraît plus problématique), ce n'est pas ici, à vous, que j'oserais, effleurant à peine ce sujet, rappeler que c'est le sujet même de votre théorie, de votre pratique et de vos institutions. Sur la torture vous devez avoir à dire — et à faire — des choses essentielles. Et en particulier sur une certaine modernité de la torture, sur celle de l'histoire contemporaine, et contemporaine de la psychanalyse, cette synchronie restant à interroger sur de multiples portées. A tout le moins la psychanalyse devrait participer, partout où elle est à l'œuvre et en particulier dans sa représentation officielle, nationale et internationale, à toutes les recherches engagées à ce sujet. Le fait-elle? A ma connaissance, non, ou trop discrètement. Si mon information est en défaut sur ce point, ce qui est fort possible, je la compléterai bien volontiers. En tout cas il n'y a pas trace de cette préoccupation dans le discours de l'API. Et pourtant, même dans les instances les plus classiques, les plus étrangères, les plus aveugles et sourdes à la psychanalyse, ces urgences sont assez sensibles pour qu'au sujet de « la torture et autres peines ou traitements cruels, inhumains ou dégradants », l'Assemblée générale des Nations unies ait demandé en 1975-1976 que diverses instances définissent de nouvelles normes internationales. N'est-ce pas en ce point que l'intervention proprement psychanalytique devrait s'imposer, si du moins il y a du « proprement psychanalytique » en ce domaine? Et s'il n'y en avait pas, il faudrait en tirer de tous côtés la très grave conséquence. Cette intervention, directe ou indirecte, peut-on dire qu'elle ait lieu? Je ne le crois pas pour l'instant. Est-elle possible? Je ne le sais pas, c'est une question que je vous pose. Est-elle difficile pour des raisons essentielles au discours psychanalytique, à sa pratique, à l'institution qu'elle requiert et à ses rapports nécessaires à des forces politiques dominantes? Est-elle difficile pour des raisons qui ne seraient ni essentielles ni générales mais qui tiendraient à un certain état dominant de la théorie, de la pratique, de l'institution? Il faut en débattre mais une chose est déjà sûre : si aujourd'hui les forces dominantes et représentatives de la psychanalyse dans le monde n'ont rien à dire ou à faire de spécifique, rien à dire ou à apporter d'original dans cette réflexion et dans cette lutte, quant aux concepts et aux réalités grossières ou raffinées de la torture, alors la psychanalyse, *du moins dans les forces dominantes qui s'en approprient aujourd'hui la représentation* (et là je veux formuler les choses de façon différenciée et prudente), n'est rien d'autre, et probablement encore moins, que les institutions médicales classiques de la santé auxquelles l'API fait passer sa protestation de principe, sa carte de visite ou sa carte géographique, sa *parva carta,* sa petite charte new-yorkaise. Car enfin à qui cette carte a-t-elle été adressée, en dehors des instances gouvernementales laissées à la discrétion du Président – le Dr Joseph – et du secrétaire? A la Fédération mondiale de la santé mentale, à l'Organisation mondiale de la santé, à l'Association psychiatrique internationale, à Amnesty international. Or quelle part l'API prend-elle aux travaux de la Commission des droits de l'homme? A ceux de l'OMS qui a été invitée à préparer un nouveau code d'éthique médicale concernant la protection des personnes contre la « torture et les autres peines ou traitements cruels, inhumains ou dégradants »? Quant à Amnesty international, autre destinataire de la petite carte, elle avait pour sa part dès longtemps proclamé la nécessité d'élaborer ces nouvelles normes internationales et publié par exemple en 1976 un document intitulé « Codes d'éthique professionnelle ». Et encore Amnesty international se limite-t-elle, si on peut décemment parler ici de limite, aux problèmes de détention et d'incarcération. Or la torture ne connaît pas cette limite. Quelle aurait pu être la part de la psychanalyse dans ce travail et dans ces luttes? Et quelle conclusion faudrait-il tirer du fait que cette part aurait été faible, nulle, ou trop virtuelle? Je ne suis pas en train de traîner à mon tour quelque chose comme la psychanalyse ou sa représentation officielle devant le tribunal des Droits de l'homme. Je signale seulement un fait ou une possibilité dont la gravité doit donner à penser et à agir. Cette possibilité fait symptôme, elle signale un état de la psychanalyse (théorie, pratique, institution) qui ne s'interprète pas seulement comme un retard par rapport aux réflexions et aux luttes politiques, nationales, internationales et super-étatiques que je viens d'évoquer. Le retard lui-même est aussi le prix à payer d'une avance qui entrave aujourd'hui la co-traductibilité des concepts psychanalytiques et des concepts politico-juridiques, éthico-juridiques, etc., dans lesquels s'énoncent ces problèmes et s'organisent ces actions. Ce retard et cette avance, ce décalage, cette inadéquation ne sont pas seulement un anachronisme de la psychanalyse. Il ne s'agit pas seulement d'un rapport entre deux mobiles sur la ligne continue d'une histoire évolutive, mais peut-être aussi d'une inadéquation à soi par l'effet de quelque limitation interne, de quelque occlusion ou obstruction donnant aujourd'hui sa forme à la cause analytique, à son discours, à sa pratique clinique et institutionnelle. Non que cette occlusion soit essentiellement et seulement interne – et le fait qu'elle soit inanalysée signifie que pour l'instant elle est, au sens actuel de la psychanalyse, inanalytique – mais elle doit nécessairement se laisser représenter, laisser sa marque au-dedans du corps analytique. Je suggérerai tout à l'heure que l'Amérique latine est aujourd'hui le nom, le lieu et le corps, la surface d'inscription de ce marquage, la surface la plus marquée : à même la terre.

Ceci me conduit à la *troisième possibilité typique,* à lire aussi en surimpression des deux autres. Ce qui ressemble à une avance de la psychanalyse, à savoir la remise en question des concepts fondateurs de l'axiomatique des droits de l'homme ou des discours politiques traditionnels, avance comme un *creux ;* elle ne remplace pas les concepts, les valeurs ou le transcendantal des valeurs (j'appelle ainsi par exemple la « dignité » de la personne au sens kantien, qui n'est pas une valeur et ne se prête à aucun discours des valeurs) qu'elle soumet à analyse. Il s'agit, pour ce troisième type, des théorisations qui mettent le mieux en évidence l'insuffisance conceptuelle de l'axiomatique des droits de l'homme et du discours politique occidental, leur enracinement dans des philosophèmes déconstructibles. Eh bien, ces théorisations les plus avancées restent encore des discours négatifs et à effets de neutralisation, ils marquent seulement *en creux* la nécessité d'une nouvelle éthique, non seulement d'une éthique de la psychanalyse, qui n'existe pas, mais d'un autre discours éthique sur l'éthique en général, d'un autre discours politique sur le politique en général, discours tenant compte du mobile déconstructeur et psychanalytique, discours tenant compte, si possible, de ce qui s'interprète comme la vérité de la psychanalyse – et c'est chaque fois différent selon les lieux de la psychanalyse aujourd'hui sur la terre. Cette place restant marquée en creux, la plus grande exigence de pensée, d'éthique et de politique cohabite dans l'intervalle avec le laisser-aller et le laisser-faire empirique, l'archaïsme, la convention, l'opportunisme, etc.

Est-ce là une situation fortuite, provisoire, une donnée empirique ? ou bien l'état actuel de la psychanalyse comporte-t-il, dans ses écoles dominantes (par école j'entends aussi bien écoles de pensée que dispositifs de formation et de reproduction), un élément inanalysé mais analysable en principe, une occlusion, comme je disais à l'instant, qui interdit l'émergence effective d'une éthique et d'une politique contemporaines de la psychanalyse ? Faire de la psychanalyse *sa propre contemporaine,* une telle chose est-elle pensable ? Je n'ignore pas la multiplicité, la richesse contradictoire aussi, des discours archivés sous le titre « psychanalyse-et-politique ». Je pars seulement du fait qu'ils n'ont pas réussi à dissimuler le creux de l'échec ou, si vous préférez, n'ont réussi qu'à le dissimuler. Cette question doit être différenciée, bien que je doive ici en rester à sa forme générale, pour chacune des écoles dominant les différentes « régions géographiques » de la terre, comme dit l'API, et pour ce qui est de l'Amérique latine, aussi bien les multiples variantes empiristes de l'orthodoxie freudienne que le kleinisme et le lacanisme. Cette occlusion distribue les forces de la façon suivante : d'un côté, des avancées théoriques incapables de donner lieu à des institutions qui les intègrent. Ces avancées se révèlent ainsi insuffisantes, par là essentiellement incapables de penser leur propre limite et l'intérêt qui s'y garde; d'un autre côté, une multiplication empirique de discours et de pratiques, d'appartenances micro-institutionnelles, de marginalités souffrantes ou triomphantes, une improvisation laissée à sa propre dérive selon l'isolement, les lieux d'inscription biographique, historique, politique, etc. Cela est plus vrai que partout en Amérique latine, mais vaut de plus en plus pour le « reste du monde ». Enfin une représentation officielle, nationale ou internationale, dont le rôle est de plus en plus important (malgré l'apparence que certains voudraient traiter par la dérision), à une phase historique où la légitimation de la psychanalyse par des gouvernements de plus en plus nombreux comporte des enjeux décisifs sur lesquels il n'est pas nécessaire d'insister. Or cette représentation, plus elle est officielle, légitimée, publique, formellement étendue, jusqu'au sommet de l'API, moins elle est représentative des situations concrètes de la psychanalyse sur la terre, moins elle est capable de proposer un discours ou des règles éthico-politiques spécifiques. Et ceci non pas en raison d'une sorte d'appauvrissement et d'abstraction à mesure que la représentation s'élève, mais en raison d'une occlusion essentielle.

C'est peut-être lisible dans les projets de Constitution et de statuts arrêtés au 30e congrès de l'API à Jérusalem, en 1977, c'est-à-dire dans le deuxième des documents tirés du chapeau qu'on m'avait tendu. Cette Constitution ne comporte rien qui, en dehors du nom de Freud, convienne spécifiquement à quelque chose comme la psychanalyse, si quelque chose de tel existe, rien dont de nombreuses autres associations de type occidental ne puissent se satisfaire. Sans aller jusqu'aux associations sportives, aux collectionneurs de timbres et de cartes postales, disons au moins que toute institution classique ayant pour objet la connaissance en général, la santé ou l'entraide humanitaire pourrait y adhérer. Je dis bien : à l'exception du seul nom de Freud, tout y reproduit, parfois recopie, dans ses formules toutes faites, les structures du droit civil, administratif et commercial le plus conventionnellement établi. Sur le fond de cette hypothèse de lecture, j'isolerai trois points de cette Constitution. Ils concernent : *1)* la dissolution (question appelée désormais à une actualité croissante et par laquelle il faut toujours commencer); *2)* l'institution proprement dite, l'instauration performative (question par laquelle on ne peut ni commencer ni finir); *3)* la géographie et l'Amérique latine (question par laquelle je voulais commencer et finir aujourd'hui).

1) Le dernier article concerne donc la dissolution et il m'intéresse d'abord dans l'hypothèse où je me place et où je crois que vous êtes, historiquement, celle d'une transformation radicale et en cours qui devrait un jour ou l'autre équivaloir à la dissolution de l'API fondée par Freud et à son remplacement par quelque chose d'autre, de tout autre, qui aurait une structure, une figure, une topologie, une carte essentiellement différentes. Je ne sais pas si l'idée de Charte ou de constitution, l'idée du droit, la centralisation internationale de type étatique (la super-étatique est encore une étatique) y prévaudraient encore ou si c'est à tout autre chose qu'il faut penser; ce qui se passe ici même y fait déjà penser. Cet article sur la dissolution m'intéresse d'un autre point de vue, celui du transfert, d'un certain transfert, au sens de l'héritage. Quand je dis que la dissolution du droit dont s'autorise l'API est en cours, je ne crois pas et il ne me paraît pas souhaitable que du simple non-droit sauvage lui succède, et d'ailleurs ce n'est jamais possible. Mais il y a toujours une phase, dans la transformation du code juridique, où le nouveau droit, appelé lui-même à transformation, apparaît comme sauvagerie au regard du premier et pendant le temps de la négociation, du passage, de l'héritage et du transfert. L'article 12 de la Constitution prévoit donc la dissolution et le fait selon les formules héritées pour toute asso-ciation de ce type. Il prévoit le « transfert », c'est le mot du texte, des biens et donc de l'héritage, du seul signe possible, perceptible, archivable du legs de l'API. A qui ira donc ce legs de l'API? Si je ne craignais de vous retenir trop longtemps, j'aurais voulu consacrer une analyse minutieuse à ce dernier article de la mort, à ce pré-testament qui prévoit que l'API sera dissoute par une résolution dûment notifiée – que vous pourriez préparer d'ici au congrès d'Hel-sinki. Elle requiert le vote d'une majorité des trois quarts des membres *présents* au Business meeting régulièrement convoqué. On ne peut donc dissoudre l'API par correspondance, ni par télégramme, même si on a la majorité, ni par lettre, carte postale, téléphone, message transmis par satellite ou par télépathie et cela malgré la conversion déclarée de Freud en 1926-1930 à la *Gedankenübertragung,* au transfert de pensée ou à la télépathie. Cette axiomatique de la présence est d'une très grande puissance révélatrice en ce lieu. Non seulement pour ce qu'elle témoigne de l'ontologie inhérente à cette Constitution mais parce qu'il y a fort à parier que ceux qui aujourd'hui ont le plus à dire et à faire pour la transformation de l'internationale psychanalytique ne pourront être présents à Helsinki. Voici main-tenant le tout dernier paragraphe, je le traduis de l'anglais :

Si à la dissolution de l'Association, après l'acquittement de toutes ses dettes et de tous ses engagements, il reste quelque propriété que ce soit, elle ne sera pas payée ou distribuée parmi les membres de l'Association mais devra être transférée à quelque autre institution ou à quelques autres institutions ayant des objets semblables aux objets de l'Association. Une telle ou de telles institutions, à déterminer par les membres de l'Association au moment de la dissolution ou avant elle, devra interdire la distribution de ses ou de leurs revenus et propriétés parmi ses ou leurs membres. Si cela ne peut être garanti, alors une telle propriété devra être transférée vers quelque objet de charité.

Je ne sais pas dans quelles langues on peut traduire « charité », à peine en français mais peu importe. En tout cas ces dispositions peuvent donner des idées ici ou là. Il y aurait trop à dire sur cette notion d'institution à « objet semblable » et la catégorie d'analogie nous apprendrait ici beaucoup sur cette auto-représentation de l'API. Que le seul objet de transfert absolument légitime en dernière instance soit l'institution du désintéressement sous la catégorie chrétienne de la charité, de l'amour chrétien sans échange, reproduction, investissement [1], cela nous donnerait beaucoup à penser sur ce qui vient ainsi *engager* la fin de l'API. Quant à l'idée qu'il y ait des « objets semblables », des institutions analogues, etc., cela nous conduit à nous interroger sur le propre, l'unique et l'incomparable d'une institution psychanalytique. Il est désigné par la Constitution d'un seul mot, qui est un nom propre, et cela me conduit à mon deuxième point.

2) Il concerne précisément l'article 2 de la Constitution. Le premier consistait à nommer l'organisation « API ». Ce performatif s'explicite dans l'article 2 qui porte « Définition de la psychanalyse ». Si vous connaissez cette charte, vous savez qu'il n'y est absolument rien dit de la spécificité psychanalytique, à l'exception du nom de Freud. On y prononce bien le mot « spécificité » mais on ne lui donne aucun autre contenu, depuis Freud, que le nom de Freud. Je traduis : « 2. *Définition de la psychanalyse.* Le terme " psychanalyse " renvoie à une théorie de la structure et de la fonction de la personnalité, à l'application de cette théorie à d'autres branches de la connaissance et, finalement, à une technique psychothérapeutique

---

1. En Angleterre, *charity* désigne une « association à but non lucratif ».

347

spécifique. Ce corps de connaissance est fondé sur et dérivé des découvertes psychologiques fondamentales faites par Sigmund Freud. » C'est un hapax. Aucune institution de connaissance ou de pratique thérapeutique ne s'est jamais fondée sur un nom propre, et la chose était assez inouïe et l'inouï assez constitutif de la psychanalyse pour justifier que cela ébranlât de proche en proche tous les articles subséquents de la Constitution. Or il n'en est rien et hormis le nom de Freud on chercherait en vain un seul trait qui distinguât cette charte de celle de toute autre association construite sur ces notions si problématiques de « personnalité », de « psychothérapie », de « branches de la connaissance », etc.

Allons d'un saut, faute de temps, à la conséquence la plus formalisée : quiconque ne se placerait plus *a priori,* ou dogmatiquement, sous l'autorité du nom de Freud s'exclurait en droit de ladite association. Laissons pour l'instant le cas pourtant assez grave de ceux qui demanderaient des éclaircissements sur les mots « structure et fonction de la personnalité », « technique », « psychothérapie », « branches de la connaissance », « corpus de connaissances », etc. Limitons-nous à ceux qui, sans même contester toute dette auprès de Freud, en viendraient à s'interroger sur ce nom propre, son rapport à la science, à la pensée, à l'institution, à l'héritage, ceux qui s'intéresseraient au lien singulier entre ce nom et son porteur, ce nom et le mouvement ou la cause psychanalytique, etc. Comme cela arrive, ici et là, de plus en plus et selon des voies essentielles à la psychanalyse, on doit en conclure ceci : tous ceux qui voudraient se donner le droit et les moyens de développer ce type de questions, tous ceux qui croient à la nécessité d'en tirer les conséquences institutionnelles doivent avoir en vue un nouveau socius psychanalytique – qui n'aurait pas forcément la structure d'une institution centrale, nationale ou internationale et qui ne resterait pas seulement un collège théorique aussi impuissant que cette Société des Nations dont Freud soulignait en 1932 (lettre à Einstein, *Pourquoi la guerre ?*) l'impuissance, le manque de pouvoir propre, sans se demander d'où une société des nations psychanalytique pourrait un jour tirer sa propre force.

Ni où sur la terre elle pourrait bien avoir lieu. Quoi du lieu ?

3) J'en arrive donc à mon dernier point : la géographie et l'Amérique latine dans le projet de Constitution (de Jérusalem à Helsinki via New York). Ce projet assigne des lieux et toute sa topique est intéressante. Je passe vite sur la localisation du bureau et sur le siège de l'association : le pays du président. Cette disposition avait été prévue par Freud lui-même, il le rappelle dans l'*Histoire du mouvement psychanalytique,* cela dès le premier congrès et la présidence de Jung. N'oublions pas que l'opposition fut très vive. On redoutait, dit Freud lui-même, « la censure et les restrictions à la liberté scientifique ». Et le fait que cette opposition se regroupât alors autour d'Adler ne peut suffire à la qualifier ou à la disqualifier qu'aux yeux des dogmatiques et des croyants. Le président aura donc lieu, son lieu parmi les organisations psychanalytiques qui se partagent la terre. La grande carte de ce partage paraît purement géographique mais, compte tenu de motivations historico-politiques complexes et qu'il faudrait patiemment reconstituer à la trace, comme un réseau de frayages différencié, c'est une *terra psychanalytica* fort investie qui se trouve dessinée dans la parenthèse que j'ai lue en commençant : « Les principales zones géographiques de l'association sont définies actuellement par l'Amérique du Nord au-dessus de la frontière entre le Mexique et les États-Unis, toute l'Amérique au sud de cette frontière et le reste du monde. » Il y a donc trois zones, ou un triangle de trois continents, mais « le reste du monde » se divisant en deux, il y en a quatre. Le reste du monde se divise en deux : d'un côté il recouvre l'Europe et tous les lieux de forte implantation analytique (en gros le berceau de la psychanalyse dans ce qu'on appelle les démocraties occidentales du vieux monde), de l'autre cet immense territoire dans lequel, pour des raisons très diverses dans leur type, l'*homo psychanalyticus* est inconnu ou interdit. Quel qu'ait pu être le réseau des frayages ou non-frayages historiques et politiques, ce qui frappe, c'est que cette carte n'est pas un triangle mais un carré ou plutôt un encadrement ou un quadrillage délimitant quatre zones et, sous une dénomination géographiquement neutre, quatre types de terrain absolument distincts pour la psychanalyse. Ces types recouvrent à peu près des surfaces territoriales mais ils ne sont pas d'essence géographique, et là où ce recouvrement géographique n'est pas rigoureux ou pur, cela ne limite en rien la pertinence typologique que je vais essayer de définir.

Il y a d'abord les terres humaines où la psychanalyse n'a pas pénétré, pas même parfois avec les impedimenta de la colonisation (à peu près toute la Chine, une bonne partie de l'Afrique, tout le monde non judéo-chrétien, mais aussi mille enclaves européennes ou américaines). Dans ces terres vierges de la psychanalyse, l'importance de la superficie, de la démographie (présente et à venir) mais aussi le sol culturel et religieux font de ce reste du monde un immense problème pour l'avenir de la psychanalyse. Un avenir autrement structuré que sous l'espèce d'un espace ouvert devant soi, à venir pour la psychanalyse. Cette première zone se divise elle-même en deux : les pays de culture européenne, comme ceux du monde socialiste où la psychanalyse ne peut encore se développer, et les autres. C'est aussi un problème du point de vue des droits de l'homme. On doit donc parler, quant à ce reste du monde, de deux zones typiques et non d'une seule.

Autre zone, autre hémisphère, tous les lieux où l'institution psychanalytique est fortement implantée (Europe occidentale et Amérique du Nord) et où les droits de l'homme ne sont certes pas, loin de là, respectés (je vous renvoie aux rapports d'Amnesty international sur les pays européens ou l'Amérique du Nord, sans parler des violences qui ne sont pas du ressort d'Amnesty) mais pays où la violence ne connaît pas pour l'instant, depuis la guerre du moins, un certain type de déchaînement, étatique ou non, comparable à celui que connaissent, à des degrés ou sous des formes différentes, tant de pays d'Amérique latine. Différence de degré, direz-vous peut-être, mais telle qu'un certain seuil qualitatif y est sans doute franchi et un autre type de cohabitation entre l'appareil psychanalytique et le déploiement de la violence politique y impose des problèmes, des débats, des souffrances, des drames pour l'instant sans véritable commune mesure. Il faut donc parler d'une quatrième zone et déchiffrer cette autre carte *sous* la carte constitutionnelle à travers elle et au-delà d'elle. Ce qu'on appellera désormais l'Amérique latine de la psychanalyse, c'est la seule zone au monde où co-existent, s'affrontant ou non, une forte société psychanalytique et une société (civile ou étatique) pratiquant à grande échelle une torture qui ne se limite plus à ses formes brutalement classiques et facilement identifiables. Cette torture, je pense que d'autres en témoigneront mieux que moi au cours de ces journées, s'approprie parfois des techniques psycho-symboliques, disons, dans lesquelles le citoyen ou la citoyenne psychanalyste se trouve en tant que tel(le) partie prenante, d'un côté, de l'autre ou parfois des deux côtés à la fois. De toute façon, le médium psychanalytique est traversé par cette violence. Tous les rapports intra-institutionnels, toute la clinique, toutes les relations avec la société civile et avec l'État en reçoivent la marque, directement ou indirectement. Il n'est pas de rapport à soi du psychanalytique qui puisse se figurer là-bas sans ces marques de violence intérieure et extérieure. Autant dire qu'il n'y a plus de simple intériorité du médium analytique. Cette configuration (une très dense colonisation psychanalytique, une forte culture psychanalytique configurée avec le maximum de violence militaro-policière moderne), il faut bien lui reconnaître un caractère irremplaçable et exemplaire. Irremplaçable, cela veut dire qu'on ne peut, sans aveuglement, mauvaise foi ou calcul politique, refuser de nommer l'Amérique latine (l'Argentine en l'occurrence), comme le fait l'API sous la présidence du Dr Joseph, sous prétexte que les droits de l'homme sont aussi violés ailleurs. Du point de vue de l'institution et du mouvement historique de la psychanalyse, ce qui se passe en Amérique latine est incomparable avec ce qui se passe dans toutes ces parties du monde, du « rest of the world » où la psychanalyse n'a pas lieu, n'a pas encore pris place; ni avec ce « rest of the world » où la psychanalyse ayant poussé ses racines, les droits de l'homme ne sont plus, depuis peu, ou pas encore violés de façon aussi massive, spectaculaire, régulière.

Mais si la configuration latino-américaine est à cet égard irremplaçable, incomparable, si on ne peut faire semblant de jouer ici à la substitution des noms et des exemples, l'irremplaçable et l'unique peuvent encore être exemplaires. Le sans-exemple peut avoir une valeur exemplaire pour la question éthico-politique de la psychanalyse. Ce qui se passe à l'échelle massive et qui s'écrit en grosses lettres sur le continent latino-américain pourrait bien révéler, pour le projeter sur un écran géant, ce qui s'écrit en petites lettres, je dirais selon la circulation et l'archive de petites lettres plus difficiles à déchiffrer dans les démocraties dites libérales d'Europe et d'Amérique du Nord (l'intervention de celle-ci étant d'ailleurs une des conditions essentielles de la conjoncture latino-américaine). Ce qui s'écrit en grosses lettres là-bas ne peut pas être remplacé par des exemples chinois, russes, afghans, sud-africains mais pourrait bien en revanche nous aider à déchiffrer ce qui se passe, se passerait ou se passera dans le vieux monde psychanalytique, ici même, dans les rapports de la psychanalyse avec le reste du monde politique (société civile ou État), avec tout le continent européen et américain, et surtout à l'*intérieur* du territoire institutionnel de la psychanalyse. Il se trouve – et ce n'est pas fortuit – que les écoles dominantes en Amérique latine, outre les empirismes orthodoxiques auxquels je faisais allusion tout à l'heure, sont des écoles radicalement européennes, je veux dire tenues à leurs racines anglaises ou françaises, par exemple le kleinisme ou le lacanisme. Ce qui agrandit et retourne alors beaucoup de petites lettres à déchiffrer.

Dans certaines conditions données, un protocole étant établi, *nommer* peut devenir un acte historique et politique dont la responsabilité reste inéluctable. Elle a été éludée par l'API dans un moment très grave de l'histoire, celle de la psychanalyse entre autres. Dès lors, si l'on voulait prendre la mesure de ce qui se passe en Amérique latine, si l'on essayait de se mesurer à ce qui se révèle là-bas, de répondre à ce qui menace la psychanalyse, la limite, la définit, la défigure ou la démasque, alors il faudrait au moins nommer. C'est la condition d'un appel. Il faudrait appeler à appeler ce qui s'appelle par son nom : par ce que le nom d'Amérique latine semble vouloir dire aujourd'hui pour la psychanalyse. Au moins pour commencer. C'est tout ce que de cet appel j'aurais voulu faire : nommer l'Amérique latine.

Le dernier mot du racisme

APARTHEID – que cela reste le nom désormais, l'unique appellation au monde pour le dernier des racismes. Qu'il le demeure mais vienne un jour où ce sera seulement pour mémoire d'homme.

Une mémoire d'avance, c'est peut-être le temps donné pour cette Exposition. A la fois urgente et intempestive, elle s'y expose, elle risque le temps, elle parie et elle affirme au-delà du pari. Sans compter sur aucun présent, elle donne à seulement prévoir en peinture, tout près du silence, et la rétrovision d'un futur pour lequel APARTHEID sera le nom d'une chose abolie enfin. Alors cerné, abandonné à ce silence de la mémoire, le nom résonnera tout seul, réduit à l'état de vocable hors d'usage. La chose qu'il nomme aujourd'hui ne sera plus.

Mais APARTHEID, n'est-ce pas depuis toujours l'archive de l'innommable?

L'exposition n'est donc pas une présentation. Rien ne s'y livre au présent, rien qui soit présentable, mais seulement, dans le rétroviseur de demain, feu le dernier des racismes, *the late racism.*

---

* Texte publié en 1983 à l'ouverture d'une exposition destinée à devenir un musée contre l'Apartheid. Une centaine d'œuvres y furent rassemblées qui constituent depuis lors une exposition itinérante. L'association des « Artistes du monde contre l'Apartheid », peintres, sculpteurs et écrivains, s'est engagée à offrir ce musée « au premier gouvernement sud-africain libre et démocratique, issu du suffrage universel ».

1

LE DERNIER : comme on dit en français pour signifier parfois le pire. On situe alors la bassesse extrême : « le dernier des... ». C'est, au plus bas degré, le dernier d'une série, mais aussi ce qui à la fin d'une histoire ou au bout du compte vient accomplir la loi d'un processus et révéler la vérité de la chose, l'essence ici achevée du mal, le pire, le mal superlatif de l'essence, comme s'il y avait un racisme par excellence, le plus raciste des racismes.

LE DERNIER aussi comme on le dit du plus récent, le dernier en date de tous les racismes du monde, le plus vieux et le plus jeune. Car il faut le rappeler : bien que la ségrégation raciale ne l'ait pas attendu, le nom d'*apartheid* n'est devenu *mot d'ordre,* il n'a conquis son titre dans le code politique de l'Afrique du Sud qu'à la fin de la Seconde Guerre mondiale. Au moment où *tous* les racismes étaient condamnés à la face du monde, c'est à la face du monde que le Parti National osa faire campagne « *pour le développement séparé de chaque race dans la zone géographique qui lui est affectée* ».

Ce nom, aucune langue depuis ne l'a jamais traduit, comme si tous les parlers du monde se défendaient, fermaient la bouche contre une sinistre incorporation de la chose par le mot, comme si toutes les langues refusaient l'équivalence, et de se laisser contaminer dans l'hospitalité contagieuse du mot à mot : réponse immédiate à l'obsidionalité de ce racisme-là, à la terreur obsessionnelle qui interdit avant tout le contact. Du Blanc ne doit pas se laisser toucher par du Noir, fût-ce à distance de langue ou de symbole. Les Noirs n'ont pas le droit de toucher au drapeau de la République. Le ministère des Travaux publics déclare en 1964 que pour assurer la propreté des emblèmes nationaux, un règlement stipule qu'il est « interdit aux non-Européens de les manipuler ».

Apartheid : le mot à lui seul occupe le terrain comme un camp de concentration. Système de partition, barbelés, foules des solitudes quadrillées. Dans les limites de cet idiome intraduisible, une violente arrestation de la marque, la dureté criante de l'essence abstraite *(heid)* semble spéculer sur un autre régime d'abstraction, celle de la séparation confinée. Le mot concentre la séparation, il en élève la puissance et la met elle-même *à part :* l'apartitionalité, quelque chose comme ça. En isolant l'être-à-part dans une sorte d'essence ou d'hypostase, il la corrompt en ségrégation quasi ontologique. En tout cas, comme tous les racismes, il tend à la faire passer pour une nature — et la loi même de l'origine. Monstruosité de cet idiome politique. Un idiome ne devrait certes jamais incliner au racisme. Or il le fait souvent et ce n'est pas tout à fait fortuit. Pas de racisme sans une langue. Les violences raciales, ce ne sont pas seulement des mots, mais il leur faut un mot. Bien qu'il allègue le sang, la couleur, la naissance, ou plutôt parce qu'il tient ce discours naturaliste et parfois créationniste, le racisme trahit toujours la perversion d'un homme « animal parlant ». Il institue, déclare, écrit, inscrit, prescrit. Système de marques, il dessine des lieux pour assigner à résidence ou fermer des frontières. Il ne discerne pas, il discrimine.

LE DERNIER enfin, car ce dernier-né des racismes est aussi le seul survivant au monde, le seul du moins à s'exhiber encore dans une constitution politique. Il reste le seul sur la scène à oser dire son nom et à se présenter comme ce qu'il est, défi légal et assumé de l'*homo politicus,* racisme juridique et racisme d'État. Ultime imposture d'un soi-disant état de droit qui n'hésite pas à se fonder dans une prétendue hiérarchie originaire – de droit naturel ou de droit divin et les deux ne s'excluent jamais.

La sinistre renommée de ce nom à part sera donc unique. L'*apartheid* est réputé pour manifester en somme la dernière extrémité du racisme, sa fin et la suffisance bornée de son dessein, son eschatologie, le râle d'une agonie interminable déjà, quelque chose comme l'Occident du racisme mais encore, il faudra bien le préciser tout à l'heure, le racisme en tant que chose de l'Occident.

2

A cette singularité, pour y répondre, ou mieux, pour y riposter, se mesure la singularité ici même d'un autre événement. Des peintres du monde entier se préparent à lancer un nouveau satellite, un engin de dimensions peu déterminables mais un satellite de l'humanité. Il ne se mesure avec l'*apartheid,* en vérité, que pour rester sans commune mesure avec son système, sa puissance, ses richesses fabuleuses, son surarmement, le réseau mondial de ses complices déclarés ou honteux. La force de cette Exposition désarmée sera tout autre, et sa trajectoire sans exemple.

Car son mouvement n'appartient encore à aucun temps, à aucun espace qui soit, et qui soit aujourd'hui mesurable. Sa course précipite, elle commémore par anticipation : non pas l'événement qu'elle est, mais celui qu'elle appelle. La course est d'une planète en somme autant que d'un satellite. Une planète, son nom l'indique, c'est d'abord un corps voué à l'errance, à une migration dans ce cas dont la fin n'est pas assurée.

Dans toutes les capitales dont elle sera l'hôte d'un moment, l'Exposition n'aura pas lieu, si on peut dire, pas encore, pas *son* lieu. Elle restera en exil au regard de sa résidence propre, de son lieu de destination à venir — et à créer, car telles sont ici l'*invention* et l'œuvre dont il convient de parler : l'Afrique du Sud au-delà de l'*apartheid,* l'Afrique du Sud en mémoire d'*apartheid.*

Tel serait le cap mais tout aura commencé par l'exil. Née en exil, l'Exposition témoigne déjà contre l'assignation au territoire « naturel », à la géographie de la naissance. Et si, condamnée à une course sans fin ou immobilisée loin d'une Afrique du Sud imperturbable, elle ne rejoignait jamais sa destination, elle ne garderait pas seulement l'archive d'un échec ou d'un désespoir, elle continuera de *dire* quelque chose, et qu'on peut entendre aujourd'hui, au présent.

Ce nouveau satellite de l'humanité se déplacera donc, lui aussi, comme un habitat mobile et stable, « mobile » et « stable », lieu d'observation, d'information et de témoignage. Un satellite est un garde, il veille, il avertit : n'oubliez pas l'*apartheid,* sauvez l'humanité de ce mal, et ce mal ne se réduit pas à l'iniquité principielle et abstraite d'un système : ce sont aussi les souffrance quotidiennes, l'oppression, la pauvreté, la violence, les tortures infligées par une arrogante minorité blanche (16 % de la population, 60 à 65 % du revenu national) à la masse de la population noire. Les informations d'Amnesty International sur *L'emprisonnement politique en Afrique du Sud* (1978, EFAI, Paris, 1980) et sur l'ensemble de la réalité judiciaire ou pénale sont effroyables.

Mais comment faire pour que ce témoin-satellite, en la vérité qu'il expose, ne soit pas arraisonné? Pour qu'il ne redevienne pas un dispositif technique, l'antenne d'une nouvelle stratégie politico-militaire, une machinerie utile pour l'exploitation de nouvelles ressources ou le calcul en vue d'intérêts mieux compris?

Pour mieux poser cette question, laquelle n'attend sa réponse que de l'avenir en ce qu'il reste inconcevable, revenons à l'apparence immédiate. Voici une Exposition, comme on dit encore dans le vieux langage d'Occident : des « œuvres d'art », des « créations » signées, dans le cas présent des « tableaux » de « peinture ». Dans cette Exposition collective et internationale (rien de nouveau à cela non plus), des idiomes picturaux se croiseront, mais ils tenteront de parler la langue de l'autre sans renoncer à la leur. Et pour cette traduction, leur commune référence en appelle dès maintenant à une langue introuvable, à la fois très vieille, plus vieille que l'Europe, mais pour cela même à inventer encore.

3

L'âge européen, pourquoi le mentionner ainsi? Pourquoi rappeler, trivialité, que tous ces mots appartiennent au vieux langage de l'Occident?

Parce que ladite Exposition expose et commémore, me semble-t-il, accuse et contredit toute une histoire de l'Occident. L'*apartheid* ne fut pas une « création » européenne pour la seule raison que telle communauté blanche d'ascendance européenne l'impose aux quatre cinquièmes de la population et maintient (jusqu'en 1980!) le mensonge *officiel* d'une migration blanche antérieure à la migration noire. Ni pour telle autre raison : le nom d'*apartheid* n'a pu devenir une sinistre boursouflure sur le corps du monde qu'en ce lieu où l'*homo politicus europeanus* en a d'abord signé le tatouage. Mais d'abord parce qu'il s'agit d'un racisme d'État. Tous les racismes relèvent de la culture et de l'institution mais tous ne donnent pas lieu à des structures étatiques. Or le simulacre juridique et le théâtre politique de ce racisme d'État n'ont aucun sens et n'auraient eu aucune chance hors d'un « discours » européen sur le concept de race. Ce discours appartient à tout un système de « fantasmes », à une certaine représentation de la nature, de la vie, de l'histoire, de la religion et du droit, à la culture même qui a pu donner lieu à cette étatisation. Sans doute y a-t-il là aussi, il est juste d'y insister, une contradiction intérieure à l'Occident et à l'affirmation de son droit. Sans doute l'*apartheid* s'est-il instauré et maintenu contre le Commonwealth, après une longue aventure qui commence avec l'abolition de l'esclavage par l'Angleterre en 1834, au moment où les Boers démunis entreprennent le Grand Trek vers l'Orange et le Transvaal. Mais cela confirme l'essence occidentale du processus historique, à la fois dans son incohérence, ses compromis et sa stabilisation. Depuis la Seconde Guerre mondiale, à suivre du moins les données d'un certain calcul, la stabilité du régime de Pretoria est requise par l'équilibre politique, économique et stratégique de l'Europe. De lui dépend la survie de l'Europe de l'Ouest. Qu'il s'agisse de l'or ou des minerais dits stratégiques, on sait que le partage du monde se fait, pour les trois quarts au moins, entre l'URSS et la République sud-africaine. Fût-il indirect, le contrôle soviétique sur cette région du monde, pensent certains chefs d'État occidentaux, provoquerait une castastrophe sans commune mesure avec la malédiction (ou la « mauvaise image ») de l'*apartheid*. Et puis il faut garder la route du Cap, et puis on a besoin des ressources ou du travail que peuvent assurer les exportations d'armes et d'infrastructures technologiques – par exemple de centrales nucléaires, alors même que Pretoria refuse le contrôle international et ne signe pas le traité de non-prolifération atomique.

L'*apartheid* constitue donc la *première* « livraison d'armes », le premier produit d'exportation européen. Détournement et perversion, dira-t-on peut-être. Certes. Encore fallait-il que la chose fût possible, et surtout durable. Même s'ils sont officiels, les réquisitoires symboliques n'ont jamais interrompu les échanges diplomatiques, économiques, culturels, les livraisons d'armes et la solidarité géo-politique. Depuis 1973, l'*apartheid* a été déclaré « crime contre l'humanité » par l'Assemblée générale des Nations unies. Or beaucoup des pays qui y siègent, et parmi les plus puissants, ne font pas *tout* ce qu'il faut, c'est le moins qu'on puisse dire, pour mettre le régime de Pretoria en difficulté ou pour l'obliger à abolir l'*apartheid*. L'arête la plus vive de la contradiction se trouve sans doute dans la France d'aujourd'hui où l'on fait plus que partout ailleurs pour soutenir l'initiative de cette Exposition qui s'ouvrira même à Paris.

Contradictions supplémentaires, pour l'Europe tout entière : certains pays de l'Est, Tchécoslovaquie et URSS par exemple, maintiennent leurs échanges économiques avec l'Afrique du Sud (acides phosphoriques, armes, machines-outils, or). Quant aux pressions exercées sur Pretoria pour l'assouplissement de certaines formes d'*apartheid,* notamment celles dites « mesquines » *(petty)* qui interdisaient par exemple l'accès aux bâtiments publics, il faut savoir qu'elles ne sont pas toujours inspirées par le respect pour les droits de l'homme. C'est que l'*apartheid* multiplie *aussi* les dépenses improductives (machinerie policière et administrative pour chaque *homeland*); la ségrégation nuit à l'économie de marché, limite la libre entreprise, la consommation intérieure, la mobilité ou la qualification de la main-d'œuvre. Au moment d'une crise économique sans précédent, l'Afrique du Sud doit compter, au-dedans et au-dehors, avec les forces d'un courant libéral selon lequel « du point de vue de la rationalité économique, l'*apartheid* est notoirement inefficace » (Howard Schissel, « La solution de rechange libérale. Comment concilier défense des droits de l'homme et augmentation des profits » in *Le Monde diplomatique,* octobre 1979. Dans le même sens, cf. René Lefort « Solidarités raciales et intérêts de classe. Composer avec les impératifs de l'économie sans renoncer au ˮ développement séparé ˮ » et pour la même « logique » du point de vue syndical,

Brigitte Lachartre, « Un système d'interdits devenu gênant », *ibid.;* cf. aussi Marianne Cornevin, *La République sud-africaine,* PUF, Paris, 1982.) Cela aussi devra rester en mémoire : si un jour on abolit l'*apartheid,* la morale n'y aura pas trouvé tout son compte. Parce que la morale ne devrait pas compter, certes, ni faire de compte, mais parce que la loi du marché aura imposé un autre calcul, à échelle de computeur mondial.

4

Le discours théologico-politique de l'*apartheid* a parfois du mal à suivre, mais il illustre la même économie, la même contradiction intra-européenne.

On ne se contente pas d'inventer l'interdit et d'enrichir chaque jour l'appareil juridique le plus répressif du monde : plus de deux cents lois et amendements en vingt ans dans la fièvre et l'essoufflement d'un juridisme obsidional (*Prohibition of Mixed Marriage Act,* 1949; *Immorality Amendment Act,* 1950 : contre les relations sexuelles interraciales; *Group Areas Act,* 1950; *Population Registration Act,* 1950; *Reservation of Separate Amenities :* ségrégation dans les cinémas, postes, plages, piscines, etc.; *Motor Carrier Transportation Amendment Act,* 1955; *Extension of University Education Act :* universités séparées; et l'on connaît mieux la ségrégation dans les compétitions sportives).

On fonde aussi ce droit dans une théologie, et ces Actes dans l'Écriture. Car le pouvoir politique, c'est de Dieu qu'il procède. Il reste donc indivisible. Ce serait une « rébellion contre Dieu » que d'accorder des droits individuels « aux communautés qui ne sont pas mûres » et à ceux qui sont « en rébellion ouverte contre Dieu, c'est-à-dire les communistes ». Cette lecture calviniste de l'Écriture condamne la démocratie, l'universalisme « qui cherche la racine de la société dans un ensemble mondial de relations souveraines qui inclut l'humanité dans un tout »; et elle rappelle que « l'Écriture et l'Histoire montrent l'une et l'autre que Dieu exige des États chrétiens » (*Les Principes fondamentaux de la science politique calviniste,* 1951, cité par Serge Thion, *Le pouvoir pâle ou le racisme sud-africain,* Paris, 1969).

La *Charte de l'Institut pour l'Éducation nationale chrétienne* (1948) énonce les seules règles possibles pour un gouvernement d'Afrique du Sud. Elle prescrit une éducation « à la lumière des paroles de Dieu [...] sur la base des principes applicables de l'Écriture ». « Car chaque peuple et chaque nation est attaché à son sol natal, qui lui est alloué par le Créateur [...] Dieu a voulu séparer les nations et les peuples, il donna séparément à chaque nation et à chaque peuple sa vocation particulière, sa tâche et ses dons... » Ou encore : « La doctrine et la philosophie chrétiennes devront être pratiquées. Mais nous désirons plus encore : les sciences séculières devront être enseignées dans l'optique chrétienne-nationale de la vie [...] Il est important, par conséquent, que le personnel enseignant soit formé de savants chrétiens-nationaux convaincus [...] A moins qu'il [le professeur] ne soit chrétien, il est un danger pour tous [...] Cette tutelle impose à l'Afrikaner le devoir de veiller à ce que les peuples de couleur soient éduqués en accord avec les principes chrétiens-nationaux [...] Nous croyons que le bien-être et le bonheur de l'homme de couleur résident dans le fait qu'il reconnaisse son appartenance à un groupe racial séparé. »

Il arrive que cette théologie politique inspire à ses militants un antisémitisme original – et le Parti National excluait les Juifs jusqu'en 1951. C'est que la mythologie « hébraïste » du peuple boer, de ses origines nomades et du Grand Trek, exclut tout autre « peuple élu ». Ce qui n'interdit pas (voir plus haut) toutes sortes de bons échanges avec Israël.

Mais ne simplifions jamais. Parmi toutes les contradictions domestiques ainsi exportées, entretenues, capitalisées par l'Europe, il y a encore celle-ci qui n'est pas simplement l'une parmi d'autres : on justifie, certes, mais on condamne aussi l'*apartheid* au nom du Christ. De cette évidence on pourrait multiplier les signes. Il faut saluer la résistance blanche en Afrique du Sud. *The Christian Institute,* créé après la tuerie de Sharpeville en 1961, juge l'*apartheid* incompatible avec le message évangélique et soutient publiquement les mouvements politiques noirs interdits. Mais il faut aussi savoir que c'est justement cet Institut Chrétien qu'on interdit à son tour en 1977, et non pas l'Institut pour l'Éducation nationale chrétienne. Tout cela, bien entendu, sous un régime dont les structures formelles sont celles d'une démocratie occidentale, dans le style britannique, avec « suffrage universel » (sauf pour les 72 % de Noirs « étrangers » à la République et citoyens des « bandoustans » qu'on pousse « démocratiquement » vers le piège de l'indépendance formelle), une relative liberté de la presse, la garantie des droits individuels et de la magistrature.

5

Qu'est-ce que l'Afrique du Sud? Ce qui se concentre en cette énigme, nous l'avons peut-être cerné, nullement dissous ou dissipé par l'esquisse de telles analyses. En raison même de cette concentration de l'histoire mondiale, ce qui résiste à l'analyse appelle aussi à penser autrement. Si l'on pouvait oublier les souffrances, les humiliations, les tortures et les morts, on serait tenté d'observer cette région du monde comme un tableau géant, l'écran d'un computeur géopolitique. Dans le processus énigmatique de sa mondialisation, comme de sa paradoxale disparition, l'Europe semble y projeter, point par point, la silhouette de sa guerre intérieure, le bilan de ses profits et pertes, la logique en « double bind » de ses intérêts nationaux et multinationaux. Leur évaluation dialectique, c'est seulement la stase provisoire d'un équilibre précaire, et l'*apartheid* en dit aujourd'hui le prix. Tous les États et toutes les sociétés acceptent encore de le payer, d'abord de le faire payer. Il y va, conseille le computeur, de la paix mondiale, de l'économie générale, du marché du travail européen, etc. Sans minimiser les « raisons d'État » alléguées, on doit pourtant le dire très haut et d'un trait : s'il en est ainsi, les déclarations des États occidentaux qui dénoncent l'*apartheid* du haut des tribunes internationales et ailleurs sont des dialectiques de la dénégation. Elles tentent de faire oublier à grand bruit ce verdict de 1973 : « crime contre l'humanité ». S'il reste sans effet, ce verdict, c'est que le discours habituel sur l'homme, l'humanisme et les droits de l'homme a rencontré sa limite effective et encore impensée, celle de tout le système dans lequel il prend sens. *Amnesty International :* « Tant que l'*apartheid* subsistera, il ne saurait y avoir de structure conforme aux normes généralement reconnues des droits de l'homme et pouvant en garantir l'application. »

Au-delà du computeur mondial, de la dialectique des calculs stratégiques ou économiques, au-delà des instances étatiques, nationales ou internationales, au-delà du discours juridico-politique ou théologico-politique qui n'alimente plus que la bonne conscience ou la dénégation, il fallait, il faudrait, il faut en appeler inconditionnellement à l'avenir d'un autre droit et d'une autre force par-delà la totalité de ce présent.

Voilà, me semble-t-il, ce qu'affirme ou appelle cette Exposition. Ce qu'elle signe d'un trait. Ce qu'elle doit donner à lire et à penser, et donc à faire, et encore à donner, par-delà le présent des institutions qui la soutiennent ou de cette fondation qu'à son tour elle devient elle-même.

Y réussira-t-elle? Fera-t-elle œuvre de cela même? Rien ne peut ici, par définition, s'assurer.

Mais si un jour l'Exposition gagne, oui, l'Afrique du Sud, elle gardera la mémoire de ce qui n'aura jamais été, au moment de ces œuvres projetées, peintes, rassemblées, la présentation de quelque présent. On ne peut même plus traduire au futur antérieur le temps de ce qui s'écrit ainsi. Et qui sans doute n'appartient plus au courant, au sens cursif de l'histoire. N'est-ce pas vrai de toute « œuvre »? Vrai de cette vérité dont il est si difficile de parler? Peut-être.

L'histoire exemplaire de « Guernica », nom de la ville, nom d'un enfer, nom de l'œuvre, n'est pas sans analogie avec celle de cette Exposition, certes, et elle peut en avoir inspiré l'idée : l'œuvre dénonce la barbarie civilisée et depuis l'exil du tableau, dans son silence de mort, on entend hurler la plainte ou l'accusation. Portée par la peinture, elle se mêle aux cris des enfants et au vacarme des bombardiers, jusqu'au dernier jour de la dictature. L'œuvre alors est rapatriée en des lieux qu'elle n'a jamais habités. Certes, mais l'œuvre était, si l'on peut dire, d'un seul, et Picasso s'adressait aussi, non seulement mais aussi et d'abord à son propre pays. Quant au droit restauré depuis peu en Espagne, il participe encore, comme dans tant de pays, au système qui assure présentement, nous le disions, la survie de l'*apartheid*. Il n'en va plus de même avec cette Exposition.

L'œuvre singulière y est multiple, elle passe toutes les frontières nationales, culturelles, politiques. Elle ne commémore ni ne représente un événement, elle regarde continûment, car toujours les tableaux regardent, ce que je propose de nommer un continent. Tous les sens de ce mot, on en fera ce qu'on voudra.

Par-delà un continent dont elles accusent les limites, celles qui l'entourent ou celles qui le traversent, les tableaux regardent et appellent en silence.

Et leur silence est juste. Un discours obligerait encore à compter avec l'état présent des forces et du droit. Il passerait des contrats, il se dialectiserait, il se laisserait encore réapproprier.

Ce silence appelle sans condition, il veille sur ce qui n'est pas, sur ce qui n'est pas encore, et sur la chance un jour fidèle encore de rappeler.

No apocalypse, not now

à toute vitesse, sept missives, sept missiles

Première missive,   *Au commencement, il y aura eu la vitesse.* L'enjeu
premier missile   paraît sans limites pour ce qui s'appelle encore
un peu l'humanité. On le dit trop facilement :
dans la guerre nucléaire, « l'humanité » court le risque d'une auto-
destruction sans reste. Il y aurait beaucoup à dire sur ce « on dit ».
Quelque crédit qu'on accorde à cette rumeur, il faut bien reconnaître
que l'enjeu apparaît dans l'expérience d'une course, plus précisément
d'une *concurrence,* la compétition entre deux vitesses. On appelle cela
une *course de vitesse.* Qu'il s'agisse de la course aux armements ou
des ordres donnés pour le déclenchement d'une guerre elle-même
dominée par cette économie de la vitesse à travers tous les relais de
sa technologie, un écart de quelques secondes peut décider, de façon
irréversible, du sort de ce qui s'appelle encore un peu l'humanité —
à laquelle il conviendrait d'ajouter pour l'occasion quelques espèces.

     Comme chacun le sait, il n'est pas un instant, pas un atome
de notre vie, pas un signe de notre rapport au monde et à l'être qui
ne soit aujourd'hui marqué, directement ou indirectement, par cette
course de vitesse. Et par tout le débat stratégique autour de l'arme
nucléaire, du *« no use »*, *« no first use »*, *« first use »* [1]. Est-ce nouveau ?

     * Conférence prononcée en avril 1984 à l'Université de Cornell, à l'occasion
d'un colloque organisé par la revue *Diacritics* et le Département de *Romance Studies,*
sous le titre *Nuclear Criticism.* La version originale de ce texte est parue dans un
numéro de *Diacritics* consacré aux actes de ce colloque (14, [2], été 1984).
     1. Expressions courantes dans le débat ouvert aux États-Unis : doit-on être les

Est-ce la première fois dans l'« histoire »? Est-ce une invention [1]? Peut-on encore la situer « dans » l'histoire? Les guerres les plus classiques étaient aussi des courses de vitesse, dans leur préparation comme dans l'acte même des hostilités. Faisons-nous aujourd'hui une *autre* expérience de la vitesse? Notre rapport au temps et au mouvement devient-il qualitativement différent? Ne peut-on parler, au contraire, d'une extraordinaire accélération, quoique qualitativement homogène, de la même expérience? Et à quelle temporalité se fie-t-on encore en posant la question sous cette forme? Il va de soi qu'on ne la peut prendre au sérieux sans réélaborer toutes les problématiques du temps et du mouvement, d'Aristote à Heidegger, en passant par Augustin, Kant, Einstein ou Bergson. Notre première formulation restait donc simpliste. Elle opposait la qualité et la quantité *comme si* une transformation quantitative, une fois franchis certains seuils d'accélération, ne pouvait pas induire des mutations qualitatives dans le dispositif général d'une culture, avec toutes ses techniques d'information, d'inscription et d'archivation; *comme si toute invention* n'était pas l'invention d'un processus d'accélération ou, à tout le moins, une nouvelle expérience de la vitesse; ou *comme si* le concept de vitesse, lié à une quantification du temps objectif, restait homogène à toute expérience du temps pour le sujet humain ou pour un mode de temporalisation que le sujet humain, en tant que tel, aurait recouverte.

Pourquoi ai-je donc ralenti mon introduction en traînant cette question si naïve?

Sans doute pour plusieurs raisons.

Première raison

Considérons la forme même de la question : la guerre de vitesse, avec tout ce qu'elle commande, est-ce un phénomène irréductiblement nouveau, une invention liée à un ensemble d'inventions de l'âge dit nucléaire, ou bien l'accélération brutale d'un mouvement qui fut à l'œuvre *depuis toujours?* Non pas seulement *toujours déjà,* comme on dit, et comme si l'expression « toujours déjà » décrivait

---

premiers à utiliser l'arme nucléaire pour ne pas être en situation de faiblesse stratégique (*first use* au moins à titre de prévention) ou bien doit-on se faire une règle de n'utiliser l'arme nucléaire qu'à titre de réplique *(no first use)?*

1. Cf. plus haut, « Psyché. Invention de l'autre ». En fait, les deux conférences furent prononcées la même semaine à l'Université de Cornell. Les allusions se multiplient de l'une à l'autre.

cette structure de la même façon qu'elle en caractérise d'autres. Il s'agirait ici au contraire d'une structure d'emportement absolu, un « gagner de vitesse » quasi infini qui rendrait possible le « toujours déjà » *en général*. Cette forme de question constitue peut-être la matrice formelle la plus indispensable, la pièce centrale et, si vous voulez, nucléaire, pour une problématique du type « *nuclear criticism* » dans *tous* ses aspects.

Naturellement, nous devons aller vite et nous n'aurons pas le temps de le démontrer. J'avance donc cette proposition – au sujet d'une forme de la question – comme une conclusion hâtive, une assertion précipitée, une croyance, un argument *doxique* ou une arme *dogmatique. Au commencement, la doxa.* Je tenais à commencer ainsi et par là. Je voulais commencer le plus vite possible par cette mise en garde, autrement dit par ce geste de dissuasion : attention, n'allez pas trop vite, il n'y a peut-être aucune invention, aucun prédicat radicalement nouveau dans la situation dite de l'« âge nucléaire ». De toutes les dimensions d'un tel âge on peut toujours dire : ce n'est ni la première ni la dernière fois. La vigilance critique de l'historien peut toujours nous aider à vérifier cette répétitivité. Et cette patience historienne, cette lucidité de la mémoire doit toujours éclairer la « critique nucléaire », l'obliger à décélérer, la dissuader de précipiter la conclusion au sujet de la vitesse même. Mais le coup de frein dissuasif comporte ses propres risques. Le zèle critique qui pousse à reconnaître partout les précédents, les continuités, les répétitions, peut nous faire passer comme des somnambules suicidaires, sourds ou aveugles, à côté de l'inouï, à côté de ce qui, malgré la ressemblance assimilatrice des discours (par exemple ceux du genre apocalyptique ou bi-millénariste), malgré l'analogie des situations technico-militaires, des dispositifs stratégiques, avec leurs composantes de paris, de calculs au bord de l'abîme, d'aléas, de surenchère mimétique, etc., serait absolument unique et chercherait dans le fonds historique, en un mot dans l'histoire tout court dont ce serait ici la fonction même, de quoi neutraliser l'invention, traduire l'inconnu en connu, métaphoriser, allégoriser, domestiquer la terreur, contourner à l'aide de tours, de tropes, de strophes, l'incontournable catastrophe, la précipitation sans détour vers un cataclysme sans reste. L'inouï serait ici l'abyssal, et « passer à côté » du gouffre, pour le somnambule dont je parle, reviendrait aussi bien à y tomber sans voir et sans savoir. Mais comment mourir autrement? Le ralentissement critique et dissuasif peut donc être aussi critique que l'accélération critique. On peut toujours mourir après avoir passé sa vie à reconnaître, en historien lucide, à quel point tout cela n'était pas nouveau, en se disant que les inventeurs de l'âge nucléaire ou de la critique nucléaire n'ont pas, comme on dit en français, « inventé la poudre ». On meurt toujours dans cette sombre lumière de la mémoire, d'ailleurs, et la mort de ce qui s'appelle encore un peu l'humanité pourrait bien ne pas échapper à la règle.

Deuxième raison

Quelle est donc la *bonne vitesse ?* Dans l'incapacité où nous sommes de donner une bonne réponse, une réponse qui ne soit pas intempestive à cette question, nous devons au moins reconnaître, je veux dire admettre avec reconnaissance, que l'âge nucléaire nous *donne à penser* cette aporie de la vitesse depuis la limite de l'accélération absolue où viendraient à se confondre, dans l'unicité d'un ultime événement, collusion ou collision dernière, les temporalités dites subjective et objective, phénoménologico-transcendantale et intramondaine, authentique et inauthentique, originaire ou « vulgaire » – soit dit pour jouer avec des catégories bergsoniennes, husserliennes ou heideggeriennes. Mais en adressant ces questions aux participants d'un colloque sur le « nuclear criticism », je me demande aussi à quelle vitesse il faut traiter ces apories : avec quelle rhétorique, quelle économie ou quelle stratégie de l'implicitation, quelles ruses de la potentialisation, quelle capitalisation de l'ellipse, quelles armes de l'ironie. L'« âge nucléaire » détermine un certain type de colloques, sa technologie de l'information, de la diffusion et de l'archivation, son rythme de parole, ses procédures de démonstration – et donc ses arguments et ses armements, ses modes de persuasion ou d'intimidation.

Troisième raison

Cette question une fois posée, et très vite au sujet de la vitesse, je désarme unilatéralement, je mets cartes sur table. J'annonce que, faute de temps, celui de la préparation et celui de l'acte de parole, je ne ferai pas de vraie « communication ». Moyennant quoi, direz-vous, je prends néanmoins plus de temps que tous mes autres partenaires. Je choisis donc, comme vous l'avez déjà constaté, le genre ou la forme rhétorique de petits noyaux atomiques (en cours de fission, de fusion ou de division en chaîne interruptible) que je disposerai ou plutôt projetterai vers vous, comme de petits missiles inoffensifs de façon discontinue et plutôt aléatoire. Ce sera mon petit calcul stratégique et capitalistique pour dire, potentiellement, en y prenant le plus de plaisir possible, le plus de choses possibles. La capitalisation – et le capitalisme – a toujours la structure d'une potentialisation de la vitesse. C'était donc, à raison de trois points, mon *premier missile* ou mon premier aphorisme nucléaire : *au commencement il y aura eu la vitesse* qui toujours déjà *prend de vitesse, gagne de vitesse,* comme on dit en français, autrement dit double ou dépasse, et l'acte et la parole.

Deuxième missile,   *Pour une telle performance, nous pouvons nous croire*
deuxième missive   *compétents.* Et cela par ce que je viens d'énoncer
                          très vite : pour cause de vitesse.
     En effet : jamais, nulle part, la dissociation entre le lieu de la compétence et le lieu des enjeux n'a *semblé* plus rigoureuse et plus dangereuse, plus catastrophique. Je dis bien : n'a semblé telle. N'est-ce pas *apparemment la première fois* que cette dissociation, plus infranchissable que jamais pour le *commun des mortels,* met en jeu le sort de ce qui s'appelle encore un peu l'humanité *tout entière,* voire de la terre entière, au moment où votre Président envisage même de conduire la guerre au-delà de la terre? Est-ce que cette dissociation (qui est la dissociation, la division et la dislocation du *socius,* de la socialité même) ne nous donne pas à penser l'essence du savoir et de la *tekhnè* elle-même, comme socialisation et dé-socialisation, constitution et déconstruction du *socius?*
     Faut-il donc prendre cette dissociation au sérieux? Et qu'est-ce ici que le sérieux? Voilà la première question et donc la *première raison* pour laquelle il n'est plus totalement impertinent ou inconséquent d'ouvrir un colloque sur le nucléaire dans un espace, le nôtre, essentiellement occupé par des non-experts, par des questionneurs qui ne savent sans doute pas très bien qui ils sont, qui ne savent sûrement pas ce qui justifie ou légitime leur communauté mais qui savent au moins qu'ils ne sont pas des professionnels de l'armée, de la stratégie, de la diplomatie ou de la techno-science nucléaire.

Deuxième raison

Soit, nous ne sommes pas des experts de la stratégie, de la diplomatie ou de la techno-science dite nucléaire. Nous serions plutôt tournés vers ce qu'on appelle non pas l'humanité mais les humanités, l'histoire, la littérature, les langues, la philologie, les sciences sociales, bref tout ce que, dans l'université kantienne, on situait dans la classe dite inférieure de la faculté de philosophie, étrangère à tout exercice du pouvoir [1]. Nous sommes des spécialistes du discours et du texte, de toutes sortes de textes.

Or j'oserai dire que cela, malgré les apparences, nous habilite deux fois plutôt qu'une à nous occuper sérieusement de la chose nucléaire. Et si nous ne l'avons pas encore fait, cette responsabilité à laquelle nous aurions ainsi manqué nous prescrit de nous préoccuper de ladite chose. D'abord en tant que représentants de l'humanité ou des humanités incompétentes qui doivent penser en toute rigueur le problème de la compétence devant un enjeu qui est le sien, et le leur. Comment, devant la terreur nucléaire, faire passer la parole non seulement entre les soi-disant compétents et les prétendus incompétents, mais aussi entre les compétents et les compétents eux-mêmes? Car nous en avons plus que le soupçon, nous avons la certitude que, dans ce domaine en particulier, il y a une multiplicité de compétences dissociées, hétérogènes. Le savoir n'y est ni cohérent ni totalisable. De plus, entre ceux qui sont compétents d'une compétence techno-scientifique (les inventeurs, ceux qui sont commis à l'invention, aussi bien dans le sens de la révélation ou de la découverte « constative » que de la production de nouveaux dispositifs techniques et performants) et ceux qui sont compétents d'une compétence militaro-politique, ceux qui sont habilités à prendre des décisions, les délégués à la performance ou au performatif, la frontière est plus indécidable que jamais, comme elle l'est entre le bien et le mal de toute technologie nucléaire. Si, d'un côté, c'est apparemment la première fois que les compétences sont aussi dangereusement et efficacement dissociées, en revanche et d'un autre point de vue, elles n'ont jamais été aussi terriblement accumulées, concentrées, confiées comme un jeu de dés à si peu de mains : les militaires sont aussi des scientifiques et ils se trouvent fatalement en situation de participer à la décision finale, quelque précaution qu'on prenne à ce sujet. Ils sont *tous,* c'est-à-dire très peu, en situation d'inventer, d'inaugurer, d'improviser des procédures et de donner des ordres là où aucun modèle, nous en parlerons tout à l'heure, ne peut leur être d'aucun secours. Entre constater, révéler, savoir, promettre, agir, simuler, donner des ordres, etc., la limite n'a jamais été aussi précaire, voire indécidable. Telle est aujourd'hui la situation : situation limite où la limite est suspendue, où donc le *krinein,* la *crisis,* la décision même, et le choix se soustraient à nous, nous abandonnent comme le reste de cette

---

1. Cf. Je me permets de renvoyer ici à mon article, « Mochlos ou Le conflit des facultés », in *Philosophie,* 2, avril 1984.

soustraction que nous sommes. C'est à partir de cette situation qu'il *nous* faut re-penser les rapports entre savoir et agir, les *speech acts* constatifs et les *speech acts* performatifs, l'invention qui trouve ce qui était déjà là et celle qui produit de nouveaux dispositifs ou de nouveaux lieux. Dans l'indécidable et au moment d'une décision sans commune mesure avec aucune autre, il nous faut réinventer l'invention et penser une autre « pragmatique ».

Troisième raison

Dans notre incompétence techno-scientifico-militaro-diplomatique, nous pouvons nous croire pourtant aussi compétents que d'autres pour traiter d'un phénomène qui a pour caractéristique essentielle d'être de part en part *fabuleusement textuel*. L'armement nucléaire dépend, plus qu'aucun armement auparavant, semble-t-il, de structures d'information et de communication, de langage, et de langage non vocalisable, de crypte et de décryptage graphique. Mais phénomène fabuleusement textuel aussi dans la mesure où, pour l'instant, une guerre nucléaire n'a pas eu lieu : on peut seulement en parler et en écrire. Vous direz peut-être : mais ce n'est pas la première fois; les autres guerres aussi, tant qu'elles n'avaient pas eu lieu, on pouvait seulement en parler et en écrire. Et quant à l'effroi de l'anticipation imaginaire, qui pourrait prouver qu'un Européen d'après la guerre de 70 n'aurait pas été plus terrifié par l'image « technologique » des bombardements et des exterminations de la Deuxième Guerre mondiale, s'il avait même pu la former, que nous ne le sommes par l'image que nous pouvons nous faire d'une guerre nucléaire? La logique de cet argument n'est pas sans valeur, surtout si l'on pense à une guerre nucléaire limitée et « propre ». Mais il perd sa valeur devant l'hypothèse d'une guerre nucléaire totale, qui, en tant qu'hypothèse ou, si vous préférez, en tant que fantasme, conditionne tous les discours et toutes les stratégies. A la différence des autres guerres, qui furent toutes précédées par des guerres de type à peu près semblable dans la mémoire des hommes (et la poudre à canon n'a pas marqué de rupture radicale à cet égard), la guerre nucléaire n'a pas de précédent. Elle n'a jamais eu lieu elle-même, c'est un non-événement. L'explosion des bombes atomiques en 1945 a clos une guerre « classique », elle n'a pas déclenché de guerre nucléaire. La terrifiante « réalité » du conflit nucléaire ne peut être que le référent signifié, jamais le référent réel (présent ou passé) d'un discours ou d'un texte. Du moins aujourd'hui. Et cela nous donne à penser l'*aujourd'hui,* la présence de ce présent à travers cette fabuleuse textualité. Mieux et plus que jamais. La multiplication croissante des discours – voire de la littérature – à ce sujet constitue peut-être un processus de domestication apeurée, l'assimilation anti-cipatrice de cet inanticipable tout-autre. Pour l'instant, aujourd'hui, on peut dire qu'une guerre nucléaire non localisable n'a pas eu lieu, elle n'a d'existence que par ce qu'on en dit et là où on en parle. Certains pourraient donc l'appeler une fable, une pure invention : au sens où l'on dit qu'un mythe, une image, une fiction, une utopie, une figure de rhétorique, un phantasme sont des inventions. On peut aussi appeler cela une spéculation – voire une fabuleuse spéculation. Le bris du miroir [1] serait finalement, à travers un acte de langage, l'événement même de l'acte nucléaire. Qui peut jurer que notre inconscient ne l'attend pas? N'en rêve pas? Ne le désire pas?

Peut-être trouverez-vous choquant de voir la chose nucléaire réduite à une fable. Aussi n'ai-je pas simplement dit cela. J'ai rappelé que la guerre nucléaire était pour l'instant une fable, à savoir ce dont on ne peut que parler. Mais qui peut méconnaître la « réalité » massive des armements nucléaires et des effroyables forces de des-truction qui s'engrangent partout, qui se capitalisent et constituent le mouvement même de la capitalisation? On doit distinguer cette « réalité » de l'âge nucléaire; et l'on doit distinguer la fiction de la guerre. Mais, tel serait peut-être l'impératif d'une critique nucléaire, il faut aussi veiller à interpréter de façon critique cette distinction critique ou diacritique. Car la « réalité » de l'âge nucléaire et la fable de la guerre nucléaire se distinguent peut-être mais ne font pas deux. C'est la guerre (autrement dit, pour l'instant, la fable) qui met en marche ce fabuleux effort de guerre, cette capitalisation insensée d'armements sophistiqués, cette course de vitesse en vue de la vitesse, cette précipitation affolée qui à travers la techno-science, à travers toute l'inventivité techno-scientifique qu'elle motive, structure non seulement l'armée, la diplomatie, la politique mais le tout du *socius* humain aujourd'hui, tout ce qu'on appelle des vieux mots de culture, civilisation, *Bildung, skholè, paideia.* La « réalité », disons l'institution générale de l'âge nucléaire, est construite par la fable, depuis un événement qui n'est jamais arrivé (sinon dans le fantasme, et ce n'est pas rien [2]), un événement dont on peut seulement parler, un évé-

---

1. Cf. plus haut, « Psyché. Invention de l'autre ».
2. Dès 1897, Freud se dit convaincu « qu'il n'existe dans l'inconscient aucun " indice de réalité ", de telle sorte qu'il est impossible de distinguer l'une de l'autre la vérité et la fiction investie d'affect ». (Lettre 69, 21 septembre 1897.) Je propose

nement dont la venue reste une invention des hommes (à tous les sens du mot « invention ») ou qui, mieux, reste à inventer. Une invention parce qu'elle dépend de nouveaux dispositifs techniques, certes, mais une invention aussi parce qu'elle n'existe pas et surtout parce que, le jour où elle existerait, ce serait une grande première.

Quatrième raison

Puisque nous parlons de fable, de langage, d'écriture et de rhétorique, de fiction et de fantasme, allons plus loin. La guerre nucléaire ne tient pas au langage pour la seule raison que nous ne pouvons qu'en parler — et comme de quelque chose qui n'a encore jamais eu lieu. Elle ne tient pas au langage pour la seule raison que les « incompétents » de tous bords ne peuvent qu'en parler sur le mode du bavardage ou de la *doxa* — et cette frontière entre *doxa* et *épistémè* se brouille dès lors qu'il n'y a plus de compétence absolument légitimable pour un phénomène qui n'est plus strictement techno-scientifique mais de part en part techno-militaro-politico-diplomatique et qui fait intervenir la *doxa* ou l'incompétence même dans ses calculs. Ici, pour une fois, il y a seulement de la *doxa,* de l'opinion, du *« belief »*. On ne peut plus opposer la croyance et la science, la *doxa* et l'*épistémè* une fois parvenu au lieu décisif de l'âge nucléaire, autrement dit, une fois parvenu au lieu critique de l'âge nucléaire. En ce lieu critique, il n'y a plus de place pour une distinction entre croyance et science, donc plus de place pour un « nuclear criticism » *stricto sensu*. Ni même pour une vérité en ce sens. Pas de vérité, pas d'apocalypse. Non, la guerre nucléaire n'est pas *seulement* fabuleuse parce qu'on peut *seulement* en parler mais parce que l'extraordinaire *sophistication* des technologies — qui sont aussi des technologies de l'envoi, du missile en général, de la mission, de l'émission et de la transmission, comme toute *tekhnè* — co-existe, co-opère essentiellement avec la sophistique, la psycho-rhétorique et la psychagogie la plus sommaire, la plus archaïque, la plus vulgairement doxique.

Troisième missile,   *Nous pouvons nous croire compétents parce que la*
troisième missive   *sophistication de la stratégie nucléaire ne va jamais*
                         sans une sophistication de la croyance et la simu-
lation rhétorique d'un texte.

---

une autre lecture de cette proposition dans « Préjugés — devant la loi », in *La faculté de juger,* Minuit, 1985, p. 109 et suiv.

Première raison

L'organisation mondiale du *socius* humain est aujourd'hui suspendue à la rhétorique nucléaire. C'est immédiatement lisible dans le fait qu'on appelle (du moins en français) « stratégie de la dissuasion » toute la logique officielle de la politique nucléaire. Dissuasion *(deterrence)* veut dire « persuasion ». La dissuasion est un mode ou un effet négatif de la persuasion. L'art de persuader est, comme vous savez, l'un des axes de ce qu'on appelle depuis l'Antiquité la rhétorique. Dissuader, c'est sans doute persuader, mais non pas seulement de penser ou de croire ceci ou cela, qui peut être un état de fait ou une interprétation, mais qu'il *faut ne pas faire* quelque chose. On dissuade quand on persuade quelqu'un qu'il est dangereux, inopportun ou mauvais de décider de *faire* quelque chose. La rhétorique de la dissuasion est un dispositif de performatifs en vue d'autres performatifs. L'anticipation de la guerre nucléaire (redoutée comme le fantasme d'une destruction sans reste) installe l'humanité – et même définit par toutes sortes de relais l'essence de l'humanité moderne – dans sa condition rhétorique. Rappeler cela, ce n'est pas frapper de vanité verbeuse l'horreur de la catastrophe nucléaire qui détériore déjà, disent certains, qui améliore du même coup, disent les autres, la totalité de notre monde; ce n'est pas dire de ce *pharmakon* absolu qu'il est tissé de mots, comme si on disait : toute cette horreur n'est que de la rhétorique. Au contraire, cela nous donne à penser aujourd'hui, rétrospectivement, le pouvoir et l'essence de la rhétorique; et même de la sophistique, qui se lie depuis toujours, au moins depuis la guerre de Troie, à la rhétorique (pour s'en tenir à la détermination grecque de ce que nous sommes ici voués à nommer, à la grecque, la sophistique et la rhétorique).

Deuxième raison

Au-delà de cette rhétoricité essentielle, il faut situer la contemporanéité entre le raffinement hyperbolique, la sophistication technologique de la *missilité* ou de la *missivité* et la rusticité des ruses sophistiques qui s'élaborent dans les états-majors militaro-politiques. Entre la guerre de Troie et la guerre nucléaire, la préparation technique a prodigieusement progressé, mais les schèmes psychagogiques et discursifs, les structures mentales et les structures de calcul intersubjectif dans la théorie des jeux n'ont pas bougé. Devant le saut technologique, un homme de la Première Guerre mondiale peut avoir le souffle coupé, mais Homère, Quintillien ou Cicéron n'auraient pas été étonnés s'ils avaient lu ce que j'ai lu dans le *New York Times* il y a quelques jours, alors que je préparais ce « paper » (il faut, pour ce que je veux dire de la *doxa,* considérer les *news papers* comme de bonnes références). C'est un article de Leslie H. Gelb, correspondant du *Times* (pour la *« National Security »*) à Washington. Gelb n'est visiblement pas favorable à l'administration Reagan. Son article prend parti, il expose ce qu'on peut appeler une « opinion », une *croyance.* Je n'isole qu'un point dans un article très riche d'informations. Un des sous-titres du journal reprend les mots du texte pour dire : « Reagan stretches the meaning of deterrence, says the author. Gaining superiority translates into diplomatic power [1]. » Et en effet, le discours de Gelb analyse à un moment donné les croyances supposées de l'administration Reagan. Il en vient donc à parler des opinions, de la *doxa,* des croyances (vieux mots, vieilles choses : comment les intégrer dans le monde de la technologie nucléaire?). Non pas les croyances d'un individu ni même d'un groupe d'individus mais celles d'une entité nommée « Administration ». Où se trouve logée la « croyance » d'une Administration? Toute la théorie des jeux stratégiques que Gelb analyse intègre alors des croyances affichées ou supposées d'une part, des croyances ou des opinions induites d'autre part. Plus loin, Gelb tient compte de l'évaluation par les Soviétiques (donc de leur croyance) non seulement quand il s'agit de la force nucléaire des Américains mais aussi de leur résolution – traduisez : de leur croyance en eux-mêmes. Or que se passe-t-il du côté de la croyance américaine du temps de Reagan? On assiste d'une part à une évolution de la croyance, d'autre part à une apparente innovation rhétorique, le choix d'un mot nouveau, tout à coup accompagné d'une double herméneutique, d'une exégèse secrète et d'une exégèse publique; il s'agit de ce seul petit mot, *« to prevail »,* dont la charge, l'investissement et les effets supposés ont au moins autant d'importance que telles mutations technologiques qui, de part ou d'autre, seraient de nature à déplacer les données stratégiques d'une éventuelle confrontation armée. Vous connaissez mieux que moi l'épisode : il s'agit de la politique définie dans le document *Fiscal Year 1984-1988 Defense Guidance* (printemps 1982), selon laquelle, au cours d'une guerre nucléaire de quelque durée, les États-Unis *« must prevail »,* doivent l'emporter, détenir la suprématie. Cette politique, officiellement et secrètement décidée, a ensuite été publiquement désavouée par Weinberger, l'actuel secrétaire de la Défense, dans deux lettres (août 1982, juillet 1983) citées et commentées par Theo-

---

1. « Reagan étend le sens de la dissuasion, dit l'auteur. Un gain de supériorité se traduit en pouvoir diplomatique. »

dore Draper («Nuclear Temptations», *New York Review of Books,* 19 janvier 1984).

Tout se rassemble dans l'exégèse, publique ou secrète, d'un seul mot. Que signifie *to prevail?* Détenir la suprématie, en quoi cela peut-il consister? Qu'est-ce que cela peut vouloir dire ou doit impliquer? Suivons maintenant le mot de «croyance» *(belief)* dans l'interprétation proposée par Gelb :

> Dans la *croyance apparente (apparent belief)* de l'administration Reagan selon laquelle on serait capable de contrôler effectivement une guerre nucléaire, celle-ci une fois commencée, et de la mener pendant une période qui pourrait durer des mois, la doctrine a été assumée au-delà de limites bien établies. Une telle *croyance* pourrait pousser un jour un leader à *penser* qu'il pourrait prendre le risque d'engager une guerre nucléaire parce qu'il serait capable de l'arrêter juste avant une catastrophe totale. Mais l'administration Reagan alla plus loin encore en réintroduisant l'idée, datant de 1950, selon laquelle il faudrait effectivement chercher à gagner une guerre nucléaire. Pendant les vingt dernières années, l'Administration a utilisé des mots tels que «éviter la défaite» *(preventing defeat)* ou «éviter une issue défavorable» *(avoiding an unfavorable outcome)* pour décrire sa *croyance* selon laquelle il n'y aurait pas de vainqueur dans une guerre nucléaire. A la suite du brouhaha provoqué par l'usage secret du mot *«prevail»,* M. Weinberger déclara que «nulle part dans tout cela nous n'*entendons impliquer (do we mean to imply)* qu'une guerre nucléaire peut être gagnée. Cette notion n'a aucune place dans notre stratégie. Nous considérons les armes nucléaires seulement comme un moyen de dissuader les Soviets de penser *(from thinking)* qu'ils pourraient jamais recourir à elles». (Je souligne.)

Comme le jeu entre le public et le secret, la multiplicité des rhétoriques s'ajuste à la multiplicité des destinataires *supposés :* opinion publique américaine ou non américaine, décideurs américains ou soviétiques, comme si d'ailleurs l'adversaire ne tentait pas d'intégrer immédiatement toutes ces variables dans son calcul. Il s'agit bien de rhétorique, et c'est même de cela qu'on parle! Le concept, voire le mot de rhétorique, sert la rhétorique de la surenchère et de l'accusation. Vous savez que Tchernenko vient de dénoncer la «rhétorique», c'est son mot, de Reagan. Et Gelb aussi : «La politique déclaratoire de Reagan est tout à fait en accord avec la *rhétorique* officielle du passé» (p. 29. Je souligne). Mais poursuivons la lecture de Gelb :

Mr. Reagan a aussi publié des démentis. Néanmoins, le soupçon continue de rôder : l'Administration avait bien quelque chose *en tête (in mind)* en choisissant ce mot. Certains officiels de cette Administration ont écrit et parlé de la vraisemblance de la guerre nucléaire, et du besoin, pour les États-Unis, de se préparer à la mener, à lui survivre et à la gagner. Jusqu'à quel point cette vue est partagée dans l'Administration, voilà qui n'est pas clair. L'explication charitable, et celle qui *s'accorde le mieux avec ma propre expérience* des officiels de Reagan, c'est que *« prevailing »* correspond réellement pour eux à l'objectif d'une supériorité nucléaire stratégique par rapport à l'Union soviétique. Nombre de ces officiels ont participé à la préparation de la plate-forme du Parti républicain de 1980, qui recommande d'atteindre sur tous les plans une supériorité militaire et technologique par rapport à l'Union soviétique. Nombreux sont ceux, dans l'équipe de Reagan, pour lesquels la supériorité nucléaire est importante non pas en raison de leur optimisme à l'idée de mener et de gagner une guerre nucléaire, mais parce qu'ils *croient* que cette sorte de supériorité *peut se traduire en pouvoir diplomatique (translatable into diplomatic power)* et, à l'occasion d'une crise, en un moyen de contraindre l'autre à céder. Idée hautement discutable et que, *je le crois,* aucune preuve ne vient soutenir. (Je souligne.)

Gelb croit donc *(« I believe »)* qu'il n'y a pas de preuve. Il croit qu'il y a seulement des croyances. La croyance « Reagan » n'est pas fondée sur des preuves. Mais, par définition, elle ne saurait l'être. Il n'y a pas de preuve dans ce domaine. Jamais la supériorité « nucléaire » n'est absolue et absolument prouvée, jamais on n'a pu miser sur elle, de façon *absolument démonstrative,* pour intimider l'adversaire en période de crise. Il n'y a qu'une preuve imaginable, c'est la guerre et finalement elle ne prouve plus rien. A la croyance « Reagan », le discours adverse ne peut opposer qu'une autre croyance, sa propre rhétorique et sa propre herméneutique. Gelb ne cesse d'invoquer sa « croyance » et d'abord son « expérience » (de la psychologie des hommes du Pentagone ou de la Maison-Blanche).

Quant à la « traduction » *(translation),* « en pouvoir diplomatique », d'un mot nouveau *(prevailing),* on pourrait d'abord penser que le mot de « traduction » a seulement un sens large, vague et métaphorique : il s'agirait en effet de traduire un mot, mais aussi une réalité (la supériorité nucléaire et la conscience qu'on peut en avoir) dans un autre domaine, celui du pouvoir diplomatique, au cours d'un transfert en somme non linguistique. Certes, mais la chose se complique dès lors qu'on tient compte de ce fait : le « pouvoir diplomatique » ne se déploie jamais hors texte, il ne va jamais sans discours, message, envoi. Il a la structure d'un texte au sens illimité que je donne à ce mot et au sens plus strictement traditionnel du terme. Il n'y a que du texte dans les épreuves de force comme dans le moment strictement diplomatique, c'est-à-dire sophistico-rhétorique, de la diplomatie.

Quatrième missile,   *Les apories du référent nucléaire, nous n'y croyons*
quatrième missive   *pas.*
          Au titre du *nuclear criticism,* colloque organisé par *Diacritics,* nous devons parler de littérature, de la littérature que je distinguerai ici de la poésie, de l'épopée, et des belles-lettres en général.

    Or la littérature – dans la modernité de son sens – semble n'avoir pu se constituer en institution hors de ces deux conditions : 1. un projet d'archivation, l'accumulation d'une sorte de mémoire objective au-delà de tout support oral de la tradition, 2. la constitution d'un droit positif : le droit d'auteur, l'identification du signataire, du corpus, la distinction entre l'original et la copie, l'original et le plagiat, etc. La littérature ne se réduit pas à cette forme d'archivation et à cet état du droit mais elle ne saurait leur survivre comme l'institution qu'elle est, sous son nom de littérature. Or ce que donne peut-être à penser l'unicité de la guerre nucléaire, son être-pour-la-première-et-peut-être-pour-la-dernière-fois, son inventivité absolue, ce qu'elle donne à penser même si elle reste un leurre, une croyance, une projection fantasmatique, c'est évidemment la possibilité d'une destruction irréversible, sans reste, de l'archive juridico-littéraire, donc du fondement de la littérature et de la critique. Cette possibilité n'implique pas nécessairement la destruction de l'humanité, de la terre humaine, ni même d'autres discours (arts ou sciences), voire de la poésie ou de l'épopée; celles-ci pourraient reconstituer leur processus vivant et leur archive, du moins dans la mesure où la structure de cette archive (celle d'une mémoire non littéraire) implique structurellement la référence à un référent réel et extérieur à l'archive même. Je dis bien : dans cette mesure et dans cette hypothèse. Il n'est pas sûr que toutes les autres archives, quel qu'en soit le support matériel, aient un tel référent absolument hors d'elles-mêmes, hors de leur propre possibilité. Si elles l'ont, alors elles peuvent en droit se reconstituer et donc d'une autre manière survivre. Mais si elles ne l'ont pas, ou dans la mesure où elles ne l'ont pas hors d'elles-mêmes, elles se trouvent dans le cas de la littérature. On pourrait dire qu'elles participent de la littérature en tant que celle-ci produit son référent comme référent fictif ou fabuleux, dépendant en lui-même de la possibilité de l'archivation, constitué en lui-même par l'acte de l'archivation. Cela conduirait à une extension considérable, abusive diraient certains, du champ de la littérature. Mais qui a prouvé que la littérature fût un champ aux limites indivisibles et simplement assignables? Les événements connus *sous le nom de littérature* sont délimitables. Il y a en principe une histoire possible de ce nom et des conventions attachées à cette nomination. Mais il n'en va pas de même pour les possibilités structurelles de ce qui se nomme ainsi et ne se limite pas aux événements déjà connus sous ce nom.

Nous sommes ici dans l'hypothèse d'une destruction totale et sans reste de l'archive. Celle-ci aurait lieu pour la première fois et elle serait sans proportion commune avec, par exemple, l'incendie d'une bibliothèque, fût-ce celle d'Alexandrie qui fit couler tant d'encre et alimenta tant de littératures. L'hypothèse de cette destruction totale veille sur la déconstruction, elle en guide la démarche, permettant de reconnaître, à la lumière, si on peut dire, de cette hypothèse ou de ce fantasme, les structures et l'historicité propres des discours, des stratégies, des textes ou des institutions à déconstruire. C'est pourquoi la déconstruction, ce qui du moins s'avance aujourd'hui sous ce nom, appartient à l'âge nucléaire. Et à l'âge de la littérature. Si on appelle « littérature » ce dont l'existence, la possibilité et la signification sont le plus radicalement menacées, pour la première et la dernière fois, par la catastrophe nucléaire, cela donne à penser l'essence de la littérature, sa précarité et la forme de son historicité radicales; mais du même coup, à travers elle, se donne à penser *la totalité* de ce qui, comme elle, dès lors en elle, se trouve exposé à la même menace, constitué par la même structure de fictionnalité historique, produisant et emportant avec soi son propre référent. On peut dès lors affirmer que l'historicité de la littérature est, de part en part, contemporaine, ou plutôt structurellement indissociable de quelque chose comme une *époque* nucléaire. Par « époque » nucléaire, j'entends aussi l'*épochè* suspendant le jugement avant la décision absolue. L'âge nucléaire n'est pas une époque, c'est l'*épochè* absolue. Ce n'est pas le savoir absolu et la fin de l'histoire, c'est l'époque du savoir absolu. La littérature appartient à cette époque nucléaire, celle de la crise et de la critique nucléaire, si du moins l'on entend par là l'horizon historique et anhistorique d'une auto-destructibilité absolue sans apocalypse, sans révélation de sa propre vérité, sans savoir absolu.

Cet énoncé n'est pas abstrait. Il ne concerne pas des structures générales et formelles, quelque équation entre une littérarité étendue à toute archive possible et une auto-destructibilité en général. Non, il s'agirait dans mon hypothèse du surgissement « synchrone », d'une *co-appartenance* du principe de raison (interprété depuis le XVIIᵉ siècle selon l'ordre de la représentation, la domination de la structure sujet/objet, la métaphysique de la volonté, la techno-science moderne, etc.; je renvoie ici d'un mot à Heidegger qui, dans *Der Satz vom Grund,* s'intéresse d'ailleurs moins à la *guerre* nucléaire qu'à l'âge atomique comme âge de l'in-formation qui forme et in-forme une figure de l'homme) *et* du projet de littérature au sens strict, celui qu'on ne peut faire remonter plus haut que les XVIIᵉ et XVIIIᵉ siècles. Il n'est pas nécessaire pour avancer cette hypothèse de suivre Heidegger dans son interprétation du principe de raison et dans son évaluation de la littérature (distinguée de la poésie), telle qu'elle apparaît par exemple dans *Was heisst Denken?* Mais je m'en explique ailleurs [1] et je ne peux m'engager ici dans cette direction.

Dans ce que j'appelle en un autre sens une époque absolue, la littérature naît et ne peut vivre que sa propre précarité, sa menace de mort et sa finitude essentielle. Le mouvement de son inscription est la possibilité même de son effacement. On ne peut donc pas se contenter de dire que, pour devenir sérieuse et intéressante aujourd'hui, une littérature et une critique littéraire doivent se rapporter à la chose nucléaire, voire se laisser obséder par elle. Certes, il faut le dire et c'est vrai. Mais je crois aussi que, indirectement au moins, elle l'a toujours fait. Elle a toujours appartenu à l'époque nucléaire, même si elle n'en parle pas « sérieusement ». Et en vérité je crois qu'il en est plus « sérieusement » question dans des textes de Mallarmé, de Kafka, de Joyce, par exemple, que dans des romans d'aujourd'hui qui décriraient sans détour, et de façon « réaliste », une « vraie » catastrophe nucléaire.

Telle serait la *première version d'un paradoxe du référent.* En deux points. 1. La littérature appartient à l'âge nucléaire en raison du caractère performatif de son rapport au référent. 2. La guerre nucléaire n'a pas eu lieu, c'est une spéculation, une invention au sens de la fable ou une invention à inventer : pour lui donner lieu ou l'empêcher d'avoir lieu (il faut autant d'invention pour ceci que pour cela); et pour l'instant ce *n'est que* de la littérature. Certains

---

1. Cf. « Les pupilles de l'université (Le principe de raison et l'idée de l'université) », in *Le Cahier du Collège International de Philosophie,* 2, 1986, p. 18-19, et plus bas, ici même, « La main de Heidegger, Geschlecht II », p. 436 et suiv.

pourraient en conclure que donc elle n'est pas réelle, toute suspendue qu'elle reste dans sa fabuleuse et littéraire *épochè*.

Cinquième missile, Mais, *autre version ou autre versant du même*
cinquième missive *paradoxe, nous ne croyons qu'au référent nucléaire.*
  Si nous voulons absolument parler en termes de référence, la guerre nucléaire est le seul référent possible de tout discours et de toute expérience qui partageraient leur condition avec celle de la littérature. Si, selon une hypothèse ou une fable structurantes, la guerre nucléaire équivaut à l'anéantissement total de l'archive, sinon de la terre humaine, elle devient le référent absolu, l'horizon et la condition de tous les autres. Une mort individuelle, une destruction n'affectant qu'une partie de la société, de la tradition, de la culture peut toujours donner lieu à un travail symbolique du deuil, avec mémoire, compensation, intériorisation, idéalisation, déplacement, etc. Il y a dans ce cas monumentalisation, archivation et *travail sur le reste, travail du reste.* De même, ma propre mort, si je puis dire, en tant qu'individu, peut toujours être anticipée, fantasmatiquement, symboliquement aussi, comme une négativité au travail : une dialectique de l'œuvre, de la signature, du nom, de l'héritage. L'image, le deuil, toutes les ressources de la mémoire et de la tradition peuvent amortir la réalité de cette mort, dont l'anticipation reste alors tissée de fictionnalité, de symbolicité, ou, si vous préférez, de littérature; et cela même si je vis cette anticipation dans l'angoisse, la terreur, le désespoir, comme une catastrophe que je n'ai aucune raison de considérer comme inégale à l'anéantissement de l'humanité tout entière : elle a lieu à chaque mort individuelle. Il n'y a aucune commune mesure propre à me persuader qu'un deuil personnel est moins grave qu'une guerre nucléaire. Mais de toute mort une culture et une mémoire sociale peuvent se charger symboliquement, c'est même leur fonction essentielle et leur raison d'être. Elles en limitent d'autant la « réalité », elles l'amortissent dans le « symbolique ». Le seul référent absolument réel est donc à la mesure d'une catastrophe nucléaire absolue qui détruirait irréversiblement l'archive totale et toute capacité symbolique, la « survivance » même au cœur de la vie. Ce référent absolu de toute littérature possible est à la mesure de l'effacement absolu de toute trace possible. Il est donc la seule trace ineffaçable, comme trace du tout autre. Le seul « sujet » de toute littérature possible, de toute critique possible, son seul référent ultime et a-symbolique, non symbolisable, voire insignifiable, c'est, sinon l'âge nucléaire, sinon la catastrophe nucléaire,

du moins ce vers quoi le discours et la symbolique nucléaires font *encore signe :* la destruction sans reste et a-symbolique de la littérature. La littérature et la critique littéraire ne peuvent pas, *finalement,* parler d'autre chose. Elles ne peuvent pas avoir d'autre référence ultime, elles ne peuvent que multiplier les manœuvres stratégiques pour assimiler cet inassimilable tout autre. Elles ne sont que ces manœuvres et cette stratégie diplomatique, avec le *double langage* (« *double talk* ») qu'on ne saurait jamais y réduire. Car simultanément, ce « sujet » ne saurait être un « sujet », ni ce « référent » un « référent » nommables. Ne pouvant parler que de cela, la littérature ne peut aussi que parler d'autre chose, et inventer des stratagèmes pour parler d'autre chose, pour différer la rencontre du tout autre avec laquelle pourtant ce rapport sans rapport, ce rapport d'incommensurabilité ne peut être totalement suspendu, tout en étant la suspension épochale même. Cette invention du tout autre est la seule invention possible. Cela se laisse transposer dans un discours de stratégie diplomatique ou militaire de modèle courant. Dans un article intitulé « Comment ne pas penser à la guerre nucléaire » (« How not to think about nuclear war », *New York Review of Books,* 15 juillet 1982), Theodore Draper critique la stratégie du *« no first use »* qui équivaudrait en fait à un *« no use »,* et il ironise sur le « royaume de l'obscurantisme utopique » de Jonathan Schell qui, dans *The fate of the earth,* parlait de « réinventer la politique » *(reinvent politics),* de « réinventer le monde » *(reinvent the world),* d'un « désarmement global, aussi bien nucléaire que conventionnel, et de l'invention de moyens politiques grâce auxquels le monde pourrait pacifiquement régler les problèmes qu'à travers toute l'histoire il a réglés par la guerre ». Draper se replie alors sur ce qui peut paraître une sagesse ou une économie de la différance : gagner le plus de temps possible en tenant compte des contraintes indéplaçables, revenir, si possible (comme si c'était possible), au « sens originel » de la dissuasion qui aurait en somme été perdu ou perverti ces derniers temps : « La dissuasion *(deterrence)* est tout ce qui nous reste. Comme pour beaucoup d'autres termes dont on use et abuse, il vaut mieux revenir à son sens originel *(original meaning).* »

Ce discours mériterait une analyse minutieuse et vigilante. Se référant à Solly Zuckerman *(Nuclear illusion and reality),* il impute par exemple aux savants une responsabilité plus lourde que celle des militaires et des politiciens. Dans son chapitre sur *The advice of scientists,* Zuckerman, rappelle Draper, « montre comment ceux-ci ont entraîné les politiciens et les militaires; on ne pourra mettre fin à la course aux armements, prévient-il, que si les politiciens " veillent sur les hommes de la technique ". Ce renversement des rôles, tels qu'on les imagine habituellement, peut paraître surprenant pour la plupart des lecteurs ».

Sixième missile,   *Un missile absolu n'abolit pas le hasard.* Il n'y a
sixième missive   rien de sérieux à dire contre cette sagesse « ration-
nelle » et « réaliste » de la dissuasion, contre cette économie de la différance ou de la « deterrence ». La seule réserve possible, au-delà de l'objection, c'est que, s'il y a des guerres et une menace nucléaires, la « dissuasion » *(deterrence)* n'a ni « sens originel » ni mesure. Sa « logique » est celle de l'écart et de la transgression, elle est escalade rhétorico-stratégique ou elle n'est rien. Elle se livre, par calcul, à l'incalculable, au hasard et à la chance. Repartons de cette pensée de l'envoi depuis laquelle Heidegger relance finalement la pensée de l'être comme pensée du don, et de ce qui donne à penser, du *« es gibt Sein »,* de la dispensation ou de l'envoi de l'être *(Geschick des Seins).* Cet envoi n'est pas l'émission d'un missile ou d'une missive mais je ne crois pas qu'en dernière instance on puisse *penser* l'un sans l'autre. Je ne peux faire ici autre chose que désigner des titres de discours possibles. J'ai souvent essayé, ailleurs, d'accentuer la divisibilité et l'irréductible dissémi-nation *des* envois. Ce que j'ai appelé la « destinerrance » ne nous donne même plus l'assurance d'*un envoi* de l'être, d'un rassemblement de l'envoi de l'être. Si la différence ontico-ontologique assure le rassemblement de cet envoi, la dissémination et la destinerrance dont je parle vont jusqu'à suspendre cette différence ontico-ontologique même. Elle l'épochalise à son tour. Ce qui suspend jusqu'au concept et à la pensée de l'épochalité de l'être. La destinerrance des envois se lie à une structure dont l'aléa et l'incalculabilité sont irréductibles. Je ne parle pas ici d'une indécidabilité ou d'une incalculabilité comme réserve pour une décision calculable. Je ne parle pas de la marge encore indéterminée mais homogène à l'ordre du décidable et du calculable. Comme dans la conférence sur « Psyché. Invention de l'autre », il s'agirait plutôt d'un aléa hétérogène au calcul et à toute décision possible. Cet impensable se donne à penser à l'âge où une guerre nucléaire est possible : un ou plutôt, d'entrée de jeu, *des* envois, des missiles dont la destinerrance et l'aléa peuvent, dans le processus même du calcul et les jeux de sa simulation, échapper à tout contrôle, à toute réassimilation ou auto-régulation d'un système qu'ils auront *précipitamment* (trop vite, pour parer au pire) mais irréversiblement détruit.

De même que tout langage, toute écriture, tout texte poético-performatif ou théorico-informatif envoie, s'envoie, se laisse envoyer, de même les missiles aujourd'hui, quel qu'en soit le support, se laissent plus facilement que jamais décrire comme des envois d'écriture (code, inscription, trace, etc.). Cela ne les réduit pas à la plate inoffensivité qu'on aurait la naïveté de prêter aux livres. Cela rappelle, expose, fait exploser ce qui, dans l'écriture, comporte toujours la force d'un engin de mort.

La destinerrance aléatoire de l'envoi permet de penser, si l'on peut dire, l'âge de la guerre nucléaire. Mais cette pensée n'a pu devenir radicale, comme pensée restante du « sans reste », qu'à l'âge nucléaire. Cette « contemporanéité » n'est pas historique au sens trivial du terme. Elle n'est même pas temporelle. Elle n'est pas strictement contemporaine. Elle ne se tient pas dans le rassemblement d'une simultanéité, elle accompagne autrement. Et reste sans âge. Comme le tout autre peut accompagner, en disloquant la synthèse et la proportion. On pourrait presque dire : en faussant compagnie, en faisant faux bond, au moment même de la sollicitude, de l'assistance, du souci.

Cette quasi-« contemporanéité » sans âge a dû donner des signes d'elle-même, donc, avant que la techno-science nucléaire ne soit au point où elle en est maintenant de ses inventions : aussi bien dans la physique démocritéenne que chez Nietzsche ou Mallarmé, entre tant d'autres. Mais n'effaçons pas pour autant la scansion remarquable de cette « histoire », même si elle a construit un concept d'histoire sans proportion avec elle : le moment où la formation du Principe de Raison par Leibniz [1], coup d'envoi de la techno-science moderne, si l'on en croit Heidegger, vient résonner avec ce qu'on appelle la *question nucléaire* de la Métaphysique. C'est celle que formule le même Leibniz et autour de laquelle Heidegger organise la répétition

---

1. Entre parenthèses, en passant, Heidegger note que Leibniz, « père du principe de raison suffisante, est aussi l'inventeur de l'" assurance sur la vie " » (*Le principe de raison,* trad., p. 260). Au cours du colloque de Cornell, j'avais dédié cette note à Frances Ferguson qui avait auparavant introduit sa propre conférence sur *The nuclear sublime* par ces remarques : « J'ai récemment reçu de la State Farm Insurance une circulaire comportant l'information suivante au sujet de l'assurance qui " couvre " ma maison : " Votre police d'assurance ne couvre en aucune circonstance une perte liée à un incident nucléaire ". » Frances Ferguson y reconnaissait la « position » des industries de l'assurance au sujet des hasards nucléaires : « le nucléaire est ce contre quoi il n'y a pas d'assurance », « menace ultime » au-delà de toute compensation possible. (*Diacritics,* été 1984, p. 5.)

même de l'essence de la métaphysique, dans *Qu'est-ce que la méta-physique?*, entre la « première » et la « dernière » guerre mondiale : « Pourquoi y a-t-il quelque chose plutôt que rien? » Question nucléaire en ce qu'elle paraît ultime, au bord de l'abîme – et propre à se faire mieux entendre que jamais à l'âge dit nucléaire. Question nucléaire en ce qu'elle paraît, du moins dans son contenu, résister à l'analyse, à la décomposition ou à la division : peut-on aller plus loin? Peut-on aller plus loin sans faire céder la résistance de l'étant (quelque chose), voire de la différence ontologique, voire de la question elle-même, de l'ultime dignité de la question comme ressource première ou dernière de la pensée [1]?

Septième missile,   Le nom de la guerre nucléaire est le nom de la
septième missive   première guerre qui peut être faite au seul nom du
nom, c'est-à-dire de tout et de rien. Repartons, pour
le dernier envoi, de l'homonymie entre le criticisme kantien et le
« *nuclear criticism* ». D'abord, au sujet de ce nom, « *nuclear criticism* »,
on peut prédire que bientôt, depuis ce colloque, on créera dans les
universités des programmes et des départements sous ce titre, comme
on a bien fait de créer, avec toute l'équivoque de la chose, des
programmes ou des départements de « *women studies* » ou de « *black
studies* » – choses qui, pour être vite réappropriées par l'institution
universitaire, n'en devraient pas moins être, en principe et concep-
tuellement, irréductibles au modèle de l'*universitas*. Le « *nuclear
criticism* », comme le criticisme kantien, c'est une pensée des limites
de l'expérience comme pensée de la finitude. L'*intuitus derivativus*
de l'être réceptif (c'est-à-dire sensible), dont le sujet humain n'est
qu'un exemple, découpe sa figure sur le fond de la possibilité d'un
intuitus originarius, d'un intellect infini qui crée plutôt qu'il n'invente
ses propres objets. Quant à l'histoire de l'humanité, cet exemple de
rationalité finie, elle suppose la possibilité d'un progrès à l'infini
réglé sur une idée de la raison, au sens kantien, et sur la possibilité
d'un trait de paix perpétuelle.

Un tel criticisme forclôt une finitude si radicale qu'elle annu-
lerait le fond de l'opposition et permettrait de penser la limite même
du criticisme. Celle-ci s'annonce dans le sans-fond d'une auto-destruction sans reste de l'*autos* même. Éclate alors le noyau du criticisme
même.

---

1. Cf. *De l'esprit, Heidegger et la question,* Galilée, 1987, p. 147 et suiv.

Et que fait ici Hegel? Que fait-il quand, à déployer la conséquence implicite du criticisme kantien, il rappelle ou pose qu'il faut
partir *explicitement* d'une pensée de l'infini dont le criticisme a bien
dû partir *implicitement?* Que fait-il, d'autre part, quand il définit
l'accès à la vie de l'esprit et à la conscience par le passage à travers
la mort ou plutôt à travers le risque de la mort biologique, à travers
la guerre et la lutte pour la reconnaissance? A travers, c'est-à-dire
en *traversant*. Il doit maintenir encore ce reste de vie naturelle qui
permette, dans la symbolisation, à la jointure de la nature et de
l'esprit, de capitaliser le bénéfice du risque, de la guerre et de la
mort même. Comme individu ou comme communauté, le maître
doit survivre de quelque façon pour jouir en esprit et en conscience
de la mort risquée ou endurée : ce qu'il peut alors faire *d'avance*,
en contemplant sa mort, en s'appelant et se rappelant d'avance – et
c'est la folie du nom. Il prend des risques ou il meurt au nom de
quelque chose qui vaut mieux que la vie, mais de quelque chose
qui pourra encore *porter le nom* dans la vie, dans un reste de support
vivant. Voilà ce qui faisait rire Bataille : le maître doit garder la vie
pour passer à la caisse et jouir du bénéfice de la mort endurée
(soufferte, risquée, « vécue » mais non traversée, ou, traversée au sens
de « passer au travers », « passer à travers »). Bataille riait en somme
du nom. Du nom propre et de l'assurance qu'il institue – qui
l'institue – contre la mort. Le nom propre est une police d'assurance
contre la mort mais rien n'y est dès lors mieux écrit, plus lisible,
que la mort de l'assuré.

Aujourd'hui, dans la perspective d'une destruction sans reste,
sans symbolicité, sans mémoire et sans deuil, ceux qui envisagent
de déclencher une telle catastrophe le font sans doute *au nom* de ce
qui à leurs yeux vaut mieux que la vie : « *better dead than red* ».
Ceux qui au contraire ne veulent pas de cette catastrophe (« *better
red than dead* ») se disent prêts à préférer n'importe quelle vie, la
vie avant tout, il n'y en a qu'une, comme la seule chose *digne*
d'affirmation – et d'ailleurs *capable* d'affirmation. Mais la guerre
nucléaire, du moins en tant qu'hypothèse d'auto-destruction totale,
ne peut se faire qu'au nom de ce qui vaut plus que la vie. Ce qui
donne son prix à la vie vaut plus que la vie. Une telle guerre se
ferait donc bien *au nom de*. Voilà en tout cas l'histoire que (se)
racontent chaque fois les belligérants. Mais cette guerre se ferait au
nom de ce dont le nom, dans cette logique de destruction totale, ne
pourrait plus être porté, transmis, hérité par du vivant. Dès lors ce
nom au nom de quoi la guerre aurait lieu ne serait le nom de rien :
le nom pur, « *naked name* ». Nous pensons maintenant la nudité du

nom. Ce serait la première et la dernière guerre au nom du nom, du seul nom de nom. Mais par là même, ce serait une guerre sans nom, car elle ne partagerait même plus le nom de guerre avec d'autres événements du même genre, de la même famille, ces petites guerres finies dont nous gardons la mémoire et les monuments. *Now* : Fin et Révélation du Nom. *C'est* l'Apocalypse : Nom. *C'est* : étrange présent, maintenant. Nous y sommes. D'une certaine manière depuis toujours, et nous le pensons, même si nous ne le savons pas. Mais nous n'y sommes pas encore, pas maintenant, *not now*.

Vous direz : mais toutes les guerres furent déclarées au nom du nom, à commencer par la guerre entre Dieu et les fils de Shem qui voulurent « se faire un nom » et le transmettre en construisant la tour de Babel. C'est vrai, c'est la vérité du nom, mais la « *deterrence* » avait joué entre les belligérants. Le conflit fut provisoirement interrompu. Le nom une fois pensé, la tradition, la traduction et le transfert connurent un long répit. Le savoir absolu aussi. Le répit des petites guerres. Ni Dieu ni les fils de Shem – qui portaient pour ainsi dire le nom de « nom » (Shem) – ne savaient absolument qu'ils s'affrontaient au nom du nom, et de rien d'autre, donc de rien. Du rien. C'est pourquoi ils se sont arrêtés. Ils ont passé un long compromis. Nous avons le savoir absolu et nous risquons, pour cela même, de ne pas nous arrêter. Nous, le « nous » aujourd'hui, *here and now,* s'identifie à partir de la situation de ce site. Voilà le lieu pour nous. C'est là, finalement, qu'il y a lieu, le seul lieu, l'ultime, de dire « nous ».

A moins que ce ne soit le contraire : Dieu et les fils de Shem se sont arrêtés parce qu'ils savaient qu'ils agissaient au nom du nom, à savoir de ce rien qui est au-delà de l'être. L'alliance, la promesse, la religion, tout ce qui prolonge la vie, tout ce qui dure et fait durer, voilà des noms pour cet immense compromis devant le rien du nom. Dieu et les fils de Shem, le père et les fils en général – les hommes – ayant enfin compris qu'un nom n'en valait pas la peine, et tel serait l'absolu du savoir absolu enfin absous du nom –, ils ont préféré passer encore un moment ensemble, le temps de la religion et de son renoncement, qui est le même temps, le temps d'un long colloque avec des stratèges amoureux de la vie et occupés à écrire dans toutes les langues pour faire durer la conversation, même si l'on ne s'y entend pas très bien.

Un jour un homme est venu, il a adressé des missives au sept églises. On appelle cela l'Apocalypse. « Saisi par l'esprit », l'homme avait reçu l'ordre : ce que tu vois, écris-le dans un livre et envoie-le aux sept églises. Quand cet homme s'est retourné pour savoir quelle voix lui donnait cet ordre, il vit au milieu de sept chandeliers d'or, avec sept étoiles dans la main droite, quelqu'un de la bouche de qui sortait « une épée aiguë à double tranchant » et qui lui dit, entre autres choses : « je suis le premier et le dernier », « j'étais mort et voici je suis vivant ».

Le nom de l'homme a qui ce « dernier » dédiait ces mots, le nom de l'envoyé chargé de mission et désormais responsable des sept messages, c'est Jean.

Lettre à un ami japonais

Cher Professeur Izutsu,

(...) Lors de notre rencontre, je vous avais promis quelques réflexions — schématiques et préliminaires — sur le mot « déconstruction ». Il s'agissait en somme de prolégomènes à une traduction possible de ce mot en japonais. Et pour cela, de tenter au moins une détermination négative des significations ou connotations à éviter si *possible.* La question serait donc : qu'est-ce que la déconstruction n'est pas? ou plutôt *devrait* ne pas être? Je souligne ces mots (« possible » et « devrait »). Car si on peut anticiper les difficultés de traduction (et la question de la déconstruction est aussi de part en part *la* question de la traduction et de la langue des concepts, du corpus conceptuel de la métaphysique dite « occidentale »), il ne faudrait pas commencer par croire, ce qui serait naïf, que le mot « déconstruction » est adéquat, en français, à quelque signification claire et univoque. Il y a déjà, dans « ma » langue, un sombre problème de traduction entre ce qu'on peut viser, ici ou là, sous ce mot, et l'usage même, la ressource de ce mot. Et il est déjà clair que les choses changent d'un contexte à l'autre, en français même. Mieux, dans les milieux allemand, anglais et surtout américain, le *même* mot est déjà attaché à des connotations, inflexions, valeurs

---

* Cette lettre, qui fut d'abord publiée, comme elle y était destinée, en japonais, puis dans d'autres langues, parut en français dans *Le Promeneur,* XLII, mi-octobre 1985. Toshihiko Izutsu est le célèbre islamologue japonais.

affectives ou pathétiques très différentes. Leur analyse serait intéressante et mériterait ailleurs tout un travail.

Quand j'ai choisi ce mot, ou quand il s'est imposé à moi, je crois que c'était dans *De la grammatologie,* je ne pensais pas qu'on lui reconnaîtrait un rôle si central dans le discours qui m'intéressait alors. Entre autres choses, je souhaitais traduire et adapter à mon propos les mots heideggeriens de *Destruktion* ou de *Abbau.* Tous les deux signifiaient dans ce contexte une opération portant sur la *structure* ou l'*architecture* traditionnelle des concepts fondateurs de l'ontologie ou de la métaphysique occidentale. Mais en français le terme « destruction » impliquait trop visiblement une annihilation, une réduction négative plus proche de la « démolition » nietzschéenne, peut-être, que de l'interprétation heideggerienne ou du type de lecture que je proposais. Je l'ai donc écarté. Je me rappelle avoir cherché si ce mot « déconstruction » (venu à moi de façon apparemment très spontanée) était bien français. Je l'ai trouvé dans le *Littré.* Les portées grammaticale, linguistique ou rhétorique s'y trouvaient associées à une portée « machinique ». Cette association me parut très heureuse, très heureusement adaptée à ce que je voulais au moins suggérer. Permettez-moi de citer quelques articles du *Littré.* « *Déconstruction* / Action de déconstruire. / Terme de grammaire. Dérangement de la construction des mots dans une phrase. " De la déconstruction, vulgairement dite construction ", Lemare, De la manière d'apprendre les langues, ch. 17, dans *Cours de langue latine. Déconstruire* / 1. Désassembler les parties d'un tout. Déconstruire une machine pour la transporter ailleurs. 2. Terme de grammaire (...) Déconstruire des vers, les rendre, par la suppression de la mesure, semblables à la prose. / Absolument. " Dans la méthode des phrases prénotionnelles, on commence aussi par la traduction, et l'un de ses avantages, c'est de n'avoir jamais besoin de déconstruire ", Lemare, *ibid.* 3. Se déconstruire (...) Perdre sa construction. " L'érudition moderne nous atteste que, dans une contrée de l'immobile Orient, une langue parvenue à sa perfection s'est déconstruite et altérée d'elle-même, par la seule loi de changement, naturelle à l'esprit humain ", Villemain, *Préface du Dictionnaire de l'Académie* [1]. »

---

1. J'ajoute que la « déconstruction » de l'article suivant ne serait pas sans intérêt :

« DÉCONSTRUCTION.

Action de déconstruire, de désassembler les parties d'un tout. La déconstruction d'un édifice. La déconstruction d'une machine.

Naturellement il va falloir traduire tout cela en japonais, et cela ne fait que reculer le problème. Il va sans dire que si toutes ces significations énumérées par le *Littré* m'intéressaient par leur affinité avec ce que je « voulais-dire », elles ne concernaient, métaphoriquement, si l'on veut, que des modèles ou des régions de sens et non la totalité de ce que peut viser la déconstruction dans sa plus radicale ambition. Celle-ci ne se limite ni à un modèle linguistico-grammatical, ni même à un modèle sémantique, encore moins à un modèle machinique. Ces modèles eux-mêmes devaient être soumis à un questionnement déconstructeur. Il est vrai qu'ensuite ces « modèles » ont été à l'origine de nombreux malentendus sur le concept et le mot de déconstruction qu'on était tenté d'y réduire.

Il faut dire aussi que le mot était d'usage rare, souvent inconnu en France. Il a dû être reconstruit en quelque sorte, et sa valeur d'usage a été déterminée par le discours qui fut alors tenté, autour et à partir de *De la grammatologie*. C'est cette valeur d'usage que je vais essayer maintenant de préciser et non quelque sens primitif, quelque étymologie à l'abri ou au-delà de toute stratégie contextuelle.

Deux mots encore au sujet du « contexte ». Le « structuralisme » était alors dominant. « Déconstruction » semblait aller dans ce sens puisque le mot signifiait une certaine attention aux *structures* (qui elles-mêmes ne sont simplement ni des idées, ni des formes, ni des synthèses, ni des systèmes). Déconstruire, c'était aussi un geste structuraliste, en tout cas un geste qui assumait une certaine nécessité de la problématique structuraliste. Mais c'était aussi un geste anti-structuraliste − et sa fortune tient pour une part à cette équivoque. Il s'agissait de défaire, décomposer, désédimenter des structures (toutes sortes de structures, linguistiques, « logocentriques », « phonocentriques » − le structuralisme étant surtout dominé alors par des

---

Grammaire : déplacement que l'on fait subir aux mots dont se compose une phrase écrite dans une langue étrangère, en violant, il est vrai, la syntaxe de cette langue, mais aussi en se rapprochant de la syntaxe de la langue maternelle, dans le but de mieux saisir le sens que présentent les mots dans la phrase. Ce terme désigne exactement ce que la plupart des grammairiens appellent improprement " Construction "; car dans un auteur quelconque, toutes les phrases sont *construites* conformément au génie de sa langue nationale; que fait un étranger qui cherche à comprendre, à traduire cet auteur? Il *déconstruit* les phrases, il en désassemble les mots, selon le génie de la langue étrangère; ou si l'on veut éviter toute confusion dans les termes, il y a *Déconstruction* par rapport à la langue de l'auteur traduit, et *Construction* par rapport à la langue du traducteur. » (*Dictionnaire Bescherelle*, Paris, Garnier, 1873, 15ᵉ édit.)

modèles linguistiques, de la linguistique dite structurale qu'on disait aussi saussurienne –, socio-institutionnelles, politiques, culturelles et surtout, et d'abord, philosophiques). C'est pourquoi, surtout aux États-Unis, on a associé le motif de la déconstruction au « post-structuralisme » (mot ignoré en France, sauf quand il « revient » des États-Unis). Mais défaire, décomposer, désédimenter des structures, mouvement plus historique, en un certain sens, que le mouvement « structuraliste » qui se trouvait par là remis en question, ce n'était pas une opération négative. Plutôt que de détruire, il fallait aussi comprendre comment un « ensemble » s'était construit, le reconstruire pour cela. Toutefois l'apparence négative était et reste d'autant plus difficile à effacer qu'elle se donne à lire dans la grammaire du mot (dé-), encore qu'elle puisse suggérer aussi une dérivation généalogique plutôt qu'une démolition. C'est pourquoi ce mot, à lui seul du moins, ne m'a jamais paru satisfaisant (mais quel mot l'est-il?) et doit toujours être cerné par un discours. Difficile à effacer ensuite parce que, dans le travail de la déconstruction, j'ai dû, comme je le fais ici, multiplier les mises en garde, écarter finalement tous les concepts philosophique de la tradition, tout en réaffirmant la nécessité de recourir à eux, au moins sous rature. On a donc dit, précipitamment, que c'était une sorte de théologie négative (ce qui n'était ni vrai ni faux, mais je laisse ici ce débat [1]).

En tout cas, malgré les apparences, la déconstruction n'est ni une *analyse* ni une *critique,* et la traduction devrait en tenir compte. Ce n'est pas une analyse, en particulier parce que le démontage d'une structure n'est pas une régression vers l'*élément simple,* vers une *origine indécomposable.* Ces valeurs, comme celle d'analyse, sont elles-mêmes des philosophèmes soumis à la déconstruction. Ce n'est pas non plus une critique, en un sens général ou en un sens kantien. L'instance du *krinein* ou de la *krisis* (décision, choix, jugement, discernement) est elle-même, comme d'ailleurs tout l'appareil de la critique trans-cendantale, un des « thèmes » ou des « objets » essentiels de la déconstruction.

J'en dirai de même pour la *méthode.* La déconstruction n'est pas une méthode et ne peut être transformée en méthode. Surtout si on accentue dans ce mot la signification procédurière ou techni-cienne. Il est vrai que, dans certains milieux (universitaires ou culturels, je pense en particulier aux États-Unis), la « métaphore »

---

1. Cf. plus loin, « Comment ne pas parler ».

technicienne et méthodologique qui semble nécessairement attachée au mot même de « déconstruction » a pu séduire ou égarer. D'où le débat qui s'est développé dans ces mêmes milieux : la déconstruction peut-elle devenir une méthodologie de la lecture et de l'interprétation? Peut-elle se laisser ainsi réapproprier et domestiquer par les institutions académiques?

Il ne suffit pas de dire que la déconstruction ne saurait se réduire à quelque instrumentalité méthodologique, à un ensemble de règles et de procédures transposables. Il ne suffit pas de dire que chaque « événement » de déconstruction reste singulier, ou en tout cas au plus près possible de quelque chose comme un idiome et une signature. Il faudrait aussi préciser que la déconstruction n'est même pas un *acte* ou une *opération*. Non seulement parce qu'il y aurait en elle quelque chose de « passif » ou de « patient » (plus passif que la passivité, dirait Blanchot, que la passivité telle qu'on l'oppose à l'activité). Non seulement parce qu'elle ne revient pas à un *sujet* (individuel ou collectif) qui en aurait l'initiative et l'appliquerait à un objet, un texte, un thème, etc. La déconstruction a lieu, c'est un événement qui n'attend pas la délibération, la conscience ou l'organisation du sujet, ni même de la modernité. *Ça se déconstruit*. Le *ça* n'est pas ici une chose impersonnelle qu'on opposerait à quelque subjectivité égologique. *C'est en déconstruction* (Littré disait : « se déconstruire... perdre sa construction »). Et le « se » du « se déconstruire », qui n'est pas la réflexivité d'un moi ou d'une conscience, porte toute l'énigme. Je m'aperçois, cher ami, qu'à tenter d'éclairer un mot en vue d'aider à la traduction, je ne fais que multiplier par là même les difficultés : l'impossible « tâche du traducteur » (Benjamin), voilà ce que veut dire aussi « déconstruction ».

Si la déconstruction a lieu partout où ça a lieu, où il y a quelque chose (et cela ne se limite donc pas au sens ou au texte, dans le sens courant et livresque de ce dernier mot), il reste à penser ce qui se passe aujourd'hui, dans notre monde et dans la « modernité », au moment où la déconstruction devient un motif, avec son mot, ses thèmes privilégiés, sa stratégie mobile, etc. Je n'ai pas de réponse simple et formalisable à cette question. Tous mes essais sont des essais qui s'expliquent avec cette formidable question. Ils en sont de modestes symptômes autant que des tentatives d'interprétation. Je n'ose même pas dire, en suivant un schéma heideggerien, que nous sommes dans une « époque » de l'être-en-déconstruction, d'un être-en-déconstruction qui se serait manifesté ou dissimulé à la fois dans d'autres « époques ». Cette pensée d'« époque », et surtout celle d'un rassemblement du destin de l'être, de l'unité de sa destination

ou de sa dispensation *(Schicken, Geschick)* ne peut jamais donner lieu
à quelque assurance.

Pour être très schématique, je dirai que la difficulté de *définir*
et donc aussi de *traduire* le mot « déconstruction » tient à ce que
tous les prédicats, tous les concepts définissants, toutes les significations lexicales et même les articulations syntaxiques qui semblent
un moment se prêter à cette définition et à cette traduction sont
aussi déconstruits ou déconstructibles, directement ou non, etc. Et
cela vaut pour le *mot,* l'unité même du *mot* déconstruction, comme
de tout *mot. De la grammatologie* met en question l'unité « mot » et
tous les privilèges qui lui sont en général reconnus, surtout sous sa
forme *nominale.* C'est donc seulement un discours, ou plutôt une
écriture qui peut suppléer cette incapacité du mot à suffire à une
« pensée ». Toute phrase du type « la déconstruction est X » ou « la
déconstruction n'est pas X » manque *a priori* de pertinence, disons
qu'elle est au moins fausse. Vous savez qu'un des enjeux principaux
de ce qui s'appelle dans les textes « déconstruction », c'est précisément
la délimitation de l'onto-logique et d'abord de cet indicatif présent
de la troisième personne : S *est* P.

Le mot « déconstruction », comme tout autre, ne tire sa valeur
que de son inscription dans une chaîne de substitutions possibles,
dans ce qu'on appelle si tranquillement un « contexte ». Pour moi,
pour ce que j'ai tenté ou tente encore d'écrire, il n'a d'intérêt que
dans un certain contexte où il remplace et se laisse déterminer par
tant d'autres mots, par exemple. « écriture », « trace », « différance »,
« supplément », « hymen », « pharmakon », « marge », « entame »,
« parergon », etc. Par définition, la liste ne peut être close et je n'ai
cité que des noms − ce qui est insuffisant et seulement économique.
En fait il aurait fallu citer des phrases et des enchaînements de
phrases qui à leur tour déterminent, dans certains de mes textes, ces
noms-là.

Ce que la déconstruction n'est pas? mais tout!

Qu'est-ce que la déconstruction? mais rien!

Je ne pense pas, pour toutes ces raisons, que ce soit un *bon
mot.* Il n'est surtout pas beau. Il a certes rendu quelques services,
dans une situation bien déterminée. Pour savoir ce qui l'a imposé
dans une chaîne de substitutions possibles, malgré son imperfection
essentielle, il faudrait analyser et déconstruire cette « situation bien
déterminée ». C'est difficile et ce n'est pas ici que je le ferai.

Encore un mot pour précipiter la conclusion car cette lettre est
déjà trop longue. Je ne crois pas que la traduction soit un événement
secondaire et dérivé au regard d'une langue ou d'un texte d'origine.

Et comme je viens de le dire, « déconstruction » est un mot essentiellement remplaçable dans une chaîne de substitutions. Cela peut aussi se faire d'une langue à l'autre. La chance pour (la) « déconstruction », ce serait qu'un autre mot (le même et un autre) *se trouve* ou *s'invente* en japonais pour dire la même chose (la même et une autre), pour parler de la déconstruction et pour l'*entraîner ailleurs,* l'écrire et la *transcrire.* Dans un mot qui serait aussi plus beau.

Quand je parle de cette écriture de l'autre qui serait plus belle, j'entends évidemment la traduction comme le risque et la chance du poème. Comment traduire « poème », un « poème »?

(...) Croyez, cher Professeur Izutsu, à ma reconnaissance et à mes sentiments les plus cordiaux.

Geschlecht
différence sexuelle, différence ontologique

à Ruben Berezdivin

Du sexe, oui, on le remarque facilement, Heidegger parle aussi peu que possible et peut-être ne l'a-t-il jamais fait. Peut-être n'a-t-il jamais rien dit, sous ce nom, sous les noms que nous leur connaissons, du « rapport-sexuel », de la « différence-sexuelle », voire de « l'homme-et-la-femme ». Ce silence, donc, on le remarque facilement. Autant dire que la remarque en est un peu facile. Elle se contenterait de quelques indices et conclurait par un « tout se passe comme si... ». Sans peine mais non sans risque, on fermerait ainsi le dossier : tout se passe comme si, à lire Heidegger, il n'y avait pas de différence sexuelle, et rien de ce côté de l'homme, autrement dit

---

* Comme l'essai qui suivra, « La main de Heidegger, Geschlecht II », celui-ci (d'abord publié dans le *Cahier de l'Herne* consacré à Heidegger et dirigé par Michel Haar en 1983) se contente d'esquisser, de façon à peine préliminaire, une interprétation à venir par laquelle je voudrais situer *Geschlecht* dans le chemin de pensée de Heidegger. Dans son chemin d'écriture aussi et l'impression, l'inscription marquée du mot *Geschlecht* n'y sera pas pour rien. Ce mot, je le laisse ici dans sa langue pour des raisons qui devraient s'imposer au cours de cette lecture même. Et il s'agit bien de « *Geschlecht* » (du *mot* pour sexe, race, famille, génération, lignée, espèce, genre) et non *du Geschlecht* : on ne franchira pas si facilement vers la chose même (le *Geschlecht*) la marque du mot (« *Geschlecht* ») dans laquelle, beaucoup plus tard, Heidegger remarquera l'empreinte du coup ou de la frappe *(Schlag)*. Il le fera dans un texte dont nous ne parlerons pas ici mais vers lequel cette lecture se poursuivra, par lequel en vérité je la sais déjà aimantée : *Die Sprache im Gedicht, Eine Erörterung von Georg Trakls Gedicht* (1953, in *Unterwegs zur Sprache*, 1959, p. 36). Trad. par Jean Beaufret, in *Acheminement vers la parole*, 1976 : *la Parole dans l'élément du poème, Situation du Dict de Georg Trakl.*

de la femme, à interroger ou à soupçonner, rien qui soit digne de question, *fragwürdig*. Tout se passe comme si, poursuivrait-on, une différence sexuelle n'était pas à hauteur de différence ontologique : aussi négligeable en somme, au regard de la question du sens de l'être, qu'une différence quelconque, une distinction déterminée, un prédicat ontique. Négligeable s'entend pour la *pensée,* même si elle ne l'est en rien pour la science ou pour la philosophie. Mais en tant qu'il s'ouvre à la question de l'être, en tant qu'à l'être il a rapport, dans cette référence même le *Dasein* ne serait pas sexifère. Le discours sur la sexualité serait ainsi abandonné aux sciences ou aux philosophies de la vie, à l'anthropologie, à la sociologie, à la biologie, peut-être même à la religion ou à la morale.

La différence sexuelle ne serait pas à hauteur de différence ontologique, disions-nous, entendions-nous dire. On a beau savoir que de hauteur il ne saurait être question, la pensée de la différence n'en prenant aucune, ce silence pourtant n'en manque pas. On peut même le trouver hautain, justement, arrogant, provoquant en un siècle où la sexualité, lieu commun de tous les bavardages, devient aussi la monnaie courante des « savoirs » philosophiques et scientifiques, le *Kampfplatz* inévitable des éthiques et des politiques. Or, pas un mot de Heidegger! On pourrait trouver grand style à cette scène de mutisme têtu au centre même de la conversation, dans le bourdonnement ininterrompu et distrait du colloque. A lui seul il a valeur d'éveil (mais de quoi parle-t-on autour de ce silence?), et de réveil : qui en effet autour de lui et bien avant lui n'a pas causé de sexualité en tant que telle, si on pouvait dire, et sous ce nom? Tous les philosophes de la tradition l'ont fait, entre Platon et Nietzsche qui furent, pour leur part, intarissables sur le sujet. Kant, Hegel, Husserl lui ont réservé une place, ils en ont touché un mot au moins dans leur anthropologie ou dans leur philosophie de la nature, et en vérité partout.

Est-il imprudent de se fier au silence apparent de Heidegger? Le constat sera-t-il dérangé dans sa belle assurance philologique par tel passage connu ou inédit quand ratissant l'intégrale de Heidegger une machine à lire saura débusquer la chose et le gibier du jour? Encore faudra-t-il penser à programmer la machine, penser, y penser et savoir le faire. Or quel sera l'index? A quels mots se confier? A des noms seulement? Et à quelle syntaxe visible ou invisible? Bref à quels signes saurez-vous reconnaître qu'il dit ou tait ce que vous appelez tranquillement la différence sexuelle? Que pensez-vous sous ces mots ou à travers eux?

Pour qu'un silence aussi impressionnant se laisse aujourd'hui marquer, pour qu'il apparaisse comme tel, marqué et marquant, de quoi se contenterait-on dans la plupart des cas? De ceci sans doute : Heidegger n'aurait rien dit de la sexualité sous ce nom dans les lieux où la « modernité » la plus instruite et la mieux équipée l'attendrait de pied ferme avec sa panoplie du « tout-est-sexuel-et-tout-est-politique-et-réciproquement » (notez au passage que le mot « politique » est d'un usage très rare, peut-être nul chez Heidegger et la chose là encore n'est pas insignifiante). Avant même une statistique, la cause paraît donc entendue. Mais nous aurions de bonnes raisons de le croire, la statistique ici confirmera le verdict : sur ce que nous appelons paisiblement la sexualité, Heidegger s'est tu. Silence transitif et signifiant (il a tu le sexe) qui appartient, comme il le dit d'un certain *Schweigen* (« *hier in der transitiven Bedeutung gesagt* »), au chemin d'une parole qu'il semble interrompre. Mais quels sont les lieux de cette interruption? Où le silence travaille-t-il ce discours? Et quelles sont les formes, quels sont les contours déterminables de ce non-dit?

On peut le parier, rien ne s'immobilise en ces lieux que les flèches de ladite panoplie viendraient assigner à point nommé : omission, refoulement, dénégation, forclusion, impensée même.

Puis si le pari devait être perdu, la trace de ce silence ne mériterait-elle pas le détour? Il ne tait pas n'importe quoi, elle ne vient pas de n'importe où. Mais pourquoi le pari? Parce qu'avant de prédire quoi que ce soit de la « sexualité », on le vérifiera, il faut invoquer la chance, l'aléa, le destin.

Soit alors une lecture dite « moderne », une investigation parée de psychanalyse, une enquête s'autorisant de toute une culture anthropologique. Que cherche-t-elle? Où cherche-t-elle? Où se croit-elle en droit d'attendre au moins un signe, une allusion, si elliptique soit-elle, un renvoi du côté de la sexualité, du rapport sexuel, de la différence sexuelle? D'abord dans *Sein und Zeit*. L'analytique existentiale du *Dasein* n'était-elle pas assez proche d'une anthropologie fondamentale pour avoir donné lieu à tant d'équivoques ou de méprises sur la prétendue « réalité-humaine », comme on traduisait en France? Or même dans les analyses de l'être-au-monde comme être-avec-autrui, du souci en lui-même et comme *« Fürsorge »*, on chercherait en vain, semble-t-il, l'amorce d'un discours sur le désir et sur la sexualité. On pourrait en tirer cette conséquence : la différence sexuelle n'est pas un trait essentiel, elle n'appartient pas à la structure existentiale du *Dasein*. L'être-là, l'être *là*, le *là* de l'être en tant que tel ne porte aucune marque sexuelle. Il en va donc de même pour la lecture du sens de l'être, puisque, *Sein und Zeit* le dit clairement (§ 2), le *Dasein* reste, pour une telle lecture, l'étant exemplaire.

Même si l'on veut bien admettre que toute référence à la sexualité n'est pas effacée ou reste impliquée, ce serait seulement dans la mesure où, parmi beaucoup d'autres, telle référence présuppose des structures très générales *(In-der-Welt Sein als Mit- und Selbstsein, Räumlichkeit, Befindlichkeit, Rede, Sprache, Geworfenheit, Sorge, Zeitlichkeit, Sein zum Tode).* Mais elle n'est jamais le fil conducteur indispensable pour un accès privilégié à ces structures.

La cause paraît entendue, dirait-on. Et pourtant! *Und dennoch!* (Heidegger use plus souvent qu'on ne le croirait de ce tour de rhétorique : et pourtant! point d'exclamation, à la ligne.)

Et pourtant la chose était si peu ou si mal entendue que Heidegger eut aussitôt à s'en expliquer. Il dut le faire en marge de *Sein und Zeit,* si l'on peut appeler marge un cours d'été à l'Université de Marburg/Lahn en 1928 [1]. Il y rappelle quelques « principes directeurs » sur « Le problème de la transcendance et le problème de *Sein und Zeit* » (§ 10). L'analytique existentiale du *Dasein* ne peut advenir que dans la perspective d'une ontologie fondamentale. C'est pourquoi il ne s'agit là ni d'une « anthropologie » ni d'une « éthique ». Une telle analytique est seulement « préparatoire » et la « métaphysique du *Dasein* » n'est pas encore « au centre » de l'entreprise, ce qui laisse clairement penser qu'elle est néanmoins à son programme.

C'est par le *nom* du *Dasein* que j'introduirai ici la question de la différence sexuelle.

Pourquoi nommer *Dasein* l'étant qui forme le thème de cette analytique? Pourquoi le *Dasein* donne-t-il son « titre » à cette thématique? Dans *Sein und Zeit,* Heidegger avait justifié le choix de cet « étant exemplaire » pour la *lecture* du sens de l'être. « Sur *quel* étant le sens de l'être devra-t-il être lu...? » En dernière instance, la réponse conduit aux « modes d'être d'un étant déterminé, de *cet* étant, que nous, les questionnants, sommes nous-mêmes ». Si le choix de cet étant exemplaire dans son « privilège » fait ainsi l'objet d'une justification (quoi qu'on en pense et quelle que soit son axiomatique), en revanche Heidegger semble procéder par décret, du moins dans ce passage, quand il s'agit de *nommer* cet étant exemplaire, de lui donner une fois pour toutes son titre terminologique : « Cet étant que nous sommes nous-mêmes et qui, entre autres choses, dispose dans son être du pouvoir de questionner *(die Seinsmöglichkeit des Fragens),* nous le nommons être-là » [nous le saisissons, l'arrêtons,

---

1. *Metaphysische Anfangsgründe der Logik im Ausgang von Leibniz,* Gesamtausgabe, Band 26.

l'appréhendons « terminologiquement » comme être-là, *fassen wir terminologisch als Dasein*]. Ce choix « terminologique » trouve sans doute sa justification profonde dans toute l'entreprise et dans tout le livre par l'explicitation d'un *là* et d'un *être-là* qu'aucune (presque aucune) autre pré-détermination ne devrait commander. Mais cela n'ôte pas à cette proposition liminaire, à cette déclaration de nom son apparence décisoire, brutale et elliptique. Au contraire, dans le Cours de Marbourg, le titre de *Dasein* – de son sens aussi bien que de son nom – se trouve plus patiemment qualifié, expliqué, évalué. Or le premier trait souligné par Heidegger, c'est la *neutralité*. Premier principe directeur : « Pour l'étant qui constitue le thème de cette analytique, on n'a pas choisi le titre " homme " *(Mensch)* mais le titre neutre " *das Dasein* ". »

Le concept de neutralité paraît d'abord très général. Il s'agit de réduire ou de soustraire, par cette neutralisation, toute prédétermination anthropologique, éthique ou métaphysique pour ne garder qu'une sorte de rapport à soi, de rapport dépouillé à l'être de son étant. C'est le rapport à soi minimal comme rapport à l'être, celui que l'étant que nous sommes, en tant que questionnants, entretient avec lui-même et avec son essence propre. Ce rapport à soi n'est pas rapport à un « moi », bien sûr, ni à un individu. Le *Dasein* désigne ainsi l'étant qui, « en un sens déterminé » n'est pas « indifférent » à sa propre essence ou auquel son être propre n'est pas indifférent. La neutralité, c'est donc en premier lieu la neutralisation de tout ce qui n'est pas le trait nu de ce rapport à soi, de cet intérêt pour son être propre au sens le plus large du mot « intérêt ». Celui-ci implique un intérêt ou une ouverture pré-compréhensive pour le sens de l'être et pour les questions qui s'y ordonnent. Et pourtant!

Et pourtant l'explicitation de cette neutralité va se porter d'un saut, sans transition et dès l'item suivant (second principe directeur) vers la neutralité *sexuelle* et même vers une certaine *asexualité (Geschlechtslosigkeit)* de l'être-là. Le saut est surprenant. Si Heidegger voulait donner des exemples, parmi les déterminations à écarter de l'analytique du *Dasein,* notamment parmi les traits anthropologiques à neutraliser, il n'avait que l'embarras du choix. Or il commence, et d'ailleurs pour s'y limiter, par la sexualité, plus précisément par la différence sexuelle. Elle détient donc un privilège et semble relever au premier chef, à suivre les énoncés dans la logique de leur enchaînement, de cette « concrétion factuelle » que l'analytique du *Dasein* doit *commencer* par neutraliser. Si la neutralité du titre « *Dasein* » est essentielle, c'est justement parce que l'interprétation de cet étant – que *nous* sommes – doit être engagée *avant* et *hors* une concrétion de ce type. Le *premier* exemple de « concrétion », ce serait donc l'appartenance à l'un ou à l'autre des sexes. Heidegger ne doute pas qu'ils soient deux : « Cette neutralité signifie *aussi* [je souligne, J. D.] que le *Dasein* n'est d'aucun des deux sexes *(keines von beiden Geschlechtern ist)*. »

Beaucoup plus tard, et en tout cas trente ans après, le mot « *Geschlecht* » se chargera de toute sa richesse polysémique : sexe, genre, famille, souche, race, lignée, génération. Heidegger suivra dans la langue, à travers des frayages irremplaçables, entendons inaccessibles à une traduction courante, à travers des voies labyrinthiques, séduisantes, inquiétantes, l'empreinte de chemins souvent fermés. Encore fermés, ici par le deux. Deux, cela ne peut compter, semble-t-il, que des sexes, ce qu'on appelle des sexes.

J'ai souligné le mot « *aussi* » (« cette neutralité signifie *aussi...* »). Par sa place dans l'enchaînement logique et rhétorique, cet « aussi » rappelle que parmi les nombreuses significations de cette neutralité, Heidegger juge nécessaire non pas de commencer par la neutralité sexuelle – c'est pourquoi il dit « aussi » – mais pourtant *aussitôt après la seule* signification générale qu'il ait marquée jusqu'ici dans ce passage, à savoir le caractère *humain,* le titre « *Mensch* » pour le thème de l'analytique. C'est le seul qu'il ait exclu ou neutralisé jusqu'ici. Il y a donc là une sorte de précipitation ou d'accélération qui ne saurait être, elle, neutre ou indifférente : parmi tous les traits de l'humanité de l'homme qui se trouvent ainsi neutralisés, avec l'anthropologie, l'éthique ou la métaphysique, le premier auquel fait penser le mot même de neutralité, le premier auquel Heidegger pense en tout cas, c'est la sexualité. L'incitation ne peut venir seulement de la grammaire, cela va de soi. Passer de *Mensch,* voire de *Mann* à *Dasein,* c'est certes passer du masculin au neutre, et c'est passer à une certaine neutralité que de penser ou dire le *Dasein* et le *Da* du *Sein* à partir de ce transcendant qu'est *das Sein* (« *Sein ist das Transcendens schlechthin* », *Sein und Zeit,* p. 38); et de surcroît telle neutralité tient au caractère non générique et non spécifique de l'être : « L'être comme thème fondamental de la philosophie n'est pas le genre *(keine Gattung)* d'un étant... » *(ibid.).* Mais encore une fois, si la neutralité sexuelle ne peut être sans rapport avec le dire, la parole et la langue, on ne saurait la réduire à une grammaire. Heidegger désigne cette neutralité, plutôt qu'il ne la décrit, comme une structure existentiale du *Dasein.* Mais pourquoi y insiste-t-il tout à coup avec un tel empressement? Alors qu'il n'en avait rien dit dans *Sein und Zeit,* l'asexualité *(Geschlechtslosigkeit)* figure ici au premier rang des traits à mentionner quand on rappelle la neutralité du *Dasein,* ou plutôt du titre « *Dasein* ». Pourquoi?

On peut penser à une première raison. Le mot même de *Neutralität (ne-uter)* induit la référence à une binarité. Si le *Dasein* est neutre et s'il n'est pas l'homme *(Mensch),* la *première* conséquence à en tirer, c'est qu'il ne se soumet pas au partage binaire auquel on pense le plus spontanément dans ce cas, à savoir la « différence sexuelle ». Si « être-là » ne signifie pas « homme » *(Mensch),* il ne désigne *a fortiori* ni « homme » ni « femme ». Mais si la conséquence est si proche du bon sens, pourquoi la rappeler? Et surtout, pourquoi aurait-on tant de mal à se débarrasser, dans la suite du Cours, d'une chose aussi claire et acquise? Devrait-on penser que la différence sexuelle ne relève pas si simplement de tout ce que l'analytique du *Dasein* peut et doit neutraliser, la métaphysique, l'éthique et surtout l'anthropologie, voire d'autres domaines du savoir ontique, la biologie ou la zoologie par exemple? Doit-on soupçonner que la différence sexuelle ne peut se réduire à un thème anthropologique ou éthique?

L'insistance précautionneuse de Heidegger laisse en tout cas penser que les choses ne vont pas d'elles-mêmes. Une fois qu'on a neutralisé l'anthropologie (fondamentale ou non) et montré qu'elle ne pouvait engager la question de l'être ou y être engagée en tant que telle, une fois qu'on a rappelé que le *Dasein* ne se réduisait ni à l'être-humain, ni au moi, ni à la conscience ou à l'inconscient, ni au sujet ni à l'individu, ni même à l'*animal rationale,* on pouvait croire que la question de la différence sexuelle n'avait aucune chance d'être mesurée à la question du sens de l'être ou de la différence ontologique et que son congé même ne méritait aucun traitement privilégié. Or c'est incontestablement le contraire qui se passe. Heidegger vient à peine de rappeler la neutralité du *Dasein* et voici qu'il doit préciser aussitôt : neutralité *aussi* quant à la différence sexuelle. Peut-être répondait-il alors à des questions plus ou moins explicites, naïves ou éclairées, de la part de lecteurs, d'étudiants, de collègues encore retenus, qu'ils le veuillent ou non, dans l'espace anthropologique : quoi de la vie sexuelle de votre *Dasein?* auraient-ils encore demandé. Et après avoir répondu sur le front de cette question en la disqualifiant, en somme, après avoir rappelé l'asexualité d'un être-là qui n'était pas l'*anthropos,* Heidegger veut aller à la rencontre d'une deuxième question et peut-être d'une nouvelle objection. C'est là que les difficultés vont s'accroître.

Qu'il s'agisse de neutralité ou d'asexualité *(Neutralität, Geschlechtslosigkeit),* les mots accentuent fortement une négativité qui va visiblement à l'encontre de ce que Heidegger veut ainsi marquer.

401

Il ne s'agit pas ici de signes linguistiques ou grammaticaux à la surface d'un sens qui resterait, lui, inentamé. Au travers de prédicats si manifestement négatifs doit se donner à lire ce que Heidegger n'hésite pas à appeler une « positivité » *(Positivität),* une richesse et même, dans un code ici très chargé, une « puissance » *(Mächtigkeit).* Cette précision donne à penser que la neutralité a-sexuelle ne désexualise pas, au contraire ; elle ne déploie pas sa négativité *onto-logique* au regard *de la sexualité même* (qu'elle libérerait plutôt) mais des marques de la différence, plus strictement de la *dualité sexuelle.* Il n'y aurait *Geschlechtslosigkeit* qu'au regard du « deux » ; l'asexualité ne se déterminerait comme telle que dans la mesure où par sexualité on entendrait immédiatement binarité ou division sexuelle. « Mais cette asexualité n'est pas l'indifférence de la nullité vide *(die Indif-ferenz des leeren Nichtigen),* la faible négativité d'un néant ontique indifférent. Le *Dasein* dans sa neutralité n'est pas le n'importe qui indifférent, mais la positivité originaire *(ursprüngliche Positivität)* et la puissance de l'être (ou de l'essence, *Mächtigkeit des Wesens).* »

Si, en tant que tel, le *Dasein* n'appartient à aucun des deux sexes, cela ne signifie pas que l'étant qu'il est soit privé de sexe. Au contraire, on peut penser ici à une sexualité pré-différencielle, ou plutôt pré-duelle, ce qui ne signifie pas nécessairement unitaire, homogène et indifférenciée, comme nous pourrons le vérifier plus tard. Et depuis cette sexualité plus originaire que la dyade, on peut tenter de penser à sa source une « positivité » et une « puissance » que Heidegger se garde bien d'appeler « sexuelles », sans doute par crainte d'y réintroduire la logique binaire que l'anthropologie et la métaphysique assignent toujours au concept de sexualité. Mais il s'agirait bien là de la source positive et puissante de toute « sexualité » possible. La *Geschlechtslosigkeit* ne serait pas plus négative que l'*ale-theia.* On se rappelle ce que Heidegger dit de la *« Würdigung »* des *« Positiven »* im *« privativen »* Wesen der Aletheia (Platons Lehre von der Wahrheit, in fine).

Dès lors, la suite du Cours amorce un mouvement très singulier. Il est très difficile d'y isoler le thème de la différence sexuelle. Je serais tenté de l'interpréter ainsi : par une sorte d'étrange et de très nécessaire déplacement, c'est la division sexuelle elle-même qui porte à la négativité, et la neutralisation est *à la fois* l'effet de cette négativité et l'effacement auquel une pensée doit la soumettre pour laisser paraître une positivité originaire. Loin de constituer une posi-tivité que la neutralité asexuelle du *Dasein* viendrait annuler, la binarité sexuelle serait elle-même responsable – ou plutôt appartien-drait à une détermination elle-même responsable – de cette négativation. Pour radicaliser ou formaliser trop vite le sens de ce mouvement, avant de le retracer plus patiemment, nous pourrions proposer ce schéma : c'est la différence sexuelle elle-même *comme binarité,* c'est l'appartenance discriminante à l'un ou à l'autre sexe qui destine ou détermine (à) une négativité dont il faut alors rendre compte. En allant encore plus loin, on pourrait même associer différence sexuelle ainsi déterminée (un sur deux), négativité et une certaine « impuissance ». En revenant à l'originarité du *Dasein,* de ce *Dasein* qu'on dit sexuellement neutre, on peut ressaisir « positivité originaire » et « puissance ». Autrement dit, malgré l'apparence, l'asexualité et la neutralité qu'on doit d'abord soustraire, dans l'analytique du *Dasein,* à la marque sexuelle binaire, sont en vérité du même côté, du côté de *cette* différence sexuelle – la binaire – à laquelle on aurait pu les croire simplement opposées. Serait-ce là une interprétation trop violente?

Les trois sous-paragraphes ou items suivants (3, 4 et 5) développent les motifs de la neutralité, de la positivité et de la puissance originaire, de l'originarité même, sans référence explicite à la différence sexuelle. La « puissance » devient celle de l'origine (*Ursprung, Urquell*) et d'ailleurs Heidegger n'associera jamais directement le prédicat « sexuel » au mot de « puissance », le premier restant trop facilement associé à tout le système de la différence sexuelle qu'on peut dire inséparable, sans grand risque de se tromper, de toute anthropologie et de toute métaphysique. Mieux, l'adjectif « sexuel » (*sexual, sexuell, geschlechtlich*) n'est jamais utilisé, du moins à ma connaissance, seulement les noms de *Geschlecht* ou de *Geschlechtlichkeit :* ce n'est pas sans importance, ces noms pouvant plus facilement irradier vers d'autres zones sémantiques. Plus tard nous y suivrons d'autres chemins de pensée.

Mais sans en parler directement, ces trois sous-paragraphes préparent le retour à la thématique de la *Geschlechtlichkeit.* Ils effacent d'abord tous les signes de négativité attachés au mot de neutralité. Celle-ci n'a pas la vacuité de l'abstraction, elle reconduit à la « puissance de l'origine » qui porte en elle la possibilité interne de l'humanité dans sa factualité concrète. Le *Dasein,* dans sa neutralité, ne doit pas être confondu avec l'existant. Le *Dasein* n'existe certes que dans sa concrétion factuelle mais cette existence même a sa source originaire (*Urquell*) et sa possibilité interne dans le *Dasein* en tant que neutre. L'analytique de cette origine ne traite pas de l'existant lui-même. Justement parce qu'elle les précède, une telle analytique ne peut se confondre avec une philosophie de l'existence, une sagesse (qui ne pourrait s'établir que dans la « structure de la métaphysique »), une prophétie ou quelque prédication enseignant telle ou telle « vision du monde ». Ce n'est donc en rien une « philosophie de la vie ». Autant dire qu'un discours sur la sexualité qui serait de cet ordre (sagesse, savoir, métaphysique, philosophie de la vie ou de l'existence) manquerait à toutes les exigences d'une analytique du *Dasein,* dans sa neutralité même. Or un discours sur la sexualité s'est-il jamais présenté qui n'appartînt à aucun de ces registres?

Il faut le rappeler, la sexualité n'est pas nommée dans ce dernier paragraphe ni dans celui qui va traiter (nous y reviendrons) d'un certain « isolement » du *Dasein.* Elle l'est dans un paragraphe de *Vom Wesen des Grundes* (la même année, 1928) qui développe le même argument. Le mot se trouve entre guillemets, dans une incidente. La logique de l'*a fortiori* y hausse un peu le ton. Car enfin s'il est vrai que la sexualité doit être neutralisée « à plus forte raison », comme dit la traduction d'Henry Corbin, ou *a fortiori, erst recht,* pourquoi y insister? Où serait le risque de malentendu? A moins que la chose décidément n'aille pas de soi, et qu'on risque de mêler encore la question de la différence sexuelle à la question de l'être et de la différence ontologique? Dans ce contexte, il s'agit de déterminer l'ipséité du *Dasein,* sa *Selbstheit,* son être-soi. Le *Dasein* n'existe qu'à dessein-de-soi, si on peut dire *(umwillen seiner),* mais cela ne signifie ni le pour-soi de la conscience ni l'égoïsme ni le solipsisme. C'est à partir de la *Selbstheit* qu'une alternative entre « égoïsme » et « altruisme » a quelque chance de surgir et d'apparaître, et déjà une différence entre l'« être-je » et l'« être-tu » *(Ichsein/Dusein).* Toujours présupposée, l'ipséité est donc aussi « neutre » à l'égard de l'être-moi et de l'être-toi, « et à plus forte raison à l'égard de la " sexualité " » *(und erst recht etwa gegen die « Geschlechtlichkeit » neutral).* Le mouvement de cet *a fortiori* n'est logiquement irréprochable qu'à une condition : il faudrait que ladite « sexualité » (entre guillemets) soit le prédicat assuré de tout ce qui est rendu possible par ou depuis l'ipséité, ici, par exemple, les structures du « moi » et du « toi », mais n'appartienne pas, en tant que « sexualité », à la structure de l'ipséité, d'une ipséité qui ne serait encore déterminée ni comme être humain, moi ou toi, sujet-conscient ou inconscient, homme ou femme. Mais si Heidegger insiste et souligne (« à plus forte raison »), c'est qu'un soupçon continue de peser : et si la « sexualité » marquait déjà la *Selbstheit* la plus originaire? si c'était une structure ontologique de l'ipséité? si le *Da* du *Dasein* était déjà « sexuel »? et si la différence sexuelle était déjà marquée dans l'ouverture à la question du sens de l'être et à la différence ontologique? et si, n'allant pas d'elle-même, la neutralisation était une opération violente? Le « à plus forte raison » peut cacher une raison plus faible. En tout cas les guillemets signalent toujours une sorte de citation. Le sens courant du mot « sexualité » est « mentionné » plutôt qu'« utilisé », dirait-on dans le langage de la *speech act theory;* il est cité à comparaître, prévenu sinon accusé. Il faut surtout protéger l'analytique du *Dasein* devant les risques de l'anthropologie, de la psychanalyse, voire de la biologie. Mais peut-être un passage reste-t-il ouvert pour d'autres mots ou pour un autre usage et une autre lecture du mot *Geschlecht,* sinon du mot « sexualité ». Peut-être un autre « sexe », ou plutôt un autre *Geschlecht* viendra-t-il s'inscrire dans l'ipséité ou déranger l'ordre de toutes les dérivations, par exemple celle d'une *Selbstheit* plus originaire et rendant possible l'émergence de l'*ego* et du toi. Laissons cette question suspendue.

Si cette neutralisation est impliquée dans toute analyse onto-logique du *Dasein,* cela ne veut pas dire que le « *Dasein* dans l'homme », comme dit souvent Heidegger, soit une singularité « égoïste » ou un « individu ontiquement isolé ». Le point de départ dans la neutralité ne reconduit pas à l'isolement ou à l'insularité *(Isolierung)* de l'homme, à sa solitude factuelle et existentielle. Et pourtant le point de départ dans la neutralité signifie bien, Heidegger le note clairement, une certaine isolation originale de l'homme : non pas, justement, au sens de l'existence factuelle, « comme si l'être philosophant était le centre du monde » mais en tant qu'« *isolation métaphysique* de l'homme ». C'est l'analyse de cet isolement qui fait alors resurgir le thème de la différence sexuelle et du partage duel dans la *Geschlechtlichkeit.* Au centre de cette nouvelle analyse, la différenciation très fine d'un certain lexique annonce déjà des pro-blèmes de traduction qui ne feront que s'aggraver pour nous. Il sera toujours impossible de les considérer comme accidentels ou secon-daires. A un moment déterminé, nous pourrons même apercevoir que la pensée du *Geschlecht* et la pensée de la traduction sont essentiellement la même. Ici l'essaim lexical rassemble (ou essaime) la série « dissociation », « distraction », « dissémination », « division », « dispersion ». Le *dis-* serait alors censé traduire, ce qu'il ne fait pas sans transfert et déplacement, le *zer-* de la *Zerstreuung, Zerstreutheit, Zerstörung, Zersplitterung, Zerspaltung.* Mais une frontière intérieure et supplémentaire partage encore ce lexique : *dis-* et *zer-* ont parfois un sens négatif mais parfois aussi un sens neutre ou non négatif (j'hésiterais à dire ici positif ou affirmatif).

Essayons de lire, de traduire et d'interpréter au plus proche de la lettre. Le *Dasein* en général cache, abrite en lui la possibilité interne d'une dispersion ou d'une dissémination factuelle *(faktische*

Zerstreuung) dans le corps propre *(Leiblichkeit)* et « par là dans la sexualité » *(und damit in die Geschlechtlichkeit)*. Tout corps propre est sexué et il n'est pas de *Dasein* sans corps propre. Mais l'enchaînement proposé par Heidegger paraît très clair : la multiplicité dispersante ne tient pas d'abord à la sexualité du corps propre; c'est le corps propre lui-même, la chair, la *Leiblichkeit* qui entraîne originairement le *Dasein* dans la dispersion et *par suite* dans la différence sexuelle. Ce « par suite » *(damit)* est insistant à quelques lignes d'intervalle, comme si le *Dasein* devait avoir ou être *a priori* (comme sa « possibilité intérieure ») un corps qui *se trouve* être sexué et affecté par la division sexuelle.

Là encore, insistance de Heidegger pour rappeler que, pas plus que la neutralité, la dispersion (comme toutes les significations en *dis-* ou en *zer-*) ne doit s'entendre sur un mode négatif. La neutralité « métaphysique » de l'homme isolé en tant que *Dasein* n'est pas une abstraction vide opérée à partir ou au sens de l'ontique, ce n'est pas un *« ni-ni »*, mais ce qu'il y a de proprement concret dans l'origine, le « pas encore » de la dissémination factuelle, de la dissociation, de l'être-dissocié ou de la dissocialité factuelle : *faktische Zerstreutheit,* ici, et non *Zerstreuung*. Cet être dissocié, dé-lié, ou désocialisé (car il va de pair avec l'« isolement » de l'homme en tant que *Dasein*) n'est pas une chute ou un accident, une déchéance survenue. C'est une structure originaire du *Dasein* qui l'affecte, avec le corps, et *donc* avec la différence sexuelle, de multiplicité et de déliaison, ces deux significations restant distinctes, quoique réunies, dans l'analyse de la dissémination *(Zerstreutheit* ou *Zerstreuung)*. Assigné à un corps, le *Dasein* est, dans sa facticité, séparé, soumis à la dispersion et au morcellement *(zersplittert),* et par là même *(ineins damit)* toujours désuni, désaccordé, clivé, divisé *(zwiespältig)* par la sexualité, vers un sexe déterminé *(in eine bestimmte Geschlechtlichkeit)*. Sans doute ces mots ont-ils d'abord une résonance négative : dispersion, morcellement, division, dissociation, *Zersplitterung, Zerspaltung,* tout comme *Zerstörung* (démolition, destruction), précise Heidegger; cette résonance se lie à des concepts négatifs, du point de vue ontique. Cela entraîne immédiatement une signification dévalorisante. « Mais il s'agit ici de tout autre chose. » De quoi? De ce qui marque le pli d'une « multiplication ». Le signe caractéristique *(Kennzeichnung)* auquel on reconnaît une telle multiplication, nous pouvons le lire dans l'isolement et la singularité factuelle du *Dasein*. Heidegger distingue cette multiplication *(Mannigfaltigung)* d'une simple multiplicité *(Mannigfaltigkeit),* d'une diversité. Il faut éviter aussi la représentation d'un grand être originaire dont la simplicité se trouverait tout à coup dispersée *(zerspaltet)* en plusieurs singularités. Il s'agit plutôt d'élucider la possibilité interne de cette multiplication pour laquelle le corps propre du *Dasein* représente un « facteur d'organisation ». La multiplicité dans ce cas n'est pas une simple pluralité formelle de déterminations ou de déterminités *(Bestimmt-heiten)*, elle appartient à l'être même. Une « dissémination origi-naire » *(ursprüngliche Streuung)* appartient déjà à l'être du *Dasein* en général, « selon son concept métaphysiquement neutre ». Cette dis-sémination originaire *(Streuung)* devient d'un point de vue tout à fait déterminé *dispersion (Zerstreuung)* : difficulté de traduction qui m'oblige ici à distinguer un peu arbitrairement entre dissémination et dispersion pour marquer d'une convention le trait subtil qui distingue *Streuung* et *Zerstreuung*. Celle-ci est la détermination inten-sive de celle-là. Elle détermine une structure de possibilité originaire, la dissémination *(Streuung)*, selon toutes les significations de la *Zerstreuung* (dissémination, dispersion, éparpillement, diffusion, dis-sipation, distraction). Le mot *« Streuung »* n'apparaît, semble-t-il, qu'une seule fois, pour désigner cette possibilité originaire, cette disséminalité, si on pouvait dire. Ensuite, c'est toujours *Zerstreuung,* qui ajouterait − mais ce n'est pas si simple − une marque de détermination et de négation si Heidegger ne nous avait pas prévenu contre cette valeur de négativité un instant auparavant. Pourtant, même si elle n'est pas rigoureusement légitime, il est difficile d'éviter une certaine contamination par la négativité, voire par des associations éthico-religieuses qui viendraient lier cette dispersion à une chute ou à une corruption de la pure possibilité originaire *(Streuung)* qui semble s'affecter ainsi d'un tour supplémentaire. Et il faudra bien élucider aussi la possibilité ou la fatalité de cette contamination. Nous y viendrons plus tard.

Quelques indices de cette dispersion *(Zerstreuung)*. Tout d'abord, le *Dasein* ne se rapporte jamais à *un* objet, à un seul objet. S'il le fait, c'est toujours sur le mode de l'abstraction ou de l'abstention à l'égard des autres étants qui co-apparaissent toujours en même temps. Et cette multiplication ne survient pas en raison du fait qu'il y a pluralité d'objets, c'est en vérité l'inverse qui a lieu. C'est la structure originairement disséminale, c'est la dispersion du *Dasein* qui rend possible cette multiplicité. Il en va de même pour le rapport à soi du *Dasein* : il est dispersé, ce qui est conforme à la « structure de l'historicité au sens le plus large », dans la mesure où le *Dasein* advient comme *Erstreckung,* mot dont la traduction reste encore périlleuse. Le mot « extension » serait trop facilement associé à l'*« ex-tensio »*, à ce que *Sein und Zeit* interprète comme la « détermination ontologique fondamentale du monde » par Descartes (§ 18). Il s'agit ici de tout autre chose. *Erstreckung* nomme un espacement qui, « avant » la détermination de l'espace en *extensio,* vient tendre ou étirer l'être-là, de *là* de l'être *entre* la naissance et la mort. Dimension essentielle du *Dasein,* l'*Erstreckung* ouvre l'*entre* qui le rapporte à la fois à sa naissance et à sa mort, le mouvement de suspens par lequel il *se tend* et s'étend lui-même *entre* naissance et mort, celles-ci ne prenant sens que depuis ce mouvement intervallaire. Le *Dasein* s'en affecte lui-même et cette auto-affection appartient à la structure ontologique de son historicité : « *Die spezifische Bewegtheit des* ers-treckten Sicherstreckens *nennen wir das* Geschehen *des Daseins »* (§ 72). Le cinquième chapitre de *Sein und Zeit* met précisément en rapport cette tension intervallaire et la dispersion *(Zerstreuung)* (notamment au § 75, p. 390). *Entre* la naissance et la mort, l'espacement de l'*entre* marque à la fois l'écart et le rapport, mais le rapport selon une sorte de distension. Cet « entre-deux » comme *rapport (Bezug)* ayant *trait* à la naissance et à la mort appartient à l'être même du *Dasein,* « avant » toute détermination biologique par exemple (« Im Sein *des Daseins liegt schon das " Zwischen " mit Bezug auf Geburt und Tod »,* p. 374.) Le rapport ainsi entre-tenu, entre-tendu dans, par-dessus ou au travers de la dis-tance entre naissance et mort s'entretient lui-même *avec* la dispersion, la dissociation, la déliaison *(Zerstreuung, Unzusammenhang,* etc., cf. p. 390 par exemple). Ce rapport, cet entre *n'aurait pas lieu* sans elles. Mais les interpréter comme des forces négatives, ce serait précipiter l'interprétation, par exemple la dialectiser.

L'*Erstreckung* est donc l'une des possibilités déterminées de la dispersion *(Zerstreuung)* essentielle. Cet « entre » ne serait pas possible sans la dispersion mais ne forme que l'une de ses dépendances structurelles, à savoir la temporalité et l'historicité. Autre dépendance, autre possibilité − connexe et essentielle − de la dispersion originaire : la spatialité originale du *Dasein,* sa *Räumlichkeit.* La dispersion spatiale ou espaçante se manifeste par exemple dans la langue. Toute langue est d'abord déterminée par des significations spatiales *(Raumbedeutungen)* [1]. Le phénomène desdites métaphores spatialisantes n'est nullement accidentel ou à la portée du concept rhétorique de « métaphore ». Ce n'est pas une fatalité extérieure. Son irréductibilité essentielle ne peut être élucidée hors de cette analytique existentiale du

---

1. Cf. aussi, sur ce point, *Sein und Zeit,* p. 166.

Dasein, de sa dispersion, de son historicité et de sa spatialité. Il faut donc en tirer les conséquences, en particulier, pour le langage même de l'analytique existentiale : tous les mots dont se sert Heidegger renvoient aussi nécessairement à ces *Raumbedetungen,* à commencer par celui de *Zerstreuung* (dissémination, dispersion, distraction) qui nomme pourtant l'origine de l'espacement au moment où, en tant que langage, il se soumet à sa loi.

La « dispersion transcendantale », c'est ainsi que Heidegger la nomme encore, appartient donc à l'essence du *Dasein* dans sa neutralité. Essence « métaphysique » est-il précisé dans un Cours qui se présente à cette époque avant tout comme une ontologie métaphysique du *Dasein,* dont l'analytique elle-même ne serait qu'une phrase, sans doute préliminaire. Il faut en tenir compte pour situer ce qui se dit ici de la différence sexuelle en particulier. La dispersion transcendantale est la possibilité de toute dissociation et de tout morcellement *(Zersplitterung, Zerspaltung)* dans l'existence factice. Elle est elle-même « fondée » dans ce caractère originaire du *Dasein* que Heidegger nomme alors la *Geworfenheit.* Il faudrait patienter auprès de ce mot, le soustraire à tant d'usages, d'interprétations ou de traductions courantes (déréliction, par exemple, être-jeté). Il faudrait le faire en prévision de ce que l'interprétation de la différence sexuelle – qui va suivre bientôt – retient en elle de cette *Geworfenheit,* et, en elle « fondée », de la dispersion transcendantale. Pas de dissémination qui ne suppose cette « jetée », ce *Da* du *Dasein* comme jetée. Jetée « avant » tous les modes de jetée qui viendraient la déterminer, le projet, le sujet, l'objet, l'abject, le rejet, le trajet, la déjection ; jetée que le *Dasein* ne saurait faire sienne dans un projet, au sens où il se *jetterait* lui-même comme un sujet maître du jet. Le *Dasein* est *geworfen* : cela signifie qu'il est jeté avant tout projet de sa part, mais cet être-jeté n'est pas encore *soumis* à l'alternative de l'activité et de la passivité qui est encore trop solidaire du couple sujet-objet et donc de leur opposition, on pourrait dire de leur objection. Interpréter l'être-jeté comme passivité, cela peut le réinscrire dans une problématique plus tardive de la subjecti[vi]té (active ou passive). Que veut dire « jeter » avant toutes ces syntaxes? et l'être-jeté avant même l'image de la chute, qu'elle soit platonicienne ou chrétienne? Il y a être-jeté du *Dasein* « avant » même qu'*apparaisse,* autrement dit n'advienne pour lui, là, quelque pensée du jeter revenant à une opération, une activité, une initiative. Et cet être-jeté du *Dasein* n'est pas une jetée *dans* l'espace, dans le déjà-là d'un élément spatial. La spatialité originaire du *Dasein* tient à la jetée.

C'est à ce point que peut réapparaître le thème de la différence sexuelle. La jetée disséminale de l'être-là (encore entendu dans sa neutralité) se manifeste particulièrement en ceci que « le *Dasein* est *Mitsein* avec le *Dasein* ». Comme toujours dans ce contexte, le premier geste de Heidegger, c'est le rappel d'un ordre d'implication : la différence sexuelle ou l'appartenance au genre doivent être élucidées à partir de l'être-avec, autrement dit de la jetée disséminale, et non l'inverse. L'être-avec ne surgit pas à partir d'une connexion factice, « il ne s'explique pas à partir d'un être générique prétendument originaire », celui d'un être dont le corps propre serait partagé selon la différence sexuelle *(geschlechtlich gespaltenen leiblichen Wesen)*. A l'inverse, une certaine pulsion de rassemblement générique *(gattungshafte Zusammenstreben)*, l'union des genres (leur unification, leur rapprochement, *Einigung*) ont pour « présupposition métaphysique » la dissémination du *Dasein* comme tel, *et par là* le *Mitsein*.

Le *« mit »* du *Mitsein* est un existential, non un catégorial, et il en va de même pour les adverbes de lieu (cf. *Sein und Zeit*, § 26). Ce que Heidegger appelle ici le caractère métaphysique fondamental du *Dasein* ne peut se laisser dériver d'une organisation générique ou d'une communauté de vivants comme tels.

En quoi cette question de l'*ordre* importe-t-elle à une « situation » de la différence sexuelle? Grâce à une dérivation prudente qui devient à son tour, pour nous, un problème, Heidegger peut du moins réinscrire le thème de la sexualité, de façon rigoureuse, dans un questionnement ontologique et dans une analytique existentiale.

La différence sexuelle reste à penser, dès lors qu'on ne mise plus sur la *doxa* commune ou sur telle science bio-anthropologique, l'une et l'autre appuyées sur une pré-interprétation métaphysique. Mais le prix de cette prudence? N'est-ce pas d'éloigner la sexualité de toutes les structures originaires? de la déduire? ou de la dériver, en tout cas, en confirmant ainsi les philosophèmes les plus traditionnels, en les répétant avec la force d'une nouvelle rigueur? Et cette dérivation n'a-t-elle pas commencé par une neutralisation dont on déniait laborieusement la négativité? Et cette neutralisation effectuée, n'accède-t-on pas encore à une dispersion ontologique ou « transcendantale », à cette *Zerstreung* dont on avait aussi quelque mal à effacer la valeur négative?

Sous cette forme, ces questions restent sans doute sommaires. Mais elles ne pourraient s'élaborer dans un simple échange avec le passage du Cours de Marbourg qui nomme la sexualité. Qu'il s'agisse de neutralisation, de négativité, de dispersion, de distraction *(Zerstreung)*, motifs ici indispensables, à suivre Heidegger, pour poser la question de la sexualité, il est nécessaire de *revenir à Sein und*

Zeit. Bien que la sexualité n'y soit pas nommée, ces motifs y sont traités de façon plus complexe, plus différenciée, ce qui ne veut pas dire, au contraire, plus facile.

Nous devons nous contenter ici de quelques indications préliminaires. Ressemblant dans le Cours à une procédure méthodique, la neutralisation n'est pas sans rapport avec ce qui est dit dans *Sein und Zeit* de l'« interprétation privative » (§ 11). On pourrait même parler de méthode, dès lors que Heidegger en appelle à une ontologie qui s'accomplit par la « voie » ou sur la « voie » d'une interprétation privative. Cette voie permet de dégager des *a priori* et, dit une note de la même page qui en crédite Husserl, on sait que l'« apriorisme est la méthode de toute philosophie scientifique qui se comprend elle-même ». Il s'agit, précisément, dans ce contexte de psychologie et de biologie. En tant que sciences, elles présupposent une ontologie de l'être-là. Ce mode-d'être qu'est la vie n'est accessible, pour l'essentiel, que par l'être-là. C'est l'ontologie de la vie qui exige une « interprétation privative » : la « vie » n'étant ni un pur *« Vorhandensein »,* ni un *« Dasein »* (Heidegger le dit ici sans considérer que la chose demande plus qu'une affirmation : elle semble pour lui aller de soi), on ne peut y accéder qu'en opérant, négativement, par soustraction. On se demande alors ce qu'est l'être d'une vie qui n'est *que* vie, qui n'est ni ceci ni cela, ni *Vorhandensein* ni *Dasein.* Heidegger n'a jamais élaboré cette ontologie de la vie, mais on peut imaginer les difficultés qu'elle aurait accumulées, dès lors que le « ni... ni » qui la conditionne exclut ou déborde les concepts (catégoriaux ou existentiaux) les plus structurants pour toute l'analyse existentiale. C'est toute l'organisation problématique qui se trouve ici en question, celle qui soumet les savoirs positifs à des ontologies régionales, et ces ontologies à une ontologie fondamentale, celle-ci étant alors (à cette époque) préalablement ouverte par l'analytique existentiale du *Dasein.* Aucun hasard si (une fois de plus, pourrait-on dire et prouver), c'est le mode-d'être du *vivant,* de l'animé (donc aussi du psychique) qui soulève et situe cet énorme problème, ou lui donne en tout cas son nom le plus reconnaissable. Nous ne pouvons ici nous y engager, mais en en soulignant la nécessité trop souvent inaperçue, il faut au moins rappeler que le thème de la différence sexuelle ne saurait en être dissocié.

Restons-en pour l'instant à cette « voie de la privation », expression que Heidegger reprend au § 12, et cette fois encore pour désigner l'accès apriorique à la structure ontologique du vivant. Ce rappel une fois développé, Heidegger élargit la question de ces énoncés négatifs. Pourquoi les déterminations négatives s'imposent-elles si fréquemment dans cette caractéristique ontologique? Ce n'est nullement un « hasard ». C'est parce qu'il faut soustraire l'originalité des phénomènes à ce qui les a dissimulés, défigurés, déplacés ou recouverts, aux *Verstellungen* et aux *Verdeckungen,* à toutes ces pré-interprétations dont les effets négatifs doivent donc être à leur tour annulés par des énoncés négatifs dont le véritable « sens » est en vérité « positif ». C'est un schéma que nous avons reconnu tout à l'heure. La négativité de la « caractéristique » n'est donc pas plus fortuite que la nécessité des altérations ou des dissimulations qu'elle vient en quelque sorte corriger *méthodiquement. Verstellungen* et *Verdeckungen* sont des mouvements nécessaires dans l'histoire même de l'être et de son interprétation. On ne peut pas plus les éviter, telles des fautes contingentes, qu'on ne peut réduire l'inauthenticité *(Uneigentlichkeit)* à une faute ou à un péché dans lesquels il eût fallu ne pas tomber.

Et pourtant. Si Heidegger se sert facilement du mot *« negativ »* quand il s'agit de qualifier des énoncés ou une caractéristique, il ne le fait jamais, me semble-t-il (ou, dirais-je par prudence, il le fait moins souvent et beaucoup moins facilement), pour qualifier cela même qui, dans les pré-interprétations de l'être, rend pourtant nécessaires ces corrections méthodiques de forme négative ou neutralisante. L'*Uneigentlichkeit,* les *Verstellungen* et les *Verdeckungen* ne sont pas de l'ordre de la négativité (le faux ou le mal, l'erreur ou le péché). Et l'on voit bien pourquoi Heidegger se garde bien de parler dans ce cas de négativité. Il évite ainsi, prétendant remonter plus « haut » qu'eux, les schémas religieux, éthiques, voire dialectiques.

On devrait donc dire qu'aucune signification négative n'est ontologiquement attachée au « neutre » en général, ni surtout à cette dispersion *(Zerstreuung)* transcendantale du *Dasein.* Or, sans pouvoir parler de valeur négative ni de valeur en général (on connaît la méfiance de Heidegger pour la valeur de valeur), nous devons tenir compte de l'accentuation différentielle et hiérarchisante qui, dans *Sein und Zeit,* vient régulièrement marquer le neutre et la dispersion. Dans certains contextes, la dispersion marque la structure la plus générale du *Dasein.* On l'a vue dans le Cours, mais c'était déjà le cas dans *Sein und Zeit,* par exemple au § 12 (p. 56) : *« L'In-der-Welt-Sein* du *Dasein* s'est, par la facticité de ce dernier, toujours déjà dispersé *(zerstreut)* ou même morcelé *(zersplittert)* en modes déterminés de l'*In-Sein.* » Et Heidegger propose une liste de ces modes et de leur irréductible multiplicité. Mais ailleurs, la dispersion et la distraction *(Zerstreuung* dans les deux sens) caractérisent l'ipséité

inauthentique du *Dasein,* celle du *Man-selbst,* de ce *On* qui a été
« distingué » de l'ipséité *(Selbst)* authentique, propre *(eigentlich).* En
tant que *« on »,* le *Dasein* est dispersé ou distrait *(zerstreut).* On
connaît l'ensemble de cette analyse, nous n'y prélevons que ce qui
concerne la dispersion (cf. § 27), concept qu'on retrouve au centre
de l'analyse de la curiosité *(Neugier,* § 36). Celle-ci, rappelons-le, est
l'un des trois modes de la déchéance *(Verfallen)* du *Dasein* dans son
être-quotidien. Plus tard, nous devrons revenir sur les précautions
de Heidegger : la déchéance, l'aliénation *(Entfremdung),* et même la
chute *(Absturz)* ne seraient pas ici le thème d'une « critique mora-
lisatrice », d'une « philosophie de la culture », d'une dogmatique
religieuse de la chute *(Fall)* hors d'un « état originel » (dont nous
n'avons aucune expérience ontique et aucune interprétation ontologique) et d'une « corruption de la nature humaine ». Beaucoup plus
tard, nous devrons rappeler ces précautions, et leur caractère problématique, lorsque dans la « situation » de Trakl, Heidegger interpré-
tera la décomposition et la désessentialisation *(Verwesung),* c'est-à-
dire aussi une certaine corruption de la figure de l'homme. Il s'agira
encore, plus explicitement cette fois, d'une pensée de *« Geschlecht »*
ou du *Geschlecht.* J'y mets des guillemets parce qu'il y va autant
du nom que de cela qu'il nomme; et il est aussi imprudent ici de
les séparer que de les traduire. Nous le vérifierons, il y va de
l'inscription de *Geschlecht* et du *Geschlecht* comme inscription, frappe
et empreinte.

La dispersion est donc marquée *deux fois :* comme structure
générale du *Dasein* et comme mode de l'inauthenticité. On pourrait
en dire autant du neutre : aucun indice négatif ou péjoratif dans le
Cours quand il est question de la neutralité du *Dasein,* mais le
« neutre », dans *Sein und Zeit,* cela peut caractériser le *« on »,* à savoir
ce que devient le « qui » dans l'ipséité quotidienne : alors le « qui »
c'est le neutre *(Neutrum),* « le *on* » (§ 27).

Ce bref recours à *Sein und Zeit* nous a peut-être permis de
mieux comprendre le sens et la nécessité de cet *ordre des implications*
que Heidegger tient à préserver. Entre autres choses, cet ordre peut
aussi rendre compte des prédicats dont use tout discours sur la
sexualité. Il n'y a pas de prédicat proprement sexuel, il n'en est pas,
du moins, qui ne renvoie, pour son sens, aux structures *générales* du
Dasein. Et pour savoir de quoi l'on parle, et comment, quand on
nomme la sexualité, on doit bien faire fonds sur cela même que
décrit l'analytique du *Dasein.* Inversement, si on peut dire, cette
désimplication permet de comprendre la sexualité ou la sexualisation
générale du discours : les connotations sexuelles ne peuvent marquer

celui-ci, jusqu'à l'envahir, que dans la mesure où elles sont homogènes à ce qu'implique tout discours, par exemple la topologie de ces « significations spatiales » *(Raumbedeutungen)* irréductibles, mais aussi tant d'autres traits que nous avons situés au passage. Que serait un discours « sexuel » ou « sur-la-sexualité » qui n'en appellerait pas à l'éloignement, au-dedans et au-dehors, à la dispersion et à la proximité, à l'ici et au là, à la naissance et à la mort, à l'entre-naissance-et-mort, à l'être-avec et au discours?

Cet ordre des implications ouvre à la pensée d'une différence sexuelle qui ne serait pas encore dualité sexuelle, différence comme duel. Nous l'avons remarqué, ce que le Cours neutralisait, c'est moins la sexualité elle-même que la marque « générique » de la différence sexuelle, l'appartenance à l'un des deux sexes. Dès lors, en reconduisant à la dispersion et à la multiplication *(Zerstreuung, Mannigfaltigung),* ne peut-on commencer à penser une différence sexuelle (sans négativité, précisons-le) qui ne serait pas scellée par le deux? qui ne le serait pas encore ou ne le serait plus? Mais le « pas encore » ou le « déjà plus » signifieraient encore, déjà, quelque arraisonnement.

Le retrait de la dyade achemine vers l'autre différence sexuelle. Il peut aussi préparer à d'autres questions. Par exemple à celle-ci : comment la différence s'est-elle déposée dans le deux? Ou encore, si l'on tenait à consigner la différence dans l'opposition duelle, comment la multiplication s'arrête-t-elle en différence? et en différence sexuelle?

Dans le Cours, pour les raisons que nous avons dites, *Geschlecht* nomme toujours la sexualité, telle qu'elle est typée par l'*opposition* ou par le duel. Plus tard (et plus tôt) il n'en irait pas de même, et cette opposition se dit décomposition [1].

---

1. Cf. plus bas, p. 439 et suiv., et *De l'esprit, Heidegger et la question,* p. 137 et suiv.

La main de Heidegger
(Geschlecht II)

> « ...le penser est l'agir en ce qu'il a de plus propre, si agir *(handeln)* signifie prêter la *main (Hand)* à l'essence de l'être, c'est-à-dire : préparer (bâtir) pour l'essence de l'être au milieu de l'étant le domaine où l'être se porte et porte son essence à la *langue*. La *langue* seule est ce qui nous donne voie et passage à toute volonté de penser ». Heidegger, *Questions IV*, p. 146. (Je souligne.)

> « Ce qu'il y a de très beau, de si précieux dans cette toile, c'est la *main*. Une main sans déformations, à la structure particulière, et qui a l'air de parler, telle une *langue de feu*. Verte, comme la partie sombre d'une flamme, et qui porte en soi toutes les agitations de la vie. Une main pour caresser, et faire des gestes gracieux. Et qui vit comme une chose claire dans l'ombre rouge de la toile. » Artaud, *Messages révolutionnaires. La peinture de Maria Izquierdo* (VIII, p. 254, je souligne).

Je dois commencer par quelques précautions. Elles reviendront toutes à vous demander excuses et indulgence pour ce qui touche en particulier à la forme et au statut de cette « lecture », à toutes les présuppositions avec lesquelles je vous demande de compter. Je

* Conférence prononcée en mars 1985 à Chicago (Université de Loyola) à l'occasion d'un colloque organisé par John Sallis et dont les actes ont été depuis publiés par The University of Chicago Press (*Deconstruction and Philosophy*, ed. John Sallis, 1987).

présuppose en effet la lecture d'un bref et modeste essai publié sous le titre *Geschlecht, différence sexuelle, différence ontologique.* Cet essai, publié et traduit il y a plus d'un an, amorçait un travail que j'ai repris seulement cette année au cours d'un séminaire que je donne à Paris sous le titre *Nationalité et nationalisme philosophiques.* Faute de temps, je ne peux reconstituer ni l'article introductif intitulé *Geschlecht* qui traitait du motif de la différence sexuelle dans un Cours à peu près contemporain de *Sein und Zeit,* ni tous les développements qui, dans mon séminaire sur *Nationalité et nationalisme philosophiques,* forment le paysage des réflexions que je vous présenterai aujourd'hui. Je m'efforcerai cependant de rendre la présentation de ces quelques réflexions, encore préliminaires, aussi intelligibles et aussi indépendantes que possible de ces contextes invisibles. Autre précaution, autre appel à votre indulgence : faute de temps, je ne présenterai qu'une partie ou plutôt plusieurs fragments, parfois un peu discontinus, du travail que je poursuis cette année au rythme lent d'un séminaire engagé dans une lecture difficile et que je voudrais aussi minutieuse et prudente que possible de certains textes de Heidegger, notamment de *Was heisst Denken?* et surtout de la conférence sur Trakl dans *Unterwegs zur Sprache.*

Nous allons donc parler de Heidegger.

Nous allons aussi parler de la monstruosité.

Nous allons parler du mot « *Geschlecht* ». Je ne le traduis pas pour l'instant. Sans doute ne le traduirai-je à aucun moment. Mais selon les contextes qui viennent le déterminer, ce mot peut se laisser traduire par sexe, race, espèce, genre, souche, famille, génération ou généalogie, communauté. Dans le séminaire sur *Nationalité et natio-nalisme philosophiques,* avant d'étudier certains textes de Marx, Quinet, Michelet, Tocqueville, Wittgenstein, Adorno, Hannah Arendt, nous avons rencontré le mot *Geschlecht* dans une toute première esquisse de lecture de Fichte : « *... was an Geistigkeit und Freiheit dieser Geistigkeit glaubt, und die ewige Fortbildung dieser Geistigkeit durch Freiheit will, das, wo es auch geboren sey und in welcher Sprache es rede,* ist unsers Geschlechts, *es gehört uns an und es wird sich zu uns thun* » (Septième des *Discours à la nation allemande, Reden an die Deutsche Nation*). La traduction française omet de traduire le mot *Geschlecht,* sans doute parce qu'elle fut faite à un moment, pendant ou peu de temps après la guerre, je pense, par S. Jankélévitch, et dans des conditions qui rendaient le mot de race particulièrement dangereux et d'ailleurs non pertinent pour traduire Fichte. Mais que veut dire Fichte quand il développe ainsi ce qu'il appelle alors son

416

principe fondamental *(Grundsatz)*, à savoir celui d'un cercle *(Kreis)* ou d'une alliance *(Bund)*, d'un engagement (dont nous avions beaucoup parlé dans les séances précédentes du séminaire) qui constitue justement l'appartenance à « notre *Geschlecht* »? « Tout ce qui croit à la spiritualité et à la liberté de cet esprit, tout ce qui veut l'éternelle et progressive formation de cette spiritualité à travers la liberté [*die ewige Forbildung :* et si Fichte est " nationaliste ", en un sens trop énigmatique pour que nous en parlions très vite ici, il l'est en *progressiste,* en républicain et en cosmopolitiste; un des thèmes du séminaire auquel je travaille en ce moment concerne justement l'association paradoxale mais régulière du nationalisme à un cosmopolitisme et à un humanisme] est de notre *Geschlecht,* nous appartient et a affaire avec nous, où qu'il soit né et quelque langue qu'il parle. » Ce *Geschlecht* n'est donc pas déterminé par la naissance, le sol natal ou la race, il n'a rien de naturel ni même de linguistique, du moins au sens courant de ce terme car nous avions pu reconnaître chez Fichte une sorte de revendication de l'idiome, de l'idiome de l'idiome allemand. Cet idiome de l'idiome, certains citoyens allemands de naissance y restent étrangers, certains non-Allemands peuvent y accéder dès lors que, s'engageant dans ce cercle ou cette alliance de la liberté spirituelle et de son progrès infini, ils appartiendraient à « notre *Geschlecht* ». La seule détermination analytique et irrécusable du *Geschlecht* dans ce contexte, c'est le « nous », l'appartenance au « nous » qui nous parlons en ce moment, au moment où Fichte s'adresse à cette communauté supposée mais aussi à constituer, communauté qui n'est *stricto sensu* ni politique, ni raciale, ni linguistique mais qui peut recevoir son allocution, son adresse ou son apostrophe *(Rede an...)* et penser avec lui, dire « nous » dans quelque langue et à partir de quelque lieu de naissance que ce soit. Le *Geschlecht* est un ensemble, un rassemblement (on pourrait dire *Versammlung*), une communauté organique, en un sens non naturel mais spirituel, qui croit au progrès infini de l'esprit par la liberté. C'est donc un « nous » infini, qui s'annonce à lui-même depuis l'infinité d'un *telos* de liberté et de spiritualité, et se promet, s'engage ou s'allie selon le cercle *(Kreis, Bund)* de cette volonté infinie. Comment traduire « *Geschlecht* » dans ces conditions? Fichte se sert d'un mot qui a *déjà* dans sa langue une grande richesse de déterminations sémantiques, et il parle *allemand.* Il a beau dire : quiconque, dans quelque langue qu'il parle, « *ist unsers Geschlechts* », il le dit en allemand et ce *Geschlecht* est une *Deutschheit* essentielle. Même s'il n'a de contenu rigoureux qu'à partir du « nous » institué par l'adresse même, le mot « *Geschlecht* » comporte aussi des conno-

tations indispensables à l'intelligibilité minimale du discours et ces
connotations appartiennent irréductiblement à l'allemand, à un allemand plus essentiel que tous les phénomènes de la germanité empirique, mais à de l'allemand. Tous ces sens connotés sont co-présents
à l'usage du mot « *Geschlecht* », ils y comparaissent virtuellement
mais aucun n'y satisfait pleinement. Comment traduire? On peut
reculer devant le risque et omettre le mot, comme l'a fait le traducteur
français. On peut aussi juger le mot à ce point ouvert et indéterminé
par le concept qu'il désigne, à savoir un « nous » comme liberté
spirituelle engagée vers l'infinité de son progrès, que son omission
ne perd pas grand-chose. Le « nous » revient finalement à l'humanité
de l'homme, à l'essence téléologique d'une humanité qui s'annonce
par excellence dans la *Deutschheit*. On dit souvent « *Menschengeschlecht* » pour « genre humain », « espèce humaine », « race humaine ».
Dans le texte de Heidegger auquel nous nous intéresserons tout à
l'heure, les traducteurs français parlent parfois de genre humain pour
Geschlecht et parfois tout simplement d'espèce.

Car il ne s'agit ici de rien de moins, si on peut dire, que du
problème de l'homme, de l'humanité de l'homme et de l'humanisme.
Mais en un lieu où la langue ne se laisse plus effacer. Déjà pour
Fichte, ce n'est pas la même chose que de dire « humanité » de
l'homme et *Menschlichkeit*. Quand il dit *« ist unsers Geschlechts »*, il
pense à la *Menschlichkeit* et non à l'*Humanität* d'ascendance latine.
Le Quatrième des *Discours...* consonne de loin avec tels textes à venir
de Heidegger sur la latinité. Il distingue la langue morte « coupée
de ses racines vivantes » et la langue vivante animée par un souffle,
la langue spirituelle. Quand une langue, dès ses premiers phonèmes,
naît de la vie commune et ininterrompue d'un peuple dont elle
continue à épouser toutes les intuitions, l'invasion d'un peuple
étranger ne change rien. Les intrus ne peuvent s'élever jusqu'à cette
langue originaire, à moins qu'un jour ils ne s'assimilent les intuitions
du *Stammvolkes,* du peuple-souche pour lequel ces intuitions sont
inséparables de la langue : « *... und so bilden nicht sie die Sprache,
sondern die Sprache bildet sie »,* ils ne forment pas la langue, c'est la
langue qui les forme. Inversement, quand un peuple adopte une
autre langue développée pour la désignation des choses supra-sen-
sibles, sans toutefois se livrer totalement à l'influence de cette langue
étrangère, le langage sensible n'est pas altéré par cet événement.
Dans tous les peuples, note Fichte, les enfants apprennent cette partie
de la langue tournée vers les choses sensibles comme si les signes en
étaient arbitraires *(willkürlich)*. Ils doivent reconstituer le développement antérieur de la langue nationale. Mais dans cette sphère

sensible *(in diesem sinnlichen Umkreise),* chaque signe *(Zeichen)* peut devenir tout à fait clair grâce à la vision ou au contact immédiat de la chose désignée ou signifiée *(bezeichnete).* J'insiste ici sur le signe *(Zeichen)* car nous en viendrons dans un instant au signe en tant que monstruosité. Dans ce passage, Fichte se sert du mot *Geschlecht* au sens étroit de génération : « Il en résulterait tout au plus pour la première génération *(das erste Geschlecht)* d'un peuple ayant ainsi transformé sa langue un retour forcé de l'âge mûr [l'âge d'homme : *Männer*] aux années d'enfance. »

C'est ici que Fichte tient à distinguer *Humanität* et *Menschlichkeit.* Pour un Allemand, ces mots d'origine latine *(Humanität, Popularität, Liberalität)* résonnent comme s'ils étaient vides de sens, même s'ils paraissent sublimes et rendent curieux d'étymologie. Il en va d'ailleurs de même chez les Latins ou néo-Latins qui ignorent l'étymologie et croient que ces mots appartiennent à leur langue maternelle *(Muttersprache).* Mais dites *Menschlichkeit* à un Allemand, il vous comprendra sans autre explication historique *(ohne weitere historische Erklärung).* Il est d'ailleurs inutile d'énoncer qu'un homme est un homme et de parler de la *Menschlichkeit* d'un homme dont on sait bien que ce n'est pas un singe ou une bête sauvage. Un Romain n'aurait pas répondu ainsi, croit Fichte, parce que si pour l'Allemand la *Menschheit* ou la *Menschlichkeit* reste toujours un concept sensible *(ein sinnlicher Begriff),* pour le Romain l'*humanitas* était devenu le symbole *(Sinnbild)* d'une idée suprasensible *(übersinnliche).* Depuis les origines, les Allemands ont, eux aussi, réuni les intuitions concrètes dans un concept intellectuel de l'humanité, toujours opposée à l'animalité; et l'on aurait certes tort de voir dans le rapport intuitif qu'ils gardent à la *Menschheit* un signe d'infériorité par rapport aux Romains. Néanmoins, l'introduction artificielle de mots d'origine étrangère, singulièrement romaine, dans la langue allemande risque d'abaisser le niveau moral de leur manière de penser *(ihre sittliche Denkart [...] herunterstimmen).* Mais il y a, s'agissant de langage, d'image et de symbole *(Sinnbild)* une nature indestructible de l'« imagination nationale » *(Nationaleinbildungskraft).*

Ce rappel schématique m'a paru nécessaire pour deux raisons. D'une part pour souligner la difficulté de traduire ce mot sensible, critique et névralgique de *Geschlecht,* d'autre part pour en indiquer le lien irréductible à la question de l'humanité (versus l'animalité), et d'une humanité dont le nom, comme le lien du nom à la « chose », si l'on peut dire, reste aussi problématique que celui de la langue dans laquelle il s'inscrit. Que dit-on quand on dit *Menschheit,*

Humanitas, Humanität, mankind, etc., ou quand on dit *Geschlecht* ou *Menschengeschlecht?* Dit-on la même chose? Je rappelle aussi au passage la critique que Marx adressait dans *L'idéologie allemande* au socialiste Grün dont le nationalisme se réclamait, selon l'expression ironique de Marx, d'une « nationalité humaine » mieux représentée par les Allemands (socialistes) que par les autres socialistes (Français, Américains ou Belges).

Dans la lettre adressée en novembre 1945 au Rectorat académique de l'Université Albert-Ludwig, Heidegger s'explique sur son attitude pendant la période du nazisme. Il avait cru pouvoir, dit-il, distinguer entre le national et le nationalisme, c'est-à-dire entre le national et une idéologie biologiste et raciste :

> Je croyais que Hitler, après avoir pris en 1933 la responsabilité de l'ensemble du peuple, oserait se dégager du Parti et de sa doctrine, et que le tout se rencontrerait sur le terrain d'une rénovation et d'un rassemblement en vue d'une responsabilité de l'Occident. Cette conviction fut une erreur que je reconnus à partir des événements du 30 juin 1934. J'étais bien intervenu en 1933 pour dire oui au national et au social (et non pas au nationalisme) et non aux fondements intellectuels et métaphysiques sur lesquels reposait le biologisme de la doctrine du Parti, parce que le social et le national, tels que je les voyais, n'étaient pas essentiellement liés à une idéologie biologiste et raciste.

La condamnation du biologisme et du racisme, comme de tout le discours idéologique de Rosenberg, inspire de nombreux textes de Heidegger, qu'il s'agisse du *Discours de Rectorat* ou des *Cours* sur Hölderlin et Nietzsche, qu'il s'agisse aussi de la question de la technique, toujours mise en perspective contre l'utilisation du savoir à des fins techniciennes et utilitaires, contre la professionnalisation et la rentabilisation du savoir universitaire par les nazis. Je ne rouvrirai pas aujourd'hui le dossier de la « politique » de Heidegger. Je l'avais fait dans d'autres séminaires et nous disposons aujourd'hui d'un assez grand nombre de textes pour déchiffrer les dimensions classiques et désormais un peu trop académisées de ce problème. Mais tout ce que je tenterai maintenant gardera un rapport indirect avec une autre dimension, peut-être moins visible, du *même* drame. Aujourd'hui, je commencerai donc par parler de cette monstruosité que j'annonçais tout à l'heure. Ce sera un autre détour par la question de l'homme (*Mensch* ou *homo*) et du « nous » qui donne son contenu énigmatique à un *Geschlecht*.

Pourquoi « monstre »? Ce n'est pas pour rendre la chose pathétique, ni parce que nous sommes toujours près de quelque monstrueuse *Unheimlichkeit* quand nous rôdons autour de la chose nationaliste et de la chose nommée *Geschlecht*. Qu'est-ce qu'un monstre? Vous connaissez la gamme polysémique de ce mot, les usages qu'on peut en faire, par exemple au regard des normes et formes, de l'espèce et du genre : donc du *Geschlecht*. C'est une autre direction que je commencerai par privilégier ici. Elle va dans le sens d'un sens moins connu, puisqu'en français *la* monstre (changement de genre, de sexe ou de *Geschlecht*) a le sens poético-musical d'un diagramme qui *montre* dans un morceau de musique le nombre de vers et le nombre de syllabes assignés au poète. *Monstrer,* c'est montrer, et une *monstre* est une montre. Je suis déjà installé dans l'idiome intraduisible de ma langue car c'est bien de traduction que j'entends vous parler. La *monstre,* donc, prescrit les coupes de vers pour une mélodie. Le monstre ou la monstre, c'est ce qui montre pour avertir ou pour mettre en garde. Autrefois la montre, en français, s'écrivait la monstre.

Pouquoi cet exemple mélo-poétique? parce que le monstre dont je vous parlerai vient d'un poème bien connu de Hölderlin, *Mnemosynè* que Heidegger médite, interroge et interprète souvent. Dans la seconde de ses trois versions, celle que cite Heidegger dans *Was heisst Denken?,* on lit la fameuse strophe :

> *Ein Zeichen sind wir, deutungslos*
> *Schmerzlos sind wir und haben fast*
> *Die Sprache in der Fremde verloren*

Parmi les trois traductions françaises de ce poème, il y a celle des traducteurs de *Was heisst Denken?,* Aloys Becker et Gérard Granel. Traduisant Hölderlin dans Heidegger, elle utilise le mot *monstre* (pour *Zeichen*), dans un style qui m'avait d'abord paru un peu précieux et gallicisant mais qui, à la réflexion, me paraît en tout cas donner à penser.

> Nous sommes un monstre privé de sens
> Nous sommes hors douleur
> Et nous avons perdu
> Presque la langue à l'étranger

Laissant de côté l'allusion à la langue perdue à l'étranger, qui me ramènerait trop vite au séminaire sur la nationalité, j'insiste d'abord sur le « nous... monstre ». Nous sommes un monstre, et singulier, un signe qui montre et avertit, mais d'autant plus singulier

que, montrant, signifiant, désignant, il est privé de sens *(deutungslos)*.
Il se dit privé de sens, simplement et doublement monstre, ce
« nous » : nous sommes signe – montrant, avertissant, faisant signe
vers mais en vérité vers le rien, signe à l'écart, en écart par rapport
au signe, montre qui s'écarte de la montre ou de la monstration,
monstre qui ne montre rien. Tel écart du signe au regard de lui-
même et de sa fonction dite normale, n'est-ce pas déjà une monstruosité de la monstrosité, une monstruosité de la monstration? Et
cela, c'est nous, nous en tant que nous avons presque perdu la langue
à l'étranger, peut-être dans une traduction. Mais ce « nous », le
monstre, est-ce l'homme?

La traduction de *Zeichen* par *monstre* a une triple vertu. Elle
rappelle un motif à l'œuvre depuis *Sein und Zeit :* le lien entre
Zeichen et *zeigen* ou *Aufzeigung,* entre le signe et la monstration. Le
paragraphe 17 *(Verweisung und Zeichen)* analysait le *Zeigen eines
Zeichens,* le montrer du signe, et frôle au passage la question du
fétiche. Dans *Unterwegs zur Sprache, Zeichen* et *Zeigen* sont mis en
chaîne avec *Sagen,* plus précisément avec l'idiome haut-allemand
Sagan : « Sagan heisst : zeigen, erscheinen –, sehen, und hören-lassen »
(p. 252). Plus loin : « Nous employons pour nommer la dite *(die
Sage)* un vieux mot, bien attesté mais éteint : *la monstre, die Zeige »*
(p. 253, mot souligné par Heidegger qui vient d'ailleurs de citer
Trakl, auprès de qui nous reviendrons tout à l'heure). La deuxième
vertu de la traduction française par « monstre » n'a de valeur que
dans l'idiome latin puisqu'elle insiste sur cet écart par rapport à la
normalité du signe, d'un signe qui pour une fois n'est pas ce qu'il
devrait être, ne montre ou ne signifie rien, montre le *pas de sens* et
annonce la perte de la langue. Troisième vertu de cette traduction,
elle pose la question de l'homme. J'omets ici un long développement
qui m'avait paru nécessaire sur ce qui lie en profondeur un certain
humanisme, un certain nationalisme et un certain universalisme
européocentrique et je me précipite vers l'interprétation de *Mnemosynè*
par Heidegger. Le « nous » de *« Ein Zeichen sind wir »,* est-ce bien
un « nous les hommes »? De nombreux indices donneraient à penser
que la réponse du poème reste bien ambiguë. Si « nous », c'était
« nous les hommes », cette humanité serait déterminée de façon
justement assez monstrueuse, à l'écart de la norme, et notamment
de la norme humaniste. Mais l'interprétation heideggerienne qui
prépare et commande cette citation de Hölderlin dit quelque chose
de l'homme, et donc aussi de *Geschlecht,* du *Geschlecht* et du mot
« *Geschlecht* » qui nous attend encore dans le texte sur Trakl, dans
Unterwegs zur Sprache.

La main de Heidegger

En un mot, pour gagner du temps, je dirai qu'il s'agit de la main, de la main de l'homme, du rapport de la main à la parole et à la pensée. Et même si le contexte est loin d'être classique, il s'agit d'une opposition très classiquement posée, très dogmatiquement et métaphysiquement posée (même si le contexte est loin d'être dogmatique et métaphysique) entre la main de l'homme et la main du singe. Il s'agit aussi d'un discours qui dit tout de la main, en tant qu'elle donne et se donne, sauf, apparemment du moins, de la main ou du don comme lieu du désir sexuel, comme on dit, du *Geschlecht* dans la différence sexuelle.

La main : le propre de l'homme en tant que monstre *(Zeichen)*. « La main offre et reçoit, et non seulement des choses, car elle-même s'offre et se reçoit dans l'autre. La main garde, la main porte. La main trace des signes, elle montre, probablement parce que l'homme est un monstre » *(Die Hand zeichnet, vermutlich weil der Mensch ein Zeichen ist)* (p. 51, tr., p. 90). *La Phénoménologie de l'Esprit* dit-elle autre chose de la main (I, tr., p. 261)?

Ce séminaire de 1951-1952 est postérieur à la *Lettre sur l'Humanisme* qui soustrayait la question de l'être à l'horizon métaphysique ou onto-théologique de l'humanisme classique : le *Dasein* n'est pas l'*homo* de cet humanisme. Nous n'allons donc pas soupçonner Heidegger de retomber simplement dans cet humanisme-là. D'autre part, la date et la thématique de ce passage l'accordent à cette pensée du don, du donner et du *es gibt* qui déborde sans la renverser la formation antérieure de la question du sens de l'être.

Pour situer plus précisément ce qu'on pourrait appeler ici la pensée de la main, mais aussi bien la main de la pensée, d'une pensée soi-disant non métaphysique du *Geschlecht* humain, remarquons qu'elle se développe à un moment du Séminaire (« Reprises et transitions de la première à la deuxième heure », p. 48 et suiv.) qui répète la question de l'enseignement de la pensée, en particulier dans l'Université, comme lieu des sciences et des techniques. C'est dans ce passage que je découpe, si l'on peut dire, la forme et le passage de la main : la main de Heidegger. Le numéro de *l'Herne,* où j'ai publié « Geschlecht I », portait sur sa couverture une photographie de Heidegger le montrant, choix étudié et signifiant, tenant son stylo à deux mains au-dessus d'un manuscrit. Même s'il ne s'en est jamais servi, Nietzsche fut le premier penseur de l'Occident à avoir une machine à écrire dont nous connaissons la photographie. Heidegger, lui, ne pouvait écrire qu'à la plume, d'une main d'artisan et non de mécanicien, comme le prescrit le texte auquel nous allons nous intéresser. Depuis, j'ai étudié toutes les photographies publiées de Heidegger, notamment dans un album acheté à Freiburg quand j'y avais donné une conférence sur Heidegger en 1979. Le jeu et le théâtre des mains y mériteraient tout un séminaire. Si je n'y renonçais pas, j'insisterais sur la mise en scène délibérément artisanaliste du jeu de main, de la monstration et de la démonstration qui s'y exhibe, qu'il s'agisse de la maintenance du stylo, de la manœuvre de la canne qui montre plutôt qu'elle ne soutient, ou du seau d'eau près de la fontaine. La démonstration des mains est aussi saisissante dans l'accompagnement du discours. Sur la couverture du catalogue, la seule chose qui déborde le cadre, celui de la fenêtre mais aussi celui de la photo, c'est la main de Heidegger.

La main, ce serait la monstrosité, le propre de l'homme comme être de monstration. Elle le distinguerait de tout autre *Geschlecht,* et d'abord du singe.

On ne peut parler de la main sans parler de la technique.

Heidegger vient de rappeler que le problème de l'enseignement universitaire tient au fait que les sciences appartiennent à l'essence de la technique : non pas à la technique mais à l'essence de la technique. Celle-ci reste noyée dans un brouillard dont personne n'est responsable, ni la science, ni les savants, ni l'homme en général. Simplement ce qui donne le plus à penser *(das Bedenklichste),* c'est que *nous* ne pensons pas encore. Qui, nous? Nous tous, précise Heidegger, y compris celui qui parle ici et même lui tout le premier *(der Sprecher mit einbegriffen, er sogar zuerst).* Être le premier parmi ceux qui ne pensent pas encore, est-ce penser moins ou plus le « pas encore » de ce qui donne le plus à penser, à savoir que nous ne pensons pas encore? Le premier, ici, celui qui parle et *se montre* en parlant ainsi, se désignant à la troisième personne, *der Sprecher,* est-il le premier parce qu'il pense déjà (ce) que nous ne pensons pas encore et déjà le dit? Ou bien est-il le premier à ne pas penser encore, donc le dernier à penser déjà (ce) que nous ne pensons pas encore, ce qui ne l'empêcherait pas néanmoins de parler pour être le premier à le dire? Ces questions mériteraient de longs développements sur l'auto-situation, la monstration-de-soi d'une parole qui prétend enseigner en parlant de l'enseignement et penser ce que c'est qu'apprendre et d'abord apprendre à penser. « C'est pourquoi, enchaîne Heidegger, nous tentons ici d'apprendre à penser *(Darum versuchen wir hier, das Denken zu lernen).* » Mais qu'est-ce qu'apprendre? La réponse est intraduisible dans sa littéralité, elle passe par un travail artisanal très subtil, un travail de la main et de la plume entre les mots *entsprechen, Entsprechung, zusprechen, Zuspruch.* Au lieu de traduire, paraphrasons : apprendre, c'est rapporter ce que nous faisons à une correspondance *(Entsprechung)* en nous avec l'essentiel *(wesenhaft)*. Pour illustrer cet accord avec l'essence, voici l'exemple traditionnel de la didactique philosophique, celui du menuisier, de l'apprenti-menuisier. Heidegger choisit le mot de *Schreiner* plutôt que celui du *Tischler,* car il entend parler d'un apprenti-menuisier *(Schreinerlehrling)* qui travaille à un coffre *(Schrein).* Or il dira plus loin que « penser est peut-être simplement du même ordre que travailler à un coffre *(wie das Bauen an einem Schrein)* ». L'apprenti-coffrier n'apprend pas seulement à utiliser des outils, à se familiariser avec l'usage, l'utilité, l'outilité des choses à faire. Si c'est un « coffrier authentique » *(ein echter Schreiner),* il se porte ou se rapporte aux différentes façons du bois lui-même, il s'accorde aux formes qui dorment dans le bois tel qu'il pénètre dans l'habitat de l'homme *(in das Wohnen des Menschen).* Le menuisier authentique s'accorde à la plénitude cachée de l'essence du bois et non pas à l'outil et à la valeur d'usage. Mais à la plénitude cachée en tant qu'elle pénètre le lieu habité (j'insiste ici sur cette valeur de *lieu* pour des raisons qui apparaîtront plus tard), et habité par l'*homme.* Il n'y aurait pas de métier de menuisier sans cette correspondance entre l'essence du bois et l'essence de l'homme en tant qu'être voué à l'habitation. Métier se dit en allemand *Handwerk,* travail de la main, œuvre de main, sinon manœuvre. Quand le français doit traduire *Handwerk* par métier, c'est peut-être légitime et inévitable, mais c'est une manœuvre risquée, dans l'artisanat de la traduction, parce qu'on y perd la main. Et l'on y réintroduit ce que Heidegger veut éviter, le service rendu, l'utilité, l'office, le *ministerium,* dont vient peut-être le mot « métier ». *Handwerk,* le métier noble, c'est un métier manuel qui n'est pas ordonné, comme une autre profession, à l'utilité publique ou à la recherche du profit. Ce métier noble, comme *Handwerk,* ce sera aussi celui du penseur ou de l'enseigneur qui enseigne la pensée (l'enseigneur n'est pas nécessairement l'enseignant, le professeur de philosophie). Sans cet accord à l'essence du bois, lui-même accordé à l'habitat de l'homme, l'activité serait vide. Elle resterait seulement une activité *(Beschäftigung)* orientée par le négoce *(Geschäft),* le commerce et le goût du profit. Implicites, la hiérarchisation et l'évaluation n'en sont pas moins nettes : d'un côté, mais aussi au-dessus, du côté du meilleur, le travail de la main *(Handwerk)* guidé par l'essence de l'habitat humain, par le bois de la hutte plutôt que par le métal ou le verre des villes; de l'autre, mais aussi au-dessous, l'activité qui coupe la main de l'essentiel, l'activité utile, l'utilitarisme guidé par le capital. Certes, reconnaît Heidegger, l'inauthentique peut toujours contaminer l'authentique, le coffrier authentique peut devenir un marchand de meubles pour « grandes surfaces » (super-marchés), l'artisanat de l'habitat peut devenir le trust international nommé, je crois, « Habitat ». La main est en danger. Toujours : « Tout travail de la main *(Handwerk),* tout agir *(Handeln)* de l'homme, est exposé toujours à ce danger. L'écrire poétique *(Das Dichten)* en est aussi peu exempt que la pensée *(Das Denken).* » (P. 88, trad. légèrement modifiée.) L'analogie est double : entre *Dichten* et *Denken* d'une part, mais aussi, d'autre part, entre les deux, poésie et pensée, et l'authentique travail de la main *(Handwerk)*. Penser, c'est un travail de la main, dit expressément Heidegger. Il le dit sans détour et sans même ce « peut-être » *(vielleicht)* qui avait modelé l'analogie de la pensée avec la manufacture du coffre qui est « peut-être » comme la pensée. Ici, sans analogie et sans « peut-être », Heidegger déclare : « C'est en tout cas, [le penser, *das Denken*] un travail manuel *[Es ist jedenfalls ein Hand-Werk,* une œuvre de la main, en deux mots, p. 89-90]. »

Cela ne veut pas dire qu'on pense *avec* ses mains, comme on dit en français qu'on parle *avec* ses mains lorsqu'on accompagne son discours de gestes volubiles ou qu'on pense *avec* ses pieds quand on est, dit encore le français, bête comme ses pieds. Que veut donc dire Heidegger, et pourquoi choisit-il ici la main alors qu'ailleurs il accorde plus volontiers la pensée à la lumière ou à la *Lichtung,* on dirait à l'œil, ou encore à l'écoute et à la voix?

Trois remarques pour préparer ici une réponse.

1. J'ai choisi ce texte pour introduire à une lecture de *Geschlecht*. Heidegger y lie en effet le penser, et non seulement la philosophie, à une pensée ou à une situation du corps *(Leib),* du corps de l'homme et de l'être humain *(Menschen).* Cela nous permettra d'entrevoir une dimension du *Geschlecht* comme sexe ou différence sexuelle à propos de ce qui est dit ou tu de la main. Le penser n'est pas cérébral ou désincarné, le rapport à l'essence de l'être est une certaine *manière* du *Dasein* comme *Leib.* (Je me permets de renvoyer à ce que je dis à ce sujet dans le premier article sur *Geschlecht.*)

2. Heidegger privilégie la main au moment où, parlant des rapports entre la pensée et le métier d'enseigner, il distingue entre la profession courante (activité, *Beschäftigung,* orientée par le service utile et la recherche du profit, *Geschäft*), et, d'autre part, le *Hand-Werk* authentique. Or pour définir le *Hand-Werk,* qui n'est pas une profession, il faut penser *Werk,* l'œuvre, mais aussi *Hand* et *handeln,* qu'on ne saurait traduire simplement par « agir ». Il faut penser la main. Mais on ne peut la penser comme une chose, un étant, encore

moins comme un objet. La main pense avant d'être pensée, *elle est pensée,* une pensée, la pensée.

3. Ma troisième remarque serait plus étroitement liée à un traitement classique de la « politique » de Heidegger dans le contexte national-socialiste. Dans toutes ses auto-justifications d'après-guerre, Heidegger présente son discours sur l'essence de la technique comme une protestation, un acte de *résistance* à peine déguisé *contre :* 1. la professionnalisation des études universitaires à laquelle se livraient les nazis et leurs idéologues officiels. Heidegger le rappelle au sujet de son *Discours de Rectorat* qui s'élève en effet contre la professionnalisation qui est aussi une technologisation des études; 2. la soumission de la philosophie national-socialiste à l'empire et aux impératifs de la productivité technique. La méditation sur le *Hand-Werk* authentique a aussi le sens d'une protestation artisanaliste contre l'effacement ou l'abaissement de la main dans l'automatisation industrielle du machinisme moderne. Cette stratégie a des effets équivoques, on s'en doute : elle ouvre à une réaction archaïsante vers l'artisanat rustique et dénonce le négoce ou le capital dont on sait bien à qui ces notions étaient alors associées. De plus, avec la division du travail, c'est implicitement ce qu'on appelle le « travail intellectuel » qui se trouve ainsi discrédité.

Ces remarques faites, je soulignerai toujours l'idiomaticité dans ce que Heidegger nous dit de la main : *« Mit der Hand hat es eine eigene Bewandtnis. »* Avec la main, on a affaire à une chose tout à fait particulière, propre, singulière. *Une chose à part,* comme dit la traduction française en courant le risque de laisser penser à une chose séparée, à une substance séparée, comme Descartes disait de la main qu'elle était une partie du corps, certes, mais douée d'une telle indépendance qu'on pouvait aussi la considérer comme une substance à part entière et quasiment séparable. Ce n'est pas en ce sens que Heidegger dit de la main qu'elle est une chose à part. En ce qu'elle a de propre ou de particulier *(eigene),* ce n'est pas une partie du corps organique, comme le prétend la représentation courante *(gewöhnliche Vorstellung)* contre laquelle Heidegger nous invite à penser.

L'être de la main *(das Wesen der Hand)* ne se laisse pas déterminer comme un organe corporel de préhension *(als ein leibliches Greiforgan).* Ce n'est pas une partie organique du corps destinée à prendre, saisir, voire griffer, ajoutons même à prendre, comprendre, concevoir si l'on passe de *Greif* – à *begreifen* et à *Begriff.* Heidegger n'a pas pu ne pas laisser la chose se dire et l'on peut suivre ici, j'avais tenté de le faire ailleurs, toute une problématique de la

« métaphore » philosophique, en particulier chez Hegel qui présente le *Begriff* comme la structure intellectuelle ou intelligible « relevant » *(aufhebend)* l'acte sensible de saisir, *begreifen,* de comprendre en prenant, en s'emparant, maîtrisant et manipulant. S'il y a une pensée de la main ou une main de la pensée, comme Heidegger le donne à penser, elle n'est pas de l'ordre de la saisie conceptuelle. Elle appartient plutôt à l'essence du *don,* d'une donation qui donnerait, si c'est possible, sans rien prendre. Si la main est aussi, personne ne peut le nier, un organe de préhension *(Greiforgan),* ce n'est pas là son essence, ce n'est pas l'essence de la main chez l'être humain. Cette critique de l'organicisme et du biologisme a aussi la destination politique dont je parlais il y a un instant. Mais cela suffit-il à la justifier?

Ici survient en effet une phrase qui me paraît à la fois symptomatique et dogmatique. Dogmatique, c'est-à-dire aussi métaphysique, relevant d'une de ces « représentations courantes » qui risquent de compromettre la force et la nécessité du discours en ce lieu. Cette phrase revient en somme à distinguer le *Geschlecht* humain, notre *Geschlecht,* et le *Geschlecht* animal, dit « animal ». Je crois, et j'ai souvent cru devoir souligner que la manière, latérale ou centrale, dont un penseur ou un homme de science parlait de ladite « animalité » constituait un symptôme décisif quant à l'axiomatique essentielle du discours tenu. Pas plus que d'autres, classiques ou modernes, Heidegger ne me paraît ici échapper à la règle quand il écrit : « Le singe, *par exemple* (je souligne, J. D.), possède des organes de préhension, mais il ne possède pas de main *(Greiforgane besitzt z.B. der Affe, aber er hat keine Hand)* (p. 90). »

Dogmatique dans sa forme, cet énoncé traditionnel présuppose un savoir empirique ou positif dont les titres, les preuves et les signes ici ne sont pas montrés. Comme la plupart de ceux qui parlent de l'animalité en philosophes ou en personnes de bon sens, Heidegger ne tient pas grand compte d'un certain « savoir zoologique » qui s'accumule, se différencie et s'affine au sujet de ce qu'on regroupe sous ce mot si général et confus d'animalité. Il ne le critique et ne l'examine pas ici dans ce qu'il peut aussi receler de présuppositions de toutes sortes, métaphysiques ou autres. Ce non-savoir érigé en savoir tranquille, puis exposé en proposition essentielle au sujet de l'essence des organes préhensiles du singe qui n'aurait pas de main, ce n'est pas seulement, dans la forme, une sorte d'hapax empirico-dogmatique égaré ou égarant au milieu d'un discours se tenant à la hauteur de la pensée la plus exigeante, au-delà de la philosophie et de la science. Dans son contenu même, c'est une proposition qui marque la scène essentielle du texte. Elle la marque d'un humanisme qui se veut certes non métaphysique, Heidegger le souligne dans le paragraphe suivant, mais d'un humanisme qui, entre un *Geschlecht* humain qu'on veut soustraire à la détermination biologiste (pour les raisons que j'ai dites tout à l'heure) et une animalité qu'on enferme dans ses programmes organico-biologiques, inscrit non pas *des* différences mais une limite oppositionnelle absolue dont j'ai essayé de montrer ailleurs que, comme le fait toujours l'opposition, elle efface les différences et reconduit à l'homogène, suivant la plus résistante tradition métaphysico-dialectique. Ce que Heidegger dit du singe privé de main — et donc, on va le voir, privé de la pensée, du langage, du don — n'est pas seulement dogmatique dans la forme parce que Heidegger n'en sait rien et n'en veut rien savoir à ce point [1]. C'est grave parce que cela trace un système de limites dans lesquelles tout ce qu'il dit de la main de l'homme prend sens et valeur. Dès lors qu'une telle délimitation est problématique, le nom de l'homme, son *Geschlecht,* devient lui-même problématique. Car il nomme ce qui a la main, et donc la pensée, la parole ou la langue, et l'ouverture au don.

La main de l'homme serait donc une chose à part non pas en tant qu'organe séparable mais parce que différente, dissemblable

---

1. J'étudierai ailleurs, d'aussi près que possible, les développements que Heidegger consacrait à l'animalité dans *Die Grundbegriffe der Metaphysik* (1929-1930, *Gesamtausgabe* 29/30, 2e partie, chap. 4). Sans discontinuité essentielle, ces développements me paraissent constituer l'assise de ceux que j'interroge ici, qu'il s'agisse : 1. du geste classique qui consiste à considérer la zoologie comme une science régionale devant présupposer l'essence de l'animalité en général, celle que Heidegger propose alors de décrire sans le secours de ce savoir scientifique (cf. § 45) ; 2. de la thèse selon laquelle « *Das Tier ist weltarm* », thèse médiane entre les deux autres *(der Stein ist weltlos,* et *der Mensch ist weltbildend)* — analyse fort embarrassée au cours de laquelle Heidegger a beaucoup de mal, me semble-t-il, à déterminer une pauvreté, un être pauvre *(Armsein)* et un manque *(Entbehren)* comme des traits essentiels, étrangers à la détermination empirique de différences de degrés (p. 287) et à éclairer le mode original de cet avoir-sans-avoir de l'animal qui a et n'a pas le monde *(Das Haben und Nichthaben von Welt* (§ 50) ; 3. de la modalité phénoméno-ontologique du *als,* l'animal n'ayant pas accès à l'étant *comme (als)* étant (p. 290 et suiv.). Cette dernière distinction pousserait à préciser que la différence entre l'homme et l'animal correspond moins à l'opposition entre pouvoir-donner et pouvoir-prendre qu'à l'opposition entre *deux manières* de prendre ou de donner : l'une, celle de l'homme, est celle du donner et du prendre *comme tels,* de l'étant ou du présent *comme tels;* l'autre, celle de l'animal, ne serait ni donner ni prendre *comme tels.* Voir plus loin, p. 431 et *De l'esprit, Heidegger et la question,* p. 75 et suiv.

(verschieden) de tous les organes de préhension (pattes, griffes, serres); elle en est éloignée de façon infinie *(unendlich)* par l'abîme de son être *(durch einen Abgrund des Wesens)*.

Cet abîme, c'est la parole et la pensée. « Seul un être qui parle, c'est-à-dire pense, peut avoir la main et accomplir dans le maniement *(in der Handhabung)* des œuvres de la main *(Nur ein Wesen, das spricht, d.h. denkt, kann die Hand haben und in der Handhabung Werke der Hand vollbringen).* » (P. 90, trad. légèrement modifiée.) La main de l'homme est pensée depuis la pensée, mais celle-ci est pensée depuis la parole ou la langue. Voilà l'ordre que Heiddeger oppose à la métaphysique : « Ce n'est qu'autant que l'homme parle qu'il pense et non l'inverse, comme la Métaphysique le croit encore *(Doch nur insofern der Mensch spricht, denkt er; nicht umgekehrt, wie die Metaphysik es noch meint).* »

Le moment essentiel de cette méditation ouvre sur ce que j'appellerai la double *vocation* de la main. Je me sers du mot de vocation pour rappeler que, dans sa destination *(Bestimmung)*, cette main tient (à) la parole. Vocation double mais rassemblée ou croisée dans la même main : vocation à montrer ou à faire signe *(zeigen, Zeichen)* et à donner ou à se donner, en un mot la *monstrosité du don ou de ce qui se donne.*

> Mais l'œuvre de la main *(das Werk der Hand)* est plus riche que nous ne le pensons habituellement [*meinen* : croyons, en avons l'opinion]. La main ne saisit pas et n'attrape pas seulement *(greift und fängt nicht nur)*, ne serre et ne pousse pas seulement. La main offre et reçoit [*reicht und empfängt* − il faut entendre les consonances allemandes : *greift, fängt / reicht, empfängt*], et non seulement les choses, car elle-même s'offre et se reçoit dans l'autre. La main garde *(hält).* La main porte *(trägt). (Ibid.)*

Ce passage du don transitif, si on peut dire, au don de ce qui *se* donne, qui donne soi-même en tant que pouvoir-donner, qui donne le don, ce passage de la main qui donne quelque chose à la main qui *se* donne est évidemment décisif. Nous retrouvons un passage de même type ou de même structure dans la phrase suivante : non seulement la main de l'homme fait des signes et montre, mais l'homme est lui-même un signe ou un monstre, ce qui amorce la citation et l'interprétation de *Mnemosynè,* à la page suivante.

> La main trace des signes, elle montre *(zeichnet)*, probablement parce que l'homme est un monstre *(ein Zeichen ist)*. Les mains se joignent *(falten sich :* se plient aussi) quand ce geste doit conduire

l'homme à la plus grande simplicité [*Einfalt;* je ne suis pas sûr de comprendre cette phrase qui joue sur le *sich falten* et le *Einfalt;* qu'il s'agisse de la prière – les mains de Dürer – ou de gestes courants, il importe que les mains puissent se toucher l'une l'autre comme telles, s'auto-affecter, même au contact de la main de l'autre dans le don de la main. Et qu'elles puissent aussi *se montrer*]. Tout cela, c'est la main, c'est le travail propre de la main *(das eigentliche Hand-Werk)*. En celui-ci repose tout ce que nous connaissons pour être un travail artisanal *(Handwerk)* et à quoi nous nous arrêtons habituellement. Mais les gestes [*Gebärden :* mot très travaillé par Heidegger dans d'autres textes aussi] de la main transparaissent partout dans le langage [ou dans la langue], et cela avec la plus grande pureté lorsque l'homme parle en se taisant. Cependant ce n'est qu'autant que l'homme parle qu'il pense et non l'inverse, comme la Métaphysique le croit encore. Chaque mouvement de la main dans chacune de ses œuvres est porté (se porte, *trägt sich*) à travers l'élément, se comporte *(gebärdet sich)* dans l'élément de la pensée. Toute œuvre de la main repose dans le penser. C'est pourquoi la pensée *(das Denken)* est elle-même pour l'homme le plus simple et partant le plus difficile travail de la main *(Hand-Werk),* lorsque vient l'heure où il doit être expressément *(eigens,* proprement) accompli. *(Ibid.)*

Le nerf de l'argumentation me paraît réductible, *en premier lieu et au premier abord,* à l'opposition assurée du *donner* et du *prendre :* la main de l'homme *donne et se donne,* comme la pensée ou comme ce qui se donne à penser et que nous ne pensons pas encore, tandis que l'organe du singe ou de l'homme comme simple animal, voire comme *animal rationale,* peut seulement *prendre, saisir, s'emparer de la chose.* Faute de temps, je dois me référer à un séminaire déjà ancien *(Donner-le temps,* 1977) où nous avions pu problématiser cette opposition. Rien n'est moins assuré que la distinction entre *donner* et *prendre,* à la fois dans les langues indo-européennes que nous parlons (je renvoie ici à un texte célèbre de Benveniste, « Don et échange dans le vocabulaire indo-européen », in *Problèmes de linguistique générale,* 1951-1966) et dans l'expérience d'une *économie* – symbolique ou imaginaire, consciente ou inconsciente, toutes ces valeurs restant justement à réélaborer depuis la précarité de cette opposition du don et de la prise, du don qui fait présent et de celui qui prend, garde ou retire, du don qui fait du bien et du don qui fait mal, du cadeau et du poison *(gift/Gift* ou *pharmakon,* etc.).

Mais, en dernier lieu, cette opposition renverrait, chez Heidegger, à celle du donner/prendre-la-chose *comme telle* et du donner/prendre sans ce *comme tel,* et finalement sans la chose même. On pourrait dire aussi que l'animal ne peut que prendre ou manipuler la chose dans la mesure où il n'a pas affaire à la chose *comme telle.* Il ne la laisse pas être ce qu'elle est dans son essence. Il n'a pas accès à l'essence de l'étant *comme tel* (*Gesamtausgabe,* 29/30, p. 290). Plus ou moins directement, de façon plus ou moins visible, la main ou le mot *Hand* joue un rôle immense dans toute la conceptualité heideggerienne depuis *Sein und Zeit,* notamment dans la détermination de la présence sur le mode de la *Vorhandenheit* ou de la *Zuhandenheit.* On a traduit la première, plus ou moins bien en français par « étant subsistant » et mieux en anglais par « *presence-at-hand* », la seconde par « être disponible », comme outil ou ustensile et mieux, puisque l'anglais peut garder la main, par « *ready-to-hand, readiness-to-hand* ». Le *Dasein* n'est ni *vorhanden,* ni *zuhanden.* Son mode de présence est autre mais il faut bien qu'il ait la main pour se rapporter aux autres modes de présence.

La question posée par *Sein und Zeit* (§ 15) rassemble la plus grande force de son économie dans l'idiome allemand et en lui, dans l'idiome heideggerien : la *Vorhandenheit* est-elle ou non fondée *(fundiert)* sur la *Zuhandenheit ?* Littéralement : quel est, des deux rapports à la main, celui qui fonde l'autre? Comment décrire cette fondation *selon la main* dans ce qui rapporte le *Dasein* à l'être de l'étant qu'il n'est pas *(Vorhandensein* et *Zuhandensein).* Quelle main fonde l'autre? La main qui a rapport à la chose comme outil manœuvrable ou la main comme rapport à la chose comme objet subsistant et indépendant? Cette question est décisive pour toute la stratégie de *Sein und Zeit.* Son enjeu : rien de moins que la démarche originale de Heidegger pour déconstruire l'ordre classique de la fondation (fin du § 15). Tout ce passage est aussi une analyse du *Handeln,* de l'action ou de la pratique comme geste de la main dans son rapport à la vue, et donc une nouvelle mise en perspective de ce qu'on appelle l'opposition *praxis/theoria.* Rappelons que pour Heidegger le « comportement " pratique " n'est pas " athéorique " » (p. 69). Et je citerai seulement quelques lignes pour en tirer deux fils conducteurs :

> Les Grecs avaient, pour parler des « choses » *(Dinge),* un terme approprié : les *pragmata,* c'est-à-dire ce à quoi l'on a affaire *(zu tun)* dans l'usage de la préoccupation *(im besorgenden Umgang), (Praxis).* Mais, en même temps, au plan ontologique, ils laissaient dans l'ombre *(im Dunkeln)* le caractère spécifiquement « pragmatique » des *pragmata* [en somme les Grecs commençaient à laisser dans l'ombre la *Zuhandenheit* de l'outil au profit de la *Vorhandenheit* de l'objet subsistant : on pourrait dire qu'ils inauguraient toute l'ontologie classique en laissant une main dans l'ombre, en laissant une main faire ombrage à l'autre, en substituant, dans une violente hiérarchi-

sation, une expérience de la main à une autre expérience de la main] qu'ils déterminaient « de prime abord » comme « pures choses » *(blosse Dinge)*. Nous nommons *outil (Zeug)* l'étant que rencontre la préoccupation *(im Besorgen)*. Notre usage [dans la vie courante, *im Umgang*, dans l'environnement quotidien et social] nous découvre des outils qui permettent d'écrire, de coudre, de nous déplacer, de mesurer, d'effectuer tout travail manuel [Je cite une traduction française très insuffisante pour *Schreibzeug, Nähzeug, Werk-, Fahr-, Messzeug*]. Il s'agit de mettre en évidence le mode d'être de l'outil *(Zeug)*. C'est ce qui aura lieu à la lumière d'une description [*Umgrenzung :* délimitation] provisoire de ce qui constitue l'outil en outil, de l'ustensilité *(Zeughaftigkeit)* (p. 68, tr., p. 92).

Ce mode d'être sera justement la *Zuhandenheit (readiness-to-hand)*. Et Heidegger commence, pour en parler au paragraphe suivant, par prendre les exemples qu'il a en quelque sorte sous la main : l'écritoire *(Schreibzeug)*, la plume *(Feder)*, l'encre *(Tinte)*, le papier *(Papier)*, ce qui s'appelle heureusement en français le *sous-main (Unterlage)*, la table, la lampe, les meubles, et, ses yeux se levant un peu au-dessus des mains en train d'écrire, vers les fenêtres, les portes, la chambre.

Voici maintenant les deux fils que je voudrais tirer à la main, pour en faire des fils conducteurs ou pour coudre et écrire aussi un peu à ma manière.

A. Le premier concerne la *praxis* et les *pragmata*. J'avais déjà écrit tout cela quand John Sallis, que j'en remercie, attira mon attention sur un passage beaucoup plus tardif de Heidegger. Il scande de façon saisissante cette longue manœuvre qui fait du *chemin de pensée* et de la question du sens de l'être une longue et continue méditation *de* la main. Heidegger dit toujours de la pensée qu'elle est un chemin, en chemin *(Unterwegs)* ; mais en chemin, en marchant, le penseur est sans cesse occupé par une pensée de la main. Longtemps après *Sein und Zeit*, qui ne parle pas *thématiquement* de la main en analysant *Vorhanden-* et *Zuhandenheit*, mais dix ans avant *Was heisst Denken ?*, qui en fait un thème, il y a ce Séminaire sur *Parmenide (Parmenides, Gesamtaufgabe*, Band 54) qui, en 1942-1943, reprend la méditation de *pragma* et de *praxis*. Bien que le mot allemand *Handlung* ne soit pas la traduction littérale de *pragma*, il touche juste, si on le comprend bien, il rencontre « l'être originairement essentiel de *pragma* » *(das ursprünglich wesentliche Wesen von pragma)*, puisque ces *pragmata* se présentent, comme « *Vorhandenen* » et « *Zuhandenen* » dans le domaine de la main *(im Bereich der « Hand »)*

(p. 118). Tous les motifs de *Was heisst Denken?* se mettent déjà en place. Seul l'étant qui, comme l'homme, « a » la parole *(Wort, mythos, logos)*, peut et doit avoir la main grâce à laquelle peut advenir la prière mais aussi le meurtre, le salut et le remerciement, le serment et le signe *(Wink)*, le *Handwerk* en général. Je souligne pour des raisons qui apparaîtront plus tard l'allusion au *Handschlag* (la poignée de main ou ce qu'on appelle « toper » dans la main) qui « fonde », dit Heidegger, l'alliance, l'accord, l'engagement *(Bund)*. La main n'advient à son essence *(west)* que dans le mouvement de la vérité, dans le double mouvement de ce qui cache et fait sortir de sa réserve *(Verbergung/Entbergung)*. Tout le Séminaire est d'ailleurs consacré à l'histoire de la vérité *(aletheia, lethê, lathon, lathès)*. Quand il dit déjà, dans ce même passage (p. 118), que l'animal n'a pas la main, qu'une main ne peut jamais surgir à partir d'une patte ou des griffes, mais seulement de la parole, Heidegger précise que « l'homme n'" a " pas des mains » mais que *la* main occupe, pour en disposer, l'essence de l'homme (« *Der Mensch " hat " nicht Hände, sondern die Hand hat das Wesen des Menschen inne* »).

B. Le deuxième fil reconduit à l'écriture. Si la main de l'homme est ce qu'elle est depuis la parole ou le mot *(das Wort)*, la manifestation la plus immédiate, la plus originaire de cette origine, sera le geste de la main pour rendre le mot manifeste, à savoir l'écriture manuelle, la manuscripture *(Handschrift)* qui montre – et inscrit le mot pour le regard. « Le mot en tant que dessiné (ou inscrit : *eingezeichnete*) et tel qu'il se montre ainsi au regard *(und so dem Blick sich zeigende)*, c'est le mot écrit, c'est-à-dire l'écriture *(d.h. die Schrift)*. Mais le mot comme écriture est l'écriture manuelle *(Das Wort als die Schrift aber ist die Handschrift)*. » (P. 119.) Au lieu d'écriture manuelle, disons plutôt manuscripture, car ne l'oublions pas comme on le fait si souvent, l'écriture de la machine à écrire contre laquelle Heidegger va élever un réquisitoire implacable est aussi une écriture manuelle. Dans la brève « " histoire " de l'art d'écrire » (« *Geschichte* » *der Art des Schreibens*) qu'il esquisse en un paragraphe, Heidegger croit discerner le motif fondamental d'une « destruction du mot » ou de la parole *(Zerstörung des Wortes)*. La mécanisation typographique détruit cette unité du mot, cette identité intégrale, cette intégrité propre du mot parlé que la manuscripture, à la fois parce qu'elle paraît plus proche de la voix ou du corps propre et parce qu'elle lie les lettres, préserve et rassemble. J'insiste sur ce motif du rassemblement pour des raisons qui apparaîtront aussi tout à l'heure. La machine à écrire tend à détruire le mot :

elle « arrache *(entreisst)* l'écriture au domaine essentiel de la main,
c'est-à-dire du mot, de la parole » (p. 119). Le mot « tapé » à la
machine n'est qu'une copie *(Abschrift)* et Heidegger rappelle ces
premiers moments de la machine à écrire où une lettre dactylogra-
phiée heurtait les bienséances. Aujourd'hui, c'est la lettre manuscrite
qui paraît coupable : elle ralentit la lecture et paraît démodée. Elle
fait obstacle à ce que Heidegger considère comme une véritable
dégradation du mot par la machine. La machine « dégrade » *(degra-
diert)* le mot ou la parole qu'elle réduit à un simple moyen de
transport *(Verkehrsmittel)*, à l'instrument de commerce et de communication. En outre, elle offre l'avantage, pour ceux qui souhaitent
cette dégradation, de dissimuler l'écriture manuscrite et le « caractère ». « Dans l'écriture à la machine, tous les hommes se ressemblent », conclut Heidegger (p. 119).

Il faudrait suivre de près les voies selon lesquelles s'aggrave et
se précise la dénonciation de la machine à écrire (p. 124 et suiv.).
Finalement, elle dissimulerait l'essence même du geste d'écrire et de
l'écriture (« *Die Schreib-maschine verhüllt das Wesen des Schreibens
und der Schrift* » p. 126). Cette dissimulation est aussi un mouvement
de retrait ou de soustraction (les mots *entziehen, Entzug* reviennent
souvent dans ce passage). Et si dans ce retrait la machine à écrire
devient *« zeichenlos »,* sans signe, insignifiante, a-signifiante *(ibid.)*,
c'est qu'elle perd la main. Elle menace en tout cas ce qui, dans la
main, garde la parole ou garde, pour la parole, le rapport de l'être
à l'homme et de l'homme aux étants. « La main manie », *die Hand
handelt.* La co-appartenance essentielle *(Wesenszusammengehörigkeit)*
de la main et de la parole, distinction essentielle de l'homme, se
manifeste en ceci que la main manifeste, justement, ce qui est caché
(die Hand Verborgenes entbirgt). Et elle le fait précisément, dans son
rapport à la parole, en montrant et en écrivant, en faisant signe, des
signes qui montrent, ou plutôt en donnant à ces signes ou à ces
« monstres » des *formes* qu'on appelle écriture (... « *sie zeigt und
zeigend zeichnet und zeichnend die zeigenden Zeichen zu Gebilden bildet.
Diese Gebilde heissen nach dem " Verbum " graphein* die *grammata* »).
Cela implique, Heidegger le dit expressément, que l'écriture soit,
dans sa provenance essentielle, manuscripture *(Die Schrift ist in ihrer
Wesensherkunft die Hand-schrift).* Et j'ajouterai, ce que Heidegger ne
dit pas mais qui me paraît encore plus décisif, manuscripture *immédiatement* liée à la parole, c'est-à-dire plus vraisemblablement *système
d'écriture phonétique,* à moins que ce qui rassemble *Wort, zeigen* et
Zeichen ne passe pas toujours nécessairement par la voix et que la
parole dont parle ici Heidegger soit essentiellement distincte de toute

phonè. La distinction serait assez insolite pour mériter d'être soulignée. Or Heidegger n'en souffle pas mot. Il insiste au contraire sur la co-appartenance essentielle et originaire de *Sein, Wort, legein, logos, Lese, Schrift* comme *Hand-schrift.* Cette co-appartenance qui les rassemble tient d'ailleurs au mouvement de rassemblement même que Heidegger lit toujours, ici comme ailleurs, dans le *legein* et dans le *Lesen* (« ... *das Lesen d.h. Sammeln...* »). Ce motif du rassemblement (*Versammlung*) commande la méditation du *Geschlecht* dans le texte sur Trakl que j'évoquerai brièvement tout à l'heure. Ici, la protestation contre la machine à écrire appartient aussi, cela va de soi, à une interprétation de la technique, et à une interprétation de la politique à partir de la technique. De même que *Was heisst Denken?* nommera Marx quelques pages après avoir traité de la main, de même ce Séminaire de 1942-1943 situe Lénine et le « léninisme » (nom que Staline a donné à cette « métaphysique »). Heidegger rappelle le mot de Lénine : « Le bolchevisme, c'est le pouvoir des Soviets + l'électrification. » Au moment où il écrivait cela, l'Allemagne venait d'entrer en guerre avec la Russie et avec les États-Unis, qui ne sont pas épargnés non plus dans ce Séminaire, mais il n'y avait pas encore de machine à écrire électrique.

   Cette évaluation apparemment positive de la manuscripture n'exclut pas, au contraire, une dévalorisation de l'écriture en général. Elle prend sens à l'intérieur de cette interprétation générale de l'art d'écrire comme destruction croissante du mot ou de la parole. La machine à écrire n'est qu'une aggravation moderne du mal. Celui-ci ne vient pas seulement par l'écriture mais aussi par la littérature. Juste avant la citation de *Mnemosynè, Was heisst Denken?* avance deux affirmations tranchantes : 1. Socrate est « le plus pur penseur de l'Occident » (*der reinste Denker des Abendlandes. Deshalb hat er nichts geschrieben*) « et c'est pourquoi il n'a rien écrit ». Il a su se tenir dans le vent et dans le mouvement de retrait de ce qui se donne à penser (*in den Zugwind dieses Zuges*). Dans un autre passage, qui traite aussi de ce retrait (*Zug des Entziehens*), Heidegger distingue encore l'homme de l'animal, cette fois de l'oiseau migrateur. Dans les toutes premières pages de *Was heisst Denken?* (p. 5 ; trad., p. 27), avant de citer pour la première fois *Mnemosynè,* il écrit : « Lorsque nous épousons ce mouvement de retirement (*Zug des Entziehens*), nous sommes nous-mêmes — mais tout autrement que les oiseaux migrateurs — en mouvement vers ce qui nous attire en se retirant. » Le choix de l'exemple tient ici à l'idiome allemand : oiseau migrateur se dit *Zugvogel* en allemand. Nous, les hommes, nous sommes dans le trait (*Zug*) de ce retrait, *nur ganz anders als die Zugvögel.*

2. Deuxième affirmation tranchante : la pensée décline au moment où l'on commence à écrire, *au sortir* de la pensée, *en sortant* de la pensée pour s'en abriter, comme du vent. C'est le moment où la pensée est entrée dans la littérature (*Das Denken ging in die Literatur ein,* p. 52, trad., p. 91). Mise à l'abri de la pensée, cette entrée dans l'écriture et dans la littérature (au sens large du mot) aurait décidé du destin de la science occidentale aussi bien en tant que *doctrina* du Moyen Age (enseignement, discipline, *Lehre*) que comme la science des Temps Modernes. Il y va naturellement de ce qui construit le concept dominant de discipline, d'enseignement et d'université. On voit ainsi s'organiser autour de la main et de la parole, avec une très forte cohérence, tous les traits dont j'avais ailleurs rappelé la récurrence incessante sous les noms de logocentrisme et de phonocentrisme. Quels que soient les motifs latéraux ou marginaux qui le travaillent simultanément, logocentrisme et phonocentrisme dominent un certain discours très continu de Heidegger, et cela depuis la répétition de la question du sens de l'être, la destruction de l'ontologie classique, l'analytique existentiale redistribuant les rapports (existentiaux et catégoriaux) entre *Dasein, Vorhandensein* et *Zuhandensein.*

L'économie qui m'est imposée pour ce discours m'interdit d'aller au-delà de ce premier repérage dans l'interprétation heideggerienne de la main. Pour mieux relier, dans une cohérence plus différenciée, ce que je dis ici à ce que je dis ailleurs de Heidegger, notamment dans *Ousia et Grammè,* il faudrait relire une certaine page de *La parole d'Anaximandre* (*Holzwege,* 1946, p. 337), c'est-à-dire d'un texte qui nomme aussi *Mnemosynè* et avec lequel s'explique *Ousia et Grammè.* Cette page rappelle que dans *chréôn,* qu'on traduit en général par « nécessité » parle *è cheir,* la main : « *Chraô* veut dire : je manie, je porte la main à quelque chose *(ich be-handle etwas).* » La suite du paragraphe, trop difficile à traduire puisqu'elle manie de près l'idiome allemand *(in die Hand geben, einhändigen, aushändigen :* remettre en mains propres, puis délivrer, abandonner, *überlassen)* soustrait le participe *chréôn* aux valeurs de contrainte et d'obligation *(Zwang, Müssen).* Du même coup, il y soustrait le mot de *Brauch* par lequel Heidegger propose de traduire *to chréôn* et qui veut dire dans l'allemand courant le besoin. Il n'est donc pas nécessaire de penser la main à partir du « besoin ». En français, on a traduit *der Brauch* par *le maintien,* ce qui, à côté de bien des inconvénients ou faux sens, exploite la chance d'une double allusion : à la main et au maintenant qui préoccupent le souci propre de ce texte. Si le *Brauchen* traduit bien, comme le dit Heidegger, le *chréôn* qui permet de penser le présent dans sa présence (*das Anwesende in seinem Anwesen,* p. 340), s'il nomme une trace *(Spur)* qui disparaît dans l'histoire de l'être en tant qu'elle se déploie comme métaphysique occidentale, si *der Brauch* est bien « le rassemblement *(Versammlung) : o logos* », alors, avant toute technique de la main, toute chirurgie, la main n'y est pas pour rien.

II

La main de *l'*homme : vous l'avez sans doute remarqué, Heidegger ne pense pas seulement la main comme une chose très singulière, et qui n'appartiendrait en propre qu'à l'homme. Il la pense toujours *au singulier,* comme si l'homme n'avait pas deux mains mais, ce monstre, une seule main. Non pas un seul organe au milieu du corps, comme le cyclope avait un seul œil au milieu du front, encore que cette représentation, qui laisse à désirer, donne aussi à penser. Non, *la* main de l'homme, cela signifie qu'il ne s'agit plus de ces organes préhensiles ou de ces membres instrumentalisables que sont *des* mains. Les singes ont des organes préhensiles qui ressemblent à des mains, l'homme de la machine à écrire et de la technique en général se sert des deux mains. Mais l'homme qui parle et l'homme qui écrit à la main, comme on dit, n'est-ce pas le monstre d'une seule main? Aussi quand Heidegger écrit : « *Der Mensch " hat " nicht Hände, sondern die Hand hat das Wesen des Menschen inne* », (« L'homme n'" a " pas de mains, mais la main occupe, pour en disposer, l'essence de l'homme »), cette précision supplémentaire ne concerne pas seulement, comme on le voit en premier lieu, la structure de l'« avoir », mot que Heidegger met entre guillemets et dont il propose d'inverser le rapport (l'homme n'*a* pas de mains, c'est la main qui *a* l'homme). La précision concerne la différence entre le pluriel et le singulier : *nicht Hände, sondern die Hand.* Ce qui arrive à l'homme par le *logos* ou par la parole *(das Wort),* cela ne peut être qu'une seule main. Les mains, c'est déjà ou encore la dispersion organique ou technique. On ne s'étonnera donc pas devant l'absence de toute allusion, par exemple dans le style kantien, au jeu de la différence entre la droite et la gauche, au miroir ou à la paire de gants. Cette différence ne peut être que *sensible.* Pour ma part, ayant déjà traité à ma manière de la paire de chaussures, du pied gauche et du pied droit chez

Heidegger [1], je ne m'avancerai pas plus loin aujourd'hui dans cette voie. Je me contenterai de deux remarques. D'une part, *on the one hand,* comme vous dites, la seule phrase où Heidegger, à ma connaissance, nomme les mains de l'homme au pluriel semble concerner justement le moment de la prière ou en tout cas le geste par lequel les deux mains se joignent *(sich falten)* pour n'en faire qu'une dans la simplicité *(Einfalt).* C'est toujours le rassemblement *(Versammlung)* que privilégie Heidegger. D'autre part, *on the other land,* rien n'est jamais dit de la caresse ou du désir. Fait-on l'amour, l'homme fait-il l'amour avec la main ou avec des mains? Et quoi de la différence sexuelle à cet égard? On imagine la protestation de Heidegger : cette question est dérivée, ce que vous appelez le désir ou l'amour suppose l'avènement de *la* main depuis la parole, et dès lors que j'ai fait allusion à la main qui donne, se donne, promet, s'abandonne, livre, délivre et engage dans l'alliance ou le serment, vous disposez de tout ce qui vous est nécessaire pour penser ce que vous appelez vulgairement faire l'amour, caresser ou même désirer. — Peut-être, mais pourquoi ne pas le dire [2]?

[Cette dernière remarque devrait me servir de transition vers ce mot, cette marque, « *Geschlecht* », que nous devrions suivre maintenant dans un autre texte. Je ne prononcerai pas cette partie de ma conférence, qui aurait dû s'intituler *Geschlecht III* et dont le manuscrit (dactylographié) a été photo*copié* et distribué à certains d'entre vous

---

1. Cf. *La vérité en peinture,* Flammarion, 1978, p. 291 et suiv.

2. Si la pensée, et même la question (cette « piété de la pensée ») sont un travail de *la* main, si les mains jointes par la prière ou le serment rassemblent encore la main en elle-même, en son essence et avec la pensée, en revanche Heidegger dénonce le « prendre à deux mains » : hâte, empressement de la violence utilitaire, accélération de la technique qui disperse la main dans le nombre et la coupe de la pensée questionnante. Comme si la prise des deux mains perdait ou violait une question pensante que seule *une* main, *la* main seule, pourrait ouvrir ou garder : maintenant ouverte. C'est la fin de l'*Introduction à la Métaphysique* : « Savoir questionner signifie : savoir attendre, même toute une vie. Une époque *(Zeitalter)* toutefois, pour laquelle n'est réel *(wirklich)* que ce qui va vite et se laisse saisir à deux mains *(sich mit beiden Händen greifen lässt),* tient le questionner pour " étranger à la réalité " *(wirklichkeitsfremd),* pour quelque chose qui " ne paie pas " *(was sich nicht bezahlt macht).* Mais ce n'est pas le nombre *(Zahl)* qui est l'essentiel, c'est le juste temps *(die rechte Zeit)...* » (P. 157, trad. fr. légèrement modifiée, p. 221-222.) Je remercie Werner Hamacher de m'avoir rappelé ce passage.

Sur cet autre « tournant » que je tente de décrire ou de situer autour de la question, et de la question de la question, cf. *De l'esprit, Heidegger et la question,* Galilée, 1987, notamment p. 147 et suiv.

pour que la discussion en soit possible. Je m'en tiendrai donc à une esquisse très sommaire.]

Je viens de dire « le mot *" Geschlecht "* » : c'est que je ne suis pas sûr qu'il ait un référent déterminable et unifiable. Je ne suis pas sûr qu'on puisse parler du *Geschlecht* au-delà du mot *« Geschlecht »* – qui se trouve donc nécessairement cité, entre guillemets, mentionné plutôt qu'utilisé. Ensuite, je le laisse en allemand. Aucun mot, aucun mot à mot ne suffira à traduire celui-ci, qui rassemble dans sa valeur idiomatique la souche, la race, la famille, l'espèce, le genre, la génération, le sexe. Puis, après avoir dit le mot *« Geschlecht »,* je me suis repris ou corrigé : la « marque *" Geschlecht "* », ai-je précisé. Car le thème de mon analyse reviendrait à une sorte de composition ou de décomposition qui affecte, justement, l'unité de ce mot. Peut-être n'est-ce plus un mot. Peut-être faut-il commencer par y accéder depuis sa désarticulation ou sa décomposition, autrement dit sa formation, son information, ses déformations ou transformations, ses traductions, la généalogie de son corps unifié à partir ou selon le partage de morceaux de mots. Nous allons donc nous intéresser au *Geschlecht* du *Geschlecht,* à sa généalogie ou à sa génération. Mais cette composition généalogique de *« Geschlecht »* sera inséparable, dans le texte de Heidegger que nous devrions interroger maintenant, de la décomposition du *Geschlecht* humain, de la décomposition de l'homme.

Un an après *Was heisst Denken?,* en 1953, Heidegger publie *« Die Sprache im Gedicht »* dans *Merkur* sous le titre *Georg Trakl,* avec un sous-titre qui ne changera pour ainsi dire pas au moment où le texte sera repris en 1959 dans *Unterwegs zur Sprache : Eine Erörterung seines Gedichtes.* Tous ces titres sont déjà pratiquement intraduisibles. J'aurai pourtant recours, très souvent, à la précieuse traduction publiée par Jean Beaufret et Wolfgang Brokmeier dans la NRF (janvier-février 1958), aujourd'hui recueillie dans *Acheminement vers la parole* (Gallimard, 1976, p. 39 et suiv.) [1]. A chaque

---

1. On sera peut-être surpris de me voir citer une traduction française de Heidegger dans une conférence prononcée en anglais. Je le fais pour deux raisons. D'une part pour ne pas effacer les contraintes ou les chances de l'idiome dans lequel je travaille, enseigne, lis ou écris moi-même. Ce que vous entendez en ce moment, c'est la traduction d'un texte que j'écris d'abord en français. D'autre part, j'ai pensé que le texte de Heidegger pouvait être encore plus accessible, gagner quelque lisibilité supplémentaire à vous arriver ainsi par une troisième oreille. L'explication *(Auseinandersetzung)* avec une langue de plus peut affiner notre traduction *(Über-*

pas le risque de la pensée reste intimement engagé dans la langue, l'idiome et la traduction. Je salue l'aventure audacieuse qu'a constituée, dans sa discrétion même, une telle traduction. Notre dette va ici vers un don qui donne beaucoup plus que ce qu'on appelle une version française. Chaque fois que je devrai m'écarter de celle-ci, ce sera sans la moindre intention de l'évaluer, encore moins de l'amender. Il nous faudra plutôt multiplier les esquisses, harceler le mot allemand et l'analyser selon plusieurs vagues de touches, caresses ou coups. Une traduction, au sens courant de ce qui est publié sous ce nom, ne peut pas se le permettre. Mais nous avons au contraire le devoir de le faire chaque fois que le calcul du mot à mot, un mot pour un autre, c'est-à-dire l'idéal conventionnel de la traduction, sera mis au défi. Il serait d'ailleurs légitime, apparemment trivial mais en vérité essentiel de tenir ce texte sur Trakl pour une situation *(Erörterung)* de ce que nous appelons traduire. Au cœur de cette situation, de ce lieu *(Ort), Geschlecht,* le mot ou la marque. Car c'est la composition et la décomposition de cette marque, le travail de Heidegger dans sa langue, son écriture manuelle et artisanale, son *Hand-Werk* que les traductions existantes (française et, je le suppose, anglaise) tendent fatalement à effacer.

Avant tout autre préliminaire, je saute d'un coup au milieu du texte, pour éclairer comme d'un premier flash le lieu qui m'intéresse. A deux reprises, dans la première et dans la troisième partie, Heidegger déclare que le mot « *Geschlecht* » a en allemand, « dans notre langue » (c'est toujours la question du « nous »), une multitude de significations. Mais cette multitude singulière doit se rassembler de quelque manière. Dans *Was heisst Denken ?,* peu après le passage de la main, Heidegger proteste plus d'une fois contre la pensée ou la voie à sens unique. Tout en rappelant ici que « *Geschlecht* » est ouvert à une sorte de polysémie, il se porte, avant et après tout, vers une certaine unité qui rassemble cette multiplicité. Cette unité n'est pas une identité, mais elle garde la simplicité du même, jusque dans la forme du pli. Cette simplicité originaire, Heidegger veut la donner

---

setzung) du texte qu'on appelle « original ». Je viens de parler de l'oreille de l'autre comme d'une troisième oreille. Ce n'était pas seulement pour multiplier jusqu'à l'excès les exemples de paires (les pieds, les mains, les oreilles, les yeux, les seins, etc.) et tous les problèmes qu'ils devraient poser à Heidegger. C'est aussi pour souligner qu'on peut écrire à la machine, comme je l'ai fait, avec trois mains entre trois langues. Je savais que j'aurais à prononcer en anglais le texte que j'écrivais en français sur un autre que je lisais en allemand.

à penser au-delà de toute dérivation étymologique, du moins selon le sens strictement philologique de l'étymologie.

1. Le premier passage (p. 49; trad., p. 53) cite l'avant-dernière strophe du poème *Ame d'Automne (Herbstseele)*. Je le lis dans sa traduction qui nous posera plus tard quelques problèmes :

> Bientôt fuient poisson et gibier
> Ame bleue, obscur voyage
> Départ de l'autre, de l'aimé
> Le soir change sens et image
> *(Sinn und Bild)*

Heidegger enchaîne : « Les voyageurs qui suivent l'étranger se trouvent aussitôt séparés des " Aimés " *(von Lieben)* qui sont pour eux des " Autres " *(die für sie " Andere " sind)*. Les " Autres " entendons la souche défaite de l'homme. »

Ce qui se trouve ainsi traduit, c'est *« der Schlag der verwesten Gestalt des Menschen »*. *« Schlag »* veut dire en allemand plusieurs choses. Au sens propre, comme dirait le dictionnaire, c'est le *coup* avec toutes les significations qu'on peut y associer. Mais au sens figuré, dit le dictionnaire, c'est aussi la race ou l'espèce, la souche (mot ici choisi par les traducteurs français). La méditation de Heidegger se laissera guider par ce rapport entre *Schlag* (à la fois comme coup et comme souche) et *Geschlecht. Der Schlag der verwesten Gestalt des Menschen,* cela implique un *Verwesen* dans le sens de ce qui est « décomposé », si on l'entend littéralement selon le code usuel de la putréfaction des corps, mais aussi, dans un autre sens, celui de la corruption de l'être ou de l'essence *(wesen),* que Heidegger ne va pas cesser de retracer. Il ouvre ici un paragraphe qui commence par *« Unsere Sprache »* : « Notre langue appelle *(nennt :* nomme) l'humanité *(Menschenwesen)* ayant reçu l'empreinte d'une frappe *(das aus einem Schlag geprägte)* et dans cette frappe frappée de spécification *(und in diesen Schlag verschlagene :* et en effet *verschlagen* veut dire couramment spécifier, séparer, cloisonner, distinguer, différencier), notre langue appelle l'humanité (...) " *Geschlecht* ". » Le mot est entre guillemets. Je vais jusqu'au bout de ce paragraphe dont il faudrait plus tard reconstituer le contexte : « Le mot [*Geschlecht,* donc] signifie aussi bien l'espèce humaine *(Menschengeschlecht)* au sens de l'humanité *(Menschheit)* que les espèces au sens des troncs, souches et familles, tout cela frappé de nouveau (*dies alles wiederum geprägt :* frappé au sens de ce qui a reçu l'empreinte, le *typos,* la marque typique) de la dualité générique des sexes *(in das Zwiefache der Geschlechter).* » Dualité générique des sexes, c'est en français une traduction risquée. Il est vrai que Heidegger parle cette fois de la différence *sexuelle* qui vient de nouveau, dans un second coup *(wiederum geprägt),* frapper, battre (comme on dit aussi en français battre monnaie) le *Geschlecht* dans tous les sens qu'on venait d'énumérer. C'est sur ce deuxième coup que se concentreront plus tard mes questions. Mais Heidegger ne dit pas « dualité générique ». Et quant au mot *das Zwiefache,* le double, le duel, le duplice, il porte toute l'énigme du texte qui se joue entre *das Zwiefache,* une certaine duplicité, un certain pli de la différence sexuelle ou *Geschlecht* et, d'autre part, *die Zwietracht der Geschlechter,* la dualité des sexes comme dissension, guerre, dissentiment, opposition, le duel de la violence et des hostilités déclarées.

2. Le second passage sera prélevé dans la troisième partie (p. 78, trad., p. 80) au cours d'un trajet qui aura déplacé bien des choses : « *" Un "* [entre guillemets et en italique dans le texte allemand : das *« Ein »*] dans les mots *« Une* race » [*im Wort* « Ein *Geschlecht* » : citation d'un vers de Trakl; cette fois les traducteurs français ont choisi, sans justification apparente ou satisfaisante, de traduire *Geschlecht* par « race »] ne veut pas dire « un » au lieu de « deux » *(meint nicht « einst » statt «zwei »). Un* ne signifie pas non plus l'indifférence d'une insipide uniformité [*das Einerlei einer faden Gleichheit :* je me permets sur ce point de renvoyer à la première partie de mon essai intitulé *« Geschlecht »*]. Les mots *« une* race » *(das Wort* « Ein *Geschlecht »)* ne nomment ici aucun état de choses biologiquement déterminable *(nennt hier... keinen biologischen Tatbestand),* ni « l'unisexualité » *(weder die « Eingeschlechtlichkeit »)* ni « l'indifférenciation des sexes » *(noch die « Gleichgeschlechtlichkeit »).* Dans le *Un* souligné [par Trakl] *(In dem betonten* « Ein *Geschlecht »)* s'abrite l'unité qui, à partir de l'azur appareillant [ceci est incompréhensible tant qu'on n'a pas reconnu, comme je tente de le faire dans la suite de l'exposé que je ne prononcerai pas, la lecture symphonique ou synchromatique des bleus ou du bleu du ciel azuré dans les poèmes de Trakl et tant qu'on n'a pas reconnu que les traducteurs français traduisent par « appareillant » le mot *versammelnd :* rassemblant, recueillant dans le même ou le « pareil » ce qui n'est pas identique] de la nuit spirituelle, réunit *(einigt).* Le mot [sous-entendu, le mot *Ein* dans *Ein* Geschlecht]

parle à partir du chant *(Das Wort spricht aus dem Lied)* en lequel est chanté le pays du déclin (ou de l'Occident : *worin das Land des Abends gesungen wird)*. Par suite, le mot « race » *(Geschlecht)* garde ici la multiple plénitude de signification *(mehrfältige Bedeutung)* que nous avons déjà mentionnée. Il nomme d'abord la race historiale, l'homme, l'humanité *(das geschichtliche Geschlecht des Menschen, die Menschheit)* dans la différence qui la sépare du reste du vital (plante et animal) *(im Unterschied zum übrigen Lebendigen (Pflanze und Tier).* Le mot « race » *(Geschlecht)* nomme ensuite aussi bien les générations *(Geschlechter,* au pluriel : le mot *Geschlecht* nomme les *Geschlechter!),* troncs, souches, familles de ce genre humain *(Stämme, Sippen, Familien dieses Menschengeschlechtes).* Le mot « race » *(« Geschlecht »)* nomme en même temps, à travers toutes ces distinctions [*überall :* partout. Heidegger ne précise pas « toutes ces distinctions » que la traduction française introduit par analogie avec la première définition, mais peu importe], le dédoublement générique [*die Zwiefalt der Geschlechter :* la traduction française ne nomme pas ici la sexualité pourtant évidente, alors que plus haut elle traduisait *Zwiefache der Geschlechter* par « dualité générique des sexes]. »

Heidegger vient donc de rappeler que « *Geschlecht* » nomme *en même temps, (zugleich),* surnomme la différence sexuelle, en supplément de tous les autres sens. Et il ouvre le paragraphe suivant par le mot *Schlag* que la traduction française rend par frappe, ce qui présente un double inconvénient. D'une part, elle manque le rappel du vers de Trakl dont le mot *Flügelschlag* est justement traduit par « coup d'aile ». D'autre part, en se servant de deux mots différents, coup et frappe, pour traduire le même mot *Schlag,* elle efface ce qui autorise Heidegger à rappeler l'affinité entre *Schlag et Geschlecht* dans les deux vers qu'il est en train de lire. Telle affinité soutient toute la démonstration. Ces vers sont extraits d'un poème intitulé *Chant occidental (Abendländisches Lied).* Un autre s'intitule *Occident (Abendland);* et le déclin *de* l'Occident, *comme* Occident, est au centre de cette méditation.

> *O der Seele nächtlicher Flügelschlag*
> Ô de l'âme nocturne coup d'aile.

Après ces deux vers, deux points et deux mots tout simples : « *Ein* Geschlecht. » « *Ein* » *:* le seul mot que, dans toute son œuvre, note Heidegger, Trakl aura ainsi souligné. Souligner, c'est *betonen.* Le mot ainsi souligné *(Ein)* donnerait donc le ton fondamental, la note fondamentale *(Grundton)*. Mais c'est le *Grundton* du *Gedicht* et non pas de la *Dichtung,* car Heidegger distingue régulièrement le *Gedicht,* qui reste toujours imprononcé *(ungesprochene)* silencieux, des poèmes *(Dichtungen)* qui eux, disent et parlent en procédant du *Gedicht.* Le *Gedicht* est la source silencieuse des poèmes *(Dichtungen)* écrits et prononcés dont il faut bien partir pour situer *(erörtern)* le lieu *(Ort),* la source, à savoir le *Gedicht.* C'est pourquoi Heidegger dit de cet « *Ein* Geschlecht » qu'il abrite le *Grundton* depuis lequel le *Gedicht* de ce poète tait *(schweigt)* le secret *(Geheimnis).* Le paragraphe qui commence par *Der Schlag* peut donc s'autoriser non seulement d'une décomposition philologique mais de ce qui arrive dans le vers, dans la *Dichtung* de Trakl : « La frappe *(Der Schlag)* dont l'empreinte rassemble un tel dédoublement dans la simplicité de la race une *(der sie in die Einfalt des " Einen Geschlechts " prägt),* ramenant ainsi les souches du genre *(die Sippen des Menschenges-chlechtes)* et celui-là même en la douceur de l'enfance plus sereine, frappe *(einschlagen lässt)* l'âme d'ouverture pour le chemin du " bleu printemps " [citation de Trakl signalée par des guillemets omis dans la traduction française]. »

Tels sont donc les deux passages, encore abstraits de leur contexte, dans lesquels Heidegger thématise à la fois la polysémie et la simplicité focale de « *Geschlecht* » dans « notre langue ». Cette langue, qui est la nôtre, l'allemande, est aussi celle de « notre *Geschlecht* », comme dirait Fichte, si *Geschlecht* veut aussi dire famille, génération, souche. Or ce qui s'écrit et se joue avec l'écriture de ce mot, *Geschlecht,* dans notre *Geschlecht* et dans notre langue *(unsere Sprache)* est assez idiomatique dans ses possibilités pour rester à peu près intraduisible. L'affinité entre *Schlag* et *Geschlecht* n'a lieu et n'est pensable que depuis cette « *Sprache* ». Non seulement depuis l'idiome allemand que j'hésite ici à appeler idiome « national », mais depuis l'idiome surdéterminé d'un *Gedicht* et d'un *Dichten* singuliers, ici celui ou ceux de Trakl, puis de surcroît surdéterminés par l'idiome d'un *Denken,* celui qui passe par l'écriture de Heidegger. Je dis bien *Dichten* et *Denken,* poésie et pensée. On se rappelle que pour Heidegger *Dichten* et *Denken* sont une œuvre de la main exposée aux mêmes dangers que l'artisanat *(Hand-Werk)* du coffrier. On sait aussi que Heidegger ne met jamais la philosophie et la science à hauteur de la pensée ou de la poésie. Celles-ci, bien que radicalement différentes, sont parentes et parallèles, des parallèles qui se coupent et s'entament, s'entaillent en un lieu qui est aussi une sorte de signature *(Zeichnung),* l'incision d'un trait *(Riss)* (*Unterwegs zur*

Sprache, p. 196)⁻¹. De ce parallélisme, la philosophie, la science et la technique sont pour ainsi dire exclus.

Que penser de ce texte? Comment le lire?

Mais s'agira-t-il encore d'une « lecture », au sens français ou au sens anglais du mot? Non, au moins pour deux raisons. *D'une part,* il est trop tard et au lieu de continuer à lire les quelque cent pages que j'ai consacrées à ce texte sur Trakl, et dont une première version française, inachevée et provisoire, a été communiquée à certains d'entre vous, je me contenterai d'en indiquer en quelques minutes le souci principal, tel qu'il peut se traduire en une série d'interrogations suspendues ou suspensives. Je les ai regroupées, plus ou moins artificiellement, autour de *cinq* foyers. Or d'*autre part,* l'un de ces foyers concerne le concept de *lecture* qui ne me paraît adéquat, sauf à être profondément réélaboré, ni pour nommer ce que fait Heidegger dans son *Gespräch* avec Trakl ou dans ce qu'il appelle le *Gespräch* ou la *Zwiesprache* (la parole à deux) authentique d'un poète avec un poète ou d'un penseur avec un poète, ni pour nommer ce que je tente ou ce qui m'intéresse dans cette *explication avec (Auseinandersetzung)* ce texte-ci de Heidegger.

Mon souci le plus constant concerne évidemment la « marque » « *Geschlecht* » et ce qui en elle *remarque* la marque, la frappe, l'impression, une certaine écriture comme *Schlag, Prägung,* etc. Cette *re-marque* me paraît entretenir un rapport essentiel avec ce que, un peu arbitrairement, je place en premier lieu parmi ces cinq foyers de questionnement :

1. *De l'homme et de l'animalité.* Le texte sur Trakl propose aussi une pensée de la différence entre l'animalité et l'humanité. Il s'agirait ici de la différence entre deux différences sexuelles, de la différence, du rapport entre le 1 et le 2, et de la divisibilité en général. Au foyer de ce foyer, la marque *Geschlecht* dans sa polysémie (espèce ou sexe) et dans sa dissémination.

2. Un autre foyer de questionnement concerne justement ce que Heidegger dit de la polysémie et que je distinguerai de la dissémination. A plusieurs reprises, Heidegger se montre accueillant à ce qu'on pourrait appeler une « bonne » polysémie, celle de la langue poétique et du « grand poète ». Cette polysémie doit se laisser *rassembler* dans une univocité « supérieure » et dans l'unicité d'une

---

1. Cf. plus haut « Le retrait de la métaphore », p. 88.

harmonie *(Einklang)*. Heidegger en vient ainsi à valoriser *pour une fois* une « *Sicherheit* » de la rigueur poétique, ainsi tendue par la force du rassemblement. Et il oppose cette « sécurité » *(Sicherheit)* aussi bien à l'errance des poètes médiocres qui se livrent à la mauvaise polysémie (celle qui ne se laisse pas rassembler dans un *Gedicht* ou dans un lieu *(Ort)* unique) qu'à l'univocité de l'exactitude *(Exaktheit)* dans la techno-science. Ce motif me paraît à la fois traditionnel (proprement aristotélicien), dogmatique dans sa forme et symptomatiquement contradictoire avec d'autres motifs heideggeriens. Car je ne « critique » jamais Heidegger sans rappeler qu'on peut le faire depuis d'autres lieux de son texte. Celui-ci ne saurait être homogène et il est écrit à deux mains, au moins.

3. Cette question, que j'intitule donc *polysémie et dissémination,* communique avec un autre foyer où se croisent plusieurs *questions de méthode.* Que fait Heidegger? Comment « opère »-t-il et selon quelles voies, *odoi* qui ne sont pas encore ou déjà plus des *méthodes?* Quel est le pas de Heidegger sur ce chemin? Quel est son rythme dans ce texte qui se prononce explicitement sur l'essence du *rythmos* et quelle est aussi sa *manière,* son *Hand-Werk* d'écriture? Ces questions d'outre-méthode sont aussi celles du rapport qu'entretient ce texte de Heidegger (et celui que j'écris à mon tour) avec ce qu'on appelle herméneutique, interprétation ou exégèse, critique littéraire, rhétorique ou poétique, mais aussi avec tous les savoirs des sciences humaines ou sociales (histoire, psychanalyse, sociologie, politologie, etc.). Deux oppositions ou distinctions, deux couples de concepts soutiennent l'argumentation heideggerienne – et je les questionne à mon tour. C'est *d'une part* la distinction entre *Gedicht* et *Dichtung.* Le *Gedicht* (mot intraduisible, une fois de plus) est, en son lieu, ce qui rassemble toutes les *Dichtungen* (les poèmes) d'un poète. Ce rassemblement n'est pas celui du corpus complet, des œuvres complètes, c'est une source unique qui ne se présente nulle part en aucun poème. C'est le lieu d'origine, d'où viennent et vers lequel remontent les poèmes selon un « rythme ». Il n'est pas ailleurs, pas autre chose, et pourtant il ne se confond pas avec les poèmes en tant qu'ils disent *(sagen)* quelque chose. Le *Gedicht* est « impononcé » *(ungesprochene).* Ce que Heidegger veut indiquer, annoncer plutôt que montrer, c'est le Lieu unique *(Ort)* de ce *Gedicht.* C'est pourquoi Heidegger présente son texte comme une *Erörterung,* c'est-à-dire selon la littéralité réveillée de ce mot, une *situation* qui localise le site unique ou le lieu propre du *Gedicht* depuis lequel chantent les poèmes de Trakl. D'où, *d'autre part,* une deuxième distinction entre l'*Erörterung* du *Gedicht* et une *Erläuterung* (éclaircissement, éluci-

dation, explication) des poèmes *(Dichtungen)* eux-mêmes dont il faut bien partir. Je m'attache donc à toutes les difficultés qui tiennent à ce double point de départ et à ce que Heidegger appelle « *Wechselbezug* », rapport de réciprocité ou d'échange entre situation *(Erörterung)* et élucidation *(Erläuterung)*. Ce *Wechselbezug* coïncide-t-il avec ce qu'on appelle cercle herméneutique? Et comment Heidegger pratique-t-il ou joue-t-il, *à sa manière,* ce *Wechselbezug?*

4. Cette dernière formulation, qui vise toujours la *manière* de Heidegger ou, comme on peut dire aussi en français, avec une autre connotation, ses manières, ne se laisse plus séparer, pas plus que la main selon Heidegger, de la mise en œuvre de la langue. Donc ici d'une certaine manœuvre de l'écriture. Elle recourt toujours en des moments décisifs à une ressource idiomatique, c'est-à-dire intraduisible si l'on se confie au concept courant de la traduction. Cette ressource, surdéterminée par l'idiome de Trakl et par celui de Heidegger, n'est pas seulement celle de l'allemand mais le plus souvent d'un idiome de l'idiome haut- ou vieil-allemand. A ma manière, c'est-à-dire suivant les injonctions et l'économie d'autres idiomes, je retrace et remarque tous ces recours de Heidegger au vieil allemand, chaque fois qu'il commence par dire : dans notre langue *(in unsere Sprache),* tel mot signifie originairement *(bedeutet ursprünglich).* Je ne peux ici, dans ce survol, que donner la liste des mots, des morceaux de mots ou des énoncés auprès desquels je marquerais une station un peu plus longue.

a. Il y a d'abord naturellement le mot « *Geschlecht* » et tout son *Geschlecht,* toute sa famille, ses racines, ses rejetons, légitimes ou non. Heidegger les convoque tous et donne à chacun son rôle. Il y a *Schlag, einschlagen, verschlagen* (séparer, cloisonner), *zerschlagen* (briser, casser, démanteler), *auseinanderschlagen* (séparer en se frappant l'un l'autre), etc. Au lieu de redéployer ici toute la manœuvre heideggerienne et celle à laquelle il nous oblige, je citerai, en signe de remerciement, un paragraphe que David Krell consacre en anglais à ce mot dans le chapitre 14 de son livre à paraître [1] – dont il a bien voulu, après la publication de mon premier article sur *Geschlecht,* me communiquer les épreuves. Le chapitre s'intitule « Strokes of love and death : Heidegger and Trakl » et j'y prélève ceci :

---

1. Paru depuis sous le titre *Intimations of mortality, Time, Truth and Finitude in Heidegger's Thinking of Being,* the Pennsylvania State University Press, 1986, p. 165.

« Strokes of love and death » : *Schlag der Liebe, Schlag des Todes.*
What do the words *Schlag, schlagen* mean? Hermann Paul's *Deutsches
Wörterbuch* lists six principal areas of meaning for *der Schlag;* for the
verb *schlagen* it cites six « proper » senses and ten « distant » meanings.
Devolving from the Old High German and Gothic *slahan* (from
which the English word « slay » also derives), and related to the
modern German word *schlachten,* « to slaughter », *schlagen* means to
strike a blow, to hit or beat. A *Schlag* may be the stroke of a hand,
of midnight, or of the brain; the beating of wings or of a heart.
Schlagen may be done with a hammer or a fist. God does it through
his angels and his plagues; a nightingale does it with his songs. One
of the most prevalent senses of *schlagen* is to mint or stamp a coin.
Der Schlag may therefore mean a particular coinage, imprint or type :
a horse dealer might refer to *einem guten Schlag Pferde.* It is by virtue
of this sense that *Schlag* forms the root of a word that is very
important for Trakl, *das Geschlecht.* Paul lists three principal meanings
for *Geschlecht* (Old High German *gislahti*). First, it translates the
latin word *genus,* being equivalent to *Gattung : das Geschlecht* is a
group of people who share a common ancestry, especially if they
constitute a part of the hereditary nobility. Of course, if the ancestry
is traced back far enough we may speak of *das menschliche Geschlecht,*
« human kind ». Second, *das Geschlecht* may mean one generation of
men and women who die to make way for a succeeding generation.
Third, there are male and female *Geschlechter,* and *Geschlecht* becomes
the root of many words for the things males and female have and
do for the first two meanings : *Geschlechts-glied* or *-teil,* the genitals;
-trieb, the sex drive; *-verkehr,* sexual intercourse; and so on.

b. Il y a ensuite le nom *Ort.* Quand il rappelle, dès la première
page, que ce mot « signifie originairement » *(ursprünglich bedeutet)*
la pointe de l'épée *(die Spitze des Speers),* c'est avant tout (et il y a
beaucoup à dire sur cet « avant tout ») pour insister sur sa valeur de
rassemblement. Tout *concourt* et converge vers la pointe *(in ihr läuft
alles zusammen).* Le lieu est toujours le lieu du rassemblement, le
rassemblant, *das Versammelnde.* Cette définition du lieu, outre qu'elle
implique le recours à une « signification originaire » dans une langue
déterminée, commande toute la démarche de l'*Erörterung,* le privilège
accordé à l'unicité et à l'indivisibilité dans la situation du *Gedicht*
et de ce que Heidegger appelle un « grand poète », qui est grand
dans la mesure où il se rapporte à cette unicité du rassemblant, et
résiste aux forces de dissémination ou de dislocation. Naturellement,
je multiplierais les questions autour de cette valeur de rassemblement.
c. Il y a ensuite l'opposition idiomatique et intraduisible entre

geistig et *geistlich* qui joue un rôle déterminant [1]. Elle autorise à soustraire le *Gedicht* ou le « lieu » de Trakl aussi bien à ce qui est rassemblé par Heidegger sous le titre de *la* « métaphysique occidentale » et de sa tradition platonicienne qui distingue entre le matériel « sensible » et le spirituel « intelligible » *(aistheton / noeton)* qu'à l'opposition chrétienne entre le spirituel et le temporel. Heidegger renvoie encore à la « signification originelle » *(ursprüngliche Bedeutung)* du mot *Geist (gheis)* : être soulevé, transporté hors de soi, comme une flamme *(aufgebracht, entsetzt, ausser sich sein)*. Il s'agit de l'ambivalence du feu de l'esprit, dont la flamme peut être à la fois le Bien et le Mal.

d. Il y a encore le mot *fremd* qui ne signifie pas l'étranger, au sens latin de ce qui est hors de, *extra, extraneus,* mais, proprement *(eigentlich)* selon le haut allemand *fram* : vers ailleurs, en avant, en train de faire son chemin... à l'encontre de ce qui est d'avance réservé *(anderswohin vorwärts, unterwegs nach... dem Voraufbehaltenen entgegen)*. Cela permet de dire que l'Étranger n'erre pas mais a une destination *(es irrt nicht, bar jeder Bestimmung, ratlos umher)*, il n'est pas sans destination.

e. Il y a en outre le mot *Wahnsinn* qui ne signifie pas, comme on croit, le songe de l'insensé. Dès lors que *Wahn* est reconduit au haut-allemand *wana* qui signifie *ohne, sans,* le *« Wahnsinnige »,* le dément est celui qui reste *sans* le sens des Autres. Il est d'un autre sens et *Sinnan « bedeutet ursprünglich »,* signifie originairement *« reisen, streben nach..., eine Richtung einschlagen »,* voyager, tendre vers, frayer d'un coup une direction. Heidegger invoque la racine indo-européenne *sent, set* qui signifierait *Weg,* chemin. Ici les choses s'aggravent puisque c'est le sens même du mot *sens* qui paraît intraduisible, lié à un idiome; et c'est donc cette valeur de sens qui, commandant pourtant le concept traditionnel de la traduction, se voit tout à coup enraciné dans une seule langue, famille ou *Geschlecht* de langues, hors desquels il perd son sens originaire.

Si la « situation » *(Erörterung)* du *Gedicht* se trouve ainsi dépendre dans ses moments décisifs du recours à l'idiome du *Geschlecht* et au *Geschlecht* de l'idiome, comment penser le rapport entre l'imprononcé du *Gedicht* et son appartenance, l'appropriation de son silence même à une langue et à un *Geschlecht?* Cette question ne concerne pas seulement le *Geschlecht* allemand et la langue allemande, mais aussi

---

1. Voir *De l'esprit, Heidegger et la question,* Galilée, 1987.

450

ceux qui semblent reconnus à l'Occident, à l'homme occidental, puisque toute cette « situation » est pré-occupée par le souci du lieu, du chemin et de la destination de l'Occident. Ceci me conduit au cinquième foyer. Je multiplie les foyers pour « dépayser » un peu une atmosphère peut-être un peu trop « paysante », je ne dis pas paysanne, fût-ce pour Trakl...

5. Ce qui arrive au *Geschlecht* comme sa décomposition *(Verwesung),* sa corruption, c'est un *deuxième coup* qui vient frapper la différence sexuelle et la transformer en dissension, en guerre, en opposition sauvage. La différence sexuelle originaire est tendre, douce, paisible. Quand elle est frappée de « malédiction » *(Fluch,* mot de Trakl repris et interprété par Heidegger), la dualité ou la duplicité du deux devient opposition déchaînée, voire bestiale. Ce schéma, que je réduis ici à sa plus sommaire expression, Heidegger prétend, malgré toutes les apparences et tous les signes dont il est bien conscient, qu'il n'est ni platonicien ni chrétien. Il ne relèverait ni de la théologie métaphysique ni de la théologie ecclésiale. Mais l'originarité (pré-platonicienne, pré-métaphysique ou pré-chrétienne) à laquelle nous rappelle Heidegger et dans laquelle il situe le lieu propre de Trakl, n'*a aucun autre contenu et même aucun autre langage* que celui du platonisme et du christianisme. Elle est simplement ce à partir de quoi quelque chose comme la métaphysique et le christianisme sont possibles et pensables. Mais ce qui en constitue l'origine archi-matinale et l'horizon ultra-occidental n'est pas autre chose que ce creux d'une répétition, au sens le plus fort et le plus insolite de ce terme. Et la forme ou la « logique » de cette répétition n'est pas seulement lisible dans ce texte sur Trakl mais dans tout ce qui, depuis *Sein und Zeit,* analyse les structures du *Dasein,* la chute *(Verfall),* l'appel *(Ruf),* le souci *(Sorge)* et règle ce rapport du « plus originaire » à ce qui le serait moins, notamment le christianisme. Dans ce texte, l'argumentation (notamment pour démontrer que Trakl n'est pas un poète chrétien) prend des formes particulièrement laborieuses et parfois très simplistes – que je ne peux reconstituer dans ce schéma. De même que Heidegger requiert un lieu unique et rassemblant pour le *Gedicht* de Trakl, il doit présupposer qu'il y a un seul lieu, unique et univoque pour LA métaphysique et LE christianisme. Mais ce rassemblement a-t-il lieu? A-t-il un lieu, une unité de lieu? C'est la question que je laisserai ainsi suspendue, juste avant la chute. En français on appelle parfois chute la fin d'un texte. On dit aussi, au lieu de chute, l'envoi.

Admiration de Nelson Mandela
ou Les lois de la réflexion

1

Admirable Mandela.

Point, sans exclamation. Je ne ponctue pas ainsi pour modérer un enthousiasme ou pour faire retomber un élan. Au lieu de parler seulement en l'honneur de Nelson Mandela, je dirai quelque chose de son honneur sans céder, si possible, à l'élévation, sans proclamer ni acclamer.

L'hommage sera peut-être plus juste, et le ton, s'il paraît livrer à la froideur d'une analyse cette impatience de la question sans laquelle il ne serait pas donné d'admirer. L'admiration raisonne, quoi qu'on dise, elle s'explique avec la raison, elle s'étonne et interroge : comment peut-on être Mandela ? Pourquoi paraît-il exemplaire – et admirable en ce qu'il pense et dit, en ce qu'il fait ou en ce qu'il souffre ? Admirable lui-même, autant que ce qu'il porte en son *témoignage,* un autre mot pour martyre, à savoir l'expérience de son peuple ?

« Mon peuple et moi », dit-il toujours, sans parler comme un roi.

Pourquoi *force*-t-il aussi l'admiration ? Ce mot suppose quelque

* Essai d'abord publié dans *Pour Nelson Mandela.* (« Quinze écrivains saluent Nelson Mandela et le combat dont sa vie porte témoignage »), Gallimard 1986. Je remercie Antoine Gallimard de m'avoir autorisé à reproduire ce texte.

résistance, car ses ennemis l'admirent sans l'avouer. A la différence de ceux qui l'aiment, dans son peuple et avec celle, l'inséparable Winnie, dont ils l'ont toujours en vain tenu séparé, ils en ont peur. Si ses persécuteurs les plus haineux l'admirent secrètement, c'est bien la preuve qu'il force, comme on dit, l'admiration.

Or voici la question : d'où vient cette force? Où va-t-elle? Elle s'emploie ou s'applique, mais à quoi? Ou plutôt : que fait-elle *plier?* Quelle forme reconnaître à ce pli? Quelle ligne?

On y percevra d'abord, disons-le sans autre prémisse, la *ligne d'une réflexion*. C'est en premier lieu une force de réflexion. Première évidence, l'expérience ou la passion politique de Mandela ne se sépare jamais d'une réflexion théorique : sur l'histoire, la culture, le droit surtout. Une analyse incessante éclaire la rationalité de ses actes, ses manifestations, ses discours, sa stratégie. Avant même d'avoir été contraint au repli par la prison – mais pendant un quart de siècle d'enfermement, il n'a cessé d'agir et d'orienter la lutte –, Mandela a toujours été un homme de réflexion. Comme tous les grands politiques.

Mais par « force de réflexion », autre chose encore se laisse entendre, qui fait signe vers la littéralité du miroir et la scène de la spéculation. Non pas tant vers les lois physiques de la réflexion que vers des paradoxes spéculaires dans l'expérience de la loi. Il n'y a pas de loi sans miroir. Et dans cette structure précisément renversante, nous n'éviterons jamais le moment de l'admiration.

L'admiration, comme son nom l'indique, dira-t-on, etc. Non, quoi qu'il en soit de son nom ou de ce que toujours elle donne à *voir,* l'admiration n'appartient pas seulement au regard. Elle traduit l'émotion, l'étonnement, la surprise, l'interrogation devant ce qui passe la mesure : devant l'« extraordinaire », dit Descartes, et il la tient pour une passion, la première des six passions primitives, avant l'amour, la haine, le désir, la joie et la tristesse. Elle donne à connaître. Hors d'elle, il n'est qu'ignorance, ajoute-t-il, et elle tient « beaucoup de force » de la « surprise » ou de « l'arrivement subit ». Le regard admiratif s'étonne, il interroge son intuition, il s'ouvre à la lumière d'une question mais d'une question reçue non moins que posée. Cette expérience se laisse traverser par le rayon d'une question, ce qui ne l'empêche pas de le réfléchir. Le rayon provient de cela même qui force l'admiration, il la partage alors dans un mouvement spéculaire qui paraît étrangement fascinant.

Mandela devient admirable pour avoir su admirer. Et ce qu'il a su, il l'a su dans l'admiration. Il fascine aussi, nous le verrons, pour avoir été fasciné.

454

Cela, d'une certaine façon que nous devrons entendre, *il le dit*. Il dit ce qu'il fait et ce qui lui est arrivé. Telle lumière, la traversée réfléchie, l'expérience comme aller-retour d'une question, ce serait donc aussi l'éclat d'une voix.

La voix de Nelson Mandela – qu'est-ce qu'elle nous rappelle, nous demande, nous enjoint? Qu'aurait-elle à voir avec le regard, la réflexion, l'admiration, je veux dire l'énergie de cette voix mais aussi de ce qui chante en son nom (entendez la clameur de son peuple quand il manifeste en son nom : Man-de-la!).

Admiration de Nelson Mandela, comme on dirait la passion de Nelson Mandela. Admiration de Mandela, double génitif : celle qu'il inspire et celle qu'il ressent. Elles ont le même foyer, elles s'y réfléchissent. J'ai déjà dit mon hypothèse : il devient admirable pour avoir, de toute sa force, admiré, et pour avoir fait de son admiration une force, une puissance de combat, intraitable et irréductible. La loi même, la loi au-dessus des lois.

Car enfin qu'a-t-il admiré? En un mot : la Loi.

Et ce qui l'inscrit dans le discours, l'histoire, l'institution, à savoir le Droit.

Une première citation – c'est un avocat qui parle, au cours d'un procès, son procès, celui qu'il instruit aussi, celui qu'il fait à ses accusateurs, au nom du droit :

> La tâche fondamentale, en ce moment, doit être l'élimination de toute discrimination raciale et l'établissement des droits démocratiques sur la base de la Charte de la liberté [...] De mes lectures d'ouvrages marxistes et de mes conversations avec des marxistes, j'ai tiré l'impression que les communistes considèrent le système parlementaire occidental comme non démocratique et réactionnaire. Moi, au contraire, *je l'admire*. La *Magna Carta,* la Déclaration des droits et la Déclaration universelle sont des textes vénérés par les démocrates dans le monde; *j'admire* l'indépendance et l'impartialité de la magistrature anglaise. Le Congrès, la doctrine de séparation des pouvoirs, l'indépendance de la justice américaine suscitent en moi les mêmes sentiments [1].

Il admire la loi, il le dit bien, mais cette loi qui commande aux Constitutions et aux Déclarations, est-ce essentiellement une

---

1. Plaidoirie, Procès de Rivonia, octobre 1963-mai 1964, *in* Nelson Mandela, *L'Apartheid,* Minuit, 1965-1985, p. 96. Toutes mes citations renverront à cet ouvrage et les mots soulignés le seront toujours par moi.

chose de l'Occident? Son universalité formelle garde-t-elle un lieu irréductible avec une histoire européenne, voire anglo-américaine? S'il en était ainsi, il faudrait encore, bien entendu, méditer cette étrange possibilité : son caractère formel serait aussi essentiel à l'universalité de la loi que l'événement de sa présentation dans un moment et en un lieu déterminés de l'histoire. Comment penser alors une telle histoire? Partout où il a lieu et tel du moins que Mandela le conduit et le réfléchit, le combat contre l'*apartheid* resterait-il une sorte d'opposition spéculaire, une guerre intestine que l'Occident entretiendrait en lui-même, en son propre nom? Une contradiction interne qui ne souffrirait ni altérité radicale ni véritable dissymétrie?

Sous cette forme, une telle hypothèse comporte encore trop de présuppositions indistinctes. Nous tenterons de les reconnaître plus loin. Retenons pour l'instant une évidence plus limitée mais plus sûre : ce que Mandela admire et dit admirer, c'est la tradition inaugurée par le Magna Carta, la Déclaration des droits de l'homme sous ses diverses formes (il en appelle fréquemment à la « dignité de l'homme », à l'homme « digne de ce nom »); c'est aussi la démocratie parlementaire et, plus précisément encore, la doctrine de la séparation des pouvoirs, l'indépendance de la justice.

Mais s'il admire cette tradition, en est-il pour autant l'héritier, le simple héritier? Oui et non, selon ce qu'on entend ici par héritage. On peut reconnaître un héritier authentique en celui qui conserve et reproduit, mais aussi en celui qui respecte la *logique* du legs jusqu'à la retourner à l'occasion contre ceux qui s'en prétendent les dépositaires, jusqu'à donner à voir, contre les usurpateurs, cela même qui, dans l'héritage, n'a jamais encore été vu : jusqu'à donner le jour, par *l'acte* inouï d'une réflexion, à ce qui n'avait jamais vu le jour.

2

Cette inflexible logique de la réflexion fut aussi la pratique de Mandela. En voici au moins deux signes.

1. *Premier signe.* Le Congrès National Africain, dont il fut un des leaders après y avoir adhéré en 1944, prenait la succession du South African National Congress. Or la structure de ce dernier reflétait déjà celle du Congrès américain et de la Chambre des Lords. Elle comportait en particulier une Chambre Haute. Le paradigme était donc déjà cette démocratie parlementaire admirée par Mandela. La

Charte de la liberté, qu'il promulgue en 1955, énonce aussi des principes démocratiques inspirés par la Déclaration universelle des droits de l'homme. Et pourtant, avec une rigueur exemplaire, Mandela n'en refuse pas moins l'alliance pure et simple avec les blancs libéraux qui préconisaient de maintenir la lutte dans le cadre constitutionnel, tel du moins qu'il était alors fixé. Mandela rappelle en effet la vérité : l'établissement de cette loi constitutionnelle n'avait pas seulement, en fait et comme toujours, pris la forme d'un singulier coup de force, cet acte violent qui *à la fois* produit *et* présuppose l'unité d'une nation. Dans ce cas, le coup de force *est resté* un coup de force, donc un mauvais coup, l'échec d'une loi qui n'arrive pas à se fonder. Elle n'eut en effet, pour auteurs et bénéficiaires, que des volontés particulières, une partie de la population, une somme limitée d'intérêts privés, ceux de la minorité blanche. Celle-ci devient le sujet privilégié, le seul sujet en vérité de cette constitution anti-constitutionnelle. Sans doute, dira-t-on peut-être, un tel coup de force marque-t-il toujours l'avènement d'une nation, d'un État ou d'un État-nation. L'acte proprement *performatif* d'une telle institution doit en effet produire (proclamer) ce qu'il prétend, déclare, assure décrire selon un acte *constatif*. Le simulacre ou la fiction consistent alors à mettre au jour, *en lui donnant le jour,* ce qu'on dit réfléchir pour en prendre acte, comme s'il s'agissait d'enregistrer ce qui *aura été là,* l'unité d'une nation, le fondement d'un État, alors qu'on est en train d'en produire l'événement. Mais la légitimité, voire la légalité, ne s'installe durablement, elle ne recouvre la violence originaire et ne se laisse oublier que dans certaines conditions. Tous les performatifs, dirait un théoricien des *speech acts,* ne sont pas « heureux ». Cela dépend d'un grand nombre de conditions et de conventions qui forment le contexte de tels événements. Dans le cas de l'Afrique du Sud, des « conventions » n'ont pas été respectées, la violence a été trop grande, *visiblement trop grande* à un moment où cette visibilité s'étalait sur une scène internationale nouvelle, etc. La communauté blanche était *trop* minoritaire, la disproportion des richesses *trop* flagrante. Dès lors cette violence reste à la fois excessive et impuissante, à terme insuffisante, perdue dans sa propre contradiction. Elle ne peut pas se faire oublier, comme dans le cas d'États fondés sur un génocide ou une quasi-extermination. Ici, la violence de l'origine doit se répéter indéfiniment et mimer son droit dans un appareil législatif dont la monstruosité échoue à donner le change : une prolifération pathologique de prothèses juridiques (lois, actes, amendements) destinées à légaliser dans leur moindre détail les effets les plus quotidiens du racisme fondamental, du racisme d'État, le seul et le dernier au monde.

La constitution d'un tel État ne peut donc, avec une vraisemblance suffisante, se référer à une volonté populaire. Comme le rappelle la Charte de la liberté : « L'Afrique du Sud appartient à tous ses habitants, noirs et blancs. Aucun gouvernement ne peut se prévaloir d'une autorité qui n'est pas fondée sur la volonté du peuple tout entier. » Se référant à la volonté générale, qui d'ailleurs ne se réduit pas à la somme des volontés du « peuple tout entier », Mandela nous rappellera souvent Rousseau même s'il ne le cite jamais. Et il conteste ainsi l'autorité, la légalité, la constitutionnalité de la Constitution. Il refuse donc la proposition – et l'alliance – des Blancs libéraux qui luttent pourtant contre l'*apartheid* tout en prétendant respecter le cadre légal :

> Le credo des libéraux consiste dans « l'emploi de moyens démocratiques et constitutionnels, rejetant les diverses formes du totalitarisme : fascisme et communisme ». N'est fondé à parler de moyens démocratiques et constitutionnels qu'un peuple jouissant déjà des droits démocratiques et constitutionnels. Cela n'a aucun sens pour ceux qui n'en bénéficient pas. (P. 19.)

Qu'est-ce que Mandela oppose au coup de force de la minorité blanche qui a institué une loi prétendument démocratique au profit d'une seule entité ethno-nationale? Le « peuple tout entier », c'est-à-dire une autre entité ethno-nationale, un autre ensemble populaire formé de tous les groupes, y compris la minorité blanche, qui habitent le territoire nommé Afrique du Sud. Cette autre entité n'aurait pu ou ne pourra dans l'avenir s'instituer en sujet de l'État ou de la Constitution de l'« Afrique du Sud » que par un acte performatif. Et celui-ci ne se référera en apparence à aucune loi fondamentale préalable, seulement à la « convention » d'un découpage géographique et démographique opéré, dans une large mesure, par la colonisation blanche. Ce fait reste ineffaçable. Sans doute la volonté du « peuple tout entier », en tout cas la volonté générale devrait réduire en elle toute détermination empirique. Tel est du moins son idéal régulateur. Il ne paraît pas plus accessible ici qu'ailleurs. La définition du « peuple tout entier » enregistre – et semble donc réfléchir – l'événement de ce coup de force qu'a été l'occupation blanche, puis la fondation de la République sud-africaine. Sans cet événement, comment reconnaître le moindre rapport entre une volonté générale et ce que la Charte de la liberté appelle la « volonté du peuple tout entier »? Celui-ci se trouve paradoxalement rassemblé par la violence qui lui est faite et qui tend à le désintégrer ou à le déstructurer à jamais, jusque dans son identité la plus virtuelle. Ce phénomène marque la fondation de presque tous les États après une décolonisation. Mandela le sait : si démocratique soit-elle, et même si elle paraît se conformer au principe de l'égalité de tous devant la loi, l'instauration absolue d'un État ne peut pas supposer l'existence préalablement *légitimée* d'une entité nationale. Il en va de même pour une première Constitution. L'unité totale du peuple ne s'identifie pour la première fois que par un contrat – formel ou non, écrit ou non –, qui institue quelque loi fondamentale. Or ce contrat n'est jamais signé, en fait, que par les représentants supposés du peuple supposé « entier ». Cette loi fondamentale ne peut précéder simplement, ni en droit ni en fait, ce qui à la fois l'institue et pourtant la suppose : la projette et la réfléchit! Elle ne peut précéder cet extraordinaire performatif par lequel une signature s'autorise elle-même à signer, en un mot se légalise de son propre chef sans le garant d'une loi préalable. Cette violence et cette fiction autographiques, on les trouve à l'œuvre aussi bien dans ce qu'on appelle l'autobiographie individuelle qu'à l'origine « historique » des États. Dans le cas de l'Afrique du Sud, la fiction tient à ceci – et c'est fiction contre fiction : l'unité du « peuple tout entier » ne pouvait pas correspondre au découpage opéré par la minorité blanche. Elle devrait maintenant constituer un ensemble (minorité blanche + tous les habitants de l'« Afrique du Sud ») dont la configuration n'a pu se constituer, en tout cas s'identifier, qu'à partir d'une violence minoritaire. Qu'elle puisse dès lors s'opposer à elle, voilà qui ne change rien à cette implacable contradiction. Le « peuple tout entier », unité de « tous les groupes nationaux », ne se donnera existence et force de loi que par l'acte auquel précisément en appelle la Charte de la liberté. Celle-ci parle au présent, un présent qu'on suppose fondé sur la *description* d'une donnée passée qui devrait être reconnue dans l'avenir, et elle parle aussi au futur, un futur qui a valeur de *prescription* :

> L'Afrique du Sud appartient à tous ses habitants, noirs et blancs. Aucun gouvernement ne peut se prévaloir d'une autorité qui n'est pas fondée sur la volonté du peuple tout entier.
> – Le peuple gouvernera.
> – Tous les groupes nationaux jouiront de droits égaux. [...]
> – Tous seront égaux devant la loi. (P. 19-20.)

La Charte n'annule pas l'acte fondateur de la loi, cet acte nécessairement a-légal en soi qui institue en somme l'Afrique du

Sud et ne peut devenir légal qu'après coup, notamment s'il est ratifié par le droit de la communauté internationale. Non, la Charte le refond, elle projette en tous cas de le refonder en *réfléchissant* contre la minorité blanche les principes dont elle prétendait s'inspirer alors qu'*en fait* elle ne cessait de les trahir. Démocratie, oui, Afrique du Sud, oui, mais cette fois, dit la Charte, le « peuple tout entier » devra comprendre tous les groupes nationaux, telle est la logique même de la loi dont la minorité blanche affectait de se réclamer. Sur le territoire ainsi délimité, tous les êtres humains, tous les hommes « dignes de ce nom » deviendront alors effectivement les sujets de la loi.

2. *Deuxième signe.* L'« admiration » déclarée pour le modèle de la démocratie parlementaire de type anglo-américain et pour la séparation des pouvoirs, la fidélité de la Charte à tous les principes d'une telle démocratie, la logique d'une radicalisation qui oppose ces principes mêmes aux tenants occidentaux de l'*apartheid,* tout cela pourrait ressembler au coup de force d'un simple renversement spéculaire : le combat de la communauté « noire » (des communautés non « blanches ») serait mené au nom d'une loi et d'un modèle importés – et trahis en premier lieu par leurs premiers importateurs. Terrifiante dissymétrie. Mais elle paraît se réduire ou plutôt se réfléchir elle-même au point de se soustraire à toute représentation objective : ni symétrie ni dissymétrie. Et cela parce qu'il n'y aurait pas d'importation, pas d'origine simplement assignable pour l'histoire de la loi, seulement un dispositif réfléchissant, avec des projections d'images, des inversions de trajet, des mises en abîme, des effets d'histoire pour une loi dont la structure et l'« histoire » consistent à emporter l'origine. Un tel dispositif – et par ce mot je veux seulement dire que cet X n'est pas naturel, ce qui ne le définit pas nécessairement comme un artefact sorti des mains de l'homme – n'est pas représentable dans l'espace objectif. Au moins pour *deux raisons* que je rapporterai ici au cas qui nous occupe.

A. La première raison tient donc à la structure de la loi, du principe ou du modèle considérés. Quel que soit le lieu historique de sa formation ou de sa formulation, de sa révélation ou de sa présentation, une telle structure tend à l'universalité. C'est là, si on peut dire, son contenu intentionnel : son sens exige qu'elle déborde immédiatement les limites historiques, nationales, géographiques, linguistiques, culturelles de son origine phénoménale. Tout devrait commencer par le déracinement. Les limites apparaîtraient ensuite comme des contingences empiriques. Elles pourraient même dissimuler ce qu'elles semblent laisser paraître. On pourrait ainsi penser que la « minorité blanche » d'Afrique du Sud occulte l'essence des principes dont elle prétend se réclamer, elle les privatise, les particularise, se les approprie et donc les arraisonne contre leur raison d'être, contre la raison même. Et revanche, dans le combat contre l'*apartheid,* la « réflexion » dont nous parlons ici donnerait à voir ce qui n'était même plus visible dans la phénoménalité politique dominée par les Blancs. Elle obligerait à voir ce qui ne se voyait plus ou ne se voyait pas encore. Elle tente d'ouvrir les yeux des Blancs, elle ne reproduit pas le visible, elle le produit. Cette réflexion donne à voir une loi qu'en vérité elle fait plus que réfléchir puisque cette loi, dans son phénomène, était invisible : devenue invisible ou encore invisible. Et portant l'invisible au visible, cette réflexion ne procède pas du visible, elle passe par l'entendement. Plus précisément, elle donne à entendre ce qui passe l'entendement et ne s'accorde qu'à la raison. C'était une première raison, la raison même.

B. La seconde raison paraît plus problématique. Elle concerne précisément cette apparition phénoménale, la constitution historique de la loi, des principes et du modèle démocratiques. Là encore, l'expérience de l'admiration déclarée, cette fois d'une admiration qui se dit aussi *fascinée,* suit le pli d'une réflexion. Toujours une réflexion de la loi : Mandela perçoit, il *voit,* d'autres diraient qu'il *projette et réfléchit sans la voir,* la présence même de cette loi à l'intérieur de la société africaine. Avant même « l'arrivée de l'homme blanc ».

Dans ce qu'il énonce lui-même à ce sujet, je soulignerai trois motifs :

a) celui de la *fascination :* attention fixée du regard tombé en arrêt, comme médusé par quelque chose qui, sans être simplement un objet visible, vous regarde, vous concerne déjà, vous comprend et vous somme de continuer à observer, de répondre, de vous rendre responsable du regard qui vous regarde et vous appelle au-delà du visible : ni perception, ni hallucination ;

b) celui du *germe :* il fournit un schème indispensable à l'interprétation. C'est au titre de la virtualité que le modèle démocratique aurait été présent dans la société des ancêtres, même s'il n'a été révélé, *développé* comme tel, à la réflexion, qu'après coup, après l'irruption violente de l'« homme blanc », porteur du même modèle ;

c) celui de la *patrie* sud-africaine, lieu de naissance de tous les groupes nationaux appelés à vivre sous la loi de la nouvelle République sud-africaine. Cette patrie ne se confond ni avec l'État ni avec la Nation :

Il y a bien des années, jeune villageois du Transkei, j'écoutais les anciens de la tribu raconter leurs histoires du bon vieux temps, *avant l'arrivée de l'homme blanc.* Notre peuple vivait alors en paix sous le règne *démocratique* des rois et des *amapakati,* et se déplaçait librement et sans crainte à travers le pays, sans aucune restriction. La terre, alors, nous appartenait [...] Je me jurai alors que, parmi tous les trésors à attendre de la vie, je choisirai de servir mon peuple et d'apporter mon humble contribution à sa lutte pour la liberté.

La structure et l'organisation des premières sociétés africaines de ce pays me *fascinaient* et elles eurent une grande influence sur l'évolution de mes conceptions politiques. La terre, principale ressource, à l'époque, appartenait à la tribu tout entière, et la propriété privée n'existait pas. Il n'y avait pas de classes, pas de riches ni de pauvres, pas d'exploitation de l'homme par l'homme. Tous les hommes étaient libres et égaux, tel était le principe directeur du gouvernement, principe qui se traduisait également dans l'organisation du Conseil qui gérait les affaires de la tribu. [...]

Cette société comprenait encore bien des éléments primitifs ou peu élaborés et, à l'heure actuelle, elle ne serait plus viable, mais elle contenait les *germes de la démocratie révolutionnaire,* où il n'y aura plus ni esclavage ni servitude, et d'où la pauvreté, l'insécurité, le besoin, seront bannis. [...]

[...] le Congrès national africain était fermement convaincu que tous les hommes, quelle que soit leur nationalité et indépendamment de la couleur de leur peau, tous les hommes dont la *patrie* était l'Afrique du Sud et qui croyaient à l'égalité et aux principes démocratiques, devaient être traités comme des Africains ; il était persuadé que tous les Sud-Africains devaient pouvoir vivre librement, sur la base d'une pleine égalité de droits et de chances [...]. (P. 31-34.)

Ce que la fascination semble donner à voir, ce qui mobilise et immobilise l'attention de Mandela, ce n'est pas seulement la démocratie parlementaire, dont le principe se serait *par exemple mais non exemplairement* présenté en Occident. C'est le passage, *déjà virtuellement* accompli, si on peut dire, de la démocratie parlementaire à la démocratie révolutionnaire : société sans classe et sans propriété privée. Nous venons donc de reconnaître ce paradoxe supplémentaire : l'accomplissement *effectif,* le remplissement de la forme démocratique, la détermination *réelle* de la formalité, n'*aura eu lieu,* dans le passé de cette société non occidentale, que sous l'espèce de la virtualité, autrement dit des « germes ». Mandela se laisse *fasciner* par ce qu'il voit d'avance se réfléchir, ce qui ne se voit pas encore, ce qu'il pré-voit : la démocratie proprement révolutionnaire dont l'Occident anglo-américain n'aurait en somme, lui-même, livré qu'une image incomplète, formelle, *donc aussi potentielle.* Potentialité contre potentialité, puissance contre puissance. Car s'il « admire » le système parlementaire de l'Occident le plus occidental, il déclare aussi son « admiration », et c'est encore son mot, toujours le même, pour « la structure et l'organisation des anciennes sociétés africaines dans ce pays ». Il s'agit de « germe » et de préformation, selon la même logique ou la même rhétorique, une sorte de génoptique. Les figures de la société africaine préfigurent, elles donnent à voir d'avance ce qui reste encore invisible dans son phénomène historique, à savoir la « société sans classe » et la fin de l'« exploitation de l'homme par l'homme » :

> Aujourd'hui, je suis attiré par l'idée d'une société sans classe, attirance provenant pour partie de lectures marxistes et, pour partie, de mon *admiration* pour la structure et l'organisation des anciennes sociétés africaines dans ce pays. La terre, qui était alors le principal moyen de production, appartenait à la tribu, il n'y avait ni riche ni pauvre, et pas d'exploitation de l'homme par l'homme. (P. 95.)

3

A tous les sens de ce terme, Mandela reste donc un *homme de loi*. Il en a toujours appelé au droit même si, en apparence, il lui a fallu s'opposer à telle ou telle légalité déterminée, et même si certains juges ont fait de lui, à un moment donné, un hors-la-loi.

Homme de loi, il le fut d'abord *par vocation*. D'une part, il en appelle toujours à la loi. D'autre part, il s'est toujours senti attiré, appelé par la loi devant laquelle on a voulu le faire comparaître. Il a d'ailleurs accepté cette comparution, même s'il y fut aussi contraint. Il en saisit l'occasion, n'osons pas dire la chance. Pourquoi la chance? Qu'on relise sa « défense » qui est en vérité un réquisitoire. On y trouvera une autobiographie politique, la sienne et celle de son peuple, indissociablement. Le « moi » de cette autobiographie se fonde et se justifie, il raisonne et signe au nom de « nous ». Il dit toujours « mon peuple », nous l'avons déjà noté, surtout quand il pose la question du sujet responsable *devant la loi* :

> On m'accuse d'avoir provoqué le peuple à commettre un délit : celui de manifester contre la loi qui établissait la république dans l'Union sud-africaine, loi à l'adoption de laquelle nous n'avons point

participé, ni mon peuple ni moi. Mais, lorsque la Cour rendra son arrêt, elle devra se demander quel est le véritable responsable de l'infraction : est-ce moi? N'est-ce pas plutôt le gouvernement qui promulgua cette loi, sachant bien que mon peuple – la majorité des citoyens de ce pays – s'y opposerait, et que toute possibilité légale de manifester cette opposition lui était refusée par une législation antérieure, et l'application extensive qui en était faite? (P. 29.)

Il se présente ainsi, lui-même. Il se présente, lui-même en son peuple, *devant la loi*. Devant une loi qu'il récuse, sans doute, mais qu'il récuse au nom d'une loi supérieure, celle-là même qu'il déclare admirer et devant laquelle il accepte de *se présenter*. Dans une telle présentation de soi, il se justifie en rassemblant son histoire – qu'il réfléchit dans un seul foyer, un seul et double foyer, son histoire et celle de son peuple. Comparution : ils paraissent ensemble, il se rassemble en paraissant devant la loi qu'il convoque autant qu'elle le convoque. Mais il ne se présente pas *en vue* d'une justification qui suivrait. La présentation de soi n'est pas *au service* du droit, elle n'est pas un moyen. Le déploiement de cette histoire est une *justification,* elle n'est possible et n'a de sens que devant la loi. Il n'est ce qu'il est, lui, Nelson Mandela, lui et son peuple, il n'a de présence que dans ce mouvement de la justice.

Mémoires et confessions d'avocat. Celui-ci « avoue » en effet, tout en le justifiant, voire en le revendiquant, un manquement au regard de la légalité. Prenant à témoin l'humanité entière, il s'adresse à la justice universelle par-dessus la tête de ses juges d'un jour. D'où ce paradoxe : on peut percevoir une sorte de frémissement heureux à travers le récit de ce martyre. Et l'on croit parfois distinguer l'accent de Rousseau dans ces confessions, une voix qui ne cesse d'en appeler à la *voix de la conscience,* au sentiment immédiat et infaillible de la justice, à cette loi des lois qui parle en nous avant nous parce qu'elle est inscrite dans notre cœur. Dans la même tradition, c'est aussi le lieu d'un impératif catégorique, d'une morale incommensurable aux hypothèses et aux stratégies conditionnelles de l'intérêt, comme aux figures de telle ou telle loi civile :

> Je ne crois pas, Votre Honneur, que la Cour, en m'infligeant une peine pour le délit que j'ai commis, doive caresser l'espoir que cette menace empêche jamais les hommes résolus de faire ce qu'ils estiment être leur devoir. L'histoire montre que les sanctions ne découragent pas les hommes, quand leur *conscience* est en jeu [...]. (P. 49.)
> Quel que soit le verdict, la Cour peut être assurée qu'après avoir purgé ma peine je continuerai d'écouter *la voix de ma conscience.*

Je serai toujours bouleversé par la haine raciale et je reprendrai la lutte contre ces injustices jusqu'à ce qu'elles soient définitivement abolies. (P. 50.)

Nous agissions au mépris de la loi, nous le savions, mais nous n'en étions pas responsables : il nous fallait choisir entre obéir à la loi et obéir à notre *conscience*. (P. 35.)

[...] nous devions faire face à un nouveau *conflit entre la loi et notre conscience*. Devant le désintérêt manifeste du gouvernement pour nos critiques et nos suggestions, que devions-nous faire? Allions-nous obéir à la loi qui incrimine le délit de protestation, et trahir ainsi nos convictions? Allions-nous au contraire obéir à notre conscience? [...] devant un tel dilemme, les hommes justes, les hommes résolus, les hommes d'honneur, ne peuvent donner qu'une réponse : ils doivent *obéir à leur conscience* sans se préoccuper des conséquences fâcheuses qui peuvent en résulter pour eux. Les membres du comité, et moi-même en tant que secrétaire, nous avons *obéi à notre conscience*. (P. 39-40.)

Conscience et conscience de la loi, les deux ne font qu'un. Présentation de soi et présentation de son peuple, les deux ne font qu'une seule histoire en une seule réflexion. Dans les deux cas, nous l'avons dit, un seul et double foyer. Et c'est celui de l'admiration car cette conscience se présente, se rassemble, se recueille en se réfléchissant devant la loi. C'est-à-dire, ne l'oublions pas, devant l'admirable.

Cette expérience de l'admiration est aussi *doublement intérieure*. Elle réfléchit la réflexion et puise là toute la force qu'elle retourne contre ses juges occidentaux. Car elle procède, dramatiquement, d'une double intériorisation. Mandela intériorise d'abord, il assume au-dedans de lui une pensée idéale de la loi qui peut paraître venue d'Occident. Mais il intériorise aussi, du même coup, le *principe d'intériorité* dans la figure que l'Occident chrétien lui a donnée. On en retrouve tous les traits dans la philosophie, la politique, le droit et la morale qui dominent en Europe : la loi des lois réside dans la conscience la plus intime, on doit en dernière instance juger de l'intention et de la bonne volonté, etc. Avant tout discours juridique ou politique, avant les textes de la loi positive, la loi parle par la voix de la conscience ou s'inscrit au fond du cœur.

Homme de loi *par vocation,* donc, Mandela le fut aussi par profession. On sait qu'il fit d'abord des études de droit, sur le conseil de Walter Sisulu, alors secrétaire du Conseil National Africain. Il s'agissait en particulier de maîtriser le droit occidental, cette arme à retourner contre les oppresseurs. Ceux-ci méconnaissent finalement, malgré toutes leurs ruses juridiques, la véritable force d'une loi qu'ils manipulent, violent et trahissent.

Pour pouvoir s'inscrire dans le système, et d'abord à la faculté de droit, Mandela suit des cours *par correspondance*. Il veut obtenir en premier lieu un diplôme de lettres. Soulignons cet épisode. Faute d'avoir un accès immédiat aux échanges directs et de « vive voix », il faut commencer par la correspondance. Mandela s'en plaindra plus tard. Le contexte, sans doute, sera différent, mais il y va toujours d'une politique de la voix et de l'écriture, de la différence entre la « haute voix » et l'écrit, la « vive voix » et la « correspondance ».

> L'histoire des gouvernements blancs nous enseigne que les Africains, lorsqu'ils expriment *à haute voix* leurs exigences, rencontrent toujours l'oppression et la terreur. Ce n'est pas nous qui l'avons enseigné au peuple africain, c'est l'expérience. [...] Déjà [1921-1923] le peuple, mon peuple, les Africains recourent délibérément à des actes de violence contre le gouvernement de manière à tenter de lui faire entendre raison dans un langage qu'il connaît bien, le seul à vrai dire qu'il connaisse.
>
> Partout ailleurs dans le monde, le tribunal me répondrait : « Vous auriez dû *écrire* à vos gouvernants. » Ce tribunal, je le sais, n'aura pas la candeur de me répondre cela. Nous avons *écrit* à plusieurs reprises au gouvernement. Je ne tiens pas à reparler de ma propre expérience en ces matières. La Cour ne saurait s'attendre à ce que le pleuple africain continue d'user de la *correspondance* quand le gouvernement montre chaque jour un peu plus combien il méprise de tels procédés. Mais la Cour ne saurait s'attendre non plus, je crois, à ce que mon peuple se taise et reste coi. (P. 43-44.)

Pour ne pas entendre, le gouvernement blanc exige qu'on lui écrive. Mais il entend ainsi ne pas répondre, et d'abord ne pas lire. Mandela rappelle la lettre qu'Albert Luthuli, alors président du CNA, avait adressée au premier ministre Strijdom. C'était une longue étude de la situation, elle accompagnait une demande de consultation. Pas la moindre réponse.

> La conduite de ce gouvernement envers mon peuple et ses aspirations n'a pas toujours été ce qu'elle aurait dû être, ni ce qu'on aurait été en droit d'attendre de personnes aussi *civilisées;* la lettre du chef Luthuli est restée sans réponse. (P. 38.)

Le pouvoir blanc ne se croit pas tenu de répondre, il ne se tient pas pour responsable devant le peuple noir. Celui-ci ne peut même pas s'assurer, par quelque retour du courrier, par un échange de parole, de regard ou de signe, qu'une image de lui s'est formée de l'autre côté, qui puisse ensuite lui revenir de quelque façon. Car le pouvoir blanc ne se contente pas de ne pas répondre. Il fait pire : il n'accuse même pas réception. Après Luthuli, Mandela en fait lui-même l'expérience. Il vient d'écrire à Verwoerd pour l'informer d'une résolution votée par le comité d'action dont il est alors secrétaire. Il demande aussi la convocation d'une Convention nationale avant le délai déterminé par la résolution. Ni réponse ni accusé de réception :

> Dans un pays *civilisé,* on estimerait offensant qu'un gouverne- ment *n'accuse pas réception d'une lettre* de cette nature, ne prenne même pas en considération la requête déposée par un organisme groupant les personnalités et les dirigeants les plus importants de la communauté la plus nombreuse du pays : une fois de plus l'attitude du gouvernement a été au-dessous de ce que l'on pouvait attendre de *gens civilisés.* Et nous, le peuple africain, les membres du Conseil d'action national qui avions la *responsabilité* écrasante de sauvegarder les intérêts du peuple africain, nous devions faire face à un nouveau *conflit entre la loi et notre conscience.* (P. 39.)

Ne pas accuser réception, c'est trahir les lois de la civilité mais d'abord celles de la civilisation : comportement sauvage, retour à l'état de nature, phase pré-sociale, *avant la loi.* Pourquoi ce gou- vernement en revient-il à cette pratique non civilisée? Parce qu'il considère la majorité du peuple, la « communauté la plus nom- breuse » comme non civilisée, avant ou hors la loi. Ce faisant, à interrompre ainsi la correspondance de façon unilatérale, le Blanc ne respecte plus sa propre loi. Il s'aveugle à cette évidence : une lettre reçue signifie que l'autre en appelle au droit de la communauté. En méprisant sa propre loi, le Blanc rend la loi méprisable :

> Peut-être la Cour objectera-t-elle qu'usant de notre droit à protester, à nous faire entendre, nous devions demeurer dans les limites de la loi. Je répondrai que c'est le gouvernement, par l'usage qu'il en fait, qui la dévalorise, *la rend méprisable* et fait que personne n'a cure de la *respecter.* Mon expérience à cet égard est pleine d'enseignement. Le gouvernement a utilisé la loi pour me gêner dans ma vie personnelle, dans ma carrière et dans mon action politique, d'une manière propre à engendrer chez moi un profond *mépris de la loi.* (P. 45.)

Ce mépris de la loi (l'inverse symétrique du *respect* de la loi morale, dirait Kant : *Achtung/Verachtung),* ce n'est donc pas le sien, celui de Mandela. Il réfléchit en quelque sorte, en accusant, en répondant, en accusant réception, le mépris des Blancs pour leur propre loi. C'est toujours une réflexion. Ceux qui un jour l'ont mis hors la loi n'en avaient tout simplement pas le droit : ils s'étaient déjà mis eux-mêmes hors la loi. En décrivant sa propre condition de hors-la-loi, Mandela analyse et réfléchit l'être-hors-la-loi de la loi au nom de laquelle il aura été non pas jugé mais persécuté, préjugé, d'avance tenu pour criminel, comme si, dans ce procès sans fin, le procès avait *déjà* eu lieu, avant l'instruction, alors qu'on l'ajourne sans fin :

> La loi me voulait coupable, non pas à cause de ce que j'avais fait, mais à cause des idées que je défendais. Dans ces conditions, qui s'étonnerait qu'un homme devienne vite un hors-la-loi? Comment s'étonner qu'un homme qu'on a rejeté de la société choisisse de mener la vie d'un hors-la-loi, ainsi que je l'ai fait pendant quelques mois, selon les témoignages apportés devant la Cour? [...] mais il arrive – ce fut le cas pour moi – que l'on refuse à un homme le droit de vivre une vie normale, qu'il soit obligé d'adopter une existence de hors-la-loi, pour la seule raison que le gouvernement a décrété au nom de la loi qu'il fallait le mettre hors la loi. (P. 46-47.)

Mandela accuse donc les gouvernements blancs de ne jamais *répondre* tout en demandant aux Noirs de se taire et d'« user de la correspondance » : résignez-vous à la correspondance et à correspondre tout seuls!

Sinistre ironie d'un contrepoint : après sa condamnation, Mandela est isolé vingt-trois heures par jour dans la maison centrale de Pretoria. On l'emploie à coudre des sacs postaux.

4

Homme de loi par vocation, Mandela soumet à la même réflexion les lois de son métier, la déontologie professionnelle, son essence et ses contradictions. Cet avoué, tenu par le « code de déontologie d'observer les lois de ce pays et de respecter ses traditions », comment a-t-il pu conduire une campagne et inciter à la grève contre la politique de ce même pays? Cette question, il la pose lui-même devant ses juges. Pour y répondre, il ne faudra pas moins que l'histoire de sa vie. La décision de se conformer ou non à un code de déontologie ne relève pas de la déontologie en *tant que telle*.

La question « que faire de la déontologie professionnelle? doit-on ou non la respecter? » n'est pas d'ordre professionnel. On y répond par une décision qui engage toute l'existence dans ses dimensions morale, politique, historique. Il faut donc, d'une certaine manière, raconter sa vie pour expliquer ou plutôt pour justifier la transgression d'une règle professionnelle :

> Pour que la Cour comprenne l'état d'esprit qui m'a mené là, il faut que je rappelle mes antécédents politiques et que j'essaye d'éclairer les divers facteurs qui m'ont poussé à l'action. Il y a bien des années, jeune villageois du Transkei... (P. 31.)

Mandela traite-t-il les obligations professionnelles à la légère? Non, il tente de penser sa profession, qui n'est pas une profession parmi d'autres. Il réfléchit la déontologie de la déontologie, le sens profond et l'esprit des lois déontologiques. Et encore une fois par respect admiratif, il décide de trancher au nom d'une déontologie de la déontologie qui est aussi bien une déontologie au-delà de la déontologie, une loi par-delà la légalité. Mais le paradoxe de cette réflexion (déontologie *de* la déontologie) qui porte *au-delà* de ce qu'elle réfléchit, c'est que la responsabilité reprend encore son sens *à l'intérieur* du dispositif professionnel. Elle s'y réinscrit car Mandela décide, en apparence contre le code, d'exercer son métier là où l'on voulait l'en empêcher. En « avoué digne de ce nom », il se conduit *contre le code dans le code,* en réfléchissant le code, mais en y donnant à voir ce que le code en vigueur rendait illisible. Sa réflexion, une fois de plus, exhibe ce que la phénoménalité dissimulait encore. Elle ne re-produit pas, elle produit le visible. Cette production de lumière est la justice – morale ou politique. Car la dissimulation phénoménale ne doit pas être confondue avec quelque processus naturel; elle n'a rien de neutre, d'innocent ou de fatal. Elle traduit ici la violence politique des Blancs, elle tient à leur interprétation des lois, à cette prolifération de dispositifs juridiques dont la lettre est destinée à contredire l'esprit de la loi. Par exemple, à cause de la couleur de sa peau et de son appartenance au CNA, Mandela ne peut occuper de locaux professionnels en ville. Il lui faut pour cela, à la différence de tout avoué blanc, une autorisation spéciale du gouvernement, conformément à l'*Urban Areas Act*. Autorisation refusée. Puis une dérogation qui n'est pas renouvelée. Mandela doit alors exercer dans une réserve indigène, difficilement accessible à ceux qui ont besoin de ses conseils en ville :

Autant nous demander de cesser notre métier, de cesser de rendre service à nos compatriotes, et de perdre, en somme, le bénéfice de toutes nos années d'études. Aucun avoué *digne de ce nom* n'y aurait consenti de gaieté de cœur. En conséquence, nous continuâmes pendant plusieurs années d'occuper illégalement des bureaux en ville. Durant tout ce temps, menaces de poursuite et d'expulsion restèrent suspendues sur nos têtes. Nous agissions *au mépris de la loi,* nous le savions, mais nous n'en étions pas responsables : il nous fallait choisir entre obéir à la loi ou obéir à notre conscience. [...] Je considérais alors, que ce n'était pas seulement mon peuple, mais aussi ma profession de juriste, et la *justice envers toute l'humanité,* qui m'imposaient pour devoir de protester contre cette discrimination fondamentalement injuste et qui entre en contradiction avec la conception traditionnelle de la justice enseignée dans nos universités. (P. 35-36.)

Homme de loi par vocation : on simplifierait beaucoup les choses à dire qu'il place le respect de la loi et un certain impératif catégorique au-dessus de la déontologie professionnelle. La « profession de juriste » n'est pas un métier comme un autre. Elle fait profession, pourrait-on dire, de ce à quoi nous sommes tous tenus, en dehors même de la profession. Un juriste est un expert du respect ou de l'admiration, il se juge ou se livre au jugement avec un surcroît de rigueur. Il devrait en tout cas le faire. Mandela doit donc trouver, *à l'intérieur* de la déontologie professionnelle, la meilleure raison de manquer à un code de la législation qui trahissait déjà les principes de toute *bonne* déontologie professionnelle. Comme si, par réflexion, il devait aussi réparer, suppléer, reconstruire, ajouter un surcroît de déontologie là où les Blancs se montraient finalement défaillants.

Par deux fois, donc, il avoue un certain « mépris de la loi » (c'est toujours son expression) pour tendre à ses adversaires le miroir dans lequel ils devront reconnaître et voir se réfléchir leur propre mépris de la loi. Mais avec cette *inversion supplémentaire :* du côté de Mandela, le mépris apparent signifie un surcroît de respect pour la loi.

Et pourtant, il n'accuse pas ses juges, pas immédiatement, du moins au moment où il comparaît devant eux. Sans doute les aura-t-il d'abord récusés : d'une part la Cour ne comptait aucun Noir dans sa composition et n'offrait donc pas les garanties d'impartialité nécessaires (« Le Gouvernement sud-africain affirme que la Déclaration universelle des droits s'applique dans ce pays mais, en vérité, l'égalité devant la loi n'existe nullement en ce qui concerne notre peuple »); d'autre part, il se trouve que le président restait, entre les séances, en contact avec la police politique. Mais une fois devant ses juges, ces récusations n'ayant naturellement pas été retenues, Mandela ne fait plus le procès du tribunal. D'abord il continue de garder au fond de lui cette admiration respectueuse pour ceux qui exercent une fonction à ses yeux exemplaire et pour la dignité d'un tribunal. Puis le respect des règles lui permet de confirmer la légitimité idéale d'une instance devant laquelle il a aussi besoin de *comparaître*. Il veut saisir l'occasion, je n'ose dire encore une fois la chance, de ce procès pour *parler,* pour donner à sa parole un espace de résonance *publique* et virtuellement universelle. Il faut bien que ces juges représentent une instance universelle. Il pourra ainsi s'adresser à eux tout en parlant par-dessus leurs têtes. Ce double dispositif lui permettra de rassembler le sens de son histoire, la sienne et celle de son peuple, pour l'articuler dans un récit cohérent. L'image de ce qui noue son histoire à celle de son peuple doit se former dans ce double foyer qui à la fois l'accueille, la recueille en la rassemblant, et la garde, oui, surtout la garde : les juges ici présents qui écoutent Mandela, et derrière eux, les dépassant de très haut et de très loin, le tribunal universel. Et dans un instant nous retrouverons l'homme et le philosophe de ce tribunal. Pour une fois, donc, il y aura eu le discours à voix haute *et* la correspondance, le texte écrit de sa plaidoirie, qui est aussi un réquisitoire : il nous est parvenu, le voici, nous le lisons en ce moment même.

5

Ce texte à la fois unique et exemplaire, est-ce un *testament ?* Qu'est-il devenu, déjà, depuis plus de vingt ans? Qu'est-ce que l'histoire a fait, qu'est-ce qu'elle fera de lui? Que deviendra l'exemple? Et Nelson Mandela lui-même? Ses geôliers osent parler de l'échanger, de négocier sa liberté! De faire un marché de sa liberté et de celle de Sakharov!

Il y a deux manières, au moins, de recevoir un testament − et deux acceptions du mot, deux accusés de réception en somme. On peut l'infléchir vers ce qui *témoigne* seulement d'un passé et se sait condamné à réfléchir ce qui ne reviendra pas : une sorte d'Occident en général, la fin d'une course qui est aussi le trajet depuis une source lumineuse, la clôture d'une époque, par exemple l'Europe chrétienne (Mandela en parle la langue, c'est aussi un chrétien anglais). Mais, autre inflexion, si le testament se fait toujours devant témoins, témoin devant témoins, c'est aussi pour ouvrir et enjoindre, c'est confier à d'autres la responsabilité d'un avenir. Témoigner, tester, attester, contester, se présenter devant des témoins, pour Mandela, ce n'était pas seulement se montrer, se donner à connaître, lui et son peuple, c'était ré-instituer la loi pour l'avenir, comme si au fond elle n'avait jamais eu lieu. Comme si, n'ayant jamais été respectée, elle restait, cette chose archi-ancienne qui n'a jamais été présente, le futur même – encore invisible. A réinventer.

Ces deux inflexions du testament ne s'opposent pas, elles se croisent dans l'exemplarité de l'exemple quand il touche au respect de la loi. Le respect pour une personne, nous dit Kant, s'adresse d'abord à la loi dont cette personne nous donne seulement l'exemple. Le respect n'est proprement dû qu'à la loi, qui en est la seule cause. Et pourtant, c'est la loi, nous devons respecter l'autre pour lui-même, dans son irremplaçable singularité. Il est vrai qu'en tant que personne ou être raisonnable, l'autre témoigne toujours, en sa singularité même, du respect de la loi. Il est exemplaire en ce sens. Et toujours réfléchissant, selon la même optique, celle de l'admiration et du respect, ces figures du regard. Certains seraient tentés de voir en Mandela le témoin ou le martyr du passé. Il se serait laissé capturer (littéralement emprisonner) dans l'optique occidentale, comme dans la machination de son dispositif réfléchissant : il n'a pas seulement intériorisé la loi, disions-nous, il a intériorisé le principe d'intériorité dans sa tradition testamentaire (chrétienne, rousseauiste, kantienne, etc.).

Mais on peut dire le contraire : sa réflexion donne à entrevoir, dans la conjoncture géopolitique la plus singulière, dans cette extrême concentration de toute l'histoire de l'humanité que sont aujourd'hui des lieux ou des enjeux nommés par exemple « Afrique du Sud » ou « Israël », la promesse de ce qui n'a encore jamais été vu, ni entendu, dans une loi qui ne s'est présentée en Occident, à la limite de l'Occident, que pour s'y dérober aussitôt. Ce qui se décidera en ces « lieux » ainsi nommés – ce sont aussi des métonymies formidables – déciderait de tout, s'il y avait encore cela – du tout.

Alors les témoins exemplaires sont souvent ceux qui distinguent entre la loi et les lois, entre le respect de la loi qui parle immédiatement à la conscience et la soumission à la loi positive (historique, nationale, instituée). La conscience n'est pas seulement mémoire mais promesse. Les témoins exemplaires, ceux qui donnent à penser la loi qu'ils réfléchissent, ce sont ceux qui, dans certaines situations, *ne respectent pas* les lois. Ils sont parfois déchirés entre la conscience et les lois, ils se laissent parfois condamner par les tribunaux de leur pays. Et il y en a *dans tous les pays,* ce qui prouve bien que le lieu d'apparition ou de formulation est aussi pour la loi le lieu du premier déracinement. *Dans tous les pays,* donc, par exemple, encore une fois, en Europe, par exemple en Angleterre, par exemple parmi les philosophes. L'exemple choisi par Mandela, le plus exemplaire des témoins qu'il semble faire venir à la barre, c'est un philosophe anglais, pair du Royaume (encore l'admiration pour les formes les plus élevées de la démocratie parlementaire!), le philosophe « le plus respecté du monde occidental » et qui sut, dans certaines situations, ne pas respecter la loi, faire passer la « conscience », le « devoir », la « foi en la justesse de la cause » avant le « respect de la loi ». C'est par respect qu'il n'a pas respecté : plus de respect. Respect pour le respect. Peut-on régler un modèle optique sur ce que promet une telle possibilité?

Admiration de Mandela – pour Bertrand Russell :

> Votre Honneur, j'ose dire que la vie d'un Africain de ce pays est continuellement déchirée par un conflit entre sa conscience et la loi. Ce n'est d'ailleurs point particulier à ce pays. C'est ce qui arrive à tous les hommes de conscience. Récemment en Angleterre, un pair du Royaume, Sir Bertrand Russell, le philosophe probablement *le plus respecté* du monde occidental, fut jugé et condamné pour des activités du genre de celles qui m'amènent devant vous : parce que sa conscience a pris le pas sur le commandement de la loi, il a protesté contre la politique d'armements nucléaires adoptée par son pays. Pour lui, son devoir envers ses semblables, sa foi en la justesse de la cause qu'il défendait passaient avant cette *autre vertu qu'est le respect de la loi.* Il ne pouvait faire autrement que de s'opposer à la loi et d'en supporter les conséquences. J'en suis au même point aujourd'hui, ainsi que de nombreux Africains ici. La loi telle qu'on l'applique, la loi telle qu'elle a été édictée au cours d'une longue période historique, et en particulier la loi telle que l'a conçue et rédigée le gouvernement nationaliste, est à notre avis immorale, injuste et insupportable. Notre conscience nous ordonne de protester contre elle, de nous y opposer et de tout mettre en œuvre pour la modifier. (P. 36-37.)

S'opposer à la loi, travailler maintenant à la transformer : une fois la décision prise, le recours à la violence ne devra pas se faire sans mesure et sans règle. Mandela en explique minutieusement la stratégie, les limites, la progression réfléchie et surveillée. Il y eut d'abord une phase au cours de laquelle, toute opposition légale étant interdite, l'infraction devait néanmoins rester non violente :

> Nous étions dans une situation où il nous fallait soit accepter
> un état permanent d'infériorité, soit relever le défi du gouvernement.
> Nous avons décidé de relever le défi. Nous avons commencé par
> enfreindre la loi tout en évitant le recours à la violence. (P. 58.)

L'infraction manifeste encore le respect absolu de l'esprit supposé
des lois. Mais il fut impossible d'en rester là. Car le gouvernement
inventa de nouveaux dispositifs légaux pour réprimer ces défis non
violents. Devant cette réponse violente, qui fut aussi une non-réponse,
le passage à la violence fut à son tour la seule réponse possible.
Réponse à la non-réponse :

> Et c'est seulement quand le gouvernement eut recours à la force
> pour réprimer toute opposition que nous avons décidé de répondre
> à la violence par la violence. *(Ibid.)*

Mais là encore, la violence reste soumise à une loi rigoureuse,
« violence strictement contrôlée ». Mandela insiste, il souligne ces
mots au moment où il explique la genèse de l'*Umkonto we Sizwe*
(Fer de lance de la Nation) en novembre 1961. En fondant cette
organisation de combat, il entend la soumettre aux directives politiques du CNA dont les statuts prescrivent la non-violence. Devant
ses juges, Mandela décrit avec minutie les règles d'action, la stratégie,
les tactiques et surtout les limites imposées aux militants chargés
des sabotages : ne blesser ni tuer personne, que ce soit lors de la
préparation ou de l'exécution des opérations. Les militants ne doivent
pas porter d'armes. S'il reconnaît « avoir préparé un plan de sabo-
tage », ce ne fut ni par « aventurisme » ni par « amour de la violence
en soi ». Au contraire, il voulait interrompre ce qu'on appelle si
curieusement le cycle de la violence, l'une entraînant l'autre parce
que d'abord elle y répond, la reflète, lui renvoie son image. Mandela
entendait limiter les risques d'explosion en contrôlant l'action des
militants et en se livrant constamment à ce qu'il appelle une analyse
« réfléchie » de la situation. (P. 56.)

On l'arrête quatre mois après la création de l'*Umkonto,* en
août 1962. En mai 1964, à la fin du procès de Rivonia, il est
condamné à la détention criminelle à perpétuité.

P.-S. : Le post-scriptum est pour l'avenir — en ce qu'il a
aujourd'hui de plus indécis. Car je voulais parler, bien sûr, de l'avenir
de Nelson Mandela, de ce qui ne se laisse anticiper, capter, capturer,
par aucun miroir. Qui est Nelson Mandela?

On ne cessera jamais de l'admirer, lui et son admiration. Mais on ne sait pas encore qui admirer en lui, celui qui, dans le passé, aura été captif de son admiration ou celui qui, dans un futur antérieur, aura toujours été libre (l'homme le plus libre du monde, ne le disons pas à la légère) pour avoir eu la patience de son admiration et su, passionnément, ce qu'il devait admirer. Jusqu'à refuser, hier encore, une liberté conditionnelle.

L'aurait-on aussi emprisonné, voilà près d'un quart de siècle, dans son admiration? N'était-ce pas l'*objectif* même – je l'entends au sens de la photographie et de la machine optique –, le droit de regard? S'est-il *laissé* emprisonner? S'est-il *fait* emprisonner? Est-ce là un accident? Peut-être faut-il se placer en un point où ces alternatives perdent leur sens et deviennent le titre de nouvelles questions. Puis laisser ces questions encore ouvertes, comme des portes. Et ce qui reste à venir en ces questions, qui ne sont pas des questions seulement théoriques ou philosophiques, c'est aussi la figure de Mandela. Qui est-ce? Qui vient là?

Nous l'avons regardé à travers des mots qui sont parfois des appareils d'observation, qui peuvent en tout cas le devenir si nous n'y prenons garde. Ce que nous avons décrit, en essayant justement d'échapper à la spéculation, c'était une sorte de grand mirador historique. Mais rien ne permet de tenir pour assurée l'unité, encore moins la légitimité de cette optique de la réflexion, de ses lois singulières, de la Loi, de son lieu d'institution, de présentation ou de révélation, par exemple de ce qu'on rassemble trop vite sous le nom d'Occident. Mais cette présomption d'unité ne produit-elle pas quelque chose comme un effet (je ne tiens pas à ce mot) que tant de forces, toujours, tentent de s'approprier? un effet visible et invisible, comme un miroir, dur aussi, comme les murs d'une prison?

Tout ce qui nous cache encore Nelson Mandela.

Point de folie – maintenant l'architecture

1. *Maintenant,* ce mot français, on ne le traduira pas. Pourquoi? Pour des raisons, toute une série, qui apparaîtront peut-être en cours de route, voire en fin de parcours. Car je m'engage ici dans un parcours, une course plutôt, parmi d'autres possibles et concurrentes : une série de notations cursives à travers les Folies de Bernard Tschumi, de point en point, et risquées, discontinues, aléatoires.

Pourquoi maintenant? J'écarte ou je mets en réserve, je mets *de côté* telle raison de maintenir le sceau ou le poinçon de cet idiome : il rappellerait le Parc de La Villette en France – et qu'un prétexte y donna lieu à ces Folies. Seulement un prétexte, sans doute, en cours de route, une station, une phase, une pause dans un trajet mais le prétexte fut en France offert. On dit en français qu'une chance est offerte mais aussi, ne l'oublions pas, « offrir une résistance ».

2. *Maintenant,* le mot ne flottera pas comme le drapeau de l'actualité, il n'introduira pas à des questions brûlantes : quoi de l'architecture aujourd'hui? Que penser de l'actualité architecturale? Quoi de nouveau dans ce domaine? Car l'architecture ne définit plus un domaine. Maintenant : ni un signal moderniste, ni même un

---

* Texte consacré à l'œuvre de l'architecte Bernard Tschumi, et plus précisément au projet des *Folies,* actuellement en construction au Parc de La Villette, à Paris. D'abord publié en édition bilingue in Bernard Tschumi, *La case vide,* coffret comportant des essais et des planches (Architectural Association, Folio VIII, Londres, 1986).

salut à la post-modernité. Les *post-* et les *posters* qui se multiplient ainsi aujourd'hui (post-structuralisme, post-modernisme, etc.) cèdent encore à la compulsion historiciste. Tout fait époque, jusqu'au décentrement du sujet : le post-humanisme. Comme si l'on voulait une fois de plus mettre de l'ordre dans une succession linéaire, périodiser, distinguer entre l'avant et l'après, limiter les risques de la réversibilité ou de la répétition, de la transformation ou de la permutation : idéologie progressiste.

3. *Maintenant* : si le mot désigne encore ce qui arrive, vient d'arriver, promet d'arriver *à* l'architecture ou aussi bien *par* l'architecture, cette imminence du *juste* (arrive *juste,* vient *juste* d'arriver, va *juste* arriver) ne se laisse plus inscrire dans le cours ordonné d'une histoire : ni une mode, ni une période, ni une époque. Le juste maintenant ne reste pas étranger à l'histoire, certes, mais le rapport serait autre. Et si cela *nous arrive,* il faut se préparer à recevoir ces deux mots. D'une part, cela n'arrive pas à un *nous* constitué, à une subjectivité humaine dont l'essence serait arrêtée et qui se verrait *ensuite* affectée par l'histoire de cette chose nommée architecture. Nous ne nous apparaissons à nous-mêmes qu'à partir d'une expérience de l'espacement déjà marquée d'architecture. Ce qui arrive par l'architecture construit et instruit ce *nous.* Celui-ci *se trouve* engagé par l'architecture avant d'en être le sujet : maître et possesseur. D'autre part, l'imminence de ce qui nous arrive maintenant n'annonce pas seulement un événement architectural : plutôt une écriture de l'espace, un mode d'espacement qui fait sa place à l'événement. Si l'œuvre de Tschumi décrit bien une architecture de l'événement, ce n'est pas seulement pour construire des lieux dans lesquels il doit se passer quelque chose, ni seulement pour que la construction elle-même y fasse, comme on dit, événement. Là n'est pas l'essentiel. La dimension événementielle se voit comprise dans la structure même du dispositif architectural : séquence, sérialité ouverte, narrativité, cinématique, dramaturgie, chorégraphie.

4. Une architecture de l'événement, est-ce possible? Si ce qui nous arrive ainsi ne vient pas du dehors, ou plutôt si ce dehors nous engage dans cela même que nous sommes, y a-t-il un maintenant de l'architecture et en quel sens? Tout revient justement à la question du sens. On n'y répondra pas en indiquant un accès, par exemple sous une forme donnée de l'architecture : préambule, *pronaos,* seuil,

chemin méthodique, cercle ou circulation, labyrinthe, marches d'escalier, ascension, régression archéologique vers un fondement, etc. Encore moins sous la forme du système, à savoir de l'*architectonique* : l'art des systèmes, nous dit Kant. On ne répondra pas en livrant accès à quelque sens final dont l'assomption nous serait enfin promise. Non, il s'agit justement de ce qui arrive au sens : non pas au sens de ce qui nous permettrait d'arriver enfin au sens, mais de ce qui lui arrive, au sens, au sens du sens. Et voilà l'événement, ce qui lui arrive par un événement qui, ne relevant plus tout à fait ni simplement du sens, aurait partie liée avec quelque chose comme la folie.

5. Non point La Folie, l'hypostase allégorique d'une Déraison, le Non-Sens, mais *les* folies. Il nous faudra compter avec ce pluriel. Les folies, donc, les folies de Bernard Tschumi. Nous en parlerons désormais par métonymie − et de façon métonymiquement métonymique, car cette figure, nous le verrons, s'emporte elle-même; elle n'a pas en elle-même de quoi s'arrêter, pas plus que le nombre des Folies dans le Parc de La Villette. Folies : c'est d'abord le nom, un nom propre en quelque sorte et une signature. Tschumi nomme ainsi la trame ponctuelle qui distribue un nombre non fini d'éléments dans un espace qu'elle espace en effet, mais qu'elle ne sature pas. Métonymie donc, puisque *folies* ne désigne d'abord qu'une partie, une série de parties, la ponctuelle précisément, d'un ensemble qui comporte aussi des lignes et des surfaces, une « bande-son » et une « bande-image ». Nous reparlerons de la fonction assignée à cette multiplicité de points rouges. Notons seulement qu'elle garde un rapport métonymique à l'ensemble du Parc. Sous ce nom propre, en effet, les « folies » sont un dénominateur commun le « plus grand dénominateur commun » de cette « déconstruction programmatique ». Mais de plus, le point rouge de chaque folie reste divisible à son tour, point sans point, offert dans sa structure articulée à des substitutions ou permutations combinatoires qui le rapportent aussi bien à d'autres folies qu'à ses propres parties. Point ouvert et point fermé. Cette double métonymie devient abyssale quand elle détermine ou surdétermine ce qui ouvre ce nom propre (les « Folies » de Bernard Tschumi) sur la grande sémantique du concept de folie, le grand nom ou dénominateur commun pour tout ce qui arrive au sens quand il sort de lui, s'aliène et se dissocie sans avoir jamais été sujet, s'expose au dehors, s'espace dans ce qui n'est pas lui : non pas la sémantique mais d'abord l'asémantique des Folies.

6. Les folies, donc, ces folies en tout sens, *pour une fois,* nous dirons qu'elles ne vont pas à la ruine, celle de la défaite ou celle de la nostalgie. Elles ne reviennent pas à « l'absence d'œuvre » – ce destin de *la folie à l'âge classique* dont nous parle Foucault. Elles font œuvre, elles mettent en œuvre. Comment cela? Comment penser que l'œuvre *se maintienne* en cette folie? Comment penser le maintenant de l'œuvre architecturale? Par une certaine aventure du point, nous y viendrons, maintenant l'œuvre – maintenant est le point – à l'instant même, au point de son implosion. Les folies mettent en œuvre une dislocation générale, elles y entraînent tout ce qui semble avoir, jusqu'à maintenant, donné sens à l'architecture. Plus précisément ce qui semble avoir ordonné l'architecture au sens. Elles déconstruisent d'abord, mais non seulement, la sémantique architecturale.

7. Il y a, ne l'oublions pas, une architecture de l'architecture. Jusqu'en son assise archaïque, le concept le plus fondamental de l'architecture a été *construit.* Cette architecture naturalisée nous est léguée, nous l'habitons, elle nous habite, nous pensons qu'elle est destinée à l'habitat, et ce n'est plus un objet pour nous. Mais il faut y reconnaître un *artefact,* un *constructum,* un monument. Il n'est pas tombé du ciel, il n'est pas naturel même s'il instruit un certain cadran du rapport à la *physis,* au ciel, à la terre, au mortel et au divin. Cette architecture de l'architecture a une histoire, elle est historique de part en part. Son héritage inaugure l'intimité de notre économie, la loi de notre foyer *(oikos),* notre oikonomie familiale religieuse, politique, tous les lieux de naissance et de mort, le temple, l'école, le stade, l'agora, la place, la sépulture. Il nous transit au point que nous en oublions l'historicité même, nous le tenons pour nature. C'est le bon sens même.

8. Le concept d'architecture, lui-même un *constructum* habité, un héritage qui nous comprend avant même que nous ne tentions de le penser. A travers toutes les mutations de l'architecture, des invariants demeurent. Une axiomatique traverse, impassible, imperturbable, toute l'histoire de l'architecture. Une axiomatique, c'est-à-dire un ensemble organisé d'évaluations fondamentales et toujours présupposées. Cette hiérarchie s'est fixée dans la pierre, elle informe désormais tout l'espace social. Quels sont ces invariants? J'en distinguerai quatre, la charte un peu artificielle de quatre traits, disons plutôt de quatre points. Ils traduisent une seule et même postulation :

l'architecture doit avoir un sens, elle doit le *présenter* et par là *signifier.* La valeur signifiante ou symbolique de ce sens doit commander la structure et la syntaxe, la forme et la fonction de l'architecture. Elle doit les commander *du dehors,* depuis un principe *(archè),* un fondement ou une fondation, une transcendance ou une finalité *(telos)* dont les lieux eux-mêmes ne sont pas architecturaux. Topique anarchitecturale de ce sémantisme dont dérivent immanquablement *quatre points* d'invariance :

• L'expérience du sens doit être l'*habitation,* la loi de l'*oikos,* l'économie des hommes ou des dieux. Sans sa présence non représentative qui, à la différence des autres arts, semble ne renvoyer qu'à elle-même, l'œuvre architecturale aura été destinée à la présence des hommes et des dieux. La disposition, l'occupation et l'investissement des lieux devaient se mesurer à cette économie. C'est à elle que rappelle encore Heidegger au moment où il interprète l'absence du chez-soi *(Heimatlosigkeit)* comme le symptôme de l'onto-théologie et plus précisément de la technique moderne. Derrière la crise du logement, il nous invite à penser proprement la véritable détresse, l'indigence, le dénuement de l'habiter lui-même *(die eigentliche Not des Wohnens).* Les mortels doivent d'abord apprendre à habiter *(sie das Wohnen erst lernen müssen),* entendre ce qui les *appelle* à habiter. Ceci n'est pas une déconstruction mais l'appel à répéter le fondement même de l'architecture que nous habitons, que nous devrions réapprendre à habiter, l'origine de son sens. Bien entendu, si les « folies » pensent et disloquent cette origine, elles ne doivent pas davantage s'abandonner à la jubilation de la technologie moderne ou à la maîtrise maniaque de ses pouvoirs. Ce serait là un nouveau tour de la même métaphysique. D'où la difficulté de ce qui justement – maintenant – s'annonce.

• Centrée, hiérarchisée, l'organisation architecturale aura dû s'ordonner à l'anamnèse de l'origine et à l'assise d'un fond. Non seulement depuis sa fondation sur le sol terrestre mais depuis son fondement juridico-politique, l'institution qui commémore les mythes de la cité, les héros ou les dieux fondateurs. Cette mémoire religieuse ou politique, cet historicisme n'a pas déserté, malgré les apparences, l'architecture moderne. Celle-ci en garde la nostalgie, elle est gardienne par destination. Nostalgie toujours hiérarchisante : l'architecture aura matérialisé la hiérarchie dans la pierre ou dans le bois *(hylè),* c'est une hylétique du sacré *(hieros)* et du principe *(archè),* une *archi-hiératique.*

• Cette économie reste nécessairement une *téléologie* de l'habitat.

Elle souscrit à tous les régimes de la finalité. Finalité éthico-politique, service religieux, finalisation utilitaire ou fonctionnelle, il s'agit toujours de mettre l'architecture *en service,* et *au service.* Cette fin est le principe de l'ordre archi-hiératique.

• Cet ordre relève enfin des *beaux-arts,* quel qu'en soit le mode, l'âge ou le style dominant. La valeur de beauté, d'harmonie, de totalité doit encore y régner.

Ces quatre points d'invariance ne se juxtaposent pas. Depuis les angles d'un cadre, ils dessinent la carte d'un système. On ne dira pas seulement qu'ils se rassemblent et demeurent inséparables, ce qui est vrai. Ils donnent lieu à une certaine expérience du *rassemblement,* celle de la totalité cohérente, de la continuité, du système. Ils commandent donc un réseau d'évaluations, ils induisent et instruisent, fût-ce indirectement, toute la théorie et toute la critique de l'architecture la plus spécialisée ou la plus triviale. L'évaluation inscrit la hiérarchie dans une hylétique, dans l'espace aussi d'une distribution formelle des valeurs. Mais cette architectonique des points invariants commande aussi tout ce qu'on appelle la culture occidentale, bien au-delà de son architecture. D'où la contradiction, le *double bind* ou l'antinomie qui à la fois mobilise et inquiète cette histoire. D'une part, cette architectonique générale *efface* ou *déborde* la spécificité aiguë de l'architecture, elle vaut pour d'autres arts et pour d'autres régions de l'expérience. D'autre part, l'architecture en figure la métonymie la plus puissante, elle lui donne sa *consistance* la plus solide, la substance objective. Par consistance, je n'entends pas seulement la cohérence logique, celle qui engage dans le même réseau toutes les dimensions de l'expérience humaine : pas d'œuvre d'architecture sans interprétation, voire sans décision économique, religieuse, politique, esthétique, philosophique. Mais par consistance j'entends aussi la durée, la dureté, la subsistance monumentale, minérale ou ligneuse, l'hylétique de la tradition. D'où la *résistance :* la résistance des matériaux comme la résistance des consciences et des inconscients qui institue cette architecture en dernière forteresse de la métaphysique. Résistance et transfert. Une déconstruction conséquente ne serait rien si elle ne tenait compte de cette résistance et de ce transfert; elle ferait peu de chose si elle ne s'en prenait pas à l'architecture autant qu'à l'architectonique. S'en prendre à elle : non pas l'attaquer, la détruire ou la dévoyer, la critiquer ou la disqualifier. Mais la *penser* en effet, s'en déprendre assez pour l'appréhender d'une pensée qui se porte au-delà du théorème – et fasse œuvre à son tour.

9. On prendra maintenant la mesure des folies, d'autres diraient de l'*hybris* démesurante de Bernard Tschumi et de ce qu'elle nous donne à penser. Ces folies font trembler le sens, le sens du sens, l'ensemble signifiant de cette puissante architectonique. Elles remettent en cause, disloquent, déstabilisent ou déconstruisent l'édifice de cette configuration. Elles sont « folie » en cela, dira-t-on. Car dans un *polemos* sans agressivité, sans cette pulsion destructrice qui trahirait encore un affect réactif à l'intérieur de la hiérarchie, elles s'en prennent au sens même du sens architectural, tel qu'il nous est légué et tel que nous l'habitons encore. N'éludons pas la question : si cette configuration préside à ce qu'en Occident l'on nomme architecture, ces folies ne font-elles pas table rase? Ne reconduisent-elles pas au désert de l'anarchitecture, à un degré zéro de l'écriture architecturale où celle-ci viendrait se perdre, dorénavant sans finalité, sans aura esthétique, sans fondement, sans principe hiérarchique, sans signification symbolique, une prose enfin de volumes abstraits, neutres, inhumains, inutiles, inhabitables et privés de sens?

Justement non. Les « folies » affirment, elles engagent leur affirmation au-delà de cette répétition finalement annihilante, secrètement nihiliste de l'architecture métaphysique. Elles s'engagent dans le maintenant dont je parle, maintiennent et relancent, réinscrivent l'architecture. Elles en réveillent peut-être une énergie infiniment anesthésiée, emmurée, ensevelie dans une sépulture générale ou dans une nostalgie sépulcrale. Car il faut commencer par le souligner : la carte ou le cadre métaphysique dont nous venons de dessiner la configuration, c'était déjà, si on peut dire, la fin de l'architecture, son « règne des fins » dans la figure de la mort.

Elle venait arraisonner l'œuvre, elle lui imposait des significations ou des normes extrinsèques, sinon accidentelles. Elle faisait de ses attributs son essence : la beauté formelle, la finalité, l'utilité, la fonctionnalité, la valeur d'habitation, son économie religieuse ou politique, tous les *services,* autant de prédicats non architecturaux ou méta-architecturaux. En y soustrayant maintenant l'architecture – ce que je continue de nommer ainsi, d'un paléonyme, pour y maintenir un appel assourdi –, en cessant de soumettre l'œuvre à ces normes étrangères, les folies rendent l'architecture, fidèlement, à ce qu'elle aurait dû, depuis la veille même de son origine, signer. Le maintenant dont je parle, ce sera cette signature – la plus irréductible. Elle ne contrevient pas à la charte, elle l'entraîne dans un autre texte, elle souscrit même, elle appelle l'autre à souscrire à ce que nous nommerons encore, plus loin, un *contrat,* un autre jeu du trait, de l'attraction et de la contraction.

Proposition que je n'avancerai pas sans précautions, avertissements et mise en garde. Encore le voyant de deux points rouges :

• Ces folies ne détruisent pas. Tschumi parle toujours de « déconstruction/reconstruction », notamment à propos de la Folie et de l'engendrement de son cube (combinatoire formelle et relations transformationnelles). Quant aux *Manhattan Transcripts,* il s'agit d'y inventer « de nouveaux rapports, où les composantes traditionnelles de l'architecture sont brisées et reconstruites selon d'autres axes ». Sans nostalgie, l'acte de mémoire le plus vivant. Rien ici de ce geste nihiliste qui accomplirait au contraire un certain motif de la métaphysique, aucun renversement des valeurs en vue d'une architecture anesthétique, inhabitable, inutilisable, asymbolique et insignifiante, simplement vacante après le retrait des dieux et des hommes. Et les folies – comme la folie en général – sont tout sauf le chaos d'une anarchie. Mais sans proposer un « nouvel ordre », elles situent ailleurs l'œuvre architecturale qui, en son principe du moins, dans son ressort essentiel, n'obéira plus à ces impératifs extérieurs. Le « premier » souci de Tschumi ne sera plus d'organiser l'espace en fonction ou en vue des normes économiques, esthétiques, épiphaniques ou techno-utilitaires. Ces normes seront prises en compte, elles se verront seulement subordonnées, réinscrites en un lieu du texte et dans un espace qu'elles ne commanderont plus en dernière instance. En poussant « l'architecture vers ses limites », on donnera encore lieu au « plaisir », chaque folie sera destinée à un certain « usage », avec sa finalité culturelle, ludique, pédagogique, scientifique, philosophique. De sa force d'attraction nous dirons un mot plus loin. Tout ceci obéit à un programme de transferts, de transformations ou de permutations dont ces normes extérieures ne détiendront plus le dernier mot. Elles n'auront pas présidé à l'œuvre, Tschumi les a pliées à la mise en œuvre générale.

• Oui, pliées. Quel est le pli ? En réinstituant l'architecture dans ce qu'elle aurait dû avoir de singulièrement *propre,* il ne s'agit surtout pas de reconstituer un *simple* de l'architecture, une architecture simplement architecturale, par une obsession puriste ou intégriste. Il ne s'agit plus de sauver le propre dans l'immanence virginale de son économie et de le rendre à sa présence inaliénable, une présence enfin non représentative, non mimétique et ne renvoyant qu'à elle-même. Cette autonomie de l'architecture, qui prétendrait ainsi réconcilier un formalisme et un sémantisme en leurs extrêmes, ne ferait qu'accomplir la métaphysique qu'elle prétendrait déconstruire. L'invention consiste ici à croiser le motif architectural avec ce qu'il y a de plus singulier et de plus concurrent dans d'autres écritures, elles-mêmes entraînées dans ladite folie, dans son pluriel, celui de l'écriture photographique, cinématographique, chorégraphique, voire mytho-graphique. Comme l'ont démontré les *Manhattan Transcripts* (mais cela vaudrait aussi, différemment, pour La Villette), un montage narratif d'une grande complexité fait exploser au dehors le récit que les mythologies contractaient ou effaçaient dans la présence hiératique du monument « pour mémoire ». Une écriture architecturale inter-prète (au sens nietzschéen de l'interprétation active, productrice, violente, transformatrice) des événements *marqués* par la photographie ou la cinématographie. Marqués : provoqués, déterminés *ou* transcrits, captés, en tous cas toujours mobilisés dans une scénographie du passage (transfert, traduction, transcription, transgression d'un lieu à l'autre, d'un lieu d'écriture à un autre, greffe, hybridation). Ni architecture ni anarchitecture : transarchitecture. Elle s'explique avec l'événement, elle n'offre plus son œuvre à des usagers, des fidèles ou des habitants, à des contemplateurs, des esthètes ou des consom-mateurs, elle en appelle à l'autre pour qu'à son tour il *invente* l'événement, signe, consigne ou *contresigne* : avancée d'une avance faite à l'autre — et maintenant l'architecture.

(J'entends bien un murmure : mais cet événement dont vous parlez, et qui réinvente l'architecture dans une série de « une seule fois », toujours uniques dans leur répétition, cet événement, n'est-ce pas ce qui a lieu chaque fois non pas *dans* une église ou un temple, et même *dans* un lieu politique, non pas en eux mais *comme* eux, les ressuscitant par exemple à chaque messe quand le corps du Christ, quand le corps du Roi ou de la Nation s'y présente ou s'y annonce? Pourquoi pas, si du moins cela pouvait arriver encore, arriver à travers l'architecture, ou jusqu'à elle? Sans pouvoir me risquer ici plus loin dans cette direction, mais pour en reconnaître la nécessité, je dirai seulement que les « folies » architecturales de Tschumi *donnent à penser* ce qui *a lieu* lorsque, *par exemple,* l'événement eucharistique vient à transir une église, ici, maintenant, ou quand une date, un sceau, la trace de l'autre enfin vient au corps de la pierre — dans le mouvement cette fois de sa dis-parition.)

10. Dès lors, on ne peut plus parler d'un moment *proprement* architectural, l'impassibilité hiératique du monument, ce complexe hylé-morphique donné une fois pour toutes, ne laissant plus paraître en son corps, pour ne leur avoir donné aucune chance, les traces de transformations, de permutations, de substitutions. Dans les folies

dont nous parlons, au contraire, l'événement passe sans doute par cette épreuve du moment monumental mais il l'inscrit aussi dans une série *d'expériences*. Comme son nom l'indique, une expérience traverse : voyage, trajet, traduction, transfert. Non pas en vue d'une présentation finale, d'une mise en présence de la chose même, ni pour accomplir une odyssée de la conscience, la phénoménologie de l'esprit comme démarche architecturale. Le parcours des folies est sans doute prescrit, de point en point, dans la mesure où la trame ponctuelle compte avec un *programme* d'expériences possibles et d'expérimentations nouvelles (cinéma, jardin botanique, atelier-vidéo, bibliothèque, patinoire, gymnase). Mais la structure de la trame et celle de chaque cube, car ces points sont des cubes, laissent leur chance à l'aléa, à l'invention formelle, à la transformation combinatoire, à l'errance. Cette chance n'est pas donnée à l'habitant ou au fidèle, à l'usager ou au théoricien de l'architecture, mais à qui s'engage à son tour dans l'écriture architecturale : sans réserve, ce qui suppose une lecture inventive, l'inquiétude de toute une culture, et la signature du corps. Celui-ci ne se contenterait plus de *marcher,* de circuler, de déambuler *dans* un lieu, *sur* des chemins, il transformerait ses mouvements élémentaires en leur donnant lieu, il recevrait de cet autre espacement l'invention de ses gestes.

11. La folie ne s'arrête pas : ni dans le monument hiératique, ni dans le chemin circulaire. Ni l'impassibilité ni le pas. La sérialité s'inscrit dans la pierre, le fer ou le bois, mais elle-même ne s'y termine pas. Et elle avait commencé plus tôt. La série des *épreuves* (expériences ou épreuves d'artiste, comme on dit), ce qu'on appelle ingénuement les dessins, les essais, les photographies, les maquettes, les films ou les écrits (par exemple ce qui se rassemble pour un temps dans ce volume) appartient de plein droit à l'*expérience* des folies : *des folies à l'œuvre.* On ne peut plus leur prêter la valeur de documents, d'illustrations annexes, de notes préparatoires ou pédagogiques, le hors-d'œuvre en somme ou l'équivalent des répétitions au théâtre. Non − et c'est là ce qui paraît le plus menaçant pour le désir architectural qui nous habite encore. La masse de pierre inamovible, la verticale station de verre ou de métal que nous tenions pour la chose même de l'architecture *(« die Sache selbst »* ou *« the real thing »),* son effectivité indéplaçable, nous l'appréhendons maintenant dans le texte volumineux d'écritures multiples : surimpression d'un *Wunderblock* (pour faire signe vers un texte de Freud − et Tschumi expose l'architecture à la psychanalyse, il y introduit le

motif du transfert par exemple, et la schize), trame du palimpseste, textualité sursédimentée, stratigraphie sans fond, mobile, légère et abyssale, feuilletée, foliiforme. Folie feuilletée, feuille et folle de ne se rassurer dans aucune solidité : ni le sol ni l'arbre, ni l'horizontalité ni la verticalité, ni la nature ni la culture, ni la forme ni le fond, ni la fin. L'architecte écrivait avec des pierres, voici qu'il insère des lithographies dans un volume – et Tschumi parle d'elles comme de *folios.* Quelque chose se trame en ce foliotage dont le stratagème, mais aussi l'aléa, me rappelle un soupçon de Littré. Quant au deuxième sens du mot *folie,* celui des maisons qui portent le nom de leur signataire, de « celui qui les a fait construire ou du lieu dans lequel elles sont situées », Littré risque ceci, au titre de l'étymologie : « On y voit d'ordinaire le mot *folie.* Mais cela devient douteux quand on trouve dans les textes du moyen âge : *foleia quae erat ante domum,* et *domum foleyae,* et *folia Johannis Morelli;* le soupçon naît qu'on a là une altération du mot *feuillie* ou *feuillée.* » Le mot de *folie* n'a même plus le sens commun, il perd jusqu'à l'unité rassurante de son sens. Les folies de Tschumi jouent sans doute aussi de cette « altération » et surimpriment, contre le sens commun, cet autre sens, ce sens de l'autre, de l'autre langage, la folie de cette asémantique.

12. Quand j'ai découvet l'œuvre de Bernard Tschumi, j'ai dû écarter une hypothèse facile : le recours au langage de la déconstruction, à ce qui en lui a pu se coder, à ses mots et motifs les plus insistants, à certaines de ses stratégies, ne serait qu'une transposition *analogique,* voire une *application* architecturale. Dans tous les cas, l'impossible même. Car dans la logique de cette hypothèse, qui ne résista pas longtemps, on aurait pu se demander : que pourrait bien être une architecture déconstructrice? Ce que les stratégies déconstructives commencent ou finissent par déstabiliser, n'est pas justement le principe structural de l'architecture (système, architectonique, structure, fondement, construction, etc.)? Cette dernière question m'a au contraire guidé vers un autre tour de l'interprétation : ce à quoi nous engagent les *Manhattan Transcripts* ou les *Folies* de La Villette, c'est la *voie obligée* de la déconstruction dans l'une de ses *mises en œuvre* les plus intenses, les plus affirmatives, les plus nécessaires. Non pas *la* déconstruction *elle-même,* il n'y a jamais rien de tel, mais ce qui porte la secousse au-delà de l'analyse sémantique, de la critique du discours ou des idéologies, des concepts ou des textes, au sens traditionnel de ce terme. Les déconstructions seraient faibles si elles étaient négatives, si elles ne construisaient pas, mais surtout si elles

ne se mesuraient pas d'abord avec les institutions dans ce qu'elles ont de solide, *au lieu de leur plus grande résistance :* les structures politiques, les leviers de la décision économique, les dispositifs matériels et phantasmatiques de l'embrayage entre l'État, la société civile, le capital, la bureaucratie, les pouvoirs culturels, l'enseignement de l'architecture – ce relais si sensible – mais aussi entre les arts, des beaux-arts aux arts de la guerre, la science et la technologie, l'ancienne et la nouvelle. Autant de forces qui viennent se précipiter, durcir ou cimenter dans une opération architecturale d'envergure, surtout quand elle approche le corps d'une métropole et traite avec l'État. C'est ici le cas.

13. On ne déclare pas la guerre. Une autre stratégie se trame, entre les hostilités et la négociation. Entendue en son sens le plus strict, sinon le plus littéral, la trame des folies introduit un singulier dispositif dans l'espace de la transaction. Le sens propre de la « trame » ne se rassemble pas. Il traverse. Tramer, c'est traverser, passer à travers un méat. C'est l'expérience d'une perméabilité. Et la traversée n'avance pas dans un tissu déjà donné, elle tisse, elle invente la structure histologique d'un texte, on dirait en anglais de quelque « fabric ». Fabrique, soit dit au passage, voilà le nom français – un tout autre sens – que certains décideurs avaient proposé de substituer au titre inquiétant de *folies.*

Architecte tisserand. Il trame, et il ourdit les fils de la chaîne, son écriture tend un filet. Une trame, toujours, trame en plusieurs sens, et au-delà du sens. Stratagème en réseau, un singulier dispositif, donc. Lequel?

Une série dissociée de « points », de points rouges, constitue la trame, y espaçant une multiplicité de matrices ou de cellules d'engendrement dont les transformations ne se laisseront jamais apaiser, stabiliser, installer, identifier dans un continuum. Elles-mêmes divisibles, ces cellules pointent aussi des instants de rupture, de discontinuité, de disjonction. Mais simultanément ou plutôt par une série de contretemps, d'anachronies rythmées ou d'écarts aphoristiques, le point de folie rassemble ce qu'il vient juste de disperser, il le rassemble *en tant que* dispersion. Il le rassemble dans une multiplicité de points *rouges.* Ressemblance et rassemblement ne reviennent pas à la seule couleur mais le rappel *chromographique* y joue un rôle nécessaire.

Qu'est-ce donc, un point, *ce* point de folie? Comment arrête-t-il la folie? Car il la suspend, et dans ce mouvement l'arrête, mais *comme* folie. Arrêt de folie : point de folie, plus de folie, pas de folie. Du même coup il en décide, mais par quel décret, quel arrêt – et quelle justice de l'aphorisme? Que fait la loi? Qui fait la loi? Elle divise *et* arrête la division, elle *maintient* ce point de folie, cette cellule chromosomique, au principe de l'engendrement. Comment penser le *chromosome* architectural, sa couleur, ce travail de la division et de l'individuation qui n'appartient plus à la bio-génétique?

Nous y venons, mais après un détour. Il faut passer par un point de plus.

14. Il y a des mots forts dans le lexique de Tschumi. Ils situent les points de la plus grande intensité. Ce sont des mots en *trans-* (transcript, transfert, trame, etc.) et surtout en *dé-* ou en *dis-*. Ils disent la déstabilisation, la déconstruction, la déhiscence, et d'abord la dissociation, la disjonction, la disruption, la différence. Architecture de l'hétérogène, de l'interruption, de la non-coïncidence. Mais qui aura jamais construit ainsi? Qui aura jamais compté avec les seules énergies en *dis-* ou en *dé-?* On ne peut faire œuvre d'un simple déplacement ou de la seule dislocation. Il faut donc inventer. Il faut frayer son passage à une autre écriture. Sans renoncer à l'affirmation déconstructive dont nous avons éprouvé la nécessité, pour la relancer au contraire, cette écriture *maintient le dis-joint* comme tel, elle ajointe le *dis-* en maintenant l'écart, elle rassemble la différence. Ce rassemblement sera singulier. Ce qui maintient ensemble n'a pas nécessairement la forme du système, il ne relève pas toujours de l'architectonique et peut ne pas obéir à la logique de la synthèse ou à l'ordre d'une syntaxe. Le maintenant de l'architecture, ce serait cette manœuvre pour inscrire le *dis-* et en faire œuvre comme telle. Se tenant et maintenant, cette œuvre ne coule pas la différence dans le béton, elle n'efface pas le trait différentiel, elle ne réduit ni n'installe le trait, le dis-trait ou l'abs-trait, dans une masse homogène *(concrete)*. L'architectonique, ou art·du système, ne figure qu'une époque, dit Heidegger, dans l'histoire de l'être-ensemble. Ce n'est qu'une possibilité déterminée du rassemblement.

Telle serait donc la tâche et la gageure, le souci de l'impossible : faire droit à la dissociation mais la mettre en œuvre *comme telle* dans l'espace d'un rassemblement. Transaction en vue d'un espacement et d'un *socius* de la dissociation qui permette d'ailleurs de négocier *cela même,* la différence, avec les normes reçues, les pouvoirs politico-économiques de l'architectonique, la maîtrise des maîtres d'œuvre. Cette « difficulté », c'est l'expérience de Tschumi. Il ne le cache pas,

« cela ne va pas sans difficulté » : « A La Villette il s'agit d'une mise en forme, une mise en acte de la dissociation... Cela ne va pas sans difficulté. La mise en forme de la dissociation nécessite que le support (le Parc, l'institution) soit structuré comme un système de rassemblement. Le point rouge des Folies est le foyer de cet espace dissocié. » (*Textes parallèles,* Institut français d'architecture.)

15. Une force ajointe et fait tenir ensemble le dis-joint comme tel. Elle n'affecte pas le *dis-* de l'extérieur. Le *dis-joint* lui-même, maintenant l'architecture, celle qui arrête la folie en sa dislocation. Ce n'est pas seulement *un* point. Une multiplicité ouverte de points rouges ne se laisse plus totaliser, fût-ce par métonymie. Ces points fragmentent peut-être mais je ne les définirais pas comme des fragments. Un fragment fait encore signe vers une totalité perdue ou promise.

La multiplicité n'ouvre pas chaque point *de l'extérieur*. Pour comprendre en quoi elle lui vient aussi du dedans, il faut analyser le *double bind* dont le point de folie serre le nœud, sans oublier ce qui peut lier un *double bind* à la schize et à la folie.

D'une part, le point concentre, il replie vers lui la plus grande force d'attraction, il *contracte* les traits vers le centre. Ne renvoyant qu'à lui-même, dans une trame elle aussi autonome, il fascine et magnétise, il séduit par ce qu'on pourrait appeler son auto-suffisance et son « narcissisme ». Du même coup, par sa force d'attraction magnétique (Tschumi parle à ce sujet d'un « aimant » qui viendrait « rassembler » les « fragments d'un système éclaté »), il semble lier, comme dirait Freud, l'énergie disponible, à l'état libre, dans un champ donné. Il exerce son attraction par sa ponctualité même, la *stigmè* d'un maintenant instantané vers lequel tout vient concourir et apparemment s'indiviser mais aussi du fait que, arrêtant la folie, il constitue le point de transaction avec l'architecture qu'il déconstruit ou divise à son tour. Série discontinue des instants et des *attractions :* dans chaque point de folie, les attractions du Parc, les activités utiles ou ludiques, les finalités, les significations, les investissements économiques ou écologiques, les services retrouveront leur droit au programme. Énergie liée et recharge sémantique. D'où aussi la distinction *et* la transaction entre ce que Tschumi appelle la normalité et la déviance des folies. Chaque point est un point de rupture, il interrompt absolument la continuité du texte ou de la trame. Mais l'inter-rupteur maintient ensemble *et* la rupture *et* le rapport à l'autre, lui-même structuré à la fois comme attraction *et* interruption, interférence et différence : rapport sans rapport. Ce qui se contracte ici passe un contrat « fou » entre le *socius* et la dissociation. Et cela sans dialectique, sans cette relève *(Aufhebung)* dont Hegel nous explique le processus et qui peut toujours se réapproprier un tel maintenant : le point nie l'espace et, dans cette négation spatiale de lui-même, engendre la ligne dans laquelle il se maintient en se supprimant *(als sich aufhebend)*. La ligne alors serait la vérité du point, la surface la vérité de la ligne, le temps la vérité de l'espace et finalement le maintenant la vérité du point *(Encyclopédie,* 256-7). Je me permets de renvoyer ici à mon texte *Ousia et grammè* (« La paraphrase : point, ligne, surface », in *Marges-de la philosophie,* Minuit, 1972). Sous le même nom, le maintenant dont je parle marquerait l'interruption de cette dialectique.

Mais, d'autre part, si la dissociation n'arrive pas du dehors au point, c'est qu'il est *à la fois* divisible et indivisible. Il ne paraît atomique, il n'a donc la fonction et la forme individualisante du point que depuis un *point de vue,* depuis la perspective de l'ensemble sériel qu'il ponctue, organise et soutient sans en être jamais le support. Vu, et vu du dehors, il scande et interrompt à la fois, maintient et divise, colore et rythme l'espacement de la trame. Mais ce point de vue ne voit pas, il est aveugle à ce qui se passe *dans* la folie car si on le considère *absolument,* abstrait de l'ensemble et en lui-même (il est destiné aussi à s'abstraire, à se distraire ou à se soustraire), le point n'est plus un point, il n'a plus l'indivisibilité atomique qu'on prête au point géométrique. Ouvert en son dedans par un vide qui donne du jeu aux pièces, il se construit/déconstruit comme un cube offert à une combinaison formelle. Les pièces articulées se disjoignent, composent et recomposent. Le *dis*-joint en articulant des pièces qui sont plus que des pièces, pièces d'un jeu, pièces de théâtre, pièces habitables, à la fois des lieux et des espaces de *mouvement,* les figures *promises* à des événements : pour qu'ils aient lieu.

16. Car il fallait parler de promesse et de gage, de la promesse comme affirmation, de la promesse qui donne l'exemple privilégié d'une écriture performative. Plus qu'un exemple, la condition même d'une telle écriture. Sans assumer ce que les théories du langage performatif et des *speech acts* — ici relayées par une pragmatique architecturale — retiendraient de présuppositions (par exemple la valeur de présence, du maintenant comme présent), sans pouvoir en discuter ici, attachons-nous seulement à ce trait : la provocation de l'événement dont je parle (« je promets », par exemple), que je décris

ou trace, de l'événement que je *fais* venir ou que je *laisse* venir en le marquant. Il faut insister sur la marque ou sur le trait pour soustraire cette performativité à l'hégémonie de la parole et de la parole dite humaine. La marque performative *espace,* c'est l'événement de l'espacement. Les points rouges espacent, ils maintiennent l'architecture dans la dissociation de l'espacement. Mais ce maintenant ne maintient pas seulement un passé ou une tradition, il n'assure pas une synthèse, il maintient l'interruption, autrement dit le rapport à l'autre comme tel. A l'autre dans le champ magnétique de l'attraction, du « dénominateur commun » ou du « foyer », aux autres points de rupture aussi, mais d'abord à l'Autre : à celui par qui l'événement promis arrivera ou n'arrivera pas. Car il se trouve appelé, seulement appelé, à contresigner le gage, l'engagement ou la gageure. Cet Autre ne se présente jamais, il n'est pas présent, maintenant. Il peut être représenté par ce qu'on appelle trop vite le Pouvoir, les décideurs politico-économiques, les usagers, les représentants des domaines, de la domination culturelle, singulièrement ici d'une philosophie de l'architecture. Cet Autre, ce sera quiconque, point encore de sujet, de moi ou de conscience, point d'homme, quiconque vient répondre à la promesse, répondre d'abord *de* la promesse : l'à-venir d'un événement qui maintienne l'espacement, le maintenant dans la dissociation, le rapport à l'autre comme tel. Non pas la maintenue mais la main tendue par-dessus l'abîme.

17. Recouverte par toute l'histoire de l'architecture, ouverte à la chance inanticipable d'un avenir, cette architecture autre, cette architecture de l'autre n'est rien qui soit. Ce n'est pas un présent, la mémoire d'un présent passé, la prise ou la pré-compréhension d'un présent futur. Elle ne présente ni une théorie (constative) ni une politique, ni une éthique de l'architecture. Pas même un récit, bien qu'elle ouvre cet espace à toutes les matrices narratives, à ses bandes-son et à ses bandes-image (au moment où j'écris cela, je pense à *La folie du jour* de Blanchot, à la demande et à l'impossibilité du récit qui s'y fait jour. Tout ce que j'ai pu en écrire, notamment dans *Parages,* concerne directement, parfois littéralement, j'en prends conscience après coup, grâce à Tschumi, la folie de l'architecture : le pas, le seuil, l'escalier, la marche, le labyrinthe, l'hôtel, l'hôpital, le mur, les clôtures, les bords, la chambre, l'habitation de l'inhabitable. Et puisque tout ceci, qui concerne la folie du trait, l'espacement de la dis-traction, doit paraître en anglais, je pense aussi à cette manière

idiomatique de désigner le fou, le distrait, l'errant : *the one who is spacy, or spaced out).*

Mais s'il ne présente ni une théorie, ni une éthique, ni une politique, ni un récit (« Non, pas de récit, plus jamais », *La folie du jour*), à tout cela il donne lieu. Il écrit et signe d'avance, maintenant un trait divisé au bord du sens, avant toute présentation, au-delà d'elle, cela même, l'autre, qui engage l'architecture, son discours, sa scénographie politique, son économie et sa morale. Gage mais aussi gageure, ordre symbolique et pari : ces cubes rouges sont lancés comme les dés de l'architecture. Le coup ne programme pas seulement une stratégie *de* l'événement, comme je le suggérais plus haut, il va au-devant de l'architecture qui vient. Il en court le risque et nous en donne la chance.

Pourquoi Peter Eisenman écrit de si bons livres

Ce titre cache à peine une citation, celle d'un autre titre, et bien connu. Il y prélève un morceau, en vérité une personne.

En transcrivant à la troisième personne le « Pourquoi j'écris de si bons livres » *(Warum ich so gute Bücher schreibe),* en faisant venir à la barre l'*Ecce Homo* de Nietzsche, je prends sur moi d'innocenter Eisenman de tous les soupçons. Ce n'est pas lui qui le dit. C'est moi. Moi qui écris. Moi qui, par déplacements, prélèvements, morcellements, joue avec les personnes, et leurs titres, l'intégrité de leurs noms propres.

En a-t-on le droit? Mais qui dira le droit? Au nom de qui?

En abusant de la métonymie autant que de la pseudonymie, Nietzsche nous en ayant donné l'exemple, je me propose de faire plusieurs choses. A la fois ou tour à tour. Mais je ne les dirai pas toutes et surtout pas pour commencer. Sans donner tous les fils, je ne montrerai d'abord ni le chemin ni l'enchaînement. N'est-ce pas la meilleure condition pour écrire de bons textes? Ils se sont trompés d'adresse, ceux qui ont pensé, à la simple lecture du titre, que j'allais diagnostiquer la paranoïa de quelque Nietzsche de l'architecture moderne.

Je me propose d'abord d'attirer l'attention sur l'art avec lequel Eisenman s'entend à jouer avec les titres. Nous en prendrons quelques

---

* Texte destiné à une revue japonaise (numéro spécial consacré à l'œuvre de l'architecte Peter Eisenman, *Architecture and Urbanism,* Tokyo, 1987. D'abord publié en anglais).

exemples. Il s'agit d'abord des titres de ses œuvres. Ils sont faits de mots. Que sont les mots pour un architecte? Et les livres?

Je me propose aussi de suggérer, par l'allusion à *Ecce Homo,* qu'Eisenman est, en architecture si l'on veut, le créateur le plus anti-wagnérien de notre temps. Qu'est-ce que l'architecture wagnérienne? Où en sont les restes aujourd'hui, et les déguisements? Ces questions resteront ici sans réponse. Mais, questions d'art ou de politique, ne méritent-elles pas d'être du moins préparées, sinon posées?

Je me propose de parler de musique, d'instruments de musique dans telle œuvre en cours d'Eisenman. Inutile de rappeler que *Ecce Homo* est avant tout un livre sur la musique, et non seulement dans son ultime chapitre, « Der Fall Wagner, Ein Musikanten-Problem ».

Je me propose de rappeler enfin que la valeur, c'est-à-dire l'axiomatique même de l'architecture qu'Eisenman commence par renverser, c'est la mesure de l'homme, ce qui proportionne tout à l'échelle humaine, trop humaine : « Menschliches, Allzumenschliches, Mit zwei Fortsetzungen », autre chapitre de *Ecce Homo*. Dès l'entrée dans le labyrinthe de *Moving arrows, Eros and other Errors,* on peut lire : « L'architecture a été traditionnellement rapportée à l'échelle humaine *(human scale).* » Car la « metaphysics of scale » que le « scaling » d'Eisenman entend déstabiliser, c'est d'abord un humanisme ou un anthropocentrisme. Désir humain, trop humain de « présence » et d'« origine ». Jusque dans ses dimensions théologiques, et d'abord sous la loi de la représentation et de l'esthétique, cette architecture de la présence originaire revient à l'homme. « En destabilisant la présence et l'origine, on met aussi en question la valeur que l'architecture accorde à la représentation et à l'objet esthétique. » *(Ibid.)*

N'en concluons pas simplement que cette architecture sera nietzschéenne. N'empruntons pas des *thèmes* ou des *philosophèmes* à *Ecce Homo,* plutôt quelques figures, des mises en scène, des apostrophes, puis un lexique, comme sur ces palettes d'ordinateurs auxquelles on emprunte des couleurs en appuyant sur une touche avant d'écrire. Alors je prends ceci que vous lirez tout à l'heure sur l'écran (j'écris sur mon ordinateur et vous savez que Nietzsche fut l'un des premiers écrivains au monde à se servir d'une machine à écrire), c'est au début de *Ecce Homo :* un « labyrinthe », le labyrinthe de la connaissance, le sien, le plus risqué, dont certains voudraient interdire l'accès : *man wird niemals in dies Labyrinth verwegener Erkenntnisse eintreten;* à peine plus loin, la citation du *Zarathoustra,* puis allusion à ceux qui tiennent « d'une main lâche un fil d'Ariane ». Entre les deux, on prélèvera aussi l'allusion aux chercheurs téméraires qui s'engagent sur de « terribles mers » *(auf furchtbare Meere)* et à ceux dont l'âme est attirée par des flûtes vers tous les gouffres dangereux *(deren Seele mit Flöten zu jedem Irrschlunde gelockt wird).* Bref, ce que nous retiendrons d'*Ecce Homo,* au chapitre « Pourquoi j'écris de si bons livres », mettons que ce soit seulement ceci : la séduction de la musique, l'instrument de musique, la mer ou l'abîme et le labyrinthe.

Étrange introduction à l'architecture, direz-vous, et à celle de Peter Eisenman. De quelle main faut-il tenir le fil? ferme ou lâche?

Il est vrai que tel n'est sans doute pas mon sujet. Je parlerai plus volontiers de rencontres, et de ce que *rencontre* veut dire, ce qui a *lieu* au croisement de la chance et du programme, de l'*aléa* et de la nécessité.

Quand j'ai rencontré Eisenman, j'ai cru, encore ma naïveté, que le discours était de mon côté. Et l'architecture « proprement dite » du sien : les lieux, l'espace, le dessin, le calcul muet, les pierres, la résistance des matériaux. Bien sûr, et je n'étais pas si naïf, je savais que le discours et la langue n'étaient pas pour rien dans l'activité des architectes, et surtout dans la sienne. J'avais même lieu de penser qu'ils y étaient pour beaucoup plus qu'ils n'y croyaient eux-mêmes. Mais je ne savais pas à quel point, et surtout de quelle manière cette architecture s'en prenait d'abord aux conditions mêmes du discours, à la grammaire et à la sémantique. Et pourquoi Eisenman est un écrivain, ce qui, loin de l'éloigner de l'architecture et d'en faire l'un de ces « théoriciens » qui, comme disent ceux qui ne font ni l'un ni l'autre, écrivent plus qu'ils ne construisent, ouvre au contraire un espace dans lequel deux écritures, la verbale et l'architecturale, s'impriment l'une dans l'autre hors des hiérarchies traditionnelles. Ce qu'Eisenman écrit « avec des mots » ne se limite pas à la réflexion dite théorique sur l'objet architectural, ce qu'il a été ou ce qu'il doit être. C'est aussi cela, bien sûr, mais encore autre chose, qui ne se développe pas seulement comme un métalangage sur une certaine autorité traditionnelle du discours en architecture. Il s'agit d'un autre traitement du mot, d'une autre « poétique », si l'on veut, qui participe de plein droit à l'invention architecturale sans la soumettre à l'ordre du discours.

Notre rencontre fut pour moi une chance. Mais l'aléa – voilà ce qui advient en toute rencontre – devait bien être au programme, à un programme abyssal dont je ne me risquerai pas à tenter ici l'analyse. Prenons les choses à ce point où Bernard Tschumi nous propose à tous les deux de collaborer à la conception de ce qui s'appelait par convention un « jardin » dans le Parc de La Villette, un jardin assez insolite pour ne comporter aucune végétation, seulement des liquides et des solides, eau et minéral. Je ne m'étendrai pas ici sur ma première contribution, un texte sur la Chora dans le *Timée*. L'énigme abyssale de ce que Platon dit du démiurge architecte, du lieu, de l'inscription qui imprime en lui les images de paradigmes, etc., tout cela m'avait paru mériter une sorte de mise à l'épreuve architecturale, une sorte de défi de rigueur, avec ses enjeux poétiques, rhétoriques et politiques, avec toutes les difficultés de lecture que ce texte avait opposées à des siècles d'interprétation. Mais encore une fois, je ne veux pas parler ici de ce qui a pu se passer de mon côté, du côté de la proposition que j'avançais, comme je m'avançais moi-même, avec la plus grande inquiétude. Ce qui compte ici, c'est ce qui est venu de l'autre côté, celui de Peter Eisenman.

Les choses paraissant commencer avec des mots et un livre, j'ai dû me rendre très vite à l'évidence. Eisenman ne prend pas seulement un grand plaisir, un plaisir jubilatoire, à jouer avec la langue, avec les langues, à la *rencontre* de plusieurs idiomes, accueillant les chances, attentif à l'aléa, aux greffes, aux glissements et dérives de la lettre. Il prend ce jeu au sérieux, si l'on peut dire, et sans lui donner le premier rôle inducteur dans un travail qu'on hésite à dire proprement ou purement architectural, sans constituer le jeu de la lettre en *origine déterminante* (il n'y a jamais rien de tel pour Eisenman), il ne l'abandonne pas *hors d'œuvre*. Les mots ne sont pas pour lui des exergues.

Je n'en rappellerai que deux exemples.

Après qu'il eut traduit ou plutôt transféré, transformé certains motifs par lui et pour lui appropriés de mon texte en un premier projet architectural, palimpseste sans fond, avec « scaling », « quarry » et « labyrinthe », j'insistai, et Eisenman en fut bien d'accord, sur la nécessité de donner à notre travail comme un titre, et un titre inventif. Celui-ci ne devrait pas avoir pour seule fonction de rassembler le sens et de produire ces effets d'identification légitimante qu'on attend des titres en général. D'autre part, précisément parce que ce que nous faisions n'était pas un jardin (catégorie sous laquelle l'administration de La Villette classait ingénument l'espace qui nous était confié) mais quelque chose, un lieu encore sans nom, sinon innommable, il fallait donner un nom, et faire de cette nomination un geste nouveau, une pièce supplémentaire de l'œuvre, autre chose qu'une simple référence à quelque chose qui existerait de toute façon sans le nom, hors du nom.

Trois conditions paraissaient requises.

1. Que ce titre fût une désignation aussi forte, rassemblante, économique que possible de l'œuvre. C'était là sa fonction « classique » et normalement référentielle de titre et de nom.

2. Que ce titre, tout en désignant l'œuvre depuis son dehors, fasse partie de l'œuvre, lui imprime, de l'intérieur, si l'on peut dire, une indispensable motion, la lettre du nom participant ainsi au corps même de l'architecture.

3. Que la structure verbale garde un tel rapport à l'aléa de la rencontre qu'aucun ordre sémantique ne puisse en arrêter le jeu, ni le totaliser depuis un centre, une origine ou un principe.

Choral work, tel fut le titre inventé par Eisenman.

Bien qu'il survînt à un moment où de longues discussions avaient déjà donné lieu aux premiers *drawings* et au schéma principiel de l'œuvre, ce titre parut s'imposer d'un seul coup : un coup de chance mais aussi le résultat d'un calcul. Aucune contestation, aucune réserve n'était possible. Le titre était parfait.

1. Il nomme de la façon la plus juste, selon la référence la plus efficace et la plus *économique,* une œuvre qui interprète à sa manière, dans une dimension à la fois discursive et architecturale, une lecture de la *chora* platonicienne. Le nom de *chora* est entraîné dans le chant (choral), voire dans la chorégraphie. Finale en *l, chora l : chora* devient plus liquide ou plus aérienne, je n'ose dire plus féminine.

2. Il devient indissociable d'une construction à laquelle il impose de l'intérieur une dimension nouvelle : chorégraphique, musicale et vocale à la fois. La parole, voire le chant, s'inscrivent ainsi, prennent place dans une composition rythmique. Donner lieu ou prendre place, c'est faire de la musique ou plutôt du chœur un événement architectural.

3. En même temps que l'allusion musicale, voire chorégraphique à la *chora* de Platon, ce titre est plus qu'un titre. Il dessine aussi une signature et la marque d'une signature plurielle, écrite par nous deux en chœur. Eisenman venait de faire ce qu'il disait. La performance, l'heureuse efficace du performatif, consiste à inventer tout seul la forme d'une signature qui non seulement signe pour deux, mais énonce en elle-même la pluralité de la signature chorale, la co-signature ou la contresignature. Il me donne sa signature, comme on dit de quiconque donne à un collaborateur le « pouvoir » de signer à sa place. L'œuvre devient musicale, une architecture à

plusieurs voix, à la fois différentes et accordées dans leur altérité même. Cela forme un don aussi précieux que pierreux, du corail *(coral)*. Comme si l'eau s'était naturellement alliée au minéral pour ce simulacre de création spontanée dans les profondeurs inconscientes de quelque océan partagé. *Ecce Homo :* l'abîme des fonds sans fond, la musique, un labyrinthe hyperbolique. La loi se trouve à la fois respectée et jouée. Car la commande qui nous avait été faite prescrivait aussi : seulement de l'eau et de la pierre pour ce pseudo-jardin, surtout pas de végétation. Voilà qui est fait, d'un coup, d'un coup de baguette magique, en deux mots, tout près du silence. La baguette magique est aussi d'un chef d'orchestre. Je l'entends encore comme le chef-d'œuvre d'un artificier, le jaillissement d'un feu d'artifice. Et comment ne pas penser à *Music for the Royal Fireworks,* au choral, à l'influence de Corelli, à ce « sens de l'architecture » qu'on admire toujours chez Haendel?

Les éléments se trouvent mis au jour, exposés au grand air : la terre, l'eau et le feu. Comme dans le *Timée* au moment de la formation du *cosmos.* Mais tous les sens qui se croisent alors comme par un effet de rencontre aléatoire, dans à peine plus de dix lettres, scellées, forgées *(coined)* dans la forgerie *(forgery)* idiomatique d'une seule langue, il est impossible de leur assigner un ordre, une hiérarchie, un principe de déduction ou de dérivation. Le « titre » se rassemble dans le poinçon, le sceau ou le paraphe de cette contre-signature (car c'était aussi une manière de ne pas signer en signant), mais en ouvrant l'ensemble auquel il semble appartenir. Aucun rôle capital pour ce titre ouvert à d'autres interprétations, comme on dit d'autres exécutions, d'autres musiciens, d'autres chorégraphes, d'autres voix aussi. La totalisation est impossible.

On peut tirer sur d'autres fils, d'autres cordes dans cet écheveau labyrinthique. Eisenman se réfère souvent au labyrinthe pour écrire les trajets appelés par certaines de ses œuvres : « Ces superpositions apparaissent dans un labyrinthe qui a son lieu dans le château de Juliette. Comme l'histoire de Roméo et Juliette, c'est l'expression analogique d'une tension irrésolue entre le destin et la volonté libre. Ici le labyrinthe, comme les lieux du château, devient un palimpseste. » Comme l'œuvre qu'il nomme, le titre *choral work* est à la fois palimpseste et labyrinthe, un dédale de structures surimprimées (le texte de Platon, la lecture que j'en ai proposée dans un texte, les abattoirs de La Villette, le projet d'Eisenman pour Venise et les « Folies » de Tschumi). En français, mais cela reste intraduisible, on dirait : le titre *se donne carrière.* Carrière, c'est *quarry.* Mais se donner carrière, c'est aussi se donner libre jeu, s'approprier un espace avec quelque insolence joyeuse. Littéralement, je l'entends ici au sens d'une carrière qui à la fois se donne gracieusement, livre son propre fond mais appartient d'abord à l'espace même qu'elle enrichit. Comment peut-on *donner* ainsi? Comment peut-on, tout en y puisant, enrichir l'ensemble dont on fait partie? Quelle est cette étrange économie du don? dans *Choral work* et ailleurs, Eisenman joue à constituer une partie de l'ensemble en carrière, c'est son mot, *quarry,* en mine de matériaux à déplacer pour le reste, à l'intérieur du même ensemble. La carrière est à la fois dedans et dehors, la ressource est incluse. Et la structure du titre obéit à la même loi, il a la même forme de potentialité, la même puissance : dynamique d'une invention immanente. Tout se trouve dedans mais c'est à peu près imprévisible.

Pour mon second exemple, il me faut tirer sur une autre corde. Cette architecture musicale et chorégraphique allait faire signe, comme si elle les incorporait ou les citait en elle, vers un genre poétique, à savoir le lyrique, et l'instrument à cordes qui lui correspond, je veux dire la lyre.

Le titre était déjà donné, nous avions progressé dans la préparation de *Choral work* quand Eisenman me suggéra de prendre enfin une initiative qui ne fût pas seulement discursive, théorique ou « philosophique » (je mets ce mot entre guillemets, la lecture que je propose de la *chora* ne relevant peut-être plus de la pensée philosophique, mais laissons cela). Il souhaitait à juste titre que notre chœur ne fût pas seulement l'agrégation de deux solistes, un écrivain et un architecte. Ce dernier signait et « designait », *designed* avec des mots. Je devais, de mon côté, projeter ou dessiner des formes visibles. En revenant de New York, dans l'avion, je lui écris une lettre comprenant un dessin et son interprétation. Pensant à l'un des passages les plus énigmatiques, à mes yeux, dans le *Timée* de Platon, je souhaitais que la figure d'un *crible* vînt s'inscrire à même le *Choral work* pour y laisser la mémoire d'une synecdoque ou d'une métonymie errante. Errante, c'est-à-dire sans reprise possible dans quelque totalité dont elle ne figurerait que le morceau détaché : ni fragment ni ruine. Le *Timée* utilise en effet ce qu'on appelle sans doute abusivement une métaphore, celle du crible, pour décrire la façon dont le lieu (la *chora*) filtre les « types », les forces ou les semences qui viennent s'imprimer en elle :

> Or la « nourrice » de ce qui naît, humectée, embrasée et recevant aussi les formes de la terre et de l'air et subissant toutes les autres modifications qui suivent de celles-là, apparaît à la vue comme

infiniment diversifiée. Toutefois, emplie par des forces qui n'étaient ni uniformes ni équilibrées, elle ne se trouve en équilibre sous aucun rapport, mais secouée irrégulièrement dans tous les sens, elle est ébranlée par ces forces et, en même temps, le mouvement qu'elle en reçoit, elle le leur restitue, à son tour, sous la forme de secousses nouvelles. Or, les objets toujours portés ainsi, tantôt d'un côté, tantôt de l'autre, se séparent les uns des autres. De même, par l'action des *cribles* et des autres engins qui servent à épurer le grain, des *semences* secouées et agitées, celles qui sont denses et lourdes vont d'un côté, celles qui sont rares et légères se portent et se fixent à la place opposée. Pareillement, ici, les quatre éléments ont été secoués par la réalité qui les avait reçus et dont le mouvement propre leur communiquait des secousses, *comme un crible*. (*Timée*, 52 e-53 a.)

Ce n'est pas ici le lieu d'expliquer pourquoi ce passage m'a toujours paru provocant, fascinant aussi par la résistance même qu'il offre à la lecture. Peu importe pour le moment. Comme pour donner un corps à cette fascination, j'écris donc à Eisenman, dans l'avion, cette lettre dont on me permettra de citer un fragment :

> Vous vous rappelez ce que nous avions envisagé ensemble à Yale : que pour finir j'« écrive », si on peut dire, *sans* un mot, une pièce hétérogène, *sans* origine ni destination apparente, comme un fragment venu, *sans* plus faire signe vers aucune totalité (perdue ou promise), rompre le cercle de la réappropriation, la triade des trois sites (Eisenman-Derrida, Tschumi, La Villette), bref la totalisation, la configuration encore trop historique, telle qu'elle se livrerait à un déchiffrement général. Et pourtant j'ai pensé que, sans livrer aucune assurance à ce sujet, quelque métonymie détachée, énigmatique, rebelle à l'histoire des trois sites et même au palimpseste, devrait « rappeler », par chance, si on la rencontrait, quelque chose, le plus incompréhensible, de *chora*. Pour moi, aujourd'hui, le plus énigmatique, ce qui résiste et provoque le plus, dans la lecture que je tente du *Timée*, c'est, je vous en reparlerai, l'allusion à la figure du crible (*plokanon*, ouvrage ou corde tressée, 52 e), à la *chora* comme crible) (*sieve, sift*, j'aime aussi ces mots anglais). Il y a là, dans le *Timée*, une allusion figurale que je ne sais pas interpréter et qui me paraît pourtant décisive. Elle dit quelque chose comme le mouvement, la secousse *(seiesthai, seien, seiomena)*, le séisme au cours duquel une sélection de forces ou des semences *a lieu*, un tri, un filtrage, là où pourtant le lieu reste impassible, indéterminé, amorphe, etc. Ce passage est, dans le *Timée*, aussi erratique (me semble-t-il), difficilement intégrable, privé d'origine et de *telos* manifeste, que cette pièce que nous avons imaginée pour notre *choral work*.
>
> Je propose donc la « représentation », « matérialisation », « for-

mation » suivante (à peu près) : en un ou trois exemplaires (s'il y en a trois, with different scalings), un objet métallique doré (il y a de l'or dans le passage du *Timée* sur *chora* et dans votre projet vénitien) serait planté de façon oblique dans le sol. Ni vertical ni horizontal, un cadre très solide ressemblerait à la fois à une trame, à un crible ou à une grille *(grid)* et à un instrument de musique à *cordes* (piano, harpe, lyre? : *strings, stringed instrument, vocal chord,* etc.).

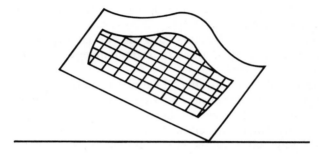

En tant que grille, *grid,* etc., il aurait un certain rapport avec le filtre (télescope ou révélateur photographique, machine tombée du ciel après avoir photographié, radiographié, filtré en vue aérienne). Filtre interprétatif et *sélectif* qui aura permis de lire et de cribler les trois sites et les trois couches (Eisenman-Derrida, Tschumi, La Villette). En tant qu'instrument à cordes, il ferait signe vers le concert et le choral multiple, la *chora* de *Choral work.*

Je crois que rien ne devrait être inscrit sur cette sculpture (car c'est une sculpture) à moins que, peut-être, le titre et une signature n'y figurent quelque part (*Choral work,* by... 1986) ainsi qu'un ou deux mots grecs (*plokanon, seiomena,* etc.). À discuter, entre autres choses... (30 mai 1986) [1].

On l'aura noté au passage, l'allusion au filtrage d'une interprétation sélective en appelait, dans ma lettre, à Nietzsche, à une certaine scène qui se joue entre Nietzsche et les présocratiques, ceux-là mêmes qui semblent hanter tel passage du *Timée,* par exemple Démocrite.

Que fait alors Eisenman? Il interprète à son tour, activement et sélectivement. Il traduit, transpose, transforme et s'approprie ma

---

1. Depuis, les dessins et maquettes de ce projet en cours de réalisation ont été publiés. Cf. « Œuvre chorale », in *Vaisseau de Pierres,* 2, *Parc-Ville Villette,* Champ-Vallon, 1987.

lettre, la réécrit dans sa langue, dans *ses* langues, l'architecturale et quelques autres. Il donne à la structure architecturale en cours d'élaboration – mais déjà très stabilisée – une autre forme, celle d'une lyre couchée, sur un plan oblique. Puis, changement d'échelle, il la réinscrit à l'*intérieur* d'elle-même, une petite lyre dans une grande. Il ne se contente pas de mettre la métonymie *en abyme,* au fond de l'océan où le corail se sédimente, pour déjouer les ruses de la raison totalisante. Parmi tous les instruments à cordes évoqués dans ma lettre (piano, harpe, lyre), il en choisit un, dont il réinvente le jeu dans sa propre langue, l'anglais. Et en inventant un autre dispositif architectural, il transcrit cette réinvention linguistique, la sienne.

Que se passe-t-il en effet? D'abord il ajoute une autre justification et une autre dimension au titre ouvert, *choral work,* qui s'en trouve enrichi et surdéterminé. Ensuite, sur toutes les cordes sémantiques, ou aussi bien formelles, du *mot* « lyre » – qui se trouve être homographique en français et en anglais –, on entend résonner différents textes. Ceux-ci s'ajoutent, se superposent, se surimpriment l'un *dans* l'autre, *sur* ou *sous* l'autre, selon une topologie apparemment impossible, non représentable, à travers une paroi. Une paroi invisible, certes, mais audible dans la répercussion interne de plusieurs couches sonores. Ces couches sonores sont aussi des couches de sens mais vous le remarquez aussitôt, cela se dit, de façon quasi homophonique, dans le mot anglais « couche » *(layer)* qui à la fois fait partie de la série des couches dont je viens de parler et en désigne aussi l'ensemble.

Les strates de ce palimpseste, ses « layers » sont donc sans fond, puisque, pour la raison que je viens de dire, elles ne se laissent pas totaliser.

Or cette structure de palimpseste non totalisable qui puise dans l'un de ses éléments la ressource des autres (leur carrière ou *quarry*) et fait de ce jeu de différences internes (échelle sans terme, *scaling* sans hiérarchie), un labyrinthe irreprésentable, inobjectivable, c'est justement la structure de *Choral work,* sa structure de pierre et de métal, la superposition des couches (La Villette, projet Eisenman-Derrida, Folies de Tschumi, etc.) s'enfonçant dans l'abîme de la *chora* « platonicienne ». « Lyre », « Layer », est donc un bon titre, sur-titre ou sous-titre pour *Choral work.* Et ce titre est inscrit *dans* l'œuvre, comme une pièce de cela même qu'il nomme. Il dit la vérité de l'œuvre dans le corps de l'œuvre, il dit la vérité dans un mot qui est plusieurs, une sorte de livre feuilleté, mais aussi la figure visible d'une lyre, la visibilité d'un instrument qui fomente l'invisible : la musique. Et tout ce que *lyrique* en un mot peut donner à entendre.

Mais pour ces raisons mêmes, la vérité de *Choral work,* celle que disent, et font, et donnent *lyre* ou *layer,* n'est pas une vérité : elle n'est pas présentable, représentable, totalisable, elle ne se montre jamais elle-même. Elle ne donne lieu à aucune révélation de présence, encore moins à une adéquation. C'est une irréductible inadéquation que nous venons d'évoquer. Et un défi au subjectile : toutes ces couches de sens et de formes, de visibilité et d'invisibilité s'étendent *(lie)* les unes *dans* les autres, *sur* ou *sous* les autres, *devant* ou *derrière* les autres, mais la vérité de ce rapport ne s'établit jamais, elle ne se stabilise dans aucun jugement. Elle fait toujours dire, allégorique-ment, autre chose que ce qu'on dit. *En un mot* elle fait mentir. La vérité de l'œuvre est cette puissance mensongère, ce menteur *(liar)* [1] qui accompagne toutes nos représentations (comme Kant le disait du « je pense ») mais qui les accompagne aussi comme une lyre peut accompagner un chœur.

Sans équivalent et donc sans contraire. Dans ce palimpseste abyssal, aucune vérité ne peut se fonder sur quelque présence prin-cipielle ou finale du sens. Dans le labyrinthe de ce corail, la vérité est la non-vérité, l'errance de l'une de ces « errors » qui appartient au titre d'un autre labyrinthe, d'un autre palimpseste, d'une autre « *quarry* ». De cet autre je parle sans le nommer depuis tout à l'heure. Je parle de Roméo et Juliette, toute une histoire de noms et de contretemps dont j'ai aussi écrit ailleurs [2], ici du Roméo et Juliette d'Eisenman, *Moving Arrows Eros And Other Errors.* N'ai-je pas menti? N'ai-je pas parlé depuis tout à l'heure d'autre chose, par allégorie, que ce que vous croyiez? Oui et non. Le mensonge est sans contraire, mensonge absolu et nul. Il n'induit pas en erreur mais dans des « *moving errors* » dont l'errance est à la fois finie et infinie, aléatoire et programmée. De ce mensonge sans contraire, le « *liar* » reste donc introuvable. Ce qui reste « est » l'introuvable, tout autre chose qu'un signataire conscient et assuré de sa maîtrise, tout autre chose qu'un sujet, mais une série infinie de subjectiles et de contresignataires, dont vous, prêts à prendre, à payer ou manquer le plaisir donné au passage d'Éros. *Liar* ou lyre, voilà le nom royal, pour le moment, l'un des meilleurs noms, à savoir l'homonyme et le pseudonyme, la

---

1. « The pink edition, extra sporting, of the *Telegraph,* tell a graphic lie, lay, as luck would have it, beside his elbow... », Joyce, *Ulysses,* p. 567. Cité in *Ulysse Gramophone, Deux mots pour Joyce,* Galilée, 1986, p. 67.

2. « L'aphorisme à contretemps », in *Roméo et Juliette, Le Livre,* Papiers, Paris, 1986. Voir ici même, plus loin.

voix multiple de ce signataire secret, le titre crypté du *choral work*.
Mais si je dis que nous le devons à la langue, plutôt qu'à Peter
Eisenman, vous me demanderez : quelle langue? Il y en a tant.
Voulez-vous dire la *rencontre* des langues? Une architecture au moins
tri- ou quadrilingue, des pierres ou du métal polyglottes?

– Mais si je vous dis que nous devons cette chance à Peter
Eisenman, dont le nom, vous le saviez, porte en lui la pierre et le
métal, me croirez-vous? Je vous dis pourtant la vérité. C'est la vérité
de cet homme de fer déterminé à rompre avec l'échelle anthropo-
centrique, avec « l'homme mesure de toutes choses » : il écrit de si
bons livres! Je vous le jure!

– C'est ce que disent tous les menteurs, ils ne mentiraient pas
s'ils ne disaient pas qu'ils disent le vrai.

– Je vois que vous ne me croyez pas, reprenons les choses
autrement. Qu'est-ce que j'espère avoir démontré, au sujet de *Choral
work,* tout en proposant, de l'autre main, un récit autobiographique
de ma rencontre avec Peter Eisenman, dans toutes les langues qui
le travaillent? Que tout cela se référait en vérité à deux autres œuvres,
FIN D'OU T HOU S et *Moving Arrows Eros And Other Errors.* Ce
que Jeffrey Kipnis a justement analysé comme « le jeu infini des
lectures » *(the endless play of readings)* [1] vaut pour ces trois œuvres.
Chacune des trois est à la fois plus grande et plus petite que la
série, qui comprend sans doute aussi le projet de Venise et quelques
autres. Et il me fallait trouver un moyen économique pour parler
des trois en une seule et en quelques pages, celles qui m'étaient
attribuées. De même, à La Villette, nous avons peu d'espace, un
seul espace dont nous devons nous accommoder. Nous l'avons déjà

---

1. « So an endless play of readings : " find out house ", " fine doubt house ",
" find either or " " end of where ", " end of covering " [In the wealth of reading
possibilities, two of an " inside " nature that have recently arisen might be interesting
to indicate. " Fin d'Ou T " can also suggest the French *fin d'août,* the end of August,
the period, in fact, when the work on the project was completed. In addition, an
English reader affecting French might well mispronounce this same fragment as
" fondue ", a Swiss cooking technique (from the French *fondu* for melted, also a
ballet term for bending at the knee) alluding to the presence of a Swiss-trained
Dutch architect, Pieter Versteegh, as a principle design assistant!] etc., is provoked
by regulated manipulations of the spaces – between letters, between languages,
between image and writing – a manipulation that is in every way formal, in every
way writing, yet blatantly independant of the manipulations that the foundations (of
French or English) would permit. » (Jeffrey Kipnis, *Architecture Unbound, Consequences
of the recent work of Peter Eisenman,* in *Peter Eisenman, Fin d'OU T hou S,* Architectural
Association, Londres, 1985, p. 19.)

multiplié ou divisé par trois en son dedans, nous espérons bien le multiplier encore par trois dans l'avenir. Pour l'instant il faut trouver une structure qui prolifère à l'intérieur d'une économie donnée, faisant flèche, comme on dit en français, de tout bois. Lorsque le sens se déplace comme une flèche, sans se laisser jamais arrêter ni rassembler, les erreurs *(errors)* qu'il induit et qui ne sont plus des mensonges, on ne les opposera plus au vrai. Entre *errors, eros* et *arrows,* la transformation est sans fin, la contamination à la fois inévitable et aléatoire. Aucun des trois ne préside à la rencontre. Ils se traversent l'un l'autre comme des flèches, font de la *misreading* ou *misspelling* une force générative qui dit, tout en le procurant, le plaisir. Si j'en avais le temps et la place, j'analyserais les stratagèmes dont joue Peter Eisenman, ce qu'il doit faire dans ses livres, c'est-à-dire aussi dans ses constructions, pour filer comme une flèche en évitant d'être pris dans des oppositions avec lesquelles il lui faut pourtant négocier. L'absence dont il parle dans *Moving Arrows...* ne s'oppose pas, surtout pas dialectiquement, à la présence. Liée à la structure discontinue du « *scaling* », elle n'est pas le vide. Déterminée par la récursivité et par la différence interne-externe de la « *self-similarity* », elle « produit », elle « est » (sans être ni être une origine ou une cause productrice) un *texte,* mieux et autre chose qu'un « bon livre », plus qu'un livre, plus d'un livre; un texte comme « an unending *transformation* of properties » : « *Rather than an esthetic object the object becomes a text...* » Ce qui déjoue l'opposition présence/absence, et donc toute une ontologie, doit pourtant s'avancer dans la langue qu'elle transforme ainsi, dans laquelle se trouve imprimé ce que cette langue littéralement contient *sans* contenir. L'architecture d'Eisenman marque ce *sans,* que je préfère écrire en anglais, *without,* avec/sans, *within and out,* etc. Ce *without* de la langue, on s'y rapporte en le maîtrisant pour en jouer, et à la fois pour en subir la loi, qui est la loi *de* la langue, des langues, en vérité de toute marque. On est à cet égard à la fois actif et passif. Et on peut dire une chose *analogue* au sujet de cette opposition actif/passif dans les textes d'Eisenman, une chose analogue aussi au sujet de ce qu'il dit de l'analogie. Mais il faut savoir arrêter une flèche. Il sait aussi le faire.

On pourrait être tenté de parler ici d'un *Witz* architectural, d'une nouvelle économie textuelle (et *oikos,* c'est la maison, Eisenman construit aussi des maisons), une économie dans laquelle on n'a plus à exclure l'invisible du visible, à opposer le temporel au spatial, le discours et l'architecture. Non qu'on les confonde, mais on les distribue selon une autre hiérarchie, une hiérarchie sans arche, une mémoire sans origine, une hiérarchie sans hiérarchie.

Ce que là il y a *(there is, es gibt)* : un au-delà du *Witz,* comme un au-delà du principe de plaisir, si du moins on l'entend sous ces deux noms, *Witz* et *plaisir,* la loi intraitable de l'épargne et de l'économie.

La question du livre, encore, pour finir : on voudrait parfois laisser entendre, un peu légèrement, que les architectes « théoriciens », les plus innovateurs d'entre eux, écrivent des livres au lieu de construire. Ceux qui s'en tiennent à ce dogme, il faut le rappeler, ne font en général ni l'un ni l'autre. Eisenman écrit en effet. Mais pour rompre les normes et l'autorité de l'économie existante, il lui a fallu, par ce qui ressemble encore au livre, frayer *effectivement* un nouvel espace dans lequel cette anéconomie serait à la fois possible et jusqu'à un certain point légitimée, négociée. La négociation a lieu dans le temps, et il en faut, avec les pouvoirs et la culture du moment. Car au-delà de l'économie, au-delà du livre, dont la forme relève encore de cette manie totalisante du discours, il écrit autre chose.

C'est un *topos :* on a souvent comparé le monument à un livre [1]. Les livrets d'Eisenman ne sont sans doute plus des livres. Ni tellement « bons et beaux ». Ils passent la mesure de la calligraphie ou de la *callistique,* cet ancien nom de l'esthétique. Je ne dirai pas qu'ils sont pour autant sublimes. Dans sa démesure même, le sublime est encore à la mesure de l'homme.

Ecce Homo : fin, la fin de tout.

---

1. Ou le livre à un monument. Hugo par exemple, dans *Notre-Dame de Paris :* « Le livre tuera l'édifice », mais aussi « La bible de pierre et la bible de papier » ... « la cathédrale de Shakespeare » ... « la mosquée de Byron »...

Cinquante-deux aphorismes
pour un avant-propos

1. L'aphorisme tranche, mais par sa substance autant que par sa
    forme, il décide en un jeu des mots. Même s'il parle de
l'architecture, il ne lui appartient pas. Cela va de soi et l'aphorisme,
qui relève du discours, donne souvent à l'évidence triviale l'autorité
d'une sentence.

2. On attend de l'aphorisme qu'il prononce le vrai. Il prophétise,
    vaticine parfois, profère ce qui est ou ce qui sera, l'arrête d'avance
dans une forme monumentale, certes, mais anarchitecturale : dissociée
et a-systémique.

3. S'il y a une vérité de l'architecture, elle paraît doublement
    allergique à l'aphorisme : elle se produit comme telle, pour
l'essentiel, hors du discours. Elle concerne une organisation articulée,
mais une articulation muette.

4. Parler ici d'aphorismes, et par aphorisme, c'est s'installer dans
    l'analogie entre la rhétorique et l'architecture. On suppose ainsi
résolu le problème, l'un des problèmes au-devant desquels se risquent,
chacun à leur manière, tous les textes ici rassemblés. L'analogie entre
logos (logie) et architecture n'est pas une analogie parmi d'autres.

---

* Préface à *Mesure pour mesure. Architecture et philosophie,* numéro spécial des
Cahiers du CCI (Centre Georges-Pompidou), 1987 (« ...premier compte rendu des
travaux menés entre 1984 et 1986 à l'initiative du Collège international de philosophie et du Centre de création industrielle... »).

Pas plus qu'elle ne se réduit à une simple figure de rhétorique. Le *problème* de l'analogie définirait donc l'espace même de ce livre, l'ouverture donnée à son *projet*.

5. Un *problème*, le sujet d'une discussion ou le thème d'une recherche, dessine toujours, il esquisse les lignes d'une construction. C'est souvent une architecture protectrice. *Problema :* ce qu'on anticipe ou ce qu'on se *propose*, l'*objet* qu'on place devant soi, l'armure, le bouclier, l'obstacle, le vêtement, le rempart, la saillie, le promontoire, la barrière. On se tient toujours et *devant* et *derrière* le problème.

6. Qu'est-ce qu'un *projet* en général? Et qu'est-ce que le « projet » en architecture? Comment interpréter sa généalogie, son autorité, sa politique – bref sa philosophie à l'œuvre? Si les textes réunis dans ce volume se croisent souvent autour de ces questions, on se demandera ce que peut signifier ce « projet »-ci, ce qui s'expose ou rassemble dans une préface, l'avant-propos ou l'avant-projet d'un livre sur l'architecture et la philosophie.

7. Un texte qui se présente comme un simulacre d'avant-propos, une série discontinue, un archipel d'aphorismes, voilà une composition intolérable en ce lieu, un monstre rhétorique et architectural. Démontrez-le. Puis lisez ce livre. Vous commencerez peut-être à douter.

8. Ceci est un mot, une phrase, donc ceci n'est pas de l'architecture. Mais prouvez-le, exhibez vos axiomes et vos définitions et vos postulats.

9. Voici de l'architecture : projet illisible et à venir, école encore inconnue, style à définir, espace inhabitable, invention de nouveaux paradigmes.

10. *Paradeigma* signifie « plan d'architecte », par exemple. Mais *paradeigma,* c'est aussi l'exemple. Il reste à savoir ce qui arrive quand on parle d'un paradigme architectural pour d'autres espaces, d'autres techniques, arts, écritures. Le paradigme comme paradigme pour tout paradigme. Du jeu de mots en architecture – et si le *Witz* y est possible.

11. L'architecture ne tolère pas l'aphorisme, paraît-il depuis que l'architecture existe comme telle en Occident. Il faudrait peut-être en conclure qu'un aphorisme en toute rigueur n'existe pas : il ne paraît pas, ne se donne pas à voir dans l'espace, ni traverser, ni habiter. Il n'est pas, même s'il y en a. Comment se laisserait-il lire ? On n'y entre ni n'en sort jamais, il n'a donc ni commencement ni fin, ni fondement ni finalité, ni bas ni haut, ni dedans ni dehors. Ces assertions n'ont de sens qu'à la condition d'une analogie entre le discours et tous les arts dits de l'espace.

12. Ceci est un aphorisme, dit-il. Et l'on se contentera de le citer.

13. De la citation : bien qu'elle y soit engagée selon une modalité singulière, bien qu'elle n'imite pas à la façon dont une peinture ou une sculpture en viennent à représenter un modèle, l'architecture de la « tradition » appartient à l'espace de la *mimesis*. Elle est traditionnelle, elle constitue la tradition par là-même. Malgré les apparences, la « présence » d'un édifice ne renvoie pas seulement à elle-même, elle répète, signifie, évoque, convoque, reproduit, elle cite aussi. Elle *porte* vers l'autre et se *réfère,* elle se divise en sa *référence* même. Des guillemets en architecture.

14. Il n'y a jamais eu d'architecture sans « préface ». Les guillemets signalent ici le risque de l'analogie. Une « préface » architecturale comprend, entre autres préliminaires, le projet ou ses analogues, la méthodologie qui définit les voies et les procédures, les préambules axiomatiques, principiels ou fondamentaux, l'exposition des finalités, puis les modèles de la mise en œuvre, et enfin, dans l'œuvre même, tous les modes d'accès, le seuil, la porte, l'espace vestibulaire. Mais la préface (sans guillemets cette fois, la préface d'un livre) doit annoncer l'« architecture » d'un ouvrage dont il est bien difficile de dire si, oui ou non, elle lui appartient.

15. On attend d'une préface qu'elle décrive et justifie la composition du livre : pourquoi et comment il fut ainsi construit. Pas de préface à une déconstruction, à moins que ce ne soit une préface à l'envers.

16. Toute préface est à l'envers. Elle se présente à l'endroit, comme il est requis, mais dans sa construction, elle procède à l'envers, elle est développée *(« processed »),* comme on le dit de la photographie et de ses négatifs, depuis la fin ou la finalité supposée : une certaine conception du « projet » architectural.

17. L'analogie a toujours procédé dans les deux sens, ce livre-ci le démontre : on parle de l'architecture d'un livre mais on a souvent comparé telles constructions de pierre à des volumes offerts au déchiffrement.

18. La préface n'est pas un phénomène institutionnel parmi d'autres. Elle se présente elle-même comme institution de part en part, l'institution par excellence.

19. Demander une préface, c'est se fier à une idée conjointe de la signature et de l'architecture : la loi du seuil, la loi sur le seuil ou plutôt la loi comme le seuil même, et la porte (une immense tradition, la porte « devant la loi », la porte à la place de la loi, la porte faisant la loi qu'elle est), le droit d'entrer, les présentations, les titres, la légitimation qui dès l'ouverture de l'édifice donne les noms, annonce, prévient, introduit, dégage une perspective sur l'ensemble, situe les fondations, rappelle l'ordre, rappelle à l'ordre du commencement et de la fin, du commandement aux finalités, de l'*arkhè* en vue du *telos*.

20. Une préface rassemble, relie, articule, prévoit les passages, dénie les discontinuités aphoristiques. Il y a un genre interdit pour la préface, c'est l'aphorisme.

21. Ceci n'est pas un aphorisme.

22. Le Collège international de philosophie se devait de donner lieu à une *rencontre,* une rencontre pensante, entre philosophie et architecture. Non pas pour les mettre enfin face à face, mais pour penser ce qui depuis toujours les maintient ensemble dans la plus essentielle des cohabitations. Elles s'impliquent l'une l'autre selon des nécessités qui ne relèvent pas seulement de la métaphore ou de la rhétorique en général (architectonique, système, fondement, projet, etc.).

23. Le Collège international de philosophie est la vraie préface, la vérité de la préface à cette rencontre et à ce livre. Sa préface à l'endroit puisque d'une certaine façon il n'existe pas encore, ce Collège, il se cherche depuis plus de quatre ans, il cherche la forme de sa communauté, son modèle politique, qui ne sera peut-être plus politique, et donc son dessein architectural qui ne sera peut-être plus une architecture. Mais pour ce faire, pour donner lieu à cette rencontre

et à ce livre, il est soutenu par les forces d'une institution solide, légitime, ouverte, amie : le Centre de création industrielle (CCI). Ce fait est un *problème,* c'est-à-dire la plus généreuse des « protections » (voir plus haut, aphorisme 5) : centre, création, industrie.

24. Un aphorisme authentique ne doit jamais renvoyer à un autre.
Il se suffit à lui-même, monde ou monade. Mais qu'on le veuille ou non, qu'on le voie ou non, des aphorismes s'enchaînent ici, *comme* aphorismes, et en nombre, numérotés. Leur série se plie à un ordre *irréversible.* En quoi elle est sans être architecturale. Lecteur, visiteur, au travail!

25. Un aphorisme n'enjoint jamais. Il ne s'exclame pas, il n'ordonne ni ne promet. Il propose au contraire, arrête et dit ce qui est, un point c'est tout. Un point qui n'est pas d'exclamation.

26. Le Collège international de philosophie s'est donné pour tâche de penser l'institutionnalité de l'institution, et d'abord la sienne, notamment en ce qui conjoint l'architecture, la signature et la préface (question des noms, des titres, du projet, de la légitimation, du droit d'accès, des hiérarchies, etc.) Mais chose étrange, s'il a pu *donner lieu* à de telles rencontres et à un livre comme celui-ci, c'est peut-être dans la mesure où il n'a pas encore de lieu ni de forme architecturale qui lui soit propre. Cela tient sans doute à des limites héritées du vieil espace politico-institutionnel, à ses contraintes les plus tenaces et les moins contournables.

27. Dès son Avant-projet, le Collège international de philosophie se devait de penser son architecture, ou du moins son rapport à l'architecture. Il devait se préparer à inventer, et non seulement pour lui-même, une configuration des lieux qui ne reproduise pas la topique philosophique qu'il s'agit justement d'interroger ou de déconstruire. Cette topique réfléchit des modèles ou se réfléchit en eux : structures socio-académiques, hiérarchies politico-pédagogiques, formes de communauté qui président à l'organisation des lieux ou ne s'en laissent en tout cas jamais séparer.

28. Déconstruire l'*artefact* nommé « architecture », c'est peut-être commencer à le penser comme *artefact,* à repenser l'artefacture à partir de lui, et la technique, donc, en ce point où elle reste inhabitable.

29. Dire que l'architecture doit être soustraite aux fins qu'on lui
     assigne, et d'abord à la valeur d'habitation, ce n'est pas prescrire
des constructions inhabitables, mais s'intéresser à la généalogie d'un
contrat sans âge entre l'architecture et l'habitation. Est-il possible de
faire œuvre sans aménager une manière d'habiter? Tout passe ici par
des « questions à Heidegger » sur ce qu'il croit pouvoir dire de cela,
que nous traduisons en latin par « habiter ».

30. L'architecture d'une institution – par exemple une institution
     philosophique – n'est ni son essence ni son attribut, ni sa
propriété ni son accident, ni sa substance ni son phénomène, ni son
dedans ni son dehors. Ce qui s'ensuit, qui n'est pas rien, ne relève
peut-être plus de la conséquence philosophique : l'architecture ne
serait pas.

31. En se construisant – dé-construisant ainsi, le Collège interna-
     tional de philosophie se devait, cela dès son Avant-projet,
d'ouvrir la philosophie à d'autres « disciplines » (ou plutôt à d'autres
questions sur la possibilité de la « discipline », sur l'espace de l'enseignement), à d'autres expériences théoriques et pratiques. Non
seulement au nom de la sacro-sainte interdisciplinarité qui suppose
des compétences attestées et des objets déjà légitimes, mais en vue
de « jets » (projets, objets, sujets) nouveaux, de gestes nouveaux,
encore inqualifiés. Qu'est-ce que « jeter » pour la pensée? Et pour
l'architecture? Que veut dire « jeter les fondements »? Qu'est-ce que
« lancer », « envoyer », « s'élancer », « ériger », « instituer »?

32. La déconstruction du « projet » dans tous ses états. L'architecture
     est sans être dans le projet – au sens technique ou non de ce
terme.

33. On doit poser à l'architecte une question analogue à celle du
     subjectile (par exemple en peinture, dans les arts graphiques
ou sculpturaux). Question du support ou de la substance, du *sujet,*
de ce qui est *jeté dessous.* Mais aussi de ce qui se jette en avant ou
d'avance dans le *projet* (projection, programme, prescription, promesse, proposition), de tout ce qui appartient, dans le processus
architectural, au mouvement du lancer ou de l'être-lancé, du jeter
ou de l'être-jeté *(jacere, jacio/jaceo).* Horizontalement ou verticale-
ment : des fondations pour l'érection d'un édifice qui toujours s'élance
vers le ciel, là où, suspens apparent de la *mimesis,* il n'y avait rien.
Une thèse pose quelque chose à la place de rien ou du manque.

C'est le projet comme prothèse. Autre valeur du *pro :* non pas en avant ou en avance, ni le problème ni la protection, mais ce qui vient à la place de –. De la supplémentarité architecturale.

34. Le Collège international de philosophie se devait – et cela fut dit dès l'Avant-projet – de donner lieu à des recherches appelées par commodité *performatives.* Entendons par là ces moments où le savoir fait œuvre, quand le constat théorique ne se laisse plus dissocier de l'événement qu'on appelle « création », « composition », « construction ». Il ne suffit pas ici de dire que l'architecture en est un des meilleurs paradigmes. Le mot même et le concept de paradigme ont une valeur exemplairement architecturale.

35. Le Collège international de philosophie annonçait, dès son Avant-projet, qu'il ne négligerait aucun des enjeux de ce qu'on appelle l'enseignement, et sans se limiter à la discipline philosophique. Toute didactique comporte une philosophie, un rapport à la philosophie, fût-il dénié. Quelle est, dans ce pays, la philosophie pratiquée ou ignorée par la pédagogie de l'architecture, l'enseignement de son histoire, de ses techniques, de sa théorie, de ses rapports avec les autres « arts », les autres textes, les autres institutions, les autres instances politico-économiques? Dans ce pays et dans les autres? La situation de la France est très singulière à cet égard et ce livre, en s'attachant à certaines prémisses philosophiques, pourrait contribuer à une sorte de déplacement général des frontières, à une autre expérience de l'internationalité. C'est sans doute une urgence pour l'architecture, en tout cas un projet essentiel pour un Collège international.

36. Compte tenu de ce qui se trouve enseigné du « projet » architectural dans ce livre, on hésite à parler d'un « projet » du Collège international de philosophie. Dire qu'il n'a pas de projet, ce n'est pas pour autant dénoncer son empirisme ou son aventurisme. De même, une architecture sans projet s'engage peut-être dans une œuvre plus pensante, plus inventive, plus propice que jamais à la venue de l'événement.

37. Dire de l'architecture qu'elle n'est pas, c'est peut-être sousentendre qu'elle arrive. Elle se donne lieu sans en revenir, voilà l'événement.

38. Il n'y a pas de projet déconstructeur, pas de projet pour la déconstruction.

39. Le projet : c'est et ce n'est pas l'essence de l'architecture. Il aura peut-être été l'histoire de l'architecture, son ordre en tout cas.

40. Laisser l'aphorisme sur le seuil. Il n'y a pas de place habitable pour l'aphorisme. La force disjonctive ne peut se mettre en œuvre architecturale qu'à l'instant où, par quelque synergie secrète ou déniée, elle se laisse intégrer à l'ordre d'un récit, quelle qu'en soit la dimension, dans une histoire ininterrompue, entre le commencement et la fin, le soubassement fondateur et le faîte, la cave et le toit, le sol et la pointe de la pyramide...

41. Pas d'habitat pour l'aphorisme, mais on n'habite pas davantage un aphorisme, ni l'homme ni le dieu. L'aphorisme n'est ni une maison, ni un temple, ni une école, ni un parlement, ni une *agora,* ni une tombe. Ni une pyramide, ni surtout un *stade.* Quoi d'autre?

42. Bon gré mal gré, l'aphorisme est irrémédiablement édifiant.

43. Rien de plus architectural qu'un aphorisme pur, dit l'autre. Architecture dans la forme la plus philosophique de son concept : non pas une interruption pure, non pas un fragment dissocié, mais une totalité qui prétend se suffire, la figure du système (l'architectonique est l'art des systèmes, dit Kant) dans son éloquence la plus autoritaire, péremptoire, dogmatique, auto-légitimante jusqu'à la complaisance, quand elle met tout en œuvre pour faire l'économie d'une démonstration.

44. L'aphorisme résume, rassemble tout en lui-même, comme le savoir absolu. Il ne pose plus de question. Point d'interrogation : impossible de ponctuer ainsi un discours qui est ou qui produit sa propre méthode, comprend en lui-même ses préambules ou vestibules. Si l'architecture est dominée par le *logos,* le caractère à la fois prescriptif et entier de l'aphorisme voit triompher cette philosophie logocentrique de l'architecture. L'aphorisme commande, il commence et finit : architectonique, archi-eschatologie et archi-téléologie. Il rassemble en lui-même, agence l'avant-projet, le projet, la maîtrise d'œuvre et la mise en œuvre. Il nie la résistance des

matériaux (ici tous les mots en R : la terre, la matière, la pierre, le verre, le fer, sans lesquels, pense-t-on, il n'y a pas d'architecture qui tienne, seulement des discours *analogiques* sur l'architecture). Pour le vérifier, il ne faut pas se contenter de ce que Hegel dit de l'architecture elle-même, mais tenir compte de ce qu'elle n'est rien, elle-même, une fois soustraite à la téléologie du savoir absolu. De même, les aphorismes ne peuvent se multiplier, se mettre en série, qu'à se confirmer ou à se contredire les uns les autres.

45.   Il y a toujours plus d'un aphorisme.

46.   Malgré leur apparence fragmentaire, ils font signe vers la mémoire d'une totalité, à la fois ruine et monument.

47.   Dans leur multiplicité contradictoire, ils peuvent toujours redevenir des moments dialectiques, le savoir absolu en réserve dans une thèse ou dans une antithèse. Préface à un court traité de la négativité en architecture. Comment une interruption architecturale reprend un sens, une fonction, une finalité (travail du négatif) dans une nouvelle édification.

48.   Contrairement à l'apparence, « déconstruction » n'est pas une métaphore architecturale. Le mot devrait, il devra nommer une pensée de l'architecture, une pensée à l'œuvre. D'abord ce n'est pas une métaphore. On ne se fie plus ici au concept de métaphore. Ensuite une déconstruction devrait déconstruire d'abord, comme son nom l'indique, la construction même, le motif structural ou constructiviste, ses schèmes, ses intuitions et ses concepts, sa rhétorique. Mais déconstruire aussi la construction strictement architecturale, la construction philosophique du concept d'architecture, celui dont le modèle régit aussi bien l'idée du système en philosophie que la théorie, la pratique et l'enseignement de l'architecture.

49.   On ne déconstruit pas des superstructures pour atteindre enfin le fond, le sol originaire, l'ultime fondement d'une architecture ou d'une pensée de l'architecture. On ne fait pas retour à une pureté ou à une propriété, à l'essence de l'architecture *elle-même*. On s'en prend au schème du fondamental et aux oppositions qu'il induit : « fond/surface », « substance/qualité », « essence/accident », « dedans/dehors », et surtout « recherche fondamentale/recherche finalisée », cette dernière opposition étant ici de grande conséquence.

50. L'engagement, la gageure : tenir compte de cette nécessité
architecturale ou anarchitecturale sans détruire, sans en tirer
des conséquences seulement négatives. Le sans-fond d'une architecture
« déconstructrice » et affirmative peut donner le vertige, mais ce n'est
pas le vide, ce n'est pas le reste béant et chaotique, le hiatus de la
destruction. Inversement, ce n'est plus la *Destruktion* heideggerienne
même si on doit en supposer le projet. Encore moins l'invraisemblable
désobstruction dont on l'a récemment affublée dans notre langue.

51. Ni Babel, ni Nemrod, ni le Déluge. Entre *khora* et *arche,*
peut-être, s'il y avait une architecture qui ne fût, en cet *entre,*
ni grecque ni juive. Une filiation encore innombrable, une autre série
d'aphorismes.

52. Maintenir, malgré les tentations, malgré toutes les réappro-
priations possibles, la chance de l'aphorisme, c'est garder dans
l'interruption, sans interruption, la promesse de donner lieu, s'il le
faut. Mais ce n'est jamais donné.

L'aphorisme à contretemps

1. Aphorisme est le nom.

2. Comme son nom l'indique, l'aphorisme sépare, il marque la dissociation *(apo)*, il termine, délimite, arrête *(orizô)*. Il met fin en séparant, il sépare pour finir – et définir.

3. Aphorisme est un nom mais tout nom peut prendre figure d'aphorisme.

4. Un aphorisme expose à contretemps. Il expose le discours – le livre à contretemps. Littéralement – parce qu'il abandonne une parole à sa lettre.

(Ceci pourrait déjà se lire comme une série d'aphorismes, l'aléa d'une première anachronie. Au commencement, il y eut le contretemps. Au commencement, il y a la vitesse. La parole et l'acte sont *pris de vitesse*. L'aphorisme gagne de vitesse.)

5. Abandonner la parole, confier le secret à des lettres, c'est le stratagème du tiers, le médiateur, le Frère, le marieur qui, sans autre désir que le désir des autres, organise le contretemps. Il compte sur des lettres sans compter avec elles :

---

* Première version publiée in *Roméo et Juliette,* Papiers, Paris, 1986 (à l'occasion d'une création de *Roméo et Juliette* par Daniel Mesguich au théâtre Gérard-Philippe de Saint-Denis).

In the mean time, against thou shalt awake,
Shall Romeo by my letters know our drift,
And hither shall he come...

6.   Malgré les apparences, un aphorisme n'arrive jamais seul, il ne
       vient pas tout seul. Il appartient à une logique sérielle. Comme
dans la pièce de Shakespeare, dans la profondeur en trompe-l'œil
de ses paradigmes, tous les *Roméo et Juliette* qui l'ont précédée, il y
aura ici plusieurs séries d'aphorismes.

7.   Roméo et Juliette, les héros du contretemps dans notre mytho-
       logie, les héros positifs. Ils se sont manqués, comme ils se sont
manqués! Se sont-ils manqués? Mais ils ont aussi survécu, *et tous
deux, et l'un à l'autre* survécu, dans leur nom, par un effet savant
du contretemps : croisement malheureux, par chance, de séries temporelles et aphoristiques.

8.   Par aphorisme, il faut dire que Roméo et Juliette auront, par
       aphorisme, vécu, et survécu. *Roméo et Juliette* doit tout à
l'aphorisme. Celui-ci peut devenir, sans doute, procédé de rhétorique,
le calcul retors en vue de la plus grande autorité, une économie ou
une stratégie de la maîtrise qui s'entend à potentialiser le sens (« voyez
comme je formalise, j'en dis toujours plus qu'il n'y paraît en si peu
de mots »). Mais avant de se laisser ainsi manipuler, l'aphorisme
nous livre sans défense à l'expérience même du contretemps. Avant
tout calcul mais aussi à travers lui, au-delà du calculable même.

9.   L'aphorisme ou le discours de la dissociation : chaque phrase,
       chaque paragraphe se voue à la séparation, il s'enferme, qu'on
le veuille ou non, dans la solitude de sa durée propre. Sa rencontre
et son contact avec l'autre se livrent toujours à la chance, à ce qui
tombe, bien ou mal. Rien n'y est absolument assuré, ni l'enchaînement ni l'ordre. Un aphorisme de la série peut arriver avant ou
après l'autre, avant *et* après l'autre, chacun peut survivre à l'autre —
et dans l'autre série. Roméo et Juliette *sont* des aphorismes, et d'abord
dans leur nom qu'ils ne sont pas (Juliet. *'Tis but thy name that is
my enemy (...)* Romeo. *My name, dear saint, is hateful to myself, /
Because it is an enemy to thee : / Had I it written, I would tear the
word*), car il n'y a pas d'aphorisme sans langage, sans nomination,
sans appellation, sans lettre même à déchirer.

10. Chaque aphorisme, comme Roméo et Juliette, chaque série
aphoristique a sa durée propre. Sa logique temporelle l'empêche
de partager tout son temps avec un autre lieu du discours, avec un
autre discours, avec le discours de l'autre. Synchronisation impossible.
Je parle ici du discours du temps, de ses marques, de ses dates, du
cours du temps et de la digression essentielle qui disloque le temps
des désirs, et déporte le pas de ceux qui s'aiment. Mais cela ne suffit
pas à caractériser notre aphorisme, il ne suffit pas qu'il y ait langage
ou marque, il ne suffit pas qu'il y ait dissociation, dislocation,
anachronie pour que l'aphorisme ait lieu. Il lui faut encore une
forme déterminée, un certain mode. Lequel? Le mauvais aphorisme,
le *mauvais* de l'aphorisme est sentencieux, mais tout aphorisme
tranche par son caractère de sentence : il dit la vérité dans la forme
du jugement dernier, et cette vérité porte la mort. L'arrêt de mort,
pour Roméo et Juliette, c'est un contretemps qui les condamne à
mort, l'un et l'autre, mais aussi un contretemps qui arrête la mort,
en suspend la venue, assure à tous deux le délai nécessaire pour
assister et survivre à la mort de l'autre.

11. L'aphorisme : ce qui livre les rendez-vous au hasard. Mais le
désir ne s'expose pas à l'aphorisme par hasard. Il n'y a pas de
temps pour le désir sans l'aphorisme. Le désir n'a pas de lieu sans
l'aphorisme. Ce dont Roméo et Juliette font l'expérience, c'est l'anachronie exemplaire, l'impossibilité essentielle d'aucune synchronisation absolue. Mais ils vivent, et nous, *en même temps,* ce désordre
des séries. Disjonction, dislocation, séparation des lieux, déploiement
ou espacement d'une histoire à cause de l'aphorisme, y aurait-il du
théâtre sans cela? La survie d'une œuvre théâtrale suppose que,
théâtralement, elle dise quelque chose du théâtre même, de sa
possibilité essentielle. Et qu'elle le fasse, théâtralement donc, par le
jeu de l'unique et de la répétition, en donnant lieu chaque fois à la
chance d'un événement absolument singulier comme à l'idiome
intraduisible d'un nom propre, à sa fatalité (l'« ennemi » que « je
hais »), à la fatalité d'une date et d'un rendez-vous. Les dates, les
calendriers, les cadastres, les toponymies, tous les codes que nous
jetons sur le temps et l'espace comme des filets pour réduire ou
maîtriser les différences, pour les arrêter, les déterminer, ce sont aussi
des pièges à contretemps. Destinés à éviter les contretemps, à accorder
nos rythmes en les pliant à la mesure objective, ils produisent le
malentendu, accumulent les occasions de faux pas ou de fausses
manœuvres, révèlent et accroissent à la fois cette anachronie des

désirs : *dans le même temps.* Quel est ce temps? Il n'y a pas de place pour une question dans l'aphorisme.

12. Roméo *et* Juliette, la conjonction de deux désirs aphoristiques mais tenus ensemble, maintenus dans le maintenant disloqué d'un amour ou d'une promesse. D'une promesse en leur nom, mais à travers et au-delà de leur nom donné, la promesse d'un *autre nom,* sa demande plutôt : *« O be some other name... »* Le *et* de cette conjonction, le théâtre de ce « et », on l'a souvent présenté, représenté comme la scène du contretemps fortuit, de l'anachronie aléatoire : le rendez-vous manqué, l'accident malheureux, la lettre qui n'arrive pas à destination, le temps du détour prolongé pour une *purloined letter,* le remède qui se transforme en poison quand le stratagème d'un tiers, d'un frère, le Frère Laurence, propose à la fois le remède et la lettre *(And if thou dar'st, I'll give thee remedy... (...) In the mean time, against thou shalt awake, / Shall Romeo by my letters know our drift, / And hither shall he come...).* Cette représentation n'est pas fausse. Mais si ce drame s'est ainsi imprimé, surimprimé dans la mémoire de l'Europe, texte par-dessus texte, c'est que l'accident anachronique vient illustrer une possibilité essentielle. Il déconcerte une logique philosophique, celle qui voudrait que les accidents restent ce qu'ils sont, accidentels. Cette logique, du même coup, rejette dans l'impensable une anachronie de structure, l'interruption absolue de l'histoire en tant que déploiement d'*une* temporalité, d'une temporalité une et organisée. Ce qui arrive à Roméo et Juliette, et qui reste en effet un accident dont on ne peut effacer l'apparence aléatoire et imprévisible, au croisement de plusieurs séries et au-delà du sens commun, ne peut être ce qu'il est, accidentel, que dans la mesure où cela est *déjà* arrivé, par essence, avant d'arriver. Le désir de Roméo et Juliette n'a pas rencontré par hasard le poison, le contretemps ou le détour de la lettre. Pour que cette rencontre ait lieu, il fallait avoir *déjà* institué un système de marques (les noms, les heures, les cartes des lieux, les dates et les toponymies dites « objectives ») pour contrecarrer, si on peut dire, la dispersion des durées intérieures et hétérogènes, pour cadrer, organiser, mettre de l'ordre, rendre possible un rendez-vous : autrement dit pour dénier, en en prenant acte, la non-coïncidence, la séparation des monades, la distance infinie, la déconnexion des expériences, la multiplicité des mondes, tout ce qui rend possible un contretemps ou le détour irrémédiable d'une lettre. Mais le désir de Roméo et Juliette est né au cœur de cette possibilité. Il n'y aurait pas eu d'amour, le serment n'aurait pas eu lieu, ni le temps, ni son théâtre sans la discordance.

Le contretemps accidentel vient *remarquer* le contretemps essentiel. Autant dire qu'il n'est pas accidentel. Il n'a pas, pour autant, la signification d'une essence ou d'une structure formelle. Ce n'est pas la condition de possibilité abstraite, une forme universelle du rapport à l'autre en général, une dialectique du désir ou des consciences. Plutôt la singularité d'une imminence dont la « pointe acérée » aiguillonne le désir à sa naissance – la naissance même du désir. J'aime parce que l'autre est l'autre, parce que son temps ne sera jamais le mien. La durée vivante, la présence même de son amour reste infiniment éloignée de la mienne, éloignée d'elle-même dans ce qui la tend vers la mienne, et cela jusque dans ce que l'on voudrait décrire comme l'euphorie amoureuse, la communion extatique, l'intuition mystique. Je ne peux aimer l'autre que dans la passion de cet aphorisme. Celui-ci n'advient pas, il ne survient pas comme le malheur, la malchance ou la négativité. Il a la forme de l'affirmation la plus aimante – il est la chance du désir. Et il ne coupe pas seulement dans l'étoffe des durées, il espace. Le contretemps dit quelque chose de la topologie ou du visible, il ouvre le théâtre.

13.   Inversement, pas de contretemps, pas d'aphorisme sans la promesse d'un maintenant commun, sans le serment, le vœu de synchronie, le partage désiré d'un présent vivant. Pour que le partage soit désiré, ne doit-il pas être d'abord donné, entrevu, appréhendé? Mais le partage, c'est justement un autre nom de l'aphorisme.

14.   Cette série aphoristique en croise une autre. Parce qu'il trace, l'aphorisme *survit,* il vit plus longtemps que son présent et il vit plus que la vie. Arrêt de mort. Il donne et porte la mort, mais pour en décider ainsi d'un arrêt, il la suspend, il l'arrête encore.

15.   Il n'y aurait pas le contretemps, ni l'anachronie, si la séparation entre les monades disjoignait seulement des intériorités. Le contretemps se produit à l'intersection entre l'expérience intérieure (la « phénoménologie de la conscience intime du temps » ou de l'espace) et ses marques chronologiques ou topographiques, celles qu'on dit « objectives », « dans le monde ». Il n'y aurait pas de séries autrement, sans la possibilité de cet espacement marqué, avec ses conventions sociales et l'histoire de ses codes, avec ses fictions et ses simulacres, avec ses dates. Avec les noms dits propres.

16. Le simulacre lève le rideau, il révèle, grâce à la dissociation des séries, le théâtre de l'impossible : deux êtres se survivent tous deux l'un à l'autre. La certitude absolue qui règne sur le *duel* (*Roméo et Juliette* est la mise en scène de tous les duels), c'est que l'un doit mourir avant l'autre. L'un doit voir mourir l'autre. A n'importe qui je dois pouvoir dire : puisque nous sommes deux, nous savons de façon absolument inéluctable que l'un de nous mourra avant l'autre. L'un de nous verra l'autre mourir, l'un de nous survivra, ne fût-ce qu'un instant. L'un de nous, l'un de nous seulement, portera la mort de l'autre – et son deuil. Il est impossible que nous survivions tous deux l'un à l'autre. Voilà le duel, l'axiomatique de tout duel, la scène la plus commune et la moins dite – ou la plus interdite – de notre rapport à l'autre. Or *l'impossible a lieu,* non pas dans la « réalité-objective » qui n'a pas ici la parole, mais dans l'expérience de Roméo et Juliette. Et sous la loi du serment, celle qui préside à toute parole donnée. Ils vivent *tour à tour* la mort de l'autre, pendant un temps, le contretemps de leur mort. Ils portent tous deux le deuil – et veillent tous deux sur la mort de l'autre, à la mort de l'autre. Double arrêt de mort. Roméo meurt avant Juliette qu'il a vu morte. Ils vivent, survivent tous deux la mort de l'autre.

17. L'impossible – ce théâtre de la double survie – dit aussi, comme tout aphorisme, la vérité. Dès le serment qui lie deux désirs, chacun porte déjà le deuil de l'autre, lui confie sa mort aussi : si tu meurs avant moi, je te garderai, si je meurs avant toi, tu me porteras en toi, l'un gardera l'autre, l'aura déjà gardé depuis la première déclaration. Cette double intériorisation ne serait possible ni dans l'intériorité monadique ni dans la logique de l'espace ou du temps « objectifs ». Elle a pourtant lieu chaque fois que j'aime. Tout alors commence par cette survie. Chaque fois que j'aime ou chaque fois que je hais, chaque fois qu'une loi m'*engage* envers la mort de l'autre. Et c'est la même loi, la même double loi. Un gage peut toujours s'inverser qui garde de la mort.

18. Telle série d'aphorismes en croise une autre, la même sous d'autres noms, sous le nom du nom. Roméo et Juliette s'aiment à travers leur nom, malgré leur nom, ils meurent à cause de leur nom, ils survivent dans leur nom. Puisqu'il n'y a ni désir ni serment ni lien sacré (*sacramentum*) sans la séparation aphoristique, le plus grand amour naît de la plus grande force de dissociation, celle qui oppose ici et divise les deux familles en leur nom. Roméo et Juliette portent ces noms. Ils les portent, les supportent même s'ils ne veulent pas les assumer. De ce nom qui les sépare, mais qui aura du même coup tendu leur désir de toute sa force aphoristique, ils voudraient se séparer. Mais la déclaration la plus vibrante de leur amour appelle encore le nom qu'elle dénonce. On pourrait être tenté de distinguer ici, autre aphorisme, entre le prénom propre et le nom de famille qui ne serait nom propre que dans l'élément de la généralité ou de la classification généalogique. On pourrait être tenté de distinguer Roméo de Montaigu et Juliette de Capulet. Peut-être sont-ils, l'un et l'autre, tentés de le faire. Mais ils ne le font pas, et on doit remarquer que dans la dénonciation du nom (acte II, scène 2), ils s'en prennent aussi à leur prénom, du moins à celui de Roméo, qui semble faire partie du nom de famille. Le prénom porte encore le nom du père, il rappelle la loi de la généalogie. Roméo *lui-même,* le porteur du nom n'est pas le nom, c'est *Roméo,* le nom qu'il porte. Et faut-il appeler le porteur par le nom qu'il porte? Elle l'appelle pour lui dire : je t'aime, délivre-nous de ton nom, Roméo, ne le porte plus, Roméo, le nom de Roméo :

> JULIET.
>> *O Romeo, Romeo! wherefore art thou Romeo*
>> *Deny thy father, and refuse thy name;*
>> *Or, if you will not, be but sworn my love,*
>> *And I'll no longer be a Capulet.*

Elle parle alors dans la nuit et rien ne l'assure qu'elle s'adresse à Roméo lui-même, présent en personne. Pour demander à Roméo de refuser son nom, elle ne peut, en son absence, que s'adresser à son nom ou à son ombre. Roméo – lui-même – est dans l'ombre et il se demande s'il est temps de la prendre au mot ou s'il doit encore attendre. La prendre au mot, ce sera s'engager à se déprendre de son nom, un peu plus tard. Pour l'instant, il décide d'attendre et d'écouter encore :

> ROMEO (*aside*).
>> *Shall I hear more, or shall I speak at this?*

> JULIET.
>> *'Tis but thy name that is my enemy;*
>> *Thou art thyself though, not a Montague.*
>> *What's a Montague? it is nor hand, nor foot,*
>> *Nor arm, nor face, nor any other part*
>> *Belonging to a man. O! be some other name.*
>> *What's in a name? that which we call a rose*

By any other name would smell as sweet;
So Romeo would, were he not Romeo call'd,
Retain that dear perfection which he owes
Without that title. Romeo, doff thy name;
And for that name, which is no part of thee,
Take all myself.

ROMEO.

                    I take thee at thy word.
Call me but love, and I 'll be new baptiz'd
Henceforth I never will be Romeo.

JULIET.

What man art thou, that, thus bescreen'd in night;
So stumblest on my counsel?

ROMEO.

                         By a name
I know not how to tell thee who I am :
My name, dear saint, is hateful to myself,
Because it is an enemy to thee :
Had I it written, I would tear the word.

JULIET.

My ears have not yet drunk a hundred words
Of that tongue's uttering, yet I know the sound :
Art thou not Romeo, and a Montague?

ROMEO.

Neither, fair maid, if either thee dislike.

19. Quand elle s'adresse à Roméo dans la nuit, quand elle lui demande « Ô Roméo, Roméo! pourquoi es-tu Roméo? Renie ton père et refuse ton nom », elle semble s'adresser *à lui, lui-même,* à Roméo porteur du nom de Roméo, à celui qui n'est pas Roméo puisqu'il lui est demandé de renier son père et son nom. Elle semble donc l'appeler au-delà de son nom. Or il n'est pas présent, elle n'est pas sûre qu'il soit là, *lui-même,* au-delà de son nom, c'est la nuit et cette nuit abrite l'indistinction entre le nom et le porteur du nom. C'est dans son nom qu'elle l'appelle encore, et qu'elle l'appelle à ne plus s'appeler Roméo, et qu'elle lui demande, à lui Roméo, de renier son nom. Mais c'est, quoi qu'elle dise ou dénie, lui qu'elle aime. Qui, lui? Roméo. Celui qui s'appelle Roméo, le porteur du nom, qui s'appelle Roméo bien qu'il ne soit pas seulement celui

qui porte ce nom et bien qu'il existe, sans être visible ou présent dans la nuit, hors de son nom.

20. La nuit. Tout ce qui se passe la nuit, pour Roméo et Juliette, se décide plutôt dans la pénombre, entre la nuit et le jour. L'indécision entre Roméo et le porteur de ce nom, entre « Roméo », le nom de Roméo et Roméo lui-même. Théâtre c'est, dit-on, la visibilité, la scène. Ce théâtre-ci appartient à la nuit parce qu'il met en scène ce qui ne se voit pas, le nom; il met en scène ce qu'on appelle parce qu'on ne voit pas ou n'est pas assuré de voir ce qu'on appelle. Théâtre du nom, théâtre de nuit. Le nom appelle au-delà de la présence, du phénomène, de la lumière, au-delà du jour, au-delà du théâtre. Il garde, d'où le deuil et la survie, ce qui n'est plus présent, l'invisible : ce qui désormais ne verra plus le jour.

21. Elle veut la mort de Roméo. Elle l'aura. La mort de son nom (*'Tis but thy name that is my enemy*), certes, la mort de « Roméo », mais ils ne pourront pas se déprendre de leur nom, ils le savent sans le savoir. Elle déclare la guerre à « Roméo », à son nom, en son nom, elle ne gagnera cette guerre qu'à la mort de Roméo, lui-même. Lui même? Qui? Roméo. Mais « Roméo » n'est pas Roméo. Justement. Elle veut la mort de « Roméo ». Roméo meurt, « Roméo » survit. Elle le garde mort dans son nom. Qui? Juliette, Roméo.

22. L'aphorisme : la séparation dans le langage, et en lui par le nom qui ferme l'horizon. L'aphorisme est à la fois nécessaire et impossible. Roméo est radicalement séparé de son nom. Lui, lui-même vivant, désir vivant et singulier, il n'est pas « Roméo »; mais la séparation, l'aphorisme du nom reste impossible. Il meurt sans son nom mais il meurt aussi parce qu'il n'a pu se délivrer de son nom, ou de son père, encore moins le renier, répondre à la demande de Juliette (*Deny thy father, and refuse thy name*).

23. Quand elle lui dit : mon ennemi, c'est seulement ton nom, elle ne pense pas « mon » ennemi. Elle-même, Juliette, elle n'a rien contre le nom de Roméo. C'est le nom qu'elle porte (Juliette et Capulet) qui se trouve en guerre avec le nom de Roméo. La guerre a lieu entre les noms. Et quand elle dit cela, elle n'est pas sûre, dans la nuit, d'atteindre Roméo lui-même. Elle lui parle, elle le suppose distinct de son nom puisqu'elle s'adresse à lui pour lui dire : « Tu es toi-même, non un Montaigu. » Mais il n'est pas là.

Du moins ne peut-elle s'assurer de sa présence. C'est en elle, en son for intérieur, que dans la nuit elle s'adresse à lui, mais encore à lui dans son nom, et dans la forme la plus exclamative de l'apostrophe : *O Romeo, Romeo ! wherefore art thou Romeo ?* Elle ne lui dit pas : pourquoi t'appelles-tu Roméo, pourquoi portes-tu ce nom (comme un vêtement, un ornement, un signe détachable)? Elle lui dit : pourquoi *es-tu* Roméo? Elle le sait : si détachable et si dissociable, si aphoristique soit-il, son nom est son essence. Inséparable de son être. Et en lui demandant de se départir de son nom, elle lui demande sans doute de vivre enfin, et de vivre son amour (car pour vivre vraiment soi-même, il faut échapper à la loi du nom, à la loi familiale faite pour la survie et me rappelant sans cesse à la mort) mais elle lui demande *aussi bien* de mourir, car sa vie *est* son nom. Il existe dans son nom : *wherefore art thou Romeo ? O Romeo, Romeo !* Roméo est Roméo, et Roméo n'est pas Roméo. Il n'est lui-même qu'à se départir de son nom, il n'est lui-même que dans son nom. Roméo ne peut s'appeler lui-même que s'il se départit de son nom, il ne s'appelle qu'*à partir de* son nom. Arrêt de mort et de survie : deux fois plutôt qu'une.

24. Parlant à celui qu'elle aime en elle et hors d'elle, dans la pénombre, Juliette murmure la plus implacable analyse du nom. Du nom et du nom propre. Implacable : elle dit la sentence, l'arrêt de mort, la vérité fatale du nom. Impitoyablement elle analyse, élément par élément. Qu'est-ce que Montaigu? Rien de toi, tu es toi-même et non Montaigu, lui dit-elle. Non seulement ce nom ne dit rien de toi en totalité mais il ne dit rien, il ne nomme même pas une partie de toi, ni la main, ni le pied, ni le bras, ni le visage, rien qui soit humain! Cette analyse est implacable car elle annonce ou dénonce l'inhumanité ou l'anhumanité du nom. Un nom propre ne nomme rien qui soit humain, qui appartienne à un corps humain, une âme humaine, une essence de l'homme. Et pourtant ce rapport à l'inhumain n'advient qu'à l'homme, pour lui, chez lui, au nom de l'homme. Seul il se donne ce nom inhumain. Et Roméo ne serait pas ce qu'il est, étranger à son nom, sans ce nom. Juliette poursuit alors son analyse : le nom des choses n'appartient pas plus aux choses que le nom des hommes n'appartient aux hommes, et pourtant il en est autrement séparable. Exemple de la rose, une fois de plus. Une rose reste ce qu'elle est sans son nom, Roméo n'est plus ce qu'il est sans son nom. Mais Juliette fait comme si, pour un temps, Roméo pouvait ne rien perdre en perdant son nom : comme la rose. Sois comme une rose, lui dit-elle en somme, et sans généalogie,

« sans pourquoi ». (A supposer que la rose, toutes les roses de la pensée, de la littérature, de la mystique, cette « formidable anthologie », absente de tout bouquet...)

25. Elle ne lui demande pas de perdre tout nom, seulement de changer de nom : *O! be some other name.* Mais cela peut vouloir dire deux choses : prends un autre nom propre (un nom humain, cette chose inhumaine qui n'appartient qu'à l'homme); *ou bien :* prends une autre sorte de nom, un nom qui ne soit pas un nom d'homme, prends donc un nom de chose, un nom commun qui, comme le nom de la rose, n'ait pas cette inhumanité qui consiste à affecter l'être même de qui le porte alors qu'il ne nomme rien de lui. Et, après les deux points, c'est la question :

> *O be some other name :*
> *What's in a name ? That which we call a rose*
> *By any other name would smell as sweet;*
> *So Romeo would, were he not Romeo call'd,*
> *Retain that dear perfection which he owes*
> *Without that title.*

26. Le nom ne serait qu'un « titre », et le titre n'est pas la chose qu'il nomme, pas plus qu'un titre de noblesse ne prend part à cela même, la famille, l'œuvre, à qui on le dit appartenir. *Roméo et Juliette* reste aussi le titre – survivant – de toute une famille de pièces de théâtre. Ce qui se passe dans ces pièces, nous devons le dire aussi des pièces, de leur généalogie, de leur idiome, de leur singularité, de leur survie.

27. Juliette propose à Roméo un marché infini, le contrat en apparence le plus dissymétrique : tu peux tout gagner sans rien perdre, question de nom. En renonçant à ton nom, tu ne renonces à rien, rien de toi, de toi-même, ni rien d'humain. En échange, et sans avoir rien perdu, tu me gagnes, et non seulement une partie de moi, mais moi tout entière : *Romeo, doff thy name; / And for that name, which is no part of thee, / Take all myself.* Il aura tout gagné, il aura tout perdu : le nom et la vie, et Juliette.

28. Le cercle de tous ces noms en *o : words, Romeo, rose, love.* Il a accepté le marché, il la *prend au mot (I take thee at thy word)* au moment où elle lui propose de la *prendre* tout entière *(Take all myself).* Jeu de l'idiome : en te prenant au mot, en relevant le défi, en acceptant cet échange incroyable, impayable, je te prends tout entière. Et contre rien, contre un mot, mon nom, qui n'est rien, rien d'humain, rien de moi, sinon rien pour moi. Je ne donne rien en te prenant au mot, je n'abandonne rien et te prends tout entière. En vérité, et ils connaissent tous deux la vérité de l'aphorisme, il perdra tout. Ils perdront tout dans cette aporie, cette double aporie du nom propre. Et pour avoir accepté d'échanger le nom propre de Roméo contre un nom commun : non pas celui de *rose,* mais celui de *love.* Car Roméo ne renonce pas à tout nom, seulement au nom de son père, c'est-à-dire à son nom propre, si on peut encore dire : *I take thee at thy word. / Call me but love, and I'll be new baptiz'd,/ Henceforth I never will be Romeo.* Il se gagne et se perd à la fois dans le nom commun, mais aussi dans la loi commune de l'amour : *Call me love.* Appelle-moi ton amour.

29. La dissymétrie reste infinie. Elle tient encore à ceci : Roméo ne lui adresse pas la même demande. Il ne demande pas à celle qui sera secrètement sa femme de renoncer à son nom ou de renier son père. Comme si cela allait de soi et n'appelait pas un tel *déchirement* (il parlera dans un instant de déchirer son nom, l'écriture ou la lettre de son nom, si du moins il l'avait écrit lui-même, ce qui est par principe exclu, justement, originairement). Paradoxe, ironie, renversement de la loi commune? Ou répétition qui confirme au contraire la vérité de cette loi? D'habitude, dans nos cultures, le mari garde son nom, celui de son père, et la femme renonce au sien. Quand le mari donne son nom à sa femme, ce n'est pas, comme ici, pour le perdre, ou pour en changer, c'est pour l'imposer en le gardant. Ici elle lui demande de renier son père et de changer de nom. Mais cette inversion confirme la loi : le nom du père devrait être gardé par le fils, c'est à lui qu'il y a quelque sens à l'arracher, nullement à la fille qui n'en a jamais reçu la garde. Terrible lucidité de Juliette. Elle connaît les deux liens de la loi, le *double bind* qui lie un fils au nom de son père. Il ne peut vivre que s'il s'affirme singulièrement, sans le nom d'héritage. Mais l'écriture de ce nom, qu'il n'a pas écrit lui-même *(Had I it written, I would tear the word),* le constitue dans son être même, sans rien nommer de lui, et il ne peut que s'anéantir en le déniant. Il peut tout au plus, en somme, le dénier, le renier, il ne peut l'effacer ni le déchirer. Il est donc perdu de toute façon et elle le sait. Et le sait parce qu'elle l'aime et elle l'aime parce qu'elle le sait. Et elle lui demande sa mort en lui demandant de garder sa vie parce qu'elle l'aime, parce qu'elle sait, et parce qu'elle sait que la mort ne lui arrivera pas par accident. Il y est voué, et elle avec lui, par la double loi du nom.

30. Il n'y aurait pas de contretemps sans la double loi du nom. Le contretemps suppose cette inadéquation inhumaine, trop humaine, qui toujours disloque un nom propre. Le mariage secret, le serment *(sacramentum)*, la double survie qu'il engage, son anachronie constitutive, tout cela obéit à la même loi. Cette loi, la loi du contretemps, est double puisqu'elle est divisée; elle porte l'aphorisme en elle-même, comme sa vérité. L'aphorisme, c'est la loi.

31. Même s'il le voulait, Roméo ne pourrait pas renoncer *de lui-même* à son nom et à son père. Il ne peut pas le vouloir de lui-même, alors que pourtant cette émancipation lui est présentée comme la chance d'être enfin lui-même, de *s'inventer au-delà du nom* — la chance de vivre enfin, car il porte le nom comme sa mort. Il ne peut pas le vouloir lui-même, de lui-même, car *il n'est pas sans* son nom. Il ne peut le désirer que depuis l'appel de l'autre, et *s'inventer au nom de l'autre*. Il ne hait d'ailleurs son nom qu'à partir du moment où Juliette le lui demande, si on peut dire :

> *My name, dear saint, is hateful to myself,*
> *Because it is an enemy to thee :*
> *Had I it written, I would tear the word.*

32. Quand elle croit le reconnaître dans la pénombre, au clair de lune, le drame du nom est consommé (Juliet. *My ears have not yet drunk a hundred words / Of that tongue's uttering, yet I know the sound : / Art thou not Romeo, and a Montague ?* Romeo. *Neither, fair maid, if either thee dislike.*). Elle le reconnaît et l'appelle de son nom (N'es-tu pas Roméo et un Montaigu?), elle l'*identifie* d'une part au timbre de sa voix, soit aux mots qu'elle entend sans image, d'autre part au moment où il a, obéissant à l'injonction, renié son nom et son père. La survie et la mort sont à l'œuvre, autrement dit la lune. Mais ce pouvoir de mort qui paraît au clair de lune, il s'appelle Juliette, et le soleil qu'elle vient à figurer tout à coup porte la vie *et* la mort *au nom du père*. Elle tue la lune. Que dit Roméo à l'ouverture de la scène (qui n'est pas une scène puisque le nom la voue à l'invisibilité, mais qui est un théâtre puisque la lumière y est artificielle et figurée)? *But soft! What light through yonder window breaks? / It is the east, ans Juliet is the sun! / Arise fair sun, and kill the envious moon, / Who is already sick and pale with grief...*

33. La face lunaire de cette pièce d'ombre, une certaine froideur
de *Roméo et Juliette.* Tout n'y est pas de glace, ni de miroir,
mais la glace n'y vient pas seulement de la mort, du marbre auquel
tout paraît voué *(the tomb, the monument, the grave, the flowers on
the lady's grave),* dans ce destin de gisants qui enlace et sépare, dès
leur nom, ces deux amants. Non, la froideur qui gagne peu à peu
le corps de la pièce et comme d'avance la cadavérise, c'est peut-être
l'ironie, la figure ou la rhétorique de l'ironie, le contretemps de la
conscience ironique. Celle-ci se disproportionne toujours entre le fini
et l'infini, elle joue de l'inadéquation, de l'aphorisme, elle *spécule,*
elle analyse, elle analyse, elle analyse la loi de désidentification,
l'implacable nécessité, la machine du nom propre qui m'oblige à
vivre cela même, à savoir mon nom, dont je meurs.

34. Ironie du nom propre, telle qu'elle est analysée par Juliette.
Sentence de vérité qui porte la mort, l'aphorisme sépare, et
d'abord me sépare de mon nom. Je ne suis pas mon nom. Autant
dire que je pourrais lui survivre. Mais d'abord il est destiné à me
survivre. Il m'annonce ainsi la mort. Non-coïncidence et contretemps
entre mon nom et moi, entre l'expérience selon laquelle je m'appelle
ou m'entends appeler et mon « présent vivant ». Rendez-vous avec
mon nom. *Untimely,* intempestif, au mauvais moment.

35. Changer de nom : le bal, la substitution, les masques, le
simulacre, le rendez-vous avec la mort. *Untimely. Never on
time.*

36. Ce qui se dit ironiquement, c'est-à-dire au sens rhétorique de
la figure ironique : faire entendre le contraire de ce qu'on dit.
Ici l'*impossible,* donc : 1) deux amants se survivent tous deux, l'un
à l'autre, chacun voyant mourir l'autre; 2) le nom les constitue sans
être rien d'eux-mêmes, les condamnant à être ce qu'ils ne sont pas
sous le masque, à se confondre avec le masque; 3) les deux sont
unis par cela même qui les sépare, etc. Et voilà ce qu'ils énoncent
clairement, le formalisent même comme une spéculation philosophique ne l'aurait pas osé. Une veine, par la pointe aiguë de cette
analyse, reçoit la potion distillée. Elle n'attend pas, elle ne donne
pas le temps, pas même celui du théâtre, elle vient aussitôt glacer
le cœur de leurs serments. Cette potion serait le vrai poison, la vérité
empoisonnée de ce théâtre.

37. Ironie de l'aphorisme. Dans l'*Esthétique,* Hegel se moque de
ceux qui, prompts à encenser les ironistes, ne se montrent
même pas capables d'analyser l'ironie analytique de *Roméo et Juliette.*
Il vise alors Tieck : « Mais quand on croit que se trouve ici la
meilleure occasion de montrer ce qu'est l'ironie, par exemple dans
Roméo et Juliette, on est déçu, car d'ironie il n'est plus question. »

38. Autre série, elle vient recouper toutes les autres : le nom, la
loi, la généalogie, la double survie, le contretemps, bref l'aphorisme de *Roméo et Juliette.* Non pas de Roméo et de Juliette mais
de *Roméo et Juliette,* la pièce de Shakespeare ainsi intitulée. Elle
appartient à une série, au palimpseste encore vivant, au théâtre ouvert
des récits qui portent ce nom. Elle leur survit, mais grâce à elle ils
survivent. Telle double survie aurait-elle été possible *« without that
title »,* comme disait Juliette? Et les noms de Matteo Bandello, de
Luigi da Porto survivraient-ils sans celui de Shakespeare qui leur
survécut? Et sans les innombrables répétitions sous le même nom
singulièrement gagées? Sans les greffes de noms? Et d'autres pièces?
O! be some other name...

39. L'aphorisme absolu : un nom propre. Sans généalogie, sans la
moindre copule. Fin du théâtre. Rideau. Tableau (*Les deux
amants unis dans la mort* d'Angelo dall'Oca Bianca). Tourisme, soleil
de décembre à Vérone (*Verona by that name is known*). Un vrai
soleil, l'autre (*The sun, for sorrow, will not show his head*).

Comment ne pas parler
Dénégations

I

Avant même de commencer à préparer cette conférence, je savais que je souhaitais parler de la « trace » dans son rapport à ce qu'on appelle, parfois abusivement, la « théologie négative ». Plus précisément, je savais que je *devrais* le faire à Jérusalem. Mais qu'en est-il ici d'un tel devoir? Et quand je dis que je savais devoir le faire avant même le premier mot de cette conférence, je nomme déjà une singulière antériorité du devoir — un devoir avant le premier mot, est-ce possible? — qu'on aurait du mal à situer et qui sera peut-être aujourd'hui mon thème.

Sous le titre très lâche de « théologie négative », on désigne souvent, vous le savez, une certaine forme de langage, avec sa mise en scène, ses modes rhétoriques, grammaticaux, logiques, ses procédures démonstratives, en un mot une pratique textuelle attestée, voire située « dans l'histoire ». Il est vrai qu'elle excède parfois les prédicats qui construisent tel ou tel concept de l'histoire. Y a-t-il *une* théologie négative, *la* théologie négative? L'unité de son archive reste en tout cas difficile à délimiter. On pourrait essayer de l'ordonner autour de certaines tentatives qui passent pour exemplaires ou explicites, comme celle des *Noms divins* de Denys l'Aréopagite (dit le Pseudo-Denys). Mais on n'est jamais sûr, pour des raisons essentielles, on le verra, de pouvoir attribuer à quiconque un projet de théologie

---

* *How to avoid speaking,* conférence prononcée en anglais, à Jérusalem, en juin 1986, à l'ouverture d'un colloque sur *Absence et négativité* organisé par The Hebrew University et The Institute for Advanced Studies de Jérusalem.

négative *comme tel* [1]. Avant Denys, on cherchera du côté d'une certaine tradition platonicienne et néo-platonicienne. Après lui jusque dans la modernité de Wittgenstein et de bien d'autres. Dès lors, on en est venu à désigner sous ce nom, plus vaguement, de façon moins rigoureuse ou informée, une certaine attitude typique à l'égard du langage et en lui, dans l'acte de la définition, de l'attribution, de la détermination sémantique ou conceptuelle. A supposer, par hypothèse approximative, que la théologie négative consiste à considérer que tout prédicat, voire tout langage prédicatif, reste inadéquat à l'essence, en vérité à l'hyperessentialité de Dieu et que, par conséquent, seule une attribution négative (« apophatique ») peut prétendre approcher Dieu, nous préparer à une intuition silencieuse de Dieu, alors, par une analogie plus ou moins soutenable, on reconnaîtra quelques traits, l'air de famille de la théologie négative, dans tout discours qui semble recourir de façon insistante et régulière à cette rhétorique de la détermination négative, multipliant sans fin les mises en garde et les avertissements apophatiques : ceci, qui s'appelle X (par exemple le texte, l'écriture, la trace, la différance, l'hymen, le supplément, le pharmakon, le parergon, etc.), ce « n'est » ni ceci ni cela, ni sensible ni intelligible, ni positif ni négatif, ni dedans ni dehors, ni supérieur ni inférieur, ni actif ni passif, ni présent ni absent, pas même neutre, pas même dialectisable en un tiers, sans relève (*Aufhebung*) possible, etc. Ce n'est donc ni un concept ni même un nom, malgré l'apparence. Cet X *se prête,* certes, à une série de noms, mais il appelle une autre syntaxe, il excède même l'ordre et la structure du discours prédicatif. Il n'« est » pas et ne dit pas ce qui « est ». Il s'écrit tout autrement.

Je viens de prendre à dessein des exemples qui me sont proches et, pourrait-on croire, familiers. Pour deux raisons. D'une part, on

---

1. Qui a jamais assumé *comme tel,* le revendiquant explicitement sous ce nom, au singulier, le projet de *la* théologie négative, sans le soumettre et le surbordonner, sans le pluraliser au moins? Au sujet de ce titre, *la* théologie négative, peut-on faire autre chose que *dénier?* Jean-Luc Marion conteste la légitimité de ce titre non seulement pour l'ensemble de l'œuvre de Denys, ce qui va de soi, mais même pour les lieux où il est question de « théologies négatives » au pluriel (*tines oi kataphatikai theologiai, tines ai apophatikai*) dans le chapitre 3 de *La théologie mystique.* A propos de « ce qu'il est convenu de nommer " théologie négative " », Jean-Luc Marion note : « A notre connaissance, Denys n'emploie rien qui puisse se traduire par " théologie négative ". S'il parle de " théologies négatives ", au pluriel, il ne les sépare pas des " théologies affirmatives " avec lesquelles elles entretiennent le rapport qu'on décrit ici. » (Voir *TM,* 111, 1032 sq.) *L'idole et la distance,* Grasset, 1977, p. 189 et 244.

m'a très tôt accusé, plutôt que félicité, de ressasser, dans un paysage qu'on croit bien connaître, les procédures de la théologie négative. Ces procédures, on voudrait alors y voir une simple rhétorique, voire une rhétorique de l'échec, pis, du renoncement au savoir, à la détermination conceptuelle, à l'analyse : pour ceux qui n'ont rien à dire ou ne veulent rien savoir, il est toujours facile de mimer la technique de la théologie négative. Et de fait, celle-ci comporte nécessairement un appareil de règles méthodiques. J'essaierai tout à l'heure de montrer en quoi elle prétend, au moins, ne pas se laisser confondre avec une technique exposée au simulacre et à la parodie, à la répétition mécanique. Elle y échapperait par la *prière* qui précède les énoncés apophatiques et par l'adresse à l'autre, à toi, dans un moment qui n'est pas seulement le préambule ou le seuil méthodique de l'expérience. Naturellement, la prière, l'invocation, l'apostrophe peuvent aussi se mimer, voire se prêter comme malgré eux à la technique répétitive. Je reviendrai en conclusion sur ce risque qui, heureusement *et* malheureusement, est aussi une chance. Mais si le risque est inévitable, l'accusation qu'il encourt ne doit pas se limiter à l'apophatique de la théologie négative. Elle peut s'étendre à tout langage, voire à toute manifestation en général. Le risque est inscrit dans la structure de la marque.

Il y a aussi un usage automatique, rituel et « doxique » du soupçon porté contre tout ce qui ressemble à de la théologie négative. Il m'intéresse depuis longtemps. Sa matrice enveloppe au moins trois types d'objections.

a) Vous préférez nier, vous n'affirmez rien, vous êtes fondamentalement un nihiliste voire un obscurantiste, ce n'est pas ainsi que le savoir progressera, pas même la science théologique. Sans parler de l'athéisme, dont on a pu dire, de façon toujours aussi triviale, qu'il était la vérité de la théologie négative.

b) Vous abusez d'une technique facile, il suffit de répéter : « X n'est pas ceci, pas plus que cela », « X semble excéder tout discours ou toute prédication », etc. Cela revient à parler pour ne rien dire. Vous parlez seulement pour parler, pour faire l'expérience de la parole. Ou plus gravement, vous parlez ainsi en vue d'écrire, car ce que vous écrivez alors ne mérite même pas d'être dit. Cette deuxième critique paraît déjà plus intéressante et plus lucide que la première : parler pour parler, faire l'expérience de ce qui arrive à la parole par la parole *elle-même,* dans la trace d'une sorte de quasi-tautologie, ce n'est pas tout à fait parler en vain et pour ne rien dire. C'est peut-être faire l'expérience d'une possibilité de la parole que l'objecteur lui-même doit bien supposer au moment où il adresse ainsi sa critique. Parler pour (ne) *rien* dire, ce n'est pas ne pas parler. Surtout, ce n'est pas ne parler à personne.

c) Cette critique n'atteint donc pas la possibilité essentielle de l'adresse ou de l'apostrophe. Elle enveloppe aussi une troisième possibilité, moins évidente mais sans doute plus intéressante. Le soupçon y prend une forme qui peut inverser le procès de l'accusation : s'il n'est pas seulement stérile, répétitif, obscurantiste, mécanique, le discours apophatique, une fois analysé dans son type logico-grammatical, nous donne peut-être à penser le devenir-théologique de tout discours. Dès qu'une proposition prend une forme négative, il suffit de pousser à sa limite la négativité qui s'y annonce ainsi pour qu'elle ressemble, au moins, à une apophatique théologique. Chaque fois que je dis : X n'est pas ceci, ni cela, ni le contraire de ceci ou de cela, ni la simple neutralisation de ceci ou de cela avec lesquels il *n'a rien en commun,* leur étant absolument hétérogène ou incommensurable, je commencerais à parler de Dieu, sous ce nom ou sous un autre. Le nom de Dieu serait alors l'effet hyperbolique de cette négativité ou de toute négativité conséquente en son discours. Le nom de Dieu conviendrait à tout ce qui ne se laisse aborder, approcher, désigner que de façon indirecte et négative. Toute phrase négative serait déjà hantée par Dieu ou par le nom de Dieu, la distinction entre Dieu et le nom de Dieu ouvrant l'espace même de cette énigme. S'il y a un travail de la négativité dans le discours et dans la prédication, il produirait de la divinité. Il suffirait alors d'un changement de signe (ou plutôt de démontrer, chose assez facile et classique, que cette inversion a *toujours déjà* eu lieu, qu'elle est la nécessité même de la pensée) pour dire que la divinité n'est pas ici produite mais productrice. Infiniment productrice, dirait par exemple Hegel. Dieu ne serait pas seulement la fin mais l'origine de ce travail du négatif. Non seulement l'athéisme ne serait pas la vérité de la théologie négative, mais Dieu serait la vérité de toute négativité. On accéderait ainsi à une sorte de preuve de Dieu, non pas une preuve de l'*existence* de Dieu mais une preuve de Dieu *par ses effets,* plus précisément une preuve de ce qu'on appelle Dieu, du nom de Dieu par des effets sans cause, par le *sans cause*. La valeur de ce mot, *sans,* nous retiendra tout à l'heure. Dans la logique absolument singulière de cette preuve, « Dieu » nommerait *ce sans quoi* l'on ne saurait rendre compte d'aucune négativité : la négation grammaticale ou logique, la maladie, le mal, la névrose enfin qui loin de permettre à la psychanalyse de réduire la religion à un symptôme devrait reconnaître dans le symptôme la manifestation négative de Dieu. Sans dire qu'il doit y avoir au moins autant de « réalité » dans la cause que dans l'effet, et que l'« existence » de Dieu n'a pas besoin d'autre preuve que la symptomatique religieuse, on verrait au contraire dans la négation ou dans la suspension du prédicat, voire de la position d'« existence », la première marque du respect pour une cause divine qui n'a même pas besoin d'« être ». Et pour ceux qui voudraient considérer la « déconstruction » comme un symptôme du nihilisme moderne ou post-moderne, ils pourraient justement y reconnaître, s'ils le souhaitent, le dernier témoignage, pour ne pas dire le martyre de la foi en cette fin de siècle. Cette lecture sera toujours possible. Qui pourrait l'interdire? Au nom de quoi? Mais qu'est-il arrivé pour que ce qui est ainsi permis ne soit jamais pour autant nécessaire? Que doit être l'écriture de cette déconstruction, l'écriture selon cette déconstruction, pour qu'il en soit ainsi?

Voilà une première raison. Mais j'ai pris des exemples qui me sont proches pour une seconde raison. Je voulais aussi dire quelques mots d'un désir fort ancien : aborder directement et pour lui-même le réseau de questions qu'on noue de façon trop hâtive sous le titre de « théologie négative ». Jusqu'ici, devant la question ou l'objection, ma réponse a toujours été brève, elliptique et dilatoire [1]. Mais déjà scandée, me semble-t-il, en deux temps :

---

1. Elle le fut en des lieux et des contextes divers. Je n'en citerai qu'un afin de pouvoir préciser un point et, peut-être, répondre à une objection qui a le mérite de n'être pas stéréotypée. Dans *La différance* (1968, repris in *Marges – de la philosophie,* 1976, Minuit, p. 6) : « Si bien que les détours, les périodes, la syntaxe auxquels je devrai souvent recourir, ressembleront, parfois à s'y méprendre, à ceux de la théologie négative. Déjà il a fallu marquer *que* la différance *n'est pas,* n'existe pas, n'est pas un étant-présent *(on),* quel qu'il soit; et nous serons amenés à marquer aussi tout *ce qu'elle n'est pas,* c'est-à-dire *tout;* et par conséquent qu'elle n'a ni existence ni essence. Elle ne relève d'aucune catégorie de l'étant, qu'il soit présent ou absent. Et pourtant ce qui se marque ainsi de la différance n'est pas théologique, pas même de l'ordre le plus négatif de la théologie négative, celle-ci s'étant toujours affairée à dégager, comme on sait, une supra-essentialité par-delà les catégories finies de l'essence et de l'existence, c'est-à-dire de la présence, et s'empressant toujours de rappeler que si le prédicat de l'existence est refusé à Dieu, c'est pour lui reconnaître un mode d'être supérieur, inconcevable, ineffable. » Après avoir cité cette dernière phrase, Jean-Luc Marion objecte (*L'idole et la distance,* Grasset, 1977, p. 318) : « Que veut dire " on sait " ici? Nous avons vu que, précisément, la théologie dite négative, *dans son fonds* [je souligne, J. D.], ne vise pas à rétablir une " super-essentialité ", puisqu'elle ne vise ni la prédication ni l'Être; comment, *a fortiori,* pourrait-il s'agir d'existence et d'essence chez Denys, qui parle encore un grec assez originaire pour n'en voir ni l'idée ni l'emploi?. » Voici, trop brièvement, quelques

1. Non, ce que j'écris ne relève pas de la « théologie négative ». Tout d'abord *dans la mesure* où celle-ci appartient à l'espace prédicatif ou judicatif du discours, à sa forme strictement propositionnelle et privilégie non seulement l'unité indestructible du mot mais aussi l'autorité du nom, autant d'axiomes qu'une « déconstruction » doit commencer par reconsidérer (ce que j'ai tenté de faire dès la première partie de *De la grammatologie*). Ensuite dans la mesure où elle semble réserver, au-delà de toute prédication positive, au-delà de toute négation, au-delà même de l'être, quelque suressentialité, un être au-delà de l'être. C'est le mot dont Denys use si souvent dans les *Noms divins : hyperousios, -ôs, hyperousiotes*. Dieu comme être au-delà de l'être ou aussi bien Dieu *sans* l'être [1], voilà qui semble déborder

---

éléments de réponse. 1. En parlant de présence ou d'absence, d'existence ou d'essence, j'entendais seulement préciser, de façon cursive, les différentes catégories ou modalités de la présence en général, sans référence historique précise à Denys. 2. Quelle que soit l'historicité complexe et fort énigmatique de la distinction entre essence et existence, je ne suis pas sûr qu'elle soit simplement ignorée de Denys : comment s'assurer de l'*absence* d'une telle distinction dans quelque langue grecque que ce soit? Qu'est-ce qu'« un grec assez originaire » pour cela? 3. Que veut dire « dans son fonds » ici, et que « la théologie négative », dans son fonds, ne vise pas à rétablir une « super-essentialité »? D'abord il est difficile, et Marion le sait mieux que quiconque, de compter pour un accident ou une apparence la référence à cette super-essentialité qui joue un rôle majeur, insistant, *littéral* dans tant et tant de textes de Denys – et d'autres, que je citerai plus loin. Ensuite, au-delà de cette évidence, la seule à laquelle j'aie dû me référer dans une conférence qui n'était pas consacrée à la théologie négative et ne nommait même pas Denys, il faut élaborer un discours interprétatif aussi intéressant et aussi original que celui de Marion, au croisement, dans le sillage, parfois au-delà de pensées telles que celles de Heidegger, Urs von Balthazar, Levinas et quelques autres, pour distinguer le « fonds » (pensée du don, de la paternité, de la distance, de la louange, etc.) de ce qui dans ladite « théologie négative » semble être encore très occupé de superessentialité. Mais sans pouvoir développer ici ce troisième point, j'y reviendrai plus bas, au moins en principe et de façon oblique.

1. Sur une écriture paradoxale du mot *sans,* notamment chez Blanchot, je me permets de renvoyer ici à « Pas », in *Gramma,* 3/4, 1976, repris dans *Parages,* Galilée, 1986. *Dieu sans l'être* est le titre magnifique d'un livre de Jean-Luc Marion (Fayard, 1982) auquel l'espace d'une note et le temps d'une conférence ne me permettront pas de rendre un juste hommage. Et ce titre reste difficile à traduire. Dans son suspens même, il joue de l'indécision grammaticale que, seule, la syntaxe française peut tolérer – justement dans la structure d'un titre, c'est-à-dire d'une phrase nominale ou incomplète. L' peut être l'article défini du nom *être (God without Being)* mais il peut aussi avoir la valeur d'un pronom personnel – objet du *verbe* être – renvoyant à Dieu, de Dieu à Dieu lui-même qui ne serait pas ce qu'il est ou serait ce qu'il est *sans l'être* (Dieu sans être Dieu, sans l'être, *God without being God)* : Dieu avec et sans l'être *(without, with and without).* S'agissant de la

l'alternative d'un théisme ou d'un athéisme qui s'opposeraient autour de ce qu'on appelle parfois ingénument l'existence de Dieu. Sans pouvoir revenir ici sur la syntaxe et la sémantique du mot « sans » que j'ai tenté d'analyser ailleurs, je m'en tiens donc au premier temps de cette réponse : non, j'hésiterais à inscrire ce que j'avance sous le titre courant de la théologie négative, précisément en raison de cette surenchère ontologique de l'hyper-essentialité qu'on trouve à l'œuvre aussi bien chez Denys que, par exemple, chez Maître Eckart, quand il écrit :

> Chaque chose opère dans son être *(Ein ieglich dinc würket in wesene)*, aucune chose ne peut opérer au-dessus de son être *(über sîn wesen)*. Le feu ne peut opérer que dans le bois. Dieu opère au-dessus de l'être *(Got würket über wesene)* dans l'amplitude où il peut se mouvoir, il opère dans le non-être *(er würket in unwesene)*. Avant même qu'il y eût de l'être, Dieu opéra *(ê denne wesen waere, dô worhte got)*. Des maîtres à l'esprit fruste disent que Dieu est un être pur *(ein lûter wesen)* ; il est aussi élevé au-dessus de l'être que le plus élevé des anges l'est au-dessus d'un moucheron. Je parlerais aussi faussement si je nommais Dieu un être que si je disais du soleil qu'il est blême ou noir. Dieu n'est ni ceci ni cela *(Got enist weder diz noch daz)*. Et un maître dit : Celui qui croit qu'il a connu Dieu et connaîtrait quelque autre chose ne connaîtrait pas Dieu. Mais quand j'ai dit que Dieu n'était pas un être et qu'il était au-dessus de l'être *(über wesene)*, je ne lui ai pas par là contesté l'être *(ich im niht wesen abegesprochen)*, au contraire je lui ai attribué un être plus élevé *(ich hân ez in im gehoehet)* [1].

---

syntaxe d'un titre, c'est sans doute pour éviter l'ultime préséance de l'être ou de la phrase prédicative, qui s'insinuerait ici encore, que Levinas, dans une syntaxe aussi très singulière, a préféré dire, plutôt que « être sans être », plutôt que « Dieu avec ou au-delà de l'être », suressence ou hyperessence, *autrement qu'être*. N'oublions pas ce que donnent à penser ces deux titres en somme assez récents (*Dieu sans l'être*, et *Autrement qu'être ou au-delà de l'essence* (1974-1978) et qui cherchent, de manière sans doute très différente, à éviter ce que Levinas appelle la contamination par l'être, pour « entendre Dieu non contaminé par l'être » par exemple). La grammaire n'y suffit pas, mais elle ne se réduit jamais à une accessoire instrumentalité, que par ce mot de grammaire on désigne une discipline et son histoire ou plus radicalement les modalités de l'écriture : comment on écrit de Dieu. Les deux titres cités montrent la voie à deux grandes réponses pour la question que je voudrais poser : comment ne pas parler? Comment ne pas dire? autrement dit et sous-entendu : comment ne pas dire l'être *(how to avoid speaking – of being?)*? Comment dire l'être autrement? Comment dire autrement (que) l'être? etc.

1. « Quasi stella matutina », in *Sermons*, trad. Jeanne Ancelet-Hustache, Le

Dans le mouvement du même paragraphe, une citation de saint Augustin rappelle cette valeur à la fois négative et hyper-affirmative du *sans* : « Saint Augustin dit : Dieu est sage sans sagesse *(wîse âne wîsheit),* bon sans bonté *(guot âne güete),* puissant sans puissance *(gewaltic âne gewalt).* » Le *sans* ne dissocie pas seulement l'attribution singulière de la généralité essentielle : la sagesse comme *être*-sage en général, la bonté comme l'*être*-bon en général, la puissance comme *être*-puissant en général. Il n'évite pas seulement l'abstraction liée à tout nom commun et à l'être impliqué dans toute généralité essentielle. Il transmue en affirmation, dans le même mot et dans la même syntaxe, sa négativité purement phénoménale, celle que le langage ordinaire, rivé à la finitude, donne à entendre dans un mot tel que *sans* ou dans d'autres mots analogues. Il déconstruit l'anthropomorphisme grammatical.

Pour en rester encore au premier temps de ma réponse, c'est donc en pensant à ce mouvement vers l'hyperessentialité que je croyais devoir me défendre d'écrire dans le registre de la « théologie négative ». Ce que « veut-dire » la « différance », la « trace », etc., — qui dès lors *ne veut rien dire* —, ce serait « avant » le concept, le nom, le mot, « quelque chose » qui ne serait rien, qui ne relèverait plus de l'être, de la présence ou de la présence du présent, pas même de l'absence, encore moins de quelque hyperessentialité. Mais la réappropriation onto-théologique en est toujours possible et sans doute *inévitable* tant qu'on parle, précisément, dans l'élément de la logique et de la grammaire onto-théologiques. On peut toujours dire : l'hyperessentialité, c'est justement cela, un étant suprême qui reste incommensurable à l'être de tout ce qui est, qui n'*est* rien, ni présent ni absent, etc. Si le mouvement de cette réappropriation paraît en effet irrépressible, son échec final n'en est pas moins nécessaire. Mais cette question demeure, je le concède, au cœur d'une pensée de la différance ou d'une écriture de l'écriture. Elle demeure comme question, et c'est pourquoi j'y reviens encore. Car dans la même « logique », et je m'en tiens encore au premier temps de cette réponse, mon inquiétude se portait aussi vers la promesse de cette présence donnée à l'intuition ou à la vision. La promesse d'une telle présence accompagne souvent la traversée apophatique. Vision d'une lumière ténébreuse, sans doute, intuition de cette « Ténèbre plus que lumineuse [1] »

Seuil, p. 101. Toutes mes citations renverront à cette traduction à laquelle j'ajoute parfois certains mots du texte original.

1. *La théologie mystique,* § 1, trad. M. de Gandillac (*Œuvres complètes* de

(hyperphoton), sans doute, mais encore l'immédiateté d'une présence. Jusqu'à l'union avec Dieu. Après ce moment indispensable de la prière (dont je reparlerai plus tard), Denys exhorte ainsi Timothée aux *mystika theamata* :

> Telle est ma prière. Pour toi, cher Timothée, exerce-toi sans cesse aux contemplations mystiques, abandonne les sensations, renonce aux opérations intellectuelles, rejette tout ce qui appartient au sensible et à l'intelligible, dépouille-toi totalement du non-être et de l'être *(panta ouk onta kai onta)*, et élève-toi ainsi, autant que tu le peux, jusqu'à t'unir dans l'ignorance *(agnôstos)* avec Celui qui est au-delà de toute essence et de tout savoir *(tou hyper pasan ousian kai gnôsin)*. Car c'est en sortant de tout et de toi-même, de façon irrésistible et parfaite que tu t'élèveras dans une pure extase *(extasei)* jusqu'au rayon ténébreux de la divine Suressence *(pros ten hyperousion tou theiou)*, ayant tout abandonné et t'étant dépouillé de tout *(Ibid.)*.

Cette union mystique, cet acte d'*in*connaissance est aussi « une vision véritable et une véritable connaissance » *(to ontôs idein kai gnôsai)* (1025 b, p. 180). Celle-ci connaît l'inconnaissance même dans sa vérité, une vérité qui n'est pas d'adéquation mais de dévoilement. A célébrer le « suressentiel selon un mode suressentiel » *(ton hyperousion hyperousiôs hymnesai)*, cette union tend à « connaître sans voile *(aperikaluptôs* : de façon non cachée, ouverte) cette inconnaissance *(agnosian)* que dissimule en tout être la connaissance qu'on peut avoir de cet être » (1025 bc). La révélation est appelée par une élévation : vers ce contact ou cette vision, cette intuition pure de l'ineffable, cette union silencieuse avec ce qui reste inaccessible à la parole. L'ascension correspond aussi à une raréfaction des signes, figures, symboles − et aussi bien des fictions, des mythes et de la poésie. Cette *économie*, Denys la traite comme telle. La *Théologie symbolique* sera plus volubile et plus volumineuse que la *Théologie mystique*. Car elle traite des « métonymies du sensible au divin » *(ai apo tôn aisthetôn epi ta theia metonumiai)* (1033 a, p. 181); elle décrit la signification en Dieu des formes *(morphai)*, des figures *(skhemata)*, elle mesure son discours à des « symboles » qui « exigent plus de paroles que le reste, en sorte que la *Théologie symbolique* a été

Pseudo-Denys l'Aréopagite, Aubier-Montaigne, 997 a et suiv., p. 177 et suiv.). Je prends le parti de toujours renvoyer à cette traduction facilement accessible, et qui me fut précieuse pour une première lecture de Denys. Je citerai parfois quelques mots du texte original pour d'évidentes raisons.

nécessairement beaucoup plus volumineuse que les *Esquisses théologiques* et que les *Noms divins* ». En s'élevant au-delà du sensible, on gagne en « concision », « car les intelligibles se présentent de façon de plus en plus synoptique » (1033 b, p. 182). Mais il y a aussi un au-delà de la concision économique. Passant l'intelligible même, les *apophatikai theologai* tendent vers la raréfaction absolue, l'union silencieuse avec l'ineffable :

> Maintenant donc que nous allons pénétrer dans la Ténèbre qui est au-delà de l'intelligible, il ne s'agira même plus de concision *(brakhylogian)* mais bien d'une cessation totale de la parole *(alogian)* et de la pensée *(anoesian)*. Là où notre discours descendait du supérieur à l'inférieur, à mesure qu'il s'éloignait des hauteurs, son volume augmentait. Maintenant que nous remontons de l'inférieur au transcendant, à mesure même que nous nous approcherons du sommet, le volume de nos paroles se rétrécira; au terme dernier de l'ascension, nous serons totalement muets et pleinement unis à l'ineffable *(aphthegktô)* (1033 c, p. 182).

Cette économie est paradoxale. En droit et en principe, la marche apophatique devrait re-parcourir, négativement, toutes les étapes de la théologie symbolique et de la prédication positive. Elle lui serait donc co-extensive, astreinte au même volume de discours. En soi interminable, elle ne peut trouver en elle-même le principe de son interruption. Elle doit ajourner indéfiniment la rencontre de sa propre limite.

Étrangère, hétérogène, en tout cas irréductible au *telos* intuitif, à l'expérience de l'ineffable et de la vision muette qui semble orienter toute cette apophatique, y compris la prière et la célébration qui en ouvrent la voie, la pensée de la différance aurait donc peu d'affinité, pour une raison analogue, avec l'interprétation courante de certains énoncés bien connus du premier Wittgenstein. Je rappelle ces mots souvent cités du *Tractatus,* par exemple : « 6-522 – Il y a assurément de l'inexprimable *(es gibt allerdings Unaussprechliches)*. Celui-ci se *montre,* il est l'élément mystique. » et « 7. – Ce dont on ne peut parler il faut le taire. »

C'est la nature de ce « il faut » qui importera ici : il inscrit l'injonction du silence dans l'ordre ou la promesse d'un « il faut parler », « il faut – ne pas éviter de parler » – ou plutôt « il faut qu'il y ait de la trace ». Non, « il faut qu'il *y ait eu* de la trace », phrase qu'on doit simultanément tourner vers un passé *et* vers un futur encore imprésentables : il faut bien (maintenant) qu'il *y ait eu* de la trace (dans un passé immémorial et c'est à cause de cette amnésie qu'il faut le « il faut » de la trace); mais aussi il faut (dès maintenant, il faudra, le « il faut » vaut toujours aussi pour l'avenir) que dans le futur il y ait eu de la trace.

Mais ne nous pressons pas trop. Il faudra tout à l'heure discerner entre ces modalités du « il faut ».

2. Car – et ce fut souvent le deuxième temps de mes réponses improvisées – l'appellation générale de « théologie négative » recouvre peut-être des confusions et donne parfois lieu à des interprétations sommaires. Peut-être y a-t-il là, cachée, remuante, diverse, hétérogène en elle-même, une multiplicité de possibles auxquels, trop massive et trop floue, l'unique expression de « théologie négative » resterait encore inadéquate. Pour s'engager sérieusement dans ce débat, ai-je souvent répondu, il faudrait clarifier cette dénomination en s'approchant de corpus, de scènes, de démarches et de langues fort dissemblables. Comme j'ai toujours été fasciné par les mouvements dits de théologie négative, qui ne sont sans doute jamais étrangers à l'expérience de la fascination en général, j'avais beau récuser l'assimilation d'une pensée de la trace ou de la différance à quelque théologie négative, ma réponse valait une promesse : un jour il faudra cesser d'ajourner, un jour il faudra tenter de s'expliquer directement à ce sujet et parler enfin de la « théologie négative » *elle-même,* à supposer qu'une telle chose existe.

Ce jour est-il venu?

Autrement dit : comment ne pas parler de la théologie négative *(how to avoid speaking on negative theology)?* Mais comment décider de cette question, et entre ces *deux* sens? 1. Comment éviter d'en parler désormais? Cela paraît impossible. Comment pourrais-je me taire à ce sujet? 2. Comment, si on en parle, éviter d'en parler? Comment *ne pas* en parler? Comment faut-il ne pas en parler? Comment éviter d'en parler à tort et à travers? Quelles précautions prendre pour éviter les fautes, les assertions inadéquates ou simplistes?

Je reviens à ma toute première phrase. Je savais donc ce que je *devrais* faire. J'avais implicitement promis de parler un jour, directement, de la théologie négative. Avant même de parler, je me savais engagé à le faire. Telle situation donne lieu à deux interprétations possibles, au moins. 1. Il y a nécessairement de l'engagement ou de la promesse avant même la parole, en tout cas avant un événement discursif comme tel. Celui-ci suppose l'espace ouvert de la promesse. 2. Cet engagement, cette parole donnée appartient déjà au temps de la parole par laquelle, comme on dit en français, je tiens parole. De fait, au moment de promettre de parler un jour de théologie négative, j'ai déjà commencé à le faire. Mais ceci n'est que l'indice confus d'une structure que je voudrais analyser plus tard.

Ayant déjà promis, *comme malgré moi,* je ne savais pas *comment* je pourrais tenir cette promesse. Comment parler convenablement de la théologie négative? Y en a-t-il une? une seule? un modèle régulateur pour les autres? Peut-on y ajuster un discours? Y a-t-il un discours à sa mesure? N'est-on pas astreint à parler de la théologie négative selon les modes de la théologie négative, de façon à la fois impuissante, épuisante et inépuisable? Y a-t-il jamais autre chose qu'une « théologie négative » de la « théologie négative »?

Surtout, je ne savais pas où et quand je le ferai. L'an prochain à Jérusalem, me disais-je peut-être pour différer indéfiniment l'accomplissement de la promesse. Mais aussi pour me faire savoir à moi-même, et j'ai bien reçu le message, que le jour où j'irais en effet à Jérusalem, il ne serait plus possible d'ajourner. Il faudra le faire.

Le ferai-je? Suis-je à Jérusalem? Voilà une question à laquelle on ne répondra jamais au présent, seulement au futur ou au passé antérieur.

Pourquoi insister sur cet ajournement? C'est qu'il ne me paraît ni évitable ni insignifiant. On ne peut jamais décider s'il ne donne pas lieu, en tant qu'ajournement, à cela même qu'il diffère. Il n'est pas sûr qu'aujourd'hui je tienne ma promesse, mais il n'est pas sûr non plus qu'en retardant encore l'accomplissement, je ne l'aie pas néanmoins tenue, déjà.

Autrement dit : suis-je à Jérusalem ou ailleurs, très loin de la ville sainte? A quelles conditions se trouve-t-on à Jérusalem? Suffit-il d'y être, comme on dit, physiquement, et d'habiter, je le fais présentement, des lieux qui portent ce nom? Qu'est-ce qu'habiter Jérusalem? Voilà qui n'est pas facile à décider. Permettez-moi de citer encore Maître Eckart. Comme celle de Denys, son œuvre ressemble parfois à une méditation interminable sur le sens et la symbolique de la ville sainte : une logique, une rhétorique, une topique et une tropologie de Jérusalem. En voici un exemple entre tant et tant d'autres :

> J'étais hier en un lieu où je prononçai une parole *(dâ sprach ich ein wort)* qui semble vraiment incroyable; je dis : Jérusalem est aussi proche de mon âme que le lieu où je me tiens maintenant *(mîner sêle als nâhe als diu stat, dâ ich nû stân)*. Oui, en toute vérité, ce qui est à plus de mille lieues plus loin que Jérusalem est aussi proche de mon âme que mon propre corps; j'en suis aussi sûr que d'être un homme. *(Adolescens, tibi dico : surge, Sermons,* 2, p. 77.)

Je parlerai donc d'une promesse, mais aussi dans la promesse. L'expérience de la théologie négative tient peut-être *à* une promesse, celle de l'autre, que je dois tenir parce qu'elle m'engage à parler là où la négativité devrait conduire le discours à son absolue raréfaction. Pourquoi devrais-je en effet parler *en vue* d'expliquer, d'enseigner, de conduire, sur les voies d'une psychagogie ou d'une pédagogie, vers le silence, l'union avec l'ineffable, la vision muette? Pourquoi ne puis-je éviter de parler, sinon parce qu'une promesse m'a engagé avant même que je commence à tenir le moindre discours? Si donc je parle de la promesse, je ne pourrai prendre à son égard aucune distance méta-linguistique. Le discours sur la promesse est d'avance une promesse : *dans* la promesse. Je ne parlerai donc pas de telle ou telle promesse mais de celle qui, aussi nécessaire qu'impossible, nous inscrit de sa trace dans le langage – avant le langage. Dès que j'ouvre la bouche, j'ai déjà promis, ou plutôt, plus tôt, la promesse a saisi le *je* qui promet de parler à l'autre, de dire quelque chose, d'affirmer ou de confirmer par la parole – au moins ceci, à l'extrême limite : qu'il faudrait se taire, et taire ce qu'on ne peut dire. On pouvait le savoir d'avance. Cette promesse est plus vieille que moi. Voilà qui paraît impossible, diraient tels théoriciens des *speechs acts* : comme tout performatif authentique, une promesse doit se faire au présent, à la première personne (du singulier ou du pluriel) par qui doit pouvoir dire *je* ou *nous*, ici maintenant, par exemple à Jérusalem, « le lieu où je me tiens maintenant » et où donc je puis être tenu pour responsable de ce *speech act*.

La promesse dont je parlerai aura toujours échappé à cette réquisition de présence. Elle est plus vieille que moi ou que nous. Elle rend possible au contraire tout discours présent sur la présence. Même si je décide de me taire, même si je décide de ne rien promettre, de ne pas m'engager à dire quelque chose qui confirmerait encore la destination *de* la parole, la destination *à* la parole, ce silence reste encore une modalité de la parole : mémoire de promesse et promesse de mémoire.

Je le savais donc : je ne pourrai pas éviter d'en parler. Mais comment et sous quel titre le ferai-je? Un jour je reçus un message téléphonique à Yale [1] : il me fallait donner un titre de toute urgence.

---

1. Provenance de l'appel : Jérusalem. Sanford Budick venait d'appeler. Il devait inscrire un titre sur le programme du colloque, fût-ce un titre provisoire. Je dois associer à ce souvenir d'un coup de téléphone celui d'un télégramme. Il venait aussi de Jérusalem, il était déjà signé de Sanford Budick, qui préparait alors le

J'ai dû improviser en deux minutes, ce que j'ai d'abord fait dans ma langue : « Comment ne pas dire...? » L'usage du mot *dire* permet un certain suspens. « Comment ne pas dire? » peut dire : comment se taire, comment ne pas parler en général, comment ne rien dire *(how to avoid speaking)?* mais aussi comment, en parlant, ne pas dire ceci ou cela, de telle ou telle façon, à la fois transitive et modalisée? Autrement dit comment, en disant, en parlant, éviter tel ou tel mode discursif, logique, rhétorique? Comment éviter telle forme injuste, erronée, aberrante, abusive? Comment éviter tel prédicat, voire la prédication? Par exemple : comment éviter telle forme négative ou comment ne pas être négatif? Comment dire quelque chose enfin? Ce qui revient à la question apparemment inverse : comment dire? comment parler? Entre les deux interprétations du « comment ne pas dire? » le sens de l'inquiétude semble ainsi se retourner : du « comment se taire » *(how to avoid speaking at all?),* on passe, de façon d'ailleurs tout à fait nécessaire et comme de l'intérieur, à la question, qui peut chaque fois devenir le titre prescriptif d'une recommandation : comment ne pas parler, quelle parole éviter pour *bien* parler. *How to avoid speaking?,* c'est donc à la fois ou successivement : comment faut-il ne pas parler? comment faut-il parler? (voici) comment il faut ne pas parler, etc. Le « comment » abrite toujours un « pourquoi » et le « il faut » a la double valeur de *« should »* ou de *« ought »* et de *« must ».*

J'ai donc improvisé ce titre au téléphone. En me le laissant dicter depuis je ne sais quel ordre inconscient, dans une situation d'urgence absolue, j'ai donc aussi traduit mon désir de différer encore. Ce comportement de fuite se reproduit à l'occasion de chaque conférence : comment éviter de parler, et d'abord d'engager son propos en donnant un titre avant même d'écrire son texte? Mais aussi, dans l'économie du même geste : comment parler, et le faire *comme il se doit, comme il faut,* pour assumer la responsabilité d'une promesse? Non seulement de cette promesse archi-originaire qui nous institue *a priori* en responsables de la parole mais de cette promesse-ci : donner une conférence sur « absence et négativité », sur le ne-

---

volume, paru depuis lors, sur *Midrash and Literature* (Yale University Press). Venant d'apprendre que j'avais donné à Seattle, au cours d'un colloque consacré à Paul Celan, ce qu'il appelait dans le télégramme une « lecture on circumcision », il me demandait : « Could we have portion of that lecture or some other piece you would be willing to give us however short stop midrash volume soon going to press. »

pas (*how not to, ought not, should not, must not,* etc.) sur le « comment » et le « pourquoi » (du) *ne pas,* le pas, la négation et la dénégation, etc., et donc s'engager à donner un titre *d'avance.* Tout titre a la valeur d'une promesse, un titre donné d'avance est la promesse d'une promesse.

Il m'a donc fallu répondre mais j'ai pris ma responsabilité en la différant. Devant ou plutôt à l'intérieur d'un *double bind : how to avoid speaking* puisque j'ai déjà commencé à parler et toujours déjà commencé à promettre de parler? Que j'aie déjà commencé à parler, ou plutôt que la trace au moins d'une parole ait précédé celle-ci, voilà ce qu'on ne peut dénier. Traduisez : *on ne peut que le dénier.* Il ne peut y avoir que de la dénégation pour cet indéniable. Que faire alors des négations et dénégations? Qu'en faire devant Dieu, voilà la question, s'il en est une. Car le surgissement de toute question est peut-être secondaire; il suit peut-être, comme une première réponse réactive, l'indéniable *provocation,* l'inévitable dénégation de l'indéniable provocation.

Pour éviter de parler, pour retarder le moment où l'on devra bien dire quelque chose et peut-être avouer, livrer, confier un secret, on multiplie les digressions. Je tenterai ici une brève digression sur le secret lui-même. Sous ce titre, *how to avoid speaking,* il faut parler du secret. Dans certaines situations, on se demande *« how to avoid speaking »* soit parce qu'on a promis de ne pas parler, de garder un secret, soit par ce qu'on a un intérêt, parfois vital, à se taire, fût-ce sous la torture. Cette situation suppose encore la possibilité de parler. Certains diraient, peut-être imprudemment, que l'homme seul est capable de parler parce que seul il peut *ne pas* manifester ce qu'il pourrait manifester. Un animal peut certes inhiber un mouvement, s'abstenir d'un geste dangereux, par exemple dans une stratégie offensive ou défensive de prédation, voire dans la délimitation d'un territoire sexuel ou dans une manœuvre de séduction. Il peut ainsi, dira-t-on, ne pas répondre à l'inquisition ou à la réquisition d'un stimulus ou d'un complexe de stimuli. Selon la même philosophie un peu naïve de l'animalité, on fera néanmoins observer que la bête est incapable de garder et d'abord d'avoir un secret parce qu'elle ne saurait *se représenter comme tel,* comme un *objet* devant la conscience, ce qu'elle devrait s'interdire de manifester. On lierait ainsi le secret à la représentation objective *(Vorstellung)* posée devant la conscience et exprimable sous forme de mots. L'essence d'un secret resterait rigoureusement étrangère à toute autre non-manifestation, et d'abord à celle dont l'animal serait capable. La manifestation ou non-manifestation de *ce* secret, bref sa possibilité ne serait jamais de l'ordre du symptôme. Un animal ne saurait *se* taire – ni taire un secret.

Je n'aborderai pas ici cet immense problème. Pour en traiter, il faudrait tenir compte de nombreuses médiations, puis interroger en particulier la possibilité d'un secret préverbal ou simplement non verbal, lié par exemple au geste ou à la mimique, voire à d'autres codes et plus généralement à l'inconscient. Il faudrait étudier les structures de la dénégation avant et hors de la possibilité du jugement et du langage prédicatif. Il faudrait surtout réélaborer une problématique de la conscience, cette chose dont on évite de plus en plus de parler comme si on savait ce que c'est ou comme si son énigme était épuisée. Or est-il problème plus neuf aujourd'hui que celui de la conscience? On serait tenté de la désigner, sinon de la définir ici comme ce lieu en lequel se détient le pouvoir singulier de ne pas *dire* ce qu'on sait, de garder le secret sous la forme de la représentation. Un être conscient est un être capable de mentir, de ne pas présenter dans un discours ce dont il a pourtant la représentation articulée : celui qui peut éviter de parler. Mais pour pouvoir mentir, possibilité seconde et déjà modalisée, il faut d'abord, possibilité plus essentielle, être capable de garder pour soi, en se le disant, ce que déjà l'on sait. Garder pour soi, voilà le pouvoir le plus incroyable et qui donne le plus à penser. Mais ce garder-pour-soi, cette dissimulation pour laquelle il faut déjà être plusieurs et différer de soi-même, suppose aussi l'espace d'une parole promise, c'est-à-dire une trace dont l'affirmation n'est pas symétrique. Comment s'assurer de la dissimulation absolue? Dispose-t-on jamais de critères suffisants ou de certitude apodictique permettant de conclure : le secret a été gardé, la dissimulation a eu lieu, on a évité de parler? Sans même penser au secret arraché par la torture physique ou psychique, certaines manifestations incontrôlées, directes ou symboliques, somatiques ou tropiques, peuvent laisser en réserve la trahison possible ou l'aveu. Non que tout se manifeste. Simplement la non-manifestation n'est jamais assurée. Dans cette hypothèse, il faudrait reconsidérer toutes les limites entre la conscience et l'inconscient, comme entre l'homme et l'animal, c'est-à-dire un énorme système d'oppositions.

Mais j'éviterai de parler du secret en tant que tel. Ces brèves allusions à la négativité du secret et au secret de la dénégation m'ont paru nécessaires pour situer un autre problème. Je me contenterai aussi de l'effleurer. Il s'agit de ce qui a toujours associé, de façon non fortuite, les « théologies négatives » et tout ce qui y ressemble à une forme de socialité ésotérique, à des phénomènes de société secrète, comme si l'accès au discours apophatique le plus rigoureux exigeait le partage d'un « secret », c'est-à-dire d'un pouvoir-se-taire qui serait toujours plus qu'une technique logique ou rhétorique facilement imitable, et d'un contenu réservé, d'un lieu ou d'une richesse qu'il fallait soustraire au premier venu. Tout se passe comme si la divulgation mettait en péril une révélation promise à l'apophase, à ce décryptement qui, pour faire apparaître la chose de façon manifeste *(aperikalyptôs),* doit d'abord la trouver cachée. Récurrence et analogie réglée : ceux qui aujourd'hui encore dénoncent par exemple dans la « déconstruction », dans la pensée de la différence ou l'écriture de l'écriture une résurgence abâtardie de la théologie négative sont aussi ceux qui suspectent volontiers ceux qu'ils appellent les « deconstructionists » de former une secte, une confrérie, une corporation ésotérique, voire plus vulgairement une clique, un gang ou, je cite, une « mafia ». Puisqu'il y a là une loi de récurrence, la logique du soupçon se laisse, jusqu'à un certain point, formaliser. Ceux qui conduisent l'instruction ou le procès disent ou se disent, successivement ou alternativement :

1. Ces gens-là, adeptes des théologies négatives ou de la déconstruction (la différence importe peu aux accusateurs) doivent bien avoir un secret. Ils cachent quelque chose puisqu'ils ne disent rien, parlent de façon négative, répondent « non, ce n'est pas ça, ce n'est pas si simple » à toutes les questions et disent en somme que ce dont ils parlent n'est ni ceci, ni cela, ni un troisième terme, ni un concept, ni un nom, en somme n'*est* pas et donc n'est rien.

2. Mais comme, visiblement, ce secret ne se laisse pas déterminer et qu'il n'est rien, ils le reconnaissent eux-mêmes, ces gens-là n'ont pas de secret. Ils font semblant d'en avoir un pour se regrouper autour d'un pouvoir social fondé sur la magie d'une parole habile à parler pour ne rien dire. Ces obscurantistes sont des terroristes qui rappellent les sophistes. Un Platon serait bien utile pour les combattre. Ils détiennent un pouvoir réel dont on ne sait plus s'il se trouve dans l'Académie ou hors l'Académie : ils s'arrangent pour brouiller aussi cette frontière. Leur prétendu secret relève du simulacre ou de la mystification, au mieux d'une politique de la grammaire. Car pour eux, il n'y a que de l'écriture et du langage, rien au-delà, même s'ils prétendent « déconstruire » le « logocentrisme » et commencent même par là.

3. Si vous savez les interroger, ils finiront par avouer : « le secret, c'est qu'il n'y a pas de secret, mais il y a au moins deux manières de penser ou de démontrer cette proposition », etc. Car, experts dans l'art de l'évitement, ils savent mieux nier ou dénier que dire quoi que ce soit. Ils s'entendent toujours pour éviter de parler

tout en parlant beaucoup et en « coupant les cheveux en quatre ». Certains d'entre eux paraissent « grecs », d'autres « chrétiens », ils font appel à plusieurs langues à la fois, on en connaît qui ressemblent à des talmudistes. Ils sont assez pervers pour rendre leur ésotérisme populaire et « fashionable ». Fin d'un réquisitoire connu.

On trouve des indices de cet ésotérisme dans le platonisme et dans le néo-platonisme, eux-mêmes si présents au cœur de la théologie négative de Denys. Chez Denys lui-même, et d'une autre manière chez Maître Eckart, il n'est pas fait mystère, si on peut dire, de la nécessité du secret – à taire, à garder, à partager. Il faut se tenir à l'écart, trouver le *lieu* propre à l'expérience du secret. Ce détour par le secret conduira tout à l'heure à la question du *lieu* qui orientera désormais mon propos. Dès la prière qui ouvre sa *Théologie mystique,* Denys nomme plusieurs fois le secret de la divinité suressentielle, les « secrets » (cryphiomystiques) de la « Ténèbre plus que lumineuse du Silence ». Le « secret » de cette révélation donne accès à l'inconnaissance au-delà de la connaissance. Denys exhorte Timothée à ne divulguer ni à ceux qui savent, croient savoir ou croient pouvoir connaître par voie de connaissance, ni *a fortiori* aux ignorants et aux profanes. Évite de parler, lui conseille-t-il en somme. Il faut donc se séparer deux fois : et de ceux qui savent – on pourrait dire ici des philosophes ou des experts en ontologie – et des vulgaires profanes qui manient l'attribution en idolâtres naïfs. On n'est pas loin de sous-entendre que l'ontologie elle-même est une idolâtrie subtile ou perverse, ce qu'on entendra, de manière analogue et différente, par la voix de Levinas ou de Jean-Luc Marion.

Le paragraphe que je vais lire a de surcroît l'intérêt de définir un au-delà qui excède l'opposition entre l'affirmation et la négation. En vérité, comme le dit expressément Denys, il excède la *position* même *(thesis),* et non seulement l'amputation, la soustraction *(aphairesis).* Et du même coup la privation. Le *sans* dont nous parlions tout à l'heure ne marque ni privation ni manque ni absence. Quant à l'*hyper* du surressentiel *(hyperousios),* il a la valeur double et ambiguë de ce qui est au-dessus dans une hiérarchie, donc à la fois au-delà *(beyond)* et plus *(more).* Dieu (est) au-delà de l'être, mais en cela plus (être) que l'être : *no more being and being more than being : being more.* Le syntagme français « plus d'être » formule cette équivoque de façon assez économique. Voici l'appel au secret initiatique et la mise en garde :

§ 2.- Mais prends garde que personne ne t'entende de ceux qui ne sont pas *initiés (tôn amuetôn)* je veux dire de ceux [de ces profanes : passage du manuscrit perdu] qui s'attachent aux êtres *(tois ousin)*, qui n'imaginent pas que rien puisse exister suressentiellement *(hyperousiôs)* au-delà des êtres et qui croient connaître par voie de connaissance « *Celui qui a pris la Ténèbre pour retraite* » Ps. XVII, 12). Mais si la révélation du mystère divin dépasse la portée de ces hommes, que dire alors des vrais profanes (« de ces autres profanes », M.), de ceux qui pour définir la Cause transcendante *(hyperkeimenen aitian)* de toutes choses, s'appuient sur les réalités les plus basses, et ne la croient nullement supérieure aux idoles impies dont ils façonnent les formes multiples *(polyeidôn morphomatôn)*, alors qu'en vérité, s'il convient de lui attribuer et d'affirmer d'elle tout ce qui se dit des êtres, parce qu'elle est leur cause à tous, il convient davantage encore de nier d'elle tous ces attributs, parce qu'elle transcende tout être, sans croire pour autant que les négations contredisent aux affirmations, mais bien qu'en soi elle demeure parfaitement transcendante à toute privation *(tas stereseis)*, puisqu'elle *se situe au-delà* de toute position, soit négative soit affirmative *(hyper pasan kai aphairesin kai thesin)* (1000 a b, p. 178; je souligne).

Elle se *situe,* donc. Elle se situe *au-delà* de toute position. Quel est donc ce lieu? Entre ce lieu et le lieu du secret, entre ce lieu secret et la topographie du lien social qui doit garder la non-divulgation, il doit y avoir une certaine homologie. Celle-ci doit régler quelque rapport – secret – entre la topologie de ce qui se tient au-delà de l'être, sans être – sans l'être, et la topologie, la politopologie initiatique qui à la fois organise la communauté mystique et rend possible cette adresse à l'autre, cette parole quasi pédagogique et mystagogique que Denys destine ici, singulièrement, à Timothée *(pros Timotheon :* dédicace de la *Théologie mystique)*.

Dans cette hiérarchie [1], où se tient celui qui parle? Celui qui

---

1. Il n'est pas possible de s'engager ici directement dans ce difficile problème de la hiérarchie, en particulier quant aux rapports de traduction, d'analogie – ou de rupture et d'hétérogénéité entre la hiérarchie *comme telle,* à savoir « l'ordonnance sacrée », le principe ou l'origine de la sainteté, et, d'autre part, l'ordre socio-politique. On peut suivre Jean-Luc Marion aussi loin que possible quand il dissocie la « *hiérarchie,* comprise à partir du mystère théandrique dont l'Église nous offre le lieu unique » et le « concept vulgaire » ou le « concept commun » de hiérarchie *(L'idole et la distance,* p. 209). On pourrait même souscrire à certaines de ses formulations plus provocantes (« Le modèle politique de la hiérarchie n'a rien à voir avec le mystère de la hiérarchie qui ouvre sur la communion des saints. L'équivoque, entretenue ou naïve, trahit la perversion du regard, et ne mérite même

écoute et reçoit? Celui qui parle en *recevant* depuis la Cause qui est aussi la Cause pour cette communauté? Où se tiennent Denys et Timothée, tous les deux et tous ceux qui potentiellement lisent le texte de l'un à l'autre adressé? Où se tiennent-ils au regard de Dieu, de la Cause? Dieu réside en un lieu, dit Denys, mais il n'est pas ce lieu. Y accéder, ce n'est pas encore contempler Dieu. Moïse doit aussi faire retraite. Il en reçoit l'ordre depuis un lieu qui n'est pas un lieu, même si l'un des noms de Dieu peut parfois désigner le lieu même. Comme tous les initiés, il doit se purifier, s'écarter des impurs, se séparer de la foule, se joindre à « l'élite des prêtres ». Mais l'accès à ce lieu divin ne lui livre pas encore le passage vers la Ténèbre mystique où cesse la vision profane et où il faut se taire. Il y est enfin *permis* et *prescrit* de se taire en fermant les yeux :

> Elle [la Cause universelle et bonne] transcende toutes choses de façon suressentielle et ne se manifeste à découvert et véritablement qu'à ceux-là seuls qui vont au-delà de toute consécration rituelle et de toute purification, qui dépassent toute ascension des cimes les plus saintes, qui abandonnent toutes les lumières divines, toutes les paroles et toutes les raisons célestes, pour pénétrer ainsi dans cette Ténèbre [...] Aussi n'est-ce pas sans motifs que le divin Moïse reçoit d'abord *l'ordre de se purifier,* puis de s'*écarter* des impurs, qu'après la puri-

---

pas la réfutation. Il ne s'agit que de voir, ou de ne pas voir. » p. 217). Sans doute, mais ce qu'*il faut voir* aussi, c'est la possibilité historique, essentielle, indéniable et irréductible de ladite perversion qui n'est peut-être « du regard » que pour avoir d'abord été observable comme on dit, « dans les faits ». Comment le « concept vulgaire » s'est-il constitué? voilà ce qu'il faut aussi voir ou ne pas ne pas voir. Comment est-il possible que la « distance », au sens que Marion donne à ce mot et qui fait aussi la distance entre les deux hiérarchies, a-t-elle pu se laisser franchir ou « parcourir » et *donner lieu à la traduction analogique d'une hiérarchie dans l'autre?* Peut-on ici proscrire une « analogie » qui paraît ailleurs soutenir toute cette édification? Et si la traduction est mauvaise, fautive, « vulgaire », quelle serait la bonne traduction politique de la hiérarchie comme « ordonnance sacrée »? Ce n'est qu'une question mais il n'est pas impossible que sa matrice en tienne d'autres en réserve, du même type, au sujet de la Théarchie trinitaire dont la hiérarchie serait « l'icône, à la fois ressemblante et dissemblante » (p. 224; et tout le développement, p. 207 et suiv. à partir de ce terme de « hiérarchie » que « Denys mobilise » et que « notre modernité nous interdit d'emblée d'entendre correctement »); et donc au sujet du schème trinitaire ou paternel soutenant une pensée du don qui ne le requiert pas nécessairement ou qui y trouve peut-être une étrange et abyssale *économie,* autrement dit une fascinante limite. Je dois interrompre ici cette trop longue note sur une an-économie ou une anarchie du don qui m'occupe ailleurs depuis longtemps. Je sens à cet égard la pensée de Marion toute proche et extrêmement distante, d'autres diraient opposée.

fication il entend les trompettes aux sons multiples, qu'il voit des feux nombreux dont les innombrables rayons répandent un vif éclat, que, *séparé* de la foule, il atteint alors, avec l'*élite des prêtres (tôn ekkritôn iereôn)*, au sommet des ascensions divines. A ce degré pourtant, il n'est pas encore en relation avec Dieu, il ne contemple pas Dieu, car *Dieu n'est pas visible (atheatos gar), mais seulement le lieu (topon) où Dieu réside,* ce qui signifie, je pense, que dans l'*ordre visible et dans l'ordre intelligible* les objets les plus divins et les plus sublimes ne sont que les raisons hypothétiques des attributs qui conviennent véritablement à Celui qui est totalement transcendant, raisons qui révèlent la présence *(parousia)* de Celui qui dépasse toute saisie mentale, au-dessus des sommets intelligibles de ses lieux les plus saints *(tôn agiôtatôn autou topôn).*

C'est alors seulement que, dépassant le monde où l'on est vu et où l'on voit, Moïse pénètre dans la Ténèbre véritablement mystique de l'inconnaissance *(tes agnôsias);* c'est là qu'il fait taire (« ferme les yeux », ms) tout savoir positif, qu'il échappe entièrement à toute saisie et à toute vision, car il ne s'appartient plus lui-même ni n'appartient à rien d'étranger, uni par le meilleur de lui-même à Celui qui échappe à toute connaissance, ayant renoncé à tout savoir positif, et grâce à cette inconnaissance même connaissant par-delà toute intelligence. (1000 c et suiv., p. 179-180; je souligne.)

De ce passage, je retiendrai trois motifs.

1. Se séparer, s'écarter, se retirer avec une élite, cette topolitologie du secret obéit d'abord à un ordre. Moïse « reçoit d'abord l'ordre de se purifier, puis de s'écarter des impurs ». Cet ordre ne se distingue pas d'une promesse. Il est la promesse même. Le savoir du grand prêtre qui intercède, si on peut dire, entre Dieu et la sainte institution, c'est le savoir de la promesse. Denys le précise dans *La hiérarchie ecclésiastique* au sujet de la prière pour les morts. *Epaggelia* signifie à la fois le commandement et la promesse : « Sachant que les promesses divines se réaliseront infailliblement *(tas apseudeis epaggelias),* il enseigne également par là à tous les assistants que les dons qu'il implore en vertu d'une sainte institution *(kata thesmon ieron)* seront pleinement accordés à ceux qui mènent en Dieu une vie parfaite. » (564 a, p. 321.) Plus haut, il était dit que « le grand prêtre connaît bien les promesses contenues dans les infaillibles Écritures » (561 d).

2. Dans cette topolitologie du secret, les figures ou *lieux* de la rhétorique sont aussi des stratagèmes politiques. Les « symboles sacrés », les compositions *(synthemata),* les signes et les figures du

discours sacré, les « énigmes », les « symboles typiques » sont inventés comme autant de « boucliers » contre la foule. Toutes les passions anthropomorphiques qu'on prête à Dieu, les douleurs, les colères, les repentirs, les malédictions, autant de mouvements négatifs, et même les « sophismes » *(sophismata)* multiples dont il use dans l'Écriture « pour éluder ses promesses » ne sont que de « Saintes allégories *(iera synthemata)* dont on a eu l'audace d'user pour représenter Dieu, en projetant au-dehors et en multipliant les apparences visibles du mystère, en divisant l'unique et l'incomposé, en figurant sous des formes multiples ce qui n'a ni forme ni figure *(kai typôtika, kai polymorpha tôn amorphôtôn kai atypôtôn),* en sorte que celui qui pourrait voir la beauté cachée à l'intérieur [de ces allégories] les trouverait toutes mystiques, conformes à Dieu et pleines d'une grande lumière théologique ». *(Lettre IX,* à Titos, 1105 b et suiv., p. 352 et suiv.) Sans la promesse divine qui est aussi une injonction, le pouvoir de ces *synthemata* ne serait que rhétorique conventionnelle, poésie, beaux-arts, littérature peut-être. Il suffirait de douter de cette promesse ou d'enfreindre l'injonction pour voir s'ouvrir, mais aussi se fermer sur lui-même, le champ de la rhétoricité, voire de la littérarité, la loi sans loi de la fiction.

La promesse étant aussi un ordre, le voile rhétorique devient alors un bouclier politique, la limite solide d'un partage social, un *schibboleth.* On l'invente pour protéger l'accès à un savoir qui reste *en lui-même* inaccessible, intransmissible, inenseignable. Cet inenseignable néanmoins s'enseigne, nous le verrons, sur un autre mode. Ce non-mathème peut et doit devenir un mathème. Je recours ici à l'usage que Lacan fait de ce mot dans un domaine qui n'est sans doute pas sans rapport avec celui-ci. Il ne faut pas croire, précise Denys, que les compositions rhétoriques se suffisent à elles-mêmes, dans leur simple phénomène. Ce sont des instruments, des médiations techniques, des armes, au moins des armes défensives, des « boucliers *(probeblesthai)* qui garantissent cette science inaccessible (" intransmissible ", ms), que la foule ne doit point contempler, afin que les plus saints mystères ne s'offrent pas aisément aux profanes et qu'ils ne se dévoilent qu'aux véritables amis de la sainteté, parce que seuls ils savent dégager les symboles sacrés de toute imagination puérile... » (1105 c, p. 353).

Autre conséquence politique et pédagogique, autre trait institutionnel : le théologien doit pratiquer non pas un double langage mais la double inscription de son savoir. Denys évoque ici une double tradition, un double mode de transmission *(ditten paradosin) :* d'une part indicible, secret, interdit, réservé, inaccessible *(aporreton)* ou mystique *(mystiken)*, « symbolique et initiatique », d'autre part philosophique, démonstratif *(apodeiktiken)*, exposable. La question critique devient évidemment celle-ci : comment ces deux modes se rapportent-ils l'un à l'autre? Quelle est la loi de leur traduction réciproque ou de leur hiérarchie? Quelle en serait la figure institutionnelle ou politique? Denys reconnaît que chacun de ces deux modes s'« entrecroise » avec l'autre. L'« inexprimable » *(arreton)* s'entrelace ou s'entrecroise *(sympeplektai)* avec l'« exprimable » *(tô retô)*.

A quel mode appartient alors ce discours-ci, celui de Denys mais aussi celui que je tiens à son sujet? Ne doit-il pas se tenir nécessairement en ce lieu, qui ne peut être un point indivisible, où les deux modes se croisent, de telle sorte que le croisement lui-même, ou la *symplokè*, n'appartienne proprement à aucun des deux modes et sans doute précède même leur distribution? Au croisement du secret et du non-secret, quel est le secret?

Au lieu de croisement de ces deux langages, dont chacun *porte* le silence de l'autre, un secret doit et ne doit pas se laisser divulguer. Il le peut, il ne le peut. Il faut ne pas divulguer mais il faut aussi faire savoir ou plutôt laisser savoir ce « il faut », « il ne faut pas », « il faut ne pas ».

Comment ne pas divulguer un secret? Comment ne pas dire? Comment ne pas parler? Des sens contradictoires et instables donnent à une telle question son oscillation sans fin : comment faire pour que le secret reste secret? Comment le faire savoir, pour que le secret du secret — comme tel — ne reste pas secret? Comment éviter cette divulgation même? Ces vagues légères soulèvent la même phrase. Stable et instable à la fois, celle-ci se laisse porter par les mouvements de ce que j'appelle ici *dénégation,* mot que je voudrais entendre avant même sa prise en charge dans un contexte freudien (ce qui n'est peut-être pas très facile et suppose au moins deux conditions : que les exemples pris portent à la fois au-delà de la structure prédicative et des présupposés onto-théologiques ou métaphysiques qui soutiendraient encore les théorèmes psychanalytiques).

Il y a un secret de la dénégation et une dénégation du secret. Le secret comme tel, *comme secret,* sépare et institue déjà une négativité, c'est une négation qui se nie elle-même. Elle se dé-nie. Cette dénégation ne lui survient pas par accident, elle est essentielle et originaire. Et dans le *comme tel* du secret qui se dénie parce qu'il s'apparaît à lui-même pour être ce qu'il est, cette dé-négation ne laisse aucune chance à la dialectique. L'énigme dont je parle ici de façon sans doute trop elliptique, trop « concise », dirait Denys, mais aussi trop volubile, c'est le *partage du secret.* Non seulement le partage du secret avec l'autre, mon partenaire dans une secte ou une société secrète, mon complice, mon témoin, mon allié. Mais d'abord le secret partagé *en lui-même,* sa partition « propre », ce qui divise l'essence d'un secret qui ne peut apparaître, fût-ce à un seul, qu'en commençant à se perdre, à se divulguer, donc à se dissimuler, comme secret, en se montrant : à dissimuler sa dissimulation. Il n'y a pas de secret *comme tel,* je le dénie. Et voilà ce que je confie en secret à quiconque s'allie à moi. Voilà le secret de l'alliance. Si le théo-logique s'y insinue nécessairement, cela ne veut pas dire que le secret lui-même soit théo-logique. Mais y a-t-il jamais cela, le secret *lui-même,* proprement dit? Le nom de Dieu (je ne dis pas Dieu, mais comment éviter de dire ici Dieu dès lors que je dis le nom de Dieu?) ne peut se *dire* que dans la modalité de cette dénégation secrète : je ne veux surtout pas dire ça.

3. Ma troisième remarque concerne encore le lieu. La *Théologie mystique* distingue donc entre l'accès à la contemplation de Dieu et l'accès au lieu où Dieu réside. Contrairement à ce que certains actes de nomination peuvent laisser penser, Dieu n'est pas simplement son lieu, pas même en ses lieux les plus saints. Il n'est pas et il n'a pas lieu, ou plutôt il est et a lieu mais sans être et sans lieu, sans être son lieu. Qu'est-ce que le lieu, qu'est-ce qui a lieu ou se donne à penser, dès lors, sous ce mot? Nous devrons suivre ce fil pour nous demander ce que peut être un événement, ce qui a lieu ou *takes place* dans cette atopique de Dieu. Je dis *atopique* en jouant à peine : *atopos* est l'insensé, l'absurde, l'extravagant, le fou. Denys parle souvent de la folie de Dieu. Quand il cite l'Écriture (« La Folie de Dieu est plus sage que la sagesse humaine »), il évoque « l'usage des théologiens de retourner en les niant tous les termes positifs pour les appliquer à Dieu sous leur aspect négatif » (*Noms Divins,* 865 b, p. 140). Une seule précision pour l'instant : si le lieu de Dieu, qui n'est pas Dieu, ne communique pas avec la suressence divine, ce n'est pas seulement parce qu'il reste sensible ou visible. C'est aussi en tant que lieu intelligible. Quelle que soit l'ambiguïté du passage et la difficulté de savoir si le « lieu où Dieu réside » − et qui n'est pas Dieu − appartient ou non à l'ordre intelligible, la conclusion paraît sans équivoque : « La présence » *(parousia)* de Dieu se situe « au-dessus des sommets intelligibles de ses lieux les plus saints » (*tais noetais akrotesi tôn agiôtatôn autou topôn, Théologie mystique,* 1001 a, p. 179).

II

Nous sommes encore sur le seuil.

Comment ne pas parler? *How to avoid speaking?* Pourquoi conduire maintenant cette question vers la question du lieu? N'y était-elle pas déjà? et conduire, n'est-ce pas toujours se rendre d'un lieu vers un autre? Une question sur le lieu ne se tient pas hors lieu, elle est proprement *concernée* par le lieu.

Dans les *trois étapes* qui nous attendent maintenant, j'ai cru devoir privilégier l'expérience du lieu. Mais déjà le mot d'*expérience* paraît risqué. Le rapport au lieu dont nous allons parler n'aura peut-être plus la forme de l'expérience, du moins si celle-ci suppose encore la rencontre ou la traversée d'une présence.

Pourquoi ce privilège du lieu? Les justifications en apparaîtront, je l'espère, en cours de route. En voici néanmoins quelques indices préliminaires et schématiques.

Il y va d'abord, puisque tel est le *topos* de notre colloque à Jérusalem, de poésie, de littérature, de critique littéraire, de poétique, d'herméneutique et de rhétorique : de tout ce qui peut faire communiquer la parole ou l'écriture, au sens courant, avec ce que j'appelle ici une trace. Chaque fois, il est impossible d'y éviter *d'une part* l'immense problème de la spatialisation figurale (et *dans* la parole ou l'écriture au sens courant et dans l'espace *entre* le sens courant et l'autre, dont le sens courant n'est qu'une figure), *d'autre part* celui du sens et de la référence, *enfin* celui de l'événement en tant qu'il a lieu.

La figuralité et les lieux-dits de la rhétorique, nous l'avons déjà entrevu, constituent le souci même des démarches apophatiques. Quant au sens et à la référence, voici un autre rappel – en vérité le rappel de l'autre, l'appel de l'autre comme *rappel*. Au moment où la question « comment ne pas parler? » *(how to avoid speaking?)* se pose et s'articule dans toutes ses modalités, qu'il s'agisse des formes logico-rhétoriques du dire ou du simple fait de parler, il est déjà, si on peut dire, *trop tard*. Il n'est plus question de ne pas dire. Même si on parle pour ne rien dire, même si un discours apophatique se prive de sens ou d'objet, il a lieu. Ce qui l'a engagé ou rendu possible *a eu lieu*. L'absence éventuelle du référent fait encore signe, sinon vers la chose dont on parle (ainsi Dieu qui n'est rien parce qu'il a lieu, *sans lieu, au-delà de l'être*), du moins vers l'autre (autre que l'être) qui appelle ou à qui se destine cette parole, même si elle lui parle pour parler ou pour ne rien dire. Cet appel de l'autre ayant toujours déjà précédé la parole à laquelle il n'a donc jamais été présent une première fois, il s'annonce d'avance comme un *rappel*. Telle référence à l'autre aura toujours eu lieu. Avant toute proposition et même avant tout discours en général, promesse, prière, louange, célébration. Le discours le plus négatif, au-delà même des nihilismes et des dialectiques négatives, en garde la trace. Trace d'un événement plus vieux que lui *ou* d'un « avoir lieu » à venir, l'un *et* l'autre : il n'y a là ni alternative ni contradiction.

Traduit dans l'apophatique *chrétienne* de Denys (mais d'autres traductions de la même nécessité sont possibles), cela signifie que le pouvoir de parler et de *bien* parler *de* Dieu procède déjà de Dieu, même si pour le faire il faut éviter de parler de telle ou telle façon afin de parler *droit* ou *vrai,* même s'il faut éviter de parler tout court. Ce pouvoir est un don et un effet de Dieu. La cause en est une sorte de référent absolu, mais d'abord à la fois un ordre et une promesse. La cause, le don du don, l'ordre et la promesse sont le même, *cela même* à quoi ou plutôt à Qui répond la responsabilité de qui parle et « parle bien ». A la fin des *Noms divins,* la possibilité même de parler des noms divins et d'en parler de façon juste revient à Dieu, « à Celui qui est la cause de tout bien, lui qui accorde d'abord le pouvoir de parler et ensuite de bien parler *(kai to legein kai to eu legein)* » (981 cp. 176). En suivant la règle implicite de cet énoncé, on dira qu'il est toujours possible d'appeler Dieu, de nommer du nom de Dieu cette origine supposée de toute parole, sa cause exigée. L'exigence de sa cause, la responsabilité devant ce qui en est responsable, demande ce qui est demandé. C'est pour la parole ou pour le meilleur silence une demande, l'exigence ou le désir, comme on voudra, de ce qu'on appelle aussi bien le sens, le référent, la vérité. Voilà ce que nomme toujours le nom de Dieu, avant ou par-delà les autres noms : la trace de ce singulier événement qui aura rendu la parole possible avant même que celle-ci ne se retourne, pour y répondre, vers cette première ou dernière référence. C'est pourquoi le discours apophatique doit aussi s'ouvrir par une prière qui en reconnaît, assigne ou assure la destination : l'Autre comme Référent d'un *legein* qui n'est autre que sa Cause.

Cet événement toujours présupposé, cet avoir-eu lieu singulier, c'est aussi pour toute lecture, toute interprétation, toute poétique, toute critique littéraire ce qu'on appelle couramment l'*œuvre :* au moins le déjà-là d'une phrase, la trace d'une phrase dont la singularité devrait rester irréductible et la référence indispensable dans un idiome donné. Une trace a eu lieu. Même si l'idiomaticité doit nécessairement se perdre ou se laisser contaminer par la répétition qui lui confère un code et une intelligibilité, même si elle *n'arrive qu'à s'effacer,* si elle n'advient qu'en s'effaçant, l'effacement aura eu lieu, fût-il de cendre. Il y a là cendre.

Ce que je viens d'évoquer à l'instant semble ne concerner que l'expérience finie d'œuvres finies. Mais la structure de la trace étant *en général* la possibilité même d'une expérience de la finitude, la distinction entre une cause finie et une cause infinie de la trace paraît ici, osons le dire, secondaire. Elle est elle-même un effet de trace ou de différance, ce qui ne veut pas dire que la trace ou la différance (dont j'ai tenté de marquer ailleurs qu'elle était, en tant qu'infinie, finie [1]) aient une cause ou une origine.

Ainsi, au moment où surgit la question « comment ne pas parler? » *(how to avoid speaking?),* il est déjà trop tard. Il n'était plus question de ne pas parler. Le langage a commencé sans nous, en nous avant nous. C'est ce que la théologie appelle Dieu et il faut, il aura fallu parler. Ce « il faut » est *à la fois* la trace d'une nécessité indéniable (autre façon de dire qu'on ne peut éviter de la dénier : on ne peut que la dénier) *et* d'une injonction passée. Toujours déjà passée, donc sans présent passé. Il a bien fallu pouvoir parler pour laisser venir la question « comment ne pas parler? ». Venu du passé, langage avant le langage, passé qui n'a jamais été présent et reste donc immémorable, ce « il faut » semble donc faire signe vers l'événement d'un ordre ou d'une promesse qui n'appartient pas à ce qu'on appelle couramment l'histoire, le discours de l'histoire ou l'histoire du discours. Ordre ou promesse, cette injonction (m')engage de façon rigoureusement asymétrique avant même que j'aie pu, moi, dire *je,* et signer, pour me la réapproprier, pour reconstituer la symétrie, une telle *provocation.* Cela n'atténue en rien, bien au contraire, ma responsabilité. Il n'y aurait pas de responsabilité sans cette *prévenance* de la trace, et si l'autonomie était première ou absolue. L'autonomie elle-même ne serait pas possible, ni le respect de la loi (seule « cause » de ce respect) dans le sens strictement kantien de ces mots. Pour éluder cette responsabilité, la dénier, tenter de l'effacer d'un retour en arrière absolu, il me faut encore ou déjà la contresigner. Lorsque Jérémie maudit le jour où il est né [2], il doit

---

1. « La différance infinie est finie », in *La voix et le phénomène,* PUF, 1967, p. 114.

2. Cette allusion renvoyait à un séminaire sur Jérémie qui venait d'avoir lieu à Jérusalem *(Institute for advanced studies)* peu avant ce colloque, avec, dans une

encore ou déjà *affirmer*. Il doit plutôt confirmer, d'un mouvement qui n'est pas plus positif que négatif, selon le mot de Denys, car il ne relève pas de la position *(thesis)* ou de la dé-position (privation, soustraction, négation).

Pourquoi trois étapes? Pourquoi devrais-je maintenant procéder en trois temps? Je ne tiens certainement pas à m'acquitter de quelque devoir dialectique. Il y va ici d'une pensée essentiellement étrangère à la dialectique, malgré de fortes apparences, même si les théologies négatives chrétiennes doivent beaucoup à la dialectique platonicienne ou néoplatonicienne, et même s'il est difficile de lire Hegel sans tenir compte d'une tradition apophatique qui ne lui était pas étrangère (au moins par la médiation de Bruno, donc du Cusain, de Maître Eckart, etc.).

Les trois « temps » ou les trois « signes » que je vais maintenant enchaîner, comme dans une narration fabuleuse, ne forment pas les moments ou les signes d'une histoire. Ils ne révéleront pas l'ordre d'une téléologie. Il s'agit, au contraire, de questions déconstructrices au sujet d'une telle téléologie.

Trois temps ou trois lieux en tout cas pour éviter de parler d'une question que je serai incapable de traiter, pour la dénier en quelque sorte, ou pour en parler sans en parler, sur un mode négatif : quoi de la théologie négative et de ses fantômes dans une tradition de pensée qui ne serait ni grecque, ni chrétienne? Autrement dit quoi des pensées juive et arabe à cet égard [1]? Par exemple, et dans tout ce que je dirai, un certain vide, le lieu d'un désert intérieur

---

large mesure, les mêmes participants. Sur ce qu'une question (fût-elle la « piété de la pensée ») doit *déjà* envelopper en elle et qui n'appartient plus au questionnement lui-même, cf. *De l'esprit, Heidegger et la question,* Galilée, 1987, p. 147 et suiv.

1. Malgré ce silence, en vérité à cause de lui, on me permettra peut-être de relire cette conférence comme le discours le plus « autobiographique » que j'aie jamais risqué. On mettra à ce mot tous les guillemets qu'on pourra. Il faut entourer de précautions l'hypothèse d'une présentation de soi passant par un discours sur la théologie négative des autres. Mais si je devais un jour me raconter, rien dans ce récit ne commencerait à parler de la chose même si je ne butais sur ce fait : je n'ai encore jamais pu, faute de capacité, de compétence ou d'auto-autorisation, parler de ce que ma naissance, comme on dit, aurait dû me donner de plus proche : le Juif, l'Arabe.

Ce petit morceau d'autobiographie le confirme obliquement. Il est joué dans toutes mes langues étrangères : le français, l'anglais, l'allemand, le grec, le latin, le philosophique, le méta-philosophique, le chrétien, etc.

Bref : comment ne pas parler de soi? Mais aussi bien : comment le faire sans se laisser inventer par l'autre? ou sans inventer l'autre?

laissera peut-être cette question résonner. Les trois paradigmes que je devrai trop vite situer (or un paradigme est souvent un modèle de construction) entoureront un espace de résonance dont il ne sera jamais rien dit, presque rien.

A

Le premier paradigme serait *grec*.

Je lui donne très vite des noms, propres ou non : Platon et les néoplatonismes, l'*epekeina tes ousias* de *La République,* la *Khora* du *Timée.* Le mouvement qui, dans *La République,* conduit *epekeina tes ousias,* au-delà de l'être (ou de l'étantité, grave question de traduction à laquelle je ne puis m'arrêter ici), ouvre sans doute une immense tradition. On peut en suivre les trajets, les détours et les surdéterminations jusque dans ce qui sera tout à l'heure le second paradigme, les apophases chrétiennes, celles de Denys en particulier. On a beaucoup écrit sur cette filiation et ses limites, mon propos n'est pas celui-là. Puisqu'il ne saurait être question, dans les quelques minutes dont je dispose, de me livrer à un travail micrologique, ni même de résumer ce que je tente ailleurs, en ce moment, dans des séminaires ou des textes en préparation, je me contenterai de quelques traits schématiques. Je les choisis du point de vue qui est ici le nôtre, celui de la question « comment ne pas parler? » telle que j'ai commencé à la déterminer : question du lieu comme lieu de l'écriture, de l'inscription, de la trace. Et faute de temps, je devrai alléger mon propos : ni longue citation, ni littérature « secondaire ». Mais cela ne rendra pas moins problématique, nous le verrons, l'hypothèse d'un texte « nu ».

Dans le texte platonicien et dans la tradition qu'il marque, on devrait distinguer, me semble-t-il, entre *deux* mouvements ou *deux* tropiques de la négativité. Deux structures seraient radicalement hétérogènes.

1. L'une trouverait à la fois sa règle et son exemple dans *La République* (509 b et suiv.). L'idée du Bien *(idea tou agathou)* a son lieu au-delà de l'être ou de l'essence. Ainsi le Bien n'est pas, ni son lieu. Mais ce ne-pas-être n'est pas un non-être, il se tient, si l'on peut dire, au-delà de la présence ou de l'essence, *epekeina tes ousias,* de l'étantité de l'être. Depuis l'au-delà de la présence de tout ce qui est, il donne naissance à l'être ou à l'essence de ce qui est, à *to einai* et *ten ousian,* mais sans être lui-même. D'où l'homologie entre le

Bien et le soleil, entre le soleil intelligible et le soleil sensible. Le premier donne aux étants leur visibilité, leur genèse (accroissement et nourriture). Mais il n'est pas en devenir, il n'est pas visible et il n'appartient pas à l'ordre de ce qui procède de lui, ni selon la connaissance, ni selon l'être.

Sans pouvoir m'engager ici dans les lectures qu'exige et qu'a déjà provoquées ce texte immense, je noterai deux points qui m'importent dans ce contexte-ci.

D'une part, quelle que soit la discontinuité marquée par cet au-delà *(epekeina)* au regard de l'être, de l'être de l'étant ou de l'étantité (trois hypothèses néanmoins distinctes), cette limite singulière ne donne pas lieu à des déterminations simplement neutres ou négatives mais à une *hyperbolisation* de cela même au-delà de quoi le Bien donne à penser, à connaître et à être. La négativité sert le mouvement en *hyper* qui la produit, l'attire ou la conduit. Certes le Bien n'est pas, en ce sens qu'il n'est pas l'être ou l'étant, et toute grammaire ontologique doit prendre à son sujet une forme négative. Mais celle-ci n'est pas neutre. Elle n'oscille pas entre le *ni ceci-ni cela.* Elle obéit d'abord à une logique du *sur,* de l'*hyper,* qui annonce tous les suressentialismes des apophases chrétiennes et tous les débats qui s'y développent (par exemple la critique de Denys par saint Thomas qui lui reprochera de placer *Bonum* avant ou au-dessus de *Ens* ou *Esse* dans la hiérarchie des noms divins). Cela maintient entre l'être et (ce qui est) l'au-delà de l'être un rapport assez homogène, homologue ou analogue pour que ce qui excède la limite puisse se laisser comparer avec l'être, fût-ce dans la figure de l'hyperbole, mais surtout pour que ce qui est ou est connu *doive* à ce Bien son être et son être-connu. Cette continuité analogique permet la traduction, et de comparer le Bien au soleil intelligible, puis celui-ci au soleil sensible. L'excès de ce Bien qui (est) *hyperekhon,* sa transcendance le situe à l'origine de l'être et de la connaissance. Elle permet de *rendre compte,* de parler à la fois de ce qui est et de ce qui est le Bien. Les choses connaissables ne tiennent pas du Bien la seule faculté d'être connues mais aussi l'être *(einai),* l'existence ou l'essence *(ousia),* même si le Bien ne relève pas de l'*ousia (ouk ousias ontos tou agathou)* mais de quelque chose qui de loin dépasse *(hyperekhontos)* l'être en dignité, en ancienneté *(presbeia)* et en puissance *(all'eti epekeina tes ousias presbeia kai dynamei hyperekhontos,* 509 b). L'excellence n'est pas assez étrangère à l'être ou à la lumière pour que l'excès même ne puisse être décrit dans les termes de ce qu'il excède. Quand, un peu plus haut, il est fait allusion à un troisième genre *(triton genos)* qui semble dérouter le discours, parce qu'il ne serait ni le visible, ni la vue – ou la vision –, il s'agit précisément de la lumière (507 e), elle-même produite par le soleil, fils du Bien *(ton tou agathou ekgonon)* que le Bien a engendré à sa propre ressemblance *(on tagathon agennesen analogon)*. Cette analogie entre le soleil sensible et le soleil intelligible permettra de se fier à la ressemblance entre le Bien *(epekeina tes ousias)* et ce à quoi il donne naissance, l'être et la connaissance. Le discours négatif sur ce qui se tient au-delà de l'être et apparemment ne supporte plus les prédicats ontologiques n'interrompt pas cette continuité analogique. Il la suppose en vérité, il se laisse même guider par elle. L'ontologie reste possible et nécessaire. On pourrait percevoir les effets de cette continuité analogique dans la rhétorique, la grammaire et la logique de tous les discours sur le Bien et l'au-delà de l'être.

D'autre part, aussitôt après le passage sur ce qui (est) *epekeina tes ousias* et *hyperekhon,* Glaucon s'adresse ou feint de s'adresser à Dieu, au dieu du soleil, Apollon : « Ô Appolon, quelle hyperbole divine *(daimonias hyperboles :* quel excès démonique ou surnaturel)! » Ne chargeons pas trop cette invocation ou cette adresse à Dieu au moment de parler de ce qui excède l'être. Elle semble être faite légèrement, de façon un peu drôle *(geloiôs),* comme pour scander la scène d'une respiration. Mais je la relève pour des raisons qui apparaîtront tout à l'heure, quand la nécessité pour toute théologie apophatique de commencer par une adresse à Dieu deviendra tout autre chose qu'une rhétorique de théâtre : elle aura la gravité d'une prière.

Pourquoi ai-je signalé à l'instant l'allusion au « troisième genre » destiné à jouer un rôle de médiation analogique, celui de la lumière entre la vue et le visible? Parce que ce schème du *troisième* concerne aussi l'être, dans *Le Sophiste* (243 b). De tous les couples d'opposés on peut dire que chaque terme *est.* L'être *(einai)* de cet *est* figure un tiers au-delà des deux autres *(triton para ta duo ekeina).* Il est indispensable à l'entrelacement *(symplokè)* ou à l'entrecroisement dialectique des formes ou des idées dans un *logos* capable d'accueillir l'autre. Après avoir posé la question du non-être qui serait en lui-même impensable *(adianoeton),* ineffable *(arreton),* imprononçable *(aphtegkton),* étranger au discours et à la raison *(alogon)* (238 c), on en vient à la présentation de la dialectique elle-même. Passant par le parricide et le meurtre de Parménide, celle-ci accueille la pensée du non-être comme *autre* et non comme néant absolu ou simple contraire de l'être (256 d, 259 c). C'est pour confirmer qu'il ne saurait y avoir de discours absolument négatif : un *logos* parle nécessairement de quelque chose, il ne peut pas éviter de parler de quelque chose, il est impossible qu'il ne porte sur rien (*logon anagkaion, otanper è, tinos einai logon, mè dè tinos adunaton* 262 e).

2. De cette tropique de la négativité que je viens d'esquisser de façon si schématique, je distinguerai, toujours chez Platon, une autre tropique, une autre manière de traiter l'au-delà (*epekeina*) de la limite, le troisième genre et le lieu. Celui-ci se nomme ici *khora* et je fais allusion, bien entendu, au *Timée*. Quand je dis que cela se trouve « chez Platon », je laisse de côté, faute de temps, la question de savoir si cela appartient ou non à l'intérieur du texte platonicien et ce que « à l'intérieur » veut dire ici. Ce sont des questions dont je traiterai longuement ailleurs, dans un texte à paraître. Je me permettrai de prélever dans ce travail en cours [1] quelques éléments indispensables à la formulation d'une hypothèse qui intéresse ce contexte-ci.

Khora constitue aussi un troisième genre (*triton genos,* 48 e, 49 a, 52 a). Ce lieu n'est pas le paradigme intelligible dont s'inspire le démiurge. Il n'appartient pas davantage à l'ordre des copies ou des mimèmes sensibles qu'il imprime précisément dans la *khora*. Ce lieu absolument nécessaire, ce « en quoi » naissent les mimèmes des êtres éternels en s'y imprimant (*typothenta),* ce porte-empreinte (*ekma-geion)* pour tous les types et tous les schèmes, il est difficile d'en parler. Il est difficile de lui ajuster un *logos* vrai ou ferme. On ne l'entrevoit que de façon « onirique » et on ne peut le décrire que par un « raisonnement bâtard » (*logismô tini nothô*). Cet espacement ne meurt ni ne naît jamais (52 b). Toutefois son « éternité » n'est pas celle des paradigmes intelligibles. Au moment, si l'on peut dire, où le démiurge organise le cosmos en découpant, faisant entrer, imprimant les images des paradigmes « dans » la *khora,* celle-ci devait être déjà *là,* comme le « là » lui-même, hors du temps, en tout cas du devenir, dans un hors-temps sans commune mesure avec l'éternité des idées et le devenir des choses sensibles. Comment Platon traite-t-il cette disproportion et cette hétérogénéité? Il y a *deux langages concurrents,* me semble-t-il, dans ces pages du *Timée*.

L'un de ces langages multiplie certes les négations, les mises en garde, les évitements, les détours, les tropes, mais *en vue de* réapproprier la pensée de la *khora* à l'ontologie et à la dialectique platonicienne dans ses schémas les plus dominants. Si la *khora,* lieu,

---

1. Une longue introduction à ce travail en cours paraît simultanément, sous le titre *Chora,* dans un volume d'hommage à Jean-Pierre Vernant.

espacement, réceptacle *(hypodokhè)* n'est ni sensible ni intelligible, elle semble *participer* de l'intelligible de façon énigmatique (51 a). Puisqu'elle « reçoit tout », elle rend possible la formation du cosmos. Comme elle n'est ni ceci ni cela (ni intelligible, ni sensible), on peut en parler *comme si* elle était un mixte participant des deux. Le *ni-ni* devient facilement un *et-et*, à la fois ceci et cela. D'où la rhétorique du passage, la multiplication des figures qu'on interprète tradition-nellement comme des métaphores : or, mère, nourrice, crible, récep-tacle, porte-empreinte, etc. Aristote aura fourni la matrice de bien des lectures du *Timée* et, depuis sa *Physique* (IV), on a toujours interprété ce passage sur la *khora à l'intérieur* de la philosophie, de façon régulièrement anachronique, comme si elle préfigurait, d'un côté, des philosophies de l'espace comme *extensio* (Descartes) ou comme forme sensible pure (Kant) ou, d'un autre côté, des philo-sophies matérialistes du substrat ou de la substance qui se tient, comme l'*hypodokhè, sous* les qualités ou sous les phénomènes. Ces lectures dont la richesse et la complexité ne sauraient être ici effleurées sont toujours possibles et, jusqu'à un certain point, justifiables. Quant à leur anachronisme, il me paraît non seulement évident mais structurellement inévitable. La *khora* est l'anachronie même de l'es-pacement, elle anachronise, elle appelle l'anachronie, la provoque immanquablement depuis le *déjà* pré-temporel qui donne lieu à toute inscription. Mais c'est là une autre histoire dans laquelle nous ne pouvons ici nous engager.

L'autre langage, l'autre décision interprétative m'intéressent davantage, sans cesser d'être anachroniques à leur manière. La syn-chronie d'une lecture n'a ici aucune chance et manquerait sans doute cela même à quoi elle prétendrait s'ajuster. Cet autre geste inscrirait, à l'intérieur (mais donc aussi à l'extérieur, l'intérieur une fois mis dehors) du platonisme, voire de l'ontologie, de la dialectique, peut-être de la philosophie en général, un espacement irréductible. Sous le nom de *khora,* le lieu n'appartiendrait ni au sensible ni à l'intel-ligible, ni au devenir ni au non-être (la *khora* n'est jamais décrite comme un vide), ni à l'être : la quantité ou la qualité de l'être se mesurent, selon Platon, à son intelligibilité. Toutes les apories, que Platon ne dissimule pas, signifieraient qu'il *y a là* quelque chose qui n'est ni un étant ni un néant mais qu'aucune dialectique, aucun schème participationniste, aucune analogie ne permettrait de réarti-culer avec quelque philosophème que ce soit : ni « chez » Platon, ni dans l'histoire que le platonisme inaugure et commande. Le *ni-ni* ne se laisse plus reconvertir en *et-et*. Dès lors, lesdites « métaphores » ne seraient pas seulement inadéquates, parce qu'elles empruntent aux formes sensibles inscrites dans la *khora* des figures sans pertinence pour désigner la *khora* elle-même. Elles ne seraient plus des métaphores. Comme toute la rhétorique qui en forme le réseau systématique, le concept de métaphore est issu de cette métaphysique platonicienne, de la distinction du sensible et de l'intelligible, de la dialectique et de l'analogisme dont on hérite avec lui. Quand les interprètes de Platon discutent de ces métaphores, quelle que soit la complexité de leurs débats et de leurs analyses, nous ne les voyons jamais suspecter le concept de métaphore lui-même [1].

Mais dire que Platon ne se sert pas de métaphore ou de figure sensible pour désigner le lieu, cela n'implique pas pour autant qu'il parle proprement du sens propre et proprement intelligible de *khora*. La valeur de réceptivité ou de réceptacle qui forme l'invariant élémentaire, si on peut dire, de cette détermination, me paraît se tenir au-delà de cette opposition entre sens figuré et sens propre. L'espacement de *khora* introduit une dissociation ou une différance dans le sens propre qu'elle rend possible, contraignant ainsi à des détours tropiques qui ne sont plus des figures de rhétorique. La typographie et la tropique auxquelles la *khora* donne lieu, *sans rien donner,* sont d'ailleurs explicitement marqués dans le *Timée* (50 bc). Platon le dit donc à sa manière, il faut éviter de parler de *khora* comme de « quelque chose » qui est ou n'est pas, qui serait présente ou absente, intelligible, sensible ou les deux à la fois, active ou passive, le Bien (*epekeina tes ousias*) ou le Mal, Dieu ou l'homme, le vivant ou le non-vivant. Tout schème théomorphique ou anthropomorphique devrait être ainsi évité. Si la *khora* reçoit tout, ce n'est pas à la manière d'un milieu ou d'un contenant, pas même d'un réceptacle, car le réceptacle est encore une figure en elle inscrite. Ce n'est pas une extension intelligible, au sens cartésien, un sujet réceptif au sens kantien de l'*intuitus derivativus,* ni un espace sensible pur comme forme de la réceptivité. Radicalement anhumaine et athéologique, on ne peut même pas dire qu'elle *donne* lieu ou qu'*il y a* la *khora*. Le *es gibt* qu'on traduirait ainsi annonce ou rappelle encore trop la dispensation de Dieu, de l'homme ou même celle de l'être dont parlent certains textes de Heidegger (*es gibt Sein*). *Khora* n'est même pas *ça,* le *es* du donner avant toute subjectivité. Elle ne donne pas lieu comme on donnerait quelque chose, quelque chose qui soit, elle ne crée ni ne produit rien, pas même un événement en tant qu'il a

---

1. Cf. plus haut « Le retrait de la métaphore ».

lieu. Elle ne donne pas d'ordre et ne fait pas de promesse. Elle est radicalement anhistorique, car rien n'arrive par elle et rien ne lui arrive. Platon insiste sur sa nécessaire indifférence : pour tout recevoir et pour se laisser marquer ou affecter par ce qui s'inscrit en elle, il faut qu'elle reste sans forme et sans détermination propre. Mais si elle est amorphe (*amorphon,* 50 d), cela ne signifie ni manque ni privation. Rien de négatif ni rien de positif. *Khora* est impassible, mais elle n'est ni passive ni active.

Comment en parler? Comment ne pas en parler? Singularité qui intéresse ici notre contexte, cette impossibilité d'en parler et de donner un nom propre, loin de réduire au silence, dicte encore, en raison ou en dépit de l'impossibilité, un devoir : *il faut* en parler et il y a une règle pour cela. Laquelle? Si l'on veut respecter cette singularité absolue de la *khora* (il n'y a qu'une *khora* même si elle peut être pure multiplicité de lieux), *il faut l'appeler toujours de la même façon.* Non pas lui donner le même nom, comme dit une traduction française, mais l'appeler, s'adresser à elle de la même façon (*tauton auten aei prosreteon,* 49 b). Ce n'est pas une question de nom propre, plutôt d'appellation, une manière de s'adresser. *Proserô :* je m'adresse, j'adresse la parole à quelqu'un, et parfois : j'adore la divinité; *prosrema,* la parole adressée à quelqu'un; *prosresis,* la salutation qui appelle. En l'appelant toujours de la même manière, — et cela ne se limite pas au nom, il y faut une phrase —, on respectera l'unicité absolue de la *khora.* Pour obéir à cette injonction sans ordre ni promesse et qui a toujours déjà eu lieu, on doit penser ce qui, se tenant au-delà de tous les philosophèmes donnés, aura néanmoins laissé une trace dans la langue, par exemple le mot *khora* dans la langue grecque, tel qu'il est pris dans le réseau de ses sens usuels. Platon n'en avait pas d'autre. Avec le mot, ce sont aussi des possibilités grammaticales, rhétoriques, logiques, donc aussi philosophiques. Tout insuffisantes qu'elles restent, elles sont données, déjà marquées par cette trace inouïe, promises à elle qui n'a rien promis. Cette trace et cette promesse s'inscrivent toujours dans le corps d'une langue, dans son lexique et dans sa syntaxe, mais on doit pouvoir la retrouver, encore unique, dans d'autres langues, d'autres corps, d'autres négativités aussi.

B

La question devient maintenant la suivante : que se passe-t-il entre, d'*une part,* une « expérience » telle que celle-ci, l'expérience de la *khora* qui n'est surtout pas une expérience si l'on entend par ce mot un certain rapport à de la présence, qu'elle soit sensible ou intelligible, voire à la présence du présent en général et, *d'autre part,* ce qu'on appelle la *via negativa* dans son moment chrétien?

Le passage par la négativité du discours au sujet de la *khora* n'est ni un dernier mot ni la médiation au service d'une dialectique, une élévation vers un sens positif ou propre, un Bien ou un Dieu. Il ne s'agit pas ici de théologie négative, il n'y a là référence ni à un événement, ni à un don, ni à un ordre, ni à une promesse, même si, je viens de le souligner, l'absence de promesse ou d'ordre, le caractère désertique, radicalement anhumain et athéologique de ce « lieu » nous oblige à parler, à nous référer à lui d'une certaine et unique façon, comme à ce tout-autre qui ne serait même pas transcendant, absolument éloigné, ni d'ailleurs immanent ou proche. Non que nous soyons obligés d'en parler, mais si, mus par un devoir qui ne vient pas d'elle, nous la pensons et en parlons, alors il faut respecter la singularité de cette référence. Bien qu'il ne soit rien, ce référent paraît irréductible et irréductiblement autre : on ne peut pas l'inventer. Mais comme il reste étranger à l'ordre de la présence et de l'absence, tout se passe comme si on ne pouvait que l'inventer dans son altérité même, au moment de l'adresse.

Mais cette adresse unique n'est pas une prière, une célébration ou une louange. Elle ne parle pas à Toi.

Surtout, ce « troisième genre » que serait aussi la *khora* n'appartient pas à un *ensemble de trois*. « Troisième genre » n'est *ici* qu'une manière *philosophique* de nommer un X qui ne se compte pas dans un ensemble, une famille, une triade ou une trinité. Même quand Platon semble la comparer à une « mère » ou à une « nourrice », cette *khora* toujours vierge en vérité ne fait pas couple avec le « père » auquel Platon « compare » le paradigme; elle n'*engendre pas* les formes sensibles qui s'inscrivent en elles et que Platon « compare » à un enfant (50 d).

Se demander ce qui *se passe* entre ce type d'expérience (ou cette expérience du *typos*) et les apophases chrétiennes, ce n'est pas nécessairement, ni seulement penser à des histoires, des événements, des influences. La question qui se pose justement ici concerne l'historicité ou l'événementialité, c'est-à-dire des significations étrangères à la *khora*. Même si l'on veut décrire « ce qui se passe » en termes de structures et de rapports, il faut sans doute reconnaître que ce qui se passe entre les deux, c'est peut-être justement l'événement de l'événement, l'histoire, la pensée d'un « avoir-eu-lieu » essentiel, d'une révélation, d'un ordre et d'une promesse, d'une anthropo-théologisation qui, malgré l'extrême rigueur de l'hyperbole négative, semble de nouveau commander, plus proche encore de l'*agathon* que de la *khora*. Et le schème trinitaire paraît absolument indispensable, chez Denys par exemple, pour assurer le passage ou le croisement entre les discours sur les noms divins, la théologie symbolique et la théologie mystique. Les théologèmes affirmatifs célèbrent Dieu comme le Bien, la Lumière intelligible, voire le Bien « au-delà de toute lumière » (il est « principe de toute lumière et c'est trop peu pourtant que de l'appeler lumière », *Noms divins,* 701 a b, p. 99-100). Même si ce Bien est dit informe (comme la *khora*), cette fois c'est lui qui donne forme : « Mais si le Bien est transcendant à tout être, comme c'est en effet le cas, il faut dire alors que c'est l'informe qui donne forme, que c'est celui qui demeure en soi sans essence qui est le comble de l'essence, et la réalité sans vie vie suprême... » (*Noms divins,* 697 a, p. 96.) Ce Bien inspire toute une érotique, mais Denys nous prévient : il faut éviter de prendre le mot *erôs* sans en éclairer ici le sens, l'intention. Il faut toujours partir du sens intentionnel et non de la verbalité (708 b c, p. 104-105). « ... qu'on n'imagine pas que nous allions contre l'Écriture en vénérant ce vocable de désir amoureux *(erôs)* » *(ibid.)...* « Il a même paru à certains de nos auteurs sacrés que " désir amoureux " *(erôs)* est un terme plus digne de Dieu qu'" amour charitable " *(agapè).* Car le divin Ignace a écrit : " C'est l'objet de mon désir amoureux qu'ils ont mis en croix " (709 a b, p. 106). Les saints théologiens attribuent la même valeur, la même puissance d'unification et de rassemblement à *erôs* et à *agapè,* ce que la foule comprend mal, qui assigne le désir au corps, au partage, au morcellement *(ibid.).* En Dieu, le désir est à la fois extatique, jaloux et condescendant (712 a et suiv.) . Cette érotique conduit et reconduit donc au Bien, circulairement, c'est-à-dire vers ce qui « se situe fort au-delà de l'être considéré en soi et du non-être » (716 d, p. 111). Quant au mal, « il n'appartient ni à l'être ni au non-être, mais il est plus séparé du Bien que le non-être même, étant d'une autre nature et plus que lui privé d'essence » *(ibid.).* Quel est le plus de ce moins au regard de ce qui est déjà sans essence? Le mal est encore plus sans essence que le Bien. Qu'on tire, si possible, toute la conséquence de cette singulière axiomatique. Là n'est pas mon propos pour l'instant.

Entre le mouvement théologique qui parle et s'inspire du Bien au-delà de l'être ou de la lumière et la voie apophatique qui excède le Bien, il faut un passage, un transfert, une traduction. Une expérience doit encore guider l'apophase vers l'excellence, ne pas la laisser dire n'importe quoi, lui éviter de manipuler ses négations comme des discours vides et purement mécaniques. Cette expérience est celle de la prière. La prière n'est pas ici un préambule, un mode accessoire de l'accès. Elle constitue un moment essentiel, elle ajuste l'ascèse discursive, le passage par le désert du discours, l'apparente vacuité référentielle qui n'évitera le mauvais délire et le bavardage qu'en commençant par s'adresser à l'autre, à toi. Mais à toi comme « Trinité suressentielle et plus que divine ».

Dans les expériences et les déterminations si multiples de ce qu'on appelle la prière, je distinguerai au moins deux traits. Je les isole ici, quitte à négliger tout le reste, pour éclaircir mon propos. 1. Il devrait y avoir en toute prière une adresse à l'autre comme autre et je dirai, au risque de choquer, *Dieu par exemple.* L'acte de s'adresser à l'autre comme autre, il doit certes prier, c'est-à-dire demander, supplier, quérir. Peu importe quoi, et la pure prière ne demande rien à l'autre que de l'entendre, la recevoir, y être présent, être l'autre comme tel, don, appel et cause même de la prière. Ce premier trait caractérise donc un discours (un acte de langage même si la prière est silencieuse) qui, en tant que tel, n'est pas prédicatif, théorique (théo*logique*) ou constatif. 2. Mais je le distinguerais d'un autre trait auquel il est le plus souvent associé, notamment par Denys et ses interprètes, à savoir la louange ou la célébration *(hymnein).* Que l'association de ces deux traits soit essentielle pour Denys ne signifie pas qu'un trait soit identique à l'autre ni même en général indissociable de l'autre. Ni la prière ni la louange ne sont certes des actes de prédication constative. Toutes deux ont une dimension performative dont l'analyse mériterait ici de longs et difficiles développements, notamment quant à l'origine et à la validation de ces performatifs. Je m'en tiendrai à une distinction : bien que la prière en elle-même, si on peut dire, n'implique pas autre chose que l'adresse demandant à l'autre, peut-être au-delà de la demande et du don, de donner la promesse de sa présence comme autre, et finalement la transcendance de son altérité même, sans aucune autre détermination, la louange, elle, pour n'être pas un simple dire attributif, garde néanmoins avec l'attribution un rapport irréductible. Sans doute, comme le dit justement Urs von Balthasar [1] : « Quand

---

1. Cité par Jean-Luc Marion, in *L'idole et la distance,* p. 249. Je renvoie ici à cet ouvrage, et notamment à son chapitre *« La distance du Requisit et le discours de louange : Denys ».* Il me faut l'avouer, je n'avais pas lu ce livre au moment d'écrire cette conférence. Ce livre fut pourtant publié en 1977 et son auteur me l'avait amicalement adressé. Découragé ou irrité par les quelques signes d'incom-

il est question de Dieu et du divin, le mot ὑμνεῖν remplace presque le mot " dire ". » Presque en effet, mais non tout à fait, et comment nier que la louange qualifie Dieu et *détermine* la prière, *détermine* l'autre, Celui auquel elle s'adresse, se réfère, l'invoquant même

---

préhension réductrice ou d'injustice que j'avais cru y relever aussitôt à mon égard, j'ai eu le tort de ne pas poursuivre ma lecture et de me laisser ainsi détourner par cet aspect fort secondaire (à savoir son rapport à mon travail) d'une œuvre dont je perçois mieux aujourd'hui, après la relecture de Denys et la préparation de cette conférence, la force et la nécessité. Ce qui ne signifie pas toujours de ma part un accord sans réserve. Comme les limites de cette publication ne me permettent pas de m'en expliquer, je remets la chose à plus tard. Toutefois, les quelques lignes dans lesquelles je distingue entre prière et louange ont été ajoutées après coup, comme les références à *Dieu sans l'être*, au développement que j'avais consacré à la prière dans la conférence prononcée à Jérusalem. Je l'ai fait en réponse et en hommage à Jean-Luc Marion qui me paraît ici laisser trop vite entendre que le passage à la louange est le passage même à la prière, ou qu'entre les deux l'implication est immédiate, nécessaire et en quelque sorte analytique. Notamment quand il écrit : « ... Denys tend à substituer au *dire* du langage prédicatif, un autre verbe, ὑμνεῖν, louer. Que signifie cette substitution? Elle indique sans doute le passage du discours à la prière car " la prière est un λόγος , mais ni vrai ni faux " (Aristote). » (P. 232.) Ce que dit en effet Aristote dans le *peri hermeneias* (17 a), c'est que si tout *logos* est signifiant *(semantikos),* seul celui en qui on peut distinguer le vrai et le faux est *apophantique,* constitue une proposition affirmative. Et il ajoute : cela n'appartient pas à tout *logos,* « ainsi la prière *(eukhè)* est un discours *(logos)* mais ni vrai ni faux *(all'outè alethès oute pseudes)* ». Mais Aristote aurait-il dit de la louange *(hymnein)* qu'elle n'est pas apophantique? Qu'elle n'est ni vraie ni fausse? Qu'elle n'a aucun rapport avec la distinction du vrai et du faux? On peut en douter. On peut même en douter pour Denys. Car si la louange ou la célébration de Dieu n'a en effet pas le même régime de prédication que toute autre proposition, si la « vérité » à laquelle elle prétend est la survérité d'une suressentialité, elle célèbre et nomme ce qui « est » tel qu'il « est » : au-delà de l'être. Même si elle n'est pas une affirmation prédicative de type courant, la louange garde le style et la structure d'une affirmation prédicative. Elle dit quelque chose de quelqu'un. Ce n'est pas le cas de la prière qui apostrophe, s'adresse à l'autre et reste, dans ce pur mouvement, absolument anté-prédicative. Il ne suffit pas ici de souligner le caractère performatif des énoncés de prière et de louange. Le performatif en lui-même n'exclut pas toujours la prédication. Tous les passages des *Noms divins* ou de la *Théologie mystique* dont Marion donne la référence en note (n. 65, p. 249) pour « confirmation » comportent une louange ou, comme traduit parfois M. de Gandillac, une célébration qui n'est pas une prière et qui abrite une visée prédicative, si étrangère soit-elle à la prédication ontologique « normale ». On peut même risquer le paradoxe suivant : la célébration peut parfois aller plus loin que la prière, du moins en la suppléant là où elle ne peut s'accomplir, à savoir, comme le dit Denys, dans l'« union » (680 bcd). Même si la louange ne peut se contenter de mettre au jour *(ekphainein)* ou de dire, elle dit et détermine comme ce qu'il est cela même qu'elle ne peut montrer et connaître, et à quoi elle ne peut s'unir même par la prière. Si la prière, selon Denys du moins, tend à l'union avec Dieu, la louange n'est pas la prière,

comme source de la prière? Et comment nier que ce soit dans ce moment de détermination (qui n'est plus l'adresse pure de la prière à l'autre) que la nomination du Dieu *trinitaire* et suressentiel distingue la prière *chrétienne* de Denys de toute autre prière? Refuser cette distinction, subtile sans doute, irrecevable pour Denys et peut-être pour un chrétien en général, c'est refuser la qualité essentielle de prière à toute invocation qui ne serait pas chrétienne. Sans doute, la louange, comme le fait remarquer justement Jean-Luc Marion, n'est-elle « ni vraie ni fausse, ni même contradictoire [1] », mais elle dit quelque chose *de* la théarchie, du Bien et de l'analogie; et si ses attributions ou ses nominations ne relèvent pas de la valeur ordinaire de la vérité, plutôt d'une sur-vérité réglée par une suressentialité, elle ne se confond pas pour autant avec le mouvement propre de la prière qui ne parle pas *de* mais *à*. Même si cette adresse se détermine immédiatement par le discours de louange et si la prière s'adresse à Dieu en parlant (à lui) de lui, l'apostrophe de la prière et la détermination de la louange font deux, deux structures différentes : « Trinité suressentielle et plus que divine, toi qui présides à la divine sagesse... » Je citerai tout à l'heure plus longuement cette prière qui ouvre *La Théologie mystique* et prépare la définition des théologèmes apophatiques. Car il « faut commencer par des prières » (*eukhès aparkhesthai khreôn*, 680 d), dit Denys. Pourquoi? Pour atteindre à l'union avec Dieu, sans doute; mais pour parler de cette *union*,

---

elle en est tout au plus le supplément : ce qui s'y ajoute, quand l'union reste inaccessible ou fait défaut, pour y jouer un rôle vicariant mais aussi pour déterminer le référent même, qui est aussi la cause (le Requisit, dirait Marion) de la prière. Elle peut inciter à la prière, elle peut aussi la suivre, elle ne se confond pas avec elle. Parmi tant d'autres exemples possibles, je rappelle seulement ici, en y soulignant quelques mots, celui que cite justement Marion : « Il nous faut seulement rappeler que ce discours ne vise pas à mettre au jour (ἐκφαινειν) l'essence suressentielle en tant que suressentielle (car elle reste indicible, inconnaissable, et donc totalement impossible à mettre au jour, *se soustrayant à toute union*), mais bien plutôt à louer la procession qui fait les essences et qui provient à tous les étants de la Théarchie [sc. trinitaire], principe d'essence. » (*Noms divins*, V, 1, 816 c, cité par Marion, p. 249-250. Ce passage se trouve à la page 128, dans la traduction souvent différente de M. de Gandillac.) Ne pas mettre au jour, ne pas révéler *(ekphainein)*, ne pas y accéder par une révélation allant jusqu'à l'« union », ce n'est pas exactement ne pas dire, ne nommer, ni même s'abstenir d'attribuer, fût-ce par-delà l'être. Ce n'est pas éviter de parler. C'est même commencer à parler pour déterminer le destinataire de la prière, un destinataire qui est aussi *aitia*, certes, et cause ou requisit de la prière, selon un au-delà trinitaire de l'être, une théarchie comme principe de l'essence.

1. *O.C.*, p. 240.

il faut encore parler des *lieux,* de la hauteur, de la distance et de la proximité. Denys propose à son destinataire ou dédicataire immédiat, Timothée, d'examiner le nom de Bien, qui exprime la divinité, *après* avoir invoqué la Trinité, ce principe du bien qui transcende tous les biens. Il faut prier pour s'*approcher* d'elle, « au plus près », – c'est-à-dire s'élever vers elle – et recevoir d'elle l'initiation de ses dons :

> Car c'est vers elle qu'il nous faut, avant tout, faire monter nos prières, comme vers le principe du bien, et, nous approchant d'elle au plus près, recevoir l'initiation des dons parfaitement bons qui résident en elle. Car s'il est vrai qu'elle soit présente en tout être, tout être par contre ne réside pas en elle. Mais c'est en la suppliant par de très saintes prières, par une intelligence exempte de trouble et de la façon qui convient à l'union divine, que nous aussi nous résiderons en elle. Car sa résidence n'est pas locale en sorte qu'elle changerait de lieu et passerait de l'un à l'autre. Mais dire qu'elle est en tout être totalement immanente, c'est rester en deçà de cette infinité qui dépasse et qui contient toutes choses. (680 b, p. 89-90.)

Par une série d'analogies, Denys explique alors qu'en nous rapprochant et en nous élevant ainsi nous ne parcourons pas la distance qui nous sépare d'un lieu (puisque la résidence de la Trinité n'est pas locale : elle est « partout et nulle part ») et que, d'autre part, la Trinité nous attire vers elle, qui reste immobile, comme la hauteur du ciel ou la pierre du rocher marin depuis laquelle nous tirerions sur une corde pour venir à elle et non pour l'attirer vers nous :

> ... au seuil de toute opération, mais particulièrement s'il s'agit de théologie, il faut commencer par des prières, non pour attirer à nous cette Puissance qui est tout ensemble présente partout et nulle part, mais pour nous mettre entre ses mains et nous unir à elle par des commémoraisons et des invocations divines. *(Ibid.)*

Le principe du bien est au-delà de l'être mais il transcende aussi le bien (680 b). Dieu est le bien qui transcende le bien et l'être qui transcende l'être. Cette « logique » est aussi celle du « sans » que nous évoquions tout à l'heure dans les citations de Maître Eckart citant saint Augustin (« Dieu est sage *sans sagesse,* bon *sans* bonté, puissant *sans* puissance ») ou saint Bernard (« Aimer Dieu est un mode *sans* mode »). La négativité sans négativité de ces énoncés sur une transcendance qui n'est rien d'autre et tout autre que ce qu'elle transcende, nous pourrions y reconnaître un principe de démultiplication des voix et des discours, de désappropriation et de réappropriation des énoncés, les plus lointains paraissant les plus proches, et réciproquement. Un prédicat peut toujours cacher un autre prédicat, voire la nudité d'une absence de prédicat, comme le voile d'un vêtement – parfois indispensable – peut à la fois dissimuler et rendre visible cela même qu'il dissimule – et rend attirant du même coup. Par là-même, la voix d'un énoncé peut en cacher une autre, qu'elle paraît alors citer sans la citer, se présentant elle-même comme une autre forme, voire une citation de l'autre. D'où la subtilité mais aussi les conflits, les rapports de force, les apories même d'une politique de la doctrine, je veux dire de l'initiation ou de l'enseignement en général, et d'une politique institutionnelle de l'interprétation. Maître Eckart, par exemple (mais quel exemple!), en sut quelque chose. Sans même parler des arguments qu'il eut à déployer contre ses juges inquisiteurs (« Ils taxent d'erreur tout ce qu'ils ne comprennent pas... »), la stratégie de ses sermons mettait en œuvre cette multiplicité de voix et de voiles qu'il superposait ou soustrayait comme des pelures ou des pelages, thématisant et explorant lui-même une quasi-métaphore jusqu'à cet extrême dépouillement dont on n'est jamais sûr qu'il laisse voir la nudité de Dieu ou laisse entendre la voix propre de Maître Eckart. *Quasi stella matutina,* qui fournit tant de prétextes aux juges de Cologne, met en scène vingt-quatre maîtres *(Liber 24 philosophorum* du pseudo-Hermès Trismégiste), réunis pour parler de Dieu. Eckart choisit l'une de leurs assertions : « Dieu est nécessairement au-dessus de l'être... *(got etwaz ist, daz von nôt über wesene sîn muoz).* » Parlant ainsi de ce dont parle l'un de ces maîtres, il *commente* d'une voix dont rien ne permet plus de décider que ce n'est pas la sienne. Et dans le même mouvement, il cite d'autres maîtres, chrétiens ou païens, de grands maîtres ou des maîtres subalternes *(kleine meister).* L'un d'eux semble dire : « Dieu n'est ni être ni bonté *(Got enist niht wesen noch güete).* La bonté est attachée à l'être et n'est pas plus vaste *(breiter)* que l'être, car s'il n'y avait pas d'être, il n'y aurait pas de bonté et l'être est encore plus pur que la bonté. Dieu n'est ni bon, ni meilleur, ni le meilleur. Celui qui dirait que Dieu est bon parlerait aussi mal de lui que s'il disait que le soleil est noir. » (I, p. 102). (La Bulle de condamnation ne mentionne qu'en appendice ce passage, sans conclure que Eckart l'ait vraiment enseigné.) La théorie des archétypes qui forme le contexte de cet argument en atténue le caractère provocant : Dieu ne partage aucun des modes d'êtres avec les autres êtres (divisés par ces maîtres en dix catégories), mais « il n'est pour autant privé d'aucun d'eux » *(er entbirt ir ouch keiner).*

Mais voici ce que dit « un maître païen » : que l'âme qui aime Dieu « le prend sous le pelage de la bonté » *(nimet in under dem velle der güete),* mais la raison ou la rationalité *(Vernunfticheit)* enlève ce pelage et prend Dieu dans sa nudité *(in blôz).* Il est alors dévêtu *(entkleidet),* dépouillé « de bonté, d'être et de tous noms ». Eckart ne contredit pas le maître païen, il ne l'approuve pas non plus. Il remarque que, à la différence des « saints maîtres », le païen parle selon la « lumière naturelle ». Puis, d'une voix qui paraît être la sienne, il différencie, je n'ose pas dire qu'il dialectise, la précédente proposition. Dans les lignes que je m'apprête à citer, une certaine valeur de dévoilement, de mise à nu, de vérité comme l'au-delà du vêtement paraît orienter, à la fin des fins et au bout du compte, toute l'axiomatique de cette apophase. Sans doute ne peut-on parler ici, en toute rigueur, de valeur et d'axiomatique puisque ce qui ordonne et règle la marche apophatique excède justement le bien ou la bonté. Mais il y a bien une règle ou une loi : il faut aller au-delà du voile ou du vêtement. Est-il arbitraire d'appeler encore vérité ou sur-vérité ce dévoilement qui ne serait peut-être plus dévoilement de l'être? Lumière aussi, qui ne serait plus éclaircie de l'être? Je ne le crois pas. Voici :

> J'ai dit à l'École que l'intellect *(vernünfticheit)* est plus noble que la volonté, et cependant tous deux appartiennent à cette lumière. Un maître d'une autre École dit que la volonté est plus noble que l'intellect, car la volonté prend les choses telles qu'elles sont en elles-mêmes et l'intellect prend les choses telles qu'elles sont en lui. C'est vrai. Un œil est plus noble en lui-même qu'un œil peint au mur. Mais je dis que l'intellect est plus noble que la volonté. La volonté prend Dieu sous le vêtement *(under dem kleide)* de la bonté. L'intellect prend Dieu dans sa nudité, dépouillé de bonté et d'être *(Vernünfticheit nimet got blôz, als er entkleidet ist von güete und von wesene).* La bonté est un vêtement *(kleit)* sous lequel Dieu est caché et la volonté prend Dieu sous le vêtement de la bonté. S'il n'y avait pas de bonté en Dieu, ma volonté ne voudrait pas de lui. (I, p. 103.)

Lumière et vérité, ce sont les mots d'Eckart. *Quasi stella matutina,* c'est cela, et c'est aussi une topologie (hauteur et proximité) de notre rapport à Dieu. Comme l'*adverbe quasi* nous sommes *à côté* du verbe qui est la vérité :

« Comme *(als)* une étoile du matin au milieu du brouillard. »
Je considère le petit mot « quasi », c'est-à-dire « comme » *(als)*; à
l'école, les enfants le nomment un adverbe *(ein bîwort)*. C'est ce que
j'ai en vue dans tous mes sermons. Ce que l'on peut dire qui convienne
le mieux *(eigenlîcheste)* au sujet de Dieu [ces derniers mots sont omis
par la traduction française] c'est Verbe et Vérité *(wort und wârheit)*.
Dieu s'est lui-même nommé Verbe *(ein wort)*. Saint Jean dit : « Au
commencement était le Verbe », et il indique par là que l'on doit
être un adverbe à côté du verbe. De même la libre étoile *(der vrîe
sterne)*, d'après laquelle est nommé le vendredi *(vrîtac)*, Vénus : elle
a beaucoup de noms. [...] Plus que toutes les étoiles, elle est toujours
également proche du soleil; elle ne lui est jamais plus lointaine ni
plus proche *(niemer verrer noch naeher)*; elle signifie *(meinet)* ainsi
qu'un homme qui veut parvenir là doit être en tout temps proche
de Dieu, lui être présent *(gegenwertic)*, en sorte que rien ne puisse
l'éloigner de Dieu, ni bonheur, ni malheur, ni aucune créature. [...]
Plus l'âme est élevée *(erhaben)* au-dessus des choses terrestres, plus
elle est forte *(kreftiger)*. Celui qui ne connaîtrait que les créatures
n'aurait jamais besoin de penser à un sermon, car toute créature est
pleine de Dieu et est un livre *(buoch)* (I, p. 104).

Dans sa nécessité pédagogique et sa vertu initiatrice, le sermon
supplée non pas tant le Verbe qui n'en a nul besoin, mais l'incapacité
de lire dans le « livre » authentique que nous sommes, en tant que
créatures, et l'adverbialité que nous devrions être par là même. Ce
supplément d'adverbialité, le sermon, doit s'accomplir et s'orienter
(comme on s'oriente selon l'étoile du matin) par la prière ou l'invocation du Dieu trinitaire. C'est à la fois l'orient et la fin du
sermon : « L'âme doit être là un " adverbe " et opérer une seule
œuvre avec Dieu *(mit gote würken ein werk)*, afin de puiser sa
béatitude dans la connaissance qui plane en elle-même (...) Que le
Père et ce même Verbe et l'Esprit saint nous aident à demeurer en
tout temps " l'adverbe " de ce même Verbe. Amen. » (P. 105.)
C'est la fin du Sermon, la prière ne s'adresse pas directement,
dans la forme de l'apostrophe, à Dieu lui-même. A l'ouverture, au
contraire, et dès les premiers mots de la *Théologie mystique*, Denys
s'adresse, lui, directement à Toi, à Dieu d'ores et déjà déterminé
comme « Trinité suressentielle » dans la prière qui prépare les théologèmes de la *via negativa* :

Trinité suressentielle *(Trias hyperousiè)* et plus que divine *(hyper-
thèe)* et plus que bonne *(hyperagathè)*, toi qui présides à la divine
sagesse *(theosophias)* chrétienne, conduis-nous non seulement par-delà
toute lumière, mais au-delà même de l'inconnaissance jusqu'à la plus

haute cîme des Écritures mystiques, là où les mystères simples, absolus et incorruptibles de la théologie se révèlent dans la Ténèbre plus que lumineuse du silence : c'est dans le Silence en effet qu'on apprend les secrets de cette Ténèbre dont c'est trop peu dire que d'affirmer qu'elle brille de la plus éclatante lumière au sein de la plus noire obscurité, et que, tout en demeurant elle-même parfaitement intangible et parfaitement invisible, elle emplit de splendeurs plus belles que la beauté les intelligences qui savent fermer les yeux *(tous anommatous noas)*. Telle est ma prière *('Emoi men oun tauta eukhtô)*. Pour toi, cher Timothée, exerce-toi sans cesse aux contemplations mystiques... (997 a b, p. 177.)

Que se passe-t-il?

Après avoir prié (écrit-il, lisons-nous), il présente sa prière. Il la cite et je viens de citer sa citation. Il la cite dans ce qui est proprement une *apostrophe* à son destinataire, Timothée. La *théologie mystique* lui est dédiée, elle doit le *conduire,* pour l'initier, sur les chemins vers lesquels Denys a lui-même prié Dieu de le conduire, plus littéralement de le *diriger,* en ligne droite *(ithunon)*. Pédagogie, donc, mystagogie, psychagogie : le geste de conduire ou de diriger la *psyché* de l'autre passe ici par l'apostrophe. Celui qui demande d'être conduit par Dieu se tourne un instant vers un autre destinataire pour le conduire à son tour. Non qu'il se détourne simplement de son premier destinataire qui est *en vérité* la première Cause de sa prière et la conduit déjà. C'est même parce qu'il ne se détourne pas de Dieu qu'il peut se tourner vers Timothée et *passer d'une adresse à l'autre sans changer de direction.*

L'écriture de Denys, celle que présentement nous croyons lire ou lisons en vue de croire, se tient dans l'espacement de cette *apostrophe* qui *détourne* le discours dans la *même* direction entre la prière elle-même, la citation de la prière et l'adresse au disciple, autrement dit au meilleur lecteur, au lecteur qui devrait se laisser conduire à devenir meilleur, à nous qui présentement croyons lire ce texte. Non pas à nous tels que nous sommes, présentement, mais tels que nous devrions être, en notre âme, si nous lisons ce texte comme il devrait être lu, droitement, dans la bonne direction, correctement : selon sa prière et sa promesse. Il nous prie aussi – de lire correctement, selon sa prière. Et rien de tout cela ne serait possible sans la possibilité de la citation (plus généralement de l'itération) – et d'une apostrophe qui permette de parler à plusieurs personnes à la fois. A plus d'un autre. La prière, la citation de la prière et l'apostrophe, d'un toi à l'autre, tissent ainsi le *même* texte, si hétérogènes qu'elles paraissent. Il y a du texte parce qu'il y a cette itération [1]. Mais où ce texte a-t-il donc lieu? A-t-il un lieu, présentement? Et pourquoi ne peut-on y séparer la prière, la citation de la prière et l'adresse au lecteur?

L'identité de *ce* lieu, et donc de *ce* texte, et donc de *son* lecteur, s'institue depuis l'avenir de ce qui est promis par la promesse. La venue de cet avenir a une provenance, c'est l'événement de cette promesse. A la différence de ce qui semblait se passer dans l'« expérience » du lieu nommé *khora*, l'apophase se met en mouvement, elle s'*initie,* au sens de l'initiative et de l'initiation, depuis l'événement d'une révélation qui est aussi une promesse. Celle-ci appartient à une histoire; elle ouvre plutôt une histoire et une dimension

---

1. La répétition paraît à la fois interdite et prescrite, impossible et nécessaire, comme s'il fallait éviter l'inévitable. Pour analyser la loi de ces paradoxes du point de vue de l'écriture (notamment au sens courant du mot) ou de l'initiation pédagogique, et c'est beaucoup plus qu'un « point de vue », il faudrait suivre de très près tel passage des *Noms divins,* par exemple, qui nous explique pourquoi ce serait « folie » de « répéter deux fois les mêmes vérités ». Par exemple celles des *Éléments théologiques* de « notre précepteur Hiérothée ». Si Denys entreprend d'écrire d'autres traités, « et particulièrement celui qu'on lit ici » (*kai ten parousian theologian),* c'est seulement pour introduire des *suppléments* adaptés à nos forces (développements, explicitations, distinctions) là où Hiérothée s'était magistralement contenté d'un tableau d'ensemble des définitions fondamentales. Ces suppléments ne suppléent pas à un manque, ils répètent sans répéter ce qui est déjà dit, virtuellement. Ils suivent l'ordre donné et ils obéissent à un ordre donné. Ils ne transgressent aucune loi, au contraire : « tout se passa comme s'il [Hiérothée] nous avait prescrit, à nous et à tous autres précepteurs des âmes encore novices, d'introduire développements et distinctions, par un raisonnement qui fût adapté à nos forces ». Mais l'ordre, la prière ou la demande viennent aussi du lecteur, du destinataire immédiat, Timothée, *comme si* celui-ci réfléchissait la prescription de Hiérothée (« tout se passa comme s'il nous avait prescrit ») : « Et c'est à cette tâche que toi-même souvent tu nous engageas en nous renvoyant le livre de Hiérothée, le jugeant trop difficile. » Du plus difficile au plus facile, l'*adjonction* de suppléments ne supplée que *notre* faiblesse et non un manque du côté de ce qu'il y a à lire. Avant même de déterminer notre rapport au texte majeur de Hiérothée, du premier maître, cette supplémentarité aura marqué le rapport de l'écriture de Hiérothée à celle de Dieu, ou plutôt à la « dictée » de Dieu. Et ainsi se constitue l'élite ou la hiérarchie – et l'analogie : « ... ce maître des raisons parfaites et accomplies doit être réservé à une élite, comme une sorte d'*Écriture nouvelle adjointe* à celle que dicta Dieu lui-même. Pour nous, notre rôle est d'expliquer à notre façon et en usant de l'analogie les vérités divines aux intelligences qui restent à notre niveau [...] pour saisir d'une vue directe le sens intellectuel des Écritures et pour enseigner aux autres le produit d'une telle vision, il faut la puissance d'un vieillard; mais la science et l'enseignement des raisonnements qui conduisent à ces hauteurs conviennent à des maîtres et à des disciples d'une moindre sanctification » (681 a c, p. 91-92, je souligne). Tout cela se décide en vue d'une plus grande sanctification, toujours, et de *bien* vieillir ainsi, la considération de l'âge ne prenant son sens que depuis cette analogie et cette téléologie.

anthropo-théologique. Le trait d'*union* unit « l'écriture nouvelle adjointe à celle que dicta Dieu lui-même » (681 b, p. 91), il marque le lieu même de cette adjonction. Ce lieu lui-même est assigné par l'événement de la promesse et la révélation de l'Écriture. Il n'est le lieu que depuis ce qui aura eu lieu – selon le temps et l'histoire de ce futur antérieur. Le lieu est un événement. A quelles conditions se trouve-t-on à Jérusalem, demandions-nous tout à l'heure, et où se trouve le lieu ainsi nommé? Comment mesurer la distance qui nous en sépare ou nous en rapproche? Voici la réponse de Denys qui cite l'Écriture dans *La hiérarchie ecclésiastique* : « Ne vous éloignez pas de Jérusalem, mais attendez la promesse du Père que vous avez entendue de ma bouche, et selon laquelle vous serez baptisés par l'Esprit saint. » (512 c, p. 303.) Situation de cette parole qui situe un lieu : celui qui a transmis la promesse (Jésus, « divin fondateur de notre propre hiérarchie ») parle de Jérusalem comme du lieu qui a lieu depuis l'événement de la promesse. Mais le lieu ainsi révélé reste le lieu de l'attente, en attente de la réalisation de la promesse. Alors il aura pleinement lieu. Il sera pleinement lieu.

Un événement nous prescrit ainsi la bonne et juste apophase : comment ne pas parler. Cette prescription est à la fois révélation et enseignement des Saintes Écritures, l'architexte avant toute « adjonction » supplémentaire :

> ... à l'égard de la Déité suressentielle et secrète, *il faut éviter toute parole, voire toute pensée téméraire (ou tolmeteon eipein, oute men ennoesai),* hors de ce que nous révèlent divinement les Saintes Écritures *(para ta theoeidôs emin ek tôn ierôn logiôn ekpephasmena).* Car c'est la Déité même qui, dans ces textes sacrés, a manifesté d'elle-même ce qui convenait à sa Bonté. (*Les Noms divins*, 588 c, p. 69; je souligne.)

Cette bonté suressentielle n'est pas totalement incommunicable, elle peut *se* manifester elle-même mais elle reste séparée par sa suressentialité. Quant aux théologiens qui ont « loué » son inaccessibilité et pénétré sa « secrète infinité », ils n'ont laissé aucune *« trace » (ikhnous)* (*ibid.;* je souligne).

Manifestation secrète, donc, si quelque chose de tel est possible. Avant même de commander l'extrême négativité de l'apophase, cette manifestation nous est transmise, comme un « don secret » par nos maîtres inspirés. Nous apprenons ainsi à déchiffrer les symboles, nous comprenons comment « l'amour de Dieu pour l'homme enveloppe l'intelligible dans le sensible, le suressentiel dans l'être, donne forme et façon à l'informable et à l'infaçonnable, et à travers une variété de symboles partiels multiplie et figure l'infigurable et merveilleuse Simplicité » (592 b, p. 71). Bref nous apprenons à lire, à déchiffrer la rhétorique sans rhétorique de Dieu – et finalement à nous taire.

Parmi toutes ces figures de l'infigurable, il y a là figure du sceau. Ce n'est pas une figure parmi d'autres, elle figure la figuration de l'infigurable même et ce discours sur l'empreinte paraît déplacer la typographie platonicienne de la *khora*. Cette dernière donnait lieu à des inscriptions, des *typoi,* pour les copies des paradigmes. Ici la figure du sceau, qui scelle aussi une promesse, vaut pour tout le texte de la création. Elle transporte un argument platonicien, l'un des deux schémas que j'ai tenté de distinguer tout à l'heure, dans un autre ordre. Dieu est à la fois participable et non participable. Le texte de la création serait comme l'inscription typographique du non-participable dans le participable :

> ... comme le point central d'un cercle est participé par tous les rayons qui constituent le cercle, et comme les multiples empreintes *(ektypomata)* d'un sceau *(sphragidos)* unique participent à l'original, lequel est immanent tout entier et de façon identique dans chacune des empreintes, sans se fragmenter d'aucune manière. Mais l'impar-ticipabilité *(amethexia)* de la Déité, cause universelle, transcende encore toutes ces figures *(paradeigmata)*. (644 a b, p. 83.)

Car à la différence de ce qui se passe avec le sceau, il n'y a ici ni contact, ni communauté, ni synthèse. La suite de la démonstration rappelle encore, tout en la déplaçant, la nécessité pour la *khora* d'être informe et vierge. Sans cela, elle ne pourrait se prêter convenablement à l'écriture en elle des empreintes :

> On pourrait objecter pourtant : le sceau n'est pas entier et identique dans toutes les empreintes *(en olois tois ekmageiois)*. Je réponds que ce n'est pas la faute du sceau qui se transmet à chacun entier et identique, mais c'est l'altérité des participants qui fait dissembler les reproductions de l'unique modèle *(arkhetypias),* total et identique. *(Ibid.)*

Tout dépendra donc de la matière ou de la cire *(keros)* qui reçoit les empreintes. Il faut qu'elle soit réceptive, molle, plastique, lisse et vierge pour que l'empreinte reste pure, claire et durable (644 b).

Si l'on se rappelle que la *khora* était aussi décrite comme un réceptacle *(dekhomenon),* on peut suivre un autre déplacement de cette figure, la figure des figures, le lieu des autres figures. Désormais, le « réceptacle » est à la fois *psychique* et *créé*. Il n'était ni l'un ni l'autre chez Platon. Plus tard, saint Augustin assure encore la médiation et Maître Eckart le cite dans son sermon *Renovamini... spiritu mentis vestrae* : « Or Augustin dit que, dans la partie supérieure de l'âme, qui se nomme *mens* ou *gemüte,* Dieu a créé, en même temps que l'être de l'âme une puissance *(craft)* que les maîtres nomment réceptacle *(sloz)* ou écrin *(schrin)* de formes spirituelles ou d'images formelles. » (III, p. 151.) La création du lieu, qui est aussi une puissance, fonde la ressemblance de l'âme avec le Père. Mais au-delà de la Trinité, si on peut dire, au-delà de la multiplicité des images, au-delà du lieu créé, l'*impassibilité sans forme* que le *Timée* attribuait, si on peut encore dire, à la *khora,* se trouve ici convenir à Dieu seul : « ... quand toutes les images de l'âme sont écartées et qu'elle contemple seulement l'unique Un *(das einig ein),* l'être nu de l'âme rencontre l'être nu sans forme *(das blose formlose wesen)* de l'unité divine qui est l'être superessentiel reposant impassible en lui-même *(ein uberwesende weseen, lidende ligende in ime selben).* » Cette impassibilité du sans-forme est la source unique et merveilleuse de notre passibilité, de notre passion, de notre souffrance la plus noble. Nous ne pouvons alors souffrir que Dieu, rien d'autre que lui : « Ah! merveille des merveilles *(wunder uber wunder),* quelle noble souffrance c'est là que l'être de l'âme ne puisse souffrir rien d'autre que la seule et pure unité de Dieu! »

Ainsi nommé, « Dieu est sans nom *(namloz)* », « personne ne peut parler de lui ni le comprendre ». De cet « être suréminent » *(uber swebende wesen)* qui est aussi un « néant superessentiel » *(ein uber wesende nitheit),* il faut éviter de parler. Eckart laisse parler saint Augustin : « Ce que l'homme peut dire de plus beau sur Dieu, c'est qu'il sache se taire *(swigen)* en raison de la sagesse de la richesse intérieure [divine]. » « C'est pourquoi tais-toi », enchaîne Eckart. Sans cela tu mens et tu commets le péché. Ce devoir est un devoir d'amour, l'apostrophe ordonne l'amour mais elle parle depuis l'amour et en implorant, dans une prière, l'aide de Dieu : « Tu dois l'aimer en tant qu'il est un Non-Dieu, un Non-Intellect, une Non-Personne, une Non-Image. Plus encore : en tant qu'il est un Un pur, clair, limpide, séparé de toute dualité. Et dans cet Un nous devons éternellement nous abîmer : du Quelque chose au Néant.

Que Dieu nous y aide. Amen. » (P. 154.)

Parler pour commander de ne pas parler, dire ce que Dieu n'est pas et qu'il *est* un non-Dieu. La copule de l'être qui articule cette parole singulière et cet ordre de se-taire, comment l'entendre? Où a-t-elle son lieu? Où a-t-elle lieu? Elle est le lieu, le lieu de cette écriture, cette trace (laissée dans l'être) de ce qui n'est pas, et l'écriture de ce lieu. Celui-ci n'est qu'un lieu de passage, plus précisément un seuil. Mais un seuil, cette fois, pour accéder à ce qui n'est plus un lieu. Subordination, relativisation du lieu, extraordinaire conséquence : le lieu, c'est l'être. Ce qui se trouve réduit à la condition de seuil, c'est l'être lui-même, l'être comme lieu. Seulement un seuil, mais un lieu sacré, le parvis du temple :

> Quand nous prenons Dieu dans l'être, nous le prenons dans son parvis *(vorbürge),* car l'être est son parvis dans lequel il réside *(wonet).* Où est-il donc dans son temple où il brille dans sa sainteté *(heilic)?* L'intellect *(vernünfticheit :* la rationalité) est le temple de Dieu. (*Quasi stella matutina,* I, p. 102.)

L'âme, qui exerce sa puissance dans l'œil, permet de voir ce qui n'est pas, ce qui n'est pas présent, elle « opère dans le non-être et suit Dieu qui opère dans le non-être ». Guidé par cette *psyché,* l'œil traverse ainsi le seuil de l'être vers le non-être pour voir ce qui ne se présente pas. Eckart le compare à un crible. Les choses doivent être « passées au crible » *(gebiutelt) (O.C.,* p. 103). Ce n'est pas une figure parmi d'autres, elle dit la différence entre l'être et le non-être, elle la discerne, elle la donne à voir, mais comme l'œil même. Il n'y a pas de texte, surtout pas de sermon, pas de prédication possible, sans l'invention d'un tel filtre.

C

J'avais donc décidé de *ne pas parler* de la négativité ou des mouvements apophatiques dans les traditions juive ou arabe. Par exemple. Laisser vide cette place immense, et surtout ce qui peut y lier tel nom de Dieu au nom du Lieu, rester ainsi sur le parvis, n'était-ce pas une apophase aussi conséquente que possible? Ce dont on ne peut parler, ne vaut-il pas mieux le taire? Je vous laisse répondre à cette question. Elle est toujours livrée à l'autre.

Mon premier paradigme fut grec, le second chrétien, sans laisser d'être encore grec. Le dernier ne serait ni grec ni chrétien. Si je ne craignais d'abuser de votre patience, je rappellerais pourtant ce qui, dans la pensée de Heidegger, pourrait ressembler à l'héritage le plus questionnant, la répétition à la fois la plus audacieuse et la plus affranchie des traditions que je viens d'évoquer. Je devrai m'en tenir à quelques points de repère.

On pourrait lire *Qu'est-ce que la métaphysique?* comme un traité de la négativité. Il fonde le discours négatif et la négation dans l'expérience du néant qui néantit lui-même *(das Nichts selbst nichtet).* L'expérience de l'angoisse nous rapporte à un néantir *(Nichtung)* qui n'est ni un anéantissement *(Vernichtung)* ni une négation ou une dénégation *(Verneinung).* Elle nous révèle l'étrangeté *(Befremdlichkeit)* de ce qui est (l'étant, *das Seiende)* comme le tout autre *(das schlechthin Andere).* Elle ouvre ainsi la possibilité de la question de l'être pour le *Dasein* dont la structure est justement caractérisée par ce que Heidegger appelle alors la transcendance. Cette transcendance, dira *Vom Wesen des Grundes,* est « proprement formulée » *(eigens ausgesprochen)* par l'expression platonicienne *epekeina tes ousias.* Sans pouvoir m'engager ici dans l'interprétation de l'*agathon* alors proposée par Heidegger, je voulais seulement marquer ce passage au-delà de l'être, ou plutôt de l'étantité, et la réinterprétation de la négativité qui l'accompagne. Heidegger précise aussitôt que Platon n'a pas su élaborer « le contenu original de l'*epekeina tes ousias* comme transcendance du *Dasein (der ursprüngliche Gehalt des* epekeina *als Transzendenz des Daseins)* ». Geste analogue à l'égard de la *khora :* dans l'*Einführung in die Metaphysik,* une brève parenthèse suggère que Platon a manqué une pensée du lieu *(Ort)* qui pourtant s'annonçait à lui. Il n'aurait fait en vérité que préparer *(vorbereiten)* l'interprétation cartésienne de l'espace comme *extensio (Ausdehnung)* (p. 51; trad. fr., p. 76-77). J'essaie de montrer ailleurs ce que cette mise en perspective peut avoir de problématique et de réducteur. La dernière page de *Was heisst Denken?,* quelque dix-sept ans plus tard, nomme de nouveau *khora* et *khorismos,* sans référence explicite au *Timée.* Platon, qui aurait donné la *Deutung* la plus déterminante pour la pensée occidentale, situerait le *khorismos,* l'intervalle ou la séparation, l'espacement, entre l'étant et l'être. Or *« e khora heisst der Ort »,* « la *khora* veut dire le lieu ». Pour Platon, l'étant et l'être sont donc « en des lieux différents *(verschieden geortet)* ». « Si Platon prend en considération le *khorismos,* la différence de lieu *(die verschiedene Ortung)* de l'être et de l'étant, alors il pose la question du tout autre lieu *(nach dem ganz anderen Ort)* de l'être, par comparaison avec celui de l'étant. » Que Platon soit ensuite soupçonné d'avoir manqué ce tout autre lieu, qu'il faille reconduire la diversité *(Verschiedenheit)* des lieux vers la différence *(Unterschied)* et le pli d'une duplicité *(Zwiefalt)* qui doit être donnée d'avance sans qu'on puisse y faire « proprement attention », c'est là un procès que je ne peux suivre dans cette fin de *Was heisst Denken?* ou ailleurs. Je souligne seulement ce mouvement vers un lieu *tout autre,* comme lieu de l'être ou *lieu du tout autre* : dans et par-delà une tradition platonicienne ou néo-platonicienne. Mais aussi dans et par-delà une tradition chrétienne dont Heidegger n'a cessé, tout en y étant immergé, comme dans la grecque, de prétendre, dénégation ou pas, qu'elle ne saurait en aucun cas accueillir une philosophie. « Une philosophie chrétienne, dit-il souvent, est un cercle carré et un malentendu *(Missverständnis)*. » *(Introduction à la Métaphysique,* p. 6; trad., p. 14.) Il faut distinguer entre l'onto-théologie ou la théiologie d'une part et la théologie d'autre part [1]. La première concerne l'étant suprême, l'étant par excellence, fondement ultime ou *causa sui* en sa divinité. La seconde est une science de la foi ou de la parole divine, telle qu'elle se manifeste dans la révélation *(Offenbarung)*. Heidegger semble encore distinguer entre la manifestation ou la possibilité pour l'être de se révéler *(Offenbarkeit)* et, d'autre part, la révélation *(Offenbarung)* du Dieu de la théologie [2].

D'immenses problèmes s'abritent derrière ces distinctions. On peut suivre chez Heidegger les fils que nous avons déjà reconnus : la révélation, la promesse ou le don *(das Geben, die Gabe,* le *es gibt* qui déplacent progressivement et profondément la question de l'être et l'horizon transcendantal qui fut le sien dans *Sein und Zeit,* celui

---

1. Bien qu'elle soit essentielle et stable, cette distinction ne reçoit pas toujours un équivalent terminologique aussi clair que, par exemple, dans *Hegel et son concept de l'expérience (Hegels Begriff der Erfahrung,* in *Holzwege,* p. 179, trad., *Chemins...* p. 161) : « Aristote appelle d'un nom qu'il a lui-même frappé cette science qui considère l'étant en tant qu'étant. Ce nom, c'est philosophie première. Mais celle-ci ne considère pas seulement l'étant dans son étantité *(Seiendheit) ;* elle considère en même temps l'étant qui, en pureté, correspond à l'étantité : l'étant suprême. Cet étant, τὸ θεῖον, le divin *(das Göttliche),* est appelé aussi, en une étrange ambiguïté, " l'Être ". La philosophie première est, en tant qu'ontologie, en même temps théologie du vraiment étant. Pour être plus exact, il faudrait l'appeler la théiologie. La science de l'étant comme tel est en soi onto-théologique. » Cf. aussi le cours sur *Schelling* (1936, Niemeyer, 1971), p. 61-62, trad., J.-F. Courtine, p. 94-95). En tant que distincte de la théiologie onto-théologique, la théologie avait été définie, dans *Sein und Zeit* (p. 10) : une « explicitation plus originaire » de l'être de l'homme dans son rapport à Dieu à partir du « sens de la foi ». Cf. aussi *Nietzsche,* II, p. 58-59, trad., Klossowski, p. 52. Dans le chapitre précédent, « Nihilismus, nihil und Nichts », Heidegger définit l'essence du nihilisme (auquel Nietzsche n'aurait pas échappé) : ne pas prendre au sérieux la question du néant, « l'essentiel non-penser à l'essence du néant », *das wesenhafte Nichtdenken an das Wesen des Nichts* (p. 53-54; trad., p. 48).

2. Cf. notamment le compte rendu d'une session de l'Académie évangélique, début décembre 1953, à Hofgeismar; trad., J. Greisch, in *Heidegger et la question de Dieu,* Paris, 1980, p. 335.

du temps [1]) ou encore ce qu'on traduit parfois de façon si problématique par événement, *Ereignis*. Je me limiterai à la question que commande mon titre : comment ne pas parler? *how to avoid speaking?* Plus précisément : comment ne pas parler *de l'être?* question dans laquelle je soulignerai autant la valeur d'évitement *(avoiding)* que celle de l'être, comme pour leur accorder une égale dignité, une sorte d'essentialité commune, ce qui n'irait pas sans conséquences. Ce sont ces conséquences qui m'intéressent.

Que signifie ici l'évitement? A-t-il, toujours quant à l'être ou au mot « être », le mode que nous lui avons reconnu dans les théologies apophatiques? Celles-ci seraient-elles pour Heidegger des exemples de l'aberration ou du « cercle carré », à savoir des philosophies chrétiennes – ou encore des onto-théologies honteuses? L'évitement relève-t-il de la catégorie ou du diagnostic de la dénégation *(Verneinung),* dans un sens déterminé cette fois par une problématique freudienne (« je ne dis surtout pas ça »)? Ou encore : au regard des traditions et des textes que je viens d'évoquer, notamment ceux de Denys et d'Eckart [2], Heidegger se tient-il dans un rapport d'évitement et quel abîme désignerait alors ce simple mot, évitement?

---

1. *« es gibt die Zeit »*, *« es gibt das Sein »*, dit *Zeit und Sein* en 1962. Il ne s'agit pas de renverser une priorité ou un ordre logique et de dire que le don précède l'être. Mais la pensée du don ouvre l'espace dans lequel l'être et le temps se donnent et se donnent à penser. Je ne peux aborder ici ces questions auxquelles j'avais consacré, dans les années 1970, un séminaire à l'École normale supérieure et à l'université de Yale (« Donner le temps ») et qui orientent expressément tous les textes que j'ai publiés depuis 1972 environ.

2. Heidegger cite parfois Maître Eckart. C'est souvent à propos de la pensée de la chose. « Comme le dit le vieux maître Eckart, *auprès de qui nous apprenons à lire et à vivre,* c'est seulement dans ce que leur [celui des choses] langage ne dit pas que Dieu est vraiment Dieu. » (Je souligne, *Der Feldweg,* 1950; trad., *Questions,* III, p. 12.) C'est toujours au sujet de la chose qu'il associe le nom de Denys (qu'à ma connaissance il ne cite nulle part ailleurs) à celui d'Eckart : « Aussi Maître Eckart emploie-t-il le mot *dinc* aussi bien pour Dieu que pour l'âme. [...] Par là ce *maître de la pensée* [je souligne, J. D.] ne veut aucunement dire que Dieu et l'âme soient semblables à des rochers : des objets matériels. *Dinc* est ici une dénomination prudente et réservée pour ce qui, d'une manière générale, est. C'est ainsi que Maître Eckart dit en s'appuyant sur un passage de Denys l'Aréopagite : *diu minne ist der natur, daz si den menschen wandelt in die dinc, die er minnet* (l'amour est de telle nature qu'il transforme l'homme en les choses qu'il aime). [...] Comme Maître Eckart, Kant parle des choses et entend par ce mot ce qui est. Mais, pour Kant, ce qui est devient objet de la représentation *(Gegenstand des Vorstellens).* » (« Das Ding », in *Vorträge und Aufsätze,* p. 169; trad., p. 209-210.) Je cite cette dernière phrase parce qu'elle n'est pas sans rapport avec la raison pour laquelle, nous le

(Cela *pour ne rien dire,* une fois encore, des mystiques ou des théologies de tradition juive, arabe ou autre.)

A deux reprises, dans des contextes et des sens différents, Heidegger a *explicitement proposé* d'éviter (y a-t-il dénégation dans ce cas?) le mot *être.* Précisons : non pas d'*éviter* de parler de l'être mais d'*utiliser* le mot *être.* Précisons encore : non pas de le *mentionner,* comme diraient certains théoriciens des *speech acts* qui distinguent entre *mention* et *use,* mais de l'utiliser. Il propose explicitement, donc, non pas d'éviter de parler de l'être, ni même de mentionner, en quelque sorte, le mot *être,* mais de l'utiliser normalement, si on peut dire, sans guillemet ni rature. Et dans les deux cas, nous pouvons le soupçonner, les enjeux sont graves même s'ils semblent tenir à la subtile fragilité d'un artifice terminologique, typographique ou, plus largement, « pragmatique ». Mais dans les deux cas, il y va encore du *lieu,* et c'est pourquoi je les privilégie.

1. Premièrement, dans *Zur Seinsfrage* (1952), quand il s'agit de penser, justement, l'essence du nihilisme moderne, Heidegger rappelle Ernst Jünger à la nécessité d'une topologie de l'être et du néant. Il distingue cette topologie d'une simple topographie et il vient de proposer une réinterprétation du sceau, du *typos,* de la typographie platonicienne et de la typographie moderne. C'est alors qu'il propose d'écrire l'*être,* le mot *être* sous rature, une rature en forme de croix *(kreuzweise Durchstreichung).* Le mot *être* n'est pas évité, il reste lisible. Mais cette lisibilité annonce que le mot peut seulement être lu, déchiffré ; il ne peut ou ne doit pas être prononcé, normalement utilisé, pourrait-on dire encore, comme une parole du langage ordinaire. Il faut le décrypter sous une typographie spatialisée, espacée ou espaçante, surimprimante. Celle-ci devrait, sinon éviter, du moins prévenir, avertir, écarter en le désignant, le recours normal, s'il en est un, à ce mot étrange. Mais Heidegger nous prévient aussi contre l'usage simplement *négatif* de cette *Durchstreichung.* Cette rature n'a donc pas pour fonction essentielle d'*éviter.* Sans doute, l'être n'est aucun étant et il se réduit à ses tours, tournures, tropes historiaux *(Zuwendungen);* on doit donc éviter de le représenter *(vorzustellen)* comme quelque chose, un objet qui se trouve *en face (gegenüber)* de l'homme et vient ensuite à lui. Pour éviter cette

---

verrons, Heidegger rature le mot *être.* Quant au concept de *Gemüt* chez Heidegger et à une tradition qui reconduit aussi, parmi d'autres, à Eckart, cf. *De l'esprit, Heidegger et la question,* p. 125 et *passim.*

représentation objectivante *(Vorstellung),* on écrira donc le mot *être* sous rature. Celui-ci ne s'entend plus, dès lors, mais il se lit d'une certaine manière. Quelle manière? Si cette *Durchstreichung* n'est pas un signe, ni un signe simplement négatif *(kein bloss negatives Zeichen),* c'est qu'il n'efface pas l'« être » sous des marques conventionnelles et abstraites. Heidegger entend lui faire montrer *(zeigen)* les quatre régions *(Gegenden)* de ce qu'il appelle, ici et ailleurs, le Cadran ou le Quadriparti *(Geviert) :* la terre et le ciel, les mortels et les divins. Pourquoi cette croix d'écriture n'a-t-elle en rien, selon Heidegger, une signification négative? 1. En le soustrayant à la relation sujet/objet, elle laisse lire l'être, le mot et le sens de l'être. 2. Ensuite elle « montre » le *Geviert.* 3. Surtout, elle *rassemble.* Ce rassemblement a lieu. Il a son *lieu (Ort)* en ce point de croisement [1] de la *Durchkreuzung.* Le rassemblement du *Geviert* dans un lieu de croisement *(Versammlung im Ort der Durchkreuzung)* se donne à lire et à écrire en un *topos* indivisible, dans la simplicité *(die Einfalt)* de ce point, de cet *Ort* dont le nom paraît si difficile à traduire. Il « signifie originairement », nous dit ailleurs Heidegger, « la pointe de l'épée [2] »,

---

1. Par un geste analogue mais sans doute radicalement différent, c'est le nom de Dieu que Jean-Luc Marion inscrit sous une croix dans *Dieu sans l'être,* « en croisant D̶i̶e̶u̶ de la croix qui ne le révèle que dans la disparition de sa mort et de sa résurrection » (p. 152-153). Autre pensée du don et de la trace, « théologie » qui se veut « rigoureusement chrétienne » en s'opposant parfois aux pensées les plus proches, celle de Heidegger en particulier. « Ces interrogations pourraient se nouer en une question topique, d'apparence modeste : le nom du D̶i̶e̶u̶, qui se croise parce qu'il se crucifie, relève-t-il de l'Être? Nous ne disons point de " Dieu " en général, ou pensé à partir du divin, donc aussi du Quadriparti; nous disons du D̶i̶e̶u̶ qui se croise d'une croix parce qu'il se révèle par sa mise en croix, le D̶i̶e̶u̶ révélé par, dans et comme le Christ; autrement dit le D̶i̶e̶u̶ d'une théologie rigoureusement *chrétienne.* » (P. 107.) En mettant une croix sur « Dieu » plutôt que sur l'« être », Marion entend soustraire la pensée du don, ou plutôt de la *trace* du don, car il s'agit aussi et encore d'une pensée de la *trace,* du Quadriparti heideggerien : « D̶i̶e̶u̶ *donne.* La donation, en donnant à deviner comment " ça donne ", une donation, offre la seule trace accessible de Celui qui donne. L'Être/étant, comme toute chose, peut, s'il se trouve pris en vue comme une donation, y donner à deviner la trace d'un autre don. Seul importe ici le modèle de don que l'on admet – appropriation ou distance. Dans le premier, naturellement, l'instance de D̶i̶e̶u̶ ne saurait intervenir, puisque le *donner* s'inclut dans le Quadriparti. [...] Il reste à entrevoir, sinon avec Heidegger, du moins à sa lecture et, s'il le faut vraiment, contre lui, que D̶i̶e̶u̶ ne relève pas de l'Être/étant, et même que l'Être/étant relève de la distance. » (P. 153-154.) Cette pensée de la trace est donc aussi celle d'une « distance » irréductible à la différence ontologique.

2. Cf. entre beaucoup d'autres lieux, la première page de « Die Sprache im Gedicht, Eine Erörterung von Georg Trakls Gedicht », in *Unterwegs zur Sprache.*

ce vers quoi tout concourt et se rassemble. Ce point indivisible assure toujours la possibilité de la *Versammlung*. Il lui donne lieu, il est toujours le rassemblant, *das Versammelde*. « Il rassemble vers soi à la plus grande hauteur et à la plus grande extrémité *(Der Ort versammelt zu sich ins Höchste und Äusserste)*. »

Pour penser néanmoins l'apparence négative de cette rature, pour accéder à l'origine de la négativité, de la négation et du nihilisme, et donc peut-être de l'évitement, il faudrait donc penser le lieu du néant. « Quel est le lieu du néant *(der Ort des Nichts ?* » venait de se demander Heidegger. Il précise maintenant : le néant aussi devrait être *écrit,* c'est-à-dire *pensé.* Comme l'être, il devrait aussi s'écrire et se lire sous rature : *« Wie das ̶S̶e̶i̶n̶, so müsste auch das Nichts geschrieben und d.h. gedacht werden. »*

2. Ailleurs, dans un contexte apparemment différent, Heidegger explique en quel sens, cette fois sans le raturer, il *éviterait* de parler de l'être. Plus précisément : en quel sens il éviterait d'*écrire* le mot « être ». Plus précisément encore, toujours au conditionnel, et ce mode compte ici beaucoup, en quel sens « le mot " être " » *(das Wort « Sein »)* ne devrait pas avoir lieu, advenir, survenir *(vorkommen)* dans son texte. Il ne s'agit pas de « se taire », comme on préférerait le faire, dit-il ailleurs [1], quand il est question de la « pensée de Dieu » (au sujet de Dieu). Non, plutôt de ne pas laisser, au sujet de Dieu, venir le mot « être ».

Le texte se présente comme une *transcription.* En 1951, répondant à des étudiants de l'Université de Zürich, Heidegger rappelle que l'être et Dieu ne sont pas identiques et qu'il éviterait toujours de penser l'essence de Dieu à partir de l'être. Il précise, dans une phrase dont je souligne les mots *devais, devrait* et *écrire :* « Si je *devais* encore *écrire* une théologie, comme je suis parfois tenté de le faire, le mot " être " *devrait* ne pas y apparaître [y trouver place, y avoir lieu, y figurer ou survenir] *(Wenn ici noch eine Theologie* schreiben

---

1. « La métaphysique est une onto-théo-logie. Quiconque a de la théologie, qu'elle soit chrétienne ou philosophique, une connaissance directe puisée là où elle est pleinement développée, préfère aujourd'hui *se taire (schweigen),* dès qu'il aborde le domaine de la pensée concernant Dieu. Car le caractère onto-théologique de la métaphysique est devenu pour la pensée un point délicat *(fragwürdig),* non pas en raison d'un quelconque athéisme, mais à cause de l'expérience faite par une pensée à laquelle s'est dévoilée, dans l'onto-théo-logie, l'unité encore *impensée* de l'essence de la métaphysique. » *Identität und Differenz,* p. 51 ; trad., *Questions* I, Gallimard, p. 289. J'ai souligné les mots *se taire.*

würde, *wozu es mich manchmal reizt, dann* dürfte *in ihr das Wort « Sein » nicht vorkommen)* [1]. »

Comment analyser les plis de la dénégation dans ce conditionnel d'écriture, au cours d'une improvisation orale? Peut-on en reconnaître les modalités sans partir d'abord du fond et de la chose même : ici de l'être et de Dieu? Heidegger parle pour dire ce qui se *passerait s'il écrivait* un jour. Mais il sait que ce qu'il dit s'écrit déjà. S'il devait écrire une théologie, le mot être n'y serait pas sous rature, il n'y apparaîtrait même pas. Pour l'instant, parlant et écrivant au sujet de ce qu'il *devrait* ou *pourrait* écrire en fait de théologie, Heidegger laisse paraître le mot « être »; il ne l'utilise pas mais le mentionne sans rature alors qu'il parle bien de la théologie, celle-là même qu'il serait tenté d'écrire. Où cela a-t-il donc lieu? Est-ce que cela a lieu? Qu'est-ce qui aurait lieu?

« La foi, poursuit Heidegger, n'a pas besoin de la pensée de l'être. » Et, comme il le rappelle souvent, les chrétiens devraient se laisser inspirer par la lucidité de Luther à ce sujet. Et pourtant, même si l'être n'est « ni le fondement ni l'essence de Dieu *(Grund und Wesen von Gott)* », l'expérience de Dieu *(die Erfahrung Gottes),* c'est-à-dire l'expérience de la révélation « advient dans la dimension de l'être » *(in der Dimension des Seins sich ereignet)*. Cette révélation n'est pas celle *(Offenbarung)* dont parlent les religions mais la possibilité de cette révélation, l'ouverture pour cette manifestation, cette *Offenbarkeit* dont nous parlions plus haut et dans laquelle une *Offenbarung* peut avoir lieu et l'homme peut rencontrer Dieu. Bien que Dieu ne soit pas, et ne doive pas être pensé depuis l'être comme son essence ou son fondement, la *dimension de l'être* ouvre l'accès à l'avènement, l'expérience, la rencontre de ce Dieu qui pourtant n'est pas. Et le mot de « dimension » – qui est aussi la différence – donne ici une mesure en donnant lieu. On pourrait dessiner un chiasme singulier. L'expérience angoissée du néant ouvrait à l'être. Ici, la dimension de l'être ouvre à l'expérience de Dieu qui n'est pas ou dont l'être n'est ni l'essence ni le fondement.

Comment n'y point penser? Cette dimension d'ouverture, ce lieu qui donne lieu sans être ni essence ni fondement, ce pas ou ce

---

1. Ce séminaire a été traduit et présenté par F. Fédier et D. Saatdjian dans la revue *Po&sie,* 13, en 1980, et le passage que je cite a également été traduit la même année par J. Greisch dans *Heidegger et la question de Dieu,* p. 334. Le texte allemand de l'édition hors commerce a été cité, pour le passage qui nous intéresse, par J.-L. Marion, in *Dieu sans l'être,* p. 93.

passage, cette entrée de la porte qui donne accès à Dieu, ne serait-ce pas encore le « parvis » *(vorbürge)* dont parlait Maître Eckart? « Quand nous prenons Dieu dans l'être, nous le prenons dans son parvis, car l'être est son parvis dans lequel il réside. » Est-ce là une tradition théiologique, onto-théologique? ou une tradition théologique? Heidegger l'assumerait-il? La renierait-il? La dénierait-il?

Je n'entends ni répondre à ces questions ni même conclure avec elles. Plus modestement, de façon plus précipitée mais aussi plus programmatique, je reviens sur l'énigme de l'évitement, de la négation ou de la dénégation dans une scène d'écriture. Heidegger *dit* (puis laisse écrire en son nom) que s'il *écrivait* une théologie, il éviterait le mot être. Il éviterait de l'écrire et ce mot ne figurerait pas dans son texte, ou plutôt devrait ne pas s'y présenter. Que veut-il dire? que le mot y figurerait encore sous rature, y apparaissant sans y apparaître, cité mais non utilisé? Non, il ne devrait pas y figurer du tout. Heidegger sait bien que ce n'est pas possible et peut-être est-ce pour cette raison profonde qu'il n'a pas écrit cette théologie. Mais ne l'a-t-il pas écrite? et a-t-il évité d'y écrire le mot « être »? En effet : comme l'être n'est pas (un étant) et en vérité n'est rien (qui soit), quelle différence y a-t-il entre écrire *être,* cet être qui n'est pas, et écrire *Dieu,* ce Dieu dont Heidegger dit aussi qu'il n'est pas? Certes, Heidegger ne se contente pas de dire que Dieu n'est pas un étant; il précise qu'il « n'y a rien à faire ici avec l'être » *(Mit dem Sein, ist hier nichts anzusichten).* Mais comme il reconnaît que Dieu s'annonce à l'expérience dans la « dimension de l'être », quelle différence y a-t-il entre écrire une théologie et écrire sur l'être, de l'être, comme Heidegger n'a jamais cessé de le faire? Surtout quand il écrit le mot « être » sous et dans le lieu *(Ort)* de la biffure en forme de croix? Heidegger n'a-t-il pas écrit ce qu'il dit qu'il aurait aimé écrire, une théologie *sans* le mot être? Mais, aussi bien, n'a-t-il pas écrit ce dont il dit qu'il ne faudrait pas l'écrire, qu'il aurait fallu ne pas l'écrire, à savoir une théologie ouverte, dominée, envahie par le mot « être »?

Il a écrit, avec et sans *(without)* le mot « être », une théologie avec et sans Dieu. Il a fait ce dont il a dit qu'il faudrait éviter de le faire. Il a dit, écrit, laissé s'écrire cela même qu'il a dit vouloir éviter. Il n'a pas été sans laisser une trace de tous ces plis. Il n'a pas été sans en laisser paraître une trace qui n'est peut-être plus la sienne, mais qui reste *quasiment* la sienne. *Pas, sans, quasiment,* voilà trois adverbes. Quasiment. Fiction ou fable, tout se passe comme si j'avais voulu, au seuil de cette conférence, demander ce qu'ils veulent dire, ces trois adverbes, et d'où ils viennent encore.

P.S. Encore un mot pour finir, je vous prie de me le pardonner. Je ne suis pas sûr qu'il s'agisse seulement de rhétorique. Mais cela concerne encore l'étrange modalité discursive ou plutôt ce *pas d'écriture,* cette passe ou cette esquive de Heidegger. Que fait-il? Il dit en somme à des étudiants : si je devais écrire une théologie (j'en ai toujours rêvé mais je ne l'ai pas fait et je sais que je ne le ferai jamais), je n'y laisserais pas venir *(vorkommen)* ce mot *être.* Il ne trouverait pas sa place, il n'en aurait pas le droit dans un tel texte. Je le mentionne ici, ce mot, mais je ne l'ai laissé venir, il n'a pu figurer dans toute mon œuvre qu'*en ne le faisant pas* puisque j'ai toujours dit que l'être *n'est pas* (l'étant, donc) et qu'il *aurait dû toujours* s'écrire *sous rature,* règle que je n'ai pas toujours observée en fait mais que j'aurais dû respecter en principe et en droit dès le premier mot, dès le premier verbe. Entendez-moi bien : une rature qui n'aurait surtout rien de négatif! Et encore moins de dénégatif! Etc.

Quelle est donc la modalité discursive de ce *pas d'écriture* et de cet abîme de dénégation? Est-ce d'abord une modalité, une simple modalité parmi d'autres possibles ou bien un ressort quasi transcendantal de l'écriture? N'oublions pas qu'il s'agit d'abord d'une déclaration orale, ensuite consignée de mémoire par Beda Allemann. Heidegger a certes approuvé ce protocole mais en faisant remarquer que l'atmosphère de l'entretien n'était pas rendue présente, et d'ailleurs ne l'aurait pas été avec un « sténogramme complet » : aucune écriture n'aurait pu rendre ce qui s'était dit *là.*

Ce qui fut dit *là* s'adressait à des collègues et à des étudiants, des disciples, au sens très large de ce mot. Comme l'adresse de Denys, dans son apostrophe à Timothée, ce texte a une vertu pédagogique ou psychagogique. Il ne reste, comme texte (écrit ou oral, peu importe) que dans cette mesure : répétition ou itérabilité sur un chemin *agogique.*

Mais il n'y a jamais de prière, pas même d'apostrophe dans la rhétorique de Heidegger. A la différence de Denys, il ne dit jamais « toi » : ni à Dieu, ni au disciple, ni au lecteur. Il n'y a pas de place, en tout cas pas de place régulièrement assignée, pour ces énoncés « ni vrais ni faux » que seraient des prières selon Aristote. Cela peut s'interpréter au moins de deux façons, et elles paraissent contradictoires.

1. Cette absence signifie qu'en effet la théologie (au sens où Heidegger la lie à la foi et la distingue de la théiologie et de l'onto-

théologie métaphysique) est rigoureusement exclue de son texte. Elle y est bien définie mais exclue, du moins en ce qui devrait la *diriger,* à savoir le mouvement de la foi. Et de fait, tout en pensant que seule la vérité de l'être peut ouvrir à l'essence de la divinité et à ce que le mot « dieu » veut dire (on connaît le célèbre passage de la *Lettre sur l'humanisme*), Heidegger n'en dit pas moins : « A l'intérieur de la pensée, rien ne saurait être accompli, qui puisse préparer ou contribuer à déterminer ce qui arrive dans la foi et dans la grâce. Si la foi m'interpellait de cette façon, je fermerais mon atelier. – Certes, à l'intérieur de la dimension de la foi, on continue encore à penser ; mais la pensée comme telle n'a plus de tâche [1]. » En somme, en tant que telles, ni la foi ni la science ne pensent, n'ont pour tâche de penser.

Cette absence de la prière ou en général de l'apostrophe confirme aussi la prédominance de la forme théorique, « constative », voire propositionnelle (de la troisième personne de l'indicatif présent : S est P) dans la rhétorique, au moins, d'un texte qui pourtant met si puissamment en question la détermination de la vérité liée à ce théorétisme et à cette forme judicative.

2. Mais en même temps, au contraire, on peut y lire un signe de respect pour la prière. Pour les redoutables questions appelées par l'essence de la prière : une prière peut-elle, doit-elle se laisser mentionner, citer, entraîner dans une démonstration elle-même entraînante, *agogique ?* Peut-être ne le doit-elle pas. Peut-être doit-elle ne pas le faire. Peut-être doit-elle le faire au contraire. Y a-t-il des critères extérieurs à l'événement même pour décider si Denys, par exemple, dénaturait ou accomplissait au contraire l'essence de la prière en la citant, et d'abord en l'écrivant pour Timothée? A-t-on le droit de penser que, adresse pure, au bord du silence, étrangère à tout code et à tout rite, donc à toute répétition, la prière ne devrait jamais être détournée de son présent par une notation ou par le mouvement d'une apostrophe, par une multiplication des adresses? Que chaque fois elle n'a lieu qu'une fois et ne devrait jamais être consignée? Mais c'est peut-être le contraire. Peut-être n'y aurait-il pas de prière, de possibilité pure de la prière sans ce que nous entrevoyons comme une menace ou une contamination : l'écriture,

---

1. Compte rendu d'une session de l'Académie évangélique à Hofgeismar, décembre 1953, trad., par Jean Greisch, in *Heidegger et la question de Dieu,* 1980, p. 335.

le code, la répétition, l'analogie ou la multiplicité — au moins apparente — des adresses, l'initiation. S'il y avait une expérience purement pure de la prière, aurait-on besoin de la religion et des théologies, affirmatives ou négatives? Aurait-on besoin d'un supplément de prière? Mais s'il n'y avait pas de supplément, si la citation ne pliait pas la prière, si la prière ne pliait pas, ne se pliait pas à l'écriture, une théologie serait-elle possible? Une théologie serait-elle possible?

Désistance

Parenthèses (soit dit entre parenthèses, comment vont-ils traduire *désister?* Je me le demande. Ils devront tenir compte de la place de ce mot dans l'œuvre de Philippe Lacoue-Labarthe. Elle paraît discrète mais tant de trajets viennent s'y croiser! Puis il leur faudra gérer, dans une autre langue, et non latine, toute une famille de mots. Des mots à haute teneur philosophique, dans notre tradition. Des verbes : exister, subsister, consister, persister, insister, résister, assister, j'en oublie sans doute; et des noms sans verbe correspondant : substance, constance, instance, instant, distance.

Désister, beaucoup plus rare, annonce peut-être autre chose qu'un terme dans cette série. Peut-être ne marque-t-il rien de négatif. Peut-être le *dé-* ne vient-il pas déterminer le *ister* ou plutôt, nous le verrons, le *ester*. Peut-être le déloge-t-il radicalement, dans un déracinement qui disloquerait ainsi, de proche en proche, toute la série qui paraissait seulement modifier une souche commune et l'affecter d'attributs complémentaires. Une puissante méditation sur la racine, sur l'aradicalité de *ist, est, ister, ester,* voilà ce que nous pourrions suivre, entre autres chemins, à travers les textes de Lacoue-Labarthe. Lui, il use parfois du verbe *désister,* du nom *désistement.* Suivant des raisons qu'il me faudra éclaircir, je propose désistance, qui pour l'instant n'est pas français.

La désistance, c'est l'inéluctable.

Il y a au moins, pour commencer, deux expériences de l'iné-

---

* Préface à *Typography,* de Philippe Lacoue-Labarthe, à paraître prochainement aux États-Unis (Harvard University Press).

luctable. Formalisons un peu, à fleur de peau : deux expériences *typiques*.

Premier type : il faut que cela arrive (comment vont-ils traduire le *il faut ? has to, is to, ought to, must, should ?*), cela ne peut ni ne doit être éludé. Il faut que cela commence une fois, un jour, selon la nécessité de ce qui se sera ainsi annoncé au futur. Moi qui le dis, je précède et anticipe ainsi l'événement de ce qui *m*'arrive, qui arrive à moi ou auquel j'arrive. Je suis alors comme le sujet (libre) ou l'accident (aléatoire) de l'inéluctable. Celui-ci ne me constitue pas. Je suis constitué sans lui.

Deuxième type : ce qui s'annonce comme inéluctable semble être en quelque sorte déjà arrivé, arrivé avant d'arriver, toujours passé, en avance sur l'événement. Quelque chose a commencé avant moi qui en fais l'expérience. Je suis en retard. Si j'insiste pour en rester le sujet, ce serait en tant que sujet prescrit, pré-inscrit, d'avance marqué par l'empreinte de l'inéluctable qui le constitue sans lui appartenir. Il ne peut se l'approprier alors qu'elle paraît être son propre. On voit déjà se profiler ce que nous analyserons plus loin, une certaine désistance constitutive du sujet. Une (dé)constitution plutôt qu'une destitution. Mais comment une désistance pourrait-elle être constitutive ou essentielle? Elle éloigne d'elle-même toute constitution et toute essence. L'empreinte de l'inéluctable n'est pas une empreinte parmi d'autres. Elle ne comporte pas une multiplicité de caractères, déterminations ou prédicats – dont l'inéluctable, parmi d'autres. Non, l'empreinte, le *typos* de cette pré-inscription, c'est l'inéluctable même. L'inéluctabilité, c'est la pré-impression et cela marque la désistance du sujet. Je ne suis pas simplement le sujet ou le support de l'empreinte ou de « mes » impressions. Mais cela n'entraîne pas encore que l'inéluctable se laisse concevoir comme un programme génétique ou une prédestination historique. Ce sont là des déterminations supplémentaires et tardives. Ne nous hâtons pas de tirer une conclusion de cet exercice préliminaire. Il est seulement destiné, entre parenthèses, à donner la note et à préparer son lexique.

Pourquoi commencer ainsi? Pour deux raisons au moins. Tout d'abord l'œuvre de Lacoue-Labarthe ressemble, pour moi, à l'*épreuve* même de l'inéluctable : insistante, patiente, pensante, l'expérience d'une pensée très *singulière* de l'inéluctable. Le mot de singularité pourrait laisser penser à celui de nouveauté. Et de fait, le lecteur devra se rendre à cette évidence : une configuration très nouvelle ajointe, selon des schémas inédits, la question de l'être et celle du sujet dans ses dimensions philosophique, politique, éthique, poétique, littéraire, théâtrale, musicale, dans les raisons et la folie de son autobiographie. Une autre pensée de la *mimesis* et du *typos* permet d'accéder aujourd'hui à ces figures et à cette configuration. Mais l'idée d'une nouveauté reste encore trop liée à celle d'une périodisation, voire, dans le meilleur des cas, à une structure épochale de type heideggerien. Or, nous le verrons, telle ou telle question adressée à Heidegger, notamment au sujet du sujet, du *Gestell* et de la *mimesis,* semble inspirer quelque réserve à l'égard d'une histoire de l'être et de ses époques. Quant au mot de *configuration,* il suppose déjà trop de la *consistance* et du rassemblement identifiable de la *figure,* deux des foyers problématiques les plus riches de ce livre, pour que nous puissions nous y fier. Configuration nouvelle, oui, très nouvelle, mais cette nouveauté dérange la possibilité même du *configurable;* et elle ne qualifie ni une période, ni une époque, encore moins une mode. Pas même une histoire, peut-être. Alors quoi? Il faut être patient, j'essaierai d'expliquer pourquoi. Il faut apprendre à lire Lacoue-Labarthe, à l'écouter, à son rythme (à suivre son rythme et ce qu'il entend par « rythme »), celui de sa voix, je dirais presque de son souffle, la phrase qui ne s'interrompt pas même quand elle multiplie les césures, les apartés, les incidentes, les précautions, les scrupules, les avertissements, les signes de circonspection, parenthèses, guillemets, italiques – les tirets surtout – ou tout cela à la fois (il dit par exemple « je » et « moi » entre guillemets, et jusqu'à son nom propre, à la fin de *Typographie,* au moment où il s'expose le plus, au sujet du sujet et de l'exposition – ou de la présentation *(Darstellung).* Il faut apprendre la nécessité d'une scansion qui vient plier et déplier une pensée. Ce n'est autre que celle du rythme, le rythme même.

J'avais une deuxième raison de commencer ainsi, entre parenthèses : je n'ai pu éviter, moi, de m'engager à suivre le fil d'un mot, le *désistement,* que je crois intraduisible, au moment même de préfacer une traduction. Et je n'ai pu éviter de me demander pourquoi je l'ai fait. Est-ce une loi? Ces mots ne m'évitent jamais, je m'y précipite et serais bien embarrassé de choisir entre deux hypothèses : le choix ou la compulsion. La préface sera faite pour lever cette alternative. Elle nouera une pensée de l'idiome intraduisible à la « logique » d'une double contrainte *(double bind,* double obligation : il faut : il ne faut pas : éviter. Il faut éviter d'éviter, mais on ne peut pas éviter d'éviter, et il ne le faut pas).

Cette préface que je n'ai pas encore vraiment commencée, la voici, entre parenthèses, entamée depuis un bon moment, inéluctablement. Dans certaines langues, les nôtres, quelques mots articulent une formation syntaxique qui se plie à redoubler le mouvement de la négation : *ne pas ne pas,* ne pas faire quelque chose qui consiste déjà à ne pas faire, ne pas éviter ou ne pas éluder. L'inéluctable appartient donc à cette famille, et l'inévitable. On désigne ainsi ce qui ne peut pas ou ne doit pas être éludé, ni évité. L'indéniable semble faire partie de la même série mais il dit quelque chose de plus ou de moins. Il nomme la négation ou la dé-négation, voire la sur-négation, le supplément de *ne pas* qu'on trouve à l'œuvre dans les autres termes de l'ensemble. Ce redoublement supplémentaire de la négation ne revient pas nécessairement à un travail dialectique ou à une dénégation inconsciente. Lacoue-Labarthe nous aidera peut-être à revenir en deçà d'une interprétation hegelienne, marxiste ou freudienne de cette possibilité. Et le désistement pourrait en être l'un des noms.

Dans la préhistoire de cette préface, je poursuis donc ma fable, je m'inquiétais avant même de commencer : comment vont-ils traduire le mot désistement, son retour à la fois discret et insistant dans l'œuvre de Lacoue-Labarthe ? Comment l'ont-ils déjà traduit ? je ne veux pas le savoir encore, il vaut mieux que je ne le sache pas. J'écris ceci alors que, la traduction de *Typographie* terminée, Chris Fynsk y met la dernière main à Strasbourg. Je ne l'ai pas lue. On peut imaginer quelques solutions. Le mot existe en anglais : *to desist*. Le code de la jurisprudence y domine généralement, comme en français. Mais il n'admet pas le réfléchi, toujours de rigueur en français : *se désister,* renoncer à une poursuite, à une action juridique, à une responsabilité. D'autre part, il désigne toujours en anglais, me semble-t-il, une interruption dans le temps *(to cease, to stop, to leave off)*. D'où un certain décalage et des possibilités syntaxiques fort différentes. Il est vrai que le mot *désistance,* si du moins on le domestiquait en français, si on le naturalisait, le rapatriant jusqu'à lui faire perdre son sens courant de *cessation,* serait plus proche de ce que Lacoue-Labarthe semble vouloir marquer. Mais la difficulté réside ailleurs, justement, et c'est pourquoi « désistance » en français, mot que Lacoue-Labarthe n'utilise donc jamais et qui d'ailleurs n'existe pas encore, rendrait quelques services. A condition qu'on ne le transcrive pas simplement en anglais, sans autre précaution, par *desistance!* Ce qui, je le concède, ne simplifie pas la tâche, mais s'agit-il de cela ? Lacoue-Labarthe lui-même marque un écart, déjà, dans l'idiome français. Son mot se laisse à peine traduire en français courant. Le « désistement » – je dirai désormais la désistance – du sujet [1] n'a pas le sens d'abord *juridique* qui s'impose à son usage

---

1. Par exemple dans un passage que nous citerons et relirons encore : « Pour cette raison, j'ai déjà proposé de parler de (dé)constitution [in *L'oblitération*]. Mais

ordinaire, bien qu'un certain rapport à la loi y soit déchiffrable. Il ne se laisse pas davantage déterminer par la réflexivité (le « se-désister », seule forme reçue dans le français « normal »). Mais si la désistance du sujet ne signifie pas que celui-ci d'abord *se* désiste, n'en concluons pas à quelque passivité dudit sujet. A son activité non plus. Désistance marque mieux cette voix moyenne. Avant toute décision, avant toute *desition,* dirait-on aussi en anglais pour désigner *a cessation of being,* le sujet est désisté sans être passif, il désiste sans se désister, avant même d'être sujet d'une réflexion, d'une décision, d'une action ou d'une passion. Dira-t-on alors que la subjectivité *consiste* en une telle désistance? Justement non, et c'est de l'impos-sibilité de *consister* qu'il s'agit ici, d'une singulière impossibilité : tout autre chose qu'une inconsistance. Plutôt une « (dé)-constitu-tion » [1]. Nous tenterons de l'analyser mais prenons acte déjà de ceci : la grande tâche du traducteur, sa folie, son agonie, ses apories procèdent toujours de quelque étrangeté initiale : c'est l'écart déjà creusé dans l'idiome du texte original.

Car, pour enchevêtrer davantage les fils de cette préhistoire, j'avais failli commencer par le problème – précisément – de la traduction. Mais l'ai-je évité? Ne l'ai-je pas déjà fait? L'œuvre de Lacoue-Labarthe pourrait encore se lire ainsi : une pensée sans cesse aux prises avec l'enjeu le plus grave de la traduction, une pensée en proie à la traduction, une pensée *de la* traduction, une expérience de pensée pour laquelle la traduction ne serait pas un problème parmi d'autres, un objet, ce qui ferait face à une obligation ou ce à quoi une conscience ou un sujet consciencieux ferait face, mais

---

c'est un pis-aller. Ce qu'il faudrait marquer, avec et contre Lacan, en remontant de Lacan à Reik, c'est qu'il y a un effondrement constant, mais sourd de l'imaginaire. L'imaginaire détruit au moins autant qu'il aide à construire. Plus exactement, il ne cesse de pervertir ce qu'il construit. Par où s'explique peut-être que le sujet au miroir est d'abord un sujet en " désistement " (et que, par exemple, il ne regagnera jamais sur l'insuffisance mortelle à quoi le voue, selon Lacan, sa prématuration. [...] La figure n'est jamais *une* [...] pas d'essence de l'imaginaire. Ce qu'engage à penser Reik, autrement dit, c'est que le sujet " désiste " d'avoir à s'affronter toujours *au moins* à deux figures – ou à une figure *au moins* double) [...] partition instabilisante ou déstabilisatrice du figural (qui confond certainement la distinction de l'imaginaire et du symbolique, et entame par la même occasion la négativité ou l'altérité absolue du " réel "... » (L'« écho du sujet », in *Le sujet de la philosophie, Typographies I,* Aubier-Flammarion, 1979, p. 260-261; voir aussi p. 221 et par exemple, *Typographie,* in *Mimesis, désarti-culation,* Aubier-Flammarion, 1976, p. 246.)

1. *Ibid.*

l'expérience de la pensée elle-même, sa traversée la plus essentielle et la plus risquée, en ces lieux où l'expérience de la pensée est aussi une expérience poétique. Exemples privilégiés : *Gestell, mimesis, rythmos,* et tant d'autres mots, d'autres phrases en vérité qui prennent ces mots dans leur toile. Et puis il y a, quelques signes en apparaîtront dans ce livre, les traductions publiées ailleurs, qui témoignent de la même expérience : la traduction de la traduction de Sophocle par Hölderlin (une folie dans la folie), la traduction de Celan, immense poète-traducteur qu'on ne lit jamais seul, je veux dire sans la généalogie de tant d'autres poètes. Car si impressionnante qu'elle soit, la cohérence des textes rassemblés en ce recueil ne doit pas faire oublier l'ampleur si différenciée des champs traversés par tant d'autres textes, écrits parfois sur d'autres modes, poétiques et philosophiques, dont le lecteur anglophone ne tardera plus, je l'espère, à disposer. Cette cohérence n'a pas la forme de ce qu'on appelle en philosophie un système. Cela pour des raisons essentielles et explicites, qui reconduisent toute à la désistance, à la désarticulation ou à la déhiscence qu'elle inscrit en toute totalité. Le retour insistant de ce motif dessine seulement la silhouette d'une unité, et un rythme plutôt qu'une configuration organique.

Ces textes, je viens donc de les relire. Joie de redécouvrir, de découvrir autrement la force et l'exigence, la vigilance intraitable d'une pensée fidèle. Fidèle *justement,* et justement à l'inéluctable. Cette pensée de la désistance, c'est comme si elle ne se désistait jamais. Depuis près de vingt ans, elle reste pour moi, qu'on me permette de le dire et le lecteur américain doit le savoir, une étrange mesure, la juste démesure, si on peut dire, de ce qu'il y aura immanquablement à penser demain, la ressource, la tâche et la chance. Je ne cède nullement, en disant cela, à la convention des préfaces ou à l'évaluation qu'elle ne peut pas ne pas prescrire. Sans doute parce qu'il était sensible à ce que j'ai partagé avec Lacoue-Labarthe et à ce que j'ai reçu de lui, notre ami Eugenio Donato, à qui revient l'idée de ce recueil, souhaita le premier que j'en écrive la préface. Ce que je partage avec Lacoue-Labarthe, nous le partageons aussi tous deux, quoique différemment, avec Jean-Luc Nancy. Mais je m'empresse aussitôt de le rappeler, malgré tant de trajets et de travaux communs entre eux deux et entre nous trois, l'*expérience* de chacun reste, dans sa singulière proximité, absolument différente, et c'est, malgré sa fatale impureté, le secret de l'idiome. Le secret, c'est-à-dire en premier lieu la *séparation,* le sans-rapport, l'interruption. Le plus urgent, j'essaierai de m'y employer, ce serait de rompre ici avec les airs de famille, d'éviter les tentations généalogiques, les projections, assimilations ou identifications. Et ce n'est pas parce qu'elles sont impossibles que la tentation devient plus évitable. Au contraire. L'assimilation ou la projection spéculaire, voilà ce contre quoi Lacoue-Labarthe nous met sans cesse en garde. Il en décèle la fatalité, le piège *politique* jusque dans la mimétologie « inavouée » et « fondamentale » de Heidegger [1], dans une interprétation de la *mimesis* originaire comme imitation. Qu'on accepte ou qu'on refuse alors l'imitation, le résultat reste alors le même : une méconnaissance de la *mimesis* originaire comme désistance. Premier repère pour prendre une mesure toute préliminaire du trajet : une fois qu'on sera allé aussi loin que possible dans la conséquence de la *Destruktion* heideggerienne ou de la démolition nietzschéenne, et non sans mettre à vif l'irréductibilité de l'une à l'autre, une fois qu'on aura pris en charge l'irrécusable nécessité de ces moments, leur caractère « incontournable » (c'est le mot de Lacoue-Labarthe [2] et avec l'irrécusable, ajoutons-le à la série des sur-négations), on fera apparaître la permanence têtue, dans ces deux pensées, d'une appréhension encore platonicienne de la *mimesis,* une onto-mimétologie. Répétition équivoque et troublante. Lacoue-Labarthe ne s'y oppose pas, il ne la critique pas, il n'est même pas sûr qu'il la déconstruise, que « déconstruire » soit le meilleur mot pour décrire ce qu'il en fait en la réinscrivant dans une autre structure : *abîme, Unheimlichkeit, double bind, hyperbologie.* Il ouvre à une tout autre pensée de *mimesis,* de *typos* et de *rythmos* qui, tout en restant portée par l'élan de la déconstruction nietzschéano-heideggerienne, lui imprime, nous le verrons, une torsion supplémentaire, réorganise tout le paysage, dégage

---

1. « ... refus constant chez Heidegger, il me semble, de prendre au sérieux le concept de *mimesis* [...] il me paraît de plus en plus difficile de ne pas voir à l'œuvre, dans la pensée de Heidegger, une *mimétologie* fondamentale. » (*« La transcendance finit dans la politique »,* in *Rejouer le politique,* Galilée, 1981, p. 211 repris in *L'imitation des modernes, Typographie II,* Galilée, 1986. « Une mimétologie inavouée surdéterminerait politiquement la pensée de Heidegger. » (*O.C.,* p. 214.)

2. « Une pensée peut n'être pas infaillible et demeurer, comme on dit, " incontournable ". » (*O.C.,* p. 174.) Dans ce texte qu'on peut lire aussi comme une très nécessaire méditation sur l'*ananke (Notwendigkeit),* telle que l'interprète le *Discours de Rectorat,* on suivra le fil de l'inéluctable et la distribution de son lexique : « évité », « inévitable », « ... pas renié », « incontestable » (p. 172), « irréparable », « impardonnable », « in-évitable », « irrenonçable », « incontournable », « difficile d'éviter » (p. 174-175), « pas interdit », « pas renié », « inévitables » (p. 176-177), « inexorabilité » (dans le *Discours*) (p. 184), « indéniable » (p. 190), « inentamé », « indéniable » (p. 197), « inentamable », « imparable » (p. 198), « inévitable », « incontournable » (dans le *Discours*) (p. 203).

ou engage de nouvelles questions : sur une autre dimension du sujet, de la politique, de la fiction littéraire ou théâtrale, l'expérience poétique, l'auto- ou l'hétéro-biographie.

Empreinte et césure, la signature aiguë de cette œuvre interrompt les filiations les plus puissantes. Inéluctablement, au moment le plus nécessaire, quand cette tradition ne peut plus penser, ni assurer cela même qu'elle répète comme sa propre traditionalité (exemplarité, identification, imitation, répétition). La signature interrompt ou plutôt marque d'une incision le pli selon lequel doit se diviser ou désister l'onto-mimétologie métaphysique de Platon à Aristote, de Hegel à Heidegger, mais aussi celle qui dure de façon plus subreptice chez Nietzsche, Freud et Lacan. L'idiome de cette signature (mais il y a aussi, ne l'oublions pas, une désistance de l'idiome) reste atypique au regard de ce qu'on identifie trop vite et trop souvent, surtout aux États-Unis, sous le nom de post-structuralisme. La césure est d'autant plus marquante qu'elle évite l'évitement ou la dénégation; elle ne fuit jamais l'explication *(Auseinandersetzung)* et la plus redoutable proximité avec les pensées qu'elle excède de questions sans cesse relancées. Probité exemplaire, prudente et aventureuse, probité majeure qui, sans céder au moralisme dogmatique, soumet l'exigence éthique à l'épreuve de la pensée.

Dès lors, certes, toutes ces dissociations, qu'il faudra multiplier et respecter : cela ne relève ni de l'onto-théologie métaphysique, ni de l'onto-mimétologie (concept forgé par Lacoue-Labarthe et qui ne correspond plus à une unité historiale ou époquale de type heideggerien, puisque la délimitation de l'onto-théologie dans l'histoire de l'être appartient encore à l'ensemble sans ensemble de l'onto-mimétologie); cela, qui n'est donc *stricto sensu* pas nietzschéen ni heideggerien, n'est pas davantage marxiste, freudien, lacanien, post-structuraliste ou post-moderne. Et pourtant, malgré ces dissociations, ces éloignements qui ne sont ni des critiques ni des oppositions, on n'a jamais le sentiment de l'isolement ou de l'insularité. Une autre figure s'impose à moi, mais ce n'est qu'une figure : celle d'une puissance assiégée. Assiégée parce qu'elle s'expose de toutes parts, y compris à la question : qu'est-ce que l'obsidionalité [1]? Qu'est-ce que l'obses-

---

1. La question de l'obsession, de l'obsédant, de l'obsessionnel fait retour, très régulièrement, dans tous ces textes, au cœur de la problématique de la *mimesis,* du *typos* et du *Gestell.* Elle est même la question du « style de questionnement ». Cf. par exemple « L'écho du sujet », in *Le sujet de la philosophie...,* p. 233, 279, 284, etc. Et de l'écriture elle-même, à commencer ici par celle que signe Lacoue-Labarthe à

sionnalité quand un *double bind* inéluctable fait qu'on ne ferme un front, ou une parenthèse, qu'en ouvrant l'autre d'un autre côté? Et qu'est-ce que la question « qu'est-ce que? », avec ses époques (et le suspens d'une *épochè* est aussi une mise entre parenthèses, voire, nous y viendrons, une mise entre parenthèses de la thèse ou du thétique en général), aurait à voir ou à ne pas voir avec la folie? La puissance assiégée reste imprenable parce qu'elle n'a pas de lieu figurable, un seul lieu, une seule figure; elle n'a pas d'identité propre, proprement propre. Instable et déstabilisante, depuis sa désistance elle harcèle à son tour tous les autres, sans relâche, sans leur laisser le moindre répit. D'où le « style », l'*ethos,* le « caractère » (et je renvoie ici à la problématique qui s'amorce et se complique dans l'*Écho du sujet,* au chapitre « Le roman est un miroir »), le rythme des mises en garde. Lacoue-Labarthe multiplie les parenthèses pour nous prévenir à chaque instant contre les omissions, les évitements, les simplifications : de tous côtés la surdétermination peut revenir nous surprendre, on peut manquer un pli, les pièges sont partout, le *double bind* ne laisse aucune issue, ni l'hyperbologique, il faut le savoir pour commencer à penser. Et la mise en garde n'a pas pour dernière finalité de protéger quelqu'un. Elle veille à ne pas manquer de s'exposer : n'oubliez pas que vous êtes exposés, que vous devez vous exposer de ce côté-ci et de ce côté-là encore, n'évitez pas l'exposition qui de toute façon ne vous manquera pas, ni moi.

Cela suppose un moment de contrat, d'alliance, de fidélité. Il faut qu'on lise, et pour cela pactise, négocie, transige. Fidélité à quoi, finalement, ou à qui? Eh bien, peut-être à cela même que vous, qui m'assiégez si nécessairement, qui êtes déjà là, avant moi, n'avez pas évité ou n'avez pas pu ne pas éviter (est-ce que cela revient au même?) et qui a donc la forme de l'inéluctable. Cette forme est terrifiante car elle se prête à toutes les figures, à tous les schèmes, elle est instable et amorphe. Singulière fidélité à ce qui en

---

qui, n'est-ce pas, rien de tout cela n'échappe. Fin de *L'oblitération :* « On peut toujours mettre l'écriture, surtout lorsqu'elle est précautionneuse, au compte de la manie conjuratoire ou de la compulsion répétitive. Mais peut-être est-il strictement impossible d'écrire autre chose que ceci : " Ce qui m'oblige d'écrire, j'imagine, est la crainte de devenir fou ". » C'est un mot de Bataille, Lacoue-Labarthe ajoute qu'il vaut tout autant pour « Nietzsche » que pour « Heidegger » (in *Le sujet de la philosophie,* p. 176). Par exemple. Ou encore : « ... ce qui vacille, c'est l'assurance narcissique la plus élémentaire (le " je ne suis pas mort " ou le " je survivrai " de l'obsessionnalité). » (P. 284.) L'obsessionnalité, celle-ci, n'est plus une catégorie clinique.

somme ne requiert même plus la fidélité. Mais y aurait-il jamais fidélité sans la foi qu'appelle une telle dissymétrie?

Il aurait fallu ne pas multiplier les précautions préambulaires à cette préface et sauter tout de suite hors des parenthèses, mais comment y arriver? La tentation s'était aussi présentée de commencer, en exergue, par une longue parenthèse, une de plus, au sujet d'une très brève parenthèse alors citée, sept mots seulement. J'aurais mis un masque sur un nom propre, faisant ainsi semblant de remplacer le plus irremplaçable, un nom propre, par un autre : figure, fiction, simulacre de synonymie. Dans *Typographie* (p. 189), on peut lire ceci, justement entre parenthèses : « (de toutes façons, Heidegger n'évite jamais rien) ».

Ah bon? Comment cela? Est-ce possible?

Première réflexion, réponse primesautière : difficile de savoir si c'est vrai de Heidegger ou de quiconque, mais si c'était vrai de quelqu'un, ce serait de celui qui a osé écrire cela : « Heidegger n'évite jamais rien »! A moins que ce ne soit la seule chose qu'il eût dû éviter de dire ou de penser. Car enfin, comment peut-on risquer une telle phrase? De quel droit, et y a-t-il du sens à avancer une proposition pareille au sujet de quiconque? Que veut dire cette provocation?

Ne nous hâtons pas. On peut ne rien éviter en un premier sens : ne jamais passer à côté d'une question, d'une possibilité, d'une vérité et d'une vérité de la vérité, de la nécessité. Ne pas manquer un pli, une boucle. Mais on peut aussi, deuxième sens, ne rien éviter, même le pire, les fautes, les faiblesses, les méprises, les inhibitions, les omissions, les compromissions – et les évitements, et les dénégations. Compulsivement. Comme on dit en français vulgaire : ne pas en manquer une. Quand Lacoue-Labarthe dit de Heidegger qu'il « n'évite jamais rien », il l'entend visiblement dans le premier sens : le bon. Heidegger fait face, il n'évite jamais rien, c'est pourquoi il reste « incontournable ». Et pourtant, l'abyssale ironie de Lacoue-Labarthe inscrit cette parenthèse incroyable dans une analyse tout entière consacrée à décrire la manière dont Heidegger passe à côté, contourne (à peu près) délibérément, cela même que Lacoue-Labarthe, lui, veut ne pas éviter. Car il s'agit pour lui de « dépister », c'est son mot, la tortueuse stratégie de Heidegger pour éviter ce qu'il n'évite pas, pour éviter sans éviter. Dénégation de Heidegger? Dénégation de Lacoue-Labarthe au sujet de la dénégation de Heidegger qu'il voudrait à la fois *(double bind)* relever et ne pas relever? Non, mais alors que veut dire éviter? et quoi de la dénégation quand il s'agit, nous le vérifierons dans un instant, d'un « vaste mouvement » de Heidegger ou de sa « manœuvre » (je cite Lacoue-Labarthe), dans une pensée occupée à penser, outre le sens d'une onto-théologie sans laquelle le concept même de dénégation n'aurait pu être formé, l'*impensé* même ? Occupée à penser non seulement tel ou tel impensé, mais la structure, la possibilité et la nécessité de l'impensé en général, sa quasi-négativité (l'*im*-pensé est im-*pensé,* nous rappelle-t-il), dont je ne suis pas sûr, quoi qu'en dise Heidegger, qu'elle se rassemble chaque fois, dans l'unité d'un seul lieu, comme s'il n'y avait qu'*un* impensé dans lequel chaque « grande » pensée, telle serait sa grandeur même, trouverait sa loi secrète. Mais j'y reviendrai bientôt.

Que faudrait-il entendre par « éviter » ou « dénier » quand cet impensé de l'impenser même, celui de Heidegger, concerne des motifs comme ceux de l'écriture, de la *Darstellung* poétique ou fictionnelle, le sujet de l'énonciation, la folie ou la politique de ce sujet, l'unité du texte, etc., autant de significations sans lesquelles philosophie et psychanalyse, logique ou pragmatique auraient du mal à déterminer ces figures qu'on nomme tranquillement « éviter », « dénier », « éluder », etc. ? Ces déterminations courantes ne peuvent plus suffire et c'est au lieu de cette limite que le geste de Lacoue-Labarthe semble opérer un déplacement stratégique de grande portée. Car l'une des analyses les plus audacieuses et les plus inédites de *Typographie,* celle-là même qui signale au passage que, « de toute façon, Heidegger n'évite jamais rien », multiplie autour de ces questions les diagnostics inquiétants au sujet d'une « manœuvre » heideggerienne. Je ne trouve pas pour l'instant de mot plus approprié que « diagnostic » mais je l'entends plutôt dans le sens de la généalogie nietzschéenne, quelque réserve qu'il faille garder, avec Lacoue-Labarthe, de ce côté-là. Ces diagnostics sont d'autant plus graves qu'ils n'accusent ni ne critiquent personne : rien d'autre qu'une certaine fatalité qu'il ne suffira jamais de dé-limiter pour y échapper. Et ces diagnostics sont d'autant plus intéressants qu'ils concernent, en chacune de leur formulation, des mouvements par lesquels Heidegger aurait paru éviter ceci ou cela (nous verrons pourquoi dans un instant) et qu'ils ouvrent, par leur délimitation même, l'espace de la problématique singulière, en vérité sans précédent, de Lacoue-Labarthe. Quelles en sont les formulations ? Citons-les d'abord comme telles, précisément, dans leur simple *forme,* avant d'en venir, hors parenthèses, à la chose même. Tout d'abord, nous dit Lacoue-Labarthe, Heidegger « " évacue " (ou *sublime*)... ». Notez, comme toujours, les signes de prudence, la vigilante circonspection, les assurances prises contre tous les risques auxquels on ne manque pas de s'exposer à chaque instant : des guillemets autour de « évacue », comme si on retirait aussitôt un mot insatisfaisant (pas plus que Lacoue-Labarthe, Heidegger n'évacue jamais rien); puis *sublime* est en italiques. Et entre parenthèses. Car le mot pourrait sembler emprunté à un contexte étranger et très problématique (l'aporétique freudienne de la sublimation). Mais un passage nécessaire est maintenu par ce mot même, qui reconduit à la question du sublime, ailleurs présente dans l'explication avec Heidegger, quant à une certaine imprésentabilité du tout-autre. Heidegger « " évacue " » donc ou « *sublime* » *trois* questions qui sont d'ailleurs, selon Lacoue-Labarthe, *la même*. Sur cette unité ou cette unicité, j'aurais moi-même une question à poser, mais ce sera aussi pour plus tard. Une seule question, donc, une question en trois, la même « toujours envisagée et toujours repoussée » (p. 189), telle que Heidegger semble « ne pas y prêter attention » — « ou, à la rigueur, fasse semblant de ne pas y faire attention ».

Il ne serait donc pas impossible de faire semblant de ne pas faire attention. Précisons : dans une lecture pensante ou dans une méditation, car dans la « vie courante », on sait que rien n'est plus facile. Comme il le fait toujours, Lacoue-Labarthe crédite ainsi généreusement la pensée qu'il interroge, voire « dépiste ». Il la crédite de la plus grande force, de la plus grande ruse, du *savoir* le plus lucide, celui qui ne se laisse jamais surprendre par les questions qu'on peut lui poser.

> ... il n'est pas impossible de *dépister* [je souligne, J. D.], dans l'ensemble de la démarche concernant le *Zarathoustra,* et cela dès la position même de la question qui la gouverne (« *Qui* est le Zarathoustra de Nietzsche? »), une sorte de vaste mouvement tournant autour d'une question dont Heidegger *sait pertinemment* (je souligne, J. D.) qu'on ne peut l'éviter ou l'éluder (de toute façon, Heidegger n'évite jamais rien), mais qu'il juge indispensable, afin d'en *neutraliser le pouvoir* [je souligne, J. D.], de « couper de ses arrières » et de prendre à revers.

On peut donc neutraliser le *pouvoir,* éviter ainsi d'une certaine façon ce qu'on n'évite pas de *voir* ou de *savoir.* Toute la stratégie, toute la guerre quant au pouvoir peut donc s'y employer, y déployer ses « manœuvres » ou manipulations. La question essentielle porte ici moins sur le fait de la manœuvre, davantage sur le trajet choisi :

> ... pourquoi cette manœuvre emprunte-t-elle la voie de la *Gestalt?* Pourquoi même, au-delà de la *Gestalt,* va-t-elle chercher le *Ge-stell?* Encore une fois, que se passe-t-il avec le (mot) *Gestell?*

Nous y voilà, donc, voici le contenu, si on peut dire, de la question : le *Gestell* ou le mot « *Gestell* », car le partage est difficile entre le mot et la chose, pour des raisons essentielles. L'enjeu de la chose est aussi affaire de langue. Mais ce « contenu », on va le voir, garde un rapport nécessaire, justement, avec ce qu'on appelle couramment la forme : *Gestalt,* présentation *(Darstellung),* exposition, fiction, tout ce qu'implique la *Darstellung* dans le réseau des significations en *-stellen,* toute une ruche qu'elle désorganise peut-être en la faisant travailler, peut-être aussi parce qu'elle ne lui appartient pas aussi simplement qu'il y paraît. Heidegger, en tout cas, l'aurait évitée, sachant « pertinemment » [1] qu'il contournait ainsi, au moins par provision, l'inéluctable.

Pourtant, un peu plus loin, le dépistage à la trace est plus impitoyable. Traqué, Heidegger « ne peut éviter de tomber ». Le dirait-on? C'est vrai, de toute façon, cet homme n'évite jamais rien. Suivre à la trace, c'est aussi *nachstellen* et (p. 192) Lacoue-Labarthe en propose une traduction : « suivre à la trace, venger ». Où Heidegger ne peut-il éviter de tomber? Il s'agit toujours de la *Darstellung* et du paradigme platonicien du miroir. Celui-ci

> est donc un paradigme de la *Darstellung.* En fait. Mais c'est un paradigme truqué, piégé. Une chausse-trape, masquant soigneusement un trou. Où d'une certaine manière, Heidegger ne peut éviter de tomber. Chute mimétique, s'il en fut, puisque c'est de surenchérir sur Platon qu'il se laisse prendre au piège. Et ça se « voit ». Je (« je ») veux dire que c'est parfaitement lisible, qu'il y en a des indices et que l'« accident » n'est pas sans laisser de traces. (P. 217-218.)

Vous avez vu, non, vous avez *lu* les guillemets, les guillemets entre parenthèses. Cet accident n'était pas un accident, la chute était inévitable, mais on n'a plus affaire ici au sujet (je) d'une perception ou d'une science, d'un voir ou d'un savoir. Ce qui est arrivé à Heidegger ou avec lui, sous son nom, est autrement grave et son non-évitement ne relève plus de ces catégories. Tout à l'heure, il nous était dit que Heidegger n'évite jamais rien. Près de trente pages

---

1. Il faudrait savoir. Qu'est-ce que savoir? Et qu'est-ce que la sur-négation de l'inéluctable aurait à voir avec le savoir du savoir? Car dix pages plus haut, Lacoue-Labarthe se demandait, et déjà au sujet de Heidegger, et déjà entre parenthèses : « (sait-on jamais ce qu'il sait...) » (p. 180). Il faut donc mettre des guillemets aussi autour de ce savoir. *L'écho du sujet :* « Mais pourquoi Reik, qui le ˮsaitˮ, ne veut-il rien en savoir? » (P. 286.)

plus loin, qu'il « ne peut éviter de tomber » dans un « trou » soigneusement masqué. Si cet inéluctable ne relève plus des catégories du voir et du savoir, de la logique ou de la psychanalyse de la dénégation, on pressent la singularité de l'enjeu quand Lacoue-Labarthe s'engage sur les traces laissées par cet accident fatal, on dirait presque nécessaire ou essentiel. Son déchiffrement, dont je ne puis essayer de reconstituer ici les étapes, ne relève ni du *voir,* ni du *savoir,* ni d'aucune discipline constituée, herméneutique ou psychanalyse. Je ne crois pas davantage qu'on puisse parler d'une méthode ou d'une lecture philosophique.

Est-il indispensable de lui donner un nom? Lacoue-Labarthe semble décrire une stratégie : « mouvement tournant », « couper des arrières », « prendre à revers », « manœuvre ». Mais aussi l'échec, l'échéance, la chute, le grand lapsus d'une pensée. Que doit être la stratégie de Lacoue-Labarthe, sa stratégie sans guerre, pour dépister les traces, déjouer ou surprendre la grande manœuvre de Heidegger qui n'est pas elle-même une manœuvre parmi d'autres (militaire, méthodique, scientifique, logique, psychanalytique, herméneutique, philosophique)? Elle concerne en effet la tradition platonicienne la plus contraignante, et finalement toute l'onto-théologie qui s'ensuit, et jusqu'à ce concept d'onto-théologie, d'histoire de la métaphysique, voire de *Ge-stell.* Et en eux, la détermination, qu'on croit dérivée, subordonnée, de sujet ou de subjectité.

Voilà en somme une des questions que je me posais, tombant en arrêt devant cette petite parenthèse (« (de toute façon, Heidegger n'évite jamais rien) »), la seule phrase, sans doute, contre laquelle je n'ai pu me défendre d'un premier mouvement de protestation. C'est pourquoi, de façon primesautière, j'ai failli commencer ainsi. La résistance, car ce fut de ma part une résistance, indique souvent le lieu sensible d'une lecture, le point d'incompréhension qui l'organise. Comment peut-il écrire cela? me disais-je. Et de qui que ce soit? Comment quelqu'un, un penseur fini, et un penseur de la finitude, pourrait-il ne jamais rien éviter, tout en sachant « pertinemment », quand il évite, ce qu'il évite? Surtout quand ce penseur de la finitude prend au sérieux la nécessité de l'impensé, jusqu'à y reconnaître la condition essentielle, presque la source de la pensée, tout autre chose qu'un manque : « L'*im*-pensé n'est chaque fois tel qu'en tant qu'il est im-*pensé* », dit-il, et Lacoue-Labarthe le rappelle (p. 188).

Quand Paul de Man a osé dire que le texte de Rousseau ne comportait aucune « tache aveugle », j'ai ressenti la même impatience. Une impatience n'est jamais justifiée. Elle doit inciter à prendre le temps et à se mettre à l'épreuve de ce qui ne va pas de soi – sans l'éviter. D'où mon premier conseil, si je puis me permettre, au moment de fermer cette longue parenthèse : travailler à lire et à relire ces textes difficiles, eux-mêmes (avec leurs incidentes, guillemets et parenthèses) et ceux qu'ils interrogent, se plier à la stratégie, faite d'audace, de ruse et de prudence, à l'intraitable nécessité qui les contraint, à leur rythme surtout, à leur souffle : amples périodes et profonde respiration de la pensée, le temps d'une course de fond pendant laquelle vous suivez quelqu'un qui ne cesse de s'adresser à vous. Il se tourne vers vous, décrit les accidents d'un terrain qu'il connaît bien, s'interrompt pour repartir aussitôt, vous prévient des risques courus, des faux pas ou des pièges qui vous guettent, des sauts indispensables, du paysage qu'on ne voit pas encore, de la nécessité d'un détour, d'une autre ponctuation, d'une scansion à inventer pour franchir la ligne ou frayer un nouveau chemin. Si vous avez parfois le sentiment d'un penseur haletant ou harcelé, détrompez-vous : vous lisez quelqu'un qui traque, au contraire, *polemos* sans polémique, les pensées les plus puissantes de notre tradition. Je ferme la parenthèse. Est-ce possible?)

Gestell   Commençons donc, ici, avec cet exemple. Parce qu'il annonce la *manière* et la *manœuvre* de Lacoue-Labarthe, la main ou le rythme de sa chirurgie, et parce que je ne peux faire plus dans une préface. Acceptant les risques de cette limitation, je souhaite surtout qu'on lise Lacoue-Labarthe lui-même et m'en tiendrai à *trois exemples,* en y suivant chaque fois un seul fil : la *désistance.* Chacun des exemples sera signé d'un mot étranger (*Gestell, Mimesis, Ruthmos*), et d'abord étranger dans la langue à laquelle il semble appartenir. Il correspondra à une folie de la traduction, aussi bien que de la tradition : obsession et schize, siège et césure, *double bind,* fatalité et impossibilité de la réappropriation, hyperbologie, inéluctable désidentification. Autre règle de limitation et autre risque : n'introduire qu'aux lieux où Lacoue-Labarthe aiguise la pensée de la désistance à l'épreuve des œuvres les plus étrangères et les plus proches à la fois, donc les plus résistantes : par exemple celles de Nietzsche, Heidegger, Freud ou Lacan.

Au-delà du pathos anthropologique et des savoirs soi-disant positifs, Lacoue-Labarthe a toujours accordé à la folie la dignité d'une question majeure pour la pensée. Sans « démagogie » et sans « psychagogie » [1]. Avant de se demander si la démence doit être exclue

---

1. « ... on a quelque raison de se méfier de toute cette sorte de phraséologie

ou maîtrisée, c'est-à-dire domestiquée par la philosophie, on doit essayer de penser la hantise, c'est-à-dire une certaine manière pour la philosophie d'être régulièrement visitée, habitée par la folie. Il y a une domesticité de la « folie philosophique ». En son début et en sa fin, *Typographie* ouvre sur cette prédestination de la philosophie à la folie. Exemples (seulement des exemples) de Rousseau (le... « et voilà comment on devient fou » de la *Préface* à *La nouvelle Héloïse*), de Nietzsche (« La signification de la démence dans l'histoire de la moralité », de *Aurore*), mais aussi de Kant, de Comte et de Hegel. Parmi tous les trajets de ces analyses foisonnantes et extraordinaires, on devra isoler le fil qui relie la folie à une nouvelle « question du sujet ». Lacoue-Labarthe la reprend, il en reprend même le titre (p. 189) et la relance de façon inédite. Il le fait depuis maintenant près de quinze ans [1], avec discrétion, patience et rigueur, dans une

" démagogique ", sinon " psychagogique ", par où l'on prétend aujourd'hui − sans grand risque, il est vrai − parler au nom de la folie... » (*Typographie*, p. 172.)

1. Au moins depuis *L'oblitération* (1973, repris in *Le sujet de la philosophie*) qui noue déjà la question de la folie à celle du sujet. Le mot de désistance n'y est pas encore présent comme tel, mais celui de « (dé)constitution du sujet » (p. 138, 157 et *passim*). Le mot « déserter » est peut-être celui qui annonce le mieux le « désister » dont nous aurons à parler, par exemple dans ce passage qui met remarquablement en place les axiomes, en quelque sorte, de cette problématique : « Ce qui nous intéresse ici, on s'en sera déjà douté, ce n'est ni le sujet ni l'auteur [question et précaution reprises dans le *Diderot* in *L'imitation...*, p. 19]. Ce n'est pas davantage l'" autre ", quoi qu'on mette là-dessous, du sujet ou de l'auteur. Ce serait plutôt (pour nous en tenir, provisoirement, à la seule question du sujet) ce qui est *aussi* en jeu dans le sujet, tout en étant absolument irréductible à quelque subjectivité (c'est-à-dire à quelque objectivité que ce soit); ce qui, dans le sujet, déserte (a toujours déjà déserté) le sujet *lui-même* et qui, antérieurement à toute " possession de soi " (et sur un autre mode que celui de la dépossession), est la dissolution, la défaite du sujet dans le sujet ou *comme* le sujet : la (dé)constitution du sujet ou la " perte " du sujet, − si du moins l'on pouvait penser la perte de ce qu'on n'a jamais eu, une sorte de perte (de " soi ") " originaire " et " constitutive ". » (P. 151.)

La mise entre parenthèses du « dé » dans *(dé)constitution,* signifie qu'on ne doit pas l'entendre, pas plus que celui de la désistance, comme une négativité affectant une constitution originaire et positive. La mise en italique du *comme* signifie que le « sujet », comme tel, se (dé)constitue dans ce mouvement de *dé*sistance et n'*est rien d'autre que* la formation de ce mouvement. Et qu'à ce titre, il ne saurait être simplement omis ou dissous, ni passé sous silence au nom d'une déconstruction de la subjectité, de l'époque de la subjectité au sens déterminé par Heidegger. D'où, déjà, la distance prise à l'égard de ce dernier, et c'est la suite immédiate du passage que je viens de citer. Il met en cause, déjà, une certaine « sublimation » heideggerienne : « Or c'est à cela précisément que touche le texte de Heidegger. Mais c'est

sorte de solitude, sans pratiquer ce « *retour au sujet* » qui alimente depuis peu les conversations parisiennes et que, dans *le meilleur des cas,* sans doute le moins dogmatique et le plus raffiné, certains croient reconnaître dans les tout derniers ouvrages de Foucault. Il reste que *dans tous les cas,* la lecture rigoureuse et la traversée effective des textes de Heidegger au sujet de la subjectité ont été soigneusement omises [1]. Lacoue-Labarthe fait tout autre chose. Non seulement il ne propose pas de restaurer, réhabiliter ou réinstaller le « sujet », mais plutôt de penser sa désistance en prenant en compte *et* une déconstruction de type heideggerien *et* ce sur quoi Heidegger aurait fait silence.

Quel silence? Le mot apparaît au moins deux fois. Ce qu'il désigne n'est pas sans rapport avec l'inéluctable. Même s'il « n'évite jamais rien », Heidegger reste silencieux sur quelque chose de la *Darstellung* qui ne se laisse pas facilement domestiquer, ranger, classer dans la grande famille du *Ge-stell (bestellen, vorstellen, herstellen, nachstellen).* Elle y introduit un désordre auquel Heidegger ne fait pas attention ou, comme il est dit quelque part, fait semblant de ne pas faire attention. Le « silence » de Heidegger au sujet de la *Darstellung* peut se déchiffrer de deux façons : ou bien il néglige l'appartenance de la *Darstellung* au *Ge-stell* et tout ce qu'elle devrait obliger d'y prendre en compte, et Lacoue-Labarthe le rappelle; ou bien il inscrit la *Darstellung* dans une série homogène et la réduit ainsi à n'être qu'un mode parmi d'autres. Dans sa délimitation d'une onto-typologie, Heidegger reste « elliptique » (ce mot apparaît aussi

---

pour aussitôt (ou même à l'avance) le reprendre, le relever (c'est-à-dire aussi le sublimer) dans et comme la pensée. Cela, – c'est la ˮ folie ˮ, et la ˮ folie ˮ telle qu'elle se déclare, ou plutôt ne se déclare pas dans *Ecce Homo...* »

1. Heidegger n'a pratiquement jamais été nommé par Foucault, qui en tout cas ne s'est jamais expliqué, si on peut dire, avec lui ou à son sujet. C'est également vrai de Deleuze. Cela n'a pas empêché le premier de déclarer dans son tout dernier entretien : «Tout mon devenir philosophique a été déterminé par la lecture de Heidegger. » Ni le second de parler, dans les toutes dernières pages de son livre sur *Foucault* d'une «confrontation *nécessaire* de Foucault avec Heidegger. » (Je souligne.) Comment interpréter dès lors, rétrospectivement, ce silence de vingt-cinq ans? Il faut être bref : si en écoutant ce silence, on pense simultanément à ceux qui, comme Lacoue-Labarthe, n'ont cessé de prendre en compte, dans ce qu'elle avait de plus difficile, risqué, « nécessaire » précisément, ladite « confrontation » avec Heidegger, on obtient un certain film de la scène philosophique française de ce quart de siècle. A déchiffrer : encore l'évitement de l'inévitable. Qu'évite-t-on ainsi? Heidegger? Ce n'est sûrement pas si simple.

deux fois ¹) quant au rapport entre travail ou souffrance d'une part (il s'agit de Jünger, *Der Arbeiter, Ueber den Schmerz*) et, d'autre part, (re)présentation par figure *(gestalthafte Darstellung)*. Et dans son « traitement relativement elliptique du rapport de Jünger à Hegel », Heidegger observe aussi « un certain silence ² » sur la relation entre la métaphysique de la *Gestalt,* ou la représentation de l'être comme figure, et la *Darstellung,* à savoir la « présentation littéraire ». Et ce qui vaut pour Jünger vaudrait aussi pour ces autres « écrivains » que sont Nietzsche et Rilke. Ellipse et silence signalent une « perte » ³ qui est autre chose que la « disparition d'un mot » et qui concerne la dérivation *stellen-darstellen.* En s'interrogeant sur ce qui « se passe » avec « le (mot) *Ge-stell* » et son impossible traduction, Lacoue-Labarthe définit le lieu d'une nouvelle « question du sujet ». En voici le « contenu », c'est le passage que je citais tout à l'heure pour sa « forme » :

---

1. P. 183 et 186.
2. P. 186. Cf. aussi, p. 190 : « ... que du *Ge-stell,* entre autres choses, ce n'est pas seulement la *Gestalt,* mais la *Darstellung* elle-même, (la (re)présentation, l'exposition, la mise en scène, etc.) qui est dérivable. Ou, plus exactement, que du *Ge-stell,* entre autres choses, peuvent se dériver ensemble *Gestalt* et *Darstellung,* quand bien même, sauf erreur, Heidegger *ne l'a jamais explicitement marqué,* mais il est nécessaire de relier entre eux, et, du coup, d'« homogénéiser » plusieurs textes relativement indépendants. Quand bien même, en fait, tout se passe comme si la communauté d'origine, ici, l'homogénéité de *Gestalt* et *Darstellung* – symptomatiquement passée sous *silence,* il faut y insister, lorsqu'il s'agissait de rabattre Jünger sur Hegel – avait, d'une manière ou d'une autre, quelque chose de gênant. C'est en effet que Mimesis, ici, est en jeu... » (Je souligne.)
3. « ... le risque est sans doute *inévitable* [je souligne, J. D] que quelque part on s'y perde – ou que quelque part se perde la continuité de la dérivation. Par exemple, *entre* deux ou trois textes, du côté de la (question de la) *Darstellung,* ou, pour être plus précis et ne pas lâcher le fil déjà tiré, du côté où la (question de la) *Darstellung* a à voir, en effet, avec (la) Mimesis. Au commencement pourtant tout se passe assez bien. » (P. 192.) Une analyse longue et serrée de nombreux textes (je ne peux ici qu'inviter à la suivre) démontre ensuite le processus et les effets de cette « perte de la *Darstellung* » qui « ne saurait être simple » (p. 200) et se limiter à la « disparition d'un *mot* » (p. 201), bien que tel texte de Heidegger laisse tomber ce mot immédiatement après l'avoir cité dans le couple *Her-* et *Darstellen* (p. 201). Que la *Darstellung* « se perde », cela ne signifie pas la perte de quelque chose, mais une certaine inattention à la structure abyssale qui peut toujours la diviser et la fictionnaliser. La question devient alors : « Comment, donc, se perd la *Darstellung ?* Et quelle est la conséquence de cette perte sur l'interprétation de la mimesis? » (P. 201 ; cf. aussi p. 207 : « ... la perte de la *Darstellung* ».)

Je (« je ») ne reviendrai pas ici sur la manière dont Heidegger, d'une seule et même lancée, « évacue » (ou *sublime*), au profit d'une *destination* majeure de l'impensé(e) de Nietzsche (i.e. de « Nietzsche »), à la fois la question du caractère « poétique » ou « fictionnel » (« littéraire ») du *Zarathoustra,* la question d'une certaine dispersion ou d'un certain éclatement du « texte » nietzschéen (plus incontournables pourtant que « l'absence d'œuvre » (capitale) où s'*organiserait,* dans l'« articulation » essentielle de quelques mots fondamentaux, l'impensé lui-même), et la question, enfin, de la « folie » de Nietzsche : il m'a semblé possible de montrer ailleurs − mais à vrai dire, c'était un peu l'évidence − que ces trois questions n'en font qu'une, ou, plus exactement, qu'elles gravitent toutes autour d'une unique question centrale, en même temps toujours envisagée et toujours repoussée (constamment proposée du reste en termes irrecevables pour la *pensée,* métaphysiquement marqués, et par là constamment condamnée − sans « appel »), et qui est la question du *sujet.* Du « sujet de l'énonciation », mettons, ou de « l'écriture » − rien, de toute manière, qui puisse s'assimiler ou s'*identifier,* sans plus, c'est-à-dire immédiatement, au sujet de la « métaphysique de la subjectité », sous quelque forme que ce soit. (P. 188-189.)

Typographie, ce qui se rassemble désormais sous ce titre tient sa force, dans une grande mesure, de l'impressionnante articulation en « une unique question centrale » de cette question du sujet que Lacoue-Labarthe soustrait à la déconstruction heideggerienne, c'est-à-dire à la délimitation d'une onto-typo-logie ou d'une métaphysique de la subjectivité. Il la soustrait en montrant comment Heidegger s'y soustrait; et surtout il reconduit vers son unicité, qui est aussi un centre de gravité, un grand nombre de questions. Parmi elles, « un certain éclatement du " texte " », nietzschéen dans ce cas, mais dont je me demande, ce n'est qu'une inquiétude, si Lacoue-Labarthe ne risque pas de le réduire à son tour. Avec les meilleures justifications du monde, puisque ce rassemblement dans la réélaboration est le meilleur levier stratégique pour une lecture déconstructive de Heidegger; mais non sans confirmer au passage l'axiome fondamental selon lequel l'im-*pensé* d'une pensée est toujours unique [1], constituant

---

1. On relira le passage de *Was heisst Denken ?* que cite lui-même Lacoue-Labarthe (p. 187, n. 20) au moment où il vient de poser une seconde question de traduction. La première concernait l'intraduisible *Ge-stell* dont il s'agit moins de savoir ce qu'il *veut dire* que « comment il fonctionne » et « à quoi il sert ». L'autre, le projet heideggerien de « traduire » le *Zarathoustra* et de le soumettre à un traitement « allégorique ». La traduction concerne cette fois, au-delà de l'« expres-

en quelque sorte le lieu même depuis lequel une pensée donne ou se donne à penser. Lacoue-Labarthe fait comme si la manière dont Heidegger détermine l'im-*pensé* de Nietzsche ou l'im-*pensé* en général n'impliquait à son tour qu'un seul et unique im-*pensé*, celui autour duquel ou depuis lequel s'organiserait la pensée heideggerienne. Mais n'est-ce pas là répéter, au sujet de Heidegger, ce dont Lacoue-Labarthe l'accusait lui-même, à savoir de privilégier une « *destination* majeure de l'impensé(e) », celle de Nietzsche pour Heidegger, celle de Heidegger pour Lacoue-Labarthe? Et si l'impensé de Heidegger (par exemple) n'était pas un, mais pluriel? Et si son *im*pensé, c'était de croire à l'unicité ou à l'unité de l'im*pensé?* De mon inquiétude je ne ferai pas une critique, car je ne crois pas évitable ce geste de rassemblement. Il est toujours productif et philosophiquement nécessaire. Mais je continuerai à me demander si la « logique » même de la désistance, telle que nous continuerons à la suivre, ne devrait pas conduire à quelque dispersion irréductible de cette « unique question centrale » comme question du sujet, à sa désidentification en quelque sorte, à sa désinstallation. Et je continuerai à me demander si le « sujet » en question, quand bien même il excède la « métaphysique de la subjectité » ou l'onto-typologie, ne continue pas de réfléchir ou de recueillir dans sa force de rassemblement, dans l'unicité de sa question, quelque chose de l'« impensé » heideggerien. En un mot s'il ne faut pas séparer les deux questions ici associées : celle du « sujet de l'énonciation » et celle de « l'écriture ». Mais sans doute

---

sion » ou de l'« ornement poétique », un *impensé*. Heidegger : « ... Cette reconnaissance [de la langue des penseurs] repose sur le fait que nous laissions venir à nous ce que chaque penseur a pensé comme quelque chose qui est *toujours unique,* qui ne revient jamais, qu'on n'épuise pas, et ce de telle sorte que l'impensé dans leur pensée nous déconcerte. L'im-pensé, dans une pensée, n'est pas un manque qui appartienne au pensé. L'*im*-pensé n'est chaque fois qu'en tant qu'il est im-*pensé.* » (J'ai souligné *toujours unique* qui est ici le corrélat indispensable du penser même de la pensée. Là où l'unicité ferait défaut, la pensée même, voire l'im-*pensé* de la pensée n'adviendraient pas. Voilà ce que Lacoue-Labarthe respecte peut-être un peu plus que moi : cette unicité, et l'affinité entre cette unicité et la pensée même. Sur ce point, mon peu de respect ou ce qui tourmente mon respect peut signifier deux choses : *ou bien* que je ne sache pas (reconnaître) ce qu'est authentiquement la pensée et ne m'en préoccupe pas assez, *ou bien* que je n'exclue pas quelque résidu d'*im*-pensé dans cette détermination heideggerienne de l'im-*pensé* qui tient encore trop au *lieu* unique du rassemblement. Et si l'on appelait pensée (mais peut-être y faudrait-il un autre nom) la dislocation, voire la désistance de cette unicité ou de cette unité, de ce *lieu* de rassemblement? Car on pourrait montrer que cette question repasse régulièrement par la topologie de l'être selon Heidegger et tout ce qu'il rassemble sous les mots *Ort* et *Erörterung :* précisément le rassemblement.)

Lacoue-Labarthe le fait-il, et c'est même ce qu'il appelle *typographie,* au-delà de la formulation et du moment stratégique que je viens d'isoler un peu artificiellement.

La stratégie de *Typographie* est d'une subtilité dont je ne songerai pas à rendre compte ici. Au risque d'en grossir exagérément les traits, j'y lirai en premier lieu une sorte de déstabilisation ou de désinstallation générales. Générales, d'abord, parce que redoublées. Ce redoublement tient à l'essence sans essence de la *mimesis,* à ce qu'elle n'*est* pas, à cela même qu'elle n'*existe* pas, mais *désiste,* et qu'il n'y a là rien de négatif. Pour le penser, il ne faut pas s'installer (à l'envers) dans la mimétologie de Platon finalement confirmée par Heidegger. Il ne faut pas *réhabiliter,* revendiquer, sauver une *mimesis* déterminée comme « déclinaison », « instabilité », « désinstallation » accidentelle, « chute » survenue de la vérité — de cette *aletheia* curieusement interprétée par Heidegger, dans sa lecture du Livre X de *La République,* comme *Unverstelltheit :* installation, non-désinstallation, stèle. Si le redoublement abyssal doit déstabiliser la vérité ou la stèle dès l'origine, pourrait-on dire, encore faut-il ne pas céder à la tentation presque irrésistible de généraliser la *mimesis* condamnée par Platon ou de la réhabiliter en lui conférant le statut noble d'une *mimesis* originaire [1]. La ligne à franchir, pour une telle tentation, paraît si subtile que personne, je dirais même Lacoue-Labarthe, ne peut constamment s'en garder. La différence peut se marquer à des guillemets visibles ou invisibles autour du mot « originaire ». Et quand on veut souligner que la *mimesis* n'a pas le statut (destitué) d'une chute ou d'une dérivation accidentelle, on est bien tenté de la dire, « contre » Platon « originaire », « " originaire " » — en précisant que la valeur d'originarité est incompatible avec celle de *mimesis,* etc.

Le pli ou le redoublement abyssal dont nous essayons de parler ne vient donc pas déstabiliser une vérité qui déjà serait, *esterait,* comme on traduit parfois. La désistance est d'abord celle de la vérité. Celle-ci ne se ressemble jamais. D'où sa ressemblance avec la *mimesis.* Mais comment peut-on ressembler à la *mimesis* sans être déjà conta-

---

1. Lacoue-Labarthe sera de plus en plus précis, dans des textes ultérieurs, quant aux contraintes paradoxales – hyperbologiques – qu'exerce sur la pensée et sur le discours la « surdétermination mimétologique ». Il appellera même « " métaphysique négative " des modernes : la pensée d'une *mimèsis* sans modèle ou d'une " *mimèsis* originaire " ». Dans ce texte, il déclare ses réserves quant à une réhabilitation et à une généralisation de la *mimesis,* qu'elles soient modernes ou post-modernes. Cf. *L'imitation des modernes,* Galilée, 1986, notamment p. 278, 281, 283.

miné par elle? et comment penser cette contamination originaire de façon non négative et non originaire pour ne pas se laisser dicter ses énoncés par le mimétologisme dominant? La vérité, donc, ne se ressemble jamais. Elle se retire, se masque et ne cesse, dit Lacoue-Labarthe qui cette fois use du réfléchi, de « se désister » [1].

Avant d'en venir à cette conséquence, repérons ce qui, dans le lexique, justifie le privilège de ce mot, *désister;* et surtout ce qui, le rapportant à ce quasi-radical *ist* ou plutôt *stare,* en français *ester,* le déracine pour soustraire le désister, le désistement, la désistance à la série des stances à laquelle il semble appartenir (subsistance, substance, résistance, constance, consistance, insistance, instance, assistance, persistance, existence, etc.). Telle qu'elle est mise en œuvre par Lacoue-Labarthe, la désistance n'est pas une modification, surtout pas négative, de *ester.* Le *dé-* sur-marquerait justement cela : la non-appartenance à la famille de *ester.* Je l'ai déjà suggéré et j'y reviens maintenant pour compliquer encore un peu les enjeux de la traduction. Il faut savoir que *ester* n'est pas seulement une sorte de radical. Le mot existe en français, même s'il est rare. Il a un sens surtout juridique, comme *se désister,* et signifie « se présenter », « paraître », « comparaître » en justice. « Ester en jugement », « ester en justice », c'est se présenter en justice comme demandeur ou comme défendeur. Or il se trouve qu'en raison de cette sémantique de la présentation ou de la comparution, de cet acte de présence, si l'on peut dire, on a parfois cru pouvoir traduire *wesen,* dans son usage heideggerien, par *ester* [2] ou estance. Je risque alors cette suggestion : si, *au-delà* de son code juridique et *dans* sa mise en œuvre « typographique », la désistance ne modifie pas l'estance, ne lui appartient pas comme une de ses déterminations, mais marque une rupture, ou un départ, ou une hétérogénéité au regard de l'estance ou du *Wesen;* si elle ne dit ni absence, ni désordre ou inessentialité, ni *Abwesen,* ni *Unwesen,* ni même quelque *Entwesen* arraché à son sens trivial, alors il serait bien difficile de la re-traduire dans le code, le problématique, voire

---

1. *Typographie,* p. 249.

2. Cf. notamment la traduction de l'*Einführung in die Metaphysik (Introduction à la métaphysique)* par Gilbert Kahn, en 1958. Voici un extrait de l'index des termes allemands : « *Wesen :* essence, estance, lorsque ce sens est surtout verbal, et, par là, exclut toute référence à la quiddité. *Wesen :* ester, se réaliser historialement comme essence, sans donc que celle-ci soit donnée hors du temps comme modèle pour sa réalisation; *wesensmässig :* selon son estance; *anwesen :* adester; *An-wesen :* ad-estance; *Anwesenheit :* présence; *Ab-wesen :* absence; *ab-wesend :* absent. *Unwesen :* inessentialité, désordre. »

la question du sens ou de la vérité de l'être ou encore, si l'on préfère, dans la langue de « Heidegger ». Ce qui ne signifie pas que plus rien ne passerait ou ne se passerait entre les deux langues, mais le passage serait livré par un autre abîme, celui dont parle Heidegger et *aussi* un autre. Je ne sais pas si mon hypothèse agrée ou même intéresse Lacoue-Labarthe. Peut-être la refusera-t-il tout net, peut-être au contraire lui paraîtra-t-elle aller de soi, à lui qui écrivit un jour : « J'ai beaucoup de mal à ne pas voir dans l'" être " de Heidegger, si c'est encore l'être et si c'est l'être *de* Heidegger, la même chose (sinon la possibilité même de l'" autrement qu'être " de Levinas [1]. » Peut-être. Peut-être (voici l'ouverture que je tente peut-être en vain) la désistance, telle que je la lis chez Lacoue-Labarthe, appelle-t-elle un « autrement qu'être » (autrement que « ester »), encore autre, et qui ne serait ni « heideggerien » ni « levinassien » (ces attributs nous imposent une économie stupide) sans pourtant cesser de frayer, entre les deux pensées, si proches et si hétérogènes, le passage d'une traduction pensante.

L'estance, la signification « estance », se trouverait donc désta-bilisée en elle-même, sans que cela puisse apparaître au titre de la négativité. La désistance, d'abord celle de la vérité, conditionnerait toutes les positions et toutes les stances que pourtant, en effet, elle ruine et affole aussi de l'intérieur. Question de traduction, encore, et passage entre le grec (*aletheia* traduite ou interprétée par Heidegger sous le mot *Unverstelltheit*), l'allemand (*Ge-stell* et les mots en *stellen* dont les ressources sont déployées dans le chapitre « La stèle ») et le latin (*sto, stare,* etc.). Il faudrait séjourner longtemps auprès du point de passage dont le privilège, pour nous qui écrivons plutôt en latin, se trouverait dans une Note [2]. Celle-ci ne cherche pas, je ne le ferai pas non plus, à dissimuler l'abîme ouvert au-dessous de ce qui est ici nommé *Witz*. Abîme, hiatus ou chaos :

> Heidegger en effet joue constamment, tout en maintenant aussi une certaine différence, sur le rapprochement (sinon l'« assimilation » pure et simple) entre *stehen* et *stellen,* comme s'il identifiait la *stal* de *stellein* (équiper, mais aussi, au moyen, mander, faire venir) au *sta* de *stélè,* la colonne ou la stèle (cf. *istemi* ou, en latin, *sto, stare*), – procédant plus en somme – comme c'est du reste très souvent le cas chez lui – par *Witz* philologique que par étymologisme véritable

---

1. *L'imitation des modernes,* p. 271.
2. Note 29, p. 194.

[...] bien que dans un texte très proche [...] Heidegger indique, en passant, que le grec *thésis* (qui dérive de la racine – simple – indo-européenne *dhe*) peut en allemand se traduire à la fois par *Setzung, Stellung,* et *Lage.*

La désistance donne peut-être le jour à la démence ou à la déraison, à l'*anoia* contre laquelle s'édifie, s'installe ou se stabilise l'onto-idéologie platonicienne, voire son interprétation par Heidegger [1]. Comme elle ne se réduit pas à un mode négatif de la stance, elle ne se confond certes pas davantage avec la folie. Mais à doubler ou désinstaller tout ce qui assure la raison, elle peut ressembler à la démence. Folie contre folie. Le *double bind* oscille entre deux folies, car il peut y avoir aussi une folie de la raison, de la crispation défensive dans l'*assistance,* l'imitation, l'identification. *Double bind* entre le *double bind* et son autre. Je saute ici par ellipse vers Hölderlin et *La césure du spéculatif* – mais nous y reviendrons :

> ... alors le schème historique et la mimétologie qu'il suppose commencent doucement, vertigineusement, à vaciller, à se distordre et à se creuser de manière abyssale. Et si vous pensez encore que la structure de suppléance qui définit en somme le rapport mimétique en général, le rapport de l'art à la nature, est aux yeux de Hölderlin, fondamentalement, une structure d'*assistance* [je souligne, J. D.] et de protection, qu'elle est nécessaire pour *éviter* [je souligne, J. D.] que l'homme ne « s'enflamme au contact de l'élément », alors vous ne comprendrez pas seulement quel était pour lui l'enjeu de l'art grec (il y allait, en définitive, de la « folie » par excès d'imitation du divin et de spéculation), mais vous comprendrez aussi pourquoi, dans l'époque moderne, bien qu'elle *inverse en principe* [je souligne, J. D.] la relation grecque de l'art à la nature, il faut bel et bien répéter ce qu'il y a de plus grec chez les Grecs. Recommencer les Grecs. C'est-à-dire ne plus être grec du tout [2].

La désistance : *mimesis* ou son double. La désistance, *c'est-à-dire* et *autrement dit* cela même qu'elle double et abîme, *aletheia.* Du coup, la nouvelle « question du sujet » appelle une autre expérience de la vérité. Une autre mise en œuvre de la déconstruction heideggerienne : *jouer* (la *mimesis* joue, elle a du jeu, elle donne du

---

1. P. 229 et suiv.
2. « La césure du spéculatif », in *L'imitation des modernes,* p. 54-55. Voir aussi ce qui suit immédiatement ce passage – au sujet du *double bind* et du *retrait* ou de la « folie » de Hölderlin.

jeu et elle oblige à jouer), jouer le retour à une vérité déterminée comme *homoiôsis,* adéquation, similitude ou ressemblance mais aussi soustraite, par ce retour joué, à l'interprétation heideggerienne (justesse, exactitude, é-vidence) qui se voit à son tour destabilisée. Destabilisée non seulement par un mouvement de déstabilisation mais par ce mouvement plus radical de la désistance qui la déloge de tout rapport à une stance possible.

Il faudra bien s'engager dans la voie d'un détour et d'un retour, suivre plutôt le trajet d'une *boucle supplémentaire.* A la fois *dans et hors* le chemin de l'épochalité. Telle boucle, je serais tenté de la surnommer anneau, voire bague. Une certaine *circulation,* nous allons le voir, prend valeur de prescription : obligation (double), injonction, alliance.

Mimesis Question *critique,* question de la critique, autrement dit de la *décision :* on ne peut pas éviter de manquer la *mimesis* dès lors qu'on l'identifie et qu'on veut décider de sa vérité. On ne la trouverait pas si on ne l'avait déjà manquée en la cherchant, c'est-à-dire si on ne croyait à son identité, à son existence ou à sa consistance. C'est ce que font de façon très différente, mais finalement analogue, Platon, Heidegger et Girard. Dans l'extraordinaire scène de surenchère qu'il organise entre eux, Lacoue-Labarthe renvoie, si on peut dire, les deux derniers dos à dos, mais non sans avoir joué, pour s'en tenir à ce code des jeux et de la stratégie, Heidegger contre Girard. Ce dernier voudrait « approprier » ou « identifier » la *mimesis.* Dès lors il la manque ou plutôt, « immanquablement », dit Lacoue-Labarthe, toujours l'inéluctable, il en trahit l'essence en lui conférant précisément une essence ou une propriété. Une vérité à révéler. L'inéluctable revient ici à manquer le manque ou, plus paradoxal encore, à manquer ce manque dont la structure, finalement, n'est pas négative : à (s') approprier ou à décider d'un propre là où il n'y a que de l'im-propre ou du non-propre, celui-ci reste d'autant plus insaisissable qu'il n'est pas négatif; il défie toutes les dialectiques que, littéralement, il déchaîne, libère, induit. Telle est, sans l'être, la *mimesis* comme désistance :

> Ce qui en trahirait immanquablement l'essence ou la propriété, s'il y avait une essence de la *mimesis* ou si le « propre » de la *mimesis* n'était justement de ne pas en avoir, jamais (par où la *mimesis* ne consiste pas non plus dans l'impropre ou dans on ne sait quelle essence « négative », mais ek-siste ou mieux encore « désiste » dans

cette appropriation de tout supposé propre, forcément perturbatrice de la propriété « elle-même »). Ce qui en trahirait l'essence, autrement dit, si l'« essence » de la *mimesis* n'était pas la vicariance absolue, portée à son comble (mais inépuisable), sans terme ni fond – quelque chose comme l'infini de la substitution et de la *circulation* (il faut déjà repenser à Nietzsche) : la défaillance « même » de l'essence. (P. 246.)

Nous sommes loin de tout mimétologisme, de l'interprétation de la *mimesis* comme imitation, voire comme représentation, encore que le re- de la ré-pétition, à l'origine de toute re-présentation, tienne à la désistance (p. 242). Désistance du « même » donc, et de l'« essence »; on ne peut plus, comme le « propre », que les écrire entre guillemets dès lors qu'on doit les laisser dans leur langue.

Du passage que je viens de citer, retenons un moment le mot de *circulation*. Il est souligné; et il va nous conduire vers cette réhabilitation feinte mais nécessaire de la vérité comme *homoiôsis* qui n'appartient plus simplement à l'interprétation épochale de Heidegger. Si Girard, référant la *mimesis* au sujet du désir, l'interprète comme assimilation, réciprocité indifférente et donc, finalement, comme instabilité ou désinstallation générale, il n'en garde pas moins l'espoir d'une *révélation* de la *mimesis*. A quoi Lacoue-Labarthe semble d'abord opposer Heidegger, non pas l'interprète de *La République* pour qui la *mimesis* est aussi désinstallation comme chute, déclin, amoindrissement de la vérité (de la vérité en tant que *Unverstelltheit*), mais celui pour lequel le retrait aléthéique reste inadéquat, l'« ina-déquation » même à toute opposition de l'adéquat et de l'inadéquat, de la présence ou de l'absence, donc à toute révélation (par exemple religieuse ou anthropologique). J'ai cité le mot « inadéquation » parce qu'il porte toute la charge de ce mouvement. Cette inadéquation n'appartient pas au couple « adéquat/inadéquat » de la vérité comme *homoiôsis,* telle qu'elle est circonscrite et décidablement située par Heidegger. Néanmoins, il faut bien que ce lexique, ce simulacre ou cette fiction reprennent leur « droit » (celui de la *mimesis,* justement) en dérangeant l'ordre d'une histoire de la vérité, telle que Heidegger nous la raconte. La désistance ou la dé-stabilisation de l'*alethéia,* en elle, (par ou comme *mimesis*) réintroduit une inadéquation ou une instabilité de l'*homoiôsis* qui ressemble à ce que pourtant elle déplace. D'où le vertige, l'inquiétude, l'*Unheimlichkeit*. La *mimesis* « précède » en quelque sorte la vérité; en la déstabilisant d'avance elle introduit un désir d'*homoiôsis* et permet peut-être d'en rendre compte, comme de tout ce qui pourrait en être l'effet, jusqu'à ce qu'on appelle le sujet. Tout cela n'est pas sans rapport, aussi étrange que ça paraisse, avec cette détermination de la vérité que Heidegger se sera toujours efforcé de considérer comme seconde et dérivée (la détermination de la vérité comme *homoiôsis,* comme adéquation, similitude ou ressemblance), mais elle-même à son tour *déplacée,* soustraite en tout cas à l'horizon de la justesse et de l'exactitude (de l'é-vidence), n'étant jamais rigoureusement là où l'on s'attend à la voir ni cela qu'on voudrait bien savoir. Une *homoiôsis* instable, autrement dit, *circulant* sans arrêt de la ressemblance inadéquate à l'inadéquation ressemblante, confondant la mémoire aussi bien que la vue, perturbant le jeu aléthéique et le ruinant jusqu'aux moyens d'en signifier la différence, tant est insaisissable (imperceptible) l'agitation qu'elle imprime au Même. (P. 251.)

Avec le Même, c'est l'économie, la loi de l'*oikos,* qui se trouve ainsi radicalement déstabilisée par la désistance de *mimesis,* « toute économie historique ou historiale », toute assurance de réappropriation critique, théorique, herméneutique. A la limite même tout discours, fût-il celui d'une certaine déconstruction, dans la mesure où les discours de Girard ou de Heidegger relevaient, quoique « inégalement » (p. 253), de la déconstruction. Lacoue-Labarthe en appelle à une « (dé)construction moins critique que positive, pour ainsi dire *peu négative,* faisant crédit en somme au philosophique dans sa défaillance même, dans son découvert et sa faillite, dans le défaut de sa *soi-disant* infaillibilité. Il faudrait *soutenir* jusqu'au bout la *thèse* philosophique elle-même, selon laquelle – toujours – *il faut* la vérité et le savoir [1]. »

Que vient-il de se passer? D'une déconstruction l'autre. En ré-accentuant, en *remarquant* la vérité d'adéquation, en ne la tenant plus simplement pour une détermination secondaire, inscriptible, classée, décidable, Lacoue-Labarthe disloque l'histoire épochale scandée par la déconstruction heideggerienne. Non qu'il réhabilite, telle quelle, la vérité d'adéquation ou l'*homoiôsis.* Au contraire, il fait apparaître en elle un abîme, une puissance perturbatrice et désta-bilisante qu'elle tient d'une *mimesis* pré-originaire. Du coup, cette « vérité » n'est plus simplement dérivée d'une autre, plus originaire. Hantée par la *mimesis,* elle joue maintenant un rôle bien plus déterminant que celui dans lequel Heidegger semblait la contenir. D'où cette sorte de boucle ou de torsion supplémentaire, cet *anneau*

---

1. P. 253-254. Je renvoie ici à la note que je consacre plus loin au mot « (dé)construction » (note 1, p. 636).

de plus et de moins dans la chaîne épochale. Ce plus-et-moins se dissimule mais il n'a pas un effet seulement local. Il désorganise les schémas essentiels, je n'ose pas dire l'axiomatique ou le principe régulateur de la déconstruction heideggerienne. Dès lors, d'une certaine manière, la déconstruction que signe Lacoue-Labarthe, si le mot de déconstruction convient encore, n'aurait plus aucun rapport de filiation avec celle de Heidegger. Non seulement elle ne lui ressemble plus, par là du moins, dans son style, mais elle cesse de la poursuivre, développer, continuer, prolonger. Elle l'interrompt. Elle ne lui ressemble plus? mais si, elle lui ressemble seulement. En vérité, elle l'interrompt. Pour ce qui est de la vérité, la ressemblance reste troublante. Bien entendu, il faut penser ensemble les deux propositions que j'avance ici et qui décrivent encore un *double bind,* celui qu'on décèlerait dans l'écriture même de Lacoue-Labarthe : 1. On ne peut ni ne doit le lire sans Heidegger, il n'écrit jamais sans poursuivre une lecture interminable de Heidegger. 2. Et pourtant, ce qu'il fait reste tout autre. Outre le *double bind* qui le tient, par cet anneau supplémentaire, à la nécessité « incontournable » des questions heideggeriennes, une autre conséquence s'imprime dans tous ces textes. Laquelle? au-delà de l'ontologie fondamentale qui ordonnait et unifiait tous les champs et que Heidegger lui-même a suspendue à un moment donné, au-delà de ce pouvoir de rassemblement qui continuait de s'exercer sur une histoire épochale de l'être, une diversité se trouve libérée, qu'on ne peut plus appeler multiplicité de régions ou de champs ontologiques. Ils s'offrent à la typographie de Lacoue-Labarthe, et celle-ci n'est plus une typographie *fondamentale :* philosophie, théâtre, poétique, peinture, musique, « auto-biographie », politique. Ce ne sont plus des instances régionales, et l'on ne parlera plus tranquillement de l'essence du poétique, du politique, du théâtral, etc. Il n'y a plus *une* question centrale, toujours la même.

Par exemple : telle qu'elle se développera plus tard, notamment dans *La transcendance fini^e/$_t$ dans la politique,* dans *Poétique et Politique, Histoire et mimesis, L'antagonisme,* et pratiquement partout dans *Typographie I* et *II,* la dimension politique de cet anneau apparaît nettement. Entre une pensée de la *mimesis* qui disloque la déconstruction heideggerienne ou perturbe la possibilité des délimitations épochales que celle-ci met en œuvre, par exemple l'espace d'une onto-typologie, et, d'autre part, l'interprétation étroitement, littéralement politique du *texte* nietzschéen ou heideggerien (dans ce dernier cas, j'entends par texte les faits-et-œuvres de Heidegger), on peut reconnaître à chaque pas la cohérence différenciée. Je ne puis le faire ici. Mais si le genre de la préface – pourquoi le dénier? – appelle des évaluations péremptoires, disons que sur ces graves et redoutables problèmes, je ne connais pas de jugement plus juste que celui de Lacoue-Labarthe, plus rigoureux et prudent, attentif à la fois aux plis discrets et à la grande amplitude, à l'ampleur sans mesure de ce qu'on ne peut même plus appeler tranquillement une scène, une séquence, une période ou une histoire, une terrifiante déportation en tout cas, dont la démesure semble encore défier l'espérance même d'un jugement et d'une justice. Et pourtant, il y a l'instance du « il faut » que je viens de citer, il y a la philosophie et sa loi. Cette pensée de la désistance est l'une des plus exigeantes pensées de la *responsabilité*. Que les catégories traditionnelles de la responsabilité n'y suffisent plus, cela situe l'irresponsabilité *plutôt* du côté de ces catégories.

Comment assumer une responsabilité dans la désistance? La responsabilité *de* la désistance même? On peut faire varier ou déconstruire tous les prédicats de la responsabilité en général, on ne saurait y réduire le *retard :* un événement, une loi, un appel, un autre sont *déjà* là, des autres sont là – dont et devant lesquels il faut répondre. Si « libre » qu'elle doive être, la *réponse* n'inaugure rien si elle ne vient *après*. Prescription, typographie, *ethos,* éthique, caractère, retard.

La dépropriation (dé)constitutive du sujet, cette déstabilisation à laquelle Mimesis le *soumet* ainsi dès l'« origine », voilà qui donne à la désistance la forme phénoménale du « retard ». Le mot apparaît deux fois : « retard à la parole », « retard (impossible à combler) sur sa " propre " naissance » [1], cette sorte de prématuration que l'anti-

---

1. P. 257-258. Un peu plus loin, l'inévitable, c'est justement le *retard*. Voir tout le paragraphe qui explique en quoi « la théorisation, pour qui écrit, est non seulement inévitable, mais absolument nécessaire » et pourquoi il y a toujours un « miroir dans un texte », « seul moyen qui puisse se concevoir de combler cet inévitable retard du " sujet " sur " lui-même " et de fixer un tant soit peu cette défaillance impitoyable par où quelque chose se dit, s'énonce, s'écrit, etc. » (p. 269). Une fois encore : le « sujet » ainsi écrit (entre guillemets) n'est pas celui que déconstruit Heidegger. Il serait même, peut-être, celui contre la désistance duquel se protège (et cherche assistance) la déconstruction heideggerienne. Ce « sujet » ne s'identifie pas. Ni à l'autre ni à lui-même. Bien sûr, il semble ne rien *faire* d'autre et il ne fait rien d'autre en effet que s'identifier. Mais ce fait même, l'*effet* de subjectivité témoigne du contraire. Il fait la preuve et l'épreuve du contraire. S'il s'identifie, c'est parce qu'il ne peut jamais être identique, s'identifier – à lui-même ou à l'autre. La condition de possibilité de l'identification n'est autre que son impossibilité, l'une et l'autre inéluctables. Comme la *mimesis*. Le sujet, qui se

mimesis philosophique a toujours voulu effacer. Mais la *Bildung* et la *Paideia* ne pouvaient en somme que confirmer, par ce « supplément de naissance », l'irréductibilité d'une structure typo-graphique, d'un « caractère » *(ethos ou typos)* d'avance assujetti. On évoquera ici la préinscription du sujet dans un ordre symbolique qui toujours le précède. Mais la désistance dont parle Lacoue-Labarthe perturbe jusqu'à l'ordre dans lequel Lacan détermine cette situation : une logique de l'opposition et du clivage, une identification de l'Autre, bref cela même que, au plus proche de la ressemblance, la *mimesis* ruine, déstabilise, (dé)construit :

> ... originairement traversé d'un discours multiple et anonyme (du discours *des* autres et non forcément de celui d'*un* Autre), le « sujet » se (dé)constitue moins dans un clivage, une *Spaltung* simple ou simplement articulée selon l'opposition du négatif à la présence (de l'absence à la position, ou même de la mort à l'identité) qu'il n'éclate et se disperse selon l'inquiétante instabilité de l'impropre. D'où la hantise de l'appropriation qui domine de part en part toute l'analyse de la *mimesis,* du mimétisme, et qui en trame − bien antérieurement au souci affiché envers la problématique du mensonge − toute la portée économique (et par conséquent politique). (P. 259.)

Tous les traits ainsi sélectionnés semblent pertinents, et c'est, me semble-t-il, la règle de leur sélection, aussi bien pour le discours platonicien (voir l'analyse qui suit immédiatement) que pour le discours lacanien, y compris dans son « souci affiché envers la problématique du mensonge ». Et qui croira le platonisme périmé quand il dénonce dans la *mimesis,* autrement dit dans la désistance, folie, féminisation, hystérie [1] ?

Rhuthmos Au commencement le rythme, disait von Bülow. Autre façon de marquer qu'il n'y a pas de commencement simple : pas de rythme sans répétition, espacement, césure, « différence-à-soi répétée du Même » [2], dit Lacoue-Labarthe, et donc réper-

---

désubjective ainsi, n'aurait pas à s'identifier sans la désistance qui lui rend l'identification absolue absolument inaccessible.

Le retard et la « prématuration », qui vont de pair, le retard sur sa « propre » naissance inscrivent le sujet dans une expérience d'« avortement » dont nous reparlerons.

1. Je renvoie ici à tout le passage entourant cette proposition : « ... le " sujet " y *dé-siste,* et doublement quand il s'agit de l'homme (du mâle)... » (p. 259 et suiv.).

2. *L'écho du sujet,* p. 286. Au cœur d'une pensée du rythme, et comme le

cussion, résonance, écho, retentissement. Nous sommes constitués par ce rythme, autrement dit *(dé-)constitués* par les marques de cette frappe césurée, par cette rythmotypie qui n'est autre que l'idiome divisé en nous de la désistance. Un rythme nous rassemble et nous partage dans la prescription d'un caractère. Pas de sujet sans la signature de ce rythme, en nous avant nous, avant toute image, tout discours, avant la musique même. « ... le rythme serait la condition de possibilité du sujet. » (P. 285.) Nous sommes « rythmés » (p. 293 et p. 297) de telle sorte que le rythme ne nous arrive plus comme un prédicat. Le « caractère » qu'il imprime ou prescrit n'est pas l'attribut de l'être que nous sommes, à savoir de notre existence. Non, avant la stance de notre être-présent, avant sa consistance, son existence et son essence, il y a la désistance rythmique.

Traiter du rythme, ce n'est donc pas ajouter un chapitre à la nouvelle typographie du sujet. C'est penser la désistance telle qu'elle *s'écrit.* « Avant » la réflexivité spéculaire de la *psyché,* avant l'« image » et même tout « discours » autographique (autobiographique ou auto-thanato-graphique). C'est pourtant la question de l'*autos* et de son rapport-à-soi comme rythme qui, traversant toute l'œuvre de Lacoue-Labarthe, trouve dans *L'écho du sujet* son déploiement le plus impressionnant. Point de départ : le rapport entre autobiographie et musique, un rappel du « désistement » et surtout d'une nécessité pour la « déconstruction » de s'en prendre au « lieu de la plus grande résistance ». Quels sont les noms propres les plus propres à désigner ce lieu? Heidegger, bien sûr, et Lacoue-Labarthe le précise aussitôt. Mais il faudra y ajouter, car la discussion en sera finalement plus acharnée, plus spécifique aussi, Freud et Lacan. Et Reik, mais son cas paraît encore plus compliqué, nous le verrons, dans cette extra-ordinaire dramaturgie où jamais aucune place n'est gagnée : une implacable fidélité, une probité exemplaire pousse Lacoue-Labarthe à respecter tous les plis, toutes les surdéterminations de la scène, à *rappeler l'un à l'autre, et pour et contre.* Telle quadrangulation laca-nienne contre la théorie œdipienne et donc contre Freud; telle thématique de la voix et du rythme, chez Reik, contre le théorétisme spéculaire ou optique, voire le verbocentrisme de Freud, qu'on retrouve chez Lacan dont il brouille aussi le partage entre imaginaire et symbolique. Et finalement la rechute de Reik et son « échec théorique », son assujettissement à Freud et le triomphe de l'Œdipe, etc.

---

rythme même, l'« Un différant en soi-même » *(En diaphéron héautô).* Lacoue-Labarthe cite souvent Héraclite et Hölderlin citant Héraclite.

Pourquoi le motif du rythme, quand il est ainsi articulé sur celui de l'inscription typographique, détient-il un pouvoir déconstructeur si efficace?

Parce qu'il noue plusieurs possibilités. Il permet d'ouvrir une nouvelle problématique du sujet (de son « caractère », de ce qui le prescrit ou préinscrit, le divise aussi selon la coupe et la répétition d'une désistance) en tournant la déconstruction heideggerienne d'une métaphysique de la subjectivité, c'est-à-dire en soustrayant le sujet à sa détermination par le moi, la conscience, la représentation, l'objectivité optique ou discursive, donc en y prenant en charge une dimension psychanalytique. Mais simultanément, le motif du rythme permet de déconstruire, dans une certaine philosophie de la psychanalyse, *à la fois* l'hégémonie du visuel, de l'image ou du spéculaire *et* l'hégémonie de la discursivité, par exemple du texte verbal dans la musique. Ces deux hégémonies n'ont jamais été incompatibles, mais coordonnées au contraire, dans l'histoire de la métaphysique qui commande encore ces théories psychanalytiques, de Freud à Lacan. Le rythme − la répétition espacée d'une percussion, la force d'inscription d'un espacement − ne relève ni du visible ni de l'audible, ni de la figuration spectaculaire ni de la représentation verbale, ni de la musique, même s'il les structure *insensiblement*. La structuration que j'appelais tout à l'heure rythmotypique ou typorythmique doit rester insensible. Elle n'appartient à aucun sens. C'est aussi pour cela que, malgré les apparences, *L'écho du sujet* concerne moins la musique que le rythme dans la musique ou dans la danse. Mais dire l'insensibilité du rythme, ce n'est pas le déclarer intelligible. Cadence et césure, la rythmotypie ouvre la possibilité du sens intelligible, elle ne lui appartient pas. Nietzsche, au passage, *latéralement :* « ... se méprendre sur le rythme d'une phrase, c'est se méprendre sur le sens même de la phrase ». *Latéralement* parce que cette pensée du rythme a toujours *hanté* notre tradition sans pouvoir jamais en gagner le centre. Et *L'écho du sujet* est aussi un texte sur la revenance, la hantise, l'obsession musicale ou plutôt le retentissement, le retour du rythme. Guerre très ancienne. Il est « normal » que le rythme soit refoulé, si on peut dire, et même par les *théories* du refoulement. La pression qu'il exerce et la pression qui s'exerce sur lui forment une compression, une *compulsion,* pourrait-on dire, régulièrement scandée par des traces : qui toutes signalent que la compulsion rythmotypique constitue, traduisez dé-constitue, désiste le « sujet » en son nœud central, en son « âme », en son inéluctable « destin », tous les noms qu'on voudra pour la dis-location de ce lieu destinal. Latéralité inéluctable, donc, en marge de la philosophie tout occupée à éviter le rythme : Hölderlin (« Tout est rythme [*Rhythmus*], le destin tout entier de l'homme est un seul rythme céleste, de même que l'œuvre d'art est un unique rythme », Mallarmé (« ... parce que toute âme est un nœud rythmique »). En marge de la philosophie, avant elle : je pense à ces travaux maintenant connus, notamment ceux de Benveniste, sur l'usage du mot *rhuthmos,* par exemple par Leucippe, pour désigner la configuration graphique. Heidegger a bien rappelé que Georgiades avait traduit *rhuthmos* par *Gepräge* (empreinte, sceau, type, caractère) [1]. Sans doute, mais cela ne l'a pas empêché de reconduire la problématique du *typos* à l'onto-typologie dont nous parlions plus haut, et celle du sujet à l'époque de la subjectité : une double raison, à un degré de généralité différent, pour lire *L'écho du sujet* comme une nouvelle inflexion dans le déplacement de la déconstruction heideggerienne, un autre nœud dans la boucle supplémentaire que nous définissions tout à l'heure. Mais Heidegger n'occupe pas ici le devant d'une scène dont la turbulence est proprement inimaginable (car il y va aussi de ce qui passe l'image, l'imaginaire, le spectaculaire et le spéculaire – ou le rend indéterminable). N'était cet inimaginable, je dirais de *L'écho du sujet* qu'il peut se lire comme un *théâtre* retentissant, une série de coups de théâtre, une grande mythologie tragique entraînant des philosophes, des musiciens, des psychanalystes dans une surenchère de filiations, dénis de filiation ou de paternité, drames de la spécularité, rivalités mimétiques, nœuds en chaîne de *double bind,* transgressions et reœdipianisations de la loi, dé-triangulations et retriangulations : Mahler, von Bülow et Beethoven, Reik, Abraham et Freud. Mais aussi Heidegger et Lacan, Rousseau, Hegel, Nietzsche et Girard. Et Groddeck, et Thomas Mann, et Leucippe. Et Wallace Stevens. J'en oublie plus d'un. Et Lacoue-Labarthe. Car ne l'oublions jamais : ce qu'il *dit* du *double bind,* dont il parle de plus en plus dans ses textes et qui se trouve ici nommé au moment même où il est question d'un sujet qui « " désiste " d'avoir à s'affronter toujours au moins à deux figures (ou à une figure *au moins* double) » (p. 261), en destabilisant au passage la distinction lacanienne entre l'imaginaire et le symbolique, ce que Lacoue-Labarthe *fait,* en le disant, du *double bind,* c'est l'expérience de l'inéluctable. C'est une expérience à laquelle il n'est donc pas question que moi (« je »), Lacoue-Labarthe, j'échappe. Je m'écris en écrivant comment ça s'écrit dans ce théâtre autobiogra-

---

1. *L'écho du sujet,* p. 290.

phique, allo- et thanatographique. Si j'y pose ou propose quoi que ce soit, ce n'est pas seulement une théorie, voire une pratique du *double bind* à la mesure d'une immense tradition – scandée, continuée, interrompue par ce que tous ces noms propres semblent signer. Je me présente, ou plutôt *m'écris,* signe ma propre désistance, l'impossible même, comme une expérience du *double bind,* l'expérience poétique du *double bind.* Double contrainte, double loi, nœud et césure d'une loi dédoublée, la loi du double. Le nœud et la césure, l'obligation et la coupure, c'est le rythme. Le rythme, n'est-ce pas la double loi – et réciproquement? Penser cela, telle serait la tâche. Et l'anneau supplémentaire de *cette* déconstruction ne serait pas autre chose, n'aurait pas d'autre modalité que cette double contrainte dont aucune dialectique ne saurait venir à bout.

A moins que – à moins que le *double bind* comme tel n'ait encore trop partie liée avec l'opposition, la contradiction, la dialectique; et qu'il appartienne encore à *cette sorte* d'indécidable qui relève toujours du calcul et de la crispation dialectiques. Alors il faudrait penser un autre indécidable, interrompre *ce double bind* par une béance ou un hiatus; et reconnaître dans une césure *arythmique* la respiration du rythme. Cette nécessité nous attend encore.

Mais on le voit, une préface ne se mesure pas à un tel texte. Je laisse le fond des choses, le *background* de la scène, aux lectures et relectures minutieuses. Comme je m'y étais engagé, je suis seulement les fils du débat manifeste avec ceux qui représentent le lieu stratégique de la plus grande résistance. Heidegger, nous avons commencé à en prendre la mesure. Restent Freud, Lacan et Reik.

Freud : il avoue n'avoir pas l'« expérience » de la musique et des musiciens. Quand il privilégie le texte au détriment de la musique, il limite prudemment la portée de ses assertions aux gens qui ne sont pas « réellement musiciens ». Même si elle est formulée avec inquiétude, cette limitation fut fréquemment soulignée par Reik. Elle confirme l'organisation générale de la théorie, un certain théorétisme logocentrique. Il règle toute l'interprétation sur l'articulation du discours et de la figuration *(Darstellbarkeit),* une sémiotique des signifiants verbaux et des formes visuelles.

Lacan : le moins qu'on puisse dire, c'est qu'il ne rompt pas avec cette structure théorique. Lacoue-Labarthe n'en propose pas une « critique ». Il procède comme toujours : « avec et contre Lacan »[1].

1. P. 257, 260.

C'était déjà le cas dans *Le titre de la lettre* (Galilée, 1973; en collaboration avec Nancy). Mais il démontre que ce qui paraît *théoriquement* juste et même indépassable, c'est un certain théorétisme. Celui-ci s'inscrit dans cette ontologie de la figure (figurale et fictionnelle) qu'il s'agit sans cesse de délimiter, et qui soumet la refonte lacanienne au regard, au théorétique, au spéculaire et au spéculatif. Et donc à une interprétation onto-mimétologique de la *mimesis*. La démonstration porte avant tout sur les conditions dans lesquelles le triangle œdipien est ouvert au quatuor mythique ou au « système quaternaire », sans parler de la théorie de la figuralité fictionnelle dans *Le stade du miroir*. La théorie du narcissisme reconduit

> la transcendance eïdétique du platonisme telle que Heidegger en a dégagé la logique, de la « donation de sens » elle-même ou de ce qui instaure, dans sa vérité invérifiable, la « mesure de l'homme », comme disait Lacan. Auquel cas, et c'est bien ce qu'énonçait Lacan pour finir, la théorie du narcissisme n'est rien d'autre que la vérité de la *Phénoménologie de l'esprit* [1].

Mais si cette quaternité reste « très hegelienne, parfaitement dialectique », tout le discours sur le clivage, l'aliénation, la *Spaltung* du sujet reste une ontologie dialectique du manque et de la négativité, une logique de l'opposition, celle-là même, on s'en souvient, qu'une pensée de la *mimesis* venait à la fois doubler, inquiéter et destabiliser. La « perte du sujet », au sens lacanien, son ek-sistence même, a pour effet paradoxal de suturer, disons plutôt d'oblitérer la désistance. Là encore, l'expérience de la désistance est en proie au *double bind* :

> ... à prendre en compte, par conséquent, ce discord que nulle spéculation ne peut dialectiser parce qu'il est inscrit dans le rapport spéculaire lui-même, c'est vraisemblablement à une *perte du sujet,* minant à l'avance toute constitution, toute assomption fonctionnelle et toute possibilité d'appropriation ou de réappropriation, qu'on a affaire. Mais perte du sujet imperceptible, et non d'équivaloir à un défaut secret ou à un manque caché, mais de se confondre strictement, en doublure, avec le procès de constitution ou d'appropriation. Pour cette raison, j'ai déjà proposé de parler de (dé)constitution [in *L'obli-tération*]. Mais c'est un pis-aller. Ce qu'il faudrait marquer, avec et contre Lacan, en remontant de Lacan à Reik, c'est qu'il y a un effondrement constant, mais sourd, de l'imaginaire. L'imaginaire

---

1. P. 256-257.

détruit au moins autant qu'il aide à construire. Plus exactement, il ne cesse de pervertir ce qu'il construit. Par où s'explique peut-être que le sujet au miroir est d'abord un sujet en « désistement » (et que, par exemple, il ne regagnera jamais sur l'insuffisance mortelle à quoi le voue, selon Lacan, sa prématuration). Par où s'expliquent encore le retardement, l'inhibition, les effets d'après-coup, la détérioration, bref, tout ce qui ressortit à la répétition mortifère qui n'est pas seulement à l'œuvre dans la névrose dite obsessionnelle. Ce n'est pas la rupture franche de l'économique en général, mais la lente érosion de l'appropriation. [...] la dialectique de la reconnaissance elle-même ne fonctionne peut-être pas si bien, non seulement parce que tout sujet est « en passe » de mourir, ni même parce qu'il serait irrémédiablement séparé de lui (comme « sujet »), mais simplement parce qu'il ne s'atteint qu'à se perdre.

Conséquence « théorique », mais à la limite du théorisable : la figure n'est jamais *une*. Non seulement elle est l'Autre, mais il n'y a pas d'unité ou de stabilité du figural, pas de fixité ou de propriété de l'*imago*. Pas d'« image propre » où s'identifier en totalité, pas d'essence de l'imaginaire. (P. 260-261.)

J'interromps un instant cette citation pour souligner la cohérence du propos dans sa dimension politique, même si celle-ci est moins marquée dans *L'écho du sujet* que, par exemple, dans des textes plus récents consacrés à Nietzsche ou à Heidegger. Moins marquée ne veut pas dire absente : quand les enjeux s'appellent l'institution psychanalytique ou l'identification en général, ils sont évidemment et immédiatement politiques. « Le problème de l'identification ne serait-il pas, en général, le problème lui-même du politique? » C'est la conclusion de *La transcendance fini^e/$_t$ dans la politique* et l'analyse qui y conduisait passait par des chemins analogues : l'ek-sistence, non la désistance, déterminée par Heidegger de façon encore ontotypologique dans le *Discours de Rectorat,* une « mimétologie inavouée » qui « surdéterminerait politiquement la pensée de Heidegger », un certain *double bind* dans l'identification nationale (imitation et refus de l'imitation), etc. Il y va toujours de l'interprétation de la *mimesis,* et d'une désistance en proie au *double bind,* dès lors qu'il n'y a « pas d'essence de l'imaginaire ». Lacoue-Labarthe enchaînait immédiatement :

Ce qu'engage à penser Reik, autrement dit, c'est que le sujet « désiste » d'avoir à s'affronter toujours *au moins* à deux figures (ou à une figure *au moins* double) et qu'il n'a quelque chance de « se saisir » qu'à s'immiscer et osciller *entre* figure et figure (entre l'artiste et le savant, entre Mahler et Abraham, entre Freud et Freud). C'est du reste ce qui rend peut-être raison de la logique du *double bind*, de la « double contrainte » [...] cette partition instabilisante ou déstabilisatrice du figural (qui confond certainement la distinction de l'imaginaire et du symbolique, et entame par la même occasion la négativité ou l'altérité absolue du « réel »), tout paraît indiquer que c'est très précisément ce qui s'implique dans la « hantise musicale » et lie à cette hantise, par voie de conséquence, la compulsion auto-graphique elle-même.

Voilà « ce qu'engage à penser Reik... ». Au-delà de Freud, au-delà de Lacan, déjà, mais avec eux, et retombant régulièrement sous la loi qu'ils représentent, s'y soumettant de nouveau chaque fois qu'il est en passe de la transgresser. Il retombe et se soumet. Les mots « échec » et « soumission » [1] reviennent presque à chaque page

---

1. Je souligne : « ce livre [*The Haunting Melody*, de Reik] est un " *échec théorique* "... » (P. 230.) « Tout se passe en somme comme si Reik brouillait à la fois tous les partages, souvent stricts, auxquels *se soumet* Freud et s'enfonçait dans l'espèce de trou ou de béance qu'entre " symbolique ", si l'on veut, et imaginaire, n'occupe pas forcément quelque chose comme le " réel ", fût-il frappé d'impossibilité. Ce qui ne sera pas sans conséquences, bien entendu — même si l'*échec théorique* est assuré. » (P. 235.)

On verra que le sujet Reik finit par *se soumettre* à ce à quoi Freud *se soumet* et à quoi Lacan *se soumet* (c'est « ce qui ne sera pas sans conséquences... »). Et c'est la chaîne inéluctable de la même soumission du même échec. Singulière « rivalité » endeuillée (p. 240-241). « ... ce qui peut et doit retenir dans Reik, tout ce qui fait de son œuvre mieux qu'une simple répétition de Freud, c'est-à-dire en fait son " *échec théorique* "... Son *échec théorique* ou plutôt, à travers lui, Reik, l'*échec en général du théorique* » (p. 248). Celui-ci consiste à refléter Freud dans la répétition du motif goethéen du « reflet répété » (*wiederholte Spiegelung),* réduction spéculaire du catacoustique. « Il cherchait en somme à définir une sorte d'essence " musicale " du sujet. Il n'ignorait pas qu'à *se soumettre* au théorique, il perdait toute chance d'y accéder. Raison pour laquelle du reste l'" échec " théorique est aussi bien une " réussite ", et l'*inhibition* ne sera jamais véritablement levée. » (P. 252.) « ... la double *inhibition* qui est ici à l'œuvre : théorique par *soumission ;* mais aussi littéraire, artistique... » (P. 258.) « Il faut repartir, ici, de l'échec théorique de Reik. De son *enlisement* (Lacoue-Labarthe souligne) théorique plutôt, puisque cela a quand même bien à voir avec de l'" inhibition ". Pourquoi cet " enlisement? " » (P. 262.) « C'est la raison pour laquelle non seulement sa théorie de l'autobiographie *avorte,* mais l'autobiographie elle-même ne peut pas s'écrire. » (P. 265.) J'ai souligné *avorte* parce que ce mot dit quelque chose de plus quant à l'événement d'un échec singulier : une naissance, plutôt qu'une origine, a lieu sans avoir lieu, un sujet nommable aura été porté qui meurt né ou « ne s'atteint qu'à se perdre ». Tout cela est aussi porté dans la « clôture maternelle » sur laquelle s'ouvrent encore les dernières pages. Mais j'ai souligné ce mot parce qu'il appartient aussi au titre (*L'avortement de la littérature*) d'un livre annoncé de Lacoue-Labarthe. J'aurais souligné pour les

de ce texte magnifique. Car ce qu'engage à penser Reik, c'est ce que pense Lacoue-Labarthe et que Reik n'a pu délivrer pour n'avoir pas su se délivrer. Non qu'il s'agisse ici d'une simple transgression libératrice, et la conclusion de *L'écho du sujet,* cette pensée une fois délivrée, n'a rien de triomphant; en vérité elle ne conclut pas, sinon sur un « peut-être » : « peut-être est-il impossible d'excéder la clôture du narcissisme. Même à en solliciter le modèle spéculaire ». C'est-à-dire le modèle optique, théâtral, théorique et œdipien, la *psyché* qui contraint Reik à la rechute et à l'« échec théorique » qui n'est que l'échec dans la théorie, à cause de la théorie, d'une théorisation de cela même, et c'est le rythme plus encore que la musique, dont l'expérience pensante ne se laisse pas théoriser. Celle-ci n'excède pas la théorie du côté de quelque région occulte où il faudrait préférer l'affect au savoir. Elle permet au contraire de penser la loi du théorique − comme telle. Lacoue-Labarthe analyse patiemment, avec

---

mêmes raisons le mot *exemplarité,* autre titre annoncé, autre motif majeur de cette pensée. J'étends mon index (une préface est un index un peu bavard quand elle n'est pas une irrémédiable trahison) : « ... nous sommes à la veille du *deuxième enlisement théorique.* [...] Le récit que fait Reik de ce *deuxième échec* mérite qu'on s'y arrête... » (P. 266.)

Ce que la valeur d'*enlisement* ajoute à celle d'*échec,* puis à celle d'*avortement,* c'est peut-être l'image d'un enfoncement lent dans un terrain dont les limites ne sont pas distinctes, les lieux opposables, le sol solide. Cela tient à la structure d'une limite sans opposition. Et la lenteur tient à la répétition, à la compulsion de répétition : on n'avance pas, on avance sur place, on répète l'échec, l'inhibition contraint au même geste plutôt qu'elle ne paralyse, et chaque mouvement enfonce davantage. Les choses ne se passent pas une seule fois, en butant sur une limite, comme pourrait le laisser entendre le seul mot d'échec. Et surtout, ce qui produit et aggrave l'enlisement, à savoir cette situation où l'effort pour sortir en s'élevant vous enfonce davantage, c'est que la répétition s'alourdit, se charge du *récit* auto-biographique ou auto-analytique, aussi lucide qu'impuissant, de l'enlisement même. Reik est le premier à raconter, en la répétant, la « *faute* initiale puis répétée » : « Je ne tirai aucune leçon de ce genre de l'*échec* de ma tentative... » (P. 267.) « Je dois m'avouer... que j'ai encore échoué, parce que j'étais trop ambitieux. » (P. 277.) Lacoue-Labarthe : « Et c'est, en réalité, *se soumettre* purement et simplement à la programmation freudienne. Pourtant ce n'est pas si simple... » (P. 267.) Et voici, formalisée de la façon la plus économique, la scène de la *résistance à la désistance, l'assistance :* « Or il se trouve que dans le texte même de Reik, ces *trois questions* − en une occasion − *sont rassemblées* [tiens, encore...]. A son insu peut-être, encore que je n'en sois pas si sûr, et de toute façon sans résultat. Un peu comme s'il était déjà *trop tard* et comme si la *soumission théorique à Freud* interdisait que Reik puisse se *dessaisir* au point de renoncer au renoncement, où se décide malgré tout sa fragile *(re)-saisie* narcissique dans la demande d'*assistance* paternelle (par où la théorie, ici l'Œdipe, triomphe deux fois). » (P. 278. Lacoue-Labarthe a souligné *dessaisir et (re)-saisie.*) Et le « trop tard » résonne encore.

une sorte de compassion rigoureuse, le retour de cette loi dans le texte de Reik, dans son aventure théorico-auto-analytique. Il y reconnaît toutes les audaces, les « soupçons »[1] à l'égard de Freud, les pressentiments de ce qu'il « engage à penser » sans le penser lui-même, à savoir la clôture dans laquelle se tient — et se tiendra — une psychanalyse encore trop grecque, en tout cas trop platonicienne (onto-typologique, onto-éidétique, mimétologique[2]), et à l'intérieur de laquelle il retombe, à laquelle il se soumet. Il s'assujettit. Le mouvement par lequel il s'institue en sujet, au cours d'une autobiographie analytique « hantée » par le retour de la musique et du rythme, c'est aussi le mouvement par lequel il *s'assujettit* à la loi représentée par Freud. Il s'assujettit par défense, inhibition[3], résistance devant cela même qui l'engage à penser, qu'il engage à penser : une certaine désistance du sujet dans l'expérience du *double bind* et de sa (dé)constitution rythmique. Il ne peut pas ne pas éviter l'inévitable. Il résiste à la désistance, consolide sa subjectité dans cet assujettissement, dans cet échec même, dans cette démission dont, plusieurs signes le montrent à l'évidence, il fut très conscient. Cédant

---

1. Le mot « soupçon » lui-même, un « soupçon précipitamment enfoui » porte plus strictement sur la possibilité de penser le rythme *lui-même* « avant » la musique, presque sans elle. Le mot revient plusieurs fois (p. 294-295) dans l'un de ces passages saisissants sur le *Schofar* dont les trois groupes de notes, précise Reik, « ne se différencient que par un changement de rythme ». Le Schofar, avait remarqué Reik, n'est pas un instrument de musique. Le son qu'il produit « ressemble plus au mugissement du taureau qu'à une œuvre musicale » et la tradition juive n'attribue pas l'invention de la musique à un présent de Dieu.

Mais au-delà du mot, Reik soupçonne Freud, cette fois en accusant plutôt qu'en pressentant, d'avoir insisté « unilatéralement sur le rôle déterminant du texte » dans la musique (p. 269) et d'avoir en général « négligé » « l'importance de la structure musicale comme représentation d'un certain état d'âme » (P. 273).

2. Ce serait ici le lieu d'une analyse patiente : trop grecque ou trop « platonicienne »? Peut-on faire communiquer ce qui, dans une Grèce pré-« platonicienne » ou pré-« philosophique », ne *serait* pas encore onto-typologique ou mimétologique, avec la veine judaïque vers laquelle fait signe l'expérience du Schofar? Il faudrait suivre, dans l'œuvre de Lacoue-Labarthe, et plus précisément dans ce contexte, au cœur même de la psychanalyse, le débat entre le Grec, l'Allemand et le Juif. Il résonne partout. Dira-t-on du Juif ou de l'Allemand ce qui se dit du Grec, dans *Hölderlin et les Grecs* (p. 83) : « *Le propre des Grecs est inimitable parce qu'il n'a jamais eu lieu* »?

3. La résistance à la désistance prend la forme de l'inhibition, sa forme générale, qui ne représente plus une catégorie clinique ou la détermination d'un symptôme « pathologique ». L'inhibition est *inévitable*. En général. Pas de rythme sans elle, on peut dire la même chose du *double bind*. Voir les passages déjà cités pages 252 et 258 notamment.

à cette résistance, on pourrait dire qu'il a dû abdiquer devant la responsabilité de penser, de penser ce qu'il engageait à penser. Il s'est désisté, lui, devant la tâche qui semblait lui incomber : penser l'inéluctable désistance. Ce n'est pas une faute morale, bien sûr, mais comment est-ce possible? Lisez *L'écho du sujet*. Dans un labyrinthe que je ne tenterai pas de reconstituer et qu'on ne saurait « doubler » d'un commentaire, car c'est un parcours *unique* tout au long duquel une logique de la résonance se substitue à celle du miroir, Écho déjoue Narcisse, sinon Psyché, en transformant ainsi tout l'espace, tout le temps, je ne proposerai qu'un fil supplémentaire. Non pour dramatiser une lecture qui n'en a nul besoin – ni pour jouer Ariane. Mais pour m'approcher un peu de la signature de Lacoue-Labarthe quand il dit « je » (entre guillemets, un peu partout), parle de folie, de style, d'autobiographie ou d'allobiographie, de mort ou de musique, de Reik – ou d'un autre, car celui qui se nomme Reik, dans ce texte, c'est aussi quiconque a lié, au bord de la folie (qu'est-ce que c'est que ça, le bord?), l'aventure autobiographique, et ses doubles, et l'autre, et la mort, à la hantise musicale (Rousseau, Nietzsche), au souci du rythme (Hölderlin, Mallarmé, Nietzsche encore). Reik, et tous ceux-là, c'est Lacoue-Labarthe, direz-vous, pressés d'identifier les identifications, et dans ce cas, je vous souhaite bien du plaisir si vous voulez vous arrêter un jour dans cette chaîne généalogique. Mais non, Lacoue-Labarthe n'a pu *lire* Reik comme il l'a fait que dans la mesure où il a rompu l'identification, où il su l'accompagner en levant chaque fois les limites auxquelles se cramponnait la résistance de l'autre. Et chaque fois qu'il lève cette limite, il en explique la provenance et le dispositif, et puis l'inéluctable retour. Dans ce geste et à ce rythme, vous pourrez le vérifier, Lacoue-Labarthe ne peut pas être, à chaque instant, plus près et plus loin de Reik. Et il vous dit tout ce qu'il faut pour penser la loi de ce paradoxe.

Il a même un nom pour la loi du paradoxe, c'est l'*hyperbolo-gique* [1]. Au moment où, trop tard et trop tôt, je dois couper court,

---

1. Cette *hyperbologique* est expressément définie dans *Le paradoxe et la mimesis* (par exemple, p. 29) et dans *La césure du spéculatif* (par exemple, p. 67). Elle programme les effets inévitables d'une « logique » de la *mimesis*. Dans ce contexte précis, où il s'agit du comédien, elle convertit régulièrement le don de tout en don de rien et celui-ci en don de la chose même. « Le don de l'impropriété », autrement dit le « don de *mimesis* » est le « don de l'appropriation générale et de la présentation ». Mais ce n'est pas là, on le voit bien, un « contexte » ou un « exemple » parmi d'autres. Il y va de l'appropriation et de la (dé-)propriation en général. Le

je n'en prendrai qu'un exemple, la *césure*. Il n'y a pas de rythme sans césure. Et pourtant, il faut que la césure « elle-même » soit « antirythmique [1] », nous rappelle Hölderlin, voire arythmique. Cette interruption n'a pas la cadence dialectique d'un rapport entre le rythme et le non-rythme, un continu et un discontinu. Elle interrompt l'alternance, la « contrainte de l'*opposition* en général [2] », la dialectique et le spéculatif, voire le *double bind* [3] quand il garde une forme oppositionnelle. Elle est inéluctable – et elle n'évite pas l'évitement :

> Elle évite (geste protecteur, ce qui ne veut pas forcément dire dire « rituel ») l'emportement oscillatoire, l'*affolement* et l'infléchissement sur tel ou tel pôle. Elle représente la neutralité active de l'entre-deux. C'est pourquoi il n'y a sans doute pas de hasard si la césure est chaque fois ce moment vide – l'absence de tout « moment » – de l'intervention de Tirésias, c'est-à-dire de l'intrusion de la parole prophétique... [4].

Quand, dans la tragédie sophocléenne, elle marque le retrait du divin et le retournement de l'homme vers la terre, béance ou hiatus, la césure joue et déjoue le deuil. Un *Trauerspiel* [5] joue le deuil. Il double le *travail* du deuil : le spéculatif, la dialectique, l'opposition, l'identification, l'intériorisation nostalgique, voire le

---

jeu du *dé-* sur lequel nous travaillons depuis le début de cette préface pourrait relever de cette hyperbologique. Sans être négatif, ni dialectisable, il organise et désorganise à la fois ce qu'il paraît déterminer, il y appartient et pourtant échappe à l'ordre de sa propre série. Ce que nous avons dit en commençant de la *dé*sistance vaudrait aussi bien pour l'hyperbologique de la *désinstallation* (*Typographie*, p. 250, 264 et *passim*), la *(dé)constitution* (*L'oblitération, Typographie*, p. 259-260, *L'écho du sujet*, p. 260), la *désarticulation* (*La césure du spéculatif*, p. 68 ; *Hölderlin et les Grecs*, p. 82), la *dépropriation* (*Typographie*, p. 264-267 ; *Le paradoxe et la mimesis*, p. 34 ; *La césure du spéculatif*, p. 64-67), *Hölderlin et les Grecs*, p. 81), la *déconstruction* (*Typographie*, p. 193, 253-254 ; *L'écho du sujet*, p. 222, *La césure du spéculatif*, p. 43, 53, 67). Compte tenu de l'anneau supplémentaire dont nous avons parlé, la signification du « déconstruire », ce mot dont Lacoue-Labarthe dit ailleurs qu'il ne le croit pas « le moins du monde " usé " » (*L'imitation des modernes*, p. 282), a tantôt l'inflexion d'une tâche, tantôt celle de l'événement, de ce qui a lieu de toute façon à l'état « pratique » en quelque sorte, par exemple chez Hölderlin (cf. *La césure du spéculatif*, p. 53). On a remarqué que Lacoue-Labarthe écrit parfois « *(dé)construction* » (*Typographie*, p. 254).

1. P. 68.
2. P. 43.
3. P. 72, 73 et *passim*.
4. P. 68.
5. *Ibid.*

double bind de l'imitation. Mais il ne l'évite pas. Béance ou hiatus : la bouche ouverte. Pour donner, pour recevoir. La césure parfois coupe le souffle. Quand elle a de la chance, c'est pour donner la parole.

Nombre de oui

Oui, à l'étranger. C'est le plus souvent à l'étranger que nous nous serons croisés. Ces rencontres gardent pour moi valeur d'emblème. Peut-être parce qu'elles eurent lieu ailleurs, au loin, mais plus sûrement parce que nous ne nous séparions jamais, je ne l'oublie pas, sans une promesse. Pas plus que je n'oublie ce que Michel de Certeau écrit de l'écriture dans le texte mystique : c'est aussi, de part en part, une promesse [1].

Ces rencontres dans le pays de l'autre, j'entends par là aussi l'interruption qui les marque intimement, la séparation qui déchire leur événement même, c'est pour moi comme si elles décrivaient à leur manière les chemins de la pensée quand celle-ci se confond avec la parole donnée dans l'écriture : au cœur du même temps, d'une seule fois, l'ouverture *et* la coupure. Déjà une citation de *La fable mystique* [2] :

* Première version in « Michel de Certeau », *Cahiers pour un temps,* 1987.
1. « Cet acte ne postule pas une réalité ou une connaissance antérieure à ce qu'il dit. Sous cette forme linguistique aussi, il a force de commencement. Parmi les performatifs, il relève plus particulièrement de la classe des " promissifs ". Les exemples qu'en donne Austin (promettre, être décidé à, faire vœu de, se consacrer à, déclarer son intention de, etc.) font d'ailleurs défiler les termes qui marquent, dans les textes mystiques, les manifestations sociales du *volo* initial. » (*La fable mystique, XVIe-XVIIe siècle,* Gallimard, 1982, p. 237.)
2. *O.C.,* p. 239.

Angelus Silesius [...] identifie le graphe du Séparé (*Jah,* ou *Jahvé*) à l'illimité du « oui » (*Ja*) [...] Le même phonème (*Ja*) fait coïncider la coupure et l'ouverture, le *Non Nom* de l'Autre et le *Oui* du Vouloir, la séparation absolue et l'acceptation infinie :

> *Gott spricht nur immer Ja*
> Dieu ne dit jamais que Oui [ou : Je suis].

Chance de la rencontre dans la singularité d'un « graphe », coïncidence de la coupure et de l'ouverture. Il nous faudra sans cesse y revenir.

De ces rencontres qui furent aussitôt des séparations, je ne dirai rien, rien directement. Qu'on me permette de murmurer seulement, pour moi, quelques noms de lieux. Je me rappelle le soleil de Californie, à San Diego ou à Irvine. Je me rappelle Cornell, Binghampton, New York, et je me rappelle Venise pour finir, sous la neige, en décembre 1983. Comment rassembler toute cette mémoire en un chiffre où elle ne se distingue plus de ce que j'ai appris et apprends encore à lire de Michel de Certeau? Si la mémoire ici ne devait habiter qu'un seul mot, et qui lui ressemble, ce serait peut-être *oui*.

Ce qu'il nous a dit *au sujet* du *oui,* ce n'était pas simplement un discours tenu sur un élément particulier du langage, un métalangage théorique portant sur une possibilité de l'énonciation, sur une scène de l'énonciation parmi d'autres. Pour des raisons essentielles, il est toujours risqué de dire « *le* " oui " », de faire de l'adverbe « oui » un nom ou un mot comme un autre, un objet *au sujet* duquel des énoncés constatifs pourraient prononcer la vérité. Car un *oui* ne souffre plus de métalangage, il engage dans le « performatif » d'une affirmation originaire et reste ainsi supposé par toute énonciation *au sujet* du *oui.* D'ailleurs, disons-le d'un aphorisme en passant, il n'y a pas, pour Michel de Certeau, de sujet en général qui ne surgisse de la scène du *oui.* Les deux *oui* que nous venons de discerner (mais pourquoi y en a-t-il toujours deux? nous nous le demanderons encore) ne sont pas homogènes et pourtant ils se ressemblent à s'y méprendre. Qu'un *oui* soit chaque fois présupposé, non seulement par tout énoncé au sujet du *oui* mais par toute négation et par toute opposition, dialectique ou non, entre le *oui* et le *non,* voilà peut-être ce qui donne d'emblée son *infinité* irréductible et essentielle à l'affirmation. Michel de Certeau insiste sur cette infinité. Il y voit le « postulat mystique ». Celui-ci « pose l'illimité d'un " oui " ». L'admirable analyse qui en est alors proposée me paraît traversée au moins par quatre questions. Avant de les poser, comme pour prolonger un colloque interrompu, puis d'esquisser une sorte d'analytique *quasi* transcendantale ou ontologique de *oui,* je citerai un long passage de « La scène de l'énonciation », dans *La fable mystique* :

> Dans une tradition plus discrète mais insistante, la « performance » du sujet se donne également pour marque le *oui.* Un « oui » aussi absolu que le *volo,* sans objets, ni fins. Alors que la connaissance dé-limite ses contenus selon une démarche qui est essentiellement celle du « non », travail de la distinction (« ceci n'est pas cela »), le postulat mystique pose l'illimité d'un « oui ». Naturellement, il s'agit d'un postulat de principe, aussi délié des circonstances que l'intention visant « tout », « rien » ou Dieu. Il a son modèle dans un mot surprenant de saint Paul à propos du Christ : « Il n'y a en lui que oui *(nai).* » Ce paradoxe d'un « oui » sans limites dans la circonscription d'un singulier (Jésus) esquisse une théorie, contradictoire et atopique, du Sujet (christique); un oui in-fini troue le champ des séparations et distinctions pratiquées par toute l'épistémologie hébraïque. Ce « oui » se répète ensuite. Le même lapsus de l'histoire (le même oubli) se reproduit. Au XVIIᵉ siècle, Angelus Silesius va encore plus loin. Il identifie le graphe du Séparé *(Jah,* ou *Jahvé)* à l'illimité du « oui » *(Ja).* Dans la place du seul Nom propre (un Nom qui éloigne de tout être), il installe la désappropriation (par un assentiment à tout). Le même phonème *(Ja)* fait coïncider la coupure et l'ouverture, le *Non Nom* de l'Autre et le *Oui* du Vouloir, la séparation absolue et l'acceptation infinie :
>
> *Gott spricht nur immer Ja*
> Dieu ne dit jamais que Oui [ou : Je suis].

> Identité entre le « oui » christique et le « Je suis (l'Autre) » du Buisson ardent. Le Séparé se retourne en exclusion de l'exclusion. Tel est le chiffre du sujet mystique. Figure de l'« abandon » ou du « détachement », le « oui » nomme finalement l'« intérieur ». Dans ce pays-là, une population d'intentions crie de tous côtés « oui, oui », comme le Dieu de Silesius. Cet espace est-il divin ou nietzschéen? La parole *(Wort)* instauratrice de ce lieu *(Ort)* participe de l'« essence » qui, d'après Evagre, « n'a pas de contraire » [1].

Les quatre questions, je les laisserai ouvertes ou suspendues. La réponse ne viendra pas, pas de moi en tout cas, mais cela importe peu. C'est ce que je voudrais montrer. Non que la réponse ici importe moins que la question. C'est la question qui importe moins qu'un

---

1. *O.C.,* p. 239-240.

certain *oui,* celui qui résonne en elle pour venir toujours *avant* elle. Ce qui intéresse ici, c'est un *oui* qui ouvre la question et se laisse toujours supposer par elle, un *oui* qui affirme avant elle, en deçà ou au-delà de toute question possible.

Première question. Pourquoi la répétition appartient-elle au destin du *oui ?* Michel de Certeau fait deux allusions à deux répétitions qui, apparemment, n'ont pas la même signification à ses yeux. Il ne les rapporte pas l'une à l'autre et ne s'y attarde pas. Il y a d'abord « Ce " oui " qui, dit-il, se répète ensuite. Le même lapsus de l'histoire (le même oubli) se reproduit. » Cette reproduction semble ne pas avoir la même valeur ou le même sens que le « oui, oui » du Dieu de Silesius. Sans doute. Mais quelle peut être la racine commune de ces deux répétitions ou reproductions? Et si, curieusement, elles se répétaient ou s'impliquaient l'une l'autre? La structure *quasi* transcendantale ou ontologique du *oui* ne prescrit-elle pas ce double destin qui est aussi destin de duplicité?

Deuxième question. Pourquoi faudrait-il choisir entre un espace « divin » et un espace « nietzschéen »? Michel de Certeau fait sans doute ici allusion à de nombreux textes de Nietzsche, par exemple *Les sept sceaux* (ou *Le Chant du Oui et de l'Amen*) dans *Also sprach Zarathustra.* Et de fait Nietzsche lui-même oppose le *Ja* léger, dansant, aérien de l'affirmation innocente au *Ja, Ja* de l'âne chrétien souffrant ou soufflant sous le fardeau d'une responsabilité gravement assumée *(Der Esel aber schrie dazu I-A.) (Die Erweckung).* La répétition et la mémoire *(Ja, Ja)* semblent assignées au *oui* chrétien qui serait aussi un *oui* de finitude. Dans son innocence même, le *oui* infini serait alors excessif au regard de cette finitude et c'est sans doute pour cette raison que Michel de Certeau pose sa question en forme d'alternative (« divin ou nietzschéen »), se référant peut-être ainsi à *« das ungeheure unbegrenzte Ja — und Amen — sagen »* de *Also sprach Zarathustra (Von Sonnen-Anfang).* Or là encore, n'y a-t-il pas dans l'expérience *quasi* transcendantale ou ontologique du *oui* une racine commune qui, sans annuler l'alternative, nous prescrive cependant de la dériver d'une possibilité plus « ancienne »?

Troisième question. Du *oui* illimité, Michel de Certeau dit *à la fois* qu'il « troue le champ des séparations et distinctions pratiquées par toute l'épistémologie hébraïque » et qu'il nous rappelle à « l'identité entre le " oui " christique et le " Je suis (l'Autre) " du Buisson ardent ». Ces deux propositions ne se contredisent pas, bien entendu.

Une « épistémologie hébraïque » de la séparation n'est pas nécessairement accordée ou homogène à l'affirmation infinie. Et d'autre part, le *oui* illimité n'exclut pas, au contraire, la séparation. Entre l'affirmation judaïque et l'affirmation chrétienne, nous ne parlerons certes pas d'affinité ou encore moins d'affiliation. Mais est-ce que l'« identité entre le " oui " christique et le " Je suis (l'Autre) " du Buisson ardent » n'ouvre pas, là encore, sur un événement ou un avénement du *oui* qui ne serait *ni* juif *ni* chrétien, pas encore ou déjà plus seulement l'un ou l'autre, ce *ni-ni* ne nous renvoyant pas à la structure abstraite de quelque condition de possibilité ontologique ou transcendantale, mais à ce « quasi » que j'insinue depuis tout à l'heure (« quasi transcendantal » ou « quasi ontologique ») et qui accorderait l'événementialité originaire de l'événement au récit fabuleux ou à la fable inscrite dans le *oui* comme origine de toute parole *(fari)* ? On peut, par exemple, se demander si Franz Rozenzweig parle encore en Juif, ou s'il parle comme ce Juif déjà trop christianisé que certains l'ont accusé d'être quand il nous rappelle au *oui* originaire dans des textes dont le statut reste par essence indécis, comme tout ce qui dit (le) *oui,* entre le théologique, le philosophique (transcendantal ou ontologique) et la louange ou l'hymne. Le *oui* hébreu *(ken)* peut toujours s'inscrire, ne l'oublions pas, dans cette *shekina* dont *La fable mystique* évoque souvent la tradition [1]. Comme, à ma connaissance, Michel de Certeau ne cite pas Rozenzweig (dont *L'étoile de la rédemption* n'était d'ailleurs pas traduite au moment où il publia *La fable mystique*), peut-être vaut-il mieux y prélever d'abord ces quelques lignes :

> Le Oui est le commencement. Le Nom ne peut être commencement; car il ne pourrait être qu'un Nom du néant; mais cela présupposerait alors un néant susceptible d'être nié, donc un néant qui se serait déjà décidé au Oui. [...] Et comme ce non-néant n'est évidemment pas un donné autonome − car absolument rien n'est donné en dehors du néant −, l'affirmation du non-néant circonscrit

---

1. « La *Sekina* implique une inhabitation, une présence, une gloire et, ultérieurement, une féminité de Dieu, thèmes qui jouent un grand rôle dans la mystique chrétienne de l'époque. » (*O.C.,* p. 11, n. 3; cf. aussi p. 187.) Sur cette affinité entre l'affirmation et la féminité, je me permets de renvoyer à *Éperons* (Flammarion, 1978), à *Parages* et à *Ulysse Gramophone* (Galilée, 1986 et 1987) et de citer encore *La folie du jour* de Blanchot : « J'ai pourtant rencontré des êtres qui n'ont jamais dit à la vie, tais-toi, et jamais à la mort, va-t'en. Presque toujours des femmes, de belles créatures. » (Fata Morgana, 1973, p. 12.)

comme sa limite interne l'infinité de tout ce qui n'est pas néant. C'est un infini qui est affirmé : l'essence infinie de Dieu, sa facticité infinie, sa physis. [...] La force du Oui, c'est de s'attacher à tout [...] C'est le mot-origine *(Urwort)* de la langue, un de ceux qui rendent possibles... non pas des propositions, mais, pour commencer, simplement des mots qui entrent dans des propositions, les mots comme éléments de la proposition. Le Oui n'est pas un élément de la proposition, mais pas davantage le sigle sténographique d'une proposition, bien qu'on puisse l'utiliser dans ce sens : en réalité, il est le compagnon silencieux de tous les éléments de la proposition, la confirmation, le « sic », l'« amen » derrière chaque mot. Il donne à chaque mot dans la proposition son droit à l'existence, il lui propose le siège où il puisse s'asseoir, il « assied ». Le premier Oui en Dieu fonde en toute son infinité l'essence divine. Et ce premier Oui est « au commencement » [1].

Mot originaire *(Urwort)*, le *oui* appartient sans doute au langage. C'est bien un mot. Cela peut toujours être un mot, et traduisible. Mais impliqué par tous les autres mots dont il figure la source, il reste aussi silencieux, « compagnon silencieux » (un peu comme le « je pense » qui « accompagne », dit Kant, toutes nos représentations) et donc d'une certaine manière étranger au langage, hérérogène à l'ensemble des vocables ainsi cernés et concernés par sa puissance. C'est alors une sorte de vocable inaudible, inaudible même dans la proféation du *oui* déterminé, en telle ou telle langue, en telle ou telle phrase valant pour une affirmation. Langage sans langage, il appartient sans appartenir à l'ensemble qu'il institue et qu'il ouvre à la fois. Il excède et troue le langage auquel il reste pourtant immanent : comme son premier habitant, le premier à sortir de chez lui. Il *fait* être et il *laisse* être tout ce qui peut se dire. Mais on voit déjà s'annoncer, ou précisément se confirmer sa double nature intrinsèque. Il est sans être du langage, se confond sans se confondre avec son énonciation dans une langue naturelle. Car s'il est « avant » la langue, il marque l'exigence essentielle, l'engagement, la promesse de venir à la langue, dans une langue déterminée. Tel événement est requis par la force même du *oui*. En tant qu'il approuve ou confirme, dit Rozenzweig, tout langage possible, le « sic » ou l'« amen » qu'il institue vient doubler d'un acquiescement ce *oui* archi-originaire qui donne son premier souffle à toute énonciation. Le « premier » est

---

1. Franz Rozenzweig, *L'étoile de la rédemption,* trad. A. Derczanski et J.-L. Schlegel, Le Seuil, 1982, p. 38-39.

déjà, toujours, une confirmation : *oui, oui,* un *oui* qui va de *oui à oui* ou qui vient de *oui à oui.* Quelque chose de cet acquiescement dit aussi une certaine quiétude cruelle, ce « cruel repos » *(immanem quietem)* que nous citerons encore plus loin [1]. Peut-on tenir compte, rendre raison, tenter le dénombrement de ce redoublement du *oui?* Pourquoi l'analytique ne peut-elle en être que « quasi » transcendantale ou ontologique?

Quatrième question. Michel de Certeau analyse la performance du *oui* au cours d'une interprétation du *volo* (« un " oui " aussi absolu que le *volo,* sans objets, ni fins », p. 239), dans les très belles pages consacrées à *Un préalable : le « volo » (De Maître Eckhart à Mᵐᵉ Guyon)* [2]. La pensée de ce *oui* est-elle coextensive à celle d'un *volo?* Le consentement originaire qui se laisse proférer ou entendre ainsi dans ce mot sans mot appartient-il à ce « volitif absolu » « équivalent », suggère Michel de Certeau, à « ce que Jacob Boehme pose à l'origine de tout exister : la violence, et même la fureur, d'un vouloir » [3]? Dira-t-on alors que cette détermination du *oui* reste encore dominée par ce que Heidegger appelle une métaphysique de la volonté, autrement dit par l'interprétation de l'être comme volonté inconditionnelle d'une subjectivité dont l'hégémonie marquerait toute la modernité, au moins de Descartes à Hegel et à Nietzsche? Et s'il en était ainsi, ne faudrait-il pas soustraire l'expérience et la description du *oui* à celles d'un *volo?* Bien entendu, il s'agirait d'une expérience sans expérience, d'une description sans description : aucune présence déterminable, aucun objet, aucun thème possible. Faute de pouvoir m'engager ici dans cette immense et redoutable problématique, je situerai trois repères possibles.

A. Après avoir maintenu, tout au long d'un trajet de près de trente ans, le privilège irréductible de l'attitude questionnante, après avoir écrit que le questionnement *(Fragen)* était la piété *(Frömmigkeit)* de la pensée, Heidegger a dû au moins compliquer cet axiome. D'abord en rappelant que par piété, il fallait déjà entendre la docilité d'une écoute, la question étant dès lors, avant tout, une modalité réceptive, une attention se fiant à ce qui se donnait à entendre plutôt, plus tôt que l'activité entreprenante et inquisitoriale d'une requête

---

1. *La fable mystique,* notamment p. 193 et 197.
2. *O.C.,* p. 225 et suiv.
3. P. 231.

ou une enquête. Ensuite en insistant désormais sur une dimension plus originaire de la pensée, la *Zusage,* cette acceptation confiante, cet assentiment à la parole adressée *(Zuspruch)* sans lesquels aucune question n'est possible, un *oui* en somme, une sorte de pré-engagement présupposé par toute langue et par toute parole *(Sprache)* [1]. Cette dimension de l'« expérience » communique évidemment chez lui, dans ses derniers textes, avec celle de la *Gelassenheit.* Je rappelle le mot non seulement à cause du rôle majeur qu'il joue dans ces textes de Heidegger mais aussi pour évoquer Maître Eckart dont il fut, plus encore sans doute qu'il ne l'a dit, le lecteur assidu. Or Michel de Certeau nomme Heidegger dès la première page de l'introduction à *La fable mystique* [2], et fait allusion à la *Gelâzenheit* de Maître Eckart dans le chapitre qui nous occupe. Ce qu'il en dit me conduit à mon deuxième repère.

B. Cette *Gelâzenheit* dit le non-vouloir dans le vouloir le plus inconditionnel. Si bien que l'inconditionnalité même d'un vouloir sans fin et sans objet retourne la volonté en a-volonté. Une longue citation s'impose encore :

> ... parce qu'il n'a pas d'objet particulier et qu'il ne « tient » à *rien,* ce *volo* se renverse en son contraire — ne rien vouloir — et occupe ainsi tout le champ, positif et négatif, du vouloir. Le vouloir ne se stabilise (dans l'affirmation ou dans la négation) que s'il est accroché à un objet particulier (« je veux » ou « je ne veux pas » *cela*) et, par conséquent, s'il y a une distinction entre un sujet particulier (« je ») et un objet particulier (« cela »). Une fois ôté ce lien à une singularité, il tourne sur lui-même et s'identifie à son contraire. « Vouloir tout » et « vouloir rien » coïncident. De même « vouloir rien » et « ne rien vouloir ». Lorsqu'il n'est plus la volonté de quelque chose et qu'il ne suit plus les orbites organisées par des constellations de sujets et d'objets distincts, le *volo* est aussi un acte de « renoncer à sa volonté ». C'est également un *non-vouloir,* par exemple avec le « délaissement » *(Gelâ-*

---

1. Cf. *Unterwegs zur Sprache,* Neske, 1959, p. 175 et suiv.; trad., *Acheminement vers la parole,* Gallimard, 1976, p. 159 et suiv. J'ai abordé ces questions du *oui* dans *Ulysse gramophone (O.C.)* et, quant au mouvement de Heidegger auquel je fais ici allusion, dans *De l'esprit, Heidegger et la question.*

2. « Quand cette situation parvient à se dire, elle peut encore avoir pour langage l'antique prière chrétienne : " Que je ne sois pas séparé de toi. " Pas sans toi. *Nicht ohne.* » A ce point, Michel de Certeau ajoute en note : « Cette catégorie heideggerienne m'avait paru permettre une réinterprétation du christianisme. » (Cf. M. de Certeau, « La rupture instauratrice », in *Esprit,* juin 1971, p. 1177-1214.)

zenheit) et le « détachement » *(Abegescheidenheit)* de Maître Eckhart. L'annihilation du complément (je veux *rien)* va d'ailleurs refluer sur le sujet : finalement, *qui* veut? Qu'est-ce que le « je » qui veut? Reste, désorbité, l'acte de vouloir, force qui naît. Le verbe n'est « lié à rien » et appropriable par personne. Il passe à travers les moments et les lieux. Au commencement il y a le verbe vouloir. Il pose d'emblée ce qui va se répéter dans le discours mystique avec beaucoup d'autres verbes (aimer, blesser, chercher, prier, mourir, etc.), actes itinérants au milieu d'acteurs placés tantôt dans la position de sujets, tantôt dans la position de compléments : qui aime qui? qui blesse qui? qui prie qui? Tantôt Dieu, tantôt le fidèle... [1].

C. La conséquence en est sans mesure. En particulier sur tout ce qui dans le discours heideggerien discernerait des *époques* à l'intérieur d'une histoire de l'être. C'est la pensée même d'une histoire de l'être qui se trouve affectée par cette *epokhè* interne qui ainsi partage, divise ou suspend le *oui*. Si l'inconditionnalité même du vouloir retourne celui-ci en non-vouloir, et cela selon une nécessité interne, essentielle et elle-même inconditionnelle, alors aucune « métaphysique de la volonté » ne reste rigoureusement *identifiable*. La volonté n'est pas identique à elle-même. Ni tout ce que Heidegger y associe constamment, la subjectité, l'objectité, le *cogito,* le savoir absolu, le *principe de raison (Principium reddendae rationis : nihil est sine ratione),* la calculabilité, etc. Et entre tant d'autres choses, celle qui nous intéresse ici avant tout : le « rendre raison », le « rendre compte », la comptabilité et la computabilité, voire l'imputabilité de l'innombrable *oui.* Le *oui* donne ou promet *cela même,* il le donne dès la promesse : l'incalculable même.

On le pressent maintenant : une analytique transcendantale ou ontologique du *oui* ne peut être que fictive ou fabuleuse, tout entière vouée à la dimension adverbiale d'un *quasi.* Reprenons naïvement les choses. Le *oui* archi-originaire *ressemble* à un performatif absolu. Il ne décrit et ne constate rien mais engage dans une sorte d'archi-engagement, d'alliance, de consentement ou de promesse qui se confond avec l'acquiescement donné à l'énonciation qu'il accompagne toujours, fût-ce silencieusement et même si celle-ci devait être radicalement négative. Ce performatif étant présupposé, comme sa condition, par tout performatif déterminable, il n'est pas un performatif parmi d'autres. On peut même dire, que, performatif *quasi* trans-

---

1. *O.C.,* p. 232-233.

cendantal et silencieux, il est soustrait à toute science de l'énonciation comme à toute théorie des *speech acts.* Ce n'est pas, *stricto sensu,* un acte, il n'est assignable à aucun sujet ni à aucun objet. S'il ouvre l'événementialité de tout événement, ce n'est pas un événement. Il n'est jamais *présent* en tant que tel. Ce qui traduit cette non-présence en un *oui* présent dans l'acte d'une énonciation ou dans un acte tout court dissimule du même coup, en le révélant, le *oui* archi-originaire. La raison qui le soustrait ainsi à toute théorie linguistique (et non à toute théorie de ses effets linguistiques) l'arrache ainsi à tout savoir, en particulier à toute histoire. Précisément parce qu'il s'implique en toute écriture de l'histoire.

Dès lors, l'analytique d'un « oui » imprononçable qui n'est ni présent, ni objet, ni sujet, ne saurait pas plus être ontologique (discours sur l'être d'une présence) que transcendantale (discours sur les conditions d'un objet – théorique, pratique, esthétique – pour un sujet). Tout énoncé ontologique ou transcendantal suppose le *oui* ou la *Zusage.* Il ne peut ainsi qu'échouer à en faire son thème. Et pourtant, *il faut* – oui – maintenir l'exigence ontologico-transcendantale pour dégager la dimension d'un *oui* qui n'est pas plus empirique ou ontique qu'il ne relève d'une science, d'une ontologie ou d'une phénoménologie régionale, et finalement d'aucun discours prédicatif. Présupposé par toute proposition, il ne se confond avec la position, thèse ou thème, d'aucun langage. Il est de part en part cette fable qui, *quasiment* avant l'acte et avant le *logos,* reste *quasiment* au commencement : « Par le mot *par* commence donc ce texte... » (*Fable,* de Ponge).

Pourquoi *quasiment* à l'origine? Et pourquoi une *quasi-analytique* ontologico-transcendantale? Nous venons de voir pourquoi le *quasi* portait sur la prétention ontologico-transcendantale. Un mot encore pour ajouter aussi : une *quasi analytique.* Une analytique doit remonter vers des structures, des principes, ou des éléments *simples.* Or ici le *oui* ne se laisse jamais réduire à quelque simplicité de dernière instance. Nous retrouvons ici la fatalité de la *répétition,* et d'une répétition comme *ouverture coupante* [1]. Supposons un premier

---

1. Alliance et coupure, Mont Carmel, dont le nom « veut dire *science de la circoncision* ». Il faudrait citer ici les pages consacrées au langage de la circoncision et à la circoncision du langage dans les textes mystiques (cf. p. 185 et suiv.) A propos de la « signature sanglante du corps », qui, selon Michel de Certeau, « marque l'accès au nom du père (à la virilité) par une soumission au pouvoir paternel » : « Comme Abraham levait son couteau sur son fils Isaac pour le sacrifier à Yahvé,

oui, le *oui* archi-originaire qui avant tout engage, promet, acquiesce. D'une part, il est originairement, dans sa structure même, une réponse. Il est *d'abord second,* venant après une demande, une question ou un autre *oui.* D'autre part, en tant qu'engagement ou promesse, il doit *au moins* et d'avance se lier à une confirmation dans un prochain *oui. Oui* au prochain, autrement dit à l'autre *oui* qui est déjà là mais reste pourtant à venir. Le « je » ne préexiste pas à ce mouvement, ni le sujet, ils s'y instituent. Je (« je ») ne peux dire *oui* (oui-je) qu'en promettant de garder la mémoire du *oui* et de le confirmer aussitôt. Promesse de mémoire et mémoire de promesse. Ce « deuxième » *oui* est *a priori* enveloppé dans le « premier ». Le « premier » n'aurait pas lieu sans le projet, la mise ou la promesse, la mission ou l'émission, l'envoi du second qui est déjà là en lui. Ce dernier, le premier, se double d'avance : *oui, oui,* d'avance assigné à sa répétition. Comme le second *oui* habite le premier, la répétition augmente et divise, partage d'avance le *oui* archi-originaire. Cette répétition, qui figure la condition d'une ouverture du *oui,* le menace aussi : répétition mécanique, mimétisme, donc oubli, simulacre, fiction, fable. Entre les deux répétitions, la « bonne » et la « mauvaise », il y a à la fois coupure et contamination. « Cruelle quiétude », cruel acquiescement. Le critère de la conscience ou de l'intention subjective n'a ici aucune pertinence, il est lui-même dérivé, institué, constitué.

Promesse de mémoire, mémoire de promesse, en un lieu de l'événementialité qui précède toute présence, tout être, toute psychologie de la *psyché,* comme toute morale. Mais la mémoire elle-même doit oublier pour être ce qu'elle a, depuis le *oui,* mission d'être. Promis dès le « premier », le « second » *oui* doit arriver comme un renouvellement absolu, de nouveau absolument inaugural et « libre », sans quoi il ne serait qu'une conséquence naturelle, psychologique ou logique. Il doit faire *comme si* le « premier » était oublié, assez passé pour exiger un nouveau *oui* initial. Cet « oubli » n'est pas *psychologique* ou accidentel, il est structurel, la condition même de la fidélité. De la possibilité comme de l'impossibilité d'une signature. La divisibilité contre laquelle une signature se tend. Volontairement et involontairement, in-volonté du vouloir inconditionnel,

---

c'est-à-dire pour produire du sens (« sacer facere »), de même Jean de la Croix coupe dans le vif de la chair pour décrire le chemin de l'union. Trancher, c'est le procès de l'alliance quand il s'agit de l'absolu qui se trace par ce qu'il ôte. Travail de la sculpture, cher à Jean de la Croix. Théologie négative : elle *signifie* par ce qu'elle *enlève* » (p. 189.)

le second premier *oui* rompt avec le premier *oui* (qui était déjà double), il *se coupe* de lui pour pouvoir être ce qu'il doit être, « premier », unique, uniquement unique, ouvrant *à son tour, in vicem, vice versa,* à sa date, chaque fois la première *fois (vices, ves, volta, time, Mal,* etc.*).* Grâce, si l'on peut dire, à la menace de cet oubli, la mémoire de la promesse, la promesse même peut franchir son premier pas, à savoir le second. N'est-ce pas dans l'expérience de ce danger — auquel un *oui* toujours *rend grâce* — que, comme le dit Michel de Certeau, le même *oui* « se répète ensuite » dans « le même lapsus de l'histoire (le même oubli) » et que « le même phonème (*Ja*) fait coïncider la coupure et l'ouverture » ?

Déjà mais toujours contresignature fidèle, un *oui* ne se compte pas. Promesse, mission, émission, il s'envoie toujours en nombre.

Table des matières

DANS LA MÊME COLLECTION

Jacques Derrida
Ulysse gramophone

Jacques Derrida
De l'esprit
Heidegger et la question

Aux Éditions Aubier-Flammarion

Sylviane Agacinski, Jacques Derrida,
Sarah Kofman, Philippe Lacoue-Labarthe,
Jean-Luc Nancy, Bernard Pautrat
Mimésis
(des articulations)

Jean-Luc Nancy
Le discours de la syncope
I. Logodaedalus

Nicolas Abraham
Maria Torok
Le verbier de l'Homme aux loups
(Anasémies I), précédé de *Fors*, par J. Derrida

Sylviane Agacinski
Aparté
Conceptions et morts de Sören Kierkegaard

François Laruelle
Le déclin de l'écriture

Nicolas Abraham
Maria Torok
L'écorce et le noyau
(Anasémies II)

Sarah Kofman
Aberrations

Sarah Kofman
Le devenir-femme d'Auguste Comte

CET OUVRAGE
A ÉTÉ COMPOSÉ
ET ACHEVÉ D'IMPRIMER
POUR LE COMPTE DES ÉDITIONS GALILÉE
PAR L'IMPRIMERIE FLOCH
À MAYENNE EN OCTOBRE 1987

Nº d'édition : 333.
Nº d'impression : 25781.
Dépôt légal : octobre 1987.
(Imprimé en France)